법정채권법

백경일 著

序 文

　　법정채권법은 민법 가운데서도 불법행위, 사무관리, 부당이득을 포괄하는 영역입니다. 실무에서의 중요성에 비해 학문적 연구가 부족하고, 특히 사무관리와 부당이득 분야는 국내 학계의 관심을 크게 받지 못해 이론적 성과가 충분히 축적되지 못한 상태입니다.

　　법정채권법은 그 특성상 추상적 이론보다 구체적 사실관계에 대한 분석이 우선시되는 분야입니다. 불법행위, 사무관리, 부당이득 모두 그 간단한 요건 속에 매우 다양한 사실관계가 포섭될 수 있기 때문에, 그 사실관계의 면밀한 파악 없이는 올바른 법리를 세울 수 없습니다. 그럼에도 우리나라 많은 교과서는 법정채권법을 다루면서 아직도 판례 요지와 추상적 이론만을 나열하는 데 그치는 경우가 많습니다.

　　법정채권법은 로마법 이후에도 꾸준한 발전의 역사를 갖고 있는 부문입니다. 특히 근대 이후 많은 새로운 이론이 추가되었기에, 그 역사적 맥락을 제대로 아는 것이 중요합니다. 그러나 우리나라 많은 교과서는 법정채권법을 다루면서 그 연혁이나 역사적 발전과정을 제대로 다루지 않는 경우가 많습니다.

　　저는 이 책에서 위와 같은 한계들을 극복하고자 했습니다. 추상적 법리를 설명할 때에도 그것이 어떠한 사회·경제·역사적 맥락에서 비롯되었는지, 어떠한 사실관계를 전제로 형성되었는지를 밝히는 데 주안점을 두었습니다. 독일법 이론을 소개할 때에도 그 이론이 어떠한 사실관계와 현실적 필요성 그리고 역사적 연원에서 출발했는지 검토하였고, 프랑스법·영미법과의 비교를 통해 그 존재의의를 비판적으로 고찰하고자 했습니다.

　　이 책의 내용 대부분은 제 스승이신 曺圭昌 선생님께서 재직 시절 강의하신 채권법 과목의 필기본을 그 바탕으로 하고 있습니다. 로마법과 독일법 그리고 프랑스법에 대한 깊이 있는 식견을 갖고 계셨던 선생님께서는 법정채권법에 관하여 다른 법학자들이 미처 생각해내지 못했던 독창적 해석론을 이미 1980~1990년대에 발전시켜 놓으셨습니다. 특히 불법행위에 기한 손해배상책임의 범위와 부당이득법의 규범적 기능에 관한 이론에는 선생님 학설의 精髓가 담겨 있습니다. 저는 이를 잘 다듬어 대중에게 공개해야겠다는 책임감을 오래 전부터 갖고 있었습니다.

　　아울러 이 책의 내용에 매우 큰 영향을 끼친 책은 金亨培 선생님의 『사무관리·부당이득』 교과서입니다. 이 책은 그때까지 국내에 거의 이론다운 이론이 정립되지 않았던 사무관리·부당이득 분야에서 미증유의 굳건한 초석으로 자리잡았습니다. 지금으로부터 무려 22년 전에 발간되었지만, 그 후 다른 어떤 교과서도 범접할 수 없을 만큼 높은 수준의 논의를 담았으며, 저 또한 그 문제의식과 체계적 틀로부터 깊은 감명을 받아 이 책의 여러 부분을 구성할 수 있었습니다.

    이 책을 출간하기까지 저는 많은 분의 도움을 받았습니다. 이번에도 편집과 디자인을 맡아 촉박한 시간동안 놀랄 만한 집중력과 성실성으로 임무를 완수해준 제 아우 宗敏, 그리고 원고 교정을 세심하게 도와준 鄭聖恩 졸업생에게 고마운 마음을 전합니다. 그 외에도 이 책의 완성을 위해 직·간접적으로 힘을 보태주신 모든 분께 이 지면을 빌려 깊은 감사의 뜻을 전하고자 합니다.

2025년 8월 23일
著者 白慶一

主要參考文獻과 그 引用略語

郭潤直 편집대표, 민법주해 I~XIX ························· 집필자 성명, 민법주해 I~XIX
金亨培, 사무관리·부당이득: 채권각론Ⅱ, 박영사 2003 ································ 金亨培
金亨培/金奎完/金明淑, 민법학강의 제15판, 신조사 2016 ······················ 金亨培/金奎完
宋德洙, 채권법각론 제6판, 박영사 2023 ·· 宋德洙
梁彰洙/權英俊, 민법 II: 권리의 변동과 구제 제5판, 박영사 2023 ············· 梁彰洙/權英俊
吳炳喆, 법조채권법 제3판, 법문사 2023 ·· 吳炳喆
李丙儜/黃元載, 민법사례연습 Ⅳ 제5판, 세창출판사 2021 ······················ 李丙儜/黃元載
池元林, 민법강의 제22판, 홍문사 2025 ·· 池元林
玄勝鍾/曺圭昌, 로마법, 법문사 1996 ································· 玄勝鍾/曺圭昌, 로마法
Brun, Responsabilité civile extracontractuelle, 6e éd, 2023 ························· Brun
Combot, Quasi-contrat et enrichissement injustifié, 2023 ························· Combot
Medicus, Gesetzliche Schuldverhältnisse, 5. Aufl. 2007 ························· Medicus
Münchener Kommentar zum BGB, 9. Auflage 2024 ············· MünchKomm/집필자 성명
Staudinger Kommentar zum BGB, §§ 677-704, 2020 ············ Staudinger/집필자 성명
Wagner, Deliktsrecht, 14. Aufl. 2021 ··· Wagner
Wandt, Gesetzliche Schuldverhältnisse, 11. Aufl. 2022 ························· Wandt

차 례

제 1 장 총 설
1. 법정채권법의 의의 ·· 13
   (1) 개 요···13/ (2) 법정채권법의 체계적 지위···13/ (3) 법정채권법의 성질···13
2. 법정채권의 발생원인 ·· 14
   (1) 개 요···14/ (2) 물권의 효력에 기한 채권관계···14/
   (3) 불법행위에 기한 채권관계···15/ (4) 사무관리에 기한 채권관계···17/
   (5) 부당이득에 기한 채권관계···19/ (6) 기타의 법정채권관계···22
3. 법정채권관계의 규율에 대한 주의사항 ·· 23
   (1) 법규해석의 중요성···23/ (2) 사적 자치 원칙과의 관계···23

제 2 장 불법행위

제 1 절 불법행위 일반이론
I. 개 관 ·· 24
   1. 개 념 ·· 24
      (1) 의 의 ···24/ (2) 다른 제도와의 비교 ···27/ (3) 과실책임의 원칙 ···30
   2. 비교법적 고찰 ·· 33
      (1) 프랑스민법과의 비교 ···33/ (2) 독일민법과의 비교···33/
      (3) 일본민법과의 비교 ···34
   3. 불법행위법의 역사 ·· 34
      (1) 개 관···34/ (2) 로마법···35/ (3) 자연법···36/ (4) 영미 보통법···37/
      (5) 근대 불법행위법의 수정···38
II. 요 건 ··· 40
   1. 개 각 ·· 40
      (1) 법률규정···40/ (2) 법규해석의 필요성···41
   2. 손해의 발생 ·· 41
      (1) 손해의 개념···41/ (2) 손해의 한계 유형···41/ (3) 손해의 종류···46/
      (4) 손해의 현실성과 확정성···51/ (5) 증명책임···53
   3. 위법행위 ·· 54
      (1) 개 요···54/ (2) 인격권침해···62/ (3) 재산권침해 ···116/
      (4) 위법성 조각사유 ···129
   4. 인과관계 ·· 134
      (1) 개 요···134/ (2) 인과관계의 부존재···134/ (3) 상당인과관계···137/
      (4) 인과관계의 경합···141/ (5) 인과관계의 증명책임···143
   5. 책 임 ·· 145
      (1) 개 관···145/ (2) 과 실 ···146/ (3) 과실의 증명책임 ···150/ (4) 책임능력 ···152
III. 효 과 ··· 155
   1. 개 관 ·· 155

            (1) 가해자의 손해배상의무 …155/ (2) 손해배상의 원칙 …155
    2. 배상청구권자 ………………………………………………………… 156
            (1) 피해자 …156/ (2) 법인 …157/ (3) 태아 …158/ (4) 위자료청구권자 …158
    3. 손해배상액의 산정 ……………………………………………………… 160
            (1) 기준시점 …160/ (2) 일실이익의 산정 …160/
            (3) 물적 손해배상액의 산정 …163/ (4) 정신적 손해배상액의 산정 …164
    4. 손해배상액의 조정 ……………………………………………………… 165
            (1) 과실상계 …165/ (2) 피해자의 체질적 소인과 질병 위험도 …169/
            (3) 손익상계 …170/ (4) 생계를 감안한 감경청구 …171
    5. 손해배상청구권의 소멸시효 …………………………………………… 171
            (1) 법적 규정 …171/ (2) 소멸시효의 기산점 …171/ (3) 독일민법과의 비교 …176
    6. 손해배상청구권의 제척기간 …………………………………………… 177
            (1) 개 관 …177/ (2) 점유침탈에 기한 손해배상청구 …177/
            (3) 점유방해에 기한 손해배상청구 …177

  제 2 절 불법행위 특수이론
    I. 타인의 가해행위에 대한 책임 ……………………………………… 178
      1. 책임무능력자에 대한 감독자의 책임 ………………………………… 178
            (1) 의 의 …178/ (2) 요 건 …178/ (3) 효 과 …181
      2. 사용자책임 ……………………………………………………………… 181
            (1) 의 의 …181/ (2) 요 건 …182/ (3) 효 과 …191
      3. 공동불법행위 …………………………………………………………… 193
            (1) 의 의 …193/ (2) 요 건 …193/ (3) 효 과 …201
    II. 점유자·소유자의 책임 ……………………………………………… 215
      1. 공작물점유자 및 소유자의 책임 ……………………………………… 215
            (1) 개 념 …215/ (2) 요 건 …216/ (3) 효 과 …223
      2. 동물점유자의 책임 ……………………………………………………… 226
            (1) 개 념 …226/ (2) 요 건 …227/ (3) 효 과 …229
    III. 현대적 불법행위 ……………………………………………………… 230
      1. 제조물책임 ……………………………………………………………… 230
            (1) 개 념 …230/ (2) 증명책임 …231/ (3) 효 과 …233
      2. 공해책임 ………………………………………………………………… 233
            (1) 의 의 …233/ (2) 무과실책임 …234/ (3) 증명책임의 전환 …234/
            (4) 공동오염책임 …234

제 3 장 사무관리

  제 1 절 사무관리 일반이론
    I. 개 념 …………………………………………………………………… 235
      1. 사무관리의 정의 ………………………………………………………… 235
      2. 사무관리 제도의 취지 ………………………………………………… 235
            (1) 공동체구성원 간의 상호부조 …235/ (2) 상호부조에 대한 보상 …236
      3. 사무관리의 실제적 예 ………………………………………………… 236

   (1) 법적 의무 없는 자의 사무처리…236/　(2) 공동의무자 간의 구상관계…240
  4. 유사한 개념과의 구분 ……………………………………………………… 242
   (1) 위임과의 구분…242/　(2) 호의관계…242/
   (3) 법률이 의무화한 타인사무관리행위…243/　(4) 대 리…243/
   (5) 무권대리…244/　(6) 부당이득…244/　(7) 타인 채무의 변제…245
  5. 사무관리의 법적 성질 ……………………………………………………… 245
   (1) 혼합사실행위…245/　(2) 사무관리자의 행위능력문제 …245
  6. 사무관리 제도의 연혁 ……………………………………………………… 246
   (1) 로마법…246/　(2) 프랑스민법…246/　(3) 오스트리아민법…247/
   (4) 독일민법…247/　(5) 일본민법…248
  7. 사무관리제도의 기본이념 ………………………………………………… 248
   (1) 본인의 이익과 의사를 기준 …248/　(2) 사무관리의 좁은 성립요건…249/
   (3) 손해에 대한 관리자의 무거운 책임…250/　(4) 공익과 사익의 충돌…250
Ⅱ. 사무관리의 종류 ………………………………………………………………… 250
  1. 진정사무관리 혹은 정당사무관리 ………………………………………… 250
   (1) 의 의…250/　(2) 적법하고 정당한 행위…251/　(3) 수임인에 준하는 대우…251
  2. 부당사무관리 ………………………………………………………………… 251
   (1) 의 의…251/　(2) 위법한 행위…251/　(3) 사무관리규정의 준용…252/
   (4) 부당사무관리의 분류…252
  3. 부진정사무관리 ……………………………………………………………… 252
Ⅲ. 사무관리의 요건 ………………………………………………………………… 252
  1. 사무관리행위의 착수 ……………………………………………………… 252
   (1) 외부적 행위의 존재…252/　(2) 사무의 예…253
  2. 법률상 의무의 부존재 ……………………………………………………… 254
   (1) 의무 없는 개입…254/　(2) 의무가 예전에 존재했으나 소멸한 경우…254/
   (3) 계약이 없었으나 그 성립이 기대되었던 경우…255
  3. 사무관리의사 ………………………………………………………………… 256
   (1) 개 관…256/　(2) 사무관리의사 여부가 불분명한 경우…256/
   (3) 사무관리의사가 없었을 경우…258/　(4) 호의관계에 해당하는 경우…258
  4. 본인의 이익과 의사에 반하지 않을 것 …………………………………… 258
   (1) 개 관 …258/　(2) 본인의 이익과 의사…259/
   (3) 이익과 의사에 부합하는 정도 …260/　(4) 본인의 추인 여부…263
Ⅳ. 효 과 ……………………………………………………………………………… 263
  1. 본인의 의무 ………………………………………………………………… 263
   (1) 비용상환의무 …263/　(2) 대위변제의무…266/　(3) 손실보상의무 …267/
   (4) 보수지급의무 …268
  2. 사무관리자의 의무 ………………………………………………………… 269
   (1) 선량한 관리자의 주의의무 …269/　(2) 관리계속의무…271/
   (3) 통지 및 보고의무 …272/　(4) 취득물의 인도의무 …272/
   (5) 금전소비에 대한 배상의무 …274

제 2 절 사무관리 특수이론

Ⅰ. 필요적 사무관리 ·· 274
　　　1. 개 관 ·· 274
　　　2. 공익사무관리 ·· 274
　　　　(1) 의 의···274/ (2) 요 건···275/ (3) 효 과···276
　　　3. 긴급사무관리 ·· 278
　　　　(1) 의 의···278/ (2) 요 건···278/ (3) 효 과···279
　　Ⅱ. 사무관리 · 부당이득 · 불법행위의 중첩영역 ····················· 281
　　　1. 부당사무관리 ·· 281
　　　　(1) 개 관···281/ (2) 무익사무관리···282/ (3) 반의사사무관리···286
　　　2. 부진정사무관리 ·· 292
　　　　(1) 개 관···292/ (2) 오신사무관리···292/ (3) 무단관리···296

제 4 장 부당이득

제 1 절 부당이득 일반이론
　　Ⅰ. 개 념 ·· 299
　　　1. 부당이득의 의의 ·· 299
　　　　(1) 법적 정의···299/ (2) 채무불이행 및 불법행위와의 차이···299/
　　　　(3) 물권적 청구권과의 차이···300/ (4) 사무관리와의 차이···301
　　　2. 부당이득의 연혁 ·· 301
　　　　(1) 로마법상의 부당이득개념···301/ (2) 로마법상 부당이득의 종류···301/
　　　　(3) 보통법시대 부당이득이론의 형성···303/ (4) 프랑스법상 부당이득이론의 발
　　　　전···304/ (5) 독일법상 부당이득이론의 발전···304
　　　3. 부당이득의 종류 ·· 305
　　　　(1) 급부부당이득···305/ (2) 침해부당이득···311/ (3) 비용부당이득···316
　　Ⅱ. 부당이득의 요건 ·· 323
　　　1. 이득자가 이득을 보았을 것 ·· 323
　　　　(1) 개 관···323/ (2) 급부부당이득···324/ (3) 침해부당이득···327/
　　　　(4) 비용부당이득···329
　　　2. 이득에 법적 원인이 없을 것 ·· 331
　　　　(1) 급부부당이득···331/ (2) 침해부당이득···333/ (3) 비용부당이득···335
　　　3. 손실자가 손실을 보았을 것 ·· 336
　　　　(1) 손실자에게 귀속되어서는 안 되는 손실···336/ (2) 실질적 손실···336
　　　4. 이득과 손실 사이에 인과관계가 있을 것 ························ 338
　　　　(1) 인과관계의 판단기준···338/ (2) 경제적·사실적 연쇄···338/
　　　　(3) 중간원인의 개입···339
　　Ⅲ. 부당이득의 효과 ·· 340
　　　1. 개 관 ·· 340
　　　2. 반환의 대상 ·· 340
　　　　(1) 원물반환의 원칙···340/ (2) 가액반환의 예외···342/
　　　　(3) 운용이익의 공제···344/ (4) 부당이득과 관련된 비용의 공제···347
　　　3. 반환범위 ·· 349

                (1) 선의의 부당이득자의 반환범위 …349/ (2) 악의수익자의 반환범위 …359
        4. 적용규정의 문제 ………………………………………………………………… 361
                (1) 개 관…361/ (2) 급부부당이득…361/ (3) 침해부당이득…366/
                (4) 비용부당이득…368

제 2 절 부당이득 특수이론

    I. 반환금지의 특례 ……………………………………………………………………… 371
        1. 비채변제 ………………………………………………………………………… 371
                (1) 개 관…371/ (2) 악의의 비채변제 …372/
                (3) 도의관념에 적합한 비채변제 …374
        2. 기한 전의 변제 ………………………………………………………………… 375
                (1) 의 의 …375/ (2) 법적 규율 …375
        3. 타인채무의 변제 ………………………………………………………………… 375
                (1) 개 관…375/ (2) 타인채무임을 '알면서' 변제한 경우 …376/
                (3) 자기채무로 '오인하고서' 변제한 경우 …377/
                (4) 이해관계 없이 채무자의 의사에 반하여 변제하였을 경우…378/
                (5) 무효인 타인채무를 변제한 경우 …379
        4. 불법원인급여 …………………………………………………………………… 380
                (1) 개 관…380/ (2) 요 건 …383/ (3) 제746조의 제한해석 가능성 …385/
                (4) 다른 규정의 적용가능성 …388/
                (5) 불법원인급여반환금지에 대한 반대약정 …391
    II. 부당이득의 3각관계 ……………………………………………………………… 392
        1. 개 관 ……………………………………………………………………………… 392
                (1) 문제의 소재…392/ (2) 기본원칙…392/ (3) 3각관계의 유형…393
        2. 제3자가 전득자인 경우 ………………………………………………………… 393
                (1) 제3자가 급부부당이득의 전득자인 경우 …393/
                (2) 제3자가 침해부당이득의 전득자인 경우…402/
                (3) 유효한 계약의 이행에 따른 제3자의 비용부당이득…406
        3. 제3자가 대위변제수령자인 경우 ……………………………………………… 408
                (1) 무효인 채권을 제3자가 대신 변제받은 경우 …408/
                (2) 권원 없는 채권양수인이 대신 변제받은 경우 …408

색 인

    판례색인 ………………………………………………………………………………… 413
    한국어색인 ……………………………………………………………………………… 419
    외국어색인 ……………………………………………………………………………… 421

제 1 장 총 설

1. 법정채권법의 의의

(1) 개 요

법정채권법은 우리민법의 굵직한 두 기둥인 계약법과 물권법으로 다 규율할 수 없는, 나머지 특이한 법률관계까지 포괄하는 법이다. 일정한 손해·손실이 발생한 사안에서 당사자 간에 합의가 없거나 계약이 종료·실효되어 있고, 일방의 소유권을 원용할 수도 없는 경우에, 그 손실·이득을 일반적 관점에서 적절히 분배하기 위하여 존재하는 법이다. 다시 말해 법정채권법은 우리민법상 계약과 소유권의 힘이 미치지 못하는 예외적 법률사안까지 그 규율대상으로 놓고서 파사현정(破邪顯正), 환지본처(還至本處)의 일반원리에 따라, 불법에 대한 책임을 묻고, 억울한 손실을 보상하며, 부당한 이득을 제 자리로 돌려놓는 법이라 할 수 있다.

(2) 법정채권법의 체계적 지위

우리민법에서 제3편 채권편은 제1장 총칙(제373조~제526조), 제2장 계약(제527조~제733조), 제3장 사무관리(제734조~제740조), 제4장 부당이득(제741조~제749조), 제5장 불법행위(제750조~제766조)로 크게 나뉜다. 제1장 채권총칙 규정은 거의 모든 채권관계에 적용되는 것으로서 이 부분은 채권총론(債權總論) 교과서가 설명한다. 그리고 제2장 계약에 관한 규정은 특히 계약에 기한 채권관계에 적용되는 것으로서, 이 부분은 계약법(契約法) 교과서가 설명한다. 나머지 사무관리, 부당이득, 불법행위와 같이 비계약적 채권관계에 관한 규정들은 법정채권법(法定債權法) 교과서가 설명한다.

(3) 법정채권법의 성질

1) 단순성 : 법정채권법은 당사자의 채무부담의사와 상관없이 법적인 필요성에 의해 법률규정으로 당사자에게 채무를 부과하는 법이다. 따라서 그 성질상 시민의 자유를 제약하는 측면이 강하다. 그러한 이유로 법정채권법은 적은 숫자의 규정으로 간단하게 구성되어 있는 경우가 많고, 그 내용 역시 최소한의 상식

에 기초하는 경우가 많다. 하지만 법규내용이 단순한 데 비해 그 사실관계는 매우 복잡하므로, 법학자와 법실무가의 창의가 그 어느 분야보다도 더 강하게 요구되는 분야라 할 수 있다. 프랑스에서는 그러한 이유로 법정채권법을 잠 자는 화산Volcan en sommeil이라 부르며, 큰 부분의 신비를 간직한 영역으로 인식한다(Pin/Devin, Quasi-contrats – Théorie générale, Jurisclasseur civil code, art. 1370 et 1371, 2011, n° 1).

2) 보충성 : 법정채권법은 계약법과 물권법이 포섭하지 못하는 영역을 담당하기에, 보충성을 지닌 법이다. 따라서 기존 법규의 적용을 우회하거나 그 법질서를 전복하기 위해 사용되어서는 안 된다(Combot, n° 5). 그러나 법정채권법은 단순히 뒷수습을 떠맡는 소극적 기능에 그치는 것이 아니다. 오히려 법정채권법은 계약법과 물권법으로는 감당할 수 없는 비전형적이고도 모호한 현실의 문제들을 규율대상으로 삼아야 하기에, 그 어느 법보다도 법률가의 자유로운 상상력과 정교한 현실분석능력을 요구한다고 할 수 있다.

2. 법정채권의 발생원인

(1) 개 요

본디 채권은 법률행위에 의해서 발생하거나 아니면 법률규정에 의해서 발생하거나 한다. 법률행위에 의해서 발생한 채권관계 가운데 대표적인 것은 각종 계약에 의한 채권관계, 즉 계약관계(契約關係)이다. 반면 법률규정에 의해서 발생한 채권관계로서 대표적인 것은 불법행위, 부당이득, 사무관리 등에 의한 채권관계들이다.

(2) 물권의 효력에 기한 채권관계

1) 의 의 : 물건에 대한 직접적·배타적 지배권, 즉 물권의 효력으로 인하여 물권자와 상대방 사이에 발생하는 비계약적 채권관계를 말한다. 물권의 효력을 구현하기 위하여 법률이 물권자에게 채권을 부여함에 따른 관계라고도 할 수 있다. 이러한 채권관계에 관해서는 민법 제2편인 물권편이 여러 규정들을 두고 있다. 물권은 그 성질상 모든 이에게 그 효력을 주장할 수 있으나, 물권의 효력에 기하여 발생하는 채권은 그 상대방에게만 효력이 미친다.

2) 예 시 : 소유권·점유권 등의 물권이 침해당했을 때, 예를 들어 소유물이나 점유물이 침탈당하거나, 그 사용을 방해받거나 했을 때, 그 물건을 돌려받거나 방

해상태를 제거하거나 그 침해행위를 예방하기 위한 채권관계가 대표적이다. 이러한 채권관계에서 물권적 청구권(제213조,제204조)과 상린관계에 기한 청구권(제216조 이하)이 나온다. 점유자가 소유권자에게 물건을 반환하면서 그때까지 그 물건에 관해 지출했던 비용을 상환청구하는 것(제203조)도 이러한 물권의 효력과 관련된 채권관계이다.

　　3) 필요성 : 물권이 침탈되거나 방해되면, 단순히 손해만 발생하는 게 아니라 그 침탈된 물건의 반환, 방해행위의 중지, 방해결과의 제거, 비용의 분담 등 여러 문제가 발생한다. 이를 물권자와 그 침해자 간의 계약으로 해결할 수도 있겠지만, 계약은 쌍방의 합의로 성립하므로, 일방이 계약을 거부할 경우 문제의 해결을 기대하기는 어렵다. 물론 불법행위법으로 문제를 해결할 수도 있으나, 불법행위법은 일방의 고의·과실을 전제하므로, 물권의 침해과정에 침해자의 고의·과실이 개입하지 않았을 경우 문제를 해결하기 힘들다. 예를 들어 물권자 스스로가 실수로 자기 물건의 점유를 침해자의 지배영역에 두고 왔을 수도 있기 때문이다. 게다가 불법행위법은 손해배상이라는 효과만을 제공하는 게 원칙이다. 따라서 물권자가 자기 물권의 방해상태를 제거하고 자기가 지배하던 물건을 다시 완전히 되찾을 수 있게 하기 위해서는 물권법이 이에 관하여 별도의 규정을 둘 필요가 있다.

　　4) 물권법과 법정채권법 : 물권의 효력에 기한 채권관계는 법률규정에 기한 채권관계임에도, 법정채권법이 아닌 물권법에서 다룬다. 이는 이 문제가 인간과 인간 사이의 법률관계, 즉 채권의 문제라기보다 인간과 물건 사이의 법률관계, 즉 물권의 효력을 유지하는 것에 더 깊이 연관된 문제라고 보기 때문이다. 따라서 이러한 문제는 채권법에서 분리하여 물권법에서 다루는 것이 이해와 적용에 편리하다고 본다.

(3) 불법행위에 기한 채권관계

　　1) 의 의 : 어떤 사람이 고의 또는 과실에 의한 위법행위로 다른 어떤 사람에게 손해를 발생시켰을 때 그 가해자가 피해자에게 손해를 배상하는 것에 관한 채권관계이다(제750조 이하). 직접적으로는 자신이 저지른 과실에 대해 책임을 지는 것이지만, 간접적으로는 자신이 지배하는 사물이나 사람들로 인해 발생한 손해에 대해서도 책임을 지곤 한다. 자신의 활동에서 발생하는 모든 손해에 대해 배상을 해야 하는 것은 아니고 사회적 혼란 trouble social을 구성하는 비정상적 사실이나 행위

로부터 발생하는 손해에 대해서만 배상을 하는 것이다($^{Brun.}_{n°1}$).

2) 예시 : 예를 들어 어떤 사람이 만취 상태로 승용차를 운전하다 중앙선을 침범하여 마주 오던 다른 사람의 차량과 정면충돌했다고 하자. 이 사고로 상대방 차량은 전파되었고 상대방은 척추 골절과 뇌진탕을 입었으며 한쪽 다리를 영구적으로 사용하지 못하게 되었다. 또는 어느 건설사가 아파트를 시공하였는데 철근·콘크리트 강도 계산을 잘못하여 준공 후 수년 만에 벽체가 붕괴되었고, 그로 인해 지나가던 여러 보행자가 사망 또는 중상의 피해를 보았으며, 인근 가옥 일부와 주차된 차량들도 파손되었다고 하자. 이러한 불법행위 사안에서 그 가해자가 피해자의 손해를 전보(塡補)하기 위하여 일정한 채무를 부담하도록 하는 것이 불법행위법이다.

3) 형법과의 관련성 : 형법은 반사회적 행위를 처벌하는 데 목적을 두지만 불법행위법은 가해자가 피해자에게 손해를 배상하도록 하는 데 목적을 둔다($^{Brun.}_{n°3}$). 물론 가해자에 의해 손해가 배상되지 않는다 하더라도, 그 가해자는 형벌로 제재될 수 있다. 하지만 단순한 과실로 타인의 재산을 손괴한 경우처럼 가해자가 형사처벌을 받지 않는 경우도 많다. 가해자가 형사처벌을 받음으로써 피해자가 분을 풀 수도 있긴 하지만, 피해자의 재산손실이 극심할 경우 가해자의 처벌 여부와 상관없이 피해자의 손해를 전보할 필요성이 있다. 물론 가해자 대신에 국가가 나서서 피해자의 손실을 보상해줄 수도 있으나, 피해자가 아무 잘못도 없는 정부에게 보상을 요구하게끔 하는 것도 불합리하다. 따라서 우리법은 국가가 아니라 타인의 손해를 위법·유책하게 야기한 자에 대해 그 손해의 전보책임을 부담시키고 있으며, 이에 관한 규정을 형법이 아니라 민법에 배치하고 있다.

4) 계약법과의 관련성 : 불법행위 사안에서 가해자와 피해자 간에 이미 계약관계가 존재했을 수도 있다. 가해자가 피해자에 대해 계약상 채무를 부담하고 있었는데, 그 채무의 이행과정에서 채무자 또는 그 이행보조자의 부주의로 고객에게 손해가 발생할 수도 있기 때문이다. 설령 가해자와 피해자 사이에 계약이 없었다 하더라도, 손해발생 이후에 그 전보와 관련된 합의가 당사자 간에 이루어질 수도 있다. 그렇다면 이러한 손해발생 사안은 계약법적 수단으로 해결할 수 있는 것이겠지만, 실제 사안을 보면, 가해자와 피해자가 서로 계약을 맺었긴 커녕 생면부지(生面不知)인 경우가 많고, 손해발생 이후 둘 사이에 합의가 끝내 이루어지지 않는 경우도 허다하다. 계약당사자 간에서 손해가 발생하더라도 계

약상 급부와 상관없이 또는 계약관계가 종료·실효된 후에 손해가 발생할 때가 많다. 따라서 이러한 경우에 가해자에게 손해배상채무를 강제하기 위해서는 계약법과 별도로 불법행위법이 존재할 필요가 있다.

> * 계약 의제 가능성 : 불법행위 문제를 거래참가자들이 불가피하게 지불해야 하는 일종의 위험비용문제로 취급해서 가해자와 피해자 간에 이미 손해배상금 지급에 관한 사전합의가 있었던 것처럼 의제하는 방법도 고려할 수도 있다. 예를 들어 경미한 과실에 의해 거액의 피해가 발생한 경우 그 손해 전부의 배상책임을 인정하는 것은 너무 가혹하기 때문에, 어차피 그 정도의 손해는 각오했을 피해자가 가난한 가해자의 사정을 배려한 것으로 의제하여 가해자에게 소액의 손해배상금채무만 인정하는 것이다. 또는 가해자에게 과실이 없었더라도 피해자의 사정이 딱할 경우 부유한 가해자가 가난한 피해자에 대하여 흔쾌히 손해배상의 의사를 밝힌 것으로 의제할 수도 있다. 그러나 이렇게 가해자와 피해자 간에 사전계약이 체결되었던 것처럼 함부로 의제할 경우 가해자의 사회적 비난 가능성을 희석시키고, 불법행위법의 응보·일반예방 기능을 약화시킬 수 있다. 게다가 가해자와 피해자 가운데 일방이라도 그러한 손해배상금에 합의할 생각이 없었던 경우에까지 이러한 계약체결을 함부로 의제하면 민법의 핵심 원리인 자기결정과 자기책임 원칙은 그 껍데기만 남게 될 수 있다. 따라서 가난한 가해자나 피해자의 구제는 계약의 허구적 의제가 아니라 국가의 복지정책이나 특별법적 지원제도를 통해 실현되도록 해야 할 것이다.

5) 물권법과의 관련성 : 불법행위에 의해 손해가 발생하더라도, 피해자가 가해자에 대하여 물건의 수리·복원이나 대체물의 인도를 청구하도록 하는 등 물권법적 수단으로 문제를 해결할 가능성이 있다. 그러나 불법행위로 발생하는 손해에는 물건의 파괴·훼손·오염이나 기능 상실, 가치 감소, 대체물비용 등의 물적 손해만 있는 것이 아니며, 질병·부상으로 인한 치료비, 명예·신용 또는 판매이익이나 시장가치의 손실, 정신적 고통 등도 존재할 수 있다. 설령 그 사안이 물건의 반환이나 소유방해 등에 결부된 것이라 하더라도 마찬가지이다. 이 경우 그 소유의 귀속과 별도로 그 손해의 전보 자체가 문제되는 것이므로, 이 경우에는 피해자가 사고로 인해 실제 지출한 비용이나 피해자에게 예정된 이익손실, 적정한 위자료 등을 계산하고 그 금원을 가해자가 그 과실에 맞게 지급하도록 하는 법이 준비되어 있어야 한다.

(4) 사무관리에 기한 채권관계

1) 의 의 : 계약상·법률상 아무런 의무가 없는데도 타인의 사무를 처리하거나 공동의 사무를 자기 혼자 처리하는 일이 종종 있을 수 있다. 이러한 경우에 그

비용 및 손실을 분담하기 위한 채권관계가 마련되어야 하는데, 이러한 채권관계를 사무관리에 기한 채권관계라 한다(제734조이하).

2) 예 시 : 법인 설립 준비 중인 스타트업 대표가 아직 정식 선임되기 전에 임시 경영자로서 법인을 위해 자기 이름으로 은행 대출 계약을 체결하고 이자·원금 일부를 은행에 상환하였다가 나중에 그 변제한 금액을 법인으로부터 돌려받으려 한다고 하자. 또는 다가구주택 내 옥상을 지붕층으로 공유하고 있던 3인 가운데 1인이 어느 폭우 때 갑자기 옥상 방수층이 뚫려 누수가 발생하자 다른 공유자들의 동의 없이 옥상에 비용 천만 원을 들여 방수막 시공·배수관 재정비를 한 다음 다른 공유자들에게 비용 분담을 청구한다고 하자. 이 경우 그렇게 사무를 처리한 사람에게 비용상환청구권 등을 인정하기 위한 법이 사무관리법이라 할 수 있다.

3) 계약법과의 관련성 : 사무관리 사안에서 관리자와 본인 간에 계약(예를 들어 고용계약이나 임대계약)이 존재하였다면, 그 계약의 해석에 의해서 관리자의 관리행위를 채무이행행위로 취급할 수도 있다. 설령 관리자와 본인 사이에 계약이 없었다 하더라도, 관리행위 이후에 적절한 합의가 당사자 간에 이루어질 수도 있다. 그렇다면 이러한 사안은 계약법적 수단으로 해결할 수 있는 것이겠지만, 아무리 관리자와 본인 사이에 기본계약이 존재하였다 하더라도, 그 사무관리행위가 계약상 급부와 무관한 것이었다면 이를 계약법으로 규율하기는 어렵다. 게다가 사무관리자와 본인 사이에 비용상환이나 관리결과의 귀속에 관하여 원만한 합의가 이루어지지 않을 수도 있으므로, 이를 해결하기 위하여 사무관리법이 별도로 존재할 필요가 있다.

* 계약 의제 가능성 : 만약 관리자와 본인 간에 계약이 없었다면 잠재적 사무의 비용상환에 관한 사전계약의 체결을 의제할 수도 있다. 어차피 관리자와 본인 간에는 계약관계 못지않게 밀접한 인적 관계가 존재하였거나 존재할 가능성이 있는 것이기 때문이다. 하지만 자신의 사무 가운데 타인의 개입으로 처리될 수 있는 사무가 있는지, 그로 인하여 얼마나 많은 비용이 지출될지 예측하는 것은 불가능하므로, 그에 관한 합의를 억지로 의제한다는 것은 비현실적이다. 사무관리는 계약 형성을 위한 필수요건을 충족하지 못하는 사안이며, 계약법 체계는 어디까지나 당사자들에 의해 동의된 사안에 적용하도록 정밀하게 조정되어 있는 것임을 상기하여야 한다(Combot n° 7). 게다가 사무관리자는 본인이 부탁한 적 없음에도 그 사무를 처리한 사람으로서 과도한 비용이나 손실을 만들어낼 수 있으므로, 그 독단적 개입에 따른 불이익을 어느 정도 감수하게 할 필요가 있다. 따라서 계약법 대신에

사무관리행위 그 자체를 정확하고 냉엄하게 규율하기 위한 별도의 법적 장치가 마련되어 있어야 한다.

4) 불법행위법과의 관련성 : 타인 사무를 함부로 관리하거나 공동사무를 자기 분담부분 이상으로 관리하는 것은 일종의 월권행위이므로 이를 불법행위로서 강력히 규제하는 방안도 있을 수 있다. 하지만 사무관리 자체를 불법행위로 보아 사무관리자에게 무과실책임을 부과하는 방식의 규제는 사회적으로 필요한 선의의 사무관리 가능성까지 위축시켜 사회적 손실을 증가시킬 수 있다. 어차피 본인이 관리해야 했을 사무였거나 본인에게 도움이 되는 사무였고 그로 인해 본인에게 손실이 발생하지 않았다면, 사무관리자는 불법을 저지른 게 아니므로, 이러한 사무관리에 대해서는 일정 범위에서 보상을 강제할 필요가 있다.

5) 행정법과의 관련성 : 사무관리자의 행위는 이타적(利他的)인 것이고 공익에 기여하는 바도 있다. 공공 서비스를 사실상 대체했다고 볼 수 있는 경우도 많으며, 국가정책적으로 장려할 만한 행위를 한 것이라면 이에 대해 공적인 포상을 할 필요도 있다. 그렇다면 이러한 사무관리 사안은 정부보조금, 세제혜택 기타 행정법적 수단으로도 해결할 수 있는 것이겠지만, 이렇게 행정적 보상을 베풀 경우 사회적 필요성이 낮은 사무관리까지 무분별하게 시행되어 공공재정이 낭비될 우려가 있다. 사무관리에 대한 포상의 경계와 규모 역시 불명확하므로 심사기준에 따라 형평성·투명성 시비가 발생할 수 있다. 게다가 대부분의 사무관리행위는 공익을 위한 것이라기보다 특정인의 사익을 위해 이루어지는 것이다. 따라서 이는 국가와 개인 간의 문제가 아니라, 개인과 개인 간의 문제로 규율할 필요가 있다.

(5) 부당이득에 기한 채권관계

1) 의 의 : 계약상·법률상 아무런 원인이 없이 특정인이 다른 특정인으로부터 어떤 이득을 얻었을 때 그 이득자가 그 이득을 손실자에게 반환하기 위한 채권관계이다(제741조 이하). "누구도 타인의 희생으로 부당하게 부유할 수 없다(Iure naturae aequum est neminem cum alterius detrimento et iniuria fieri locupletiorem)."는 로마법의 오랜 격언을 근거로 삼지만, 실제로 이러한 격언을 채권의 기술적 원천으로 정립한 사람은 17세기 네덜란드의 법학자 후고 그로티우스Hugo Grotius였고(Grotius, De iure belli ac pacis, 1625, p. 388, 389, 391, 395), 이러한 채권관계 개념이 민법에 체계적으로 자리 잡은 것은 19세기말 독일에서부터였다(Combot, n° 11, 17).

2) 정당이득과의 차이 : 유효한 계약에 근거해 이익을 얻었거나, 시효취득(제245조이하)·선의취득(제249조)·상속(제997조이하)·사무관리(제734조이하) 등의 법률규정에 근거해 누군가 이익을 얻었다면 이것은 아무리 불로소득(不勞所得)이라도 정당한 이득이 된다. 하지만 이미 실효한 계약에 의한 이득이라거나, 타인의 권리를 침범함으로써 얻은 이득이라거나, 타인의 실수로 얻게 된 이득이라면, 아무리 내가 그 이득을 위해 상당한 수고를 했다 하더라도, 그 이득은 부당이득이 된다.

3) 불법행위법과의 관계 : 계약상·법률상 아무런 원인이 없이 특정인이 다른 특정인으로부터 어떤 이득을 얻었다면 그 자체를 불법행위로 보아 이득자에게 손해배상책임을 부담시킬 수도 있다. 하지만 예를 들어 계약에 근거하여 얻은 이익이 단순히 계약의 실효로 인해 법적 근거를 상실하는 경우라면 이를 불법적인 이득으로 보기는 어렵다. 설령 계약과 무관하게 얻은 이익이라도 그에 관해 이득자의 고의·과실이 증명되지 않는 경우도 있고, 심지어 그 이득과정 전체가 손실자에 의해 진행된 경우도 있다. 이러한 이유로 프랑스의 카보니에Jean Carbonnier는 부당이득이 이득과 관련된 사실fait profitable로서 불법행위가 타인에게 손해를 끼치는 행위fait dommageable인 것과 대조된다고 하였다(Carbonnier, Droit civil, Vol. II, Les bien, les obligations, 2004, n° 1114). 따라서 이러한 이득의 문제를 해결하기 위해 불법행위법 이외의 법적 장치가 마련될 필요가 있다.

4) 물권법과의 관계 : 손실자가 이득자에 대하여 물권적 청구권을 행사하게 함으로써 이 문제를 해결할 수도 있다. 하지만 그 손실이 무형(無形)의 금전적 이익으로서 특정성(特定性)을 결여할 수도 있고, 그 손실된 물건이 이득자의 재산에 부합(附合)되거나 하여 특정성을 이미 상실했을 수도 있다. 그러므로 이러한 문제를 해결하기 위해 물권법 이외의 법적 장치가 마련될 필요가 있다. 주로 소유권 보호를 목적으로 하여 진정한 소유자에게 물적 대상으로서의 물건에 대한 소유권을 다시 부여하려는 데 치중하는 물권법과 달리, 일반적 의미에서의 재산적 가치를 그 정당한 권리자에게 다시 부여하려 하는 부당이득법이 이러한 이유에서 독자적 의의를 갖고 형성될 수 있었다(Combot, n° 11).

5) 급부부당이득관계 : 계약이나 단독행위 등을 근거로 급부가 이루어졌지만, 그 급부의 원인이 탈락함(예를 들어 계약무효의 확인이나 계약의 취소 등에 의해 계약의 효력이 소급적으로 없어짐)에 의하여 생긴 부당이득관계를 가리켜 급부부당이득Leistungskondiktion의 관계라 한다. 본디 계약이 체결된 경우라면 계약법에 의해서 사안을 규율하여야 할 것이지만, 이 경우는 계약이 소급적

으로 무효가 되어 계약법의 적용은 불가능하기에, 계약법 이외의 법적 장치를 마련하는 것이다.

> * 실제적 예 : 예를 들어 어느 사업가가 비서를 통해 문구용품을 주문하면서 물품대금을 이체했는데, 비서가 주문번호를 잘못 입력하는 바람에 엉뚱한 물건이 배송되어 왔다고 하자. 이 경우 물건을 받은 사업가는 표시상의 착오를 이유로 계약을 취소하고 물건은 반송할 것이다. 그런데 이때 그 물건은 매도인이 소유물반환청구로 돌려받는다지만, 그 대금은 매수인이 어떻게 돌려받을 것인지 문제된다. 이러한 금전적 이익은 특정성이 없어 소유물반환청구권은 통할 수 없을 것이기 때문이다. 따라서 이러한 경우에 우리법은 부당이득반환청구를 통해 매수인이 매도인으로부터 매매대금을 반환받을 수 있게 한다.

6) 침해부당이득관계 : 이득자의 유책성과 상관없이 이득자가 타인의 법익을 침해한 결과로써 법적 원인 없이 이득을 하였을 때 그 이득을 침해부당이득 Eingriffskondiktion이라 한다. 이러한 침해부당이득의 사안은 법률행위에 기한 급부를 전제로 하지 않는다는 점에서 급부부당이득의 사안과 다른 성질을 갖는다.

> * 실제적 예 : 예를 들어 어느 목장의 울타리가 갑작스레 내리친 벼락에 의해 구멍이 나서 그 목장 안에 있던 소떼들이 그 구멍으로 빠져나와 인근의 옥수수밭에 있던 옥수수들을 모두 먹어치워버렸다고 하자. 이 경우 옥수수밭 주인은 그 목장주인에 대해서 손해배상을 청구하고 싶겠지만, 그 목장주인에게는 고의·과실이 없어서 이 경우 그에 대한 손해배상청구는 불가능하다. 이미 소들이 먹어치워버린 옥수수에 대해서 소유물반환청구를 할 수도 없다. 따라서 이 경우에 그 소떼들이 옥수수를 먹음으로써 그 목장주인이 아낄 수 있었던 사료비만큼의 이득을 옥수수밭 주인이 목장주인에게 반환받을 수 있도록 규정하는 것이 바로 침해부당이득법이라 할 수 있다.

7) 비용부당이득관계 : 누군가 자기 이익을 위하여 비용을 지출하였는데 그것이 결과적으로 타인에게 귀속되는 경우가 종종 발생한다. 바로 이러한 부당이득관계를 가리켜 비용부당이득Verwendungskondiktion의 관계라 한다. 이러한 비용부당이득의 사안은 그 손실자와 이득자 간의 법률행위에 기한 급부를 전제로 하지 않는다는 점에서 급부부당이득의 사안과 구별된다. 또한 부당이득과정의 진행주체가 이득자 아닌 손실자라는 점에서 침해부당이득의 사안과도 엄연히 다른 성질을 갖는다.

> * 다른 규정과의 관계 : 이러한 비용지출의 사안에서 그 비용은 타인을 위해 지출된 것이므로, 사무관리법을 적용할 수는 없는지 문제된다. 그러나 이러한 비용지출

은 애초에 타인의 사무를 처리한 결과가 아니라 자기 이익을 위한 비용지출의 결과이므로, 여기에 사무관리법이 적용될 수는 없다. 물론 계약을 의제하는 방법도 고려해볼 수 있겠으나, 이러한 비용지출은 애초에 계약에 따른 비용지출도 아니었으므로, 여기에 계약법을 적용하는 것 역시 불가능하다. 물권적 청구권으로 문제를 해결할 수도 있을 것이나, 만약 그 손실된 물건이 이미 특정성을 상실하였거나 이득자의 재산에 이미 부합해버렸다면 이 경우 물권법의 도움도 기대하기 어렵다. 따라서 이러한 사안에는 결국 부당이득법을 적용할 수밖에 없다.

* 실제적 예 : 예를 들어서 어느 신혼부부가 새 아파트에 입주하면서 그 아파트가 자기 소유의 아파트라고 생각해서 수백만 원의 비용을 들여 그 아파트의 도배를 새로 깨끗하게 했는데, 결국 중개인에게 아파트계약사기를 당한 게 밝혀져서 그 아파트를 주인에게 돌려줘야 했다고 하자. 이 경우 그 사기꾼 중개인에게 배상능력이 없다면 그 신혼부부는 그 아파트 소유자에게서라도 손해배상을 받고 싶겠지만, 그 아파트 소유자에게 고의·과실이 없다면, 이 경우 아파트 소유자에 대한 손해배상청구는 가능하지 않다. 아파트 벽에 붙인 도배지에 대해 소유물반환을 청구하려 해도, 이미 그 도배지는 아파트라는 부동산에 부합(제256조)되어버린 것이기 때문에, 그에 대해 소유권을 주장하는 것도 불가능하다. 아파트 소유자를 위해 사무관리를 했다고 주장하며 비용상환을 청구하려 해도, 손실자에게 사무관리의사가 없었던 이상, 여기에 사무관리법을 원용할 수는 없다. 따라서 우리법은 이 경우에 부당이득규정을 적용하여 그 도배로 인해 그 아파트 소유자가 아낄 수 있었던 도배비용만큼의 이득을 아파트 세입자가 아파트 소유자에게서 반환받을 수 있게 하고 있다.

(6) 기타의 법정채권관계

1) 유 형 : 위에서 열거한 불법행위, 사무관리, 부당이득 외에도 우리민법에는 많은 종류의 다른 법정채권관계들이 존재한다. 예를 들어 사단법인해산후 잔여재산귀속(제80조)에 관한 채권관계, 법원에 의한 부재자재산관리(제22조)에 관한 채권관계, 자에 대한 친권자의 재산관리(제916조)에 관한 채권관계, 후견인의 재산관리(제946조)에 관한 채권관계, 상속인 없는 재산의 관리(제1053조)에 관한 채권관계, 협의이혼 시 재산분할청구권관계(제839조의2) 등이 그와 같다.

2) 규 율 : 위와 같은 법정채권관계들은 법정채권법에서 논하지 않고, 친족·상속법, 회사·법인법, 절차법 등 각 분야의 전문 장(章)에서 설명한다. 예컨대 해산잔여재산귀속권은 사단법인이라는 제도와 긴밀히 결부되어 있고, 후견인 재산관리권은 후견제도의 일부로서 해당 제도 규율 내부에서 함께 이해하는 것이 더 편하기 때문이다. 그리고 부재자재산관리는 가압류·관리명령 등 법원절차와

연결되고, 이혼 시 재산분할청구는 가사소송법 절차와 연계되므로, 법정채권법 교과서에서 설명하는 것은 부적절하다. 나머지 관계도 법원 허가·인가 등이 문제되며 공권적·공익적 성격이 강하므로, 일반적인 법정채권관계와는 집행·보호 방식이 다르다.

3. 법정채권관계의 규율에 대한 주의사항

(1) 법규해석의 중요성

법정채권관계는 당사자 간 합의와 무관하게 구성되는 관계이다. 애초에 그 이득 또는 손실에 관하여 당사자 간에 유효한 합의가 있었다면, 이것은 계약관계일 뿐 법정채권관계가 아닐 것이기 때문이다. 설령 당사자 간에 합의가 있었다 하더라도, 그것이 효력을 잃어서 이미 법정채권관계가 된 것이면, 그러한 당사자 간의 합의는 무시될 수밖에 없다. 따라서 법정채권관계에서 중요한 것은 어디까지나 법률규정의 해석이며 당사자 의사의 해석이 아니다. 가령 법률행위에 의해서 발생한 채권관계를 확정하는데 있어서는 당사자의 의사표시(意思表示) 내용을 정확하게 해석하는 것이 중요한 반면, 법률규정에 의해서 발생하는 채권관계의 성립·유효 여부를 확정하는데 있어서는 법률에 의해서 규정된 구성요건사실의 존부를 확인하는 것이 중요해진다. 물론 당사자 간의 사실적 의사를 해석해야 하는 경우도 있을 수 있지만, 대부분의 경우 법정채권관계에 있어서는 법률규정의 해석에 의해서 그 채권관계에 따른 법률효과가 당사자에게 주어진다.

(2) 사적 자치 원칙과의 관계

법정채권관계에 있어서도 사적 자치의 원칙은 관철된다. 아무리 법정채권관계가 성립했다 하더라도, 당사자 간에 손해배상, 비용상환, 손실보상, 이득반환, 면책 등에 관해 유효한 합의가 이루어지면, 그 합의내용이 법률규정에 우선할 것이기 때문이다. 또한 의사의 치료 목적 침습행위나 격투기 등 위험을 수반하는 운동경기 참여는 설령 타인의 신체를 침해하는 것이라 하더라도 피해자의 승낙에 의해서 위법성이 조각될 수 있다. 이러한 점에서 법정채권법의 규정 대부분은 강행규정이 아니라 임의규정에 불과하다고도 할 수 있다. 하지만 설령 피해자가 승낙했다 하더라도, 생명·신체의 포기와 같은 중대한 인격권 포기는 공공질서에 위반하므로, 그 합의에 효력이 인정되지 않는다는데 주의해야 한다.

제 2 장 불법행위

제 1 절 불법행위 일반이론

I. 개 관

1. 개 념

(1) 의 의

1) 법적 정의 : 법정채권의 발생원인 가운데 가장 빈번하게 문제되는 것은 바로 불법행위이다. 여기서 불법행위(不法行爲)란 어떤 이가 고의 또는 과실로 타인에게 위법하게 손해를 가하는 경우 그 행위를 말한다. 라틴어로는 이를 'delictum'이라 하고, 독일어로는 이를 'Unerlaubte Handlung', 프랑스어로는 이를 'acte illicite', 영어로는 이를 'tort'라 칭한다.

2) 존재의의 : 아무리 모든 행위주체에게 최대한의 자유를 보장한다 하더라도 타인에게 해를 끼치는 행위까지 허용할 수는 없다. 우리법이 터잡고 있는 자유민주주의 원리에 따르면, 자유란 다른 사람에게 해를 끼치지 않는 범위에서만 허용되는 것이기 때문이다(1789년 프랑스대혁명 인간과 시민의 권리 선언 제4조: "La liberté consiste à pouvoir faire tout ce qui ne nuit pas à autrui"). 따라서 모든 나라는 형법(刑法)을 두어 이러한 타해행위(他害行爲)에 대해 일정한 형벌을 가하고 있다. 하지만 설령 그러한 형벌이 가해지더라도 피해자가 입은 손해는 보전되지 않고 남는다는 문제가 있다. 불법행위법은 바로 이러한 가해자에게 배상채무를 부과하여 피해자의 손해를 보전할 목적으로 마련된 제도이다. 따라서 이러한 불법행위가 인정되면, 그 불법행위를 저지른 자(가해자)는 피해자에게 그 행위로 인한 손해를 배상하는 것에 관하여 의무를 부담한다($_{조}^{제750}$).

　＊ 불법행위책임의 보수성 : 불법행위에 기한 손해배상책임은 가혹한 결과책임의

성질을 갖고 있다. 가해자의 과실이 경미하더라도 손해가 발생하면 전액 배상해야 하고, 손상된 이익의 사회적 유용성이 낮거나 피해자에게 실질적으로 중요하지 않은 것이었더라도 그 침해로 인해 발생한 금전적 손해는 전액 배상되게끔 한다. 형법상 벌금이 범죄자의 과실에 비례해서만 산정되고, 부당이득 반환책임이 부당하게 발생한 이득만, 그것도 대개는 현존하는 이익만 반환하게끔 하는 것에 비해 불법행위에 기한 손해배상책임은 훨씬 더 가중된 법적 책임이라고 할 수 있다. 이렇듯 불법행위 책임이 철저히 피해자 중심으로 손해의 완전 배상만을 지향하며 가해자의 배상능력에 대한 배려나 적정한 임계치의 설정을 거부하는 이유는 우리법체계가 기득권 중심이고 그에 도전하는 능동적 행위자에 대해서는 그 적극성에 따른 모든 위험을 감수시키는 입장이라는 점에서 찾을 수 있다. 성공하면 승자독식의 원리에 따라 모든 이익을 가질 수 있지만, 그 과정에서 아주 조금이라도 기존의 법익을 침해하면 그에 따른 모든 책임을 부담하게끔 하는 게 우리법이라는 것이다. 그런데 이러한 불법행위법이 만약 행정규제의 과잉, 정치권의 도덕주의적 포퓰리즘, 그리고 감정에 좌우되는 대중 정서에 의해 더 강력해지고 비대해진다면 사회적 역동성과 창의성은 저해되고 시장에서의 혁신과 도전에 대한 의지는 그만큼 위축될 수밖에 없게 될 것이다.

3) 범죄와의 구별 : 형법상 범죄는 경찰 등 공권력에 의해 수사되고 형벌이 부과되는 과정을 통해 행위자에게 공적 비난이 가해질 만한 경우에 인정되는 것이므로, 일반적으로 민법상 불법행위보다 더 높은 수준의 위법성과 책임능력, 그리고 유책성이 요구된다. 이는 형사처벌이 단순한 금전적 배상과 달리 행위자의 인격과 사회적 평판에 직접적인 영향을 미치는 공적 제재라는 점에 기인한다. 물론 대부분의 범죄는 특정의 피해자에 대한 불이익을 야기하기 때문에, 민법상 불법행위 요건을 동시에 충족한다. 하지만 범인은닉($^{형법제}_{151조}$)이나 위증($^{형법제}_{152조}$)처럼 특정인의 법익과 상관없이 국가사법기능에 대한 방해 및 그 위험성만으로 성립하는 범죄도 있으므로, 모든 범죄가 불법행위에 해당하는 것은 아니다.

* 형사책임과 민사책임의 관계 : 상당수의 시민은 통상 금전적 손해를 감수하더라도 형사처벌을 회피하려 하는 게 일반적이다. 이는 형사제재가 단순히 자유권의 제한에 그치지 않고, 사회적 낙인 효과와 전과기록이라는 장기적 불이익으로 이어진다는 데 기인한다. 실제로 민사상 손해배상은 형사재판의 유죄 확정 이후에 청구되는 경우가 적지 않으며, 피해자 측에서도 형사판결의 기판력을 활용하여 민사책임을 추궁하는 전략을 택하는 게 일반적이다. 그러나 일부 사례에서는 가해자가 민사상 과도한 배상 책임의 부담을 형사처벌보다 더 큰 부담으로 인식하고, 오히려 단기간의 수형생활을 감수하는 방향을 선호하기도 한다. 이는 형벌과 손해배상 사이의 가치 판단과 심리적 수용 가능성에 있어 개인별로 상이한 법의식과 정서적 기준이 작용함을 시사한다.

4) 질서위반행위와의 구별 : 각종 행정규제(예를 들어 자동차 10부제, 공터 소유자에 대한 청결유지명령, 요식업자의 식재료 원산지표시의무 등)나 국가금지명령(예를 들어 대형마트 영업규제, 풍속영업규제, 음란물유통금지, 구걸금지, 노상방뇨금지, 음주소란금지, 흉기휴대금지 등)에 위반하는 행위의 경우 그 위법성이란 특정인의 법익침해에 근거하기보다 공동생활질서의 교란에 근거하는 경우가 많다. 따라서 이에 대해서는 민법상 불법행위의 성립을 인정하지 않는 게 보통이다. 설령 그 위반행위를 원인으로 하여 정신적·물질적 피해를 본 사람이 있다 하더라도, 그 위반주체에 대해서는 과태료를 부과할 뿐, 민사상 손해배상책임을 인정하지 않는다. 다만 그 질서유지법규의 입법취지가 사적 권리의 보호에 있으며, 실제로 그 위반행위에 따라 사인에게 손해가 발생한 경우라면, 이러한 질서위반행위에 대해서도 불법행위의 성립이 인정될 수 있다.

* 보호법규(保護法規) : 보호법규Schutzgesetz란 일정한 법익의 침해를 전제하지 않는 순수 재정손실reiner Vermögensschaden에 대해서도 그 법규의 위반을 이유로 가해자에게 직접 불법행위에 기한 손해배상책임을 인정할 수 있는 법규를 말한다. 일반적으로 형법조항, 행정법규, 제품안전법, 환경법, 교통법규 등의 일부에서 찾아볼 수 있으며, 개인의 법익 보호를 명시적 또는 묵시적으로 도모하려는 규정이어야 이러한 보호법규로 인정될 수 있다. 만약 특정 개인 또는 집단의 법익 보호가 단지 공공이익에 부수적으로 보호되는 수준이라면 그 조항은 보호법규가 되지 못한다. 예를 들어 도로교통법상의 사고 후 미조치 금지규정은 보호법규가 되므로, 초기 가해자의 사고 후 미조치 및 도주로 인해 애꿎은 인근 차량 소유자가 가해자로 지목되어 허위 보험청구를 당했다면 그 인근 차량 소유자는 일정한 법익 침해를 당하지 않았음에도 보호법규에 터잡아 초기 가해자에 대한 손해배상청구를 할 수 있게 된다. 주주, 채권자, 투자자와 거래상대방의 재산적 이익을 보호하기 위한 기업회계·자본시장 관련 규정 등도 이러한 보호법규가 될 수 있다. 하지만 경범죄처벌법 중 소란행위 금지 규정은 이러한 보호법규가 될 수 없으므로, 그 소란행위에 따른 피해자가 있더라도 가해자에 대하여 손해배상청구를 할 수 없다.

5) 채무불이행과의 구별 : 채무불이행은 일정한 채권관계가 이미 존재하는 상태에서 채무자가 채무를 제대로 이행하지 않음으로써 채권자에게 손해가 발생할 때 인정된다. 물론 이러한 채무불이행의 경우에도 손해배상이라는 법률효과가 발생하긴 하지만, 이는 어디까지나 채권관계의 급부장애로 인한 제2차적 급부의무로서 채무자에게 부과되는 것일 뿐이다. 불법행위처럼 채무자의 급부장애를 전제함이 없이 직접적으로 손해배상의 효과를 발생시키는 것은 아니다. 다시 말해 불법행위는 계약 등의 특별한 구속관계와 상관없이 일반적으로 모든 사람의 보호를 목적으로 하는 행위 규칙에 위반하여 손해를 발생시킨 행위라고 할 수 있다.

(2) 다른 제도와의 비교

1) 불법행위책임과 형사책임 : 민사책임으로서의 불법행위책임과 형사책임으로서의 죄책(罪責)은 규범에 반하는 행위의 억제를 통한 사회질서의 유지라는 목적을 공유하며, 구성요건해당성Tatbestandsmäßigkeit-위법성Rechtswidrigkeit-유책성Schuld이라는 동일한 구조를 갖는다. 하지만 양자는 그 존재의의와 포섭내용에 있어서 명확히 구별된다. 다시 말해 불법행위책임은 민사책임으로서 피해자의 손해전보가 목적이기 때문에, 고의(故意)와 과실(過失)을 가리지 않고 손해배상책임이 발생한다. 하지만 형사책임은 행위자의 범죄성에 대한 응보 및 예방적 효과를 목적으로 하기 때문에, 고의범죄Vorsatzdelikte의 처벌에 집중하며 일정한 경우에는 미수범(未遂犯)의 처벌도 인정한다.

> ▸ 실제적 예 : 예를 들어 강간살인, 가정파괴, 유아성추행 및 토막살인 등 그 어떤 흉악한 범죄를 기도했다 하더라도, 그것이 미수에 그쳤고 피해자에게 정신적·물질적 손해를 발생시키지 않았다면, 민사상 손해배상책임은 발생하지 않는다. 하지만 살인죄, 상해죄, 감금죄, 약취죄, 강간죄, 강제추행죄, 주거침입죄, 강요죄, 강도죄, 공갈죄, 횡령·배임죄 등 중요 범죄의 고의가 인정된다면, 설령 미수범이라 하더라도 형사처벌을 면할 수 없다(형법 제255조, 제263조, 제293조, 제300조, 제322조, 제342조, 제352조, 제366조 등). 반면 아파트 윗집의 배수관리소홀로 아랫집 천장·벽면에 누수사고가 일어났다는 등의 사안에서, 아무리 그로 인한 손해가 크다 하더라도 윗집 거주자·소유자의 고의가 증명되지 않는 한, 민사상 손해배상책임만 발생할 뿐 형사책임은 발생하지 아니한다. 우리 형법은 과실에 의한 재물손괴를 처벌하지 않고 있기 때문이다(형법 제366조).

2) 불법행위책임과 계약책임 : 양자 모두 손해배상 문제를 규율한다는 점에서 공통점을 가지며, 손해배상의 범위 역시 원칙적으로 일치한다(제393조, 제763조). 그러나 계약책임은 특정인과 특정인 사이의 특별구속관계인 계약관계를 전제로 하기 때문에, 손해배상책임의 근거가 계약상 의무의 위반에 있다. 게다가 계약상 책임은 계약상 급부이익Leistungsinteresse의 미실현을 중심으로 하기 때문에, 설령 그것이 순수 재정손실reiner Vermögensschaden에 불과하다 하더라도 계약위반자에게는 그 금전손해의 배상책임이 인정된다. 반면 불법행위책임은 일반적 거래안전의무의 위반을 전제로 하는 것이며 신체와 물건의 피해를 중심으로 하기 때문에 순수 재정손실은 손해로 인정되지 않는 게 보통이다.

> ＊ 귀책사유의 추정 : 계약위반의 경우 계약으로 정한 급부결과가 발생하지 않았다는 것만으로 채무자에게는 귀책사유가 추정되는 게 원칙이다(제390조 단서). 예를 들어 A

가 B에게 "이번 주 토요일까지 세탁기 10대를 납품하겠다"고 계약했는데 그때까지 납품이 안 됐다면, A에게는 과실이 있었던 것으로 추정된다. 반면 불법행위책임은 가해자의 고의 또는 과실을 증명할 책임이 피해자에게 있으므로, 가해자의 귀책사유는 추정되지 않는다(제750조). 예를 들어 아파트 정원에서 배드민턴을 치던 주민이 옆에서 산책하고 있던 다른 주민의 얼굴을 라켓으로 가격해서 안와골절상을 일으킨 경우 그 배드민턴 치던 주민의 과실을 증명할 책임은 옆에서 산책하다가 다친 주민에게 있다. 물론 계약위반이라 하더라도 계약 당사자가 상대방을 위해 최선을 다해야 하는 의무를 위반한 경우라면, 채무자의 귀책사유는 추정되지 않고 채권자가 채무자의 과실을 증명하여야 한다. 예를 들어 변호사가 소송에서 패소했다고 해서 무조건 고객에 대한 계약위반이 되는 건 아니며, 고객이 변호사의 과실(예: 법리를 완전히 오해했거나 기일을 놓쳤다는 등)을 증명해야 변호사에게 계약책임을 물을 수 있다.

* 공권력에 의한 귀책사유 증명 : 가해자의 행위가 범죄로 의심될 경우, 피해자는 가해자의 귀책사유를 증명할 필요 없이 경찰 등 수사기관에 일단 고소·고발부터 할 수도 있다. 이 경우 가해자의 고의 또는 과실은 피해자가 아니라 경찰 등 수사기관이 증명할 수도 있기 때문이다. 그러나 형사 범죄가 되지 않는 민사 불법행위, 예를 들어 실수로 인한 물건 파손 등은 피해자가 스스로 자신의 손해와 함께 그에 관한 가해자의 과실까지 모두 증명해야 가해자에게 손해배상을 청구할 수 있다.

* 불법행위의 위법성 요건 : 채무불이행의 경우 채무자가 채권자에게 단순히 채무의 내용에 좇은 이행을 하지 않았거나 하지 못했고 그로 인해 채권자에게 손해가 발생했다는 것만으로 위법성 요건이 충족된다(大判 2002.12.27. 2000다47361). 하지만 계약관계가 아닌 일반생활관계에서 특정인이 타인에게 단순히 재산감소의 금전적 불이익을 발생시켰거나(예를 들어 경쟁업체에서 유능한 직원을 스카웃하여 경쟁업체의 매출을 감소시켰다거나) 정신적 고통을 가했다는(그 연인을 질투심에 빠뜨렸다는) 이유만으로 위법성은 인정되지 아니한다. 타인의 행위로 인한 금전재산의 감소 또는 정신적 고통은 사회생활관계에서 아주 흔하게 발생할 수 있는데, 당사자 간에 재산적 이익이나 정신적 만족의 보장에 관한 계약이 없었음에도 그러한 이익 충족을 달성시켜주지 못한 모든 경우를 불법행위로 징벌할 경우 개인의 자유가 지나치게 위축될 수 있기 때문이다. 따라서 우리법은 가해자의 귀책사유로 인해 피해자의 절대권(예를 들어 생명, 신체, 건강, 자유, 소유에 관한 권리 등)이 침해되었다거나, 피해자에게 정신적·금전적 손해를 발생시킨 행위가 고의로 양속(良俗)을 위반한 행위(예를 들어 협박, 혼인빙자간음등)였다거나, 보호법규(保護法規)를 위반(예를 들어 형법상 무고죄, 업무방해죄, 신용훼손죄, 문서위조죄에 해당했거나 환경정책기본법, 도로교통법 등에 위반)했다거나 할 때에만 그 가해행위의 위법성(違法性)을 인정한다.

* 소멸시효기간의 차이 : 계약책임의 경우 손해배상채권의 소멸시효기간은 10년이나 된다(제162조 제1항). 반면 불법행위책임은 소멸시효기간이 3년밖에 되지 않는다(제766조). 다시 말해 불법행위법은 대개 가해자에게 더 관대하고 피해자에게 더 불리한 것이다. 따라서 가해자와 피해자 사이에 계약관계가 존재한다면 가급적 불법행위

책임보다 채무불이행책임이나 하자담보책임과 같은 계약책임으로 소구하는 것이 피해자(채권자)에게 더 유리하다고 볼 수 있다(曺圭昌, 담보책임과 불법행위, 고시연구 제122호, 67면 이하; 曺圭昌, 청구권실현의 난이성, 고시연구 제126호, 131면 이하 참조).

* 계약책임과 불법행위책임의 병존 : 만약 가해자가 자신의 손해유발행위로 인하여 피해자에 대한 계약상 의무뿐 아니라 일반적인 주의의무도 위반하였다면, 그는 계약위반의 관점뿐 아니라 불법행위의 관점에서도 그 손해에 대해 책임을 질 수 있다. 계약책임과 불법행위책임이 동일한 가해자에게 병존할 수 있는 것이다. 예를 들어 택시기사는 일반적으로 모든 사람에 대해 운전주의의무를 부담하지만, 만약 그가 승객을 태웠다면 그 승객에 대해서는 목적지까지 무사히 데려다 줄 계약상 의무도 부담하므로, 만약 택시기사가 부주의하게 운전하여 승객에게 사고가 발생하였다면, 택시기사는 그 승객에 대해서 불법행위책임과 동시에 운송계약위반에 기한 손해배상의무를 부담할 수 있다. 이러한 경우 독일법과 우리나라법은 양자를 병존시켜, 피해자가 계약책임과 불법행위책임 중 어느 하나를 선택적으로 청구하거나 동시에 병합하여 청구할 수 있게끔 한다.

* 프랑스법의 중첩금지 원칙 : 프랑스법은 계약책임과 불법행위책임이 병존할 수 있는 사안에서 '중첩금지non-cumul의 원칙'에 따라 계약책임만 인정하고 불법행위책임을 인정하지 않는다. 당사자 간에 계약관계가 존재하는 경우 계약법이 우선 적용되어야 한다는 원칙에 프랑스법은 매우 충실하며(Cass. req. 21 Jan 1880; Cass. Civ 1re, 11 janv. 1989, n° 86-17.323, Bull. civ. 1989 I n° 3 p. 2), 특히 계약위반의 경우 계약당사자가 예견할 수 있었던 손해에만 배상책임이 국한되어야 한다고 보기 때문이다(Cass. com., 11 mars 2020, n° 18-22.472). 하지만 예외적으로 계약 일방에게 중대한 과실faute lourde 또는 고의faute dolosive가 있었을 경우에는 불법행위책임의 병행을 인정한다(Cass. civ. 1re, 29 oct. 2014 n°13-21.980). 프랑스법상 불법행위책임의 경우 가해자가 예견할 수 없었던 피해자의 특별손해에까지 가해자의 배상책임을 인정하기 때문에, 중대한 과실 또는 고의에 의한 채무불이행의 경우 그 피해자에게 불법행위에 기한 손해배상청구권을 선택할 수 있게 하는 것이다. 게다가 정신적 손해Dommages Moraux의 경우 계약법에서는 배상책임이 제한적으로만 인정되는 반면 불법행위법에서는 정신적 손해의 배상이 더 폭넓게 인정된다는 점에서도 계약상 채권자가 불법행위법을 원용하는 실익이 있다.

3) 사무관리·부당이득과의 구별 : 당사자의 채무부담의사와 무관하게 법률규정에 의해 채무를 부담시킨다는 점에서 불법행위는 사무관리나 부당이득과 같은 성질을 갖는다. 하지만 기본적으로 사건(事件)의 하나에 지나지 않는 부당이득과 달리 불법행위는 사람의 행위(行爲)에 속한다는 점, 불법행위는 위법성과 유책성 등의 엄격한 요건을 따지지만, 부당이득법은 그렇지 않다는 점에서 불법행위는 부당이득과 다르다. 그리고 혼합사실행위(混合事實行爲)로서 적법행

위에 속하는 사무관리와 달리 불법행위는 위법행위(違法行爲)에 속한다는 점에서 불법행위는 사무관리와도 다른 성질을 갖는다. 불법행위에서 가해자와 피해자는 한쪽이 불법의 편, 한쪽이 적법의 편에 서 있는 관계, 어느 한쪽만이 의무를 부담하는 일방적·편무적인 관계로 볼 수 있는 반면, 사무관리에서 관리자와 본인은 쌍방적·쌍무적인 관계라고 볼 수 있다.

(3) 과실책임의 원칙

1) 의 의 : 과실책임의 원칙이란, 가해자가 자기의 과책에 기하여 타인에게 손해를 가한 경우에만 그에 대한 배상책임을 부담한다는 원칙이다. 다시 말해 그 누구의 과책도 없이, 단지 불운에 의하여 누군가의 몸이 상하거나 누군가의 물건이 훼손·멸실·일탈되었다면, 그 손해는 피해자가 감수해야 하고, 그 손해와 관련된 사람들에게 손해분담 또는 결과책임을 요구할 수는 없다는 원칙이다.

2) 근 거 : 우리법은 기본적으로 모든 손해는 피해자가 일단 감수해야 한다는 태도를 갖고 있다. 특별한 이유가 없는 한 모든 사람이 자기 손해는 자기가 부담하게끔 하는 것이야말로 건전한 법정책일 것("Sound policy lets losses lie where they fall except where a special reason can be shown for interference.": Holms, The Common Law, 1881, p. 50)이기 때문이다. 실제로 손해배상청구는 단지 손해의 부담 전가에 그칠 뿐, 손해 자체를 사회 전체적으로 제거하거나 감소시키지는 않는다. 오히려 이러한 손해 부담 전환은 추가적인 소송비용, 시간적 자원 낭비, 사회적 마찰 등을 야기할 수 있다. 따라서 누군가에게 손해배상을 청구할 수 있으려면, 반드시 그 정당성을 확보해 줄 특별한 이유가 존재해야 한다. 이러한 특별한 이유는 가해자의 과실 Verschulden, 즉 유책성 Schuldhaftigkeit에서 도출된다. 과실 있는 가해자에 대해서는 손해배상을 청구할 수 있지만, 그렇지 않은 가해자에 대해서는 손해배상을 청구할 수 없다는 것이다. 이러한 법리에서 도출되는 원칙이 바로 과실책임 verschuldensabhängige Haftung의 원칙이다.

> * 과실책임원칙의 효용성 : 과실책임원칙은 행위자가 사회적 비용을 고려하여 행동하도록 유도함으로써 행위주체에게 효율적 행동유인 incentive to efficient behavior을 제공한다. 과실책임원칙이 없다면 극단적 결과책임주의가 만연하거나 손해가 개인화 또는 운명화될 것이고 각 행위자의 신중성이 사라지며 도덕적 해이가 일반화될 것인데 반하여, 과실책임원칙은 각 행위자에게 주의를 환기시키고 그로써 사고예방비용과 사고피해의 총합을 최소화하는 방향으로 작동한다는 것이다 (Guido Calabresi, The Costs of Accidents, 1970). 또한 과실책임원칙은 행위자가 위험을 내부화하게 함으로써 효율

적 자원배분을 촉진하기도 한다(Richard Posner, A Theory of Negligence, Journal of Legal Studies, 1972). 각 행위자가 자신의 행동이 초래할지도 모르는 위험을 스스로 감당하도록 만들면 불필요한 사고가 줄어들고 그에 따른 사회적 비용도 최소화된다는 뜻이다.

3) 과실증명의 요구 : 불법행위법에 있어서는 과실의 증명책임이 가해자에게 부담되는 것이 아니라 피해자에게 부담되는 게 원칙이다. 다시 말해, 가해자에게는 일단 과실이 없었던 것으로 추정되는 게 원칙이다. 예를 들어 고객이 많아 몹시 붐비는 상가건물 계단에서 누군가 커피를 마시며 내려가고 있었는데 옆에 급히 지나가던 사람의 흰색 고급 드레스에 그 커피가 쏟아져 드레스가 오염되었다면, 그 드레스 입은 사람이 그 커피 마시던 사람의 과실로 자기 드레스가 오염되었음을 증명해야 한다.

*과실의 증명책임이 피해자에게 있는 이유 : 가해자의 귀책사유를 피해자가 증명하게 하는 이유는, 가해자의 과실이라는 것이 대부분 가해자의 행위 당시 그의 내심적 주의수준에 달려 있어 자신이 충분히 주의했다는 것을 가해자 측에서 객관적으로 증명하기는 힘든 반면에 사고를 가장 생생하게 경험하는 피해자는 가해자보다 객관적 위치에서 가해자의 과실 증거를 더 예리하게 포착하리라 가정하는 데 있다. 또한 사고예방이 가해자 혼자만의 부담은 아니고 가해자와 피해자 쌍방 공동의 부담이라는 점도 여기에 고려된다. 가해자의 과실을 증명하지 못하는 피해자는 배상도 받지 못한다는 원칙이 확립될 경우 피해자 역시 사전에 주의를 기울이며 위험 상황에 처했을 때 피해를 최소화하려 노력하게 되고 그로써 사고 자체가 줄어든다는 것이다(Steven Shavell, Strict Liability versus Negligence, 1980; Louis Kaplow, Rules versus Standards: An Economic Analysis, 1992). 만약 피해자에게 증명책임이 없다면, 모든 사고가 곧장 소송으로 이어질 수 있고, 억지 주장만으로 보상받으려 하거나 피해를 더 확대하려는 유인이 생길 것이다. 이 경우 각 경제주체는 자기 무과실을 증명하기 위해 방어소송을 해야 하고, 소송비용은 폭증할 것이다. 그러나 피해자에게 과실 증명책임을 부과하면, 피해자는 소송 전부터 자신의 승산을 평가하게 되고 가해자의 과실을 명백히 증명할 수 있는 경우에만 소송을 제기하여, 재판제도의 자원 낭비를 줄이고 결과적으로 전체 사회의 거래비용을 절감하게 된다.

4) 과실을 추정하는 예외 : 가해자와 피해자 간에 정보비대칭information asymmetry이 존재하거나 피해자의 구조적 약자성structural disadvantage이 명백한 경우, 피해자보다는 가해자에게 과실 증거에 대한 정보접근성access to information이 더 높다고 할 수 있다. 특히 기업 내부의 관리조치 소홀, 상품 제조과정의 부주의, 의료과실 등은 전형적으로 피해자가 알기 힘든 정보이다. 따라서 우리법은 일정한 경우에 과실의 존재를 추정하고 증명책임을 가해자에게 전환하고 있다.

* 민법에서 가해자 측의 과실을 추정하는 경우 : 우리민법은 책임무능력자의 감독자 책임(제755조), 사용자책임(제756조), 공작물점유자의 책임(제758조), 동물점유자책임(제759조)의 경우, 과실에 관한 증명책임을 가해자 측에 전환함으로써 피해자를 보호하고 있다.

* 특별법에서 가해자 측의 과실을 추정하는 경우 : 특별법 가운데서 '자동차손해배상보장법' 제3조는 자동차의 운전자와 별도로 운행자(일반적, 추상적으로 자동차의 운행을 지배하여 그 이익을 향유하는 책임주체)에게 자동차사고로 인한 인체손해의 과실을 추정한다(일종의 사실상 추정책임). 다시 말해 자동차 운행자는 자기 및 운전자 또는 제3자의 무과실, 승객의 고의(예를 들면, 자살의도) 등을 증명하지 않는 한, 손해배상책임을 면하지 못하며, 그러한 책임을 미리 담보하기 위해 자동차 운행자는 책임보험에 강제가입해야 한다(자동차손해배상보장법 제5조). 그밖에 타인의 특허, 실용신안, 상표, 의장 등 지적재산권을 침해한 자는 그 침해행위에 관하여 고의 및 과실이 추정된다(특허법 제130조, 상표법 제68조, 디자인보호법 제65조). 노동재해에 대해서는 근로기준법 제81조 이하가 적용되어 사용자가 그에 대한 자신의 무과실을 증명하여야 한다.

* 판례에서 가해자 측의 과실을 간접추정하는 경우 : 우리판례는 의료과실로 인한 손해배상청구 사안에서 피해자인 환자가 의료행위의 과실을 직접 증명하는 것이 사실상 곤란한 경우, 일정한 간접사실 Anscheinbeweis만 증명되면 가해자인 의료인 측의 과실을 간접적으로 추정하고 있다(大判 2012.10.11., 2011다100138). 의료행위는 고도의 전문성과 기술성을 요하는 것으로서, 그 전체 경과가 환자나 일반인이 접근하여 파악하기 어려운 특수한 영역에 속한다고 보기 때문이다. 미국 불법행위법상 "사실이 스스로 말한다 Res ipsa loquitur" 원칙의 취지와 상당히 유사하다고 할 수 있다.

5) 무과실책임을 인정하는 예외 : 일정한 위험성이 내재된 활동에 대해서는, 설령 가해자에게 과실이 없더라도 일정한 요건 아래 책임을 부과하는 경우가 있다. 항공기, 원자력발전소, 고압가스 시설, 폭발물 처리시설, 철도, 건설공사 등 고도의 위험이 수반되는 활동 또는 시설로 인해 손해가 발생한 경우, 그 위험을 야기하고 위험원을 지배하는 자에게는 법령이 정한 바에 따라 무과실책임이 인정되는 것이다. 이렇게 부과되는 책임을 위험책임 Gefährdungshaftung이라 한다.

* 민법에서 무과실책임을 인정하는 경우 : 우리민법상 공작물소유자는 공작물의 설치 및 보존상의 하자로 인해 발생한 손해에 대해서 과실 없이도 책임을 부담하도록 규정되어 있다(제758조).

* 특별법에서 무과실책임을 인정하는 경우 : 제조물로 인한 피해(제조물책임법 제3조), 토양오염 피해(토양환경보전법 제23조), 해양시설 등에 의한 수질오염 피해(수산업법 제82조), 광물채굴행위로 인한 피해(광업법 제91조), 원자력시설에 의한 피해 중에서 천재지변에 의하지 않은 것(원자력손해배상법 제3조), 사업장 등에서 발생되는 환경오염의 피해(환경정책기본법 제31조)에 대해서는 가해자에게 무과실책임이 인정된다.

2. 비교법적 고찰

(1) 프랑스민법과의 비교

프랑스민법 제1240조는 "타인에게 손해를 발생시킨 행위를 한 자는 자기 과실로 인한 손해를 배상하여야 한다(Tout fait quelconque de l'homme, qui cause à autrui un dommage, oblige celui par la faute duquel il est arrivé, à le réparer)"고 규정하고 있다. 그러나 이러한 엉성한 규정은 그 문언만 보면 손해 + 인과관계 + 과실만 갖춰질 경우 불법행위책임이 바로 성립하는 듯 보이고 가해행위의 위법성 또는 객관적 불법성의 표지가 제시되지 않아 과잉포섭적(sur-inclusif)이라는 비판을 받아왔다. 실제로 공정거래 관련 분쟁, 언론보도 관련 분쟁 등에서는 위법성의 한계를 명확히 하지 않으면 책임범위가 무한정 확장될 수 있기 때문이다. 물론 이에 대해서는 'faute'라는 개념 자체가 주관적 과실을 넘어 객관적 위법성의 의미까지 갖고 있으므로 실무상 전혀 문제가 되지 않는다는 반론도 존재하고 있다.

(2) 독일민법과의 비교

1) 독일민법 제1초안 : 독일민법 제1초안은 위와 같은 프랑스민법규정에 위법성요건을 추가하여 제704조 1항에서 이렇게 규정하였다. "고의 또는 과실로 인한 위법행위로 타인에게 손해를 가한 자는 그 행위로 인해 피해자에게 발생한 손해의 배상의무를 부담한다("Hat jemand durch eine aus Vorsatz oder Fahrlässigkeit begangene widerrechtliche Handlung [...] einem anderen einen Schaden zugefügt, [...] so ist er dem anderen zum Ersatz des durch die Handlung verursachten Schadens verpflichtet.")" 그러나 이러한 대일반규정(große Generalklausel)은 위법성의 표지가 불명확하다는 점에서 여전히 한계를 지닌다는 비판을 받았다. 우리나라 민법규정은 독일민법 제1초안의 규정을 따르고 있기 때문에 이와 마찬가지의 문제점을 안고 있다.

2) 독일 현행민법 : 독일의 현행민법은 제823조 1항에서 원칙적으로 생명·신체·건강·자유·소유권 기타의 권리(절대적 법익)를 침해당한 자만이 가해자에 대하여 손해배상청구권을 행사할 수 있는 것으로 규정하였다("Wer vorsätzlich oder fahrlässig das Leben, den Körper, die Gesundheit, die Freiheit, das Eigentum oder ein sonstiges Recht eines anderen widerrechtlich verletzt, ist dem anderen zum Ersatz des daraus entstehenden Schadens verpflichtet."). 따라서 위와 같은 권리를 침해당한 것이 아니라 단지 재정적 이익(예를 들면 집회및시위에관한법률위반 위로 인하여 침해된 인근 상권의 매출이익)이나 사실적 이익(예를 들면 골목 내 불법 주차로 인하여 침해된 인근 주민들의 통행이익)이 침해된 데 그친 경우에는 피해자가 가해자에게 손해배상을 청구할 수 없는 것이 원칙으로 되었다. 물론 독일민법 제823조 2항은 보호법규(형법, 도로교통법, 산업안전보건법, 의약품법, 가격표시법, 건축규제 관련 규정 등)의 유책한 위반으로 타인에게 손해를 가한 자에 대해서도 불법행위책임을 인정하고 있으며, 제826조는 고의로 양속(良俗)을 위반하여 타인에게 손해를 가한 자(예를 들면 사기적 투자유도자, 금융사기의 군 조설계자, 시세조작 목적의 허위정보 공시자 등)에 대해서도 불법행위책임을 인정함으로써,

순수 재정손실 reiner Vermögensschaden의 경우에도 손해배상을 청구할 수 있는 가능성을 열어두고 있다. 다시 말해 독일민법에서 위법성은 ① 타인의 절대적 권리 침해, ② 보호법률위반, ③ 고의의 양속위반이라는 세가지 기준에 의해 구체적으로 표상됨을 볼 수 있다.

(3) 일본민법과의 비교

일본민법은 독일민법 제1초안의 위법성요건을 권리침해요건으로 바꾸어 제709조에서 다음과 같이 규정하였다: "고의 또는 과실로 타인의 권리 또는 법률상 보호되는 이익을 침해한 자는 그로 인하여 발생한 손해를 배상할 책임이 있다(故意又は過失によって他人の權利又は法律上保護される利益を侵害したものは、これによって生じた損害を賠償する責任を負う。)". 이는 '위법행위 widerrechtliche Handlung' 개념을 '권리 또는 법률상 보호되는 이익의 침해'로 좀 더 구체화·형상화했다는 점에서 높이 평가할 만하지만, "과연 어떤 이익이 법적으로 보호되는 이익에 해당하는가?"에 관한 판단 기준이 조문상 명확하지 않다는 점에서 비판의 대상이 되어 왔다. 예컨대, 어떤 사회적 공익(예를 들면 제3자의 무단주차로 인하여 도로통행에 불편을 겪지 않을 이익 등) 내지 추상적 기대에 속하는 이익(예를 들면 일상생활의 평온에 관한 이익, 제3자로부터 혼인의 파탄에 이를 만한 지속적 간섭을 받지 않을 이익 등)이 침해되었을 때, 그것이 법률상 보호되는 이익에 포함되는지를 판단하기 위해서는 결국 판례에 의한 위 조문의 구체적 해석에 의존할 수밖에 없다.

3. 불법행위법의 역사

(1) 개 관

불법행위법은 각국의 법체계에서 고유한 역사적 전개 과정을 거쳐 형성된 규범체계로, 동일한 문제에 대하여도 국가별로 상이한 규율 구조를 보여왔다. 그리고 그 발전은 각 시대에 따라 그리고 법문화적 환경에 따라 차별적으로 이루어져 왔다. 불법행위법이 나타나기 전까지 인류는 불법행위에 대하여 피해자나 피해자 가족이 가해자에게 사적·직접적 보복을 하는 방식으로 대응해 왔는데, 이로써 복수가 더 큰 복수를 부르는 악순환이 심해지자 "눈에는 눈, 이에는 이"의 원리에 따라 피해자는 가해자에게 오직 동등한 해악으로만 복수를 하라는 법규범이 만들어졌다. 이러한 탈리오법 lex talionis은 고대 근동법(함무라비법전 등), 이스라엘 율법, 그리스 법 등에서 확인된다. 또한 부족 공동체 전체가 개입하여 가해자에게 형벌적 조치를 취하거나 추방하는 방식의 대응도 존재했는데, 아무래도 이러한 방식으로는 불법행위 피해자의 손해 보전이 제대로 이루어질 수 없었다.

(2) 로마법

1) 12판법 : 계약법·물권법과 마찬가지로 불법행위법 역시 그 기원은 고대 로마법에서 찾아볼 수 있다. 기원전 5세기경 제정된 12판법Lex Duodecim Tabularum은 불법행위에 대한 초기 규율을 담고 있는데, 12판법은 손해를 야기한 각 행위의 주체에게 일정한 금전적 배상의무를 부과함으로써 피해자의 보복 욕구를 제도적·합리적으로 해소하고자 하였다. 예컨대 누군가가 손이나 몽둥이로 타인의 뼈를 부러뜨렸다면 자유인인 피해자에게는 300아스, 노예인 피해자에게는 150아스의 손해배상금을 가해자가 지급하도록 하였으며, 경미한 상해의 경우에는 25아스의 손해배상금을 가해자가 피해자에게 지급하도록 하였다. 손가락 절단 등의 중상해에 대해서는 피해자의 동해보복(同害報復 talio)이 허용되기도 하였으나, 이는 가해자도 동의하고 피해자가 가해자에게서 돈으로 보상받지 않는다는 조건에서만 허용되었다. 그밖에 나뭇가지, 장작, 건축자재 등을 타인의 토지에 무단으로 적재하거나 가축이 타인에게 손해를 끼친 경우 등에도 각각의 손해배상금이 부과되었다.

2) 아퀼리아법 : 기원전 286년경의 아퀼리아법Lex Aquilia은 손해배상에 관하여 보다 일관적이고 체계적인 규정을 도입하였다. 동 법률은 타인의 노예나 가축을 고의로 살해한 자에게는 지난 1년간의 최고 가치를 기준으로 손해배상을 명하였고, 타인의 물건을 훼손한 자에게는 30일 이내의 최고 가치를 기준으로 한 배상을 명하였다. 초기에는 고의dolus에 의한 행위만이 책임의 대상으로 여겨졌으나, 점차 과실culpa에 의한 행위도 불법행위로 인정되기 시작하였다. 나아가 로마 사회가 복잡해짐에 따라 소극적 부작위나 위험 방지조치의 미비 등으로 인한 손해도 책임의 대상으로 확대되었다.

※ 로마 불법행위법이 인류 역사에 획기적이었던 이유 : 동해보복은 로마법 이전까지 무려 수천 년 동안 인류가 채택해온 불법행위 구제방식이었지만, 이는 보복의 악순환을 유발하고 사회적 안정을 해치며 그 처벌 수위가 피해자 개인의 주관적 판단에 좌우되도록 하였다는 점에서 공정성과 예측가능성이 심히 부족한 원시적·폭력적 구제방식이라 할 수 있었다. 그러다가 로마법이 손해에 따른 정액적 금전배상체계로 불법행위 구제방식을 전환하면서 이전의 자의적·폭력적 피해구제의 시대는 막을 내리게 되었다. 로마법이 금전배상을 기준으로 삼음으로써 손

해의 규모와 행위자의 책임을 수치화·객관화할 수 있게 되었고, 재판관이나 법률 전문가가 배상액을 결정하게 함으로써 피해자의 과도한 보복 또는 가해자의 물리적·사회적 힘에 따른 부당한 면책의 가능성을 예방할 수 있게 되었기 때문이다. 종래의 사적 구제는 즉흥적·감정적 기분에 좌우되기 쉬웠던 반면 국가와 법원이 개입하여 사전에 예정된 규칙과 절차에 따라 피해를 구제하는 로마법의 방식은 가해자와 피해자 모두에게 예측가능한 법적 결과를 제공하였고 사회적 비용과 불만을 크게 감소시켰다. 거기에 빠르고 확실한 분쟁 해결이 가능해지자 법적 안정성과 거래의 신뢰성 역시 상승하는 긍정적 효과가 발생하였다. 이러한 장점 덕분에 로마 불법행위법은 이후 세계 법제도 전반에 큰 영향을 미치게 되었다(Cardascia, Réparation et peine dans les droits cunéiformes et le droit romain, 1989, p. 14).

(3) 자연법

1) 계몽주의 이전의 불법행위법 : 초기의 불법행위법은 일반적으로 특정한 유형의 손해 사건에 개별적으로 대응하는 방식으로 구성되었다. 입법자는 각 사안에 맞는 구체적 규칙을 설정하고자 하였는데, 이러한 규범 설정 방식은 이른바 개별사례 중심의 입법방식 kausistische Regelungsmethode 으로 불린다.

2) 계몽주의 이후의 불법행위법 : 계몽주의의 목표는 종교·정치·법·문화 영역에서 전통적 권위에 대한 비판을 통해 중세적 제약으로부터 개인을 해방시키고, 이성을 기반으로 새로운 세계관을 구축하려는 데 있었다. 이러한 계몽주의로 인하여 기존의 사례중심적·형식주의적 법률은 포괄적·실질적 규범체계로 전환되기 시작하였다. 당시의 자연법 사상은 이성에 기초한 보편적 법원칙을 강조하였고, 법률은 기존의 전통·관습이 아니라 인간의 이성과 자연적 질서로부터 도출되어야 한다고 주장하였다. 17세기 네덜란드의 법학자 후고 그로티우스 Hugo Grotius($^{1583-}_{1645}$)는 타인에게 손해를 끼친 자가 그 손해를 배상해야 할 자연법상 의무를 부담한다고 설파하였다.

3) 성문법전의 편찬 : 계몽주의자들은 전통 법규들의 혼재된 조각들을 정리하여 기존의 단편적·비체계적 규율 대신에 계획적·논리적으로 조직된 종합적 법률체계를 만들고자 하였다. 이러한 사상은 18세기 말부터 19세기 초 사이에 본격적으로 구현되어 1804년 프랑스민법전 Code civil, 1811년 오스트리아 일반민법전 ABGB의 제정이라는 결과를 낳았다. 이에 따라 기존의 세부규정 중심 규율 방식은 퇴조하였고, 손해배상 일반조항 Generalklausel을 중심으로 체계화된 근대 성문법전이 각국에서 편찬되었다.

* 1804년 프랑스민법전의 불법행위 규정 : 프랑스민법전의 기초자들은 민사책임의 일반원칙을 도출하기 위해 노력하였고, 그 당시 그들에 의해 정립된 법리는 오늘날에도 많은 부분이 통용되고 있다. 그들은 독립된 여러 다발의 묶음과도 같은 불법행위법이 아니라 보편주의, 도덕주의, 개인주의의 3대 이념이 수미일관하게 유지되는 통일적 불법행위법을 만들려 하였다(Brun, n° 9). 옛날 로마의 법률가들은 책임의 근거 문제를 이론적 차원에서 성찰하지 않았기 때문에 무과실책임의 경우를 인정하는 데 아무런 불편도 느끼지 않았지만(Cardascia, La responsabilité à travers les âges, 1989, p. 1), 프랑스민법의 입법자들은 유대-기독교적 책임개념 conception judéo-chrétienne de la responsabilité에 따라 '과책 faute'에 근본적이고 중요한 역할을 부여하였다(다만 그들에게 '과책' 개념은 고의와 과실로 구분되는 게 아니라 명백히 불가분의 것이었다. Mazeaud/Tunc, Traité théorique et pratique de la responsabilité civile délictuelle et contractuelle, 6e éd, 1965, n° 36). 그들의 철학은 분명히 19세기 초 프랑스 사회의 열망과 요구를 반영하는 것이었으며, 많은 비판을 감안하더라도 그들의 노력이 민사책임의 개념화를 상당히 진전시켰다는 점은 결코 부정할 수 없다(Mazeaud/Tunc, 위의 책, n° 61).

(4) 영미 보통법

1) 중세 보통법 : 영국에서는 13세기 중후반부터 국왕법정의 불법침해 trespass 소송을 통해 불법행위에 대한 법적 구제가 이루어졌다. 이러한 소는 신체·재산에 대한 직접적·물리적 침해에 대해 제기되었으며, 초기에는 가해자의 고의·과실 여부가 문제되지 않았고 오직 원고의 신체나 물건에 대해 직접적 공격이 가해졌는지만을 문제삼았다. 그러다가 점차 간접적 침해 또는 부작위에 의한 손해에도 법적 구제를 허용할 필요성이 제기되면서, 14세기 초 원고가 자신의 피해에 대해 일반적 상황을 근거로 소를 제기할 수 있도록 사실에 의한 소 action on the case라는 새로운 소송 형태가 나타났다. 사실에 의한 소는 특히 간접적 손해나 과실로 인한 손해(예를 들어 여관 주인이나 마부가 직무수행 중 과실로 원고의 물건을 파손한 경우)를 다루는 데 적합하였지만, 아직 과실책임이라는 개념이 뚜렷하게 형성된 것은 아니었다.

2) 근대 보통법 : 19세기 중반 산업화가 본격화됨에 따라 도로 및 철도에서 우발적 손해가 급증하였고, 이에 대응하여 과실 침해 negligence에 기초한 손해배상 체계가 형성되었다. 이후에는 주의의무 위반을 불법행위의 구성요건으로 간주하면서, 고의 침해 intentional torts, 엄격책임 strict liability과 함께 과실 침해 negligence가 독립된 불법행위의 유형으로 자리잡게 되었다. 이로써 원고가 피고에 대해 부담하는 주의의무 duty of care의 존재 여부 및 그 위반 여부를 중심으로 손해배상책임을 판단하는 현대적 영미 불법행위법이 형성되기 시작하였다. 물론 이러한 주의의무는 원칙적으로 생명, 신체, 물적 재산의 보호에만 한정되었고, 순수한 재정적 이익이나 사적 감정의 보호에 대해서는 적용되지 않는 것이었다.

(5) 근대 불법행위법의 수정

1) 과실책임의 원칙 : 19세기 후반 유럽에서는 과실책임Verschuldenshaftung의 원칙이 불법행위법의 중심원리로 확립되었다. 즉, 손해는 그것이 가해자의 과실로 발생한 경우에만 배상이 가능하다는 사고방식이었다. 특히 루돌프 폰 예링Rudolf von Jhering이 "손해배상의 요건은 손해가 아니라 과실이다.(Nicht der Schaden verpflichtet zum Schadensersatz, sondern die Schuld.)"라고 공식화한 것(Jhering, Vermischte Schriften juristischen Inhalts, 1879, 199)은 로마법의 영향 아래 '선량한 가부장bonus pater familias' 기준에 따른 주의의무 위반을 중심으로 손해배상이 이루어져야 함을 강조한 것이었다. 이러한 관점에서 보자면, 단순한 사고로 인한 손해는 피해자가 감수해야 할 몫casum sentit dominus일 뿐이었고, 무과실책임은 인정될 수 없었다. 이러한 책임 체계는 계몽주의 이후 자율성과 책임을 중시하는 자유주의적 세계관에 기초한 것이었다.

2) 무과실책임 개념의 등장 : 그러나 이러한 과실책임만으로는 고도화된 사회에서 발생하는 다양한 손해를 구제하기에 한계가 있음이 점차 인식되었다. 다수의 전문인이 참여하는 대형 산업체계에서 발생하는 손해의 경우 과실 있는 행위자를 특정하기 어렵고, 강한 추진력으로 가동되는 공장 설비에서 대량 생산되는 물품의 경우 정상적 작동 중에도 불량품이나 사고가 나올 수 있어 그 어떤 주의로도 사고의 완전한 예방은 불가능하며, 가해자인 기업과 피해자인 소비자 간에는 정보 비대칭 구조가 존재하여 피해자가 가해자의 과실을 증명한다는 것은 매우 힘든 일이 되었기 때문이다. 따라서 모든 사안에 과실책임 원칙을 관철할 수는 없고 때로는 보다 엄격한 책임 귀속 원칙이 필요하다는 논의(Gierke, Der Entwurf eines bürgerlichen Gesetzbuchs und das deutsche Recht, 1889, S. 270)가 독일민법초안BGB Entwurf의 제정 과정에서 일정 부분 반영되기에 이르렀다.

3) 특별법의 제정 : 1838년 증기기관차가 일부 시민에게 공포를 안겨준 사건이 발생하자 당시 프로이센 정부의 국무장관이었던 사비니Friedrich Carl von Savigny는 철도 운영자에게 모든 철도 운영 중 발생한 사고에 대해 과실 여부와 무관한 엄격책임을 지우는 법안을 신속히 마련하였다. 그 결과로 제정·공포된 법률이 1843년 프로이센 철도책임법Eisenbahnhaftpflichtgesetz이었다. 독일 통일 이후인 1909년에는 도로교통법Straßenverkehrsgesetz이 제정되었으며, 자동차, 제조물 등 여러 분야에서 특별법을 통한 무과실책임 법리 도입이 이루어졌다. 이는 산업혁명 이후의 기술 위

험 증가 피해자의 증명곤란 등을 고려한 것이며, 사회적 연대solidarité 이념에 기초하여 이루어진 입법이라 할 수 있었다.

4) 위험책임 : 1896년 프랑스의 어느 공장 노동자가 기계에 말려 들어가 사망한 산업재해 사건에서 고용주에게 과실이 없음에도 유족이 손해배상을 청구하자 "자신이 관리하던 물건이 원인이 되어 손해가 발생한 경우, 과실이 없어도 책임을 진다"는 논리로 법원이 고용주에게 손해배상책임을 인정한 판례가 나왔다(Cass. civ., 6 juin 1896, arrêt Teffaine, Recueil Dalloz 1897, 1.433). 프랑스의 법학자 살레이Raymond Saleilles는 이 판례를 평석하면서 "현대 산업사회에서 위험원의 지배로 이익을 누리는 자는 그 위험의 결과를 부담해야 한다"는 이론을 정립하였다(Saleilles, La responsabilité civile: application de la théorie du risque à la responsabilité du fait des choses, 1897). 이른바 위험의 사회화socialisation des risques가 시대적 요청으로 받아들여진 셈이었다(Viney, Le déclin de la responsabilité individuelle, 1965, préf.).

> 위험책임 법리에 대한 반발 : 위험책임 법리는 과실책임 원칙의 옹호자들에게 커다란 위협이 되었다. 그들은 위험책임 이론에 대해 "자유롭게 활동하는 개인의 자기책임 원칙은 공공복리와 사회발전의 핵심 조건이며, 그것이 무너지면 사회는 도덕적·경제적 퇴보를 겪게 된다."라며 반발하였다. 이러한 입장을 대표한 프랑스의 민법학자 Marcel Planiol은 프랑스 대법원의 판결을 1905년에 다음과 같이 비판했다: "만약 우리가 과실 없이도 타인에게 손해배상책임을 지우게 된다면, 이는 가장 불합리하고 부당한 판결일 것이다. 이는 무해해 보이는 사람까지 처벌하게 되고, 결과적으로 가장 근면한 자를 처벌하는 일이 된다. 이 판결은 정의를 보호하는 것이 아니라, 오히려 성공한 사람에게 벌을 주고 불운한 경쟁자에게 상을 주는 것이다.(Planiol, Études sur la responsabilité civile, Revue critique de législation et de jurisprudence, 1905, 34, 277, 289 f.)"

5) 사회보장법의 도입 : 1871년 1월, 독일 황제 빌헬름 1세는 노동자 보호를 위한 법제도 개혁을 단행하여 산업재해에 대한 고용주의 보상책임을 제도화하도록 하였다. 이는 1884년에 산업재해보상법Unfallversicherungsgesetz의 제정으로 이어졌으며, 일정한 산업재해에 대해 고용주 또는 국가의 보험기관이 과실 여부 무관하게 보상하는 제도로 정착되었다. 이때부터 독일은 모든 사업주에게 법정산재보험gesetzliche Unfallversicherung을 강제하기 시작하였고, 산업재해의 문제는 민법의 영역을 떠나 사회보험법이라는 행정법의 영역으로 들어가게 되었다. 그밖에 1883년 질병보험법Krankenversicherungsgesetz, 1889년 노령 및 폐질연금법Invaliditäts- und Altersversicherungsgesetz이 제정되고 건강보험업체와 연금공단이 피해자의 치료비나 소득 보전 등을 제공하도록 규범화되면서, 책임법의 역할 가운데 상당 부분은 사실상 사회보장 영역으

로 흡수되는 결과가 만들어졌다. 이러한 독일의 사회보장법이 세계 각국에 도입된 결과 오늘날의 불법행위법은 과실책임과 함께 위험책임, 무과실책임, 그리고 사회보장제도의 역할이 혼재된 복합적 구조로 구성되기에 이르렀다.

> * 불법행위법에 대한 사회보장제도의 영향 : 실제로 오늘날 각종 사고로 인한 손해 발생 시 개별 가해자에 대하여 직접 손해배상이 청구되는 일은 드물다. 그보다는 의료보험, 연금보험, 민간 손해보험 등 공적·사적 사회보장기구가 손해의 상당 부분을 부담하고 그 보험사가 가해자에 대하여 구상하는 방식으로 대부분의 손해가 처리되고 있다. 예를 들어 신체 또는 건강이 침해된 경우 국민건강보험공단은 피해자에게 먼저 보험급여를 제공한 뒤 구상금의 형태로 가해자에게 그 비용의 상환을 청구한다. 도수치료, 비급여 약제 등 비급여 치료비를 지출했더라도 이것 역시 실손의료보험 등 민간보험 급여로 해결하는 경우가 많다. 그밖에 사고로 인해 피해자가 장애 상태에 이르렀다면 국민연금의 장애연금을 받을 수 있고, 사망에 이르렀다면 그 유족이 유족연금을 지급받아 피해자의 소득을 보전받을 수 있다. 산업재해 시에는 근로자재해보험한테서 급여를 받고, 교통사고를 당하면 가해자의 자동차보험한테서 급여를 받는다. 가해자에 대하여 직접 소를 제기하거나 가해자와 직접 합의를 보는 것은 손해 가운데 보험 비급여 또는 미보상 항목에 국한되는 경우가 많다. 자동차보험 아닌 다른 손해보험도 활성화되어 있기 때문에 교통사고 이외의 사고에서도 피해자는 가해자의 손해보험사한테서 급여를 받곤 한다. 따라서 오늘날 대다수의 시민에게 산업재해나 교통사고에 따른 손해의 전보 문제는 배상청구의 문제라기보다 보험급여청구의 문제로 인식되고 있다. 보험급여의 대상이 되지 않는 인격권 침해, 즉 개인정보 자기결정권이나 명예권 또는 프라이버시의 침해에 따른 정신적 손해의 전보 문제가 불법행위법의 중심 주제로 점점 부상하고 있다.

II. 요 건

1. 개 관

(1) 법률규정

우리민법 제750조는 "고의 또는 과실로 인한 위법행위로 타인에게 손해를 가한 자는 그 손해를 배상할 책임이 있다"고 규정하고 있다. 이에 따르면 불법행위의 성립요건은 고의 또는 과실, 위법행위, 타인에게 손해발생, 위법행위와 손해 사이의 인과관계라고 할 수 있다. 또한 우리민법 제753조와 제754조는 책임무능력자의 책임을 부정함으로써 책임능력이 불법행위의 성립요건임을 간접적으로 규정하고 있다. 이를 추가하여 고려하면, 우리민법상 불법행위의 성립요건은 ① 손해의 발생, ② 가해행위의 위법성, ③ 위법행위와 손해 간의 인과관계, ④ 가해자의 고의 또는 과실, ⑤ 가해자의 책임능력이라 볼 수 있다.

(2) 법규해석의 필요성

우리민법의 불법행위 규정에서 '위법행위'가 구체적으로 무엇인지 알기 어렵다. 불법행위는 일단 사람의 의식이 개입된 '행위'여야 하므로, 불법행위책임에 일정한 '행위'가 전제되어야 함은 당연하다. 그러나 무엇이 '위법한' 행위인지에 대해 우리민법은 구체적 설명을 생략한 채 침묵하고 있다. 일반적으로 절대권(생명, 신체, 건강, 자유, 소유에 관한 권리)을 침해하는 행위는 그 자체가 위법성을 징표한다고 보고 있긴 하다. 그러나 그 외의 권리를 침해하는 행위에 대해서는 위법성 판단이 용이하지 않다.

2. 손해의 발생

(1) 손해의 개념

1) 손해의 정의 : 우리민법 제750조는 불법행위책임의 요건 가운데 하나로서 피해자에게 손해가 발생해야 한다는 것을 명시하고 있다. 여기서 손해(損害)란 법적으로 보호되는 상태보다 밑지거나 해가 되는 것, 즉 법익에 관하여 받은 불이익을 말한다. 라틴어로는 이러한 손해를 'damnum'이라 하고, 독일어로는 이를 'Schaden', 프랑스어로는 이를 'dommage', 영어로는 이를 'damage'라 한다.

2) 전통적 손해 개념 : 로마법에서 손해 개념은 신체corpus 또는 물건res에 대한 가시적 침해를 중심으로 구성되었다. 손해란 '어떤 실체 있는 이익의 감소'를 의미했고, 이는 대부분 유형적 손해였다. 이러한 관념은 산업화 이후에도 유지되어 교통사고로 인해 보행자가 부상당하거나 차량이 파손되는 것, 화학 공장에서의 폭발로 인해 인명피해가 발생하거나 그 공장설비 및 인근 주택이 부서지는 게 대표적 손해로 취급되었다. 고장난 주방기기로 인한 감전 사고, 놀이기구 추락 사고, 건물 담장 붕괴 사고 등으로 사망자 또는 부상자가 발생하는 것도 대표적 손해였다. 다시 말해 사고Unfall로 인한 인명·신체 또는 물건의 피해가 과거에는 손해 개념의 중심을 차지하고 있었다.

(2) 손해의 한계 유형

1) 순수 재정손실 : 손해는 반드시 사람의 신체나 물건에서만 발생하는 게

아니다. 신체 또는 물건에 대한 침해가 없더라도, 순수 재정손실reiner Vermögensschaden 역시 손해로서 문제될 수 있다. 예컨대 금융기관이 잘못된 신용정보를 제공함으로써 제3자가 지급불능 상태의 채무자에게 돈을 빌려주어 손실을 입는 경우가 이에 해당한다. 이러한 재정손실은 이른바 시장위험market risk에 속하는데, 자유시장경제의 이념과 계약자유의 원칙 아래에서 이러한 시장 위험은 각자가 스스로 부담해야 할 몫에 해당한다. 따라서 단순한 금전적 손실은 개인의 책임 아래 발생한 위험으로 간주되고, 계약상의 이행이익Erfüllungsinteresse이 아니라면 이러한 금전적 이익을 법으로 보호할 수는 없는 것으로 인식되었다. 그러나 오늘날 산업의 중심이 정보와 서비스산업으로 이동하고 디지털 금융 경제가 확대되면서 금전적 이익이 중시되고 고도의 지능형 경제범죄에 의한 시장교란이 늘어나면서 거래질서가 강조됨에 따라 새로운 환경에서 재정손실을 보호하기 위한 법규들이 많이 제정되었다. 그러한 법규의 취지에 따라 오늘날은 순수 재정손실 역시 손해의 범주로 점점 더 많이 편입되는 추세에 있다.

* 순수 재정손실이 불법행위법에서 주변적 위치에 있는 이유 : 순수 재정손실은 예를 들어 회사의 경영진이 허위의 수주 계약체결 사실을 발표하여 주가가 일시적으로 상승한 뒤 그 허위가 밝혀져 주가가 하락하는 경우, 언론 보도로 인해 기업의 제품 매출이 감소하는 경우, 은행 직원에게 서명 위조의 전력 있음이 드러나 해당 은행의 신용이 실추되어 조달금리가 상승하는 경우 등에 발생한다. 만약 가해자와 피해자 사이에 계약관계가 없다면 이러한 사안에서 직접적 권리 침해는 없고 단순히 경제적 손실이 일어난 것에 불과하기 때문에 그에 관한 위법성의 근거는 불명확하다. 또한 재정손실은 그 성질상 파급효과가 불특정 다수에게 동시다발적으로 광범하게 미치기 때문에, 그에 대한 책임을 인정하는 것은 법적 안정성과 예측가능성을 해칠 우려가 있다. 또한 재정손실은 그 발생경위와 결과가 간접적이며 복잡한 인과관계를 통해 실현되므로, 행위 당시 예견가능성이나 행위자에게 요구되는 주의의 구체적 내용을 설정하기가 곤란하다. 이러한 이유들로 인해 재정손실은 원칙적으로 불법행위법상 손해 개념에서 배제되고 있다.

* 순수 재정손실이 불법행위법에서 보호되는 범위 : 20세기 이후 산업경제는 전통적 제조업 기반에서 정보·신용·금융·데이터 중심의 서비스경제로 전환되고 있다. 기업 자산의 대부분이 무형자산intangible assets으로 구성되고 있으며, 회계적으로 브랜드 가치, 평판, 영업비밀, 알고리즘, 고객 데이터 등의 가치는 더욱 상승하고 있다. 이러한 구조에서 금전적 이익 및 거래관계 자체가 기업의 핵심 자산이자 생존기반으로 기능하며, 이에 대한 침해는 단순한 기회상실을 넘어 실질적 손해와 경쟁력 상실로 직결되고 있다. 게다가 디지털화된 금융경제에서는 하나의 정보 오

류가 직접적 계약당사자를 넘어 수많은 투자자나 이해관계자에게 순식간에 확산되는 체계적 위험systemic risk이 존재한다. 특히 정보의 비대칭성과 금융범죄의 지능화는 거래상대방뿐 아니라 다른 거래참가자들까지 예측 불가능한 위험에 노출시키기 때문에, 자본시장법, 부정경쟁방지법, 전자금융거래법, 개인정보보호법 등 현대의 여러 규제법규는 그러한 정보제공자나 중개인의 책임을 점차 강화하고 있다. 이에 따라 종래 시장위험 또는 계약상 급부장애로만 취급해 왔던 금전적 손실 역시 공법의 보호대상으로 더욱 많이 편입되고 있다.

2) 정신적 손해 : 불법행위로 인하여 피해자는 물질적 손실만 입는 것이 아니라 불쾌감, 불안감, 수치심, 모욕감 등도 가질 수 있다. 그러나 이러한 정신적 손해는 증명하기 어렵고 책임 범위 예측이 어렵다는 구조적 문제를 갖고 있기 때문에 전통적으로 법률문제로서 다루어지지 않았다. 이른바 "눈물은 돈으로 바꿀 수 없다les larmes ne se monnaient pas"는 원칙이 통용되었던 것이다. 그러나 1892년 프랑스에서 사망자 유족이 겪은 슬픔·고통에 대해 금전배상을 인정하는 판례(Cass. civ., 21 juin 1892)가 나오면서 이러한 정신적 고통은 생명·신체 피해에 부종하는 것으로나마 배상의 대상으로 포함되기 시작했다. 그 후 1897년 영국에서는 거짓말로 정신적 충격을 유발한 행위에 대해 정신적 고통만으로도 손해배상을 인정한 윌킨슨 판결(Wilkinson v Downton [1897] EWHC 1 (QB); [1897] 2 QC 57)이 나왔는데, 이때부터 정신적 손해는 하나의 독자적 손해로까지 받아들여지게 되었다. 한편 독일에서는 1900년 민법전 시행 당시부터 신체 손해에 대한 위자료가 인정되었으며, 1958년부터는 승마애호가Herrenreiter 사건을 시작으로 인격권 침해, 명예훼손, 프라이버시 침해 등에 대해서도 위자료가 인정되었다. 오늘날 정신적 손해는 상실감, 수치심, 모욕감, 공포감 등 매우 폭넓은 감정적 영역까지 포함하면서 각국 실무에서 점점 더 적극적으로 배상되는 추세에 있다.

* 로마법과 정신적 손해 : 로마법은 정신적 고통을 손해로 거의 취급하지 않았다. 다만 명예훼손infamia이나 모욕iniuria에 대해서는 로마법상 일정한 벌금 또는 보상금이 허용되었는데, 이는 오늘날 위자료와 유사한 측면이 있었다. 중세 유럽에서도 정신적 고통에 대한 배상은 거의 인정되지 않았고, 18세기 자연법에서도 정신적 손해 개념은 받아들여지지 않았다. 예외적으로 결투, 명예훼손 등 특정한 귀족 간 사건에서만 명예회복 수단으로 위자료 지급이 논의된 바 있을 뿐이었다.

* 윌킨슨 vs 다운튼 사건 : 런던 라임하우스에서 펍을 운영하던 Thomas Wilkinson이 외출한 사이, 단골손님이던 Downton은 윌킨슨의 아내에게 장난삼아 허위 사실을 고지하였다. 그는 윌킨슨이 경마장에서 사고로 다리가 두 개나 부러졌고, 현재 엘름스에 누워 있다는 허위 정보를 제공하면서, 윌킨슨의 아내에게 택시를 타

제2장 불법행위

고 가서 베개 두 개를 가져오라고 말하였다. 윌킨슨 부인은 이로 인해 극심한 충격을 받았고 구토, 정신혼란 등 심각한 신체 후유증을 겪었으며 머리카락까지 하얗게 세고 말았다. 1897년 영국 법원은 이러한 결과가 특별한 체질이나 기저 질환 없이 직접 허위 진술로부터 발생한 것임을 인정하였다. 신체 접촉이 없었고 원고가 즉각적인 신체 폭력을 예상하지 않았기에 관습법상 폭행죄는 성립하지 않았으나, 법원은 피고의 행위가 원고에게 신체손해를 입히기 위해 고의적으로 이루어졌고, 실제로 그러한 신체손해가 발생했다는 이유로 손해배상책임을 인정하였다. 이러한 판단은 비록 전통적 불법행위 이론과 달랐지만, 고의에 의한 정신적 손해에 대한 새로운 불법행위의 유형을 인정하는 계기가 되었다. 이 사건은 이후 판례법에 커다란 영향을 미쳤으며, 1919년 Janvier v Sweeney 사건에서 항소법원은 윌킨슨 판결을 확정적으로 인용하였다. 제1차 세계대전 중 독일인 남자친구와 서신을 주고받던 여성 Janvier를 협박하고 남자친구의 소재를 알아내기 위해 사립탐정 Sweeney가 경찰관을 사칭한 사건이었는데, 이때 피해자는 심각한 신경쇠약을 겪었다. 법원은 이 사건의 피해자에게 윌킨슨 판례에 근거하여 위자료청구권을 인정하였다($^{Janvier\ v\ Sweeney}_{[1919]\ 2\ KB\ 316}$).

* 승마애호가 사건 : 오카사Okasa라는 성기능 증강 치료제로 잘 알려진 독일의 어느 제약회사는 광고 목적으로 어느 승마애호가Herrenreiter의 사진을 무단으로 사용하여 전국에 대형 포스터를 게시했다. 원고는 사진 사용에 전혀 동의하지 않았으며, 해당 광고가 자신의 명예를 훼손하고 자신의 이미지를 왜곡한다고 주장했다. 원고는 실제로 허용 가능한 사용에 대해 적어도 만5천 마르크 이상의 보상을 요구할 수 있었을 것이라고 주장하며, 피고에 대해 손해배상 및 위자료를 청구했다. 이에 대해 피고는 원고가 광고용으로 이미지를 제공할 가능성이 없었기 때문에 가상의 사용 계약에 의한 손해배상 방식은 부적절하다고 반박했다. 1958년 독일의 연방대법원은 피고의 그러한 주장을 인용하였지만, 독일기본법상 인간존엄성과 자유의 규정에서 도출한 일반적 인격권allgemeines Persönlichkeitsrecht이 이 사안에서 침해되었다고 보았다. 그리고 독일기본법의 취지에 따라 신체나 자유 침해 시 위자료를 명시한 독일민법 제847조의 규정이 이 사안에 유추적용될 수 있다고 판단하였다. 따라서 설령 재산손해는 없었어도 원고에게 발생한 비재산적 손해만으로 피고에게 금전배상책임이 인정될 수 있다고 판결하였다($^{BGH,\ Urteil\ vom\ 14.\ Februar}_{1958\ -\ I\ ZR\ 151/56}$).

* 소송사기사건 : 乙은 甲과 주식회사 C(대표이사는 甲)에 대하여 대여금반환을 구하는 소를 제기하였다. 이후 乙은 甲에 대한 청구는 자진 취하하였으나, 주식회사 C에 대해서는 5천만 원의 지급을 명하는 일부 승소판결을 받았다. 하지만 위 승소판결은 乙이 위조된 계약서 및 허위의 사실확인서를 법원에 증거로 제출한 덕에 내려진 것이었고, 그 결과 주식회사 C뿐 아니라 대표이사 甲 역시 실질적 피해를 보게 되었다. 법원은 위와 같은 소송사기행위로 인하여 甲이 입은 재산적 피해를 乙이 배상하여야 할 뿐 아니라 甲의 정신적 고통에 대해서도 乙이 배상해야 한다면서 甲에게 乙에 대한 위자료 백만 원의 청구권을 인정하였다($^{서울中央地判\ 2013.12.17.}_{2012가단316020}$).

3) 사실적 이익의 손실 : 손해가 성립하려면 통상적으로 법익의 침해가 전제되어야 한다. 여기서 법익이란 단순한 사실상 이익이나 기대이익이 아니라, 법질서가 보호할 만한 것으로 승인한 권리 또는 이익을 의미한다. 따라서 단지 경미한 불편을 느꼈거나 반사적 이익이 침해된 데 불과한 경우에는 법적으로 손해가 발생하였다고 평가하지 않는다. 예컨대 어떤 사람이 서점에서 특정 책을 구매하려 했으나 점원이 잘못된 정보를 제공하여 그 책을 구매하지 못한 경우, 그 사람은 사실상 일정한 시간과 기회를 상실했을 수 있고 불쾌감을 느꼈을 수 있으나, 그러한 불이익은 법이 보호하는 이익의 침해로 보기 어렵다. 마찬가지로, 주차장을 먼저 찾은 운전자가 주차요원의 착오로 인해 대기순위가 뒤로 밀려 주차에 실패한 경우, 만일 주차공간 확보에 대한 법적 권리나 우선적 지위가 부여된 것이 아니라면 이는 단순한 사실상 이익의 상실에 불과하며 법적 손해로 평가되지 않는다. 이와 같이, 사실상 이익faktischer Vorteil의 침해가 항상 법적 손해로 연결되는 것은 아니며, 구체적 사안에서 그러한 이익이 법적으로 보호받을 이익인지 여부를 엄밀히 심사할 필요가 있다.

* 법적 의무 없는 자의 양도소득세 납부 : 甲은 乙에게 1억 원을 대여한 이후, 乙의 요청에 따라 자신을 건축주로 하여 다세대주택을 신축하고, 자기 명의로 그 주택의 소유권보존등기까지 마쳤다. 이후 해당 부동산이 乙에 의해 제3자에게 매도되었고, 그 과정에서 甲 명의로 양도소득세가 부과되자, 甲은 이를 납부하였다. 그 후 甲은 乙이 이 세금을 납부하겠다고 약속하였음에도 이를 이행하지 않아 자신에게 손해가 발생하였다면서, 乙에게 손해배상을 청구하였다. 그러나 법원은 乙이 양도소득세를 대신 납부하겠다는 명시적 약속을 하였다는 점에 대해 이를 인정할 만한 증거가 부족하다고 판단하였다. 나아가, 甲의 주장에 의하면 이 사건은 명의신탁관계에 해당하고, 甲은 명의수탁자, 乙은 명의신탁자로 보이는바, 명의신탁자가 자신의 의사에 따라 명의신탁재산을 양도한 경우 명의신탁자가 실제 소득의 귀속자이므로, 명의수탁자가 양도소득세를 납부하였다 하더라도 명의신탁자는 여전히 납세의무를 부담하고 있어 그 의무에서 면제되는 이익을 얻었다고 볼 수 없다고 하였다. 설령 과세관청이 명의신탁자 乙에게 해당 부동산에 대한 재산세 부과처분을 하지 않게 됨으로써 결과적으로 乙이 재산세를 납부하지 않게 되는 이익을 얻게 되더라도 이것은 사실상 이익이나 반사적 이익에 불과할 뿐이라는 것이다(大判 2020.9.3.). 따라서 甲은 법적으로 乙에게 위 양도소득세 상당액을 청구할 수 없다고 판단되었다(釜山地判 2021.12.9.).

* 아파트 건축으로 인한 전파송신의 방해 : 대우건설은 MBC 본사 건물과 관악산 중계소를 잇는 직선상에서 약 822미터 떨어진 위치에 아파트를 건축했다. 아파트가 완공될 경우, MBC 본사에서 관악산 중계소로 송신되는 방송 전파 빔이 아파트 건물

의 지표면 108미터 지점에서 차단되는 상황이 발생할 것으로 예상되었다. 이에 MBC는 전파 장애를 해소하기 위하여, 여의도 본사에서 남산 중계소를 거쳐 관악산 중계소로 연결되는 새로운 우회 전송로를 구축해야 했다. 이 우회전송로 구축에는 총 12억 8,635만 원의 비용이 소요되었고, MBC는 이 비용을 대우건설이 연대하여 부담해야 한다고 주장했다. 이에 대하여 대우건설은 위 아파트 건축에 관하여 관계법령에 따른 적법한 건축허가를 받아 공사를 진행했다고 반박했다. 법원은 MBC의 청구를 기각했다. 민간지상파방송사업자의 방송을 위한 전파송신은 특별한 사정이 없는 한 방송의 자유나 독립과는 별개의 문제로서 헌법이나 법률에 의해 당연히 보호되는 이익으로 볼 수 없고, 전파법령 역시 방송의 송신과 수신을 구별하여 수신장애에 대해서만 건축물 소유자의 제거 의무를 규정할 뿐 송신장애까지 보호대상으로 삼지는 않고 있다는 이유에서였다(大判 2003.11.28, 2003다43322).

* 위법소득의 상실을 손해로 보지 않은 판례 : 위법소득(違法所得)은 법률에 의하여 보호할 가치가 없으므로, 그러한 위법소득이 상실된 경우에도 손해는 없는 것으로 본다. 예를 들어 사립학교 교사로 근무하던 자가 사립학교법에 위반하여 유흥업소의 밴드원으로 전속출연하였고 그 유흥업소에서 급료를 받다가 못 받게 되었다 하더라도 그러한 급료의 손실을 손해로 보지는 아니한다(大判 1992.10.27, 92다34582).

(3) 손해의 종류

1) 재산적 손해와 비재산적 손해

a. 개 관 : 손해가 물권, 채권, 영업이익 등 재산적·금전적 가치에서 발생했을 때는 이를 '재산적 손해(財産的 損害)'라 하고, 생명·신체·건강·자유 등 인격적 가치를 침해하였을 때는 이를 '비재산적 손해(非財産的 損害)'라고 한다. 비재산적 손해 중에서도 인간의 사고 및 감정 등에 미친 부정적인 영향은 이를 '정신적 손해(精神的 損害 préjudice moral)'라고 한다.

* 위자료 : 정신적 손해에 대한 배상은 흔히 위자료(慰藉料)라 일컫는다. 다시 말해 감정적 또는 정신적 고통에 대한 배상금을 가리키는 말이 바로 위자료이다. 위자료는 라틴어로 'solatium' 또는 'pretium doloris'라 하고, 독일어로는 이를 'Schmerzensgeld'라 한다. 위자료는 고통의 정도, 피해자의 지위, 가해행위의 경위 등 정성적 요소에 따라 재판부가 재량으로 결정한다. 대개 불법행위, 특히 명예훼손이나 부당징계로 인하여 정신적 손해가 발생하였을 때 위자료가 인정되지만, 이혼사건에서도 위자료는 중요한 지위를 차지한다. 가끔 계약의 부당파기, 채무불이행, 약혼해제 등의 경우에도 위자료가 인정된다. 오늘날엔 개인정보권의 침해, 프라이버시 침해 등의 사안에서도 위자료가 폭넓게 인정되고 있다.

b. 재산적 손해의 배상 : 재산적 손해는 객관적으로 측정 가능하므로 그

손해가 반드시 증명되어야 한다. 그 손해액은 물론이고 그 인과관계에 대해서도 피해자의 구체적 증명이 요구된다. 그리고 재산적 손해는 금전배상 대신에 원상회복이나 대체물로도 그 손해가 전보될 수 있으므로, 만약 수선이나 대체물 제공이 더 효율적이라면 그러한 비금전적 방법이 손해배상의 방법으로 원용될 수 있다. 재산적 손해는 그 산정 기준이 실무상 정형화되어 있어 그 배상금이 비교적 예측 가능하다. 예컨대 교통사고로 차량이 파손된 경우 차량 수리 또는 재구입 비용이 배상되며, 부상자가 치료비, 약제비, 간병비, 노동능력 상실로 인한 수입 감소 등의 손해를 입은 경우 그 금액이 산정되어 배상될 수 있다.

　　c. 비재산적 손해의 배상 : 손해는 단지 재산적 손해에 그치지 않고, 비재산적 손해Nichtvermögensschäden로도 발생할 수 있다. 예를 들어 교통사고로 다리를 잃은 피해자는 치료비와 의족 구입비, 이동 수단 의존 등으로 인해 추가적 금전손해를 입는 것과 별도로 외관 손상으로 인한 심리적 고통, 사회생활의 제약, 삶의 질 저하 등을 함께 겪게 되는데, 이는 금전으로 완전히 보상되기 어려운 비재산적 손해에 해당한다. 비재산적 손해는 신체 침해의 경우 외에도 발생할 수 있다. 예컨대 유명 운동선수가 동의 없이 성기능 강화제 광고에 자신의 사진이 사용되어 모욕감을 느끼거나, 가족의 장례식 장면이 유력 언론에 자극적으로 보도된 경우도 그러한 예에 속한다. 이러한 비재산적 손해에 대한 배상금으로서 위자료의 산정에는 침해된 비재산적 권리상태의 보정만이 아니라 응보(應報) 및 속죄(贖罪)의 요소도 중요하게 고려된다.

　　　　* 속죄를 위한 위자료 : 군부대에서 총기·실탄이 유출되었고, 이를 사용한 군인이 강도행위를 하다 피해자를 사망에 이르게 하였다. 이에 가해자의 가족은 형사재판에서 가해자의 책임을 완화하려는 목적으로 피해자 유족에게 합의금 1,500만 원을 지급하고, "국가를 상대로 한 손해배상청구와는 무관하며 깊은 속죄의 뜻으로 지급한다"는 내용의 합의서를 작성하였다. 그럼에도 국가는, 이미 유족이 합의금이라는 금원을 수령했으므로 손해 일부는 이미 배상되었고, 국가배상액에서 이를 공제해야 한다고 주장했다. 그러나 법원은 이 사건에서처럼 합의서에 '속죄의 뜻'이라는 문구가 있었고 가해자 가족이 자발적으로 유족의 고통을 덜기 위한 도의적 위로금 차원에서 합의금을 지급하였던 경우, 이 합의금은 위자료라 인정하고 이는 국가배상금에서 공제될 수 없으며 다만 참작될 뿐이라고 판결하였다(大判 2020.9.3., 2018다283773).

　　2) 1차손해와 후속손해 : 가해자의 손해야기행위에 의해 피해자가 직접적으로 입은 불이익을 1차손해Erstverletzung라고 하고, 그 1차손해를 기점으로 해서 연

속적으로 발생된 손해를 후속손해(後續損害 Folgeverletzungen)라고 한다. 예를 들어 물건을 망가뜨린 경우 수선비, 물건을 멸실케 한 경우 멸실한 물건의 교환가치 상당액, 사람을 다치게 한 경우 치료비 등은 1차손해이고, 물건을 새로 구입하는 데 들어간 비용(광고비·교통비·운송비), 물건을 새로 구입할 때까지 다른 물건을 빌리는 데 들어간 비용(大判 2004.3.18., 2001다82507), 사람을 다치게 하거나 죽게 만들었을 때 그 사람이 장래에 벌어 들일 수 있었던 소득의 상실손해(일실이익) 등은 후속손해라 할 수 있다.

　　　3) 적극적 손해와 소극적 손해 : 유체물의 멸실이나 훼손, 신체의 부상 등으로 인하여 지출된 비용의 손해를 '적극적 손해(積極的 損害 Positiver Schaden)'라고 한다. 반면에 장래에 예정되고 있던 이익의 획득이 실현되지 않고 방해됨으로써 받는 손해를 '소극적 손해(消極的 損害 Negativer Schaden)'라 일컫는다. 소극적 손해를 다른 말로 일실이익(逸失利益 entgangener Gewinn)이라고도 한다. 프랑스민법 제1231-2조에 따르면, "채권자에 대한 손해배상은 일반적으로 그 가해진 손실perte qu'il a faite과 그 박탈된 이익gain dont il a été privé을 배상하는 것으로 한다"는데("Les dommages et intérêts dus au créancier sont, en général, de la perte qu'il a faite et du gain dont il a été privé, [...]"), 여기서 그 가해진 손실은 '적극적 손해'가 되고 그 박탈된 이익은 '소극적 손해'가 된다.

　　　　　* 실제적 예 : 적극적 손해는 예를 들어 상해의 경우 그로 인한 치료비와 개호비(임의 발생한 것만이 아니라 앞으로 발생할 것도 포함함), 휠체어 등 의료보조기 구입 비용, 치료받는 동안의 잡비(물티슈·입비용 등) 등이 여기에 해당하고, 손괴의 경우 그 수리비와 대체물의 임차비용 등이 여기에 해당한다. 피해자가 사망한 경우에는 장례비도 이러한 적극적 손해에 포함된다. 반면에 소극적 손해의 예로는 부품공급의 차질로 완제품생산을 못하게 되어 기대했던 매출이익을 못 올린 데 따른 손해, 사고로 사망하거나 노동 능력의 전부 또는 일부를 상실한 자가 향후 얻을 수 있는 수익을 얻지 못하게 됨으로써 받은 손해 등을 들 수 있다.

　　　　　* 적극적 이익, 소극적 이익과의 구별 : 참고로 독일민법에서는 적극적 손해와 소극적 손해의 개념이 우리와 다르다. 독일에서 적극적 이익Positive Interesse의 손해란 계약위반에 따른 이행이익(履行利益)의 손해를 말하고, 소극적 이익Negative Interesse의 손해란 계약위반에 따른 신뢰이익(信賴利益)의 손해를 말한다.

　　4) 통상손해와 특별손해

　　　a. 정 의 : 통상손해(通常損害)는 거래관념에 비추어서 불법행위로 인해 보통 발생할 것이라고 생각되는 손해를 말한다. 프랑스어로는 이러한 통상손해를 'dommage prévisible'라 하고, 독일어로는 이를 'gewöhnlicher Schaden', 영어로는

이를 'general damages'라 칭한다. 반면 특별손해(特別損害)는 이러한 통상손해에 해당되지 않는 손해, 즉 예외적이고 특별한 사정(예를 들면 우연적 사정이나 피해자 자신의 사정이나 제3자의 개입)으로 인하여 발생한 손해를 말하는데, 프랑스어로는 특별손해를 'dommage imprévisible'라 하고, 영어로는 이를 'special damages'라 칭한다.

* 프랑스법 : 통상손해와 특별손해의 구별은 본디 프랑스민법에서 비롯되었다. 구 프랑스민법 제1150조를 보면 "채무자는 계약 당시 예견되었거나 예견할 수 있었던 손해만을 배상할 책임이 있다. 단, 고의가 있는 경우는 예외이다.(Le débiteur n'est tenu que des dommages et intérêts qui ont été prévus ou qu'on a pu prévoir lors du contrat, sauf en cas de dol.)"라고 규정되어 있고 이는 현행 프랑스민법 제1231-3조로 이어지고 있다. 여기서 '예견되었거나 예견할 수 있었던 손해'가 바로 통상손해에 해당한다. 하지만 프랑스에서 이러한 통상손해와 특별손해의 구별은 계약상 손해배상책임에만 적용되고 불법행위에 기한 손해배상책임에는 적용되지 않는다. 프랑스 불법행위법은 완전배상réparation intégrale 원칙을 매우 엄격하게 적용하고 있기 때문이다. 실제로 프랑스 대법원의 확립된 판례에 따르면, 불법행위로 인해 발생한 손해는 가해자 입장에서 예견 가능했는지 여부와 무관하게, 인과관계만 있으면 전부 배상되어야 하는 것이라고 한다.

* 독일법 : 독일법상 손해배상책임의 범위는 가해자가 손해 발생을 예견할 수 있었는지와 관계없이, 오직 가해행위 그 자체에 의존한다. 1차손해Erstverletzung에 의해 후속손해Folgeverletzungen가 실현되었다면, 다시 말해 그 후속손해가 1차손해로 인해 발생한 추가적 위험에 기인한 것이라면, 설령 가해자가 그 후속손해를 예견할 수 없었다 하더라도 그 후속손해는 배상되어야 한다는 뜻이다. 다만 너무 우연한 사정Zufall에 의해 손해가 발생하였다면, 인과관계를 부정할 수 있다고 한다. 예를 들어 1차 교통사고 이후 다른 차량 운전자가 피해자를 다시 충격하여 2차 사고Zweitunfall가 발생했을 때, 그 2차 사고가 별개의 독립 행위자에 의한 비정형적 결과로 평가된다면, 1차 사고의 가해자에게 전체 손해를 귀속시키지는 않는다고 독일연방대법원은 판시하였다(BGH, Urt. vom 10. Februar 2004 - VI ZR 218/03 = NJW 2004, 1375).

* 영미법 : 영미법은 불법행위 가해자의 예견가능성과 상관없이 그 후속손해에 대한 가해자의 배상책임을 인정한다. 예를 들어 교통사고로 다리에 부상을 입은 후 회복 중이었던 피해자가 그 후 도둑에게 총격을 받아 같은 다리가 절단된 사건에서 도둑의 행위는 교통사고 가해자의 과실과 무관하며 이는 예측 불가능하고 독립적인 사건이지만, 최초 사고와 인과관계가 있다고 하여 최초 가해자의 손해배상책임을 인정하였다(Baker v Willoughby, [1969] UKHL 8 [1969] 3 All ER 1528). 하지만 불법행위가 아닌 계약위반 사안의 경우 채권자의 손해가 채무자에게 사전에 알려지지 않은 특별한 사정에 따른 것으로서 예견가능성이 없었다면 계약위반자에게 그 손해를 귀속시킬 수 없다고 하였다. 예를 들어 제분업자가 제분소를 운영하던 중 증기기관의 크랭크 샤프트가 부러져 조업이 중단되자 그 크랭크 샤프트를 제조업

체에 보내 수리하고자 운송을 의뢰하였는데 운송인의 지체로 배송이 늦어졌고 그로 인해 제분소 가동이 며칠간 중단되자 제분업자가 그 운송인에게 모든 영업손해의 배상을 청구한 사건에서 법원은 그 크랭크 샤프트가 제분소의 유일한 핵심 부품이고 그 운송 지체로 인해 제분소가 수일간의 생산 중단 피해를 볼 것임에 대해 운송인이 예견할 수 없었을 것이라며 그 추가손해에 대한 운송인의 손해배상책임을 부정하였다(Hadley v. Baxendale, Court of Exchequer, 1854, 9 Ex. 341 / 156 E.R. 145).

b. 우리나라 사례 : 우리법상 '통상손해'의 예로서는 물건을 멸실한 경우 멸실된 물건의 시가 상당액(大判 1996.6.14. 94다61359), 물건을 훼손한 경우 수선비와 그 수선기간의 사용이익 손실(大判 2000.11.24. 2000다38718·38725), 사람을 다치게 한 경우 위자료와 치료비, 돈을 늦게 갚은 경우 지연이자, 물건을 늦게 돌려준 경우 그 임료(大判 1995.2.10. 94다44774), 돈을 안 갚은 경우 원금+이자+저당권실행비용, 영업용 물건을 멸실한 경우 휴업손해(大判 2004.3.18. 2001다82507), 부당한 소제기의 경우 상대방 변호사비용, 사람을 살해한 경우 위자료와 장례비와 묘비설치비 등을 들 수 있다. '특별손해'의 예로서는 건물 훼손 사고 후에 건설물가의 등귀로 증대된 수리비(大判 1994.3.22. 92다52726) 등을 들 수 있다. 우리법은 계약법과 불법행위법을 가리지 않고 통상손해와 특별손해를 구분한다는 태도이다.

* 건설물가의 등귀로 증대된 수리비의 배상 : 건설회사 乙은 굴착공사를 시행하였고, 이로 인해 인접한 甲 소유 건물이 훼손되었다. 이에 甲은 乙에게 불법행위로 인한 손해배상을 청구하면서 수리비의 배상 역시 구하였는데, 그 수리비는 통상적인 금액이 아니라 사고 이후 건설자재 가격이 상승하여 실제로 증가한 금액이었다. 이에 우리법원은 자재비 상승 등으로 인한 수리비 증가가 특별손해에 해당한다면서, 甲이 이러한 특별사정과 예견가능성에 관하여 주장·입증하지 않았으므로, 그 증가된 수리비에 대한 배상은 인정되지 아니한다고 판결하였다(大判 1994.3.22. 92다52726).

* 주식 무단매도 이후의 주가상승 : 한신증권 주식회사의 직원 乙은 고객들을 대리하여 주식의 매매주문을 하고 있었다. 그러던 乙은 1991년 6월 21일부터 고객들로부터 위임을 받지 않은 상태에서 고객들의 보유주식을 임의로 매도·매수하기 시작하였다. 1992년 4월 3일, 고객 甲의 대리인인 丙이 주식 가격의 상승 소식을 알고 乙에게 甲의 모든 주식을 전날 종가로 매도해달라고 주문하자, 乙이 그동안의 임의매매 사실을 실토하면서 고객들이 乙의 무단매매 사실을 알게 되었다. 고객들은 한신증권을 상대로 손해배상을 청구하는 소를 제기했는데, 손해액을 산정할 때 주식 위법처분 당시의 주식 시가를 기준으로 해야 할지 아니면 주식 가격이 상승한 사실심변론종결시의 주식 시가를 기준으로 해야 할지 다투어졌다. 법원은 주식 가격 상승으로 인한 추가 손해가 특별손해라면서 ① 증권회사가 주식 처분 시점에 가격 상승이라는 특별한 사정을 알았거

나 알 수 있었을 것, ② 고객이 주가 상승 시점에 주식을 매도하여 이익을 확실히 취득할 수 있었을 것이라는 두 가지 요건이 충족되어야 배상청구가 가능하다고 판결하였다(大判 1995.10.12, 94다16786).

* 교통사고로 인한 정전 : 1991년 8월 16일 오전 8시 30분경 롯데칠성음료 소유의 화물트럭 운전사가 부산 북구 감전1동에서 한국전력공사 소유의 전신주를 충돌하는 사고를 일으켰다. 사고 결과 전신주 밑부분이 절손되어 같은 날 15시 40분까지 약 7시간 동안 전기 공급이 중단되었다. 이 전신주를 통해 전기를 공급받던 열경화수지원료생산업체 동아화학공업사는 갑작스러운 전력 공급 중단으로 인해 작업을 중단하면서 원재료 손실, 영업 손실, 복구작업에 따른 인건비, 전력모터 수리비, 폐기물 처리비용 등의 손해를 입었다. 법원은 기계고장, 작업 중인 자재 폐기 등 직접손해의 경우 이를 통상손해로 보아 배상책임을 바로 인정했다. 하지만 소극적 손해인 영업손실에 대해서는 이것이 간접손해이므로 가해자가 그러한 손해발생의 특별한 사정을 알았거나 알 수 있었을 경우에만 배상책임이 인정되는 특별손해에 해당한다고 보았다. 사안의 경우 공장의 가동중지로 인한 손실이 불확실하고 가해행위와 너무 멀다고 보아 법원은 영업손실의 배상책임을 부정했다(大判 1996.1.26, 94다5472).

* 항공기사고 피해자가족대책위원회 활동비용 : 중국국제항공공사의 항공기 사고로 인해 승객들이 사망하거나 부상을 입었다. 사고는 운항승무원들의 전적인 과실로 발생했으며, 승객들에게는 과실이 없었다. 법원은 사망 피해자에 대해 1억 5천만 원, 부상 피해자에 대해 5천만 원의 위자료 산정이 적절하다고 판단했다. 쟁점이 된 것은 피해자들이 피해자가족대책위원회에 가입하여 활동하면서 지출한 1인당 50만 원의 가입비와 1인당 250만 원 가량의 교통비였는데, 법원은 이를 특별손해로 보았다. 따라서 항공사가 사고 당시 위와 같은 비용발생을 알았거나 알 수 있었다고 인정할 만한 증거가 없다는 이유로 그 대책위활동비용을 손해액으로 인정하지 않았다(大判 2009.12.24, 2007다77149).

 c. 민법규정 : 우리민법은 손해를 '통상의 손해'와 '특별한 사정으로 인한 손해'로 나눈다. 다른 요건이 갖춰지면 '통상의 손해'에 속하는 것은 모두 배상되고(제393조 1항), '특별한 사정으로 인한 손해'에 속하는 것은 '채무자가 그 사정을 알았거나 알 수 있었을 때에 한하여' 배상된다고 규정하고 있다(제393조 2항).

(4) 손해의 현실성과 확정성

 법률상 보호되는 이익이 침해된 손해는 발생하지 않지만, 일정한 법익이 침해되었다고 해서 항상 손해가 발생하는 것은 아니다. 법익침해에 따른 손해는 현실성·확정성을 갖춰야 하는 게 원칙이기 때문이다.

* 목적물에 저당권등기가 마쳐진 경우 : 1994년 3월 말경, 甲은 乙 건설회사에 토지를 매도하였다. 매매대금은 22억 원으로 정했고, 그중 6억 2,325만 원에 대하여는 乙이 분양 예정인 아파트 15세대를 대물로 지급하기로 합의하였다. 그러나 아파트 준공 후 乙은 약속된 15세대 중 2세대만 甲이 지정한 제3자에게 소유권이전등기를 해주었을 뿐, 나머지 13세대는 甲의 승낙 없이 임의로 처분하였다. 1세대는 丙에게 소유권이전등기를, 12세대는 丁에게 소유권이전청구권 가등기·근저당권설정등기·전세권설정등기 등을 경료하였다. 그러자 甲은 乙을 상대로 불법행위에 기한 손해배상을 청구하였다. 그러나 법원은 불법행위로 인한 손해배상청구권은 현실적으로 손해가 발생한 때에 성립하며, 이는 객관적·합리적으로 판단해야 한다고 보았다. 단지 제3자에게 근저당권설정등기 등이 경료되었다는 사정만으로 그 매매대금 상당액의 손해가 곧바로 발생했다고 단정할 수 없으며, 그 후 그 피담보채무가 존재하지 않는 것으로 밝혀지거나 등기 자체가 말소된 경우에는 甲이 그 피담보채무 또는 매매대금 상당의 손해를 현실적으로 입었다고 볼 수 없다 하였다(大判 1998.8.25.·97다4760).

* 위법한 집행문 부여와 공유지의 차임 손실 : 우리법원은, 담당공무원이 위법하게 집행문을 부여하여 원인무효의 등기가 이루어지는 바람에 원고가 임대지연으로 인한 차임 상당의 손해를 입었다고 대한민국을 상대로 손해배상을 구한 사안에서, 원고에게 차임 상당의 손해가 발생했다 보기 어렵다고 판시한 바가 있다(大判 2014.7.24.·2014다200305). 물론 담당공무원의 위법한 집행문 부여로 인하여 원고의 토지소유권은 침해된 게 사실이지만, 어차피 위 토지는 공유물로서 다른 공유자의 동의 없이는 다른 사람에게 임대해줄 수가 없는 토지였고, 당시 원고는 공유자에게 임대에 관한 동의나 협조를 요구한 적이 없었다. 다시 말해 손해는 '현실로 입은 확실한 손해'가 아닌 경우 불법행위에 기한 배상책임의 대상이 되지 아니한다고 법원은 판단하였다.

* 상대방의 계약위반으로 인하여 제3자에 대해 부담하게 된 손해배상채무 : 甲은 어선편입계약의 상대방인 乙이 계약을 어기고 어선을 철수함으로 인해 수산청에 손해배상을 해줘야 할 상황에 처했다. 甲은 乙에 대해 손해배상을 청구했지만, 법원은 수산청에 대해 甲이 부담하게 된 손해배상채무가 현실적이고 확정적인 손해가 아니라고 보았다. 甲은 아직 수산청으로부터 직접 손해배상청구를 받거나 실제로 변제한 사실이 없기 때문이었다. 다시 말해 가해자의 권리침해행위로 인해 피해자가 제3자에 대해 어떤 채무를 부담하게 되었다 하더라도, 그 채무부담이 현실적·확정적이지 않아 그 채무를 실제로 변제해야 하는지 여부가 불분명하다면 이것을 손해로 볼 수는 없다는 뜻이었다(大判 1992.11.27.·92다29948).

* 저당권등기의 위법한 말소와 등기명의인의 손해 : 업무상 주의의무를 위반한 법무사의 불법행위로 인하여 근저당권설정등기가 근저당권자의 의사와 무관하게 원인 없이 말소된 사안에서, 우리법원은 그 말소된 근저당권설정등기의 등기명의인이 곧바로 근저당권 상실의 손해를 입게 된다고 할 수는 없다고 하였다(大判 2010.2.11.·2009다68408). 등기는 물권의 효력 발생 요건이고 존속 요건은 아니어서 등기가 원인 없이 말소된 경우에

는 그 물권의 효력에 아무런 영향이 없고, 그 회복등기가 마쳐지기 전이라도 말소된 등기의 등기명의인은 적법한 권리자로 추정되며, 그 회복등기 신청절차에 의하여 말소된 등기를 회복할 수 있다는 이유에서였다(부동산등기법 제75조).

* 마을회 결의에 위반한 개발사업 추진과 그로 인한 혼란 : 甲 마을회가 총회 결의를 통해 동물테마파크 개발사업에 반대하는 입장을 정하였는데, 위 마을회 이장인 乙이 개발업자로부터 부정한 청탁을 받아 개발업자와 위 개발사업에 찬성하는 내용의 상호협약서를 작성하고, 관계기관에 위 개발사업에 관한 위 마을회의 공식적인 반대 입장을 철회한다는 내용의 공문을 보내는 등 위 마을회의 입장에 정면으로 반하는 행위를 하였다. 이에 甲 마을 주민들은 乙에 대하여 손해배상을 청구하였는데, 우리 법원은 乙의 행위로 인하여 마을회 구성원들에게 손해가 발생하였다고 보기 어렵다 하였다. 설령 乙의 위와 같은 행위로 인하여 위 개발사업을 둘러싸고 혼란이 발생하였다 하더라도, 乙의 행위에 힘입어 위 개발사업이 실제로 추진되거나 성사되는 데까지 나아가지는 않았다는 이유에서였다(大判 2024.7.11. 2023다314022).

(5) 증명책임

손해가 발생했다는 것, 그리고 그 손해의 범위에 관한 증명책임은 가해자가 아니라 피해자가 부담한다. 다시 말해 불법행위를 원인으로 한 손해배상청구에 있어서 그 손해액의 범위에 관한 증명책임은 가해자인 피고가 아니라 피해자인 원고에게 부과된다. 따라서 손해에 대한 법원의 증명촉구에도 원고가 이에 응하지 않을 뿐 아니라 명백히 그 증명을 하지 않겠다는 의사까지 표시한 경우라면, 법원은 원고의 청구를 배척할 수 있다(大判 1994.3.11. 93다57100).

* 손해의 증명이 없어서 배상청구를 기각한 사례 : 사고 당시 택시를 타고 가던 甲은 乙이 몰고 오던 차량이 택시를 충격함에 따라 충격으로 인해 경추부 염좌, 뇌진탕, 제4·5요추간 및 제5요추·제1천추간 추간판탈출증 등의 상해를 입었다. 그 후 제4, 제5요추간의 추간판탈출증 진단을 받았고, 여러 병원에서 치료를 받았으나 요통 및 관절운동 제한 등 후유증이 남았다. 이에 따라 甲은 일반 도시 일용노동능력의 23%를 상실한 상태로 평가되었고, 乙로부터 손해배상을 받았다. 이후 추간판탈출증을 치료하기 위해 수핵제거술을 받은 甲은 수술 이후에도 여전히 23%의 노동능력을 상실한 상태라고 주장하면서, 수술비와 함께 그 이후의 일실수입에 대한 손해를 乙에게 추가로 배상하라고 청구하였다. 그러나 법원은 해당 수핵제거술이 적절히 시행되었고, 그 결과 장해가 일정 부분 호전되었을 가능성이 있다고 판단하였다. 게다가 수술 이후에도 여전히 23%의 노동능력을 상실하고 있다는 점은 甲이 증명해야 함에도 甲은 신체 재감정을 신청하지 않았고, 추가 입증도 하지 않겠다는 태도를 보였다. 결국 법원은 甲의 증명 부족을 이유로, 수술 이후의 일실수입 손해에 대한 甲의 청구를 받아들이지 않았다(大判 1994.3.11. 93다57100).

3. 위법행위

(1) 개요

1) 위법한 가해행위 : 우리민법 제750조는 가해자가 피해자에게 손해를 발생시키는 행위를 했어야 하고, 그 손해유발행위가 '위법(違法)'하여야 함을 명시하고 있다. 여기서 가해자의 침해'행위'란 인간의 의사에 의해 지배되어 나타난 행태로서 그 주체에게 귀속이 가능한 것만을 가리킨다.

* 가해행위의 증명이 없어서 배상청구를 기각한 사례 : 무안국제공항 건설 등에 따른 토사 유출, 오폐수 방출 등이 청계만 일대에 영향을 미쳐 어업생산량 감소 등의 손해가 발생했다고 한 주민들이 국가 등을 상대로 손해배상을 청구하였다. 어업 수익 감소 등 손해에 대해서는 일부 사실 인정이 가능했지만, 피고가 직접 유해물질을 배출하였다는 사실 등은 증명이 부족하였다. 법원은 일반적인 불법행위에서 피해자가 가해행위에 대한 증명책임을 부담해야 한다는 원칙을 재확인하면서 원고의 청구를 기각하였다(大判 2012.1.12. 2009다84608).

* 커피점 알바생이 몰래 마신 커피에 대한 손해배상책임 : 2015년 1월 1일부터 2018년 3월 1일까지 서울의 한 커피 프랜차이즈에서 아르바이트를 했던 乙은 퇴직금과 연차수당을 합쳐 총 517만여 원을 받지 못했다며 점주 甲에 대해 계약위반책임을 묻는 소를 제기했다. 그러자 이에 대해 甲은 乙이 아르바이트 기간 매일 1~2잔의 커피를 몰래 만들어 마셨다며 乙에 대해 79만 원의 손해배상금을 청구하는 소를 제기했다. 이에 대해 법원은 甲이 乙에게 계약대로 퇴직금 등 517만 원을 지급하도록 판결하였고, 甲이 乙에 대해 제기한 79만 원의 손해배상금청구는 기각하였다(서울신문 2018년 12월26일자 기사 참조). 乙이 하루 한 잔의 커피를 마셨다는 불법행위사실에 대한 증명책임은 甲에게 있는데, 甲이 乙의 불법행위 사실을 제대로 증명하지 못했기 때문이었다.

2) 위법성의 정의 : 특정인에게 손해를 유발하는 모든 행위가 불법행위로 취급되는 것은 아니다. 그 가해행위에 위법성이 인정되어야, 가해자의 손해배상책임이 인정될 수 있다. 여기서 위법성(違法性 Rechtswidrigkeit)이란 어느 행위가 타인의 권리나 법률상 보호되는 이익을 객관적으로 침해하여 법질서 전체로부터 부정적 평가를 받는 것이라 정의할 수 있다. 가해행위가 법률 또는 조리상 용인될 수 없는 경우로서 권리 또는 법률상 보호되는 이익을 침해한 것이 객관적으로 인정되고, 특별한 위법성조각사유가 없을 때 위법성이 인정된다.

* 위법성에 관한 판례 : 판례는 소유권을 비롯한 절대권을 침해한 경우뿐만 아니라 법률상 보호할 가치가 있는 이익을 침해하는 경우에도 침해행위의 양태, 피침해

이익의 성질과 그 정도에 비추어 그 위법성이 인정되면 불법행위가 성립할 수 있다고 한다(大判 2021.6.30. 2019다268061). 위법성을 인정하는 제1차적 표지로서 '절대권'의 침해를 예시한 다음에, 제2차적 표지로서 '법률상 보호할 가치 있는 이익의 침해'를 들고 있는 것이다. '법률상 보호할 가치 있는 이익의 침해'인지 여부는 그 이익을 보호하는 법률이 그 위반행위에 대하여 손해배상책임을 예정하고 있는지, 즉 보호법규Schutzgesetz의 위반인지 살펴봄으로써 알 수 있다. 그리고 침해행위가 공서양속을 위반했는지, 그 침해된 이익이 절대권에 준할 만큼의 성질을 갖는지 따져봄으로써도 알 수 있다.

= 위법성조각사유 : 위법성 조각사유란, 타인의 권리 또는 법률상 보호되는 이익을 침해한 행위라고 하더라도, 일정한 사회적·법적 정당성이 있어 위법성을 인정하지 않는 사유를 말한다. 즉, 객관적으로는 권리침해가 있지만, 그것이 법질서 전체의 관점에서 허용되거나 정당화되는 경우, 위법성이 조각되어 불법행위가 성립하지 않게 되는 것이다. 예를 들어 정당방위(제761조 1항), 긴급피난(제761조 2항), 피해자의 승낙(형법 제24조 유추적용), 명예훼손에서 진실성과 공익성 등이 그 예라 할 수 있다.

3) 위법성 판단의 어려움 : 폭행, 상해, 강간, 감금, 절도, 강도처럼 그 행위 유형 자체가 법질서에 의해 전통적으로 금지되어 온 범죄행위인 경우 그 행위의 외형만으로도 위법성이 바로 추정될 수 있다. 따라서 이 경우 그 행위의 존재만 증명되면 위법성 인정의 가능성이 매우 높겠으나, 일상생활에서 종종 발생할 수 있고 구체적 사정에 따라 사회적 상당성 여부가 달라지는 가해행위의 경우 이를 불법행위법으로 규율할지 판단하는 것은 결코 쉬운 일이 아니다. 예를 들어 명예훼손행위는 그것이 공익적 사실보도인 경우 과연 이를 위법하다 할 수 있는지 의문이고, 과실에 의한 재물손괴는 형법에서조차 이를 범죄로 규정하지 않고 있다. 개인정보의 유출은 비록 특별법이 이를 범죄로 규정하기는 하나 특정인의 이름, 주소, 전화번호 등은 과거 오랜 기간 당사자의 명시적 동의 없이 관행적으로 업무 처리나 사회적 의사소통 맥락에서 제3자에게 제공되어 온 것이었다. 대기업의 시장지배적 지위 남용이나 불공정거래행위 역시 이에 대한 제재가 과연 자유시장경제 질서의 이념과 정합하는지에 대해 논의의 여지가 있다.

= 위법성의 징표 : 위와 같은 이유로 독일민법 이론은 가해행위의 위법성 판단을 위해 다음의 세 가지 징표를 제시한다: ① 절대권 침해Eingriff in ein absolut geschütztes Recht, ② 보호법규 위반Verstoß gegen ein Schutzgesetz, ③ 고의적 양속위반행위sittenwidrige vorsätzliche Schädigung. 독일민법(제823조, 제826조)과 달리 우리민법은 명시적으로 위와 같은 세 가지 징표를 나열하지 않고 있지만, 독일의 전통 이론은 우리 위법성 이론을 체계화하는 데 매우 유익하므로, 아래에서는 위의 세 가지 징표에 따라 위법성을 판단하기로 한다.

제2장 불법행위 55

4) 절대권의 침해 : 절대권(absolut geschütztes Recht)으로 보호되는 법익 가운데 특히 생명·신체·건강·자유는 인간의 존엄성을 구성하는 핵심 요소이다. 소유권 역시 인간이 자유롭고 예측가능한 생활을 영위하는 데 필수적 기반이 된다. 이러한 절대적 보호법익에 대한 침해는 대체로 물리적·직접적 형태로 나타나며, 그 결과가 명확하고 중대하다. 이러한 권리는 비교·균형의 대상이 될 수 없고, 특히 생명, 신체의 자유 등은 다른 공익 또는 권리와 조정될 수 없는 가치를 갖는다. 따라서 이러한 절대적 보호법익의 침해는 국가 전체의 법질서에 대한 중대한 위반으로 간주되고 특별한 정당화 사유가 없는 한 위법하다고 본다.

a. 절대권의 성질 : 절대권(絕對權)에 속하는 권리들은 개인이 자유롭고 평등한 주체로서 존립하기 위해 기본적으로 보유해야 하는 권리로서, 개인에게 필요불가결한 성질을 갖는다. 즉 절대권은 개인에게 있어 행동의 자유를 제약하는 테두리를 설정하고, 사회생활을 함에 있어서 가장 기본적으로 지켜야 하는 의무를 근거짓는 개념으로서 기능한다.

b. 절대권과 대세권의 구분 : 절대권이란 사법상 그 어떤 경우에도, 그 누구에 대해서도, 지켜야 하고, 또 주장할 수 있는 권리를 말한다. 종래의 통설은 이러한 절대권을 대세권(對世權 absolutes Recht)과 제대로 구분하지 못했으나, 대세권은 특정인 이외의 사람에게도 주장할 수 있는 권리라는 뜻이므로, 대세권은 절대권과 같은 의미라고 할 수 없다. 예를 들어 점유권은 대세권이지만 절대권이라고 하기는 어렵다.

c. 절대권이 아닌 대세권 : 대세권 중에서도 생명권·소유권 등은 그 침해의 결과가 명확하고 중대하다. 따라서 그 권리에 대한 침해가 있는 경우 위법성을 일단 추정하고 혹시 위법성조각사유가 있는지를 살펴 그 행위의 위법성을 최종 판단한다(민법주해V/梁彰洙, 246-247면). 하지만 다른 대세권, 예를 들어 명예권, 초상권, 사생활권, 개인정보권 등은 권리의 내포와 외연에 불명확성이 크고, 보호가치가 유사한 다른 법익과 그 권리가 자주 충돌하기 때문에, 그러한 권리가 침해되었다는 이유만으로 위법성을 추정하기가 곤란하다. 따라서 이 경우에는 어쩔 수 없이 침해된 권리주체의 이익과 상대방의 이익을 비교형량하여 위법성을 판단할 수밖에 없다(權英俊, 초상권 및 사생활의 비밀과 자유, 그리고 이익형량을 통한 위법성 판단, 민사판례연구 제31권(2009. 2.), 560-561면).

d. 절대권 침해의 결과 : 만약 누군가가 절대권을 침해한다면, 그 침해행

위는 일단 위법한 것으로 추정된다. 만약 그 침해행위로 인해 손해가 발생했고 가해자에게 귀책사유 있었던 것으로 증명된다면, 형법상 범죄의 성립 여부와 상관없이 민법상 불법행위가 성립하여 그 가해자는 민사상 손해배상의 책임(제750조)을 부담하게 되는 것이다. 더구나 절대권이 일단 침해되었다고 하면, 그와 불가분적으로 결부되는 시간적·금전적 손실 역시 배상청구의 대상이 되는 것으로 본다. 절대권과 상대권을 구분하는 실익은 이와 같이, 그 권리를 침해하는 것이 곧바로 위법성(違法性)의 추정을 받는지, 아니면 계약·공서양속(公序良俗)이나 보호법규(保護法規)에 위반하지 않나 더 검토해야 하는지를 가른다는 점에 있다.

5) 보호법규 위반 : 피해자에게 정신적·금전적 손해를 발생시킨 행위가 절대권 침해행위는 아니었다 하더라도, 만약 보호법규(保護法規 Schutzgesetz)를 위반한 행위였다면, 그 행위는 위법한 행위가 될 수 있다. 절대권 침해가 아니더라도 특정 법규가 보호하고자 하는 개인적 법익이 침해되었다면 법질서 전체의 관점에서 해당 행위의 위법성을 인정할 수 있는 것이기 때문이다.

a. 보호법규의 정의 : 보호법규란 특정 개인 또는 특정 집단의 사적 이익까지 보호할 것을 목적으로 하는 법규를 의미한다. 그 법규의 합리적 해석상 그 법규가 일정한 행위를 금지·규제하는 이유가 순수한 공익의 보호만이 아닌 개인의 개별적·직접적·구체적 이익을 보호하는 취지까지 포함해야 보호법규가 되는 것이므로, 단순히 공공의 이익을 보호하거나 일반적 질서유지를 목적으로 하는 법규는 보호법규가 되지 못한다. 따라서 일정한 법규 위반이 있었더라도 그 법규가 보호법규가 아니라면, 즉 단순히 공공의 이익만을 위한 것이거나 위반 행위자가 속한 집단의 내부 규율에 불과하다면, 그 행위는 형사처벌 또는 과태료의 부과 대상이거나 행정적 제재의 대상이 될 수는 있어도 불법행위법의 규율대상이 되지는 않는 것으로 본다.

b. 형법 내 보호법규 : 형법상 무고죄(제156조), 문서위조죄(제232조 이하), 사기죄(제347조), 횡령죄(제355조) 신용훼손죄(제313조), 업무방해죄(제314조) 등 개인의 법익을 보호하는 규정들은 가장 대표적인 보호법규에 해당한다. 이들은 보편적·공공적 법익, 즉 사회질서의 안정뿐 아니라 개인의 생명·신체·건강·자유·소유권, 그리고 더 나아가 개인의 재산적·금전적 법익까지 보호하고자 하는 목적에서 만들어진 규정들이기 때문이다. 반면 내란죄(제87조 이하), 외환죄(제92조 이하), 공무방해죄(제141조), 범인도피죄(제151조 1항), 증거인멸죄(제155조), 통화위조죄(제207조) 규정 등은 국가의 존립과 기능 또는 사회 전체의

추상적 법질서를 보호하고자 만들어진 규정으로서 개인의 재산적·금전적 법익을 보호하려는 목적은 갖고 있지 않기 때문에 불법행위법상 보호법규에 해당하지 않는 것이라 본다.

* 성범죄 무고에 따른 손해배상 : 비영리 봉사단체인 C협회의 협회장 甲은 회원 乙에 의해 2017년 9월 5일경 강간 및 강제추행 혐의로 서울송파경찰서에 고소되었으나, 12월 29일 혐의없음 처분을 받았다. 乙의 항고, 재정신청, 재항고도 모두 기각되었다. 2018년 1월경 甲은 乙을 무고 혐의로 고소하였고, 乙은 2019년 7월 4일 1심에서 징역 8월을 선고받아 법정 구속되었으며, 항소심에서는 징역 6월에 집행유예 2년이 확정되었다. 甲은 비록 구속이 되지는 않았지만 수사와 재판 과정에서 정신적 충격을 받아 치료비로 55만 원을 지출하였고, 성범죄 피의자 신분으로 수사를 받으며 극심한 정신적 고통을 겪었으며, 가정파탄까지 겪었다. 법원은 乙이 甲에게 치료비 55만 원과 위자료 1,800만 원을 지급하도록 명령했다(서울西部地判 2021.1.21., 2020나47196).

c. 보호법규의 다른 예 : 환경오염을 규제하는 법률은 일반 공중의 건강만이 아니라 개인의 환경이익 역시 보호하는 보호법규로 기능할 수 있다. 건축법이 정하는 건축물 안전 기준이나 소음 규제 등은 인접 주민의 주거 평온 역시 보호하기 때문에 이것도 보호법규로 간주할 수 있다. 개인의 이름, 주소, 전화번호 등 개인정보의 유출을 금지하는 개인정보보호법은 정보주체의 개인정보 자기결정권을 보호하려는 목적을 가진 보호법규이다. 시장지배적 지위 남용, 불공정거래행위 등을 제재하는 공정거래법 규정은 건전한 경쟁 질서 유지라는 공익적 목적과 함께, 부당한 경쟁 행위로 인해 피해를 입는 개별 사업자나 소비자의 경제적 이익을 보호하려는 목적도 지니므로 보호법규로 기능할 수 있다. 아울러 근로기준법의 해고제한 규정 역시 해고를 정당한 이유 있는 경우로 제한함으로써 근로자의 재산적·정신적 이익을 보호하는 기능을 가지므로 보호법규에 해당한다.

* 근로기준법상 해고제한 규정 : 사용자의 징계권 남용이 사회통념상 용인될 수 없음이 분명한 경우 그에 기한 해고는 근로기준법 제23조 1항에 따라 무효일 뿐 아니라 위법하게 상대방에게 정신적 고통을 가하는 것이 되어 근로자에 대한 관계에서 불법행위를 구성할 수 있다. 예를 들어 회사 내 파벌을 조성하고 무단결근까지 했다는 이유로 해고했지만, 실제로는 근로자를 회사에서 몰아내려는 의도에서 일부러 명목상의 해고사유를 만든 경우, 위법하게 해고된 근로자와 그 가족에 대한 사업자의 위자료 지급의무가 인정될 수 있다(大判 1993.10.12., 92다43586).

- 교사에 대한 부당징계: 교사 乙은 학교법인 甲으로부터 부당하게 징계 파면을 당하고 근무를 거부당한 채 급여도 지급받지 못하자 甲에 대해 인격권 침해 및 징계권 남용에 따른 정신적 손해의 배상을 청구하였다. 법원은, 甲의 징계 파면이 사회통념상 허용되는 징계의 한계를 벗어난 징계권 남용으로서 불법행위에 해당한다고 보았다. 또한 출근한 乙에게 근무를 못 하게 하면서 급료도 지급하지 않은 甲의 행위는 인격권 침해에 해당하고, 乙이 이로 인해 정신적 고통을 겪었음은 경험칙상 인정된다고 보았다. 이에 따라 법원은 乙이 겪은 소송 과정, 혼인 지연 등 제반 사정을 참작하여 위자료 100만 원을 인정하였다(大判 1980.1.15. 79다1883).

- 정보통신망법: 甲은 2004년부터 乙을 알게 되었고, 2007년경 乙의 도움을 받아 사귀게 되었다. 그러나 2008년 6월경부터 甲이 乙에게 헤어짐을 요구하자, 乙은 2012년 1월부터 10월까지 234회에 걸쳐 甲에게 "너 집 앞에서 기다린다. 안 나오면 들어간다." "너 오늘 밤에 어디 있는지 다 안다. 숨지 마라." "오늘 밤에 니 집 앞에서 끝장을 보자." "니가 숨는다고 끝나는 거 아니다. 끝까지 찾아간다." "너 경찰에 신고해봐라. 신고해도 소용없다. 니가 나한테서 도망칠 수 있을 것 같냐?" 등 甲에게 공포심과 불안감을 유발하는 문자메시지를 계속해서 보냈다. 甲은 이러한 乙의 행위가 정보통신망법 위반행위에 해당한다면서 乙에게 위자료를 청구했다. 법원은 乙의 정보통신망법 위반 행위로 인한 甲의 정신적 고통을 인정하여 700만 원의 위자료 지급을 명령했다(서울中央地判 2017.5.12. 2015가단75955).

* 공정거래법상 부당공동행위금지 규정: 구매 입찰에 참여한 업체들이 가격 경쟁을 피하고자 사전에 물량을 배분하고 투찰 가격을 합의하여 공정가격보다 더 높은 대금에 계약한 경우, 거액의 과징금을 납부하는 것과 별도로 그 피해자에 대해 손해배상책임을 부담할 수 있다(大判 2018.10.12. 2016다243115). 판결에 명시되지는 않았지만, 공정거래법상의 부당공동행위금지 규정은 구체적 피해자의 법익을 보호하기 위한 것으로도 볼 수 있기 때문이다.

* 보호법규가 되지 않는 예: 건축법상 건축 허가 절차, 사용 승인 절차, 건축물 대장 등재에 관한 규정 등은 주로 행정청의 감독 편의와 건축 행위의 합법성 확보를 목적으로 하므로 보호법규로 보지 아니한다. 예산회계법은 국가 및 공공기관의 재정 운영 투명성과 효율성을 확보하고 예산의 합리적인 사용을 통해 공공의 이익을 증진시키려는 목적으로 만든 것이지 예산에 대해 이해관계를 가진 개인의 경제적 이익을 보호하려는 목적으로 만든 것은 아니므로 이를 보호법규로 보지 아니한다. 공정거래법에서도 예를 들어 기업결합 신고의무 규정이나 공정거래위원회의 조사에 대한 협조의무 규정 등은 단순히 절차적, 정보수집적 성격이 강한 규정이므로 이를 보호법규로 보지는 아니한다.

* 주민등록법은 보호법규인가?: 예를 들어 공무원이 주민등록법에 위반하여 통지의무를 제대로 수행하지 않은 결과 문서변조범에 의한 부동산사기피해가

발생하였다고 하자. 이 경우 공무원은 법률에 위반한 행위를 한 것이 맞지만, 그 근거법률인 주민등록법이 사기피해자의 법익을 보호하기 위해 제정된 것은 아니다. 그러므로 그 사기피해자는 사기범에 대해서만 손해배상을 청구할 수 있을 뿐 그 공무원에 대해서 손해배상을 청구하지는 못하게 된다(大判 2003.4.25. 2001다59842).

* 가축전염병예방법은 보호법규인가? : 甲은 세종특별자치시의 이동제한명령을 위반하여 구제역에 걸린 돼지들을 다른 농장으로 이동시켰다. 해당 농장에서 구제역이 확산되자 관할 지방자치단체인 철원군은 해당 농장의 가축들을 살처분하고 가축 소유자들에게 살처분 보상금 등을 지급하였다. 그 후 철원군은 甲에 대하여 甲의 이동제한명령 위반 행위를 원인으로 하여 자신이 지급한 보상금 상당의 손해배상을 구하였다. 법원은 가축전염병예방법상 이동제한명령의 목적은 감염 확산의 방지이지, 살처분 보상금 지출로 인한 지방자치단체의 재정 손실을 보호하기 위한 것이 아니라고 하면서 그 보상금 지급을 불법행위법상 손해로 평가하기는 어렵다고 판단하였다(大判 2022.9.16. 2017다247589).

* 관광진흥법상 내국인 출입금지 규정 : 캐나다 영주권을 지닌 한국인 甲은 乙호텔 카지노에 유효기간이 2012년까지인 영주권 카드를 내고 고객카드를 발급받아 출입하며 도박을 해왔다. 그런데 甲은 2012년 자격 상실 후에도 이곳을 계속 출입했고 2017년 8월 말까지 乙호텔 카지노에서 약 44억 원을 도박으로 잃었다. 이에 甲은 乙을 상대로 "영주권이 만료된 줄 알면서도 출입을 허용해 거액을 잃게 만들었다"며 손해배상을 청구했는데, 법원은 이를 받아들이지 않았다. 물론 위 호텔 카지노는 관광진흥법에 따라 외국인 또는 영주자격을 얻은 해외 이주자의 출입만 허용되고, 乙은 내국인의 국내 카지노 출입을 금지한 관광진흥법에 명백히 위반한 것이지만, 위 관광진흥법상 내국인 출입금지 규정은 외국인 관광객 유치를 장려하는 한편 내국인의 사행심 유발을 방지한다는 공적 법익을 위해 제정된 것이지 카지노 이용자 개개인의 재산 손실을 막기 위해 만들어진 것은 아니기 때문이었다(서울中央地判 2018.12.20. 2018가합553101).

d. 보호법규의 증가 추세 : 오늘날 개인이 갖는 신체나 물건에 대한 법익뿐 아니라 개인의 경제적 이익, 이른바 순수 재정이익에 대한 중요성이 커지고 있다. 물론 개인의 이러한 경제적 이익은 대개 계약상 급부이익이나 시장위험으로 치부되지만, 20세기 중반 이후 정보화 사회로 진입하고 경제 활동이 복잡해지면서, 직접적 계약관계 없이도 지능적 경제질서 교란행위로 인해 막대한 경제적 손실이 발생하는 사례가 늘어나고 있다. 예를 들어, 부정확한 정보 제공, 불공정 경쟁 행위, 금융 사기 등은 직접적 계약관계에 있지 않은 개인이나 기업에게도 심각한 재정적 타격을 입힐 수 있다. 이로 인해 직접적 계약관계의 존부와 상관없이 개인의 경제적 법익을 일반적으로 보호하는 보호법규의 종류와 숫자는

점점 늘어나고 있다. 그 대표적 예시로서 공정거래법과 자본시장법의 여러 규정들을 들 수 있다.

> * 공정거래법 위반에 기한 손해배상청구 : 현대카드, 롯데카드 등 신용카드사들(甲)은 전자결제중개망 업체들(乙)에게 매출전표 데이터 전송 등의 업무를 맡기고 있었다. 그러다가 甲은 공동 EDC 서비스의 도입을 추진하면서 乙에게 지급하는 수수료를 함께 인하하기로 합의하였다. 그러자 乙은 그 부담을 중개망 대리점들(丙)에게 전가하기 위해 丙에게 지급하는 수수료를 함께 인하하기로 합의했다. 그러자 丙은 乙에 대해서는 물론이고 甲에 대해서도 공정거래법상 담합을 했다며 그로 인한 자신들의 손해를 배상하라고 청구했다. 이에 법원은 乙뿐 아니라 甲 역시 丙에 대해 손해배상책임을 진다고 판결하였다. 위 사안에서 丙은 부당한 공동행위를 한 甲에게 직접 용역을 공급하는 자가 아니라 간접적으로 용역의 일부를 공급하는 자에 불과했지만, 甲의 부당한 공동행위와 丙의 손해 사이에 상당인과관계가 인정된다는 이유에서였다(大判 2014.9.4. 2013다215843).

6) 고의의 양속 위반 : 위법성을 판단하는 세 번째 징표인 고의의 양속 위반sittenwidrige vorsätzliche Schädigung은 행위자가 고의로 선량한 풍속die guten Sitten에 반하여 타인에게 손해를 가한 것을 말한다. 설령 이러한 행위가 절대권을 침해한 것이 아니고 보호법규에 위반한 것 역시 아니라 하더라도, 고의로 양속을 위반하였다면, 그 가해행위의 위법성은 인정된다. 특정 법익을 침해했다거나 특정 법규를 어겼다는 형식적 기준을 넘어, 행위의 목적, 동기, 의도, 수단, 그리고 그로 인해 발생하는 손해의 종류·정도 등 다른 모든 구체적 사정을 종합적으로 고려하여 위법성을 판단할 필요 역시 있기 때문이다.

> * 양속의 정의 : 양속(良俗)이란 선량한 풍속의 준말로서 모든 정의롭고 공정하게 생각하는 사람들의 도덕적 판단에 따른 기준을 의미한다. 이는 법질서 전체의 기본 가치와 사회적으로 정당하게 받아들여지는 행위 기준을 종합적으로 반영하는데, 이러한 양속위반으로서 위법성이 인정되기 위해서는 단순히 사회 통념에 어긋나는 것을 넘어 강한 반도덕성과 가해의 의도가 결합되어야 한다. 이러한 양속은 법적 규율의 공백을 메우는 보충적 기능을 담당하며, 불법행위법이 단순한 법규위반만 제재하는 게 아니라 행위자의 악의성과 비윤리성 역시 제재하도록 하는 역할을 수행한다. 다시 말해 법규에 위반한 것도 아니고 타인의 생명·신체·건강·자유·소유권을 침해한 것도 아니지만 극도의 비난가능한 행위에 대해서는 별도의 손해배상책임을 부과함으로써 유사한 행위의 발생을 예방하고 사회의 도덕적 질서를 확보하려는 것이다.

> * 독일법에서의 양속위반 불법행위 : 독일법상 고의적 양속위반 불법행위의 대표

사례로 이른바 양속에 위반한 생존기반 파괴행위Existenzvernichtung durch sittenwidriges Vorgehen를 들 수 있다. 예를 들어 유한회사의 경영자가 회사의 파산상태를 알고도 고의적으로 이를 방치하고 파산신청을 하지 않음으로써 다수의 채권자가 회수불능 손해를 겪은 경우, 그 경영자가 계약에 위반하지 않았고 명문법령에 위반하지 않았다 하더라도 그 회사의 채권자들에게 손해배상책임을 진다는 것이다(OLG Bamberg, Urteil v. 31.07.2023, -2 U 38/22). 다만 이러한 드문 예를 제외하고 독일의 법실무에서 고의의 양속위반에 기해 불법행위가 성립하는 예는 거의 찾아보기가 힘든 게 현실이다.

* 우리나라법상 이중유통행위 : 우리나라법에서 고의적 양속위반 불법행위의 대표적 사례로 이중유통(二重流通)를 들 수 있다. 예를 들어 자동차부품 생산업자 丙이 원청 甲의 지시로 그 부품의 독점판매권자 乙에게 부품을 공급하다가 일방적으로 다른 판매업자에게 부품을 공급함으로써 甲과의 약정에 위반했다면, 설령 계약은 甲-乙, 甲-丙 간에만 체결되어 있었고 乙-丙 간에는 직접적 계약관계가 없었으며 丙의 법령위반사실이 없었다 하더라도, 丙은 乙의 독점판매권을 침해한 것이 되어 乙에게 손해배상책임을 진다는 것이다. 그리고 그 위법성의 근거로 우리 법원은 공서양속위반을 들었다(大判 2003.3.14., 2000다32437).

* 간통과 혼인빙자간음 : 우리나라법에서는 간통(姦通)이나 혼인빙자간음(婚姻憑藉姦淫) 역시 양속위반 불법행위의 예가 될 수 있다. 우리법원은 간통이나 혼인빙자간음의 사실이 증명될 경우 간통피해자와 혼인빙자간음피해자의 민사상 손해배상청구권을 일관되게 인정하고 있는데, 그 근거는 권리침해 또는 보호법규위반이 아니라 양속위반이라고 볼 수 있다. 간통이나 혼인빙자간음으로 특정인의 절대권이 침해되었다고 보기는 어렵고, 헌법재판소 결정에 의해 형법상 간통죄는 2015년 2월, 혼인빙자간음죄는 2009년 11월에 이미 폐지되어 그에 관한 보호법규가 존재하는 것도 아니기 때문이다. 하지만 이에 관해서는 의사결정권 침해와 가족법상 권리 침해에 관한 서술에서 더 자세히 살펴보기로 한다.

7) 위법성의 개별적 판단 : 위와 같이 추상적 징표에 따라 위법성을 판단하는 것은 결코 쉬운 일이 아니다. 그보다는 인격권, 물권, 채권 기타 여러 권리유형마다 침해사안을 나누어 개별적으로 위법성을 판단하는 것이 아무래도 더 구체적이고 이해하기 쉽다 할 수 있다. 따라서 아래에서는 각 권리유형별로 그 침해행위의 위법성을 판단해보기로 하겠다:

(2) 인격권침해

1) 개 관 : 인격권(人格權 Persönlichkeitsrecht)이란, 개인의 인격적 존재와 그 표현 형태 전반에 대한 보호를 목적으로 하는 권리라 할 수 있다. 대표적으로 생명·신체·건강·자유에 관한 권리가 그것이다. 명예권과 사생활권 역시 오랫동안 독자적

법익으로서 불법행위법상 보호되는 인격권으로 인정되어 왔다.

* 일반적 인격권 : 독일의 불법행위법은 인격권 가운데서도 생명·신체·건강·자유 등의 정형화된 법익에 대한 침해만을 그 보호 대상으로 삼아 왔다. 인격권은 그 성질상 권리의 내포와 외연에 불명확성이 너무 커서 그 범위를 함부로 확대할 경우 법적 안정성이 흔들릴 수 있었기 때문이다. 그러나 정보기술의 발달, 대중매체의 확산 등으로 인해 초상권, 성명권, 음성권, 자기결정권, 개인정보권, 사후인격권 등 새로운 형태의 인격권이 등장하여 문제되기 시작했다. 전통적 권리범주로는 그 침해문제를 다룰 수가 없게 되자 독일의 연방헌법재판소는 1954년 이래 일반적 인격권Allgemeines Persönlichkeitsrecht을 독일 기본법 제1조 제1항 및 제2조 제1항의 결합된 해석으로부터 도출해 왔다. 이러한 일반적 인격권은 생명·신체·건강·자유권처럼 개별적·구체적인 권리가 아니라 포괄적·보충적인 권리로서 여태껏 승인되지 않았던 새로운 인격권 유형의 침해에 대해 보완적 보호를 제공하는 개념으로 기능하고 있다. 우리법원도 2006년 처음 일반적 인격권을 언급한 이래(大判 2006.2.10., 2002다49040) 여러 판례에서 이러한 일반적 인격권의 개념을 채용하고 있다.

2) 성명침해 : 인격권 가운데서도 가장 대표적인 것은 역시 생명(生命)에 관한 인격권이라 할 수 있다. 생명권침해의 예로는 살인(형법 제250조)을 언뜻 떠올릴 수 있지만, 오직 살인만이 생명침해에 해당하는 것은 아니며, 과실치사(형법 제267조)도 이러한 생명침해의 범주에 포함될 수 있다.

    a. 생명침해의 성립 : 대개는 교통사고나 화재·폭발사고, 폭행사건 등에서 불법행위에 의한 생명침해가 많이 발생한다. 이러한 생명침해는 동시에 범죄의 요건을 충족하기 때문에, 가해자의 고의·과실 등 주관적 요건은 경찰이 수사를 통해 대신 증명해주는 경우가 많다. 그리고 다른 권리침해 유형과는 달리 생명침해에는 경미한 침해라는 게 존재하지 않으므로, 생명침해의 경미성에 따른 위법성조각 같은 것은 인정되지 아니한다.

    b. 생명침해에 부수하는 손해 : 만약 피해자가 죽기 전까지 피해자에게 상당한 병원비가 발생했다면, 그 병원비 역시 가해자에게 배상청구될 수 있다. 병원비의 지출은 비록 재정손실이긴 하지만 순수 재정손실reiner Vermögensschaden이 아니라 생명손실과 직결된 손해로 본다. 사망에 이르기까지 피해자가 겪은 정신적·신체적 고통 역시 생명상실과 직결된 침해로 본다.

* 사망에 이르기까지의 정신적 고통에 따른 손해 : 우리나라에서는 사망에 이르기까지 피해자가 겪은 정신적 고통이 생명침해에 당연히 따르는 손해라 보고 이에 기한 위자료청구권을 인정한다. 독일에서는 그러한 정신적 손해의 증명

이 필요하다고 하지만, 사고 직후부터 사망에 이르기까지의 의료기록이나 진료내역, 사고 경위 및 부상의 중대성, 피해자의 의식상태, 목격자의 진술 등 간접증거만 제시되면 경험칙을 통해 정신적 손해가 증명될 수 있다고 한다. 프랑스에서도 피해자가 사망시까지 임박한 자신의 죽음에 대해서 느낀 불안préjudice d'angoisse de mort imminente을 별도의 독립된 손해로 인정한다(Cass. ch. mixte, 25 mars 2022, nos 20-17.072 B).

* 즉사한 피해자의 정신적 손해 : 우리나라에서는 즉사한 피해자에게도 사망에 따른 정신적 손해가 인정된다고 한다. 피해자가 즉사한 경우라도 피해자가 치명상을 받은 때와 사망과의 사이에는 이론상 시간적 간격이 인정될 수 있는 것이기 때문이다(大判 1969.4.15., 69다268). 반면 독일에서는 피해자가 부상 직후 의식을 잃었고 다시는 의식을 회복하지 못한 채 사망한 경우 그에게 별도의 정신적 손해는 없었던 것으로 본다(BGH, Urteil vom 12. Mai 1998 – VI ZR 182/97). 단순히 '죽음을 맞이했으니 정신적 고통이 있었을 것이다'는 추정만으로는 불충분하고 고통이나 불안이 실제로 있었는지 증명되어야 배상을 청구할 수 있기 때문이다. 프랑스법에서도 사망이 즉각적이었을 경우 피해자에게는 정신적 고통이나 공포에 대한 인식이 없었을 것이므로 정신적 손해는 인정되지 않는다고 한다(Cass. 2e civ., 23 nov. 2017, no 16-13948).

* 위자료의 기준 금액 : 우리나라의 경우 사망에 기한 정신적 손해배상액은 피해자 사망 당시의 수입을 기준으로 여러 제반사정을 고려하여 법관이 재량껏 산정하고 있다. 산정 기준 금액은 2008년 이후 전체 8천만 원이었고, 2015년에는 서울중앙지방법원이 그 금액을 1억 원으로 상향 조정하였다. 2017년에는 음주운전이나 뺑소니 사망사고를 낸 가해자의 경우 최대 2억 원까지 정신적 손해배상액을 인정할 수 있도록 하였다(법률신문 2017년 2월 3일자 기사 참조).

c. 생명침해에 따른 손해배상청구권의 상속 : 생명이 침해된 자는 이미 죽고 없으므로, 스스로 그 손해에 대한 배상을 직접 청구할 수 없다. 상속인이 없다면 손해배상청구권은 소멸하겠지만, 상속인이 있다면 피해자에게 이미 발생한 손해배상청구권이 상속인에게 당연 승계된다(大判 1966.10.18., 66다1335). 이는 피해자가 죽기 전에 피해자의 위자료청구권이 금전채권으로 아직 구체화되지 않았다 하더라도 마찬가지다. 만약 피해자의 사망으로 인해 피해자가 벌어들였을 소득이 일실되었다면, 유족은 그 일실손해(逸失損害 Verdienstausfall)의 배상청구권을 사망한 피해자에게서 상속받아 행사할 수 있다.

* 일실손해 배상청구권의 상속에 대한 각국의 태도 : 독일에서는 피해자가 설령 고소득자였더라도 그가 사망하면서 장래소득에 대한 그의 기대는 소멸한다고 본다. 심지어 고소득 피해자가 부상을 입고 거액의 일실손해 배상청구권을 가해자에 대하여 이미 취득하였다 하더라도 피해자가 사망하면서 그 일실손해 배상청구권은 소멸한다고 본다. 다시 말해 피해자의 일실손해 배상청구권은

피해자의 상속인에게 승계되지 않는다. 소득에 대한 기대이익은 바로 그 소득자 개인의 생존과 밀접하게 결부된 생활이익이라고 보기 때문이다. 다만 상속인 중에서도 사망 피해자에 대해서 부양청구권Unterhaltsanspruch을 갖고 있던 자는 간접피해자mittelbar Geschädigte로서 가해자에 대해 손해배상을 청구할 수 있다. 망인의 배우자나 자녀가 그 예이다. 반면에 망인의 형제나 조카는 아무리 사망 피해자의 상속인 지위에 있다 하더라도 가해자에 대하여 사망 피해자의 일실손해배상을 청구하지 못한다. 그는 사망피해자에 대하여 부양청구권을 갖지 않기 때문이다. 영미법에서도 사망 피해자의 상속인은 원칙적으로 가해자에 대하여 부양이익의 상실loss of support만 배상청구할 수 있을 뿐이다. 물론 상속기대이익의 상실lost prospect of inheritance도 청구할 수 있지만, 피해자의 일실소득 배상청구권 전체를 자신이 상속했다고 주장하지는 못한다. 프랑스법에서도 사망 피해자의 상속인은 가해자에 대하여 자신의 근친 수입 상실Perte de revenus des proches만 배상청구할 수 있을 뿐 피해자의 일실소득 배상청구권 전체를 자신이 상속했다고 주장하지는 못한다.

   * 사망 위자료청구권의 상속에 대한 각국의 태도 : 영미법에서는 사망 피해자가 사망 전까지 입었던 정신적·물질적 손해를 사망 피해자의 상속인이 생존소송survival action으로써 배상받을 수 있도록 하고 있다. 프랑스에서도 사망 피해자의 위자료청구권은 상속인에게 당연 승계된다고 한다(Cass. 2e civ., 23 nov. 2017, no 16-13948). 물론 독일에서는 과거 위자료청구권이 극히 일신전속적 권리라는 이유로 피해자가 사망 전에 느낀 고통에 대한 위자료청구권이 상속인에게 승계되지 않는다고 했다. 그러나 이를 규정했던 독일민법 제847조가 1990년에 폐지되면서 오늘날 독일에서도 사망 피해자의 위자료청구권은 상속인에게 당연 승계되고 있다.

  d. 유족의 손해배상청구권 : 유족은 사망 피해자의 손해배상청구권을 상속받을 수 있지만, 그와 별도로 자기 자신의 정신적 고통 또는 비용지출에 기한 손해배상청구권을 가해자에게 행사할 수 있다. 특히 사망자의 장례비용을 부담해야 하는 상속인은 가해자에게 그 장례비의 배상을 청구할 수 있다. 장례비 역시 사망과 직접적 인과관계 있는 현실적 지출비용에 속하기 때문이다. 그밖에 피해자의 사망으로 정신적 고통을 겪은 유족은 그에 기한 위자료의 청구권도 독자적으로 행사할 수 있다. 다만 피해자의 사망으로 정신적 손해를 당연히 인정받는 유족의 범위는 피해자의 직계존속, 직계비속, 배우자로 제한된다(제752조).

   * 독일법상 유족의 위자료청구권 : 가족의 사망으로 인해 정신적 고통을 받게 된 유족들은 2차 피해자Sekundärgeschädigten에 해당한다. 따라서 유족들은 피해자의 위자료청구권을 상속받는 게 아닌 한 피해자의 사망으로 인한 자기 자신의 위자료청구권을 행사하지 못한다는 게 독일법상의 원칙이었다. 그러나 2017년부터 독일민법에 제844조 3항이 추가되어 유족에게 별도의 위자료청구권이 인정되

기 시작했고, 그 후 독일법원도 엄격한 요건 없이 유족위자료Hinterbliebenengeld의 청구권을 인정하는 추세이다. 예를 들어 유족은 사망사고현장을 직접 목격하지 않았더라도 사고 사실을 경찰관이나 이웃으로부터 통지받고 충격받은 것만으로도 가해자에게 자신의 정신적 손해를 배상청구할 수 있다(BGHZ 172, 263 Rn. 14 = NJW 2007, 2764; BGH NJW 2015, 2246 Rn. 19; VersR 2015, 501 Rn. 10.). 다만 독일법상 유족위자료는 사랑하는 사람을 잃은 사실 그 자체를 금전으로 보상하려는 것이 아니라, 그 상실로 인해 유족이 입은 정신적 고통을 보전하려는 데 의의가 있다.

* 영미법, 프랑스법상 유족의 위자료청구권 : 영미법에서는 사망사고 유족들이 가족의 사망으로 인해 자신들이 입은 정신적·물질적 손해의 배상을 불법적 사망 소송Wrongful Death Claim으로써 가해자에게 청구하도록 하고 있다. 물론 그 손해에는 슬픔과 정신적 고통 등도 포함된다. 프랑스에서는 유족이 사건 발생 후 피해자의 사망 여부를 알 때까지 기다리며 느낀 불안préjudice d'attente et d'angoisse 역시 별도의 독립된 손해로 배상청구할 수 있게끔 하고 있다(Cass. ch. mixte, 25 mars 2022 n° 20-15.624 B).

* 사실혼 배우자 : 우리나라에서는 사실혼 배우자도 피해자의 사망으로 정신적 손해를 당연히 인정받는 유족의 범위에 포함된다. 판례를 보면 고속도로 3중 추돌사고로 사망한 피해자에게 법률상 배우자가 있었더라도 그 사망 피해자가 사실혼 배우자와 경제적 이해관계를 공유했고 실질적 동거생활을 하고 있었던 사실이 증명된다면 그 사실혼 배우자에게 가해자에 대한 1,500만 원의 위자료청구권이 인정된다 하고 있다(水原地判 2017.9.15, 2015나19282). 다만 독일법은 법률혼에 기반한 유족 권리에 초점을 맞추고 있기 때문에 사실혼 배우자에게는 유족으로서의 위자료청구권을 인정하지 않는다. 단지 그 피해자의 사망으로 사실혼 배우자가 심각한 정신적 충격을 받았으며 그로 인해 의사가 진단한 질병이 발생한 경우에만 사실혼 배우자의 위자료청구권을 인정한다(BGHZ 56, 163, 165 f. =; NJW 1971, 1883, 1884).

e. 간접피해자 : 피해자의 사망으로 인해 간접적으로 영향을 받은 간접피해자mittelbar Geschädigte 중에서도 일부는 자신의 그 손해를 가해자에게 배상청구할 수 있다. 예를 들어 사망 피해자와 이미 이혼했지만 사망 피해자에 대하여 법원이 정한 이혼 후 부양청구권(扶養請求權 Unterhaltsanspruch)을 갖고 있던 전처(前妻)가 그러하다. 그러나 그 외의 간접피해자는 가해자에 대하여 배상청구권을 갖지 못한다. 예를 들어 건축가가 교통사고로 사망하면, 그의 고객은 공사 지연으로, 채권자는 채권 회수 불가능으로, 직원들은 일자리 상실로 간접적 손해를 입지만, 그들은 가해자에게서 아무런 배상도 받지 못한다(Wagner, 10. Kap, Rn. 60). 부양청구권자는 단순한 채권자가 아니라 피해자의 사망으로 인해 기본적인 생계 자체를 위협받는 생활보장적 권리의 수혜자인 반면, 나머지 모두는 계약을 통해 형성된 사적 경제이익의 손실자에 불과하기 때문이다.

* 사실적 부양이익의 손실 : 사망자로부터 금전적 지원을 받았지만 법적으로 부양청구권을 갖지는 않았던 모든 사람은 가해자에 대하여 간접손해의 배상청구를 하지 못한다. 예를 들어 계부한테서 수년간 친자식처럼 부양받았던 아동이라도 계부의 사망을 이유로 가해자에게 그에 따른 손해의 배상을 청구하지는 못한다(BGH VersR 1969, 998). 동거 중이었던 사실혼 배우자도 망인에 대하여 부양청구권을 갖지는 못했던 만큼 가해자에게 사실적 부양이익의 손실에 기한 손해배상을 청구하지는 못한다(BGH NJW 1984, 977, 978). 약혼자도 상실된 부양이익에 대한 배상을 청구할 수 없는데, 그 이유는 망인의 부양 의무가 결혼을 통해서만 발생했을 것이라는 데 있다(KG NJW 1967, 1089, 1090).

f. 손해의 증명책임 : 생명침해에 따른 손해의 증명책임은 피해자인 유족 등이 부담한다. 정신적 손해의 경우 사망한 피해자의 직계존·비속이나 배우자는 자신의 정신적 고통을 증명할 필요 없이(大判 1978.1.17. 77다1942) 가해자에게 자신의 정신적 고통으로 인한 위자료를 청구할 수 있다(제752조). 하지만 피해자의 직계존·비속이나 배우자가 아닌 다른 유족은 자신의 정신적 고통을 증명해야 위자료를 청구할 수 있다(大判 1967.9.5. 67다1307). 망인의 일실소득 역시 유족측이 증명해야 한다.

g. 일실손해의 산정 : 사망피해자는 그 사망 이후 어떠한 소득도 없게 될 것이므로 노동능력상실률을 곱할 필요없이 소득 전부가 상실된 것으로 간주한다. 따라서 사망 당시의 수입액에 남은 가동기간(稼動期間)을 곱하고 거기에 생활비와 중간이자를 공제함으로써 일실손해를 산정한다. 일실소득에서 생활비를 공제하는 이유는 사망피해자가 사망 이후 생활비지출을 하지 않을 것이므로 일종의 손익상계를 해야 한다는 데 있다. 중간이자를 공제하는 이유는 사망피해자의 장래 수입을 현재가치로 환산하여 일시금으로 받을 경우 유족이 그 이자만큼 이익을 얻으리라는 데 있다.

* 중간이자의 공제 : 예를 들어 사망 피해자의 연봉이 1억 원이고 가동연령까지 남은 기간이 20년이라고 하면, 일실소득은 일단 20억 원으로 계산될 것이다. 만약 유족이 그 20억 원을 일시불로 받는다 하면, 그 20억 원이 향후 20년간 이자 합산하여 50억 원으로 불어나게 될 것이다. 하지만 사망 피해자가 실제로 살았다면 그 20억 원을 일시불로 버는 게 아니라 매년 1억 원씩만 벌었을 것이고 그런 식으로 합산한다면 20년 뒤에 총소득과 이자의 합산액은 약 32억 원에 불과했을 것이다. 따라서 월 단위 손해, 중간값 보정, 기타 불확실성 반영을 고려해 보건대 최종 조정 계수는 0.64 정도로 잡을 수 있을 것이며, 20년 뒤에 이자 합산하여 약 32억 원까지만 불어나도록 일시불 배상액을 계산한다면 지금 당장 12억 8천만 원을 일시불로 받으면 된다는 계산을 할 수 있다. 따라서 일실소득

20억 원에 최종 조정 계수 0.64를 곱해 도출한 값 12억 8천만 원을 유족이 일시불로 받게끔 한다면 중간이자는 공제되었다 할 수 있다. 참고로 여기서 인플레이션율은 고려하지 않는데, 이는 어차피 일시불로 당겨 받게 하는 것만으로도 인플레이션율은 충분히 참작된다는 점에 있다.

* 실제 사례 (1) : 甲은 2015.9.12. 19:33경 자신의 집에서 乙과 통화하면서 乙에게 심한 욕설을 하였다. 이에 격분한 乙이 "내가 거기 가면 너 가만히 안 놔둔다."고 하면서 甲의 집으로 당장 오겠다고 하자, 甲은 부엌에 있던 과도를 미리 준비하고 乙이 오기를 기다렸다. 그리고 21:40경 집 근처인 서울 용산구 □□부동산 앞길에서 乙을 발견한 甲은 乙에게 달려들어 과도로 乙의 명치 부분을 찔러 乙을 흉부자창으로 사망하게 하였다. 乙의 성별은 여성이고, 사망 당시 연령은 34.5세였으며, 기대여명은 52.16년이었다. 가동능력에 대한 금전적 평가는 2015년 하반기 도시일용노동 노임 1일 8만 9,566원으로 계산되었고, 가동연한은 60세였으며 그때까지 월 22일씩 노동할 수 있는 것으로 보았다. 2015.9.12.부터 2041.3.10.까지 305개월이니, 89,566원×22일×2/3×305개월×0.64(이자 공제)=2억 5,820만 2,250원으로 일실손해가 계산되었다. 乙의 부모가 병원비와 장례비로 합계 956만 6,730원을 지출했고, 위자료 금액은 乙에게 천만 원, 乙의 부모와 자녀에게 각 500만 원으로 정했다. 乙의 일실손해배상금 및 위자료에 대한 청구권은 乙의 자녀에게 상속되었다(서울西部地判 2016.6.17., 2016가단2348).

* 실제 사례 (2) : 2023년 2월 18일 03:46경 택시 운전사 乙이 고창읍 도산교차로에서 운전 중 도로 연석과 가드레일을 충격하는 사고를 일으켰다. 이 사고로 승객이었던 甲이 허혈성 뇌손상을 입고 다음날 사망했다. 甲은 H 주식회사의 대표이사로 재직 중이었고, 사고 당시 57세 5개월이었으며, 월 급여는 천만 원이었다. 1992년 8월 회사 설립 시점부터 甲은 그 회사의 이사 또는 대표이사로 근무해왔고, 회사 발행주식의 36.11%를 보유한 주주였다. 법원은 甲의 일실소득을 계산함에 있어 甲의 월 천만 원 급여에 가동연한인 65세까지 약 7.5년의 남은 기간을 곱한 금액 9억 원과 은퇴 후 노령연금 소득 월 99만 원에 기대여명 83.5세까지의 기간 18.4년을 곱한 금액 2억 2천만 원을 더하여 일단 11억 2천만 원을 산출했다. 거기서 생계비로 3분의 1을 공제하고 이자를 공제하여 일실소득 약 5억 9천만 원을 인정하였다. 장례비는 유족들이 실제로 지출한 금액 약 5천만 원 가운데 사회적 상당성 인정범위인 500만 원만 인정하였고, 치료비 674만 원은 이미 丙이 지급하였기에 청구를 기각했다. 위자료는 甲에게 8천만 원을 인정하였고, 甲의 배우자 A에게 2천만 원, 甲의 자녀 B에게 천만 원을 인정하였다. 甲 몫의 위자료 8천만 원은 A와 B에게 상속분대로 분할지급하도록 하였다(서울中央地判 2025.4.2., 2023가합105858).

3) 신체침해 : 타인의 신체적 완전성körperliche Unversehrtheit을 물리적으로 침해하는 것이 신체침해이다. 외상, 출혈, 골절, 조직 파괴 등으로 피해자의 해부학적 신체

구조에 기적 변화가 발생했을 것을 요한다. 상해(^{형법제}_{257조})뿐 아니라 과실치상(^{형법제}_{266조})도 이러한 생명침해의 개념에 포함된다.

ㄹ. 신체침해의 성립 : 신체를 때리거나, 베거나, 자르거나, 찌르거나, 찢거나, 부러뜨리거나 하는 것뿐만 아니라, 독극물 내지 마약을 신체에 흘려넣거나 주사하는 것 역시 물리적인 침습과정을 동반하기 때문에 신체침해에 해당한다고 본다. 다만 아주 경미한 신체침해의 경우 위법성이 충분하지 않을 뿐 아니라 손해배상청구의 실익이 없어 불법행위로 인정되지 않을 수도 있다.

＊ 경미한 목 부위 염좌 및 긴장 : 2020년 3월 28일 14:25경 김포시 G마트 앞 도로에서 버스가 신호 대기 중 사이드브레이크를 체결했음에도 앞으로 밀리면서 앞에 정차해 있던 아반떼 차량 뒷 범퍼를 추돌하는 사고가 발생했다. 사고 당시 아반떼 차량에 탑승하고 있던 C와 D는 한의원에서 목 부위 염좌 및 긴장 등으로 2주 가료 진단을 받고 치료받았으며, 정형외과 진료도 받았다. C와 D는 치료비 약 15만 원, 교통비와 약제비 약 50만 원, 위자료 70만 원, 아르바이트 근로손실액 46만 6천 원 등 총 1,259만 원의 손해를 버스공제조합에 배상청구하였다. 그러나 법원은 이 사건 사고에 따른 치료비나 위자료 등 손해배상책임이 존재하지 않는다고 판결하였다. 국립과학수사연구원 감정결과에 따르면 버스의 속도변화가 매우 낮은 상황으로 탑승자들에게 과도한 운동변화에 따른 상해발생의 가능성은 낮았을 것으로 추정되었으며, 사건 버스의 전면부나 아반떼 차량 후면부에 외관상 손상을 발견하기 어렵고, 정차 중인 버스가 조금씩 밀리면서 앞 차량 뒷 범퍼를 추돌한 경우 일반적 경험칙에 비추어 볼 때 그에 따른 충격량이 크지 않았을 것으로 추단됐기 때문이었다(^{仁川地法富川支判 2020.12.10.}_{2020가단115547}).

＊ 경미한 요추 충격 : 서울 서대문구에서 택시가 편도 4차선 도로의 2차로를 주행하던 중, 3차로에서 주행하던 오토바이가 진로변경 금지구간에서 방향지시등 없이 택시 앞으로 진로변경을 하다가 오토바이 좌측면과 택시 우측 전면부가 스치듯 부딪히는 사고가 발생했다. 사고 당시 택시 조수석 뒷좌석에 탑승하고 있던 甲은 요추 부위의 부상을 주장했고, 해당 택시에 대해 공제계약을 체결한 공제사업자 乙은 甲에게 치료비로 총 1,676만 원을 지출했다. 참고로 甲에게 사고로 인한 골절, 부종, 출혈 등의 외상은 발생하지 않았으며, 甲은 사고 이전에도 요추 부위에 대해 수십 차례의 병원 치료를 받은 이력이 있었고, 당시 진료기록에 따르면 요추부 추간판탈출증 및 퇴행성 변화가 상당히 진행된 상태였다. 물론 사고 당시 택시와 오토바이가 스치듯이 부딪힌 과정에서 甲의 허리에 충격파가 전달되기는 하였으나 법원은 그 전달된 에너지가 지극히 경미했을 것으로 판단했다. 따라서 법원은 이 사고와 관련하여 乙의 甲에 대한 치료비 지급채무가 존재하지 않는다며 이미 지급한 치료비 전액을 甲이 부당이득으로서 반환해야 한다고 판결했다(^{서울中央地判 2024.6.12.}_{2022가단18462}).

제2장 불법행위 69

* 경미한 부상에도 손해배상을 인정한 예 : 2015년 10월 8일 오전 11시 40분경 乙은 서울 광진구 G 앞 골목길에서 쏘나타 승용차를 주차하기 위해 저속 후진하던 중, 차량의 사이드미러가 지나가던 甲의 손과 접촉하는 사고가 발생했다. 甲은 사고로 인해 손가락 부상을 입고 치료비 8천 원을 지출했으며, 이 사고로 인해 정신질환이 발생했다고 주장했다. 법원은 이 사안에서 위 사고와 甲의 정신질환 간에 인과관계를 인정하기 어렵다 하면서도 乙은 甲에게 위자료 15만 원과 치료비 8천 원의 지급에 관한 책임을 부담한다고 판결하였다(서울中央지판 2017.11.15., 2017가단5122423).

b. **신체침해의 위법성 조각** : 의사의 수술, 동료의 응급처치 등은 피해자의 승낙을 전제하므로 특별한 사정이 없는 한 위법성을 인정하지 않는다. 특히 긴급사무관리(제735조)의 요건을 충족시킬 경우, 동의 없이 타인의 신체를 침습하더라도 고의·중과실을 전제하지 않는 한 유책성은 인정되지 아니한다. 스포츠경기를 할 때에도 어느 정도 신체침해의 위험을 감수하고서 참여하는 것이 보통이기 때문에, 그 과정에서 신체가 침해되더라도 피해자의 승낙에 의해 위법성이 조각될 수 있다(특히 권투나 레슬링, 축구, 농구). 다만 스포츠라 하더라도 중대한 반칙(예를 들어 벨트라인 이하의 가격, 백태클)으로 인한 침해에 대해서는 손해배상책임이 발생할 수 있다.

* 격렬한 신체접촉이 수반되는 경기의 내재적 위험 : 2014년 7월 13일 오전, A조기축구회 회원들이 B초등학교 운동장에서 팀을 나누어 축구경기를 하던 중 사고가 발생했다. 甲은 골키퍼로, 乙은 상대 팀 공격수로 경기에 참여하고 있었는데, 乙 팀의 선수가 甲 팀의 골문 방향으로 센터링을 했고, 골키퍼인 甲이 공을 쳐내기 위해 왼쪽 후방으로 다이빙 점프를 하여 착지하는 과정에서 乙과 충돌했다. 이 충돌로 인해 甲의 머리와 乙의 허리가 부딪혔고, 甲은 목척수 손상 등의 상해를 입어 사지마비로 인한 지체장애 판정을 받았다. 甲측은 키 178cm, 몸무게 100kg 이상의 건장한 체격인 乙이 甲 쪽을 향해 빠른 속도로 달려와 충돌했다고 주장했다. 반면 乙은 자신이 이미 골대 부근에서 자리를 잡고 있었다고 주장했다. 충돌 당시 공은 점프한 甲의 머리 위를 지나갔으며, 두 사람 모두 공을 잡지 못했다. 이 경기는 격렬한 대회나 시합이 아닌 동호회 회원들 간의 친목을 위한 경기였다. 이에 법원은 권투나 태권도 등과 같이 상대 선수에 대한 가격이 주로 이루어지는 형태의 운동경기나 다수의 선수들이 한 영역에서 신체적 접촉을 통하여 승부를 이끌어내는 축구나 농구와 같은 형태의 운동경기는 신체접촉에 수반되는 경기 자체에 내재된 부상 위험이 있다고 지적하면서 乙의 손해배상책임을 부정하였다. 乙이 甲과 충돌하는 과정에서 축구경기의 규칙을 위반한 것으로 단정하기 어렵고, 규칙을 위반한 것이라고 보더라도 위반 정도가 무겁다 보기도 어려우며, 격렬한 신체접촉이 수반되는 축구경기의 내재적 위험성, 골대 앞으로 날아오는 공을 두고 공격수와 골키퍼 사이에 발생할 수 있는 신체접촉의 일반적인 형태 등에 비추어 볼 때 乙의 행위가 사회적 상당성의 범위를 벗어나 甲에 대

한 안전배려의무를 위반하였다고 단정하기는 어렵다는 이유에서였다(大判 2019.1.31., 2017다203596).

* 스포츠 경기 중 허용되는 정상적인 신체접촉 : D대학교 치의학대학원 학생인 甲과 C대학교 치의학과 학생인 乙은 2017년 4월 1일 축제의 일환으로 열린 양교 간 축구경기에 선수로 참가했다. 전반 13분 30초경, 乙이 드리블하던 중 甲에게 공을 빼앗겼고, 이후 甲이 사이드라인을 따라 乙 진영으로 드리블하며 들어가서 왼발로 공을 찬 직후 乙이 왼손을 뻗어 甲의 왼쪽 가슴 부위를 밀쳐 넘어지게 했다. 甲은 이 사고로 인해 우측 하지 경골과 비골 원위부 관절 내 분쇄골절 등의 상해를 입었으며, 약 15주간의 치료를 받아야 했다. 甲은 이 사고가 공을 빼앗긴 상태에서 乙이 보복성 반칙을 한 것이기에 사회적 상당성이 없으며, 乙의 손해배상책임이 인정되어야 한다고 주장했다. 사고 당시 甲은 공을 찬 후 관성에 의해 몸통이 90도 회전하면서 두 발이 지면에서 떨어진 상태였다. 乙은 사전에 원고를 잡거나 밀치려는 의도를 보이는 예비동작은 없었으며, 충돌을 피하거나 진로를 확보하기 위해 손을 뻗은 것으로 보였다. 당시 주심은 반칙을 선언하지 않았고, 부심은 반칙 표시를 했으나, 이후 주심은 법정에서 반칙의 정도가 경미했다고 증언했다. 법원은 축구라는 경기의 특성상 신체접촉은 불가피하며, 참가자들은 이러한 위험을 어느 정도 감수하고 경기에 참여한다고 보아 乙의 손해배상책임을 부정했다(서울中央地判 2021.1.19., 2020나47887).

* 경기 특성상 예상 가능한 수준의 경미한 규칙위반 : 甲과 乙은 서울 서초구 D운동장의 서로 다른 테니스 동호회 회원들이다. 2020년 1월 18일 오후 5시경 乙은 11번 코트 북쪽 애드코트에서 서브를 넣었고, 상대방이 리시브하지 못한 공이 애드코트 서비스 라인 안쪽에서 1차 바운드된 후 11번과 12번 코트 베이스라인을 평행으로 연결하는 지점에서 2차 바운드되었다. 당시 12번 코트에서 테니스를 하고 있던 甲은 11번 코트 베이스라인 뒤쪽을 향해 고개를 숙인 채 걸어가다가 2차 바운드된 공에 왼쪽 눈을 맞았다. 이 사고로 인해 홍채마비 등의 상해를 입은 甲은 乙이 테니스 운동 시 옆 코트 이용자의 안전을 위한 주의의무를 게을리하여 사고가 발생했다고 주장하며, 일실수입금 891만 원, 치료비 553만 6,670원, 위자료 1,556만 3,330원 등 총 3,001만 원의 손해배상을 청구했다. 그러나 법원은 경기 특성상 내재된 부상 위험을 참가자가 일정 부분 감수해야 하고, 乙의 행위가 경기 특성상 예상 가능한 수준의 경미한 규칙위반에 해당하여 사회적 상당성의 범위를 벗어나지 않았다고 판단하면서 甲의 청구를 기각했다(서울中央地判 2024.5.21., 2023나44339).

c. 신체침해에 따른 후속손해 배상 : 신체침해로 인한 손해액은 꼭 구체적으로 지출된 치료비의 상환액에 한정되는 것이 아니라, 그러한 신체침해가 있었을 때 일반적으로 배상되는 금액까지 포괄하는 것으로 본다. 예를 들어 피해자의 손가락이 잘렸는데, 마침 병원응급실에 마취제가 하나도 없어서 의사가 마취 없이 손가락접합수술을 해버렸을 경우, 피해자의 입장에서 치료비는 줄겠지

만 가해자의 입장에서 배상액이 줄어드는 것은 아니다. 그리고 불법행위와 상당인과관계가 인정된다면 합리적인 범위에서 향후 치료비에 대해서도 손해배상청구를 할 수 있다(大判 1988.4.27, 87다카74).

* 완치 가능성 없는 후유증에 대한 향후 치료비 : 1984년 2월 27일 당시 만 32세인 甲은 택시 사고로 안면부 및 흉부 다발성 열창, 우쇄골골절상 등을 입었다. 사고 이후 원고는 외상 후 신경증이라는 정신질환과 음경지속 발기증이 발병하였고, 정신신경과 치료와 귀두해면체루 조성술 등의 치료를 받았다. 이로 인해 계산능력이 정상 이하로 떨어지고 충동조절이 불가능해져 정상적인 사회생활이 어려워졌다. 사고 이전부터 원고는 가슴 두근거림, 의식 몽롱, 호흡 가빠짐, 불안 및 초조 등의 증상을 보이는 불안신경증 내지 심인성 신경쇠약증으로 치료를 받은 이력이 있었다. 甲의 향후 치료비와 관련하여 甲의 현상태로 보아 완치 가능성은 물론 증상의 호전을 기대하기 어려워 향후 구태여 치료비를 들여 치료를 받아야 할 필요성이 있는지 다투어졌으나, 법원은 의학상의 치료가 증세의 호전이나 완치만을 목적으로 하는 것이 아니라 증세의 악화방지나 생명의 연장 등도 치료의 목적이라 할 것이므로 증세의 악화방지를 위하여도 향후 치료의 필요성은 인정된다고 하면서, 부상의 정도, 치료내용, 회수, 의료사회일반의 보편적인 진료비 수준 등 제반사정을 고려하여 비상식적인 고액진료비나 저액진료비의 가능성을 배제하고 합리적으로 향후치료비의 범위를 정하도록 판결했다(大判 1988.4.27, 87다카74).

* 실제로 지출하지 않은 개호비의 배상 : 동성산업주식회사의 공사현장에서 발생한 산업재해로 벽돌운반공 甲이 상해를 입었다. 제12중추, 제1요추 압박골절 및 척추손상으로 인하여 하반신이 마비된 甲은 회사에 대하여 치료비와 함께 치료종료일인 1988년 12월 20일부터 여명까지 367개월간의 개호비를 청구했으나, 치료종결 이후부터 현재까지 실제로 甲이 개호비를 지출했다는 증거나, 근친자로부터 실제로 개호를 받았다는 사실은 증명되지 않았다. 법원은 불법행위로 입은 상해의 후유장애로 인하여 향후 계속적으로 치료비 또는 개호비를 지출하여야 하는 손해를 입은 경우라 하더라도, 실제로 개호를 받아 그 비용을 지출하였거나 또는 피해자의 부모나 배우자 등 근친자의 개호를 실제로 받은 것이 아니라면 개호비를 청구할 수 없다고 판결하였다(大判 1991.5.14, 91다8081).

d. 신체침해에 따른 위자료 : 신체침해에 따른 위자료는 사고 발생 경위, 가해자와 피해자의 과실 정도, 피해자의 연령, 피해의 정도, 부상 치료 기간, 이미 지급받은 손해배상금 등 제반 사정을 종합적으로 고려하여 결정한다. 피해자 본인뿐 아니라 현장에서 피해를 목격하고 정신적 충격을 받은 피해자 가족 역시 위자료를 받을 수 있다. 설령 피해자가 가해자 과실 비율을 넘는 손해배상금을

이미 받았더라도 이를 정신적 손해인 위자료에서 공제할 수는 없다(大判 1990.12.11., 90다카28191).

* 교통사고 사건의 위자료 : 2021년 9월 29일 발생한 차량 추돌 사고로 원고 A와 미성년자 B가 상해를 입었다. 사고 당시 A와 B의 목이 꺾이는 정도의 충격이 있었으며, A와 B는 사고 발생 이틀 후인 2021년 10월 1일 G한방병원에 내원하여 경추 염좌 및 긴장, 요추 염좌 및 긴장, 어깨관절 염좌 및 긴장 등의 진단을 받고 14일간 입원치료를 받았다. A와 B는 입원 기간 지속적으로 목 부위 통증을 호소하였고, 침, 한약, 한방물리치료, 추나요법 등의 치료를 받았다. 특히 만 12세인 B는 퇴원 전날인 2021년 10월 13일까지도 목 부위 통증의 지속을 호소하였다. 법원은 A와 B의 치료비로 각 200만 원, A의 일실손해로 146만 원을 인정하는 한편, A에게는 50만 원의 위자료, B에게는 백만 원의 위자료를 인정하였다(仁川地判 2022.10.17., 2022가소427085).

* 폭행사건의 위자료 (1) : 乙은 술에 취한 상태로 甲의 집을 찾아가 폭행하여 치아 탈구 등의 상해를 입혔고, 이로 인해 벌금 400만 원의 약식명령이 확정되었다. 甲에게는 기왕치료비 984,620원과 위자료 500만 원이 인정되었고, 甲이 폭행당하는 모습을 보면서 정신적 충격을 받은 甲의 배우자에게는 위자료 300만 원이 인정되었다. 마찬가지로 폭행 장면을 보면서 정신적 충격을 받은 甲의 자녀에게는 심리상담 비용 39만 원과 위자료 100만 원이 인정되었다(光州地法海南支判 2021.8.10., 2020가단202606).

* 폭행사건의 위자료 (2) : 서울 강동구 C 아파트 D동에 거주하는 甲은 2023년 5월 10일, D동 1층 엘리베이터에서 내리려다가 엘리베이터에 탑승하려던 乙과 서로 길을 비키지 않는다는 이유로 말다툼을 하게 되었다. 이 과정에서 화가 난 乙이 甲을 폭행하였고, 甲은 이로 인해 우측 제3, 7 늑골 골절, 우측 제5수지 근위지골 골절, 이마 부위 열상, 뇌진탕 등의 부상을 당했다. 甲은 乙에게 치료비 84만 원과 위자료 3천만 원을 청구했다. 법원은 甲이 부상으로 인하여 정신적 고통을 당하였음은 경험칙상 명백하므로, 乙은 甲에게 위자료를 지급할 의무가 있다면서, 폭행의 경위 및 태양, 부상 부위와 정도 등 제반 사정을 고려할 때 위자료는 4백만 원으로 정함이 상당하다고 했다(서울東部地判 2024.4.5., 2023가단139024).

* 위자료에서 초과배상금을 공제할 수 없다는 판결례 : 2017년 10월 18일 甲은 버스에 탑승했는데 甲의 승차 후 저속으로 천천히 출발하려던 버스 안에서 甲이 보행하다가 불상의 승객 발에 걸려 넘어지면서 甲은 우측 하퇴 및 요추 염좌에 전치 4주의 부상을 당했다. 당시 버스 승객 가운데 버스의 출발로 인해 다친 사람은 甲이 유일했다. 甲의 염좌 부상은 치료기간이 최대 4주밖에 안 되는 경미한 부상으로서 자연치유도 가능한 것이었지만, 甲은 약 5년 동안 본인의 추간판장애, 무릎관절증, 골다공증 등 기왕증을 치료한 다음 버스공제사업자인 乙로부터 총 1,279만 원의 치료비를 받았다. 甲은 사고 당시 만 76세로 일반적인 가동연한 만 65세가 지난 상태였으며 사고 당시 특별한 소득활동을 하고 있지 않

제2장 불법행위 73

아 일실손해는 인정되지 않았다. 甲은 乙에게 위 사고로 인한 정신적 손해의 배상을 청구하였고, 그 위자료는 100만 원으로 계산되었다. 乙은 위 사고에서 甲의 과실비율이 50%임을 주장하며, 이미 지급한 치료비 중 피고 부담분인 639만 원을 위자료에서 공제해야 한다고 주장했다. 법원은 乙의 주장과 같이 乙측 과실비율을 넘는 치료비를 甲이 지급받았다 하더라도 이를 정신적 손해인 위자료에서 공제할 수 없다면서 乙은 甲에게 위자료 100만 원을 지급하여야 한다고 판결했다(水原地判 2023.2.2., 2021가합15133).

* 고통의 인내로 인한 정신적 손해 : 서구법에서는 신체침해의 피해자가 사건 발생 시부터 부상 완쾌 시까지 경험하는 여러 종류의 정신적·신체적 고통이 증명될 때 정신적 손해의 배상청구를 인정한다. 특히 신체적 고통에 기한 손해를 프랑스법에서는 고통의 인내souffrances endurées에 따른 손해라고 부른다. 이러한 손해에는 외상후 스트레스 장애와 불안·공포 등도 포함된다. 프랑스에서는 신체침해 피해자가 강렬한 죽음의 공포를 느꼈지만 사망에 이르지는 않았던 경우에도 피해자가 느낀 공포에 기한 손해배상청구를 인정했다(Cass. 2e civ., 11 juill. 2024, no 23-10068).

e. 신체침해에 따른 일실손해 배상 : 신체침해로 인해 피해자가 노동능력의 장애를 입게 된 경우 그 일실손해(逸失損害)를 증명하여 배상청구할 수 있다. 이때 일실손해액은 현재의 수입액과 나이, 직업 등을 고려해서 결정한다. 판례는 불법행위로 인한 후유장애로 말미암아 외모에 추상(醜傷)이 생긴 경우, 그 추상이 장래의 직업선택에 영향을 미칠 정도로 현저하다면, 노동능력의 상실이 있는 것으로 보았다(大判 1993.11.23., 93다35421).

* 노동능력상실률 : 생명침해와 달리 신체침해에 기한 일실이익의 산정에서는 노동능력상실률이 기초자료로 활용된다. 노동능력상실률이란, 피해자가 사고 이전에 보유하고 있던 신체적·정신적 기능을 바탕으로 경제적 활동을 수행할 수 있었던 능력이 사고로 인해 상실된 경우 그 상실비율을 말한다. 예를 들어 신체침해로 피해자의 노동능력을 50% 감소시켰다면, 피해자가 평소 벌어들이던 수입에서 세금 등을 공제한 후, 그 직업의 사람이 평균적으로 일하는 가동연령 때까지 남은 기간을 곱하고, 거기에 노동능력 상실률을 곱한 다음, 중간이자를 공제하여 일실손해를 계산한다. 주의할 것은 신체침해의 경우 생명침해와 달리 생계비는 공제하지 않는다는 점이다.

* 신체침해로 인한 일실손해 산정의 실례 (1) : 2014년 6월 당시 21세였던 모델 겸 연기자 김모 씨는 소형 승용차를 타고 강원도 강릉의 한 삼거리에서 신호를 기다리고 있던 중 25톤 유조차가 김 씨 앞차를 피하려다 교차로의 신호등을 들이받고 도로에서 뒤집히는 바람에 일어난 불로 양쪽 허벅지에 2도 화상을 입었다. 의사는 흉터가 영구적으로 남을 수 있다는 진단을 내렸다. 김 씨는 유조차의 공

제사업자인 전국 화물차 운송사업 연합회를 상대로 "허벅지에 화상을 입어 정상적인 연예계 활동이 어렵게 됐다"며 3,300만 원을 배상하라는 소를 제기했으나, 연합회 측은 "허벅지는 평소 쉽게 눈에 띄는 부위가 아니기 때문에 3,300만 원 배상 요구는 과하다"고 맞섰다. 이에 법원은 연합회가 김 씨에게 3,279만 원을 지급하라고 판결했다. 허벅지가 일반적인 노출 부위는 아니지만, 김 씨가 모델 겸 연기자인 점을 고려하면 이 사고로 인해 5%의 노동능력상실률이 인정된다고 봤기 때문이었다(서울中央地判 2016.2.16., 2015가단37816).

* 신체침해로 인한 일실손해 산정의 실례 (2) : 2017년 11월 28일 15:40경 당진시의 한 삼거리 교차로에서, 乙이 운전하던 차량이 직진 신호에 비보호 좌회전을 하던 중 맞은편에서 직진하던 甲의 오토바이와 충돌하였다. 甲은 경추 골절 및 경수 손상(12%), 우측 상완신경총 손상 상지 장애(56%), 좌측 주관절·손목관절·무지·수지 운동 장애(51%)가 발생하여 영구복합장해율 81.02%의 중상을 입었다. 甲은 사고 당시 36세 10개월의 남성이었고, 사고로 인해 기대여명이 84.3% 단축되었다. 사고일부터 2020년 4월 3일까지 100% 노동능력을 상실했고, 2020년 4월 4일부터 가동연한 만 65세 시기인 2046년 1월 17일까지 81.02% 노동능력을 상실했으며, 1일 5시간의 개호가 필요하게 되었다. 계산 결과 甲의 일실손해는 일단 5억 3,488만 원이 인정되었다. 다만 乙의 책임비율은 80%로 제한되어 전체 손해액에서 20%를 공제하였다. 손해액의 사고 당시의 현가 계산은 월 5/12푼의 비율에 의한 중간이자를 공제하는 단리할인법에 따랐다(서울中央地判 2021.11.26., 2019가단5043098).

* 신체침해로 인한 일실손해 부정 사례 : 교통사고로 뇌진탕과 요추부염좌 등의 상해를 입은 국민학교 교사 甲에게 화영운수주식회사는 치료비와 위자료를 지급하였다. 甲은 사고 이후 사고력의 지둔이 나타났고, 단순 뇌진탕 이상의 뇌타박상으로 인한 뇌의 후유증이 남았으며, 사고 이전부터 미만성 추간판 팽대와 제5요추 제1천추간의 우측 추간공에서 선택적 추간판 탈출이 있었는데, 위 사고로 인한 요추부 염좌상이 추간판에 무리를 가하여 요추부에 기능장애의 후유증이 발생했다고 주장하며, 노동능력 상실로 인한 일실손해의 배상을 화영운수주식회사에 청구하였다. 그러나 법원은 그 후유증이 비교적 경미하여 국민학교 교사로서의 직무수행에 뚜렷한 지장을 주지 않는다고 판단했다. 甲은 교육공무원으로서 급여·승진에서 불이익을 받지 않았고, 사고 이후에도 동일한 봉급을 받고 있으며, 장래의 수입 감소가 예상되지 않는다는 이유에서였다(大判 1988.3.22., 87다카1958).

4) 건강침해 : 위법한 가해행위로 정상적 신진대사기능이 방해되어 질환적·병리적 이상상태가 발생한 것을 말한다. 단순히 체력·컨디션이 저하된 것만으로는 부족하고 의학적으로 인식가능한 건강상태의 부정적 변화가 일어났어야 한다.

    a. 건강침해의 성립 : 예를 들어 유해 화학물질로 중독증상을 일으키거

나, 심한 스트레스를 주어 불면증·우울증·심장질환에 걸리게 하거나, 감염병을 전파하거나, 소음으로 신경장애를 일으키거나, 악취 또는 매연으로 구토 및 두통을 유발하는 것이 그와 같다. 단순한 무기력이나 일시적 어지러움을 일으키는 데 그쳐서는 안 되고 의학적 치료가 필요한 것으로 확인가능한 질병의 단계에 이르게 했어야 한다.

> * 신체침해와 건강침해의 차이 : 신체침해는 외형적·구조적 손상, 건강침해는 내부적·기능적 장애유발을 의미한다. 개념적으로는 구분되지만, 예를 들어 부상으로 인한 염증의 발생처럼 많은 경우 두 침해유형이 함께 성립하곤 한다. 따라서 두 개념을 엄격히 구분할 실익은 거의 없다고 해도 과언이 아니다. 다만 신체침해는 대개 가시적이어서 단순한 타박상의 경우에도 의사 진단서 없이 손해가 인정될 수 있는 반면, 건강침해는 대개 가시적이지 않아 의사 진단서 없이 손해가 인정되지 않는다는 차이점이 있다. 육안이나 사진·동영상으로 확인할 수 없는 질병은 항상 의문과 신뢰성 부족의 문제를 초래하기 때문이다.
>
> * 건강손해와 정신적 손해의 차이 : 불쾌감, 실망감, 분노와 같은 순수 정신적 고통은 건강손해와 구별된다. 다만 정신적 고통으로 인하여 외상 후 스트레스 장애 등 정신질환이 발생하면 건강손해로 인정된다. 예를 들어 사망 피해자의 유족이 이미 정신적 손해에 기한 위자료를 받았다 하더라도 사고의 충격과 관련 있는 정신질환이 의학적으로 증명되면 별도로 건강손해에 기한 배상을 청구할 수 있다(BT-Drs. 18/11397, 12; Wagner, NJW 2017, 2641, 2645).

b. 건강침해에 따른 손해배상 : 건강침해도 일단 증명되기만 하면, 신체침해와 마찬가지로 구체적으로 발생한 치료비만 배상청구할 수 있는 것이 아니라 일반적으로 발생하는 치료비, 일실손해, 정신적 손해 등을 다 청구할 수 있다. 피해자는 침해받을 당시 일단은 건강했던 것으로 추정받는다. 물론 건강하지 않았던 피해자 역시 건강이 악화된 데 따른 손해배상을 청구할 수 있다.

> * HCV에 감염된 혈우병 환자의 사례 : 혈우병 환자들이 녹십자의 혈액제제 투여로 인해 C형 간염(HCV)에 감염되었다며 녹십자, 대한적십자사, 대한민국을 상대로 손해배상을 청구하였다. 9명의 원고에게는 일실손해 각 2,100만 원에서 8,900만 원, 치료비 각 2,400만 원에서 4,800만 원, 위자료 각 5천만 원씩이 인정되었다(大判 2017.11.9. 2013다26708).
>
> * HIV에 감염된 혈우병 환자의 사례 : 혈우병 환자인 甲 등이 乙 주식회사가 제조·공급한 혈액제제로 인하여 HIV에 감염되었다. 이 사안에서 HIV에 감염된 환자들이 이미 혈우병이라는 기저질환을 가진 상태였음에도, 법원은 그 점을 피해자의 손해 경감 사유로 고려하지 않았다. HIV 감염은 기존 혈우병 상태와 별도

로, 독립적이고 중대한 건강 침해로 보아야 하고, 이는 별도의 손해로 평가되기 때문이다(大判 2011.9.29, 2008다16776).

* 건강침해에 따른 행정비용의 손실 : 2021년 3월 9일 감염병예방법이 개정되어 정부 또는 지방자치단체가 감염병 진단과 치료, 감염병 격리와 환자피해보상 등을 위해 지출한 경비를 감염병 확산행위자에 대하여 직접 구상할 수 있게 되었다. 종래에는 정부의 감염병 대응행위를 방해하여 감염병을 확산시킨 자에 대하여 그로 인한 정부비용을 환수할 수 있도록 하는 명문규정을 감염병예방법이 두고 있지 않아 신천지 교회 사건, 제주도 모녀 사건, 사랑제일교회 사건 등에 있어서 국민건강보험공단과 각 지방자치단체가 민법을 통한 구상권의 행사로써 구제를 받으려 해도 법원이 그에 대해 계속 제동을 걸어 구제가 여의치 않은 상황이었다(시사 저널 2022년 8월 27일자 기사 참조). 2021년의 개정법률로 그 구제가 가능해졌는데, 과연 감염병예방법의 본래 입법취지가 공공보건의 보호 외에 국가의 재정적 권리까지 보호하려는 것이었는지 의문이다. 특히 감염병관리기관으로 지정되거나 감염병환자 등을 진료함에 따른 의료기관의 손실에 대하여 국가나 지방자치단체가 보상하는 부분까지 감염병 확산행위자에게 구상하도록 위 법률이 규정한 것은 부당하다고 생각한다(同旨: 白景欽, 감염병 확산행위자에 대한 손해배상청구에 관한 고찰, 원광법학 제37권 제3호, 2021.9, 235면 이하).

5) 자유침해

a. 자유의 의미 : 여기서 자유(自由)란 외부로부터 속박을 받지 않고, 자신이 하고자 하는 것을 할 수 있는 상태라 할 수 있다. 헌법에서는 자유가 '인격발현'까지 포함하는 넓은 의미로 해석되나, 불법행위법에서는 좁은 의미에서 '거동의 자유Freiheit der körperlichen Fortbewegung'가 침해되었을 때만 권리침해로서 위법성이 추정된다고 본다.

b. 자유침해의 성립 : 자유침해Freiheitsverletzung의 성립이 인정되기 위해서는, 단순한 불쾌감이나 일시적 불편함을 넘어서 법적으로 보호되는 '거동의 자유'에 대한 실질적 침해가 있어야 한다. 가해자의 물리적 강제력이나 가해자가 통제하는 상황에 의하여 피해자가 신체의 이동·이탈·도주 등 자유로운 이동을 실질적으로 제한당했어야 하며, 단순한 정신적 압박이나 추상적 불안을 느낀 것만으로는 부족하다. 물론 일정 기간 신체의 현실적 구속이 있었더라도 영장에 의한 구금 등 법률상 정당한 구속이라면 그 위법성이 조각된다.

* 피보호감호자의 자유 제한 : 甲은 청송제2보호감호소에서 보호감호를 받던 중 자신이 받은 부당한 처우에 대한 소송서류 작성을 위해 집필허가를 신청했으나, 교도관들이 집필내용 요지를 묻자 이에 불응했다는 이유로 집필허가를 받지 못했다. 또한 甲은 어머니와 접견하던 중 교도관들로부터 가혹행위를 당했

다며 변호사를 선임해 검찰에 고소하라는 말을 어머니에게 했는데, 그 이유로 교도관에 의해 어머니 접견을 중지당했다. 법원은 교도관들이 집필내용 요지 불응을 이유로 집필을 불허하고 접견 중 발언을 이유로 접견을 중지한 행위는 합리적 범위를 벗어난 위법한 처분이라고 판단하면서 피고 대한민국이 원고 甲에게 위자료 500만 원을 지급해야 한다고 판결했다(大判 2003.7.25, 2001다60392).

* 불법구금 및 고문으로 인한 피해 : 1983년 2월 18일, 甲은 치안본부 대공수사관들에게 강제 연행되어 남파 간첩 혐의로 조사를 받았다. 대공수사관들은 구속영장 없이 45일간 甲을 불법 구금하며 조사를 진행했고, 甲에게 극심한 고문을 가하며 허위 자백을 강요했다. 주요 고문 방법으로는 구타, 물고문, 전기고문 등이 있었으며, 수면을 박탈하고 백열등을 응시하게 하는 등의 가혹행위도 있었다. 이러한 고문으로 甲은 자신이 위장귀순한 고정간첩이라는 허위 자백을 해야 했고, 그로 인해 법원에서 무기징역을 선고받았다. 15년 6개월간의 수감 생활 후 1998년 8월 15일 가석방되었으나, 간첩이라는 누명으로 인해 보안관찰 대상이 되었다. 그 후 甲은 2005년 7월 15일 재심에서 무죄 판결을 받았고, 이는 같은 달 23일 확정되었다. 甲은 불법구금과 고문, 그리고 수형생활로 인해 극심한 육체적·정신적 고통, 외상 후 스트레스 증후군 등의 손해를 입었고, 甲의 아내 역시 생계 부담, 자녀 양육의 어려움, 정신적 고통을 겪어야 했으며, 甲의 자녀들도 간첩의 자식이라는 사회적 낙인, 취업 제한, 결혼 문제 등 심각한 정신적·물질적 피해를 봐야 했다. 법원은 甲에게 7억 원, 甲의 아내에게 4억 원, 그리고 甲의 세 자녀에게 각각 1억 원의 위자료청구권을 인정하였다(서울中央地判 2006.11.3, 2005가합88966).

* 엘리베이터 갇힘 사고 : 엘리베이터 유지·보수 전문업체 乙이 유지·관리하는 엘리베이터가 고장이 나 갑자기 운행을 정지하여 甲이 그 안에 한동안 갇혀 있게 되었다. 법원은 甲이 구조될 때까지 상당한 정신적 고통을 받은 것으로 보인다며, 乙이 甲에게 배상할 위자료를 백만 원으로 정했다. 비록 乙은 엘리베이터의 관리주체가 아니지만, 乙이 관리주체인 아파트 입주자대표회의로부터 엘리베이터의 유지·관리 업무를 위탁받았음에도 이 업무를 제대로 수행하지 아니하여 엘리베이터가 정지하는 사고가 발생한 이상, 乙은 손해배상책임을 면할 수 없는 것으로 판단되었다(釜山地判 2020.8.25, 2019가소49505).

* 화장실 갇힘 사고와 그 후속손해 : 乙이 운영하는 제천시 소재 식당에서 2019년 8월 14일 오전 아침식사 후 화장실을 사용하던 甲은 시건장치 고장으로 문이 열리지 않는 상황이 발생했다. 甲은 동행인 丙를 통해 乙에게 이 사실을 알렸으나, 乙의 시건장치 조작에도 문이 열리지 않았다. 약 10분간 화장실에 갇혀있던 甲은 乙의 지시에 따라 약 1.5m 높이의 화장실 창문을 통해 밖으로 뛰어내렸고, 이 과정에서 우측 족부 종골 관절 내 분쇄 골절상을 입었다. 甲은 사고 직후 119를 통해 인근 병원으로 이송된 후 H병원에서 59일간 입원 치료를 받았다. 甲은 총 225만 원의 치료비를 지출했고, 노동능력상실률은 14%로 계산되었으며, 입원

기간의 일실수입은 568만 원, 향후 일실수입은 약 8천만 원으로 계산되었다. 법원은 착지 과정에서 부주의했던 甲에게도 사고 원인의 일부가 있다면서 乙의 책임을 40%로 제한했다. 법원은 乙이 甲에게 5백만 원의 위자료를 지급하도록 명령하였다(仁川地判 2021.9.3, 2020가단263597).

c. 간접적 자유침해 : 성매매여성들이 업소에 감금된 채 성매매를 강요받으면서 생활하고 있음을 쉽게 알 수 있는 상황이었음에도 경찰관이 업주들로부터 뇌물을 받고 이를 방치하였다면 성매매업주의 자유침해에 대한 국가의 방조행위가 인정된다. 피해자를 허위로 고발하여 형사구속을 유발하였다면 피해자를 직접 구속하지 않았더라도 그 무고한 사람에게 간접적 자유침해가 인정된다. 그러나 법원으로부터 공적으로 선임된 전문가가 잘못된 감정으로 피해자의 형사구속에 원인을 제공한 것이 간접적 자유침해로 인정되려면 감정인의 중과실을 전제해야 할 것이다(독일민법 제839조a).

* 성매매여성의 감금에 대한 방조 : 군산시 대명동의 쉬파리 골목에는 7개의 무허가 성매매업소가 운영되고 있었다. A와 그의 가족들은 1999년 10월부터 3층 건물의 1, 2층을 임차하여 성매매업소를 운영했다. 이들은 2000년 4월부터 8월 사이에 권△주, 임△미, 김△화를 1,080만 원에서 2,900만 원에 넘겨받아 채무관계를 만들고, 이들에게 매일 3-4회의 성매매를 강요하며 수입을 갈취했다. A는 2층(약 20평)을 7개의 방으로 개조하고, 도주 방지를 위해 창문마다 창살을 설치했다. 외부 계단은 철제 출입문으로 봉쇄하고, 내부 계단을 새로 설치하여 1층에서 통제했으며, 성매매여성들이 잠든 동안에는 출입문을 잠그고 감시했다. 약 100m 거리에 있던 군산경찰서 역전파출소는 성매매업소 단속을 주 임무로 했는데, 업주 대표는 1999년 9월부터 2000년 9월까지 파출소장과 부소장에게 50만 원에서 200만 원의 뇌물을 정기적으로 제공했고, 경찰은 이를 묵인했다. 그 후 2000년 9월 19일 오전 9시 15분경 업소 2층에서 분전반 합선으로 화재가 발생하여 새벽까지 일하다 잠든 성매매여성들이 탈출하지 못하고 흡입화상으로 사망했다. 법원은 피해자 3인의 부모 6인에게 각 천만 원의 위자료청구권을, 피해자 3인의 형제자매 9인에게 각 5백만 원의 위자료청구권을 인정하고 성매매업주 A에게 총액 1억 5백만 원의 위자료 지급을 명하였다. 그리고 성매매알선업자도 피해자가 감금·성매매 상황에 처하게 될 것을 알면서 업주들에게 피해자들을 넘겨줬다며 유족에게 총액 5백만 원의 위자료를 지급하도록 명하였다. 그리고 피고 대한민국에 대해서는 경찰공무원들의 직무유기로 피해자의 감금과 성매매를 방치하였다면서 유족에게 총 6,900만 원의 위자료를 지급하도록 명하였다. 그러나 피해자의 화재 사망에 대해서는 소방공무원의 직무상 의무위반이 인정되지 않는다면서 피고 대한민국의 책임을 부정했다(大判 2004.9.23, 2003다49009).

* 성범죄 허위고소를 통한 간접적 자유침해 : 독일의 유명 기상캐스터 요엌 카헬만Jörg Kachelmann은 2010년 클라우디아 딘켈Claudia Dinkel이 제기한 강간 고소로 약 4개월 동안 구금되었다. 그러나 딘켈이 카헬만에 의해 입었다고 주장했던 상해가 실제로는 자해였음이 드러났고, 이후 무죄가 확정된 카헬만은 딘켈에 대해 손해배상을 청구했다. 법원은 딘켈이 카헬만의 죄없음을 알면서도 카헬만을 고소했고 카헬만에 대해 직접적 의도를 가지고 허위로 증언함으로써 고의로 수사관들을 오도하였으며 이로써 카헬만의 자유를 간접적으로 침해한 것이 불법행위라면서 딘켈에게 7천 유로의 손해배상책임을 인정하였다(OLG Frankfurt Urt. v. 28.09.2016 18 u 5/14).

    d. 다른 자유의 침해 : 신체거동의 자유가 아닌 헌법상의 기본권적 자유, 예컨대 거주·이전의 자유, 직업선택의 자유, 주거의 자유, 통신의 자유, 종교의 자유, 양심의 자유, 표현의 자유, 언론·출판의 자유, 집회·결사의 자유 등은 원칙적으로 국가권력에 의한 침해로부터의 보호를 목적으로 하는 헌법상 권리로 이해된다. 따라서 이러한 자유가 만약 국가기관에 의해 침해되었다면 국가에 대하여 국가배상을 청구할 수 있겠지만, 가해자가 사인(私人)인 경우에는 일반적으로 그에 대하여 헌법에 근거한 직접적 손해배상청구가 인정되지 아니한다. 물론 예외적으로 사인의 행위가 헌법상 보호받는 자유의 본질적 내용을 심각하게 침해하고, 피해자에 비해 가해자가 우월한 사회적·경제적 지위에 있거나 국가와 유사한 권력을 행사하는 경우(예: 사립학교, 대기업, 종교단체 등)에는 민법상 불법행위책임이 기본권 보호의 관점에서 해석·적용되어 손해배상책임이 인정될 수 있다(이른바 대사인적 기본권효력 또는 간접적 대사인효). 하지만 이러한 경우에도 피해자의 기본권과 가해자의 자유가 충돌할 수 있으므로, 헌법적 가치들 사이의 비교형량을 하여 피해자의 자유가 우위에 있을 때만 가해자의 손해배상책임을 인정해야 한다.

* 종교의 자유침해 (1) : 구치소장이 안식일 엄수주의자인 미결수용자에게 구치소에서 실시하는 종교의식·행사에 참석하는 것을 금지한 것에 대해 법원은 국가배상책임을 인정하였다. 미결수의 종교의 자유, 특히 종교적 행위와 종교적 집회·결사의 자유를 침해한 것으로서 이는 위법한 공무집행에 해당한다는 이유에서였다(大邱地判 2012.9.14., 2012가단16763).

* 종교의 자유 침해 (2) : 어느 사립 고등학교가 매일 아침 찬송과 기도 등 경건회, 매주 정규 교과시간에 1시간 가량 예배, 매년 3박 4일 성경읽기 합숙 교육, 부활절 3일간 심령수양회, 매년 반별 성가대회, 추수감사절 정규수업 대체 감사예배를 진행하고, 여기 불참하는 학생들에게 청소 등 불이익을 준 것에 대해서도 법원은 5,000만 원의 손해배상금 지급판결을 내렸다. 사회공동체의 건전한 상

식과 법감정에 비추어 볼 때 용인될 수 있는 한계를 초과한 종교교육의 경우 위법성을 인정할 수 있다는 이유에서였다(大判 2010.4.22.).

⁕ 사상·양심의 자유침해? : 구치소 공무원들이 국가보안법 위반 혐의로 서울구치소에 수감된 간첩단 관련 피의자들의 사방 거실에 어느 시국 사범의 전향 수기를 넣었다가 항의를 받고 회수하였다. 수감자들은 구치소 공무원들의 도서 전달 행위가 사상전향 강요에 해당한다고 주장하며 국가에 각각 1천만 원의 손해배상을 청구했지만, 법원은 이에 대하여 국가배상책임을 부정하였다. 위 도서의 전달만으로 수감자가 갖는 사상·양심의 자유를 침해하였다고 보기는 어렵다는 이유에서였다(서울中央地判 2013.2.20.).

e. 자유침해와 생활위험 : 교통체증으로 인한 자유침해는 아주 현저한 것이 아닌 한 배상청구의 대상이 되지 않는다고 본다. 갑작스러운 교통혼잡이나 정체는 일반적인 생활위험으로 봐야 하기 때문이다. 이러한 손해의 발생은 순수재정손실reiner Vermögensschaden에 그치므로, 보호법규위반과 그 손해에 대한 가해자의 예견가능성foreseeableness 등이 인정되지 않는 한, 불법행위가 성립되기는 힘들다고 봐야 한다.

6) 자기결정권침해

a. 의 의 : 자기결정권(自己決定權 Selbstbestimmungsrecht)이란 개인이 자기 삶과 관련된 중요 사항에 대해 타인의 간섭 없이 자유롭게 결정할 수 있는 권리를 말한다. 자기결정권은 인간존엄과 인격적 자율성에 기초하며 불법행위법에서 일반적 인격권의 하위권리 중 하나로 분류된다. 우리법원은 의사결정의 자유, 성적 자기결정권, 의료행위에 대한 자기결정권, 개인정보자기결정권 등 다양한 영역에서 자기결정권의 침해를 불법행위의 한 유형으로 인정하고 있다. 자기결정권 침해에 대한 민사상 구제는 단지 재산적 손해의 배상에 국한되지 않고, 정신적 손해에 대한 배상까지 포함한다. 다만 이러한 자기결정권은 절대권이 아니므로, 특정인의 자기결정권이 침해되었더라도 그 가해자가 갖는 이익(예를 들어 표현의 자유, 경제상의 자유, 재산권 등)과 비교형량하여 침해행위의 위법성 여부를 판단하여야 한다.

b. 의사결정의 자유 : 의사결정의 자유Entscheidungsfreiheit란 개인이 자기 삶의 중요한 결정을 외부의 강요나 부당한 영향 없이 자율적으로 할 수 있는 자유를 말한다. 민법에서는 특히 계약체결, 투자, 소비, 재산처분 등 재산적 법률행위에 관하여 외부의 강요, 기망 없이 스스로 판단하고 선택할 수 있는 자유가 의사결정의 자유이다. 예를 들어 재산행위나 투자에 있어 계약상대방의 사기·공갈·협박

이 있었거나 결정의 전제조건인 정보에 대한 왜곡이 있었으면, 의사결정의 자유가 침해되었다고 할 수 있다. 乙의 행위에 위법성이 인정되면, 이때 甲에게 단순히 재정손실만 발생했다 하더라도 乙에게는 불법행위에 기한 손해배상책임이 인정될 수 있다.

* 경험이 부족한 일반투자가에게 매우 위험한 거래를 적극 권유 : 乙 주식회사는 금융투자업무를 수행하는 회사이며, 甲은 乙 회사 직원의 권유로 나스닥100 지수를 기초자산으로 하는 인버스 ETF 상품에 투자하였다. ETF 상품은 나스닥 100 지수가 하락할 때 하락률의 3배 수익을 얻는 인버스 구조의 상품으로, 乙 회사 내부 기준상 초고위험 상품으로 분류되었다. 甲의 투자경험은 1년 미만이었고, 투자목적은 시장 가격 변동 추이와 비슷한 수준의 수익 실현이었으며, 금융지식수준은 널리 알려진 금융투자상품의 구조 및 위험을 일정 부분 이해하는 수준에 불과했다. ETF 상품에 대한 투자로 천만 원의 손실을 본 甲은 乙 회사 직원이 고위험 상품에 대한 투자경험이 없는 자신에게 부적합한 상품을 권유하고, 상품 구조에 대한 충분한 설명을 하지 않았다고 주장하며, 투자손실액 천만 원과 위자료 5십만 원의 배상을 청구하였다. 법원은 甲의 위자료청구를 인용하지 않았지만, 투자손실피해의 배상청구권은 인정하였다. 다만 甲의 사전 검토 소홀 등 과실을 참작하여 甲의 총 손해액 천만 원 중 50%인 5백만 원에 대해서만 乙 회사의 책임을 인정하였다(서울中央地判 2021.8.26., 2019가합588159). 참고로 법원은 경험이 부족한 일반투자가에게 증권회사 임직원이 과대한 위험성을 수반하는 거래를 적극적으로 권유한 경우 증권회사의 손해배상책임을 인정하고 있다(大判 2003.1.10., 2000다50312).

* 허위정보로 투자유치 : 푸르덴셜투자증권은 1999년 11월 실권주 공모를 실시하면서 외자유치 협상이 본격화되지 않았음에도 협상이 완료된 것처럼 고객들에게 설명하고 코스닥 등록 관련 사항과 수익률을 확정적으로 안내했다. 또한 푸르덴셜투자증권의 주식가치 평가를 수행한 삼일회계법인은 대우채 관련 손실을 푸르덴셜투자증권의 자산가치에 반영하지 않고 주당 추정이익 산정 시 발행주식수를 과소 계상하여 투자신탁보수 추정을 부적절하게 하였다. 법원은 이로써 푸르덴셜투자증권과 삼일회계법인이 그 투자위험에 관한 고객의 올바른 인식형성을 방해했다면서 고객에게 약 122억 원 상당의 손해배상책임을 부담한다고 판결했다(大判 2010.1.28., 2007다16007).

* 협박·갈취사건 : 장애인 부부인 A와 B(청각장애 2급 남편, 시각장애 아내)는 휴대전화 판매점을 운영하는 C에게 휴대전화의 개통을 부탁하였는데, C는 2004년 6월부터 2015년 1월까지 장애인인 A와 B의 취약점을 이용하여 A와 B, 그리고 그들의 아들 명의로 34대의 휴대전화를 무단 개통했다. 그리고 C는 휴대전화 요금을 대납해주었다는 명목으로 A와 B를 지속적으로 협박하여 보험금, 대출금, 가불금 등 총 1억 3,200만 원을 갈취했다. 법원은 A와 B에게 발생한 재산적

손해의 배상청구권과 별도로 A에게 천만 원, B에게 7백만 원의 위자료청구권을 인정하였다(仁川地判 2016.5.26., 2015가단30250).

* 소비자가 갖는 자기결정권 침해 : 甲은 2014년 4월부터 2015년 10월 사이에 乙이 제조·임대한 얼음정수기를 사용하였다. 2015년 7월 乙은 정기점검 과정에서 냉수탱크 내 니켈 도금 박리를 발견하였고, 자체조사해본 결과 일부 제품에서 WHO 권고치를 초과하는 니켈이 검출되었다. 그럼에도 乙은 위 문제를 플라스틱 커버 장착 방식으로만 대응하고, 니켈 검출 원인과 위해 가능성을 고객에게 알리지 않았다. 이 사실은 2016년 7월 언론 보도로 공개되었고, 乙은 그제서야 사과와 회수, 환불 등의 조치를 하였다. 비록 니켈 검출과 건강피해 사이의 인과관계는 증명되지 않았으나, 법원은 정수기 임대차계약에서 乙이 중금속 오염물질 관련 정보를 고지할 부수적 의무를 위반했다고 보았다. 나아가 乙이 약 1년간 니켈 검출 사실을 은폐한 것은 소비자의 제품 선택권, 즉 자기결정권을 침해한 것으로 평가하였다. 이에 따라 법원은 乙의 고지의무 위반을 불법행위로 인정하고, 위험성의 완전한 증명이 없더라도 甲의 자기결정권이 침해된 데 따른 정신적 손해를 이유로 乙은 甲에게 각 100만 원의 위자료를 지급하도록 판시하였다(서울高判 2020.1.22., 2018나2074793).

c. 성적 자기결정권Recht auf sexuelle Selbstbestimmung의 침해 : 성적 자기결정권은 스스로 선택한 인생관 등을 바탕으로 사회공동체 안에서 각자가 독자적으로 성적 관념을 확립하고 이에 따라 사생활 영역에서 자기 스스로 내린 성적 결정에 따라 자기책임하에 상대방을 선택하여 성관계를 가질 권리로 이해된다(憲裁決 2002.10.31., 99헌바40). 강간죄(刑法 제297조) 강제추행죄(刑法 제298조), 위계에 의한 간음죄(刑法 제302조), 업무상 위력에 의한 간음죄(刑法 제303조) 등은 바로 이러한 성적 자기결정권의 소극적 측면을 침해하는 것이다(大判 2019.6.13, 2019도3341).

▫ 종군위안부사건 : 1941년경 당시 17세였던 고인 B는 일제 강점기에 군인과 순사 2명에 의해 강제로 나가사키 인근 위안소로 끌려갔다. 위안소에서 일본군은 고인을 지하실에 감금하고 거꾸로 매달아 고문하며 강간했으며, 불특정 다수의 군인들과 강제로 성행위를 하도록 강요했다. 고인은 일제하 일본군위안부 피해자에 대한 보호·지원 및 기념사업 등에 관한 법률에 따라 위안부 피해자로 등록되었고, 1932년경부터 1945년경까지 일본제국의 조직적이고 직·간접적인 통제하에 중국, 동남아시아 등지의 위안소에서 감시받는 생활 속에 강제로 성행위를 강요당한 것이 인정되었다. 그 책임은 침략전쟁의 수행과정에서 군인들의 사기 진작 및 민원 발생의 저감, 군인들에 대한 효율적 통솔 등을 위하여 위안부를 관리하는 방법을 고안해내고, 이를 제도화하여 법령을 정비하고 국가기관에서 조직적으로 계획을 세워 역사에서 전례를 찾아볼 수 없는 위안소를 운영하고 한국의 어린 여성들을 납치·감금해서 군인들의 성적 행위 대상으

로 제공한 일본제국에 있었다. 법원은 사건 행위의 불법성 정도, 고인의 당시 연령 및 위안부로 고통받은 기간, 고인이 당한 육체적·정서적 피해 정도, 귀국 후에 겪은 사회적·경제적 어려움, 불법행위 이후 상당한 기간 피해복구가 이루어지지 아니한 점 기타 제반 사정을 두루 참작하여 일본제국이 고인에게 지급하여야 할 위자료를 2억 원으로 정하였다(淸州地判 2025.4.25., 2024가단52192).

* 성폭력피해의 위자료 : 당시 만 15세이던 甲은 당시 만 37세이던 乙로부터 2012년부터 2013년 초까지 5회에 걸쳐 성폭력을 당했다. 甲은 부모의 이혼으로 조모가 양육을 담당하였으며, 조모로부터 폭행을 당하는 등 어려운 가정환경에 처해 있었다. 甲은 피해 당시 피해사실의 위법성을 구체적으로 인식하지 못했으나, 2019년 9월경부터 정신건강의학과 진료를 받으며 피해 사실을 털어놓게 되었다. 2021년 4월경 甲은 乙을 고소하였고, 1심에서는 乙의 무죄가 선고되었으나, 2024년 1월 11일 항소심에서 乙에게 징역 6년이 선고되어 2024년 4월 12일 형사판결이 확정되었다. 乙은 처음에 혐의사실을 부인하다가 이후 일부 성적 접촉은 인정하면서도 합의에 의한 것이라고 주장했으며, 이후 약 6년간 연인관계를 유지했다고 주장했다. 현재까지도 외상 후 스트레스 장애로 정신과 진료를 계속 받고 있는 甲은 乙에게 정신적 고통에 대한 위자료로 1억 원을 청구하였다. 법원은 범행 당시 피해자의 연령과 취약한 환경, 피해의 지속성, 그리고 외상 후 스트레스 장애로 인한 정신과 진료의 지속, 형사재판과정에서의 고통 등을 고려하여 甲에게 7천만 원의 위자료청구권을 인정했다(木原地判 2025.2.19., 2022가단502804).

* 혼인빙자간음 : 우리법원은 자신의 혼인 여부나 상대방과의 혼인 가능성에 관하여 적극적·소극적 언동을 통해 허위사실을 고지하는 방법으로 상대방을 착오에 빠뜨려 성행위를 포함한 교제 관계를 유도하거나 지속하는 행태, 즉 혼인빙자간음(婚姻憑藉姦淫)에 대해서 일관되게 손해배상책임을 인정하고 있다(서울東部地判 2009.12.10., 2009가합4167). 물론 형법상 혼인빙자간음죄가 2009년 11월 헌법재판소 결정으로 폐지되었다지만, 이러한 혼인빙자간음행위는 기망에 의하여 상대방의 성적 자기결정권을 침해하는 행위로서 그 형사처벌 여부와 별개로 민사상 책임까지 부정된다고 할 수는 없다는 이유에서이다. 예를 들어 甲이 2019년 12월경 휴대전화 채팅을 통해 乙을 만나 2020년 1월부터 2020년 10월까지 연인관계를 유지하며 甲의 집에서 동거했는데, 乙은 자신을 이혼남이라고 소개하며 결혼을 전제로 교제할 것을 회유하였고, 甲은 2021년 1월경에야 乙 배우자의 연락을 통해 乙의 결혼사실을 알게 된 사건에서, 법원은 甲에게 위 12개월에 대한 월 200만 원의 생활비 2,400만 원과 정신적 고통에 대한 위자료 2,000만 원, 합계 4,400만 원의 손해배상청구권을 인정하였다(木原地判 2022.11.8., 2021가단15235).

    d. 의료행위에 대한 자기결정권의 침해 : 우리법원은 환자가 스스로 그 의료행위의 수인 여부를 결정할 수 있는 자기결정권을 가지며 의사는 환자의 그러한 권리를 보장하기 위해 설명의무Aufklärungspflicht를 부담한다고 한다(大判 1995.1.20., 94다3421). 그

리고 의사가 만약 설명의무를 다하지 않아 환자가 치료행위에 동의할 기회를 박탈당한 경우, 이는 환자의 자기결정권 침해에 해당하므로 별도의 위자료청구 사유가 된다고 한다(大判 1994.4.15, 92다25885).

* 설명의무 위반으로 인한 모든 손해의 배상? : 관상동맥 우회술을 받은 환자가 수술 후 심장마비와 뇌손상이 발생하여 사망한 사건이 있었다. 환자의 상태로 볼 때 관상동맥 우회술 선택이 불가피했고, 수술 시기나 과정상 과실도 없었다고 판단되었으나, 의사가 수술 전에 심장마비 등 부작용 가능성에 대해 설명하지 않은 것이 확인되어 설명의무 위반이 인정되었다. 환자 측은 의사의 설명의무위반과 사망이라는 결과 사이에 상당인과관계가 있다고 주장했으나, 법원은 그러한 설명의무위반이 의료적 주의의무위반과 동일시될 정도여야만 상당인과관계가 인정된다고 하였다. 따라서 위자료 이외의 적극적·소극적 손해에 대한 배상책임은 부정되었다(大判 1994.4.15, 93다60953).

* 당시의 의료수준에 비추어 예견할 수 없는 위험에 대한 설명의무? : 서울대학교 병원에서 안검하수 수술을 받은 환자가 수술 후 시력을 상실하자 병원 측의 과실을 주장하며 손해배상을 청구하였다. 일단 원고의 시력상실은 수술 후 갑자기 발생한 예측 불가능한 시신경염에 기인한 것으로, 수술 과정이나 의료진의 과실과는 무관하다고 판단되었다. 원고는 병원 측의 설명의무위반을 주장하였으나, 법원은 당시 의료수준에서 예견할 수 없었던 시신경염에 대해서는 설명의무가 없다고 하며 원고의 청구를 기각했다(大判 1999.9.3, 99다10479).

* 중대한 합병증에 대한 설명의무 불이행 사례 : 甲은 乙 병원에서 상체 지방흡입술을 받은 후 호흡 곤란 등의 증상이 발생하여 다른 병원으로 이송되어 치료를 받았고, 이후 경증의 제한성 폐기능 장애가 남게 되었다. 법원은 지방색전증이 드물지만 가능한 합병증이며, 乙의 과실로 인한 결과 발생을 추정할 만한 증거가 부족하다고 판단했다. 다만 법원은 乙이 지방색전증이라는 중대한 합병증에 대해 구체적으로 설명하지 않았으며, 수술동의서상의 일반적인 위험 고지만으로는 충분한 설명의무 이행으로 볼 수 없다고 판시했다. 법원은 乙의 설명의무 위반으로 인해 甲의 자기결정권이 침해되었다는 이유로 甲에게 乙이 3,000만 원의 위자료를 지급하도록 명령했다(서울中央地判 2023.5.16, 2019가합534657).

e. 개인정보자기결정권Recht auf informationelle Selbstbestimmung의 침해 : 개인정보자기결정권이란 개인이 자신의 신상정보, 즉 성명(姓名), 초상(肖像), 음성(音聲), 주민등록번호, 휴대폰번호, 진료기록, IP주소, 지문, 홍채, DNA, 병력 등에 대해 언제 누구에게 어느 범위까지 알릴지, 이용되게 할지 스스로 관리하고 통제할 수 있는 권리이다. 개인정보의 수집·이용에 대해 명시적 동의 여부를 결정할 권리. 자신의 정보에 대해 접근하고 수정하거나 삭제를 요구할 권리 등이 바로 여기에 속

한다. 단순히 민감한 정보만을 보호하는 것이 아니라, 이미 공개된 정보나 공적 영역에서 형성된 정보까지 보호되며, 그 통제 권한은 정보주체에게 있다. 만약 이러한 개인정보가 부당하게 이용되거나 유포되었다면, 그 피해자는 가해자에게 손해배상을 청구할 수 있다. 또한 이러한 개인정보를 정보주체의 동의 또는 법률상 필요 없이 제3자에게 제공하거나 공중에 유포한 자는 5년 이하의 징역 또는 5천만 원 이하의 벌금에 처해진다(개인정보보호법 제15조, 제18조, 제71조).

* 전교조 명단 공개 사건 : 조전혁 국회의원과 동아닷컴은 교육과학기술부 장관으로부터 교원의 교원단체 및 노동조합 가입현황 자료를 제공받은 후, 이를 일반 대중이 열람할 수 있도록 인터넷에 공개하였다. 이에 전교조 등은, 해당 정보에 교사의 실명, 소속학교, 담당교과, 교원단체 및 노동조합 가입여부가 포함되어 있어 개인을 식별할 수 있는 개인정보에 해당하며, 정보주체인 교원들의 동의 없이 이를 공개한 것은 헌법상 인격권 및 사생활의 비밀, 특히 개인정보자기결정권을 침해하는 행위라고 주장하며 피고에게 손해배상을 청구하였다. 이에 법원은 위의 명단공개가 원고의 일반적 인격권 및 개인정보자기결정권을 침해하여 위법하다고 판단하면서 조전혁 의원은 조합원들에게 1인당 10만 원씩 모두 3억4천여만 원의 위자료를 지급하고, 동아닷컴은 조합원 1인당 8만 원씩 총 2억7천여만 원의 위자료를 지급하라고 판결했다(大判 2014.7.24., 2012다49933).

* 언론의 실명보도에 따른 손해배상책임 : 甲은 1975년 乙과 혼인신고를 마친 배우자관계에 있었으나, 1990년경 乙과의 이혼소송이 시작되었다. 이 무렵 丙은 자신이 甲 등에게 감금 및 폭행을 당하였다는 내용의 피해신고서를 경찰에 제출하였고, 곧이어 乙 역시 유사한 내용의 고소장을 경찰에 제출하였다. 이들 고소에 따르면 甲은 내연관계에 있는 여러 남성들과 공모하여 남편 乙과의 이혼소송에서 승소하거나 많은 위자료를 받아내기 위하여 乙의 친구인 丙을 호텔 커피숍으로 유인한 뒤 지하 카페로 데리고 가 감금·폭행했다는 것이었다. 언론사 기자들은 甲이 혐의를 부인하고 있음에도 고소인들의 진술에만 의존한 채 甲이 이혼소송 중인 남편 乙로부터 위자료를 받아내기 위해 청부폭행을 계획·실행했다는 요지의 보도를 甲의 실명 및 사진과 함께 게재·방송하였다. 이후 甲은 乙과 丙의 고소 내용에 따라 구속기소되었으나, 1991년 1심 법원은 고소인 진술의 신빙성이 없고 공소사실을 인정할 증거가 없다는 이유로 무죄를 선고하였고, 이 판결은 1992년 대법원에서 확정되었다. 나아가 丙은 甲을 무고한 혐의로 기소되어 재판을 받게 되었다. 이에 甲은 자기 실명과 초상을 사용해 혐의 내용을 보도한 언론사에 대하여 손해배상을 청구하였고, 법원은 甲에게 1,500만 원의 위자료를 지급하도록 언론사에게 명령하였다(大判 1998.7.14., 96다17257).

* 범죄 피의자의 실명 공개와 공공성 : 甲은 대구 수성구에서 정신과의원을 운영하는 의사인데 마약류로 분류되는 약을 직접 조제하지 않고 직원을 시켜서 조

제하였다가 식약청의 정기지도점검에서 적발되었다. 이를 우리나라 여러 언론사가 보도하면서 甲의 실명과 병원의 실명까지 공개하였는데, 이를 이유로 甲은 그 언론사들에 대하여 손해배상을 청구하였다. 그러나 그 언론사들은 그 보도가 국민건강보호라는 공익을 위한 것이었고 甲의 범죄를 단정한 것이 아니라 식약청의 보도자료를 근거로 객관적 사실만을 적시한 것이었으므로 진실성과 공공성을 충족한다고 항변하였다. 그러나 법원은 이 사안에서 언론사들의 손해배상책임을 인정하였다. 甲은 평범한 정신과의사에 불과하여 공적인 인물이라 볼 수 없으며, 설령 그 범죄의 내용이나 성격에 비추어 일반 국민들이 그 범죄를 알아야 할 정당한 이익이 있더라도 그 범인이 바로 甲이라는 것까지 알아야 할 정당한 이익이 있다고는 보이지 않는다는 이유에서였다(大判 2007.7.12. 2006다65620).

* 실명보도의 위법성 : 한센병 환자들의 정착촌에서 운영되던 사금고인 ○○상조회의 이사장 甲은 불법적인 여수신행위와 거액의 배임·횡령, 부실대출, 예금기장 누락 등으로 정착촌 주민들이 예금을 찾지 못하게 하였고, 이로 인해 회원 및 임직원 3명이 자살을 시도하여 2명이 사망하는 사태가 발생하게 하였다. 이에 甲이 수사기관에 의해 긴급체포되고 구속되자, MBC가 이 범죄사실을 보도하고 일부 화면에서 甲의 실명이 보이도록 방영하였다. 甲은 MBC가 자신의 실명을 공개하여 보도하였다면서 MBC를 상대로 1억 원의 위자료를 청구하는 소를 제기하였으나, 법원은 甲의 청구를 기각하였다. 이와 관련하여 대법원은 언론기관이 범죄사실을 보도하면서 피의자의 실명을 공개하여 범죄사실을 보도하는 경우에는 피의자의 범죄사실을 알게 되는 사람들의 범위가 훨씬 확대되고 피의자를 더 쉽게 기억하게 되어 그에 따라 피의자에 대한 법익침해의 정도 역시 훨씬 커질 것이므로, 범죄사실의 보도와 함께 피의자의 실명을 공개하기 위해서는 피의자의 실명을 보도함으로써 얻어지는 공공의 정보에 관한 이익과 피의자의 명예나 사생활의 비밀이 유지됨으로써 얻어지는 이익을 비교형량한 후 전자의 이익이 후자의 이익보다 더 우월하다고 인정되어야 한다고 하였다. 또한, 전자의 이익이 더 우월하다고 판단되더라도 그 보도의 내용이 진실과 다를 경우 실명이 보도된 피의자에 대한 법익침해의 정도는 그렇지 아니한 경우보다 더욱 커지므로, 언론기관이 피의자의 실명을 공개하여 범죄사실을 보도할 경우에는 그 보도내용이 진실인지 확인할 주의의무는 더 높아진다고 하였다(大判 2009.9.10. 2007다71).

* 언론보도와 개인정보에 관한 독일법 이론 : 개인의 내밀영역이 아닌 사회적 영역에 관해서는 언론보도의 자유가 폭넓게 인정될 수 있다. 그러나 그러한 경우에도 그 사실이 진실인지 허위인지 불분명할 경우에는, 그 개인정보에 관하여 일반인이 지금 당장 매우 큰 정보이익을 갖고 있을 때에 한하여만 언론의 자유를 주장할 수 있다(BVerfG NJW 1983, 1415; NJW 1992, 2013; KG AfP 1999, 361; BVerfG 2007, 2685; BGH NJW 2013, 790 = GRUR 2013, 312). 예를 들어 정치인이나 관료의 뇌물관련 혐의는 공적 정보이익이 매우 큰 것이므로 그 진실 여부가 불확실하더라도 피의자의 실명이나 초상이 공개될 수 있을 것이다(BVerfG NJW 1993, 1463; BGH NJW 2000, 656). 다

만 이 경우에도 그 사실 여부가 확실하지 않다는 점은 분명히 지적되어야 하며, 그에 관해 마치 사실인 것처럼 단정적인 표현을 사용해서는 안 된다(BGH NJW 1977, 1288).

* 김박사넷 사건 : 대학원 진학 및 연구실 정보 공유 플랫폼 김박사넷은 각 대학교 재학생과 졸업생이 교수에 대한 '한줄평'과 함께 교수에 대한 다섯 가지 항목(인품, 실질 인건비, 논문 지도력, 강의 전달력, 연구실 분위기)에 대해 A+부터 F까지의 등급을 부여해 오각형 그래프 형태로 시각화할 수 있도록 서비스를 제공해왔다. 서울대 교수 A씨는 김박사넷에 자신의 정보를 삭제해달라고 요청했는데, 김박사넷은 A 교수의 이름과 이메일, 사진을 지우고 한줄평을 볼 수 없게 차단했지만, 삭제된 한줄평에는 '이 한줄평은 해당 교수의 요청으로 블락 처리됐습니다'라는 문구가 게시됐고 오각형 그래프는 삭제하지 않았다. 이에 A씨는 김박사넷에 대하여 위자료 천만 원과 웹페이지 삭제를 요구하는 소를 제기하였으나 법원은 이를 받아들이지 않았다. 부정적 평가만 게시되는 것이 아니라 지극히 긍정적인 평가가 게시되기도 하며 실제로 김박사넷이 학생들의 대학원 진학 결정과 연구 환경 개선에 기여하고 있다는 점을 고려하면 그래프의 위법성이 명백하다고 보기 어렵다는 이유에서였다. 또한 헌법상 중요한 기본권의 하나인 표현의 자유를 보장하는 취지를 구현하기 위해서라도 그 표현 방법에 엄격한 기준을 적용해서는 안 된다고 판결하였다(大判 2024.6.17., 2020다239045).

7) 명예훼손

a. 의 의 : 명예훼손(名譽毁損)이란 특정인에 관하여 부정적인 인상을 줄 수 있는 사실의 적시 또는 거짓 주장을 공공연히 함으로써, 그에 관해 다중의 오해를 유발하거나, 그의 평판이 나빠지게 함으로써 그의 사회생활에 지장을 초래하는 것을 말한다. 라틴어로는 명예훼손을 'damnum existiamationis'이라 하고, 독일어로는 이를 'Ehrverletzung'이라 하며, 프랑스어로는 이를 'diffamation', 영어로는 이를 'defamation'이라 칭한다.

b. 법적 근거 : 우리 형법 제307조는 제1항에서 "공연히 사실을 적시하여 사람의 명예를 훼손한 자는 2년 이하의 징역이나 금고 또는 500만 원 이하의 벌금에 처한다"고 규정하고, 제2항에서 "공연히 허위의 사실을 적시하여 사람의 명예를 훼손한 자는 5년 이하의 징역, 10년 이하의 자격정지 또는 1천만 원 이하의 벌금에 처한다"고 규정하고 있다. 그리고 정보통신망 이용촉진 및 정보보호 등에 관한 법률 제70조는 제1항에서 "사람을 비방할 목적으로 정보통신망을 통하여 공공연하게 사실을 드러내어 다른 사람의 명예를 훼손한 자는 3년 이하의 징역 또는 3천만 원 이하의 벌금에 처한다"고 규정하며, 제2항에서 "사람을 비방

할 목적으로 정보통신망을 통하여 공공연하게 거짓의 사실을 드러내어 다른 사람의 명예를 훼손한 자는 7년 이하의 징역, 10년 이하의 자격정지 또는 5천만 원 이하의 벌금에 처한다"고 규정하고 있다. 거기에 우리민법 제751조는 "타인의 신체, 자유 또는 명예를 해하거나 기타 정신적 고통을 가한 자는 재산 이외의 손해에 다하여도 배상할 책임이 있다"고 규정하여 명예훼손에 관한 손해배상책임을 법정하고 있다(독일민법 제823조나 제847조는 명예를 불법행위의 보호법익으로서 명시하지 않고 있음).

* 사실적시로 인한 명예훼손 : 우리 형법 제307조 제1항은 허위사실이 아닌 진실을 밝히는 경우에도 그것이 특정인의 명예를 훼손할 경우 형사처벌의 대상이라 하고 있다. 대체로 출판물, 광고 또는 큰소리로써 범죄자의 범죄사실과 함께 실명을 공개하여 범죄자의 사회생활에 지장을 초래한 경우, 사실적시로 인한 명예훼손을 인정한다. 이는 우리 형법이 일본형법을 계수한 데 따른 것인데, 이러한 사실적시로 인한 명예훼손의 처벌은 권력자가 비판적 개인을 탄압하는 데 악용된다는 비판이 제기되고 있다. 참고로 독일의 경우 특정인에 관한 허위사실이 적시되었을 때에만 형사처벌하고 있으며, 사실적시로 인한 명예훼손은 형사처벌하지 않고 있다. 영미법에서는 심지어 특정인에 관하여 허위사실을 적시했을 때에도 형사처벌하지 않고 그 대신 민사책임만 인정하고 있다.

c. 부정적 사실의 적시 : 명예훼손은 결코 막연한 것이어서는 안 되고, 반드시 사실의 적시를 수반해야 한다. 여기서 적시의 대상이 되는 사실이란 현실적으로 발생가능하고 증명가능한 사실을 말한다. 과거의 사실만이 아니라 현재의 사실을 적시한 것 역시 명예훼손이 될 수 있다. 하지만 단순히 비평이나 견해의 표명만 있었다면 명예훼손이 성립하지 않는다.

* 사실보도가 아닌 의견표명 : 언론보도에 구체적 사실적시 없이 단지 피해자나 사건에 대한 비평이나 견해의 표명만 있었다면 명예훼손이 성립되지 않는다. 예를 들어 2008년 4월 29일 'PD수첩'에서 "정부가 미국산 쇠고기 수입위생조건 협상 당시 미국 도축시스템 실태를 파악하고 있는지 의문이다"라고 보도한 것은 사실보도가 아닌 의견표명에 해당하므로 명예훼손의 성립이 부정되었다(大判 2011.9.2, 2009다52649). 당시 PD수첩은 "미국의 도축시스템에 대해서 과연 우리 정부가 그 실태를 본 적이 있는지, 보려는 노력을 했는지 의문입니다"라고 보도하였는데, 이때 MBC PD수업은 정부가 실태파악 못한 대상을 미국의 특정 도축장과 같은 구체적 장소가 아니라 추상적인 '미국 도축시스템의 실태'로 삼고 있을 뿐만 아니라, 곧이어 "보려는 노력을 했는지 그것도 의문입니다"라는 다의적이고 막연한 표현을 사용하여 단지 우리 정부의 자세를 비판했을 뿐이었다. 다만 법원은 MBC PD수첩이 "한국인 중 약 94%가 MM형 유전자를 가지고 있어 한국인이 광우병에 걸린 쇠고기를 섭취할 경우 인간광우병 발병 확률이 약 94%

에 이른다"는 취지의 사실보도를 한 것에 대해서는 명예훼손임을 인정하였는데, 이는 농림수산식품부가 인간 광우병 환자 가운데 MM형 유전자를 보유하지 않은 사람도 있다는 과학적 증거를 제시하였기 때문이었다. 물론 과학적 연구는 불확실성을 내포할 수밖에 없는 것이지만, 당시 광우병 소고기 관련 MBC PD수첩 보도는 그 과학적 연구의 가정과 전제를 잘 살펴서 신중한 자세로 보도해야 함에도, 그 과학적 연구의 한계를 언급하긴커녕 논쟁적인 주제에 관한 과학적 연구에서 '주장'된 바를 '과학적 사실'로서 단정적으로 보도하였을 뿐 아니라, 더 나아가 근거 없이 그 의미를 '확대'하여 보도한 잘못이 있었다. 게다가 그러한 잘못이 드러나서 정부의 요청에 따라 후속 정정보도를 하는 과정에서도 이를 거의 고치지 않고 기존의 입장을 고수하기까지 하였기 때문에, 결국 명예훼손의 위법성이 인정되었다.

d. 공연성(公然性) : 명예훼손은 세상 사람들이 그에 관해 널리 알 수 있게끔 하는 것이어야 한다. 다시 말해 불특정 또는 다수인이 인식할 수 있는 것이어야 명예훼손이 될 수 있다. 예를 들어 둘이서 자기들끼리 몰래 누군가의 명예를 실추시킬 만한 사실에 관해 이야기를 나누었다 하더라도, 이는 명예훼손이 되지 아니한다. 다만 소수의 사람에게만 이야기한 것이더라도 그것이 전파가능성이 있을 경우에는 명예훼손이 성립할 수 있다. 예를 들어 조회수가 그리 높지 않은 인터넷 게시판에 쓴 글이라 하더라도 전파가능성이 있다면, 그것이 명예훼손이 안 된다고 확언할 수는 없다. 그 글을 읽거나 그 말을 들은 사람들이 피해자와 일면식도 없어서 피해자에게 현실적으로 알려질 가능성이 낮다 하더라도, 명예훼손이 성립할 수 있는 것은 마찬가지이다. 다만 비밀을 보장한다는 전제하에 그러한 사실을 적시하였다면, 명예훼손은 성립하지 않는다고 봐야만 한다.

* 비공개회의에서의 발언과 공연성 : 2023년 3~4월경 서울 종로구 D빌딩에서 F 연극경연대회가 개최되었다. 해당 연극제의 운영위원이었던 乙은 2023년 4월 19일경 자신의 사무실에서 연극 연출자 H와 공동제작자 I가 함께 있는 가운데 위 경연대회 참가자인 예술감독 甲에 대해 이렇게 말했다: "甲 이 X끼가 참여하는 줄 알았다면 이 작품을 연극제에서 배제시켰을 것이다." "甲은 사기꾼 X끼다." "예전에 다른 공연에서 인쇄를 진행했는데 甲이 비용을 말도 안되게 부풀렸다. 그때 일로 甲과는 상종을 안 한다. 앞으로 공연 참여자들을 미리 꼭 보고 해라." 이에 甲은 乙에 대해서 200만 원의 손해배상금, 페이스북 공개그룹 C 게시판에 판결문 사본 게시 등을 청구하는 소를 제기했다. 乙은 해당 발언들이 비공개 제작회의에서 이루어져 공연성이나 전파가능성이 없다고 항변하였다. 하지만 이에 대해 법원은 해당 회의에 복수의 인원이 참석했고, 외부 유출 방지 합의가 없었던 점 등을 고려할 때 공연성이 인정된다고 판단하고, 乙의 명예훼

손 책임을 인정하여 乙에게 100만 원의 위자료 지급을 명했다(議政府地判 2024.12.19., 2024가합37).

e. 피해자의 특정성 : 명예훼손의 피해자는 반드시 특정되어야 한다. 따라서 집단표시에 의한 명예훼손은 인정되지 않는 게 원칙이다. 집단 일반을 대상으로 부정적 사실을 적시한 경우, 그 개별구성원인 피해자들에 이르러서는 사회적 평가가 저하된다고 보기 어렵기 때문이다. 물론 그 집단의 구성원 수가 적거나 정황상 집단 내 개별구성원을 지칭하는 것으로 여겨질 수 있을 때는 명예훼손이 성립한다고 본다. 또한 두문자나 이니셜만 사용한 경우라도 주위사정과 종합하여 알아차릴 수 있을 정도이면 피해자는 특정된 것으로 본다.

* 집단표시에 의한 명예훼손 : MBC 뉴스데스크는 1999년 1월 7일부터 2월 7일까지 대전 A 변호사 수임장부를 공개하며 '대전 지역 검사들'이 A 변호사와 뒷거래를 한 후 A 변호사의 불법 로비와 부정한 청탁을 받아 A 변호사가 요구하는 대로 사건을 부당하게 처리했다는 보도를 지속적으로 방송했다. 검찰 수사 결과 대전 지역 근무 검사 25명이 A 변호사로부터 명절 떡값 등으로 10만 원에서 1,000만 원의 금품을 수수한 사실은 확인되었지만 불법로비의 대가를 수수한 일은 없었던 것으로 드러났다. 법원은 집단표시에 의한 명예훼손의 경우 원칙적으로 개별 구성원에 대한 명예훼손이 성립하지 않으며, 예외적으로 구성원 수가 적거나 주위 정황상 개별 구성원을 지칭하는 것으로 여겨질 수 있는 경우 명예훼손이 성립하는데, 본 사건에서 대전 지역 검사의 수가 31명에 불과한 점이나 집중적 보도 등 정황상 '대전 지역 검사들'이라는 표현이 개별 구성원 지칭으로 인정된다면서 7개 방송 중 2개 방송에 대해 위법성을 인정했다. 그에 따라 MBC는 피해 검사 1인당 600~1,000만 원의 위자료를 지급하고, 해당 보도 담당 기자는 MBC와 연대하여 피해 검사 1인당 300-500만 원의 위자료를 지급하도록 판결이 내려졌다(大判 2003.9.2., 2002다63558).

* 이니셜 표시에 의한 피해자 특정 : 동아일보, 매일경제신문, 한국경제신문은 서대문구 현저동 K아파트 위탁관리업체의 청탁사례금 제공 의혹을 보도하면서, 실제로는 돈을 받지 않은 입주자대표회의 임원들이 아파트 위탁관리업체 선정과 관련하여 46차례에 걸쳐 1억 400여만 원의 청탁사례금을 받은 것처럼 보도하였다. 입주자대표회의 임원들은 위 신문사들에 대해서 명예훼손에 기한 손해배상을 청구하였으나, 기사에는 K아파트라는 이니셜만 표시되었으므로 명예훼손 피해자가 특정되었는지 다투어졌다. 법원은 신문 기사에서 아파트와 피해자들의 실명을 직접 언급하지 않았더라도, 주위 정황상 특정 아파트와 입주자대표회의 임원들임을 알 수 있었다면 피해자가 특정된 것으로 보아야 한다고 판단했다. 이에 따라 법원은 피고 신문사들에 대하여 기사 1건당 피해자 1인에게 각 300만 원의 위자료를 지급하도록 명령했다(大判 2002.5.10., 2000다50213).

f. 명예의 손상 : 아무리 특정인에 대하여 부정적 사실을 공표했다 하더라도, 그로 인해 그 사람의 명성·평판이 저하되지 않았다면 명예훼손으로 인정되지 아니한다. 예를 들어 어느 법학 교수에 대해 "학창시절부터 음치였다더라"는 부정적인 사실을 인터넷 게시판에 썼다 하더라도 이로 인해 그 사람의 명예가 훼손되었다고 보기는 어렵다. 법학 교수가 음치라는 이유로 그의 사회적 평가가 저하되지는 않기 때문이다.

g. 주관적 명예감정의 손상 : 명예훼손으로 손상되는 명예는 객관적인 것이어야 한다. 따라서 개인의 주관적 명예감정이 손상된 것은 명예훼손과 구별하여야 한다. 예를 들어 어떤 피해자가 단순한 농담 한마디(예를 들면 지방 출신자에게 "너 사는 곳에 00는 있어?"라고 묻는 말)로 불쾌감을 느꼈다 하더라도, 또는 관용적 표현 한마디(예를 들면 '남자에게는 감정이라고 해봤자 fine, angry 두 가지밖에 없다' 등의 말)로 차별을 받은 느낌이 들었다 하더라도, 그러한 주관적 자존심손상이나 위축된 기분 같은 것이 모두 명예훼손으로 인정되는 것은 아니다(물론 상대방에게 주관적으로 불쾌감을 주는 언행이 불법행위가 되지 않는다 하더라도 학교나 직장 등에서 징계사유가 될 수는 있음). 다만 주사파, 종북(從北) 등의 표현은 1990년대 당시 우리나라의 현실에서 부정적이고 치명적인 의미를 가졌던 것이므로 명예훼손에 의한 불법행위를 구성한다고 하였다(大判 2002.12.24, 2000다14613).

* 족보 내용의 오류에 따른 명예훼손? : 경주정씨 문헌공파대종회가 종전의 세보를 통합하고 누단을 정리하며 새로운 종원들을 등재할 목적으로 세보를 편찬하였다. 그 과정에서 종원 일부의 소문중 이적에 관하여 후손들 사이에 합의가 이루어지지 않아 세보 발간이 지체되자 대종회는 양측의 주장을 절충하여 해당 종원들을 서로 다른 소문중의 종원으로 중복 등재하였는데, 이에 대해 해당 종원들이 대종회를 상대로 명예훼손에 기한 손해배상을 청구하였다. 그러나 법원은 편찬된 세보의 내용에 일부 잘못이 있더라도 주관적 명예감정의 침해만으로는 명예훼손이 성립하지 않는다면서 원고의 청구를 기각했다(大判 1992.10.27, 92다756).

* 주사파 지칭 : KBS의 책임 프로듀서인 甲은 1993년 5월부터 1994년까지 총 68회에 걸쳐 방영된 다큐멘터리극장에서 한국현대사를 다루었다. 이에 대해 한국논단은 1998년 3월호에서 '빨갱이는 선, 경찰은 악으로 연출하는 공영방송 KBS'라는 제목의 기사를 게재했다. 이 기사는 TV가 좌익세력의 선전도구가 되었다고 비판하며, KBS가 대한민국의 정통성과 자유민주주의 체제를 부정하고 북한 정권을 찬양한다고 주장했다. 게다가 한국논단은 기사에서 ① 甲이 역사적 사실을 왜곡하여 이승만을 사대주의자로, 여운형을 민족주의자로 미화한 사실, ② 甲이 동학란을 북한의 혁명 사관에 입각하여 분석했다는 사실, ③ 甲이 대구 10·1폭동, 제주 4·3폭동 등을 인민항쟁으로 미화한 사실 등을 비판하며 甲을 '주사파'로 지목했다. 이에 甲은 월간 한국논단이 자신을 특히 '주사

파'로 지목한 것에 대해 명예훼손을 주장하며 손해배상을 청구했다. 대법원은 기사 내용 중 일부 부정확하거나 과장된 표현은 표현의 자유 범위 내로 보았으나, 한국논단이 甲을 '주사파'로 지목한 부분은 논리적 비약이며 불법행위가 성립한다고 판단했다(大判 2002.12.24, 2000다14613).

h. **공인 또는 공적 인물에 대한 명예훼손** : 공인 또는 공적 인물에 대한 명예훼손의 허용 범위는 일반 사인에 비해 훨씬 더 넓다. 특히 헌법 제21조가 보장하는 언론·출판의 자유는 민주주의 토대이기 때문에, 공인 또는 공적 인물에 대해서는 사회 공공성에 부합한 비판적 언론보도가 폭넓게 허용된다.

* **공인에 대한 종북·주사파 표현** : 2018년 우리 대법원 전원합의체는 통합진보당 국회의원 및 대표를 역임한 甲과 그의 남편인 변호사 乙에 대해 다수의 네티즌과 기자가 '종북·주사파'이자 '경기동부연합'의 일원이라고 비판하는 글을 게시한 것에 대해 '종북', '주사파' 등의 표현이 공인(公人)을 향한 것이라면 이는 명예훼손이 안 될 수도 있다고 판시했다. 공론의 장에 나선 전면적 공적 인물은 자신에 대한 비판을 감수해야 하고 그러한 비판에 대해서는 스스로 해명과 재반박을 통해서 극복해야 한다는 이유에서였다. 특히 그 표현이 공적인 존재의 정치적 이념에 관한 것인 때는 특별한 의미가 있으므로, 이 문제에 관한 표현의 자유는 넓게 보장되어야 하고 이에 관한 일방의 타방에 대한 공격이 타방의 기본입장을 왜곡시키는 것이 아닌 한 부분적인 오류나 다소의 과장이 있다 하더라도 이를 들어 섣불리 불법행위의 책임을 인정함으로써 이 문제에 관한 언론을 봉쇄하여서는 안 된다는 것이 우리법원의 입장이었다(大判(全) 2018.10.30, 2014다61654).

* **공인(公人)** : 일반적으로 공인에 해당하는 사람은 선출직·정무직 공무원, 공직선거 후보자, 고위 공직자 등을 들 수 있다. 고위공직자로서는 차관·청장·본부장급 이상, 대학교수로서는 학장·처장·실장급 이상, 법관으로서는 고등법원 부장판사 이상, 검사로서는 대검찰청 검사급 이상, 군인으로서는 대령급 이상, 경찰로서는 치안감급 이상 등을 일반적으로 공인이라고 일컫는다. 정치인으로서는 국회의원(서울高判 2013.9.6, 2013나11661) 및 지역도당 위원장(서울高判 2010.1.13, 2009나28099), 경제인으로서는 대기업 회장·부회장(서울高判 2012.3.9, 2011나89080), 언론인으로서는 대형 언론사 사주·주필·편집장, 예술인으로서는 유명작가(서울北部地判 2018.12.20, 2018가합22446) 등을 공인이라고 본다. 전국 단위 시민단체 또는 노동단체의 대표(서울高判 2018.06.01, 2014나2010324)나 대형교회 목사(서울南部地判 2017.07.07, 2015가합3601) 역시 공인이다. 반면 지역 단위 시민단체의 대표(서울高判 2016.11.4, 2015나2060748), 이미 은퇴한 연예인(서울高判 1997.09.30, 97나14240), 공기업 회장의 배우자(서울高判 2018.11.02, 2018나2023474), 방송사 최대주주(大判 2013.03.28, 2010다60950), 일반인 의사(大判 2007.07.12, 2006다65620) 등은 공인에 해당하지 않는다. 어떤 특정한 공적 논쟁에 자발적으로 참여하고 적극적 역할을 하여 언론의 초점이 된 일반인은 그 특정한 쟁점에 한해서 일시적·제한적 공인이 될 수 있다(大判 2015.12.10, 2015다235827).

* **공적 인물** : 공적 인물(公的 人物)은 공인보다 범위가 더 넓은 개념으로, 사회적·

문화적 영향력이 있는 유명인이 여기에 포함될 수 있다. 다만, 단순히 유명하다는 이유만으로 공적 인물 범주에 포함되지는 않으며, 공적 관심사와 연결된 사안에서 영향력이 인정될 때에 한하여 법원이 제한적으로 공적 인물임을 인정한다. 판례를 보면 유명한 연예인이나 운동선수는 공적 인물로 취급된다고 한다(서울中央地判 2005.07.06., 2004가합82527). 전직 대통령의 가까운 친인척 역시 공인에 준하는 지위로 본다(서울中央地判 2013.1.16, 2012가합32404.32411.32428.32435). 공적 인물에 대해서는 단지 공적 관심사와 연계된 문제에서만 명예훼손 관련 표현의 자유가 인정된다.

* 공적 존재에 대한 명예훼손 : 1997년 한국논단이라는 월간지에서 민노총 등의 총파업이 좌경·친북·체제전복투쟁이라 비판하고, 민노총을 포함한 일부 노동운동 세력의 좌경화를 지적하며, 대기업 노조의 방만한 조합비 운용실태와 노조 전임자들에 대한 과도한 지원을 비판하고, 전국연합과 인권운동사랑방이 친북 이적활동을 한다고 비판하는 기사를 게재하였다. 이에 민주사회를 위한 변호사모임 등 9개 단체가 명예훼손을 이유로 한국논단에 손해배상을 청구하였는데, 법원은 ① 민노총에 대해 '공산게릴라식 빨치산 전투'라고 표현한 것, ② 민변·전국연합·참여연대에 대해 북한 조선노동당과 연계되었다는 등 근거 없는 주장을 한 것, ③ 언노련에 대해 편파보도를 지시했다고 근거 없는 주장을 한 것의 경우 명예훼손을 인정했다. 민노총과 같은 공적 존재에 대해서는 비판이 폭넓게 허용되나, 구체적 정황 없는 악의적 모함은 허용되지 않는다는 이유에서였다. 반면 현대노조 등에 대해 조합비 사용 관련 의혹을 제기한 것은 명예훼손이 성립하지 않는다고 하였는데, 그 이유는 공적 존재에 대한 공적 관심 사안의 경우 사적인 영역에 속하는 사안과는 명예훼손 여부의 심사기준에 차이를 두어야 한다는 데 있었다. 물론 현대노조가 조합비를 대한민국의 체제파괴활동과 그 공작비로 썼다고 볼 증거는 없었지만, 민노총을 지원하는 대기업 노조의 방만한 조합비 운용실태 및 일부 기업의 노조 전임자들에 대한 과도한 지원을 비판하는 내용은 그 목적이 공공의 이익을 위한 것임을 쉽게 인정할 수 있다고 하였다(大判 2002.1.22., 2000다37524).

i. 명예훼손의 고의 또는 과실 : 과실에 의한 명예훼손 역시 불법행위를 구성하는 것은 마찬가지이다. 예를 들어 언론사가 사실관계를 제대로 확인하지 않고서 허위사실을 진실이라 믿고 보도하여 특정인의 명예를 훼손한 경우, 특정인에 관한 질문에 답변하는 과정에서 얼떨결에 말이 헛나와 허위사실을 발설하여 특정인의 명예를 훼손한 경우 등에는 과실에 의한 명예훼손이 성립할 수 있다. 만약 가해자의 고의가 아닌 과실만이 증명된다면 명예훼손이 성립하더라도 그 위자료가 감경될 수 있다. 만약 피고의 과실조차 증명되지 않는다면 명예훼손이라는 불법행위는 성립하지 않게 된다.

* 진실이라고 믿을 만한 상당한 이유 : 설령 완전한 허위사실이 적시되었다 하더라도, 그것이 공공의 이익을 위한 것이었고, 표현행위를 한 사람이 중요한 부분에 있어서 진실이라고 믿을만한 상당한 이유가 있었던 경우에는, 그 명예훼손의 과실 요건이 결여되어 명예훼손이 성립하지 않게 된다. 예를 들어 한겨레신문이 서울시 지하철 1호선의 시청역-종각역 노선 변경에 대해 동아일보의 압력 때문이었던 것처럼 허위로 보도하였으나 정황상 그것이 진실이라고 믿을만한 상당한 이유가 있었다고 인정되어 청구가 기각된 것이 그와 같다(大判 2008.2.14., 2005다75736). 하지만 예를 들어 언론기자가 어느 연극의 공연선전물만을 보고 그 연극이 천박한 상업주의의 변태·외설작품이라고 단정하는 기사를 쓴 경우에는 진실이라고 믿을 만한 상당한 이유가 없었던 것으로 본다(大判 1999.2.9., 98다31356).

* 진실성이 불분명한 사실적시에 관한 과실의 결여 : 울산대 의대 교수인 甲은 HIV 유전자 분석을 통한 에이즈 치료 및 예방 방법을 연구하는 과정에서 논문과 인터뷰 등을 통해 ① 녹십자사가 HIV에 감염된 특정인의 혈액을 원료로 사용하여 혈액제제를 사용했고, ② 그 혈액제제로 인해 일부 혈우병 환자들이 HIV에 감염되었다는 사실을 발표하였다. 이에 녹십자사는 甲의 주장 가운데 HIV 감염 환자의 혈장이 녹십자사의 혈액제제 제조에 사용되었다는 사실은 허위로 단정하기는 어렵지만 진실이라 인정하기도 부족하므로 진실성은 증명되지 않은 상태에서 甲이 정확한 증거 없이 단정적으로 말한 것이라며 甲을 상대로 명예훼손에 기한 손해배상 청구의 소를 제기하였다. 법원은 이에 대해 원고가 청구원인으로 그 적시된 사실이 허위사실이거나 허위평가라고 주장하며 손해배상을 구할 경우 그 허위성에 대한 증명책임은 피고가 아니라 원고에게 있다고 하면서 위 사안의 경우 피고인 甲 주장의 허위성은 증명되지 않았다고 판단하였다(大判 2008.1.24., 2005다58823). 하지만 이 사건의 쟁점은 허위성의 증명에 있다기보다 피고 甲의 과실 증명에 있었던 것으로 보인다. 문제된 표현은 의학 전문 저널과 과학 전문 언론 인터뷰를 통해 발표되었고, 의학적·역학적 연구 결과와 그에 대한 합리적 추론이라는 형태로 제시되었으며, 甲이 진실이라고 믿은 데 상당한 이유가 있다고 법원이 인정하였으므로, 명예훼손에 관한 피고 甲의 과실이 증명되지 않았다는 점에서 법원이 원고의 청구를 기각한 사건이라 생각된다.

j. 진실성 또는 공공성의 결여 : 가해자가 특정인에 대하여 구체적 사실을 적시하여 그의 명예를 훼손하였고(예를 들어 특정인의 범죄사실이나 부정행위 등)(을 불특정 다수에게 허위로 공표하였다 하더라도), 가해자의 고의·과실 역시 증명되었다 하여, 그것이 언제나 명예훼손이 되는 것은 아니다. 만약 그 명예훼손행위가 진실한 사실을 공표한 것이었을 뿐 아니라 공공의 이익을 위한 것이었다면, 이는 위법하지 않은 것이 된다. 물론 이러한 진실성과 공공성의 존재에 대한 증명책임은 명예훼손행위자가 부담하는 것으로 본다.

* 공공의 이익 : 여기서 공공의 이익이란 단순히 대중의 '알 권리'를 충족시키기

위한 것이라 하더라도 충분한 것으로서 인정된다. 예를 들어 변호사의 소송수행 잘못에 대해 수기를 써서 여성잡지에 게재하였다면, 이는 공공의 이익을 위한 것이었다고 본다(大判 1988.10.11., 85다카29).

* 진실성·공공성이 불완전한 경우 : 부수적으로 행위자의 주요한 목적이나 동기가 공공의 이익을 위한 것이기만 하면, 부수적으로 다른 사익적 목적이나 동기가 내포되어 있더라도 무방하고, 세부에 있어 진실과 약간 차이가 나거나 다소 과장된 표현이 있더라도 무방하다. 예를 들어 동아일보가 한국통신프리텔에 주식투자를 하여 다른 투자자들과 함께 약 천억 원대의 평가이익을 얻은 것에 대해 MBC가 유독 동아일보에 대해서만 불공정의혹 등을 제기한 것은 논란의 여지가 있긴 했으나 그 진실성·공공성이 증명된 것으로 인정되었다(大判 2006.3.23., 2003다52142). 물론 아무리 공공의 이익을 위한 것이었다 하더라도, 전혀 얼토당토 않은 허위사실을 고의 또는 부주의로 공표한 것이라면, 이는 명예훼손이 된다.

* 사적 영역에 대한 진실한 사실 : 설령 진실한 사실을 공표하였더라도, 그것이 지나치게 사적인 영역에 속하는 사실로서, 그러한 사실을 적시하는 것이 도저히 공공의 이익에 부합하는 것으로 볼 수 없는 것이라면, 그러한 진실한 사실의 적시 역시 명예훼손에 해당할 수 있다. 예를 들어 뉴스한국닷컴이 김○한 감독의 아내·아들 폭행사실을 보도하면서 사실전달보다는 개인 평판 훼손에 치중했다가 위자료 300만 원 판결을 받은 것이 그와 같다(大判 2016.5.17., 2015다33489).

* 공인에 대한 보도의 경우 : 피해자의 명예가 손상되었음이 피해자에 의해 증명된다면, 진실성·공공성에 대한 증명책임은 명예훼손행위자가 부담한다. 물론 이는 피해자가 공인인 경우에도 마찬가지여서, 피해자가 설령 공인이라 하더라도 진실성·공공성에 대한 증명책임은 피해자에게 전가되지 아니한다. 예를 들어 MBC가 경미한 업무착오로 이중기소한 검찰을 마치 중과실에 의해 이중기소한 것처럼 보도하며 '한심한 검찰'이라는 표제까지 사용했을 때, 피해자는 검찰이고 스스로 그 보도의 허위성을 증명할 능력을 갖고 있었지만, 그 진실성과 공공성의 증명책임은 검찰이 아니라 MBC에게 있다 하였다(大判 2004.2.27., 2001다53387).

    k. 성적 명예 : 명예에는 성적 명예sexuelle Ehre도 포함된다. 따라서 특정한 개인의 과거 성적으로 자유로웠던 행실 또는 매춘경력 등에 관한 사실을 전파하거나(예를 들면 '남자가 조금만 마음에 들어도 무조건 같이 잔다', '고교시절과 대학시절에 원조교제를 했던 경력이 있다', '강남에서 텐프로로 날렸던 여자다' 등의 말) 특정인의 성적 불륜에 관해 공개적으로 언급하는 것은 그의 성적 명예를 훼손한 것(독일구민법 제847조 2항)이 된다. 다만 그러한 사실적시에 공익적 목적이 있다면 명예훼손이 성립하지 않을 수 있다.

    * 특정인의 성적 불륜에 관한 블로그 게시글 : 甲은 1984년경 종교단체를 설립하여 운영하다가 1994년경 농업공동체인 L을 설립하였다. L 회원들은 폐쇄적인 집단촌에서 자급자족의 공동생활을 했으며, 미성년자들은 L이 설립한 학교에

서 교육을 받았다. 甲은 자신을 하나님, 주님, 그리스도라고 주장했으며, 회원들은 이를 믿고 따랐다. 甲은 자신과의 성관계를 구원의 일환으로 설파했으며, 여성 회원들은 자신을 甲의 신부라고 칭하며 甲에 대한 애정을 공개적으로 표현했다. 1987년경 부모를 따라 L에 가입했다가 2005년경 탈퇴하였던 乙은 2009년 2월 27일 자신의 블로그에 甲으로부터 성폭행을 당했다는 내용의 글을 게재하면서, 'X 삼촌 부인'과 'Y 삼촌 부인'도 甲과 성관계를 가졌다고 언급하였다. 게시글에서 언급된 'X 삼촌 부인'이 C를, 'Y 삼촌 부인'이 E를 지칭한다는 것은 L 회원들이라면 누구나 알 수 있었다. 게시글에 대한 항의를 받자 乙은 2009년 4월 10일 추가 글을 게시하여, 자신의 글이 피해자들을 비방하려는 것이 아니라 추가 피해를 막기 위한 것이라고 설명했다. 그러나 L회원들은 특정인의 성관계에 관한 글을 블로그에 게시하여 당사자의 명예를 훼손하였다는 이유로 乙에 대해 손해배상청구의 소를 제기하였다. 하지만 법원은 乙의 사실적시행위에 위법성이 조각된다고 판단했다. 그 블로그 글은 자신과 같은 피해자가 더 이상 발생하지 않도록 하려는 공익적 목적에 의해 게시되었고, 게시글의 주된 취지는 당사자들을 비난하는 것이 아니라 L 공동체 내에서 발생하는 부적절한 행위에 대한 경각심을 일으키고자 한 것이었으며, 甲의 행적이 거의 알려지지 않은 상황에서 상당수의 회원을 보유한 종교단체의 문제점을 제기할 필요성이 인정된다는 이유에서였다(木原地判 2012.10.12., 2011나40301).

* 성적 명예 개념의 필요성? : 성적 명예 개념은 이른바 순결Jungfräulichkeit 또는 정조 여부에 따라 여성을 명예로운 여성과 명예롭지 못한 여성으로 나누고, 여성의 섹슈얼리티를 성적 자율성에 근거한 능동적인 것으로서 바라보는 게 아니라 가부장제의 유지를 위한 수동적인 것으로서 바라보는 개념이라 평가될 수도 있다. 이러한 이유로 독일민법에서 종래의 성적 명예에 관한 특별규정은 2002년에 삭제되었다.

1. 이익형량 : 인격권으로서의 명예권은 헌법상 보장되는 표현의 자유, 언론 방송의 자유, 출판의 자유 등과 충돌하는 면이 있다. 따라서 개별적인 사안에 따라 추상적인 이익형량 또는 구체적인 이익형량이 필요할 수 있다. 예를 들어 범죄사실의 보도, 공중이 관심을 가질만한 영업수단 사용의 폐해, 소비자정보 등의 경우, 공공의 정보이익과 언론의 자유에 대한 보호법익이 개인의 인격권보다 더 크게 인정될 것이다. 그 외에도 다음과 같은 기준에 따라 법익의 형량이 이루어질 수 있다:

* 언론보도의 목적이나 태도 : 언론보도의 목적 자체가 순전히 특정인의 명예를 훼손하려는 데 있는 경우이거나, 사안과의 관련성 없이 악의적이거나 원한에 가득 차 있거나, 특정인의 인격에 상처를 주려는 의도로 비방성 논평을 덧붙인 경우에는 헌법상 '표현의 자유'나 '언론의 자유'를 방패막이로 사용할 수 없다.

예를 들어 특정한 이슈에 대해 그에 해당할 수 있는 여러 사람의 잘못을 보도한다는 식이 아니라, 언론사가 표적으로 삼은 특정인의 잘못을 몰래 무차별적으로 조사하여 한꺼번에 폭로하고 그를 마녀사냥하듯이 그에 대해 연속으로 선동하는 기사를 내보내는 것이 그와 같다.

* 보도되는 사실의 진실 여부 : 공공의 정보이익과 개인의 명예를 보호할 필요성이 팽팽하게 대립할 경우, 그 보도되는 사실이 진실인지 여부에 따라 비교형량이 달라질 수 있다. 예를 들어 만약 그것이 진실이라면 그 보도되는 사실이 당사자에게 불리한 것이라 하더라도 그 보도가 더 폭넓게 용인되지만, 만약 허위사실을 보도하는 것이라면 그 사실이 당사자에게 유리한 것이라 하더라도 그 보도는 용인되기 어려워질 것이다($^{BGH\ NJW}_{2013,\ 790}$). 물론 그 사실이 진실이라 할지라도, 그것이 특정인을 공적으로 판단함에 있어서 객관적으로 사소한 사실에 불과하며, 그 보도의 목적이 독자들의 선정적 욕구만족이나 신문판매부수의 증가 등 비공익적인 데 있었다면, 그 보도는 명예훼손으로 보게 된다.

* 언론사에 대한 비판의 자유 : 언론사와 같은 법인 역시 명예에 관한 법적 이익을 가질 수 있지만, 언론사의 명예와 그를 비판하려는 언론의 자유가 서로 대립할 경우, 언론사의 인격적 법익보다는 그를 비판할 자유가 더 우선시되어야 할 것이다. 언론사는 스스로 반박할 수 있는 매체를 가지고 있을 뿐 아니라 타인에 대한 비판자로서 그 자신도 언론의 자유를 폭넓게 누리고 있기 때문이다($^{大判\ 2006.3.23.}_{2003다52142}$). 물론 언론기관이 사인을 비판할 경우에는, 언론기관의 자유에 비해 사인의 인격적 법익이 더 비중있게 고려될 것이다.

* 언론사의 주의의무 : 독일의 경우 언론보도의 자유를 폭넓게 인정하고 있지만, 언론사가 보도를 할 경우, 일단 정당한 공적 이익을 위한 목적이 있어야 하고, 허위보도를 배제하기 위하여 가능한 모든 조사를 시도했어야 한다고 본다($^{BGHZ\ 31,}_{308(313)}$). 또한 기자가 아무리 주관적으로 확신했다 하더라도 객관적으로 존재하는 의문을 함께 전달해야 하며, 한 방향으로 몰아가는 보도태도로 독자들의 오해를 유발해서는 안 된다 하고 있다. 거기에 덧붙여, 허위보도를 배제하기 위하여 가능한 모든 조사를 시도했다 하더라도, 가령 범죄혐의자를 범인이라고 단정하여 표시해서는 안 된다 하고 있다($^{OLG\ Köln,\ AfP}_{1985,\ S.\ 293(294)}$). 이러한 주의의무에 위반할 경우, 명예훼손에 관하여 언론사의 과실이 인정된다고 본다.

* 언론보도 당사자에 대한 의견청취 여부 : 언론기관이 특정인에 관해 명예훼손 가능성이 있는 언론보도를 하려 한다면, 그 언론보도 이전에 반드시 그 언론보도의 당사자에 대하여 사실여부에 관한 의견을 청취하여야 한다($^{BGHZ\ 132,\ 13(25);\ BGH}_{GRUR\ 1966,\ 157(158)}$). 만약 언론사가 언론보도를 하기 전에 당사자의 의견을 청취하지 않았다면, 설령 언론사의 입장에서 그 보도사실을 진실한 것으로 믿은 데 상당한 이유가 있었다 하더라도, 언론사는 명예훼손에 따른 책임을 면하지 못한다. 설령 당사자

에게 의견을 구하느라 시간을 지체할 경우 정보의 가치가 떨어질 것이라는 사정이 있었다 하더라도 그러한 이유만으로 당사자에게 의견을 청취하지 않았다면 불법행위책임을 면할 수 없다.

* 종교적 목적을 위한 언론·출판 : 종교적 목적을 위한 언론·출판의 경우에는 다른 일반적인 언론·출판에 비하여 더 높은 수준의 자유가 보장된다. 예를 들어 그 언론·출판의 목적이 다른 종교나 종교집단에 대한 신앙교리 논쟁으로서 같은 종파에 속하는 신자들에게 비판하고자 하는 내용을 알리고 아울러 다른 종파에 속하는 사람들에게도 자신의 신앙교리 내용과 반대종파에 대한 비판의 내용을 알리기 위한 것이라면, 그와 같은 비판의 자유는 최대한 보장받아야 한다(大判 2010.9.9, 2008다84236).

* 홈페이지 운영자와 포털사이트 사업자의 책임차별화 : 우리판례는 인터넷 홈페이지 운영자가 게시판에 타인의 명예를 훼손하는 게시물을 방치했다 하더라도 그것만으로 손해배상책임을 부담하는 것은 아니라고 한다(大判 2003.6.27, 2002다72194). 아무리 인터넷 홈페이지가 다중에게 공개된 장소라 하더라도, 부작위에 의한 불법행위책임까지 인정할 만큼 개인홈페이지 운영자에게 과중한 관리의무를 부담시키는 것은 개인의 자유에 반한다고 보았기 때문이다. 반면에 포털사이트 게시판의 명예훼손 게시물에 대해서는, 피해자로부터 직접적인 삭제요구를 받지 않은 경우라 하더라도, 그 게시물의 존재를 인식할 수 있었고 기술적·경제적으로 그 게시물에 대한 관리·통제가 가능한 경우, 사업자에게는 게시물 삭제와 차단의 주의의무가 인정된다고 한다(大判 2009.4.16, 2008다53812).

m. 배상방법 : 명예훼손이 성립하면 그 배상은 위자료지급을 통한 금전적인 배상을 청구하는 것이 보통이다. 그러나 대중에게 사실을 알릴 필요가 있을 경우 정정보도(訂正報道) 등으로 피해자의 명예를 회복시키도록 청구할 수 있다(제764조). 법원의 정정보도판결은 객관적 사실고지에 관계된 것이므로, 헌법상 양심의 자유에 반하지 않는다고 본다. 다만 사죄광고를 명하는 것은 양심의 자유 및 인격권을 침해하는 것으로서 헌법에 위반된다(憲裁決 1991.4.1, 89헌마160).

8) 모 욕

a. 의 의 : 모욕(侮辱 Beleidigung)은 특정인에 대한 부정적 가치판단을 공공연히 표시하는 것이다(행법제311조). 예를 들어 여러 사람이 함께 있는 자리에서 누군가를 특별히 지목하여 상스러운 욕설(예를 들어 '개X끼', 'X새X', 'X난 X신 같은 X끼', '인간 쓰레기', '망할 년' 등의 표현)을 한다거나, 다수에게 공개된 공간에서 특정인이 겪은 크나큰 불행에 관해 경멸적 표현을 하거나(예를 들어 자식이 죽어 슬퍼하고 있는 사람에게 '가업자득이다', '천벌 받았다', '이제야 네 죄를 알겠냐', '진짐으로 꼬시다', '속이 다 후련하다' 등의 표현), 다중 앞에서 특정인을 짐승에 비유하거나, 외

설적으로 묘사하거나, 가족과 결부시켜서 굴욕감을 주는 것(예를 들어 '니 부모가 그렇게 싸가지 없게 가르쳤냐?', '그 애비나 그 딸이나', '니 쓰레기 같은 에미X한테 가서 물어봐라' 등의 표현) 등이 그와 같다.

* 상스러운 욕설 : 甲은 C아파트 F동 및 G동 경비실 앞에서 H 기자와 인터뷰를 하기 위해 서있었는데, 乙은 甲에게 "이 X끼는 이 아파트 사람도 아닌 놈인데 왜 인터뷰 하느냐, X도 아닌 놈이" "X발놈 지가 먼데 여기도 안 사는 놈이" "저 X끼 인터뷰하지 마세요, X발놈, 개X끼"라고 아파트 주민 J를 포함한 불특정 다수의 주민이 있는 자리에서 큰소리로 甲을 모욕하였다. 乙은 위 행위로 인해 2021. 9. 8. 벌금 50만 원의 형을 선고 받았다. 甲은 乙에 대하여 2백만 원의 위자료를 청구하였고, 법원은 乙이 甲에게 지급할 위자료의 액수를 50만 원으로 정했다(大邱地判 2021.11.10, 2021나990).

* 짐승에 비유 : 甲은 인터넷커뮤니티 사이트 C 자유게시판에 [법은 다수결도 아니고 정의 그 자체도 아님]이라는 글을 게시하였는데, 2019. 6. 24. 22:45경 乙은 甲의 그 글에 댓글을 달면서 甲을 지칭하며 "에베베 에베베 X벌련~" "너같은 떡관종 멧돼지X" "니X같은 면상 뱃살이 선넘은지 오래" "역시 지잡 H대 동물 뭐시기학과 병신X 클라스"라고 표현하였다. 그 후 甲은 위 게시판에 '블라디미르로 골드승급한 게 자랑'이라는 글을 자신의 얼굴 사진과 함께 게시하였는데, 이에 대해서도 乙은 2019. 6. 28. 08:53경 "작작 삽치고 꺼져라 멧돼지련아" "허언증+이중인격+리플리 증후군 정신병 3종 세트 보유중"이라는 댓글을 달았고, 2019. 6. 28. 10:08경에는 甲에 대해 "삽벳돼지 배둘레햄에 개X은 면상 화장 떡칠해놔도 커버가 안되는 와꾸임" "실물로 보면 얼마나 삽 돼지인지 대전 무한리필 횟집갔다가 입장 거부당했다고 함"이라 표현한 것을 비롯하여 2019. 6. 12.경부터 2019. 6. 28.경까지 총 23회에 걸쳐 甲을 모욕하는 글을 게시하였다. 이로 인해 乙은 2020. 1. 21. 모욕죄로 벌금 50만 원의 약식명령을 발령받았고, 그 무렵 위 약식명령이 확정되었다. 甲은 乙의 불법행위로 인해 말할 수 없는 충격에 휩싸이고 공황장애 등이 발생하여 정신건강의학과 치료를 받았다며 乙에게 치료비 30만 9,300원과 위자료 9백만 원을 청구하는 소를 제기하였다. 법원은 甲의 공황장애 등을 인정할 증거가 없다며 치료비청구는 기각하고 甲에게 乙이 지급할 위자료의 액수를 3백만 원으로 정했다(서울中央地判 2023.11.16, 2023나21091).

* 가족과 결부시켜 모욕하는 행위 : 甲이 인터넷 다음 아고라 게시판에 乙의 생각과 다른 내용의 글을 게시하자 乙은 甲에 대하여 "당신 딸과 어머니 여동생이 집단 성폭행을 당해 비참하게 죽길 바랍니다. 님은 착한 사람이라 가해자 용서하실거죠?ㅋㅋㅋ"라는 댓글을 작성·게시하였다. 乙은 위 모욕행위에 대하여 2015.4.23. 서울북부지방법원 2014고정932호 사건에서 벌금 30만 원의 선고유예 판결을 선고받았고, 위 판결은 그 무렵 확정되었다. 甲은 乙에 대하여 70만 원의 위자료를 청구하였고, 법원은 甲이 위 모욕행위로 인하여 정신적 고통을 받았을 것임을 경험칙상 인정할 수 있다면서 乙은 甲에게 10만 원의 위자료를

지급할 의무가 있다고 판결하였다(大邱地判 2016.12.22., 2015나308730).

　　b. 명예훼손과의 구별 : 모욕은 명예훼손과 약간 비슷하지만, 명예훼손과 달리 구체적 사실의 적시가 없고, 막연하게 경멸 등의 부정적 가치판단만 표시한다는 점에서 명예훼손과 구별된다. 하지만 상대방에게 모욕적 표현을 했다 하더라도 구체적 사실의 적시와 결합된 것이라면, 이는 명예훼손의 범주에 포함될 수 있다. 그리고 명예훼손에 모욕이 결합하였다면, 명예훼손의 위법성은 더 커지므로, 설령 그 구체적 사실의 적시에 진실성과 공공성이 인정된다 하더라도 그에 모욕이 결합한 이상 그 행위의 위법성은 조각되지 않는 것으로 본다.

　　　* 공적 존재에 대한 명예훼손 : 1997년 월간지 한국논단이 민노총 등을 비판한 기사에 민주사회를 위한 변호사모임 등 9개 단체가 명예훼손을 이유로 한국논단에 손해배상을 청구하였다. 한국논단의 문제된 기사는 진실에 상당부분 부합하는 것이었고 공익성도 일부 인정되었지만, 법원은 대부분의 기사에 대하여 명예훼손을 인정했다. 한국논단은 공적 존재에 대한 비판으로서 위 기사가 공익성을 갖는다고 주장하였으나, 법원은 공적인 존재의 공적인 관심사에 대한 문제제기라 할지라도 악의적으로 모함해서는 안 되며, 구체적 정황에 근거하더라도 표현방법에 있어서 상대방의 인격을 존중하는 바탕 위에서 어휘를 선택하여야 하고, 아무리 비판받을 사항이 있다 하더라도 모멸적인 표현으로 모욕을 가해선 안 된다고 판결하였다. 실제로 한국논단은 위 기사에서 민노총을 '불순세력'이라 표현하고 그 투쟁방법에 대해서 '공산게릴라식 빨치산전투' 또는 '그야말로 배부른 돼지들의 고약한 난장판'이라는 등 모욕적 표현을 사용하였다(大判 2002.1.22., 2000다37524).

　　　* 독일법상의 모욕과 명예훼손 : 독일에서는 예를 들어 특정인을 동물로 묘사하며 비하하거나, 특정인이 속한 민족을 열등하게 보고 그를 인간 이하의 존재로 비하하는 행위 등이 불법행위로 인정되어 피해자에게 위자료청구권을 발생시켰다. 특정인을 동물로 묘사하며 비하한 행위의 예로 어느 TV 여자아나운서에 대해 '젖도 안 나오는 염소ausgemolkene Ziege'로 묘사한 행위(BGH, Urteil vom 13. Juli 1962 - VI ZR 240/60 = BGHZ 39, 124 ff.) 등을 들 수 있으며, 민족비하행위로는 유대인에 대해 '하등인간Untermensch'이라 지칭한 행위(BGH, Urteil vom 2. Februar 1955 - IV ZR 172/54 = BGHZ 16, 49 ff.) 등을 들 수 있다. 참고로 독일에서는 형법 제186조[비방üble Nachrede] 또는 제187조[중상Verleumdung]에 의해 처벌되는 행위만이 아니라, 형법 제185조[모욕Beleidigung]에 의해 처벌되는 행위 역시 민사상 명예훼손의 범주에 포함된다고 한다.

　　c. 비판적 가치평가와 모욕 : 비판적 가치평가나 논평은 원칙적으로 자유롭다고 보아야 한다(OLG Karlsruhe NJW 1996, 1140; OLG Saarbrücken NJW-RR 1996, 1048; OLG Köln NJW-RR 2002, 1341). 위법성이 인정되는 것은 그 논평

이 단순한 논평에 그치는 것이 아니라 비방성의 인신공격이 되었을 때에 한할 뿐이다. 비판적 가치평가와 비방성 인신공격을 구분하는 기준은 그 사안의 토론과 상관없이 그 특정인에 대해 경멸적 표현을 노골적으로 사용하였는지에 달려 있다. 다시 말해 특정인의 인격에 대한 비판은 실체를 갖고 있는 것이어야 하고, 특정인의 인격을 싸잡아서 비난하는 것은 대개의 경우 위법성을 갖는다고 보아야 한다(BVerfG NJW 1991, 95; NJW 1992, 2073; Bölke, Kritik an Macht ist schutzbedürftig - Wann wird Kritik zur Schmähung?, NJW 2004, S. 2352 f; Otto, Der strafrechtliche Schutz vor ehrverletzenden Meinungsäußerungen, NJW 2006, S. 575).

* 세월호 참사 관련 해경 비판 논란과 그에 대한 모욕 : 세월호 참사 당시 해양경찰의 수색 작업을 비판한 인터뷰로 물의를 일으켰던 甲에 대해 B, C, D, E는 각각 다음과 같은 댓글을 게시했다: "도쿄에서 창X짓이나 계속 할 것이지 유족들 엿맥이고 앉아있어" "X1123발련이 저 실실 쪼개는 얼굴 역겹다 저X 저기서 단식하다 그냥 조용히 디졌음 좋겠다 유가족들 놀리나 개X년아" "과연 아랫도리로 돈벌어먹는 X들이란..." "생각 같아선 찢어죽이고 싶다... 쳐죽일 X... 사지를 찢어죽여야함" 이에 甲은 B, C, D, E를 상대로 각 천만 원, 4백만 원, 7백만 원, 8백만 원의 위자료를 청구하는 소를 제기하였으나, C는 甲이 세월호 관련 인터뷰에 관하여 댓글을 게시한 네티즌들을 상대로 다수의 민사소송을 제기하는 것으로 소권남용에 해당하여 부적법하다고 주장했다. 참고로 甲은 해경에 대한 명예훼손으로 구속기소되었으나 무죄판결이 확정되었다. 법원은 불특정 다수인이 접속하여 글의 내용을 확인할 수 있는 게시판에 B, C, D, E가 甲의 사회적인 평판을 저하시킬 글을 게시함으로써 甲을 모욕하는 불법행위를 저질렀으므로 B, C, D, E는 각 30만 원의 위자료를 甲에게 지급하여야 한다고 판결했다(서울北部地判 2018.10.17., 2017가단110233).

　　d. 모욕과 사회적 상당성 : 설령 특정인의 인격을 총체적으로 비난하는 표현이 있었다 하더라도, 친구 사이의 감정적 표현이었거나, 단순히 장난으로 한 말일 경우, 그 위법성이 인정되지 않을 수도 있다. 서로 그렇게 친하지 않은 사이에서 불손·무례한 표현을 사용하였더라도, 그 정도가 심하지 않아 사회상규상 허용되는 범위 안에 있는 경우(예를 들어 '한심하고 불쌍한 인간', '막무가내의 행동', '교수로서의 품격을 의심케 한다', '비아냥거린다', '치기 어린 내용', '추태를 부렸다', '잘 알지도 못하면서', '말도 안 되는 소리', '지금까지 도대체 한 일이 무엇인지.', '뭐 하나 제대로 할 줄 아는 게 없다' 등의 표현을 사용한 경우)라면, 거기에는 위법성이 인정되지 않는다. 다만 모욕이 위법한 정도에 이르지 않았더라도, 학교나 직장 등에서 징계사유(예를 들어 '언어폭력' 또는 '성희롱' 등)가 될 수는 있다.

* 친구 사이의 감정적 표현 : 초등학교 교감으로 재직중인 A는 서울 관악구 F 소재 G초등학교 제1회 졸업생들인 동기들과 모임을 갖고 친목을 도모하던 중 2015. 8. 18. 19:00경 안양시 관악역 인근 맥주집에서 친구 C로부터 "쌍X, 내가 너 학교 찾아가서 부적절한 교사라는 것을 말하겠다"라는 말을 들었다. 그리

고 2015. 10. 23. 18:00경 서울 관악구 J 소재 G초등학교 총동문회 사무실 개소식 자리에서는 B로부터 "여기가 어디라고 나와, 술맛 떨어지게, 교감은 아무나 하나"라는 말을 들었다. 그리고 2016. 2. 18. 20:35경 G초등학교 총동문 산악회 SNS 채팅방에서는 "이제 톡을 본다. 아주 철면피구나" "글을 보니 가관이구나. 초등교사는 하는 짓도 초딩이라는 얘기가 시중에 떠도는 얘기려니 했는데 아주 확인을 시켜주는구나. 사람이면 똥을 싸놓고 뒤처리를 제대로 해야지. 대로변에 똥을 싸질러 놓고 그냥 가면 안되지. 그러니 밟은 사람은 똥인 줄 모르고 신발에 묻히고 다녀서 이 사람 저 사람 더러운 냄새 맡고 눈살 찌푸리고 구린내 풍기는 사람이 도대체 누구냐 말하는 건 너 같은 초딩도 알 거야 제발 더럽게 살지 말아라"라는 C의 글을 읽었다. 이에 A는 공연히 자신을 모욕하였다는 이유로 친구 B와 C에 대하여 위자료 각 3천만 원을 청구하는 소를 제기하였다. 법원은 원고와 피고들의 관계, 위와 같은 발언의 경위나 취지 등에 비추어 피고들의 발언 내용이 A의 사회적 평가를 저하시킬 만한 구체적인 사실을 적시하였다거나 경멸적 감정을 표현한 것이라고 보기 어렵다며 A의 청구를 기각하였다(서울南部地判 2017.7.18, 2016가단17631).

* 무례하지만 정도가 심하지 않은 표현 : 甲과 乙은 C교회 소속 교인들로, 위 교회는 원로목사 D을 지지하는 세력과 반대하는 세력이 분쟁 중인 상황이었는데, 甲과 乙은 각각 다른 세력에 속해 있었다. 乙과 같은 세력에 속한 다른 교인 G는 2018. 5. 8. 09:08경 자신의 네이버 블로그에 甲의 네이버 블로그 게시글을 링크한 후 甲의 게시글 내용을 반박하는 취지의 글을 게시하였는데, 乙은 같은 날 11:16경 위 게시글에 "우매하기 그지 없네요. 유식한 척 떠는 모양새하곤 애들 장난수준이고 진실을 알리고 하기보단 똥냄새를 덮으려 무진 애쓰네요. 이런 쓰레기"라는 댓글을 게시하였다. 이에 甲은 乙의 댓글로 인하여 상당한 정신적 고통을 겪었다면서 乙에게 불법행위로 인한 위자료로 50만 원을 청구하는 소를 제기하였다. 그러나 법원은 甲의 청구가 이유 없다며 기각하였다. ① C교회 내부에서 이미 분쟁이 있어온 상황에서 甲 역시 乙을 비판하는 글을 온라인 상에 다수 게재하여 왔고, ② G가 링크한 甲의 게시글 또한 C교회 내에서 대립 중이던 상대방의 주장에 대한 비판적인 표현인 것으로 보이며, ③ 乙은 위와 같은 일련의 상황 속에서 甲에 대한 비판적인 의견을 밝히면서 위 댓글을 게재하게 된 것으로 그 내용을 살펴보면 그 표현 방식이 다소 무례할지언정 甲에 대한 모욕적이고 경멸적인 인신공격에까지 이른다거나 甲의 인격적 가치에 대한 사회적 평가를 저하시킬 만한 표현이라고까지 보이지는 않고, ④ 乙은 이러한 댓글을 1회 게재하였을 뿐 달리 甲을 공격하거나 비판하는 언동을 하지 않았으며, ⑤ 위 댓글이 달린 G의 위 게시글을 열람할 만한 사람들은 위와 같은 분쟁 상황을 알고 있는 C교회 신도들이 대다수일 것으로 보인다는 이유에서였다(서울南部地判 2022.12.16, 2022나57662).

e. 이익형량 : 모욕이 법적으로 문제되는 사안에서, 가해자는 종종 헌법

이 보장하는 표현의 자유를 주장하는 경우가 있을 수 있다. 다시 말해, 피해자의 인격적 법익과 가해자의 표현의 자유가 서로 충돌하는 경우가 있을 수 있다는 것이다. 물론 모욕의 피해자가 만약 사인(私人)이라면, 표현의 자유보다 개인의 인격적 법익이 더 중시되어야 할 것이다. 그러나 모욕의 피해자가 만약 공인(公人)이라면, 그의 인격적 법익보다는 표현의 자유가 더 중시될 수도 있다(Europäischer Gerichtshof für Menschenrechte, Presseberichterstattung über Strafverfahren gegen Ehemann einer Abgeordneten, NJW 2006, S. 591). 그런데 피해자가 공인이 아닌 사인이라 하더라도, 예를 들어 공공의 분야에서 일정한 영향력을 공개적으로 행사하여 스스로 격렬한 공적 비판을 자초한 사람이라면, 또는 자기 개인정보나 사생활을 자진해서 공개하여 비난의 빌미를 제공한 사람이라면, 또는 정치적 논쟁에 참여하여 국민 대다수에게 큰 영향을 미칠 수 있는 주장을 함부로 개진한 사람이라면, 그는 자신에 대한 날카로운 비판과, 때로는 비하적인 인신공격도 감수할 수 있어야 한다(BVerfG NJW 1961, 819(822); BGH NJW 1965, 1476(1477)). 그밖에 모욕이 예술적 표현에 의한 것일 경우 예술의 자유 측면에서도 모욕적 표현의 자유를 허용할 필요가 있다.

> * 공인에 대한 문제제기 : 고려대학교 학생이자 민주노동당 당원인 乙은 MBC 백분 토론에 출연하여 쇠고기 재협상의 필요성을 강력히 주장하면서 명성을 얻어 '고대녀'라고 불리었다. 그러한 乙에 대해 검사 출신 국회의원인 甲은 토론 방송에 출연해 乙은 '고려대 재학생이 아니고 민주노동당 당원이다'라는 취지의, 사실과 다른 발언을 하였다. 이에 乙은 동료들과 함께 甲이 속한 정당 당사 앞에서 항의 집회를 열고, 甲이 '대국민 사기극을 벌였다'는 취지의 발언을 하였으며, 다른 시위 참여자들도 '입만 열면 망언' 등의 구호가 적힌 피켓을 들고 甲을 비난하였다. 같은 날 라디오 시사 프로그램 인터뷰에서 乙은 甲에 대해 '국회의원으로서의 수준과 자질이 의심스럽다'는 취지의 발언을 하였다. 이에 甲은 乙의 항의 집회 발언과 라디오 인터뷰가 모욕에 해당한다면서 乙을 상대로 2천만 원의 손해배상을 청구하였다. 그러나 법원은 乙의 발언이 단순한 의견표명이자 공적 존재에 대한 문제제기로서 사회상규에 위배되지 않는다고 판단하였다(서울南部地判 2011.4.14.; 2010나1307).

> * 공적 인물에 대한 모욕 : 시민단체 '사법정의바로세우기시민행동'의 상임대표 甲은 2021년 당시 윤석열 전 검찰총장을 검찰에 14번, 공수처에 10번 고발하는 등의 활동으로 주목을 받았다. 한편 甲은 2021.6.14. 인터넷 포털 J의 뉴스 사회란에 칼럼을 게재하였는데, 이에 대해 네티즌들은 각각 아래와 같은 댓글을 게시하였다: "이런색이는 빨리 잡아쳐넣어라" "이런걸 등신이 삽질한다고 하죠." "이 놈들도 비례대표 한 자리 차지하려고 존재감 드러내는 집단체네..." "저 인간 면상에 망치 한번 후려 갈겨주면 소원이 없겠다. 저놈도 틀림없이 전

라도 깽X이일거야... 일은 해본 적이 없고 사회비판하고 세금축내다가 뒈지는 빨갱이 인간..." "쓰레기 잡것들 정리해야할 더러운 것들이 너무많아 싹 한번 청소해야되" "이런 양아치같은 자는 거꾸로 매달아 놓고 추달을 해야 한다." "아..진짜 빨갱이들은 정적을 끌어내리기 위해 온갖협잡을 마다않고, 비열한 짓거리로 몰고가는구나...쓰레기들을 빨리 청소해야하는데..." 이에 甲은 위 네 티즌들에 대하여 각 20만 원씩의 위자료를 청구하였는데, 이에 대해 피고들은 위 댓글이 원고를 모욕하기 위한 것이 아니라 일반 시민들이 느끼는 상대적 박탈감을 표현한 것일 뿐이며, 원고는 공적 인물이고 이 사안은 공적 관심 사안에 해당하므로 표현의 자유가 최대한 보장되어야 한다고 주장하였다. 그러나 법원은 공적 인물의 공적 관심사에 관한 댓글이더라도 상대에게 모멸적인 표현으로 모욕을 가하는 일은 허용될 수 없다며 피고들에게 각 20만 원씩의 위자료지급의무가 있다는 판결을 내렸다(水原地判 2024.8.23.,2023가단596783).

* 래리 플린트 사건 : 1985년 미국의 도색잡지 허슬러의 발행인인 래리 플린트 Larry Flynt가 저명한 변호사인 게리 스펜스 Gerry L. Spence에 대하여 고액의 수임료, 가치 지향적 이미지와는 다른 이중성 등을 이유로 '찌꺼기를 빠는 기생충 parasitic scum-sucker' '이번 달의 똥구멍 Asshole of the Month' 등으로 묘사하는 기사를 게재하여 물의를 일으켰다. 스펜스 변호사는 이 표현에 대해 명예훼손 libel 및 여러 불법행위에 해당함을 근거로 플린트에게 손해배상을 청구했으나, 미국법원은 스펜스 변호사가 공인 public figure이라는 이유로 그의 청구를 기각했다. 특히 대법원은 해당 표현이 허위 사실로 이해될 수 없는 과장된 발언 rhetorical hyperbole일 뿐이며, 표현의 자유 영역에 해당하고, 가해자의 실질적 악의 actual malice를 증명할 수 없다면, 법적 책임을 지우기 어렵다는 결론을 내렸다(Spence v. Flynt, 816 P.2d 771, 19 Media I, Rep. (BNA) 1129 Wyo. 1991.).

f. 피해자의 특정성 : 모욕의 경우에도 명예훼손의 경우처럼, 그 모욕 당한 대상이 특정인임을 알 수 있는 정도에 이르렀을 때에만 그 죄책과 손해배상 책임을 물을 수 있다. 집단표시에 의한 모욕이라도 구성원 개개인에 대한 것으로 여겨질 정도로 집단구성원 수가 적거나 당시의 주위 정황 등으로 보아 집단 내 개별구성원을 지칭하는 것으로 여겨질 수 있는 때는 집단 내 개별구성원이 피해자로서 특정된다고 보아야 한다.

* 집안에 대한 모욕 : 乙은 여성용 가방 등을 판매하는 매장을 운영하는 사람이며, 丙은 2013년 4월부터 2014년 7월까지 이 매장에서 판매 및 판매대금 보관업무를 담당했다. 어느날 丙이 매장 물품 판매대금을 개인 계좌로 입금받거나 가방을 임의로 취득한 사실을 알게 된 乙은 丙에 대하여 소를 제기했고, 丙에게는 1억 9천만 원 상당의 배상 판결이 내려졌다. 乙은 2015년 8월 자신의 F 블로그에 丙의 계좌 일부를 공개하고 횡령 방법을 설명하면서, 丙의 친정 식구들에게 흘러간 금액을 공개하겠다는 내용의 글을 게시했다. 2017년 7월에는 H 계정

에 "니 엄마가 쓰는 차명 통장부터 까보자, 차명 통장도 모전여전이구만" "니 엄마 경력보다 화려하더만, 대학 못 나오셔서 만학도야? 그래서 학교 따로 가고 대단해요, 다단계 사기 전과 있는 엄마" 등의 글을 작성하였다. 위 게시글에는 2017년 8월경까지 "사기 친 돈으로 배는 채웠을망정 근본 없는 집안이라 교육열은 없었을 테니 자식 교육은 신경도 안 쓴 거 같네요", "고졸에 도둑에 엄마는 교도소 가고 아빠는 엄마가 사기 친 돈으로 먹고 사느라 아내 고소에 위장이혼 개소주나 짜던 집구석" 등 다수의 댓글이 달렸으며, 이는 삭제되지 않은 채 유지되었다. 丙의 오빠인 甲은 乙을 상대로 3천만 원의 위자료를 청구하는 소를 제기하였으나, 乙은 이에 대해 집안에 대한 비난은 집단을 표시한 것으로서 甲이 피해자로 특정된 것은 아니라고 주장하였다. 그러나 법원은 가족의 구성원이 특정되어 있고 그 수가 적은 점에 비추어 보면 위와 같은 표현은 가족 내 개별구성원을 지칭하는 것으로 여겨질 수 있으므로 甲 역시 모욕의 피해자로 특정되었다면서, 乙은 甲에게 3백만 원의 위자료를 지급하여야 한다고 판결했다(서울東部地判 2019.4.26., 2018나28114).

9) 사생활침해

a. 의 의 : 누구나 타인으로부터 간섭받지 않고 영위하고 싶은 최소한의 생활영역, 타인에게 피해를 주지 않는 선에서 전적으로 숨기고 싶은 자기만의 비밀들을 갖고 있다. 우리법은 일정한 범위에서 이러한 사생활의 비밀을 보호하고, 모든 개인이 각자의 사생활영역을 존중하게끔 하고 있는데, 이를 어기고 타인의 사적인 비밀을 폭로하거나 타인의 사생활에 관한 정보를 함부로 공개하는 것이 사생활침해Verletzung der Privatsphäre가 된다. 대개의 경우 언론기관이나 공권력에 의해서 이러한 사생활침해가 많이 일어나지만, 가끔은 사인에 의해서 이러한 사생활침해가 일어나는 경우도 있다.

* 우편물의 개봉행위 : 甲과 乙은 남매 관계이며, 甲은 어머니 丙을 상대로 반환금 청구소송을 제기했다. 당시 甲의 주민등록상 주소지는 乙의 주소지로 등재되어 있었다. 乙은 2016년 7월 18일 甲 앞으로 발송된 丙의 답변서를 수령하여 개봉하고 읽은 후, 그 내용을 丙과 다른 형제들에게 알렸다. 해당 답변서에는 甲이 다른 형제들 중 자신에게만 F아파트의 소유권을 이전받기로 했다는 내용의 계약서에 기초하여 아파트 기여분을 청구한 것에 대해, 丙이 이를 인정하고 조정을 바란다는 내용이 담겨있었다. 甲은 乙이 무단으로 등기우편을 개봉하여 다른 형제들에게 알림으로써 사생활의 비밀을 침해했다고 주장하며 乙을 상대로 위자료 5천만 원을 청구하는 소를 제기했다. 그러나 법원은 甲이 장기간 乙 주소지에 주민등록을 두고 있었던 점, 甲이 乙에게 우편물 확인을 요청한 전례가 있는 점 등을 고려할 때, 乙의 우편물 개봉 자체는 甲의 명시적 또는 묵시적 승낙 하에 이루어진 것으로 판단했다. 다만 乙이 우편물의 내용을 다른 형

제들에게 알린 행위는 甲의 사생활 비밀을 침해한 것으로 판단했다. 특히 해당 내용이 다른 형제들과 이해관계가 상반되는 내용이었다는 점을 중요하게 고려했다. 乙은 가족들의 공동이익을 위한 행위였다고 주장했으나, 법원은 그러한 이익이 甲의 사생활의 비밀이라는 인격적 이익보다 우월하지 않다고 보아 위법성 조각을 인정하지 않았다. 법원은 乙이 甲에게 10만 원의 위자료를 지급해야 한다고 판결했다(서울中央地判 2019.4.25. 2018나27972).

* 블로그 무단링크 : 2018년 4월 8일 저녁, C언론 자유게시판에서 甲은 다른 이용자와 정치 관련 토론 중 극심한 의견 대립으로 욕설을 주고받는 상황이었다. 이 때 乙은 해당 게시판에 甲의 얼굴 사진 등이 포함된 F 블로그 주소를 링크하면서 "관악산 다니는 듯…"이라는 글을 게시하였다. 그 블로그는 평소 방문자가 거의 없었으며, 2018년 3월 27일부터 4월 6일까지 조회수가 0명이었으나, 4월 7일에 2명, 4월 8일에 5명이었던 방문자 수가 4월 9일에는 3,633명으로 급증하였다. 甲은 블로그 방문자 급증으로 인해 범죄 피해에 대한 공포감을 느껴 정상적인 생활이 어려울 정도의 정신적 피해를 입었다고 주장하면서 乙에 대해 5백만 원의 손해배상을 청구하였다. 乙은 甲의 블로그가 어차피 전체공개였으므로 사생활침해가 아니라고 주장하였다. 그러나 법원은 익명 게시판에서 乙이 甲의 개인블로그 주소를 링크시킨 것은 사생활의 비밀과 자유를 침해한 불법행위라고 판단했다. 특히 정치적 대립 상황에서 개인정보가 노출된 점, 블로그가 활성화되지 않은 사적 공간이었던 점 등을 고려했을 때 전체공개 설정만으로 정당화될 수 없다면서 乙은 甲에게 2백만 원의 위자료를 지급해야 한다고 판결했다(議政府地判 2020.1.30. 2019나211479).

* 업무상 비밀누설 : 의사, 한의사, 변호사, 종교인 등 일정한 직업에 종사하는 자 또는 종사하던 자가 업무처리 중 또는 직무상 지득한 타인의 비밀을 누설할 경우 업무상 비밀누설죄(형법제317조)로 처벌받는 외에 정신적, 물질적 손해배상책임을 부담할 수 있다. 만약 이러한 직업에 종사하는 자가 위임 받은 업무에 따르는 주의의무에 위반하여 타인의 비밀을 누설하고 이로써 자기 또는 제3자에게 이익이 되도록 했다면 배임죄(형법제355조 제2항)로 처벌받는 외에 채무불이행(민법제390조)에 기한 정신적, 물질적 손해배상책임을 부담할 수 있다. 우리법원은 자신의 환자가 과거 강간을 당하고 낙태하였다는 등의 비밀을 누설한 의사에 대해 의료법 위반에 따른 벌금형을 선고하였을 뿐 아니라 위자료의 지급 역시 명한 바 있다.

b. 언론보도와 내밀영역 : 언론의 자유는 물론 보장되어야 한다. 그러나 가족생활Familienleben이나 성생활Sexualleben 등의 내밀영역(內密領域 Intimsphäre)은 언론보도 등을 통한 공개적 논의의 대상이 되지 않는 영역이어야 한다. 이러한 생활영역은 사적인 생활형성의 영역 가운데서도 핵심영역에 속하기 때문이다. 설령 그 피해자가 공인이라 하더라도, 그의 직무와 상관없는 가족생활(예를 들어 계모와 다툰 횟수, 부모와 의절을 한 내막, 남편에게 폭행당한 횟수, 조강지처

와 이혼)내지 성생활(예를 들어 평생 성교한 횟수, 현재의 남자친구와 1주일 평균 성교하는 횟수, 지금까한 이유 등), 즉 내밀영역은 그 사실 여부와 상관없이 언론이 그에 관해 가급적 보도를 자제해야만 한다(아무리 유명인이고 그 성생활이 자유분방한 것으로 만인이 인정하는 사람이라 하더라도 그 성생활에 대해 언론이 함부로 보도할 수는 없음: BGH VersR 2004, 388).

* 대기업 부회장 상견례 보도사건 : 디스패치는 2011년 4월, 대기업 부회장 甲과 그의 약혼녀 H 집안의 상견례 장면, 甲과와 H씨의 데이트 장면을 밀착 취재해 '극비 상견례 포착…신세계 로얄 패밀리 총출동' 등 6건의 사진 기사를 인터넷에 올렸다. 기사 내용에는 "어머니, 예쁘게 봐주세요" "오빠, 여자 보는 눈은 있네" "저보고 예쁘대요" 등 사적인 대화와 함께, 공인이 아닌 H의 이혼 경력도 포함되었다. 이에 대해 甲은 "사생활을 침해했다"며 기사를 삭제하고 자신과 H에게 각각 1억 원씩 배상하라는 소송을 냈다. 1, 2심 재판부는 이에 "디스패치는 기사를 삭제하고, 甲에게는 500만 원, H에게는 1000만 원을 배상하라"고 판결했다. 대법원 역시 "사람은 자신의 사생활의 비밀에 관한 사항을 함부로 타인에게 공개 당하지 아니할 법적 이익을 가진다고 할 것이므로, 개인의 사생활의 비밀에 관한 사항은 그것이 공공의 이해와 관련되어 공중의 정당한 관심의 대상이 되는 사항이 아닌 한, 비밀로서 보호되어야 한다" 하여 원고의 손을 들어주었다(大判 2013.6.27. 2012다31628).

* 연예인의 성관계 동영상 관련 보도 : 유명 방송인 甲의 전 연인이었던 미국인 O 측은 해외 인터넷 블로그에 甲의 성행위 동영상, 여권, 사진 등을 게시했다. 2011년 12월 5일, 甲은 O를 명예훼손으로 경찰에 고소했다. 2011년 12월 21일, O는 甲을 상대로 집단폭행 등을 이유로 검찰에 고소하고 손해배상청구의 소를 제기했다. 乙 언론사는 甲과 O 사이의 분쟁 관련 기사를 여러 차례 작성했다. 乙은 O가 보낸 이메일을 토대로 甲의 이혼 사유, 대학 입학과 아나운서 시험 합격 의혹, 성형 수술, 스폰서 관련 내용 등을 보도했다. 甲은 乙의 보도가 사생활의 비밀과 자유를 침해했다고 주장하며, 3억 원의 손해배상을 청구했다. 법원은 甲과 O 사이 분쟁 관련 기사의 경우 과거 연인 사이에서 벌어진 일로서 사적 영역에 해당하지만 국내 유명 방송인으로서 사회 일반에 널리 알려져 공인으로 분류될 수 있는 甲의 범죄 의혹에 관한 것이어서 보도의 이익이 있고, 甲의 실명이 아니라 익명으로 작성된 이상 사생활의 비밀 침해가 있다고 보기는 어렵다 하였다. 그리고 甲의 성행위 동영상 관련 甲의 실명을 거론한 기사의 경우 乙의 기사로 인하여 성행위 동영상의 주인공이 비로소 甲으로 특정되고 이후의 기사들이 甲의 실명을 거론하게 됨으로써 甲의 사생활의 비밀과 자유가 심각하게 침해되었다고 甲은 주장하나, 문제의 동영상 자체에 甲의 실명이 거론되어 있고, 甲의 여권과 함께 게시되어 있을 뿐 아니라, 그 기사에는 동영상의 주인공이 甲이었음을 이미 알고 있다는 취지의 댓글이 다수 게시되어 있는 사실이 인정되므로, 甲의 위 주장은 이유 없다고 판단되었다. 다만 甲의 이혼사유, 성형수술, 스폰서 관련 내용은 내밀한 사적 영역에 속하는 사항으로 공개 시 원고에게 치명적 불이익을 초래할 수 있기 때문에 사건의 본질과 무관

한 내용을 상업적 목적으로 보도한 것으로 판단된다면서, 乙은 甲에게 500만 원의 위자료를 지급해야 한다고 판결했다(서울中央地判 2012.6.13., 2012가합4911).

* 범죄적 사생활의 보도 : 특정인의 사생활이 강간이나 성추행 등 범죄의 요건을 충족시킨 경우라면 보도가 허용될 수 있다(OLG Köln BeckRS 2012, 04216). 우리 법원도 아래의 사건에서 성범죄사실의 보도가 허용된다고 판결하였다: 甲은 2004년 C씨 사망 사건과 2007년 초등학생 E, F 실종 및 사망 사건의 용의자로, C씨에 대한 상해치사죄와 사체은닉죄, E·F에 대한 강제추행살인죄 등으로 사형이 확정되었다. 乙 회사의 기자 丙은 2017년 6월 22일 인터넷 홈페이지에 甲 관련 기사를 게재하면서 甲의 실명을 공개했다. 甲은 법원이 신상정보열람제공명령을 내리지 않기로 결정했음에도 乙의 기사에서 甲의 실명을 사용하여 甲의 성범죄사실을 보도한 것이 인격권 침해라고 주장하며, 乙에 대해 5백만 원의 재산상 손해배상과 250만 원의 위자료를 청구했다. 그러나 법원은 범죄의 중대성과 공공의 이익을 고려할 때 성범죄의 실명보도가 정당하다고 판단했다. 더구나 乙은 이미 널리 알려진 甲의 실명을 재보도한 것에 불과하며, 신상정보열람제공명령 등과는 별개로 판단되어야 한다고 판결했다(서울中央地判 2019.7.5., 2018나75421).

* 범죄에 관해 지나치게 상세한 보도 : 범죄의 중대성과 공공의 이익을 고려할 때 실명으로 성범죄사실을 보도하는 것이 정당한 경우에도 이에 관해 지나치게 상세한 보도를 하여 사생활의 세밀한 부분까지 모두 공개한 경우라면 이는 불법행위가 될 수 있다. 예를 들어 설령 검찰 고위직 인사가 공연음란행위를 했다 하더라도, 이와 관련하여 언론이 피의사실을 공표하고 그의 얼굴이 드러난 영상을 유출할 뿐 아니라, 체포 당시의 소지품을 밝히는 등 지나치게 상세한 보도를 하고, 사생활의 세밀한 부분까지 공개하여 대중적 관음증의 제물로 삼아 버렸다면, 이는 사생활침해가 될 수 있다.

* 본인 스스로 사생활을 공개한 경우 : 피해자가 스스로 자기 사생활을 공개하여 언론보도가 자기 사생활을 침해하는 데 특별한 원인을 제공한 경우, 예를 들어 공인이 자기 성생활이나 결혼 관련 문제를 언론에 스스로 공개하거나 이와 관련하여 특정인에게 소를 제기한 경우에는, 이러한 내밀영역의 보도가 사안에 따라 허용될 수 있는 것으로 본다(Bamberger/Roth, BGB § 12 c, Rn. 179).

* 사생활침해 보도 사건 : 甲은 2017년 12월 팝아티스트 N과의 결혼 발표 이후 언론을 통해 전과(前過), 사기 의혹, 출생 등을 둘러싼 각종 의혹이 불거져 집중적인 관심을 받았다. 결국 그는 2018년 5월 "기자들이 동의 없이 기사를 작성하고 자신의 출생, 성장 내력, 혼인관계, 전과 관계, 전자팔찌 착용 등 사적 사항을 공표해 사생활의 비밀 및 자유를 침해했다"며 자신에 대한 의혹을 보도한 디스패치, SBS, 채널A, TV조선에 500만 원을 배상하라는 소를 제기했다. 이에 법원은 피해자 입장에서 노출을 꺼리는 사적 비밀과 사생활에 관한 영역을 무차별 취재한 후 대중들의 호기심을 자극하는 선동적 문구로 보도나 방송을 함으로써

사생활의 비밀과 자유를 침해했다며 피고는 원고에게 500만 원을 공동 배상하라고 판결했다. "언론에 유명세를 탔다거나 기자회견을 열었다 해도 사생활의 비밀과 자유가 완전히 배제되는 것은 아니"며, "일부 사람들의 단순한 호기심의 대상이 될 수는 있을지라도 그 자체로 공공의 이해와 관련돼 공중의 관심사에 해당한다고 인정하기 어렵"고, "설령 대중의 정당한 관심사에 포함된다고 해도, 대중적 관심이 원고의 사생활의 비밀과 자유라는 인격적 이익보다 우월하다고 볼 수는 없다"는 이유에서였다(서울中央地判 2020.1.9, 2018가단5100406).

* 오랜 과거의 사건 : 만약 그 정보가 이미 오래 지난 일에 관련되었거나 법원의 판결에 이른 사안이 아니라면, 이에 관해서는 공공의 정보이익이 없는 것으로 보아야 한다. 예를 들어 수년 전에 일정한 이유로 수사를 받았지만, 결국 불기소처분 등으로 법원의 판결을 받지 않게 된 경우, 그것을 다시 끄집어내어 보도하는 것은 사생활침해가 될 수 있다(Beukelmann, Persönlichkeitsrechte des Angeklagten bei Presseberichterstattung, NJW-Spezial 2012, S. 440 f.).

10) 환경권침해 : 환경권(環境權)은 인간이 건강하고 쾌적한 환경에서 생활할 권리를 말하며, 이는 헌법에서 인간의 존엄과 가치, 행복추구권을 실질적으로 보장하기 위한 구체적 기본권으로 이해된다(헌법제35조 1항). 이러한 환경권은 그 자체로 독립된 민사상 청구권을 당연히 발생시키는 것은 아니나, 환경오염이나 환경의 질적 저하가 개인의 신체적·정신적 생활이익을 침해하는 경우에는 민법상 인격권 침해로 전환되어 불법행위 책임의 근거가 될 수 있다. 환경권 침해에 해당하는 행위로는 소음, 진동, 분진, 악취, 일조(日照) 방해, 조망(眺望) 방해, 수질오염 등 생활환경을 현저히 훼손하는 행위를 들 수 있다. 이러한 행위가 인격권 침해로 인정되기 위해서는, ① 침해 행위가 사회통념상 수인한도를 현저히 초과하여 개인의 신체적·정신적 생활이익을 실질적으로 침해할 것, ② 그러한 침해와 손해 사이에 상당인과관계가 존재할 것이 요구된다. 이러한 요건이 충족된 경우, 피해자는 민법 제750조에 따라 위자료를 포함한 손해배상을 청구할 수 있다.

* 공사소음에 따른 손해배상청구 : 乙 주식회사가 시행하는 D구역 주택재개발 아파트 신축공사 과정에서 발생한 소음으로 인해, 인근 건물 소유자인 甲이 손해배상을 청구하였다. 법원은 다음과 같은 이유로 乙의 소음이 수인한도를 초과했다고 판단했다: ① 공사현장과 甲 건물의 최단거리가 27m에 불과했다. ② 甲은 해당 건물에서 거주하며 사업을 영위하여 지속적인 영향을 받았다. ③ 乙은 소음·진동관리법상 규제기준 초과로 8회의 과태료 처분을 받았다. ④ 공사현장 가림막 벽면의 소음 측정 전광판에서도 규제기준 초과 수치가 반복적으로 기록되었다. ⑤ 乙은 3~6m 높이 RPP방음벽 등 방음시설을 설치했지만 공사현장의 지형적 특성(경사)으로 인해 소음 차단에 한계가 있었다. ⑥ 乙은 특정공사 장비 사용시

간 미준수로 8회의 과태료 처분을 추가로 받았다. 이러한 이유로 법원은 乙의 소음이 甲에게 정신적 고통을 주었다고 판단하여 乙은 甲에게 천만 원의 위자료를 지급하여야 한다고 판결했다(釜山地判 2021.5.14, 2020나53583).

* 일조방해에 따른 손해배상청구 : B주택재개발정비사업조합이 신축한 아파트로 인해 인근 아파트 주민들이 일조권 침해를 주장하며 손해배상을 청구하였다. 피고 아파트 신축 이전 원고들의 아파트는 총 일조시간 3시간 23분~3시간 37분, 연속 일조시간 2시간 23분이었는데, 피고 아파트 신축 이후, 원고들의 아파트는 총 일조시간이 1시간 45분~1시간 59분으로 감소했고, 연속 일조시간도 1시간 45분으로 감소했다. 특히 동짓날 기준 오전 8시부터 9시 30분 사이의 일조량이 현격하게 감소했다. 법원은 해당 지역이 제3종 일반주거지역이고 피고가 건축 관련 법령을 준수했더라도 원고의 주거지역이 법령상 주거지역에 해당한다면 일조권 보호가 필요하다는 점을 인정했다. 그리고 설령 원고들이 아파트 매수 시점에 재개발을 예상할 수 있었더라도, 수인한도를 초과하는 일조방해까지 예상하거나 용인했다고 볼 수 없다고 판단했다. 그리고 이전부터 일조방해가 있었더라도, 신축 건물로 인한 추가적인 일조방해의 정도를 종합적으로 고려하여 수인한도 초과 여부를 판단해야 한다고 보았다. 이에 법원은 원고의 청구를 인용하고 피고는 원고에게 손해배상금을 지급해야 한다고 판결했다. 지역재개발로 인한 주변 환경 개선과 부동산 가치 상승은 일조권 침해와 무관한 이익으로 보아 손익상계 대상이 되지 않는다고 판단했다(서울東部地判 2019.8.16, 2018나29568).

* 빛공해에 따른 손해배상청구 : 乙 아파트 입주자대표회의는 2021년 5월경 옥상과 고층부 등에 LED 조명기구를 설치하여 하절기에는 19시부터 24시까지, 동절기에는 18시부터 23시까지 점등하였다. 2021년 8월 한국환경공단의 측정 결과, 해당 조명의 휘도는 빛공해방지법상 허용기준을 평균 8,796배, 최댓값 1,070배 초과하였다. 甲은 이로 인한 수면방해와 불안 등 피해를 보았고, '상세불명의 심한 스트레스에 대한 반응' 진단을 받아 치료를 받으며 결국 거주지를 떠나게 되었다. 인근 주민들 또한 다수 민원을 제기하였다. 이에 대해 乙은 甲이 조명 설치 사실을 알고 입주하였으므로 수인의무가 있다고 주장하였으나, 법원은 과도한 빛 방사까지 용인한 것으로 볼 수 없다고 보았다. 또한 점등시간이 취침시간대에 해당하고 피해의 심각성이 크며, 다수의 민원이 제기된 점에 비추어 볼 때, 乙의 행위는 사회통념상 수인한도를 초과한 위법행위에 해당한다고 판단했다. 乙은 빛공해 측정 기준으로 주거지 연직면 조도를 적용해야 한다고 주장했으나, 법원은 이를 기각하고 발광표면 휘도를 기준으로 판단했다. 법원은 乙에게 甲의 정신적 손해에 대한 위자료 500만 원을 지급할 의무가 있다고 판시했다(釜山高判 2023.7.26, 2022나56565).

11) 신용훼손

a. 의 의 : 신용훼손(信用毁損 Kreditgefährdung)은 특정인에 대해 거짓된 사실을 주장하여, 그 특정인의 신용, 영업이익 그리고 직업적 발전 등을 침해하거나 위험

에 처하게 하는 것(예를 들어 은행융자를 못 받게 되거나, 영업이익이 하락하거나, 입찰 또는 승진심사에서 불이익을 입게 되는 것)을 말한다. 명예훼손이 윤리·도덕적 측면에서 사람의 사회적 평가가 훼손된 것을 대상으로 하는 반면, 신용훼손(형법제313조)은 경제적 측면에서 그 사람의 사회적 평가가 침해된 것을 대상으로 한다는 차이가 있다. 어떤 면에서는 영업권의 침해사안과 비슷하며, 인격권이 아니라 재산권이 침해된 것으로 볼 수도 있다. 그러나 신용침해의 경우 영업권이 포괄하지 못하는 정신적·인격적 이익의 침해까지 다룬다는 차이가 있다.

* 유사 디자인 제품의 유통 : 어느 의류회사 乙이 소비자들로부터 여성스럽고 고급스러운 제품으로 인식되어 명성과 신용을 얻고 있는 甲 회사의 의류와 유사한 디자인의 의류를 제조하여 甲 회사 의류 판매가격의 약 10% 정도 저가로 이를 시장에 유통시켰다. 이에 대해 우리법원은 乙 회사가 甲 회사의 신용을 훼손하였다면서 甲 회사에 대해 乙 회사는 재산 이외의 손해에 대해서도 배상책임을 부담한다고 판시하였다(大判 2008.10.9., 2006다53146).

* 경쟁학교에 대한 허위사실 유포 : 숭실대학교는 2014년 교육부 승인을 받아 국내 최초로 학교법인 산하에 호스피탈리티 직업전문학교를 운영하며 관광경영학, 호텔경영학, 관광식음료학 등 3가지 전공으로 학생들을 모집해 교육하였다. 그런데 인근 지역에서 유사한 전공과목을 설치·운영하던 A학교에서 직원 B씨가 2019년 A학교에 대한 입학취소를 요청한 학생 C씨를 면담하며 그가 진학하려던 숭실대 산하의 직업전문학교에 대해 "등록 학생 수가 적다", "3년 안에 학교가 없어진다", "제대로 취업한 학생이 없다" 등의 허위사실을 말한 것이 알려졌다. 그러자 숭실대학교는 C씨의 면담내용 녹음기록을 바탕으로 2019년 B씨와 사용자인 A학교를 상대로 손해배상을 청구했다. 이에 대해 법원은 "대화내용을 녹음한 녹취록 등이 제3자에게 전파돼 실제로 숭실대 산하의 직업전문학교 입학생이 감소하는 등 실질적이고 구체적인 피해가 발생했는지는 확인되지 않는다"면서도 A학교 등이 숭실대에 배상해야 할 무형적 손해에 대한 배상액은 300만 원으로 정함이 상당하다고 판시했다(서울中央地判 2021.03.08., 2019가단5317676).

* 잘못된 신용불량정보의 등록 : 우리법원은 금융기관이 잘못된 신용불량정보를 등록하고 규약에 위반하여 고객에게 통지를 해주지 않아, 고객이 잘못된 신용정보의 정정 등을 요구할 기회를 잃게 하거나 채무를 청산하여 등록을 해제할 기회를 박탈한 경우(大判 2003.5.16., 2003다14195), 불법행위에 기한 손해배상을 인정한 바 있다. 비록 고객의 신용을 훼손하는 것에 관한 금융기관의 고의가 결여되어 형법상 신용훼손죄가 성립하지는 않지만, 금융기관의 과실이 인정되는 이상, 민법상 불법행위가 성립하는 데는 무리가 없었다.

* 허위광고로 인한 경쟁사 신용의 침해 : 지난 2015년 3월, 우리나라의 통신서비스업체 KT는 '세계 최초 3밴드 Longterm-evolution-advanced(LTE-A) 상용'이

라는 경쟁업체 SKT의 광고에 대하여 "정식 출시되지 않은 시험용 단말기로 100명의 고객 체험단에 서비스하는 것을 상용화라고 할 수 없다"고 반발하고, "SKT의 허위 광고로 사회적 명예·신용을 훼손 받았다"며 10억 원의 손해배상금을 청구하였다. 물론 법원의 광고중단가처분에 따라 SKT가 LTE 관련 광고를 중단하자, KT는 2015년 10월 손해배상청구소송을 취하했지만, 당시 이 소승은 장안의 화제가 되었다.

b. 요건 : 의견표명이 아니라 허위사실의 적시가 있어야 한다. 그리고 형법상 신용훼손죄는 위태범(危殆犯)이기 때문에, 그러한 신용훼손의 결과가 현실적으로 발생하지 않았다 하더라도 무형적 가치인 신용이 훼손되었기만 하면 민사상 손해배상책임은 발생한다. 물론 허위사실 유포에 의해 신용이 훼손되었다 하더라도, 그러한 허위사실 유포행위에 공공성의 요건이 충족될 경우, 손해배상책임은 인정되지 않는다. 이렇듯 진실성 또는 공공성 요건 가운데 단 하나만 인정되어도 그 위법성이 조각된다는 점에서 신용훼손은 명예훼손보다 위법성 조각의 폭이 더 넓다 할 수 있다. 또한 그 정보전달의 당사자가 그 사실이 진실이 아님을 몰랐고, 그 정보에 대해 이해관계를 갖고 있었을 때에도 손해배상책임을 면할 수 있다(독일민법 제824조 2항).

* 먹거리 X파일과 신용훼손 논란 : 영광법성포 굴비특품사업단과 지역 수협은 영광굴비가 아가미 섣간과 해풍건조 방식으로 생산된다고 홍보하고 있었다. 그러나 채널A '먹거리 X파일' 제작진의 취재 결과, 대부분의 업체들은 아가미 섣간 대신 외부에 소금을 뿌려 염장하고, 수개월간의 해풍건조 대신 물기 제거 후 급속냉동하는 방식으로 가공하고 있었다. 그럼에도 영광굴비는 노량진 수산시장의 비슷한 크기 국산 참조기보다 7.5배나 비싼 값에 판매되고 있었다. 원고들은 해당 방송이 백화점 판매가와 도매시장 최저가를 비교한 것은 부당하며, 실제 업체들의 이익은 크지 않다면서 위 방송으로 인해 인격권이 침해되었다며 손해배상을 청구했다. 법원은 주요 부분에서 방송 내용이 진실하고 소비자의 알 권리 충족이 주된 목적인 방송으로서 공익성도 인정된다고 판단하여 원고들의 청구를 기각했다(光州高判 2015.11.4., 2014나3770).

12) 친족법상 권리의 침해 : 자녀에 대한 친권(親權), 배우자의 정조(貞操)에 대한 권리 등 친족법상 권리가 불법행위법에 있어서 보호법익의 하나로서 인정되고 있지는 않다. 그 권리를 지배권으로 볼 수 없고 그 배타성·절대성 등을 인정할 수 없기 때문이다. 다만 우리판례는 간통으로 타인의 부부공동생활을 파탄에 이르게 한 자에 대하여 민사상 손해배상책임을 인정하고 있다.

a. 친권침해 : 친권은 부모가 미성년 자녀에 대하여 가지는 신분상·재산상 권리·의무를 말한다(제913조이하). 자녀의 보호 및 교양(제913조), 거소 지정권(제914조), 법정대리권(제922조), 자녀의 법률행위에 대한 동의권과 자녀 재산의 관리권(제924조), 법정대리인으로서의 대외적 대표권(제925조)을 포함한다. 이러한 친권은 자녀에 대한 부모의 지배권이 아니라 자녀의 복리를 위해 인정되는 권리이므로, 절대권으로서 보호되지 않는다. 따라서 누군가에 의해 부모의 친권이 침해되었다 하더라도 반드시 그 침해행위의 위법성이 추정된다고는 할 수 없다.

* 친권자의 동의 없는 아동보호시설 입소조치 : 2009년 5월 20일 甲은 대나무 막대기로 자녀 C의 엉덩이를 8대 정도 때렸으며, 이로 인해 C의 왼쪽 엉덩이에 성인 손바닥 크기의 멍이, 오른쪽 엉덩이에는 그 절반 크기의 멍이 들었다. 이전에도 甲은 C가 전처인 E와 만난다는 이유로 플라스틱 자로 C의 엉덩이를 때리는 등 수차례 폭행한 이력이 있었다. 경남아동보호기관은 甲의 행위를 아동학대로 판정하여 C를 보호시설에 입소시켰다. 甲은 C가 습관적으로 반항하고 거짓말을 해서 교육적 목적으로 적절한 수준의 체벌을 했을 뿐이며, 아동보호기관이 법원의 친권제한선고 없이 친권자 甲의 동의도 받지 않고 C를 보호시설에 입소시켜 친권을 침해했다면서 사회복지법인에게 8천만 원, 경상남도에 4천만 원, 보육원에 3천만 원, 창원시에 5천만 원의 손해배상을 청구하였다. 그러나 법원은 아동보호전문기관의 조치가 적법했다고 보아 甲의 청구를 기각했다(釜山高判 2015.4.30, 2014나21130).

b. 배우자의 정조에 관한 권리 : 대부분의 국가에서 배우자의 정조에 관한 권리는 인정되지 않는다. 우리나라처럼 이를 인정하더라도(大判 1963.3.14, 63다54) 이를 절대권으로 보호할 수 있는지는 의문이다. 다만 우리판례는 간통피해자에 대한 상간남 또는 상간녀의 위자료지급의무를 인정하고 있다(大判 1959.11.5, 4292민상771). 비록 형법상 간통죄(형법 제241조)가 위헌으로 폐지되긴 했지만(憲裁決 2015. 2. 26, 2009헌바17), 간통(姦通)은 간통피해자가 부부공동생활에 대해 갖는 권리의 침해라 보았기 때문이다.

* 영국법상 간통의 민사상 책임 : 영국법은 1970년의 개정법률 Law Reform (Miscellaneous Provisions) Act 1970에 따라 과거 간통 불법행위 Criminal Conversation, 배우자 유인행위 Enticement of a Spouse 등 배우자의 정조에 기초한 민사적 손해배상청구권을 완전히 폐지하였다. 오늘날의 영국법에 따르면 배우자의 정조를 침해하였다는 이유만으로 제3자에 대해 손해배상을 청구할 수 없으며, 이러한 행위는 이혼 절차에서 혼인당사자의 귀책사유로만 고려될 뿐이다.

* 프랑스법 : 프랑스에서는 1975년 법률 제617/75호에 따라 간통 adultère 관련 형사조항이 폐지되었다. 구 프랑스 형법 제336조 등이 이에 해당하며, 이로써 간통

은 더 이상 형사범죄가 아니게 되었다. 오늘날 프랑스법에서는 배우자의 간통행위 자체에 대해 제3자에게 별도의 손해배상을 청구하는 민사제도는 존재하지 않는다. 물론 프랑스민법 제242조는 배우자의 정조 위반을 포함한 부정행위infidélité를 이혼사유로 명시하고 있다. 부정행위가 증명될 경우, 귀책사유 있는 이혼divorce pour faute이 되며, 이에 따라 위자료 등의 금전적 보상이 판결에서 결정될 수 있다. 다만 이는 배우자 간의 책임 문제로서 이혼 절차 내에서만 영향을 주며, 간통 상대방에게 별도의 민사상 손해배상은 인정되지 않는다.

* 독일법상 부부공동생활의 보호 : 독일법에서도 제3자의 간통행위에 대해 피해배우자가 직접 민사상 책임을 묻는 가능성은 인정되지 않는다. 다만 독일판례(BGH, Urteil vom 23. Oktober 1951 - VI ZR 281/50 = BGHZ 6,360)는 결혼공간에 대해 부부계약당사자가 공동으로 가질 수 있는 권리를 인정하여 그 공간을 다른 한 당사자의 동의 없이 제3자가 침범한 경우 일방 당사자가 그 침입자에 대하여 출입금지를 청구할 수 있다고 보았다. 물론 출입금지 청구만을 인용하였을 뿐 침입자에 대한 금전배상청구를 따로 인정하지는 않았다. 일반적으로 독일에서 결혼배우자에 대해 충실을 요구할 수 있는 권리는 불법행위법의 보호대상에 속하지 않는 것으로 보고 있다(vgl. BGH, Urteil vom 17. Dezember 1957 - 1 ZR 160/56 = BGHZ 23,215). 그리고 독일에서는 재판상 이혼의 경우 유책배우자가 상대방에게 위자료지급의무를 부담하기는 하지만, 그러한 위자료지급의무는 혼인관계 파탄에 일방의 귀책사유가 있어서 발생하는 것일 뿐이다. 간통을 했더라도 혼인관계를 파탄시키지 않았다면 간통을 이유로 위자료지급의무가 발생하지는 않는다.

* 이슬람법의 간통 처벌 : 이슬람법Shari'a을 따르는 일부 국가에서는 간통zina을 중대한 범죄로 본다. 예컨대 사우디아라비아, 파키스탄, 이란 등지에서는 간통행위에 대해 최대 태형(笞刑) 또는 돌로 쳐죽이는 석형(石刑)으로 처벌한다. 간통의 증명을 위해서는 성인 무슬림 남성 4인의 직접 목격 또는 피고인의 자백이 있어야 한다. 민사상 제3자에 대한 별도의 손해배상청구에 관해서는 명예훼손 차원의 청구가 일부 가능할 수 있으나, 이는 형사법 중심의 규율체계 속에서 보조적 역할에 그친다.

* 우리판례 : 우리판례는 배우자 있는 자와 간통행위를 하고 이로 인하여 그자가 배우자와 별거하거나 이혼하는 등으로 혼인관계를 파탄에 이르게 한 경우 그 자와 간통행위를 한 제3자(상간자)는 그 배우자에 대하여 불법행위를 한 것이므로, 그로 인하여 그 부녀의 배우자가 입은 정신상의 고통을 위자할 의무가 있다고 한다(대판 1959.11.5, 4292민상771). 예를 들어 甲의 배우자 乙이 평소 알고 지내던 丙과 연락을 주고받다가 2016년 10월 30일경 乙이 丙의 집을 방문하여 丙과 함께 주왕산을 다녀오고 같은 날 밤 丙의 집에서 숙박한 후 11월 8일 乙이 서울가정법원에 甲을 상대로 이혼 및 위자료 등 청구의 소를 제기하자 甲이 丙을 상대로 乙과 상간행위를 하는 등 부정행위를 하여 정상적인 부부생활을 방해했다면서

제2장 불법행위 115

천만 원의 위자료를 청구한 사건에서, 법원은 丙이 乙과 함께 산행을 하고 자신의 집에서 乙이 숙박하도록 한 행위는 부정행위에 해당한다면서 丙이 甲에게 800만 원의 위자료를 지급해야 한다고 판결했다(서울東部地判 2018.5.23., 2017나26197).

* 간통 당시 상대방에게 배우자 있는지를 확인해 보지 않은 과실? : 우리판례는 간음 당시 상대방에게 배우자가 있는지 확인해 보지 않았다 하여 간통행위자에게 과실로 인한 불법행위가 성립한다고는 볼 수 없다고 한다. 통상 남녀간에 정교를 함에 있어 상대방이 배우자 있는 자인가 확인해야 할 주의의무가 있다 할 수는 없기 때문이다(大判 1987.8.18., 87므19). 예를 들어 甲이 서울 강남구 신사동의 황궁캬바레에서 乙을 처음 만났는데, 乙이 이미 처와 정식으로 이혼했으며 아들, 남동생, 식모와 함께 살고 있다고 거짓말한 것을 甲이 믿고 이후 1년간 호텔과 여관을 전전하며 乙과 관계를 가졌으며, 그 후부터 약 10개월간 甲의 집에서 乙과 여러 차례 관계를 이어가면서 결혼 이야기까지 오가다가, 그 후 乙에게 다른 여자가 있다는 사실을 甲이 듣게 되면서 乙이 기혼자라는 사실을 알게 된 甲이 즉시 乙과 관계를 단절했고, 그 후 甲이 乙을 사기죄와 혼인빙자간음죄로 고소하기까지 했다면, 甲에게는 불법행위의 과실이 인정되지 아니한다.

* 간통으로 파탄된 가정의 자녀에 대한 상간자의 불법행위책임? : 배우자 있는 부녀와 간통행위를 하고 이로 인하여 그 부녀가 배우자와 별거하거나 이혼하는 등으로 혼인관계를 파탄에 이르게 하였더라도 간통행위를 한 부녀 자체가 그 자녀에 대하여 불법행위책임을 부담한다고 할 수는 없고, 간통행위를 한 제3자(상간자) 역시 그 자녀에 대한 관계에서 불법행위책임을 부담한다고 할 수는 없다. 다만 그 제3자가 해의(害意)를 가지고 부녀의 그 자녀에 대한 양육·보호·교양을 적극적으로 저지하는 등의 특별한 사정이 있다면 그 자녀에 대하여 불법행위책임을 부담할 수 있다(大判 2005.5.13., 2004다1899).

* 부부공동생활이 파탄된 이후의 간통 : 부부가 아직 이혼하지 아니하였지만 실질적으로 부부공동생활이 파탄되어 회복할 수 없을 정도의 상태에 이른 경우, 제3자가 부부의 일방과 한 성적 행위가 배우자에 대하여 불법행위를 구성하지는 않는다. 혼인의 본질에 해당하는 부부공동생활이 유지되지 않는 상태에서 제3자가 부부의 일방과 성적인 행위를 하더라도 이를 두고 부부공동생활을 침해하거나 유지를 방해하는 행위라고 할 수 없고 또한 그로 인하여 배우자의 부부공동생활에 관한 권리가 침해되는 손해가 생긴다고 할 수도 없기 때문이다(大判 (全) 2014.11.20., 2011므2997).

(3) 재산권침해

1) 소유권침해

a. 의 의 : 소유권침해(所有權侵害 Eigentumsverletzung)란 타인의 소유물을 멸실·훼손·횡령·불법점거하거나 기타 그 소유권의 행사를 방해하는 행위 또는 방해할

염려 있는 행위를 하는 것을 말한다. 소유권은 비록 인격권이 아니라 재산권에 속하지만, 그 침해가 초래하는 결과의 중대성·명확성 때문에 대부분의 근대 사법체계는 소유권을 절대권$_{\text{absolut geschütztes recht}}$으로 파악하며 소유권침해가 있는 경우 그 위법성을 바로 추정하고 그에 대한 방해·침해제거·손해배상 청구를 폭넓게 인정하고 있다. 이는 생명·신체 등에 관한 절대적 인격권의 침해가 그 자체로 위법성을 추정케 하는 것과 마찬가지라고 할 수 있다.

* 소유권의 중요성 : 1789년 프랑스혁명 당시에 공포된 인간과 시민의 권리선언 Déclaration des droits de l'homme et du citoyen 제17조는 소유권에 대해 "신성불가침 sacré et inviolable 한 권리이며, 공동의 필요에 의해 법률이 정하는 경우를 제외하고는 누구도 그 소유를 박탈당할 수 없다"고 강조하였다. 이는 소유권이 사적 자치의 제도적 기초로서 자유로운 개인의 자기결정권과 경제적 독립성을 보장하기 위한 필수적 전제로서 기능한다는 인식에 따른 것이었다. 법철학적으로도 소유권은 인간이 단순한 내면의 자율성을 넘어, 외부세계에 대한 계획과 활동을 실현할 수 있는 구체적 수단으로서 자기 목적을 실현하는 불가결한 기반이 된다는 점에서 그 절대적 권리성의 본질을 인정받는다. 법경제학적으로도 소유권은 자원배분의 효율성과 책임 있는 이용을 촉진하는 핵심 구조로 평가된다. 명확한 소유권 체계는 자산에 대한 투자유인을 창출하고, 권리귀속의 불확실성을 제거하며, 자원이용의 외부불경제를 뚜렷이 감소시키기 때문이다.

b. 적용법규의 문제 : 소유권에 대한 침해는 대부분의 경우 물권법규정($_{\text{이하}}^{\text{제192조}}$)에 의해 우선적으로 규율된다. 따라서 선의의 자주점유자는 설령 과실(過失)로 타인의 소유물을 점유(불법점거)했다 하더라도 점유물로부터 천연과실이나 법정과실을 수취할 수 있으며($_{\text{1항}}^{\text{제201조}}$), 점유물을 훼손했다 하더라도 현존이익만을 반환하건 소유자에 대하여 면책되는($_{\text{본문}}^{\text{제202조}}$) 특혜를 누린다. 물권법이 선의의 자주점유자를 두텁게 보호하기 때문이다. 따라서 소유권침해의 주체가 선의의 자주점유자인 경우 타인의 소유물로부터 과실을 수취했거나 타인의 소유물을 훼손했더라도 불법행위의 위법성이 조각되는 경우가 많다. 물론 점유 없이 타인의 소유믈을 훼멸한 자, 타인의 소유물을 소유의 의사 없이 점유한 자($_{\text{여 임차인}}^{\text{예를 들}}$)나 타인의 소유물임을 알고 악의로 점유한 자라면 불법행위책임을 면하기 어렵겠지만, 그 경우에도 계약규범($_{\text{임대차법}}^{\text{예를 들어}}$)이나 사무관리규정에 면책규정이 존재한다면 그 규정이 우선하게 된다.

* 선의자주점유자의 과실 수취 : 1955년 9월경 乙이 서울 중구 소재 대지 30평 위에 건물을 신축했고, 이 건물은 여러 차례 매매되어 1973년 6월 18일 丙이 소유

권을 취득했다. 1966년 5월 7일 서울특별시의 토지개량사업으로 인해 원래의 대지 30평은 약 22평으로 감보되어 환지되었다. 그에 따라 甲은 1970년 5월 29일 위 대지의 일부에 대한 소유권을 취득했고, 丙 소유 건물 중 일부(건평 약 5평)가 甲 소유의 대지 위에 위치하게 되었다. 甲은 丙에게 건물 철거와 대지 인도를 요구하고, 대지 사용에 대한 부당이득 반환을 청구했다. 丙은 환지 후 해당 부지가 甲 소유의 대지에 포함되었더라도 건물 철거 의무는 없다고 주장했고, 대지 점유에 대해 선의·무과실을 주장하며 소제기 시점부터의 부당이득 반환만을 인정해야 한다고 항변했다. 법원은 甲이 丙 소유 건물의 철거를 청구할 수 있다고 판단했지만, 소제기 시점 이전까지 선의의 점유자였던 丙은 민법 제201조 제1항에 따라 점유물로부터 발생하는 과실을 취득할 수 있으며, 소제기 시점 이전까지의 대지사용이익을 반환할 의무가 없다고 판시했다(大判 1978.5.23. 77다2169).

* 선의자주점유자의 타인소유물 훼손 : 甲은 乙로부터 2017.3.9. 미국산 중고픽업트럭을 3,850만 원에 매수하였다. 그러나 2017년 6월경 차량에 문제가 발생하여 甲은 乙에게 연락했고, 乙이 수리를 해주었다. 그러나 수리 이후에도 문제가 지속되자, 2017년 8월 4일경 甲은 乙과 통화하며 차량 하자에 대해 항의하고 "법대로 하겠다"는 의사를 전달했다. 甲은 2017년 8월 9일경 乙을 사기 혐의로 고소하였다. 이후 甲은 2018년 5월 10일에 매매대금반환을 구하는 소를 제기하였다. 법원은 甲의 청구를 인용하고 甲은 乙에게 픽업트럭을 인도함과 동시에 매매대금 및 이자 등을 반환받으라고 판결하였다. 乙은 甲이 이 사건 픽업트럭의 외관을 자신의 취향에 맞추어 개조하였으므로 이를 모두 매매 당시와 같이 복원하여 반환하여야 한다는 취지로 주장했으나, 법원은 설령 훼손이 있다 하더라도 선의의 점유자는 민법 제202조 전문 후단에 따라 이익이 현존하는 한도에서만 배상할 책임이 있을 뿐이어서 甲으로서는 이 사건 픽업트럭을 해제 당시의 상태대로 乙에게 인도하면 족하다고 하였다(木原地判 2022.1.27. 2021나70806)..

* 임차인의 임대물 훼손책임에 적용되는 규정 : 甲은 2층 건물의 소유자이며, 乙은 甲에게서 건물 가운데 1층 150평을 임차하여 골프용품 매장으로 사용하였다. 그 후 건물에서 乙의 임차부분인 건물 1층 전면 주출입구 내부 우측 부분 화재로 인해 건물 전체가 소훼되었다. 화재 원인은 국립과학수사연구소의 조사에도 밝혀지지 않았다. 乙은 자신의 과실이 증명되지 않았으므로 자신에게 甲은 손해배상을 청구할 수 없다(제750조)고 주장하였지만, 법원은 이와 같이 임대차 목적물이 화재 등으로 소멸됨으로써 반환의무가 이행불능이 된 경우, 임차인은 그 이행불능이 자기가 책임질 수 없는 사유로 인한 것이라는 증명을 다하지 못하면 채무불이행(제390조)에 기해 그 손해배상책임을 진다고 하였다. 다만 임차부분의 손해와 임차부분 외 건물부분의 손해를 구분하여, 임차물 자체의 손해는 과실의 증명책임이 임차인에게 있는 반면, 임차부분 외 건물부분의 경우 임차인의 계약상 의무위반이 있었고, 그러한 의무위반과 임차 외 건물부분의 손해 사이에 상당인과관계가 있다는 점에 대하여 임대인이 주장·증명하여야

한다고 하였다(大判(全) 2017.5.18, 2012다86895·2012다86901).

c. 소유권침해의 형태 : 소유권침해는 대개 타인의 소유물을 권원 없이 일정 기간 점유하여 이용을 방해하거나, 타인의 소유물을 전매(轉賣)하거나 그 소유권에 지상권·전세권 등의 부담을 지우거나, 소유물을 멸실 또는 훼손시키거나(가옥을 소실시키거나 자동차범퍼를 찌그러뜨리는 따위), 전기공급차단, 입구차단 등을 통해 타인의 소유물이용을 일정 기간 불가능하게 하는 형태로 나타난다.

* 소유물 무단점유에 기한 손해배상청구 : 甲은 서울 동작구 D아파트 1채를 丙에게서 매수하고 2015년 11월 6일 해당 아파트에 대해 소유권이전등기를 마쳤다. 해당 아파트는 乙에 의해 점유되고 있었는데, 乙은 2년 전인 2013년 11월 2일 丙과 위 아파트에 관하여 임대차계약을 체결했었다. 보증금은 4억 4천만 원이고, 임대차기간은 2014년 1월 9일부터 2016년 1월 8일까지였다. 乙은 2014년 1월 6일 해당 아파트에 전입신고를 완료했으나, 2014년 11월 27일 다른 곳으로 전출했다. 乙은 해당 아파트에 더 이상 살지 않았지만 보증금을 돌려받지 못했기 때문에, 열달이 넘도록 甲에게 아파트의 인도를 거절하였다. 甲은 乙에게 아파트 인도와 함께 2015년 11월 6일부터 2016년 10월 5일까지의 임료 상당액 2,200만 원 및 지연손해금을 청구하는 소를 제기했다. 乙은 甲의 임대인 지위 승계를 주장하며, 실질적으로 아파트를 사용하지 않았으니 부당이득반환의무는 없다고 항변했다. 법원은 乙이 甲의 소유권이전등기 이전에 이미 전출신고를 했으므로 대항력을 상실했다고 판단하여 乙의 주장을 기각했다. 乙은 전출 후 열쇠만 보관하고 있을 뿐 실질적인 사용·수익을 하지 않았다고 주장했으나, 법원은 실질적 사용·수익 여부와 관계없이, 점유권원 없이 아파트를 점유한 사실만으로도 임료 상당의 손해배상 의무가 있다고 판시했다. 법원은 乙에게 아파트 인도와 함께 2015년 11월 6일부터 2016년 10월 5일까지의 임료 상당 손해배상금 2,200만 원 및 지연손해금, 그리고 2016년 10월 6일부터 인도시까지 월 200만 원의 손해배상금 지급을 명령했다(서울中央地判 2017.8.30, 2017나6558).

* 소유권침해로 인정되지 않는 예 : 단순히 점유가 침탈되기만 했을 경우, 이는 소유물반환의 청구(제213조)로써 충분히 해결될 수 있는 문제이므로 이는 불법행위법이 다루지 않는 것으로 본다. 그리고 단순히 소유물에의 접근을 어렵게 하거나, 유독 소유자만이 그 소유물을 사용할 수 없도록 만드는 것 역시 소유권침해에 해당되지 않는다. 예를 들어 겨울에 남의 집 대문 앞에 물을 뿌려 빙판을 만드는 것이나, 부동산중개인이 별장소유자의 헤어진 전처를 별장 바로 옆집에 입주시킨 행위는 소유권침해가 아니며, 그로 인해 다른 손해를 발생시켰을 때 비로소 그 위법성을 검토할 수 있는 게 된다. 소유권은 상대적 권리가 아니라 절대적 권리이기 때문에, 그 침해 역시도 절대적 침해일 것을 요구하는 것이다.

d. 소유권침해와 위자료 : 생명·신체·자유·명예 등의 비재산적 법익이 침해되었을 경우에는 그로 인해 '정신적 고통emotional distress'을 입은 자가 가해자에 대하여 위자료를 청구할 수 있게 된다(제751조 1항). 그러나 소유권 기타 재산적 법익이 침해되었을 경우에는 원칙적으로 위자료청구가 불가능하다. 판례도 재산권침해의 경우 재산적 손해의 배상에 의하여 정신적 고통도 회복된다고 보아야 할 것이므로 원칙적으로 위자료를 청구할 수 없다고 한다(大判 2004.3.18. 2001다82507).

* 소유권침해와 정신적 손해 : 재산적 법익침해의 경우 재산적 손해배상책임만 인정될 뿐이고 재산적 법익침해로 인한 정신적 고통을 따로 더 배상하지는 않는다. 예를 들어 15대째 내려오던 가보를 어떤 손님이 실수로 깨뜨렸거나, 목숨보다도 더 아끼던 그림이 불에 타 없어졌다 하더라도, 가해자는 그 물건의 가치만을 배상하면 될 뿐이지 그로 인해 발생한 피해자의 정신적 고통은 원칙적으로 손해로서 배상할 필요가 없다고 한다. 본디 정신적 손해는 객관적 평가가 곤란한 것이므로, 생명·신체·건강·자유 등 인격권이 침해된 경우처럼 그 침해 자체가 비물질적 손해를 내포하고 그로 인한 정신적 고통이 거의 반드시 발생한다고 경험칙상 예측되는 경우에 한하여 제한적으로만 위자료를 인정하려 하는 것이다. 판례는 예를 들어 생활기반이 되는 어선이 파괴되었다 하더라도 통상적으로 재산적 손해의 배상으로써 정신적 고통이 회복될 수 있다고 하였다(大判 2004.3.18. 2001다82507).

* 소유권침해임에도 위자료가 인정되는 예외 : 영미법에서는 1988년 이후 소유권침해임에도 정신적 손해를 인정하는 판례들이 간혹 나오고 있다. 예를 들어 **Attia v British Gas** 사건(Attia v British Gas Plc [1988] QB 304)의 사실관계를 보면, 다음과 같다: 아티아Attia는 자신의 주거에 중앙난방을 설치하도록 영국가스공사에 의뢰하였고, 가스공사는 이를 시공하였다. 그 과정에서 가스공사 직원의 과실로 화재가 발생하였고, 이로 인해 아티아의 주택과 그 안의 동산 대부분이 소실되었다. 이에 따른 정신적 충격과 우울증을 겪은 아티아는 가스공사를 상대로 정신적 손해psychiatric harm에 대한 손해배상을 청구하였다. 이 사건에서 영국 항소법원Court of Appeal은 아티아의 청구를 인용하였고, 아티아가 입은 정신적 손해에 대해 가스공사가 손해배상책임을 부담한다고 판시하였다. "정신적 손해가 예견 가능하고, 단순한 슬픔이나 불쾌감이 아닌 의학적으로 인정 가능한 수준의 정신질환이 존재한다면, 그에 대한 배상을 부정할 이유가 없다"는 이유에서였다. 다만 영국법원은 청구의 무제한 확산 우려floodgates argument를 감안하여, 정신적 손해의 예견가능성과 그 증명요건을 통제 기준으로 제시하며, 사안별로 합리적인 범위에서 구제를 허용하는 유연한 접근 방식을 취하였다.

* 조상 묘지가 있는 선산의 훼손에 따른 위자료 : 乙 주식회사는 1989년 6월, 실제 소유자인 甲의 동의 없이 丙에게서 甲 소유 선산의 일부를 임차한 뒤, 인접 임

야에 대한 토석굴취허가를 빌미로 같은 해 10월부터 12월까지 甲 소유 임야 1간1천여㎡에서 약 2만4천㎥의 토석을 무단 채취하였다. 이 과정에서 임야의 41%가 훼손되어 가치가 거의 상실되었고, 복구에는 교환가액을 초과하는 비용이 소요되는 상태였다. 甲은 乙을 상대로 부당이득의 반환과 정신적 손해에 대한 위자료를 청구하였는데, 법원은 조상 묘지가 있는 임야의 광범위한 훼손이 재산적 손해와 별도로 정신적 손해를 발생시킨다고 보아 위자료 청구를 일부 인용하였다(大判 1995.5.12., 94다25551).

* 건물붕괴에 따른 위자료 : 1998년 8월 서울 용산구에 집중호우가 내려, 乙 건설사가 시공하던 '토지형질변경·굴토공사 현장의 인접지반이 붕괴하였다. 이 과정에서 甲 소유 대지와 건물의 하단부 석축이 무너지고 대지가 함몰되었으며, 건물 곳곳에 균열이 확대되었다. 결국 1998년 8월 16일 용산구청은 안전사고 우려를 이유로 해당 건물을 행정대집행으로 철거하였다. 이에 건물소유권자 甲은 서울시와 乙, 丙 등을 상대로 손해배상을 청구하였다. 법원은 옹벽 시공 및 대지조성 공사비와 건물 멸실 시가를 합산한 손해액에서 폭우의 기여분 20%를 공제한 2억 8,578만 원을 손해배상액으로 인정하였다. 법원은 붕괴사고의 원인이 乙·丙의 부실시공과 용산구청 공무원의 관리감독 태만에 있다고 보고, 서울시와 乙, 丙, 용산구의 내부 부담비율을 1:5:3:1로 정하였다. 한편 서울시와 乙, 丙, 용산구는 甲에게 천만 원의 위자료를 지급할 의무도 연대해서 부담했다(서울中央地判 2005.2.1., 2004가합44433).

* 반려견 살해에 따른 위자료청구권 : 2015년 2월 21일 밤, 甲은 술에 취한 상태로 귀가하던 중 A, B, C가 공동 소유하고 있는 건축설비 사무실 마당에 들어갔다. 이곳에는 이들이 10년간 길러 온 진돗개 E가 있었는데, 甲은 쇠파이프를 들고 개의 두개골을 수차례 가격하였다. 그 결과 E는 우측 하악골 골절과 우측 안구파열 등 중상을 입었고, A, B, C가 즉시 동물병원에서 치료를 받게 하였으나, 약한 달 뒤인 2015년 3월 16일 결국 사망하였다. 이에 대해 甲은 사무실 마당에서 소변을 보던 중 개가 자신의 종아리를 물었기 때문에, 위험에서 벗어나기 위해 때린 것일 뿐이라고 주장하며 긴급피난 또는 정당방위에 해당한다고 항변하였다. 그러나 법원은 甲이 개가 있다는 사실을 알고도 스스로 접근하여 위험을 자초하였고, 그 과정에서 필요 이상으로 과도한 폭행을 가한 점을 들어 긴급피난이나 정당방위로 볼 수 없다고 판단하였다. 손해배상 범위에 관하여, 법원은 먼저 재산상 손해로서 반려견의 시가를 50만 원으로 평가하고, 치료비 약 708만 원, 장례비 28만 원을 합산하여 총 786만 원을 산정하였다. 나아가 위자료에 있어 법원은 반려견이 민법상 물건으로 취급되더라도 감정을 지닌 생명체라는 특수성을 인정하였다. 특히 10년간의 양육기간, 갑작스럽고 잔혹한 사망 경위, 그리고 원고들과의 정서적 유대관계를 종합적으로 고려하여, 원고 A와 B에게 각 300만 원, 당시 미성년자인 C에게는 200만 원을 지급할 것을 명하였다(光州地判 2018.5.15., 2017가단502394).

2) 소유권 이외의 물권에 대한 침해 : 소유권 이외의 물권은 소유권에 준하여 많은 경우 보호법익 legally protected interest 으로 인정을 받을 수 있으나, 그 범위는 제한되어 있다. 따라서 그 물권이 침해되어 손실이 발생하더라도 이는 간혹 순수 재정손실 reiner Vermögensschaden 로서 불법행위법의 적용대상으로부터 제외되곤 한다.

    a. 저당권 : 소유권 이외의 대표적 물권인 저당권(抵當權)의 경우, 설령 저당목적물이 아주 심하게 훼손되었다 하더라도, 그것만으로 저당권자에게 손해가 발생했다고 보기는 어렵다. 저당물이 피담보채권의 변제에 아직은 충분한 가치를 지닌다면, 저당권자는 그 권리가 침해되었음을 주장하지 못할 것이기 때문이다. 따라서 저당목적물이 훼손되었으나 그 가액이 피담보채권의 변제를 아직 감당할 수 있는 경우 저당권자는 가해자에 대하여 손해배상을 청구하지 못한다.

* 공장저당권의 침해에 기한 손해배상청구 : 甲농업협동조합은 乙영농조합법인에 대한 대출금 담보를 위해 乙의 공장시설에 대해 근저당권을 설정하였다. 그 후 甲의 공장저당권이 설정된 乙의 보일러 시설에 대해 丙의 양도담보권이 설정되었고 강제집행이 이루어졌다. 甲은 공장저당법에 따라 목록에 등재된 기계·기구에 대한 양도담보설정은 원칙적으로 무효임을 주장했으나, 강제집행 절차에서 매수인 丁이 선의취득하였으므로, 甲의 공장저당권 효력은 소멸하였다. 甲은 임의경매신청이 임박한 시점에 乙과 丙이 공정증서를 작성하고 신속히 강제집행을 진행한 점, 乙과 丙이 선순위 근저당권의 존재를 알면서도 양도담보를 설정한 점 등이 자신의 공장저당권의 담보가치를 훼손한 불법행위라고 주장하였다. 법원은 乙과 丙의 공동불법행위를 인정하고, 乙과 丙은 보일러 시설의 담보가치 상실액 7,000만 원과 지연손해금을 甲에게 지급하라고 명령했다(全州地法井邑支判 2018.8.16., 2017가단12422).

* 소유권침해와 저당권침해의 병존 : 만약 피담보채권의 담보가 될 수 없을 정도로 저당물이 제3자에 의해 훼손되어 그로써 저당권이 침해되었다면 이는 대개 소유권침해를 수반한다. 따라서 이때 가해자에 대한 손해배상청구권은 소유권자와 저당권자에게 공동귀속하게 된다. 소유자가 물건의 시가하락이라는 1차손해를 보고, 저당권자는 담보가치감소라는 2차손해를 본다고 생각할 수도 있지만, 민법상 저당권의 목적물가치는 결국 소유자의 재산가치와 동일한 경제적 기반 위에 있어서, 가해자가 배상해야 할 금액은 전체 손해액이며, 그 권리는 소유자·저당권자가 지분적으로 나누어 가지는 것으로 처리되기 때문이다. 따라서 만약 가해자가 그중 한 사람에게 손해 전액을 배상했다면, 그 배상액은 두 사람간의 내부관계에서 분배되어야 한다. 질권(質權)도 저당권과 같은 담보물권이므로 마찬가지의 법리가 적용된다.

* 저당권설정자의 기한 이익 상실 : 민법 제388조 기한의 이익 상실규정은 담보부 채무자가 자신의 고의·과실로 담보를 손상·감소 또는 멸실하게 할 때 적용된다. 제3자인 가해자의 침해행위로 담보가 손상·감소되었다면 그 담보물의 소유자인 채무자에게 고의·과실이 없는 이상 채무자에게 기한의 이익 상실 효과는 발생하지 않는다. 그런데 담보물의 소유자인 채무자가 가해자로부터 손해액 전액을 변제받아 버린다면 이때 채무자는 담보부 채권자에 대하여 사실상 자신의 고의·과실로 담보를 감소시킨 것이나 마찬가지가 된다. 그러므로 그 손해배상금 전액을 변제받은 때부터 담보부 채무자는 담보부 채권자에 대하여 기한의 이익을 주장할 수 없게 된다. 이 경우 담보부 채권자는 본래의 피담보채권액에 더하여 지연배상까지 함께 청구할 수 있다.

b. 점유권 : 점유권은 그 자체로서 그 어떤 금전적 가치도 지닐 수가 없다. 오로지 점유의 원인이 되는 법률관계(예를 들어 임대차관계)에서 그 금전적 가치를 부여받게 될 뿐이다. 본권(本權)으로서의 물권(예를 들어 소유권, 지상권, 전세권, 유치권, 질권 등)에 기해서 인정되는 점유권은 독자적인 의미가 없으므로, 대개의 경우 점유권원으로서 의미를 갖는 것은 급부보유력을 동반하는 채권(예를 들어 임차인, 수치인, 매수인, 수증자, 수급인 등이 갖는 채권) 또는 무효·취소되기는 했지만 어쨌든 과거에 존재했던 계약 등이라고 할 수 있다. 특히 채권에 기한 점유권이 침해되었을 경우 그 점유권자가 가해자에게 손해배상을 청구할 수 있도록 하는 것은 결과적으로 그 원인이 되는 채권(예를 들어 임차권)을 보호하고, 이로써 채권이 물권화되는 효과를 낳게 된다. 물론 점유권침해는 보통 소유권침해를 수반하므로(예를 들어 임차물인 아파트의 지붕에 물이 새서 벽지가 모두 손상되었다면 그 임대인인 소유자도 손해를 입음), 가해자는 점유권자뿐 아니라 그 소유권자에게도 손해배상을 해줘야 한다. 소유권자의 손해배상청구권은 손해사실과 가해자를 안 날로부터 무려 3년 동안 존속하는 반면(제766조 1항), 소유권 없는 점유자가 점유권의 침해를 당했을 경우 그 손해배상청구권은 겨우 1년밖에 존속하지 못한다(제204조 3항, 제205조 2항·3항, 제206조 2항).

* 점유권침해에 기한 손해배상청구권의 제척기간 : 甲은 한국자산관리공사로부터 대부받은 토지에 대해 점유권을 주장하며, 파주시가 해당 토지에 공원을 조성하여 점유를 방해하고 수익을 얻지 못하게 했다는 이유로 파주시에 대해 시설물 철거와 손해배상을 청구했다. 甲은 파주시에 대해 더덕 농사를 통한 수익 손실 2,324만 원과 정신적 고통에 대한 위자료 2천만 원을 청구했으나, 파주시는 점유권침해에 기한 손해배상청구권의 경우 1년의 제척기간이 적용되는데, 점유침탈 후 이미 1년의 기간이 도과되었으니 손해배상책임은 없다고 주장했다. 법원은 乙이 2013년경 甲의 동의 없이 토지에 공원을 조성한 것은 점유 침탈에 해당하나, 甲이 1년의 제척기간 내에 소를 제기하지 않았으므로 더 이상 점유회수청구나 손해배상을 청구할 수 없다고 판단하며 甲의 청구를 기각했다(議政府地法高陽支判 2023.9.1., 2022가단98951).

c. 기타의 대세권 : 비단 물권뿐만 아니라 물권에 유사한 대세권, 예를 들어 저작권, 특허권, 실용신안권, 상표권 같은 권리도 침해되었을 경우 불법행위에 기한 손해배상을 청구할 수 있음은 물론이다. 다만 이러한 무체재산권의 경우 존속기간에 제한이 있기 때문에(예를 들어 저작권은 저작자의 사망 이후 70년이 지남과 동시에 소멸함) 그러한 존속기간이 만료될 경우 권리침해를 주장할 수 없다는 점에 유의하여야 할 것이다.

* 저작권침해와 손해배상책임 : 甲 사단법인은 乙 국립대학교 연구원과 함께 조선시대 실학자 서유구의 '임원경제지' 번역 사업을 진행하면서 상당한 시간과 비용, 노력을 투입하여 번역본 초고를 작성했다. 협력사업 종료 이후 甲은 乙에게 번역본 초고를 폐기하고 사용하지 말라는 요청을 하였음에도 乙은 이를 무단으로 이용하여 번역서를 출판했다. 甲은 乙에 대하여 5천만 원의 손해배상을 청구하였으나, 원심은 甲 저작물과 乙 저작물 사이에 실질적인 유사성이 없다고 보아 저작권 침해 자체를 인정하지 않았다. 그러나 대법원은 乙이 甲의 저작권을 침해하였다고 보았으며, 乙은 甲에게 3천만 원의 손해를 배상하도록 명령하였다. 대법원은 특히 불법행위의 위법성이 소유권을 비롯한 절대권을 침해한 경우뿐만 아니라 저작권과 같이 법률상 보호할 가치가 있는 이익을 침해하는 경우에도 인정될 수 있다고 강조하였다(大判 2021.6.30., 2019다268061).

3) 채권침해

a. 원 칙 : 채권은 오로지 채무자만 구속할 뿐, 다른 모든 제3자에 대해서는 영향을 미칠 수 없는 것이 원칙이므로, 채권은 보통의 경우 불법행위법의 보호법익에 포함되지 못한다. 설령 어떤 회사에 고용된 노동자를 다치게 해서 그 노동자가 사용자에게 노무급부를 제공하지 못하게 했다 하더라도 사용자에게 그로 인한 손해를 배상해줘야 하는 것은 아니고, 설령 매매목적물을 멸실케 해서 매수인이 그 목적물을 제공받을 수 없게 되었다 하더라도, 매수인이 그로 인한 손해를 가해자에게 배상청구할 수 있는 것은 아니다.

* 제3자가 변제대금을 갈취한 경우 : 甲은 乙에게 소 8마리를 맡겨 판매하도록 하였다. 乙은 이를 판매하여 대금 110만 원이 든 가방을 들고 기차를 타려 하였는데, 이때 丙들은 사전에 乙과 공모하여 그 가방을 빼앗아 도주한 뒤 판매대금을 나누어 착복하였다. 이에 甲은 丙들에 대해 연대하여 손해배상금을 지급하라고 청구하는 소를 제기하였다. 원심은 丙들의 행위를 甲에 대한 직접적인 불법행위로 보아 손해배상책임을 인정하였다. 하지만 대법원은 채권침해가 언제나 불법행위를 구성하는 것은 아니며, 본건은 乙의 책임재산이 감소한 것에 불과하여 직접적인 불법행위로 보기 어렵다고 하였다. 다만 甲은 민법상 채권자대위권을 행사하여 乙을 대위해 丙들에게 손해배상을 청구할 수 있다고 하였

다(大判 1975.5.13., 73다1244).

* 제3자가 다른 채권자에게 우선결제하도록 지시한 경우 : 현대정보기술은 EIDB와 도급계약을 체결하여 수급인 EIDB에게 특정 사업 수행을 맡겼다. EIDB는 사업 수행 과정에서 필요한 물품을 코오롱정보통신으로부터 구매했다. 코오롱정보통신은 EIDB 앞으로 세금계산서를 발급했고, 이에 따라 코오롱정보통신은 EIDB에 대해 4억 5천만 원의 물품대금채권을 취득했다. 현대정보기술은 코오롱정보통신에게 공문을 보내 "EIDB를 통해 물품대금을 지급하겠다"고 알렸다. 이후 현대정보기술의 이사·부장은 EIDB에게 코오롱정보통신이 아닌 다른 군소 협력업체들에게 먼저 대금을 지급하도록 지시했다. EIDB는 이에 따라 자금을 군소 협력업체들에게 지급했고, 그 결과 코오롱정보통신에 대한 물품대금 4억 5천만 원은 지급되지 못했다. 코오롱정보통신은 현대정보기술에게 4억 5천만 원을 청구하였으나, 법원은 그 청구를 기각하였다. 현대정보기술은 코오롱정보통신에 대해 직접 물품대금채무를 부담하지 않았으며, 그 채무의 지급보증을 선 적도 없다는 이유에서였다. 또한 채무자인 EIDB가 채권자인 군소협력업체들에게 채무를 변제한 행위가 정당한 법률행위인 이상 이를 요청한 현대정보기술 직원들의 행위 또한 위법성이 없어서 제3자의 채권침해에 의한 불법행위가 될 수 없다고 판시하였다(大判 2006.6.15., 2006다13117).

b. 예 외 : 채권이 그 성질상 점유권을 수반하고 있는데(예를 임차권) 제3자가 그 점유를 침해한 경우, 점유권침해로 인한 손해배상을 청구함으로써 간접적으로 채권이 보호받는 경우는 있을 수 있다. 예를 들어 건설공사로 인하여 임대아파트 주민들의 일조권이 침해되는 경우가 그러한데, 이 경우에는 손해배상청구권의 행사기간이 공사 착수 후 1년 내, 공사기간 내로 제한되긴 하지만, 어쨌든 채권침해로 인한 손해배상청구권이 인정되는 게 사실이다. 또한 사기·강박 기타 유사한 수단에 의하여 채무자가 채권자의 자유로운 의사결정을 방해함으로써 채권을 침해한 경우에도 의사결정의 자유가 침해된 것에 기하여 불법행위성립이 인정될 수 있다. 그밖에 제3자가 채무자와 적극적으로 공모하였거나 사회상규에 반하는 수단을 사용한 경우에도 선량한 풍속 기타 사회질서에 반하여 불법행위성립이 인정될 수 있다.

* 적극적 공모 또는 사회상규 위반 : 1991년 12월 한국도로공사는 기흥휴게소에 주유소를 신설하기로 하고, 석유제품 공급권을 S-OIL에 부여하면서 주유소 운영자 추천을 의뢰하였다. 이에 S-OIL은 당시 자사의 대리점이었던 우림석유를 추천하였고, 1992년 2월 우림석유와 도로공사 사이에 기흥주유소 신축 협약이 체결되었다. 이 협약에 따라 1992년 7월 25일부터 1995년 7월 24일까지 제1차

운영계약이 체결되었는데, 이 계약에서는 우림석유가 신축한 주유소 건물과 시설을 도로공사에 기부채납하고, 도로공사가 석유제품 공급업체를 지정하는 조건이 포함되었다. 1995년 9월, 도로공사는 S-OIL과 기흥주유소를 포함한 11개 주유소에 대하여 석유제품 공급권 협약을 새로 체결하였다. 한편, 1993년경부터 S-OIL과의 관계가 점차 악화되었던 우림석유는 1995년 9월 S-OIL과의 대리점 계약을 종료한 뒤 현대정유와 새로운 계약을 체결하였다. 이에 따라 우림석유는 기흥주유소에서 현대정유의 석유제품을 판매하고 해당 상표를 사용하기 시작하였다. S-OIL은 자신의 고속도로 주유소 석유제품 공급권이 우림석유에 의해 침해되었다며, 우림석유에 대해 약 8억 4천만 원의 손해배상금을 청구하였다. 그러나 법원은 S-OIL의 청구를 기각하였는데, 그 이유는 S-OIL의 도로공사에 대한 권리가 채권적 권리에 불과하다는 데 있었다. 물론 우림석유는 S-OIL과 도로공사 간의 협약사실을 알았지만, 독립한 경제주체 간의 경쟁적 계약관계에 있어 단순히 제3자가 기존 계약내용을 알면서 이에 반하는 계약을 체결했다는 사실만으로는 불법행위가 성립하지 않는다고 하였다. 게다가 우림석유가 도로공사와 적극적으로 공모했다거나 사회상규에 반하는 수단을 사용했다는 증거도 없다고 보아 법원은 불법행위의 성립을 부정했다(大判 2001.5.8. 99다38699).

* 법규 또는 양속위반 : 우리 대법원은 제3자가 채권자를 해한다는 사정을 알면서도 법규에 위반하거나 선량한 풍속 또는 사회질서에 위반하는 등 위법한 행위를 함으로써 채권자의 이익을 침해하였다면 이로써 불법행위가 성립한다고 하였다. 예를 들어 기아자동차(甲)로부터 기아자동차 유리에 대한 독점판매권을 보장받은 자동차유리판매업자 乙이 기아자동차의 유리를 사실상 독점적으로 생산하고 있던 회사인 丙으로부터 기아자동차 유리를 계속 납품받고 있었고, 丙은 甲과의 계약으로 乙에게만 자동차유리를 공급하도록 되어 있었는데, 그럼에도 丙이 자동차유리를 다른 판매자에게 직접 유출하였고 乙에 대한 유리 공급을 일방적으로 중단하였다면, 丙은 乙에게 손해배상책임을 진다는 것이다. 물론 乙과 丙 간에는 직접적인 계약관계가 없고, 丙은 제3자로서 乙이 甲에 대해 갖고 있던 채권을 침해했을 뿐이었다. 하지만 제3자 丙이 채권자 乙을 해한다는 사정을 알면서도 법규에 위반하거나 선량한 풍속 또는 사회질서에 위반하는 등 위법한 행위를 함으로써 乙의 이익을 침해하였다면 이로써 불법행위가 성립한다고 법원은 판단하였다(大判 2003.3.14. 2000다32437).

* 이중매매에의 적극 가담 : 1978년경 乙은 甲에게 서울 동작구에 위치한 어느 토지를 매도하였으나, 甲은 등기권리증만 교부받았을 뿐 소유권이전등기를 마치지 않았다. 이후 甲과 그 가족들은 해당 토지 위에 컨테이너박스, 주방용 합판벽 천막지붕 구조물, 화장실용 합판벽·합판지붕 구조물을 설치하여 점유를 계속하였다. 그로부터 수십 년이 지난 2005년, 乙은 이미 甲에게 매도한 위 토지를 다시 丙아파트재건축조합에 매도하는 이중매매를 하였다. 丙은 같은 해 6월 위 토지를 매수하여 8월에 소유권이전등기를 마쳤다. 한편, 乙은 甲에 대한

위 토지 매도 이후 다시 丙에게 이를 매도한 행위로 인해 배임죄로 기소되어 징역 6월형이 확정되었다. 丙은 자신이 위 토지의 소유자임에도 甲과 그 가족들이 위 토지를 점유하며 지상 구조물을 설치·사용하고 있다면서 丙을 상대로 토지의 인도와 지상 구조물의 철거를 청구하였으나, 甲은 이에 맞서 丙이 乙로부터 토지를 이중매수한 행위는 甲의 소유권이전등기청구권을 침해하는 불법행위라고 주장했다. 법원은 단순히 이중매매 사실을 아는 것만으로는 불법행위가 성립하지 않으며 이중매매행위에 적극 가담하여 이중매매를 요청하거나 유도하였다거나 그와 같이 평가될 수 있는 정도에 이르러야 하는데, 乙의 이중매매행위에 丙이 적극 가담하거나 유도한 증거가 없다면서 甲의 주장을 기각했다(大判 2013.5.23., 2012다111593).

4) 영업권침해 : 영업권(營業權 Recht am eingerichteten und ausgeübten Gewerbebetrieb)이란 하나의 기업이나 상인이 수익을 창출할 수 있는 능력을 자산적 개념으로 파악한 것이다. 자본주의 사회에서 영업권의 가치와 중요성은 때로 소유권보다 더 높게 평가되기도 하지만, 영업권 침해는 대개 재정손실Vermögensschaden에 불과한 것이므로, 예외적인 경우가 아니면 영업권은 절대적 보호법익으로서 인정받을 수 없는 게 원칙이다. 영업이란 매우 동적인 개념이고, 그것을 통해 항상 순익을 보장받는 것도 아니며 그 자체 위험을 당연히 예상하고 있는 것인 이상, 이를 마치 고정된 권리인 것처럼 보호한다는 것은 옳지 않기 때문이다. 따라서 영업권침해로서 인정받을 수 있는 것은 기껏해야 불법파업으로 인한 영업활동의 장애(大判 1994.3.25., 93다32828), 허위사실유포로 인한 사업적 명성의 침해, 이미 퇴사한 직원의 회사 서버 비밀접근 및 업무파일 무단삭제 정도를 들 수 있을 뿐이다. 물론 이들 행위는 영업권침해 그 자체에서 위법성이 추정되는 게 아니라 형법상 업무방해죄 또는 신용훼손죄 등의 구성요건을 충족할 때 한하여 비로소 위법성을 추정받게 된다.

* 허위의 전세계약서 교부와 대여금 회수 방해행위 : 우리법원은 부동산 중개업자가 자신의 중개로 전세계약이 체결되지 않았음에도 실제 계약당사자가 아닌 자에게 전세계약서 등을 작성·교부해 줌으로써 이를 담보로 제공받아 금전을 대여한 대부업자가 대여금을 회수하지 못하게 한 경우, 대부업자의 부동산 중개업자에 대한 손해배상청구를 인정한 바 있다(大判 2010.5.13., 2009다78863·78870).

* 공유수면 매립공사로 인한 어업방해 : 새만금간척종합개발사업과 관련하여 국가가 공유수면 매립공사로 공유수면에서 허가어업을 영위하던 어민들에게 더 이상 허가어업을 영위하지 못하게 하였다는 이유로 어민들이 국가배상을 청구하였다. 법원은 수산업법 제81조 1항에 보상의무가 규정되어 있음을 근거로 어민들의 영업권침해에 따른 국가배상을 인정하였다(大判 2004.12.23., 2002다73821).

* 불매운동으로 인한 영업방해 : 라이프치히의 독일 서적상 조합이 서점 간 가격·할인 카르텔 규정을 따르지 않는 업자에 대해 거래중지를 실시했다. 그러자 보이콧 당한 업자가 위 조합에 대하여 손해배상을 청구하였다. 그러나 독일제국법원은 불매운동으로 인해 영업이익이 감소한 것만으로는 그 불매운동의 위법성을 인정할 수 없다고 판단했다. 영업권은 생명, 신체, 건강, 자유, 소유권 등과 같은 절대권의 범주에 속하지 않는 추상적 법익에 불과하다는 이유에서였다. 법원은 이러한 행위가 손해배상청구로 이어지려면 보이콧에 협박, 허위사실 유포 등의 특별히 위법한 수단이나 영업체 자체에 대한 직접적 침해가 수반되었는지 등을 따져야 한다고 했다. 즉, 영업에 손해가 났다는 결과만으로는 부족하고, 문제되는 행위가 영업 그 자체를 겨냥한 '직접·영업관련betriebsbezogen' 침해여야 선량한 풍속을 위반한 것이 된다고 하였다(RG, Urteil vom 25. November 1891 - III 141/91 = RGZ 28, 238, 248).

* 근로자의 부상으로 인한 영업손실 : 베를린 봉쇄기 야간 경비 중이던 어느 공장 근로자가 어두운 하역 램프 근처에서 지하실 입구로 떨어져 부상을 입었다. 공장주는 사업을 계속하는 데 불가결한 인력이 손실되어 대체인력 비용, 생산차질 등 영업손실이 생겼다며 하역 램프 관리업체를 상대로 영업권 침해에 기한 손해배상을 청구했다. 그러나 독일연방대법원은 단순히 영업 활동에 지장이 생겨 손실이 발생했다는 것만으로는 불법행위 성립을 인정할 수 없다고 보았다. 영업의 존립이나 운영 그 자체를 직접적으로 침해하는 위법한 행위가 있어야 양속위반 여부를 검토할 수 있다는 이유에서였다. 법원은 경비업무 중 발생한 근로자 부상이 영업 활동에서 발생할 수 있는 일반적 위험의 일부라고 보았다. 따라서 근로자의 행위로 인해 영업이 중단되어 손해를 입었더라도, 이는 불법행위법이 보호하는 특별한 법익을 침해한 것으로 볼 수 없다고 결론 내렸다(BGH, Urteil vom 20. November 1951 - VI ZR 249/50 = BGHZ 7, 30, 36 = NJW 1952, 1249 f.).

* 업무방해로 인한 재정적 손해 : 예를 들어 어느 지적 장애 있는 남성이 햄버거가게, 제과점, 도넛가게에 차례로 찾아와 햄버거 60개와 롤케이크 30개, 도넛 360개 등 다량의 음식을 주문하고, 나중에 찾으러 오겠다며 전화번호까지 남겼으나, 저녁까지 찾으러 오지 않았을 뿐 아니라 남겼던 전화번호도 거짓으로 드러났다고 하자(연합뉴스 2020년 11월 4일자 기사 참조). 이 경우 그러한 거짓주문행위는 설령 인식가능한 비진의표시(제107조)로서 계약을 구성하지 않는다 하더라도, 위계에 의한 업무방해죄(형법제314조)의 구성요건을 충족할 수 있다. 판례에 따르면 업무방해죄는 추상적 위험범으로서, 실제 피해 발생 여부와 무관하게 상대방의 업무 수행을 방해할 위험이 있으면 성립한다. 만약 그 남성에게 위법성조각사유나 면책사유도 존재하지 않았고, 자기 행위의 책임을 변식할 지능 있음이 인정된다면, 그 남성은 업무방해죄로 형사처벌을 받게 된다. 나아가 업무방해죄 규정은 사회일반의 보호가 아니라 구체적 피해자의 법익을 보호하기 위한 규정이므로, 그러한 보호법률Schutzgesetz에 위반한 행위는 불법행위법상의 위법성 역시 갖게 된다. 따라서 그러한 행위로 인하여 발생한 손실, 예를 들어 햄버거가게, 제과점, 도넛가게의 매출손실은 설령 재정손실이라 하더라도 불법행위법에 의해 배상청구될 수 있다.

(4) 위법성 조각사유

1) 개 요 : 설령 위와 같이 적극적으로 위법성을 징표하는 법익침해행위가 있었다 하더라도, 그 행위를 법적으로 정당화할 수 있는 사유, 즉 위법성을 소극적으로 제거하는 사유(위법성조각사유)가 존재한다면, 불법행위는 성립하지 않는 것으로 본다. 이러한 위법성조각사유는 정당방위(제761조 1항)나 긴급피난(제761조 2항)과 같이 불법행위법 내에만 존재하는 것이 아니다. 자구행위(형법 제23조)나 피해자의 승낙(형법 제24조)과 같이 형법에서도 원용될 수 있고, 자식에 대한 부모의 친권(제909조)과 같이 가족법에서도 정당화사유로서 원용될 수 있다.

2) 정당방위 : 정당방위(正當防衛 Notwehr)란 타인의 불법행위에 대해 자기 또는 제3자의 법률상 보호할 가치 있는 이익을 방위하기 위해 가해자에게 손해를 가하는 것을 말한다. 인격권·소유권 등을 침해하여 위법성이 추정되더라도 정당방위가 인정되면 위법성이 조각되어 불법행위가 성립하지 않고 손해배상책임을 부담하지 않게 된다(제761조 1항). 정당방위에는 보충의 원칙이 적용되지 않으나 상당성은 필요하다. 반드시 가해자에 대하여 방위행위를 했어야 하며, 제3자를 상대로 방해행위를 한 경우 위법성이 조각되지 않는다.

* 부당한 공격으로부터 벗어나기 위한 행위 : 甲과 乙 사이에는 서로 멱살을 잡고 밀고 당기는 등의 물리적 충돌이 발생하였다. 당시 甲은 계속해서 시비를 걸며 乙의 멱살을 잡아 떠밀거나 손톱으로 할퀴는 등 부당한 공격을 가하였고, 乙은 그로부터 벗어나기 위하여 甲의 멱살을 잡아 밀고 당기는 행위를 하였다. 원심은 乙이 공동하여 적극적으로 폭행을 가하였다고 보고 乙의 불법행위책임을 인정하였으나, 대법원은 乙의 행위가 부당한 공격을 면하려는 과정에서 이루어진 것으로 그 경위와 목적, 수단 등에 비추어 사회통념상 허용될 정도의 상당성이 인정되어 위법성이 조각된다고 판단하였다(大判 1991.11.26. 91다17375).

* 상당성이 결여된 정당방위 : 술에 취한 甲이 병원에서 과도를 들고 난동을 부리며 직원들을 위협하자, 출동한 경찰관 乙이 칼빈소총으로 甲의 가슴을 쏴서 사망에 이르게 했다. 乙은 甲이 칼을 들고 계속 접근해 오자 약 11미터를 후퇴하다가 더 이상 물러설 공간이 없는 상황에서 발포했지만, 법원은 乙이 공포 발사나 가스총, 경찰봉 등 보충적 수단을 사용할 시간적 여유가 있었다고 보았다. 또한 불가피하게 총기를 사용하더라도 하체 부위를 조준하는 등 위해를 최소화할 수 있었다고 판단했다. 법원은 정당방위에 방위행위의 보충성은 요구되지 않으나 사회윤리적 상당성이 있어야 하는데, 乙의 행위에 상당성을 인정할 수 없다고 판단했다. 법원은 경찰관의 총기 사용이 법적 한계를 벗어났고 정당방위로도 인정될 수 없다고 보아, 국가배상책임을 인정했다(大判 1991.9.10. 91다19913).

* 정당방위로 인한 제3자의 손해 : 정당방위로 인해 제3자가 손해를 입는 경우 이는 긴급피난의 문제가 된다. 만약 정당방위자가 아닌 그 정당방위 유발자에게 불법행위 요건이 충족된다면, 제3자는 그 정당방위 유발자에게 손해배상을 청구할 수 있다(제761조 1항 단서).

3) 긴급피난 : 긴급피난(緊急避難 rechtfertigender Notstand)이란 자기 또는 제3자의 급박한 위난을 피하기 위하여 부득이 타인에게 손해를 가하는 것을 말한다. 타인의 인격권·소유권 등을 침해하여 위법성이 추정되더라도 긴급피난이 인정되면 그 위법성이 조각되어 불법행위가 성립하지 않고 손해배상책임을 부담하지 않게 된다(제761조 2항). 긴급피난의 전제가 되는 급박한 위난은 꼭 위법한 불법행위일 필요가 없고 야생동물이나 자연재해 등도 급박한 위난에 포함된다.

* 가해자의 고의나 과실로 조성된 위난 : 2019년 10월 30일 경부고속도로 상행선에서 甲·乙·丙 소유 3대의 차량이 연쇄 충돌한 교통사고가 발생했다. 乙은 제1차 충돌 직전에 이미 甲 소유 승용차가 6차로로 진입하는 것을 확인할 수 있었음에도 전방주시를 게을리하여 제동을 늦게 하고, 그 결과 제2차 충돌 지점에서 급격하게 7차로로 진로를 변경하였다. 乙은 자신의 이 진로변경이 제1차 충돌을 회피하기 위한 긴급피난에 해당한다고 주장하였으나, 법원은 민법 제761조 제2항의 긴급피난은 가해자의 고의나 과실로 조성된 위난에는 적용되지 않으며, 이 사건에서 乙은 사고 회피를 위한 주의의무를 소홀히 한 과실이 명백하므로, 그의 행위를 긴급피난으로 인정할 수 없다고 판단하였다. 따라서 법원은 甲·乙·丙 모두를 공동불법행위자로 보고, 이들이 연대하여 손해배상책임을 부담한다고 판시하였다(서울중앙지판 2022.4.15, 2020가단5264099).

4) 자력구제 : 점유자는 자력구제(自力救濟 Selbsthilfe)에 관한 권리를 가지므로 누군가 자신의 점유를 부정히 침탈 또는 방해할 경우 법원을 통하지 않고 자력으로써 이를 방위하거나 탈환할 수 있다. 부동산이 침탈된 경우 즉시 가해자를 배제하여 이를 탈환할 수 있고, 동산이 침탈된 경우 현장에서 또는 추적하여 가해자로부터 이를 탈환할 수 있다(제209조). 자력구제는 점유의 침탈에 관해서만 규정이 존재하나, 다른 경우에도 일반적으로 인정하는 것이 타당하다.

* 불법점유의 위법성과 자력구제의 위법성 비교? : 2002년 6월 12일, 건물 임대인이었던 甲은 임차인 乙에게 건물임대차계약의 해지를 통지하였다. 그러나 乙은 해지 통지 이후에도 계속하여 이 사건 건물을 점유하였다. 이에 甲은 2002년 7월 29일, 법원의 집행절차와 같은 적법한 권리구제 방법을 거치지 아니한 채, 스스로 건물 안으로 들어가 乙 소유의 자동차 특수유리 및 기타 물품을 외부로 반출하였다. 반출된 물품은 바닥에 수십 장씩 겹쳐 놓이거나 비스듬히 기대어 놓인 상태로

방치되었고, 단순히 비닐만 덮인 채 야외에 노출되었다. 이 중에는 썬팅지, 롤필름 등 외부 환경에 쉽게 손상될 수 있는 물품도 포함되어 있었다. 일부 물품은 진열대에 다시 적재되기도 하였으나, 전반적으로 보관 상태는 부실하였다. 이후 乙은 2002년 8월 15일부터 9월 10일 사이에 자기 소유의 이들 물품을 다른 장소로 옮겼는데, 이 기간 동안 여러 차례 비가 내려 일부 물품이 손상되었다. 그러자 乙은 甲의 위와 같은 강제 반출행위로 인해 물품이 훼손되었다고 주장하며 甲에 대해 약 1억 6천만 원의 손해배상을 청구하였다. 이에 대해 甲은, 이미 乙이 임대차 종료 후에도 건물을 무단 점유함으로써 불법점유 상태에 있었으므로, 자신의 행위는 권리자로서 정당한 조치였다고 항변하였다. 원심은 乙의 선행된 불법점유에 비해 甲의 자력구제 행위의 위법성이 상대적으로 경미하다는 이유로 손해배상책임을 부정하였다. 그러나 대법원은 甲의 행위가 사력구제금지의 원칙에 위반된다고 보았다. 설령 乙이 불법점유 상태에 있었다 하더라도, 甲으로서는 건물 인도청구 소송과 강제집행 등 적법한 절차를 통해 권리를 실현할 수 있었음에도 이를 거치지 않고 스스로 실력으로 점유를 배제하고 물품을 반출·야적하였기 때문이다. 따라서 甲은 乙에 대해 이 배상책임을 져야 한다고 판시하였다(大判 2007.2.22., 2005다17082).

5) 피해자의 승낙 : 가해행위에 대하여 피해자의 승낙Einwilligung이 있는 경우에도 위법성이 조각되는 게 원칙이다. 다시 말해 피해자가 사전에 자유롭게 해당 행위를 승낙하면, 그 행위는 사회상규에 반하지 않는 한 위법성이 조각된다. 다만 그 법익의 자유로운 처분이 절대적으로 금지되어 있거나(예를 들어 생명, 신체 중요부분의 양도), 그 승낙의 범위를 초과하여 승낙 당시의 예상과 다른 목적이나 방법으로 피해자의 법익을 침해하는 경우라면 위법성은 조각되지 않는다.

* 승낙의 범위를 초과한 경우 : 1994년 6월경, 甲 방송사의 PD수첩 제작진은 실리콘백을 이용한 유방성형수술의 실태와 부작용 문제를 취재하여 방영할 계획을 세웠다. 이 과정에서 제작진은 유방확대수술 후 부작용으로 고통을 겪고 있던 乙을 취재 대상으로 섭외하였다. 乙은 자신의 신분이 노출되지 않는다는 조건하에 취재와 방송에 동의하였다. 같은 해 7월 5일 방영된 PD수첩에서 甲은 乙의 사례를 두 차례(각각 28초, 24초) 소개하였으며, 본명 대신 가명을 사용하고, 얼굴 오른쪽에서 조명을 비추어 벽에 나타난 그림자를 보여주는 방식으로 화면을 처리하였다. 그러나 乙의 음성은 변조하지 않은 채 그대로 방송되었고, 그림자 처리에도 불구하고 옆모습의 윤곽이 뚜렷이 드러났다. 이로 인해 乙의 친척이나 친구 등 주변 인물들이 乙임을 쉽게 알아볼 수 있었고, 결국 乙이 유방확대수술을 받은 사실이 널리 알려지게 되었다. 당시 방송기술로는 모자이크 처리나 음성 변조 등 훨씬 더 확실하게 신분을 보호할 수 있는 수단이 존재했음에도, 甲은 이를 사용하지 않았고, 이러한 방식 변경에 관하여 乙과 사전 협의도 하지 않았다. 법원은 乙이 동의한 범위가 '주변 사람들이 알아볼 수 없도록 신분을 보호하는 조건'이

었는데, 甲이 그림자 처리와 가명 사용만으로 보호 조치를 족하다고 보고 음성을 그대로 노출한 것은 그 범위를 넘어선 것이라고 판단하였다. 따라서 공익적 목적이 있더라도, 방송사가 더 강력한 보호조치를 취하지 않고 개인 신원을 노출시킨 행위는 정당화될 수 없다고 보았다. 결국 법원은 甲의 행위가 乙의 사생활을 부당하게 공개한 불법행위라고 판단하고, 甲은 乙에게 위자료 천만 원을 지급하라고 명하였다(大判 1998.9.4. 96다11327).

6) 정당행위 : 정당행위(正當行爲 rechtfertigende Handlung)란 법질서 전체의 정신이나 사회상규(社會常規)에 비추어 허용될 수 있어 그 법익침해의 위법성이 조각되는 행위를 말한다. 예를 들어 근로자의 쟁의권행사(노동조합법 제2조)나 교원의 징계권행사(초중등교육법 제18조)는 그 권리가 남용되지 않는 한 위법성이 조각되므로 불법행위에 해당되지 않는다. 공무수행 또는 친권(제913조)의 행사 역시 그 권리가 남용되지 않는 범위에서 정당행위에 속한다. 하지만 2021년 민법개정으로 친권자의 징계권(제915조)이 폐지된 만큼 친권자의 체벌행위가 정당행위로 인정될 가능성은 거의 없다 할 것이다.

* 정당한 쟁의행위와 그 소음으로 인한 손해 : 2022년 Y대학교 청소·경비노동자들이 월급인상 및 직원증원 등을 이유로 Y대학교 학생회관 앞에서 석 달 동안 집회를 열었는데, 이에 대해 Y대학교 학생들이 노동자들을 업무방해 혐의 등으로 고소하고, 집회소음에 따른 학업방해 등을 이유로 노동자들에 대해 총 638만 원의 손해배상을 청구한 일이 있었다. 문제의 시위는 집회 및 시위에 관한 법률상 사전신고 절차를 거치지 않은 상태에서 진행되었으나, 법원은 집시법상의 신고의무 위반이 곧바로 민사상 불법행위를 구성하는 것은 아니라고 보았다. 특히 본 사안에서의 시위는 노동조합이 법률상 쟁의행위의 주체로서 행한 것이고, 근로조건 향상이라는 정당한 목적을 지니며, 법정 절차를 준수한 상태에서 진행되었다. 또한 폭력이나 기물 파손 등의 수단이 사용되지 않았고, 집회 장소와 시간 역시 비교적 제한된 범위에서 조율되었으며, 그 방식도 평화적이었다. 한편 학생들이 주장한 소음 피해와 관련하여, 법원은 소음 측정결과의 신뢰성이 떨어지고, 시위 소리가 강의실이나 도서관에서 학습활동을 실질적으로 불가능하게 만들 정도의 수준에 이르렀다고 보기 어렵다고 판단하였다. 또한, 노동조합이 집회 과정에서 장소와 시간을 조정하려는 노력을 기울였다는 점도 고려되었다. 결국 법원은 이 사건 시위가 집시법상 신고 절차를 거치지 않았더라도 헌법과 법률이 보장하는 쟁의행위의 범위 안에서 이루어진 정당행위에 해당하며, 소음 역시 사회통념상 수인할 수 있는 정도를 넘지 않았다고 보았다. 따라서 재학생과 휴학생들의 손해배상 청구는 이유 없다고 판시하였다(서울西部地判 2024.2.6. 2022가소361820).

* 체벌행위의 필요성과 상당성 : 중학교 3학년 학생인 乙은 교내에서 술을 마시고 담배를 피우며 동급생들에게 폭력을 행사하는 등 반복적인 비행을 저질렀다. 담

임교사인 甲은 이를 훈계하기 위해 乙과 다른 두 명의 학생을 교단 앞으로 불러내어 칠판에 손을 대고 엎드리게 하였다. 먼저 甲은 청소용 대걸레 자루로 다른 두 학생의 허벅지와 엉덩이를 차례로 때린 뒤, 乙에 대해서도 같은 방법으로 체벌하려 하였다. 乙이 겁에 질려 뒤로 물러서자, 甲은 대걸레 자루로 乙의 배를 찌르며 앞으로 오라고 지시하였으나 乙은 계속해서 뒤로 물러섰다. 이 과정에서 甲은 대걸레 자루를 높이 치켜들고 乙의 어깨나 팔을 때리려고 휘둘렀고, 이를 피하려던 乙이 머리에 대걸레 자루를 맞아 상해를 입었다. 이 상해로 인해 乙은 여명기간 동안 성인 여성 1인의 지속적인 개호가 필요한 상태가 되었으며, 입원치료 종료 후에도 생명유지를 위해 주기적인 검진과 치료가 요구되었고, 이에 매년 120만 원의 비용이 소요되는 상황에 이르렀다. 법원은 학생이 체벌을 피하려는 상황에서도 甲이 대걸레 자루를 휘두른 행위는 상해 발생을 충분히 예견할 수 있었음에도 이를 방지하지 못한 과실로 인한 것이라 판단하였다. 아울러, 교육적 목적의 체벌이 정당행위로 인정되기 위해서는 교육상 필요성이 있고 다른 수단으로는 교정이 불가능하며, 그 방법과 정도가 사회통념상 상당해야 하는데, 본 사안의 체벌은 도구와 강도 면에서 사회적 타당성을 결여한 것으로 보았다(大決 1988.1.12., 87다카2240).

7) 법익에 따른 비교형량 : 위와 같은 위법성조각사유에 따라 위법성을 판단할 경우 각 법익이 갖는 구체적 차별성을 고려해야 한다. 예를 들어 재산적 권리의 방어를 위하여 생명·신체·건강·자유와 같은 인신적 권리를 침해할 때는 정당방위나 긴급피난, 피해자의 승낙을 가급적 인정하지 말아야 할 것이며, 인신적 권리의 방어를 위하여 재산적 권리를 침해할 때는 상대적으로 폭넓게 위법성의 조각을 인정하여야 할 것이다(예를 들어 강도를 피하려다 인근점포의 유리창을 깨드린 경우). 물론 아무리 인신적 권리의 방어를 위한 것이더라도 타인의 재산적 권리를 과도하게 침해할 때는 위법성이 조각되지 않는다(예를 들어 지속적으로 따라오는 파파라치에게서 카메라를 빼앗아 부서드린 연예인의 경우).

* 건돌 전체의 안전을 위한 도어락 파손 : 2018년 1월 27일 새벽 1~2시경, 甲이 소유한 아파트에서 베란다 수도꼭지가 열린 채로 방치되어 물이 흘러내리는 사고가 발생하였다. 이로 인해 아래층 세대뿐만 아니라 복도와 승강기까지 물이 유입되는 긴박한 상황이 전개되었다. 아파트 관리소장은 즉시 이 사실을 인지하고 피해 확산을 막기 위해 경찰에 신고하였고, 경찰의 입회하에 소방관이 현장에 출동하였다. 물 유입을 차단하지 않으면 건물 전체에 심각한 피해가 발생할 우려가 있자 소방관은 甲의 부재로 동의를 받을 수 없는 상태에서, 경찰과 함께 甲의 아파트 현관문을 강제로 개방하였다. 이후 甲은 입주자대표회의를 상대로, 자신의 동의 없이 아파트를 강제 개방하고 도어락을 파손했으니 275,000원의 재산상 손해배상을 해야 하고, 그로 인한 정신적 손해에 대해서도 500,000원의 위자료를 지급해야 한다고 주장하였다. 그러나 법원은 당시 상황이 침수로 인한 건물 전체 피해를 방지하기 위한 긴급하고 불가피한 조치였음을 인정하였다. 특히 경찰의 입

회하에 소방관이 수행한 강제 개방은 긴급피난 또는 정당행위에 해당하므로 위법성이 조각된다고 판단하였다(釜山地判 2022.6.8, 2021나1442).

4. 인과관계

(1) 개 요

1) 법률규정 : 민법 제750조는 "고의 또는 과실로 인한 위법행위로 타인에게 손해를 가한 자는 그 손해를 배상할 책임이 있다"고 규정하고 있다. 이에 따르면 가해자의 위법행위와 그로 인해 발생한 손해 사이에는 인과관계(因果關係)가 존재해야 한다. 다시 말해 아무리 가해자의 위법행위가 있었고 그 직후 피해자에게 손해가 발생했더라도, 그 위법행위와 그 손해발생 사이에 전후관계만 존재할 뿐 인과관계가 존재하지 않는다면 그 손해를 가해자에게 귀속시킬 수 없게 된다.

2) 인과관계의 의의 : 인과관계란 특정 행위나 사건(원인)이 없었다면 문제된 결과가 발생하지 않았을 것이라는 개연성이 인정되는 경우에, 그 원인과 결과 사이에 성립한다고 보는 법적·사실적 연관관계를 말한다. 독일어로는 이를 'Kausalität'라 하고, 프랑스어로는 이를 'causalité', 영어로는 이를 'causation'이라 한다.

> * 전후관계와 인과관계의 차이 : A라는 사건이 발생한 뒤에 B라는 사건이 발생한 경우 이를 전후관계(前後關係)라 한다. 이러한 전후관계는 시간적 인접성만 보여줄 뿐이므로 인과관계와 동일시될 수 없다. 단순히 그 뒤에 일어난 일이라는 이유만으로 앞의 일 때문에 일어났다고 믿는 것post hoc ergo propter hoc은 인과관계의 오류, 즉 시간 순서만으로 원인을 단정하는 오류가 된다. 예를 들어 "내가 이 부적을 지니고 나서 감기가 나았으니 부적이 감기 치유의 원인이다"라고 생각하는 게 그와 같다. 이러한 전후관계와 인과관계의 구별은 "과학적으로 설명 가능한 경로가 있는가?" "다른 개연성 높은 원인들이 합리적으로 배제되었는가?" 등의 검증과정을 통해 이루어질 수 있다. 예를 들어 어느 식당에서 저녁을 먹은 후 다음 날 아침에 복통이 났더라도 같은 시간대에 함께 먹은 동행자 다수는 멀쩡했고 환자는 전날 별도로 우유 제품을 섭취한 사실이 드러났다면 전후관계는 존재해도 인과관계는 탈락된 것이다.

(2) 인과관계의 부존재

1) 단순한 위험인자의 존재와 손해발생 : 위험물질이나 위해환경에의 노출 사실이 있었고 그와 의학적으로 관련될 수 있는 질환의 발생 사실이 인정되더라

도, 그 질환이 다원적 원인에 의해 발생할 수 있는 비특이성 질환morbus non specificus인 경우에는 단순한 노출과 발병만으로 법적 인과관계가 추단되지 않는다. 비특이성 질환의 경우 역학적·통계적 자료가 존재하더라도 그 위험인자와 질환 발생 사이의 상대위험도가 높지 않다면, 개별적 사건에서 해당 위험인자가 질환의 직접적 원인이 되었음을 인정할 수 있는 개별적 인과개연성이 증명되었다고 보기 어렵다. 법적 책임을 인정하기 위해서는 집단적 수준에서의 인과가능성에 그치지 않고, 구체적 사안에서 피해자 개개인에 관한 인과개연성이 증명되어야 한다.

* 고엽제 피해와 당뇨병 간의 인과관계 : 베트남전 참전군인들이 다우케미컬 등에 의해 제조되어 베트남전에서 살포된 고엽제 때문에 당뇨병 등 질병에 걸렸다며 다우케미컬 등을 상대로 제조물책임 등에 따른 손해배상을 청구하였다. 이 사안에서 법원은 어느 개인이 위험인자에 노출되었다는 사실과 비특이성 질환에 걸렸다는 사실을 증명하는 것만으로 양자 사이의 인과관계를 인정할 만한 개연성이 증명된 것은 아니라고 하였다(大判 2013.7.12. 2006다17539).

* 자동차배출가스와 천식 간의 인과관계 : 어느 서울시민이 자동차배출가스 때문에 자신의 천식이 발병 또는 악화되었다고 주장하면서 국가와 서울특별시 및 국내 자동차 제조·판매회사 등을 상대로 손해배상을 청구하였다. 이 사안에서 법원은 대기오염물질과 천식 사이의 인과관계를 인정하기 어렵다고 하였다. 미세먼지나 이산화질소, 이산화황 등의 농도변화와 천식 등 호흡기질환의 발병 또는 악화 사이에 상대위험도가 크지 않다는 이유에서였다(大判 2014.9.4. 2011다7437).

2) 다른 결정적 원인의 존재 : 손해의 발생 과정에서 다수의 원인이 개입되었는데 그중 하나의 원인이 결과를 발생시키는 데 있어 결정적이고 우월한 지위를 차지하여 다른 원인의 작용을 사실상 배제하거나 그 기여를 무의미하게 만드는 경우, 다른 원인과 손해 사이에는 법적 인과관계가 인정되지 않는다.

* 옥션 해킹의 결정적 원인 : 옥션이 해킹을 당하여 약 1,800여만 명의 개인정보가 유출되었다. 당시 해킹당한 원인으로 옥션이 서버관리자 비번을 해커가 쉽게 추측할 수 있는 'auction62'로 설정하였다는 사실이 지목되었다. 그러나 법원은 이 사안에서 옥션의 비밀번호설정방식과 개인정보 유출 간에 인과관계는 존재하지 않는다고 판단하였다. 이 사안에서 해커는 추측이 아닌 웹셸을 통해 DB 서버 관리자의 아이디와 비번을 알아냈기 때문이었다(大判 2015.2.12. 2013다43994/44003).

3) 인과관계의 중단 : 인과관계의 진행 중에 다른 원인이 개입하여 그 인과관계를 지배하였을 경우, 애초의 원인은 더 이상 그 손해의 원인이 될 수 없다. 이 경우 인과관계의 중단Unterbrechung des Kausalzusammenhangs이 있었다고 한다.

* 경찰의 부실수사와 교수 해임 간의 인과관계 : 어느 서울대 교수가 2009년 4월 13일 술에 취한 피해자를 강간하여 상처를 입혔다는 혐의로 고소를 당해 수사를 받게 되었다. 그러나 수사 과정에서 담당 경찰관은 검사가 2009년 6월 5일에 수사지휘를 했음에도 7월 18일이 되어서야 통신사실확인자료 제공요청 허가장을 발부받았고, 7월 20일 KT와 SK텔레콤으로부터 회신을 받았음에도 KT 회신만 수사기록에 첨부하고 SK텔레콤 회신은 누락하는 잘못을 저질렀다. 이후 사건을 인계받은 다른 경찰관 역시 SK텔레콤 회신을 기록에 첨부하거나 목록을 작성하지 않았다. 그 교수는 당시 국제회의 참석을 위해 출국 중이었으나, 이러한 편파적인 수사로 방어권을 행사할 수 없는 상황이라 판단하고 9개월이나 귀국을 미뤘으며, 그로 인해 2009년 9월 24일 해임 처분을 받았다. 당시 그 교수는 검사에게서 무혐의처분을 받았으나, 경찰의 통신자료 누락으로 인해 고소인의 재정신청이 인용되어 무죄 확정이 지연되었다. 이에 그 교수는 경찰에 대하여 변호사 비용 1억 원, 2009년 10월부터 2013년 12월까지의 일실이익 1억 5천만 원, 위자료 5천만 원 등 총 3억 원의 손해배상을 청구하였다. 그러나 법원은 경찰관의 위법행위와 교수의 해임 간에 인과관계는 존재하지 않는다고 판시하였다. 그 교수는 어차피 강간죄를 이유로 해임된 것이 아니라, 귀국을 게을리 하여 학생들 수업권을 침해한 이유로 해임되었기 때문이다(서울中央地判 2014.12.4, 2013가합93680).

4) **적법한 대체행위** : 가해자의 위법행위로 인하여 손해가 발생하였지만, 가해자가 다르게 적법한 행위를 했더라도 어차피 피해자에게는 동일한 손해가 발생하였을 수 있다. 이 경우 피해자에게 동일한 손해를 발생케 했을, 가해자의 다른 적법한 행위를 적법한 대체행위Rechtmäßiges Alternativverhalten라고 일컫는다. 이러한 적법한 대체행위의 가능성이 가해자에게 존재했을 경우 가해행위와 손해 사이의 인과관계는 부정된다.

* 어차피 지출했을 광고비용 : 甲은 乙을 직원으로 채용하였는데, 甲과 乙간에 체결된 근로계약에 따르면 견습기간은 3개월이었고, 각 당사자는 월말 2주 전까지 계약을 해지할 수 있었다. 그런데 乙은 견습기간이 시작되기 바로 직전에 자신은 그 일을 하지 않겠다고 甲에게 통지하였다. 그래서 다시 여러 신문에 구인광고를 하게 된 甲은 乙에게 구인광고비용의 배상을 요구하였다. 하지만 乙은 자신이 어차피 월말 2주 전에 계약을 해지하였어도 甲은 동일한 광고비용을 지출하였을 것이므로, 자신의 계약위반과 甲의 광고비용지출 사이에 인과관계는 없다고 항변하였다. 이에 대해 독일연방법원은 甲이 乙 때문에 급하게 서둘러 계약을 종결함으로 인하여 입은 손해만을 배상받을 수 있을 뿐, 乙의 후임자를 찾기 위해 새로 구인광고를 하여야 하는 비용은 손해배상의 범위에 포함되지 않는다고 하였다(BAG NJW 1981, 2430).

(3) 상당인과관계

    1) 개 요 : 대개의 경우 침해행위의 1차적 결과에 대해서는 인과관계를 인정하는 것이 어렵지 않다. 그러나 2차적 결과부터는 인과관계의 인정이 문제될 수 있다. 다수설과 판례는 이 경우 상당인과관계(相當因果關係 adäquater Kausalzusammenhang)가 있는지 여부에 따라 손해배상의 범위를 결정하고 있다. 여기서 상당인과관계란 사회통념상 어떤 전행사실에서 보통 일반적으로 초래되는 후행사실이 있으리라는 개연성이 존재할 때 둘 사이의 관계를 말하는 것이다. 이에 따르면 우연적 사정이나 특수한 사정으로부터 발생하는 손해는 배상의 범위에서 제외될 수밖에 없다.

    2) 조건적 인과관계와 상당인과관계의 차이 : 단순한 조건적 인과관계와 상당인과관계는 개념적으로 다르다. 조건적 인과관계conditio sine qua non는 문제된 행위가 없었더라면 결과가 발생하지 않았을 것인가를 묻는 필요조건 공식을 적용한다. 이 단계에서는 결과발생에 기여한 모든 조건을 동등하게 원인으로 보므로, 인과관계의 범위가 매우 넓게 포섭된다. 반면 상당인과관계에서는 일반적 생활경험과 사실의 개연성에 비추어 해당 결과가 통상적으로 발생할 수 있는 전형적 경과인지 여부를 심사하며, 비정형적이거나 우연한 경과는 배제된다. 다시 말해 조건적 인과관계가 인정되더라도 "유사 상황에서 같은 결과가 통상적으로 나타나는가?" "필요조건이면서 충분조건이기도 한가?" "원인으로 주장되는 사건의 강도·노출량이 결과를 낳기에 충분했는가?" 등의 검증과정을 통과하지 못한다면 상당인과관계는 부정된다. 현대의 독일 이론과 실무에서는 이 단계를 '객관적 귀속Objektive Zurechnung' 개념으로 정교화하여, 행위가 법적으로 비난할 수 있는 위험을 창출하였고 그 위험이 바로 해당 결과로 현실화되었는지를 따져 인과관계를 규범적으로 한정한다.

    3) 상당인과관계와 가해자의 예견가능성 : 상당인과관계와 가해자의 예견가능성은 판단의 층위가 다르다. 상당인과관계는 위법성 및 책임 연결의 객관적 한정을 위한 규범적 판단으로서 결과를 원인에 법적으로 귀속시킬 수 있는지 묻는 개념인 데 반해, 가해자의 예견가능성Voraussehbarkeit은 주로 과실 판단에서 적용되는 요소로서, 구체적 행위자가 해당 결과를 주의의무의 관점에서 사전에 인식할 수 있었는지 평가하는 개념이기 때문이다. 만약 결과가 비정형적·우연적이라면

상당성·객관적 귀속에서 이미 인과관계가 차단되어 과실 여부를 논할 필요가 없다. 그런데 그 결과가 일반적 생활경험상 전형적인 경과로서 상당인과관계가 인정되더라도 가해자가 그 결과를 실제로 예견하지 못했다면 가해자의 과실책임은 부정될 수 있다.

4) 상당인과관계가 인정된 사례 : 판례는 다음과 같은 사례에서 상당인과관계를 인정하였다. 다만 우리판례는 아직도 많은 사안에서 후속결과의 상당인과관계와 가해자의 예견가능성을 혼동하고 있는 게 사실이다.

* 탄약고 관리 소홀과 탈영병 강도살인 간의 상당인과관계 : 보병사단 방공대대에서 복무하던 乙은 부대 지휘관들의 관리 소홀로 인해 탄약고 열쇠를 이틀간 단독으로 소지하였고, 탄약고 점검 또한 2인 이상이 함께 수행해야 함에도 혼자 맡아 관리하였다. 지휘관들은 乙이 작성한 탄약일일결산서를 제대로 확인하지 않은 채 결재하였으며, 권총보관함의 열쇠 또한 행정반 사병 책상서랍에 잠금장치 없이 방치하였다. 이러한 부실한 관리 하에서 乙은 탄약고와 권총보관함에서 총기와 실탄을 절취하였고, 이를 이용해 강도 행위를 하던 중 甲을 사망에 이르게 하였다. 법원은 군부대 지휘관들이 탄약고 열쇠 관리 및 점검의무를 현저히 소홀히 한 과실이 인정되며, 이러한 과실과 甲의 사망 사이에 상당인과관계가 존재한다고 보아 국가의 손해배상책임을 인정하였다(大判 2001.2.23. 2000다46894).

* 무면허자에게 승용차를 대여한 과실과 교통사고 피해 간의 상당인과관계 : 1996년 10월 16일 운전면허가 없는 丙은 乙 소유의 승용차를 운전하다가 3차로에서 1차로로 차선을 변경하는 과정에서 주의를 소홀히 하여, 1차로를 주행 중이던 甲 소유의 렉카트럭과 충돌하여 이를 파손시켰다. 乙은 렌트카 영업을 하는 자로서 丙이 무면허 운전자임을 알면서도 차량을 대여하였고, 사고는 丙의 차선 변경 과실로 발생하였다. 법원은 乙이 무면허자에게 차량을 대여한 행위와 이번 사고 발생 사이에 상당인과관계가 존재한다고 보아 乙의 불법행위책임을 인정하였으며, 乙은 甲에게 손해를 배상할 책임이 있다고 판단하였다(大判 1998.11.27. 98다39701).

* 선행차량의 정지로 인한 추돌사고 : 선행차량이 사고 등의 사유로 고속도로에서 안전조치를 취하지 아니한 채 주행 차로에 정지해 있는 사이에 뒤따라온 자동차에 의하여 추돌사고가 발생하였다. 이에 대해 법원은 안전조치 미이행 또는 선행사고의 발생 등으로 인한 정지와 후행 추돌사고 및 그로 인하여 연쇄적으로 발생된 사고들 사이에 특별한 사정이 없는 한 인과관계가 있다고 판단하였다. 안전조치를 취하지 아니한 정차 때문에 후행차량이 선행차량을 충돌하고 나아가 주변의 다른 차량이나 사람들을 충돌할 수도 있다는 것을, 선행차량 운전자가 충분히 예상할 수 있었다는 이유에서였다(大判 2012.8.17. 2010다28390).

* 비료의 하자와 장미의 고사 : 乙 회사가 제조한 비료에서 장기간 발생한 암모니아

가스로 인해 甲이 재배하던 장미가 고사하고 이로 인하여 甲이 장래의 매출이익을 얻지 못하는 등 손해가 발생하였다. 이에 대해 법원은 乙이 비료를 잘못 제조한 과실과 甲의 손해 사이에 상당인과관계가 있다고 판시하였다. 장래의 매출이익 손실이 비록 간접적 손해이지만, 甲의 업종과 이 사건 비료의 구입목적 및 구입경위, 구입장소 기타 사정에 비추어 보면, 甲이 위 비료를 시장 출하를 전제로 한 장미의 재배에 사용하리라는 사정을 乙이 알았거나 알 수 있었다고 봄이 상당하다고 보았기 때문이었다(大判 2006.3.10, 2005다31361).

5) **상당인과관계가 부정된 사례** : 판례는 다음과 같은 사례에서 상당인과관계를 부정하였다. 여기서도 후속결과의 상당인과관계와 가해자의 예견가능성을 혼동하고 있는 판례가 많다.

* 전신주 충격 사고와 화초의 동해 : 가해 차량이 전신주를 충격하여 전선을 절단케 함으로써 그 전선으로부터 전력을 공급받던 전기온풍기의 작동이 중지됨으로 인하여 피해자 소유 비닐하우스 안 화초들이 동해(凍害)를 입었다. 이에 대해 법원은 전신주의 충격과 화초의 동해 사이에 상당인과관계가 존재하지 않는다고 판시하였다. 이로 인한 손해는 특별한 사정으로 인한 손해이고, 다른 비닐하우스들과는 달리 피해자의 비닐하우스에서만 보온유지를 위한 필요조치가 행해지지 않았다는 사정을 사고 당시 가해자가 알았거나 알 수 있었다고 보기는 어렵다고 보았기 때문이다(大判 1995.12.12., 95다11344).

* 보호예수금 불법인출과 횡령 간의 상당인과관계 : 2003년 7월 4일, 골든에셋플래닝컨소시엄은 乙은행과 약 438억 원에 甲회사의 주식 및 경영권을 인수하는 계약을 체결하였다. 그러나 인수대금 중 300억 원을 마련하지 못하자 골든에셋플래닝컨소시엄의 핵심인물인 A는 협력자 B, C와 함께 불법적인 자금조달 방안을 공모하였다. 이에 따라 A는 甲의 자금 300억 원을 인출하여 양도성예금증서를 매입한 뒤 이를 乙은행 장안동지점에 보호예수물로 예치하고, 다시 이를 불법 인출하여 대출담보로 사용하는 계획을 세웠다. B는 乙은행 장안동지점 직원인 D에게 불법 인출을 부탁하였고, A는 2003년 7월 24일 甲회사 자금팀 과장인 E에게 300억 원 인출을 지시하였다. E는 부하직원 F를 통해 양도성예금증서를 매입하여 경남은행에 예치한 후, 다음날 이를 乙 장안동지점으로 옮겨 보호예수처리하였다. 그러나 D는 보호예수계약 체결 당일 보호예수증서조차 반환받지 않은 상태에서 양도성예금증서를 임의로 인출하여 B를 거쳐 A에게 전달하고 그 대가로 3,000만 원을 수수하였다. 당시 A는 甲의 정식 대표이사로 취임하기 전이었으나 사실상 대표이사로서 주요 업무를 지휘하였다. A에 대한 D의 협력행위로 인해 자금 300억 원이 회사 목적과 무관하게 유출·소멸되었다고 판단한 甲회사의 새로운 경영진은 乙은행에 대하여 사용자책임을 묻고 손해배상을 청구하였다. 그러나 법원은 甲이 입은 손해와 D의 불법행위 사이에 인과관계가 인정되지 않는다며, 乙의

사용자책임에 기한 손해배상청구는 이유 없다고 판시하였다. D는 보호예수 중이던 양도성예금증서를 A 측에 넘겨주었지만, 그 자체로 甲회사 재산이 손실된 것은 아니며, A에 의해 그 양도성예금증서가 대출담보로 제공되고 甲회사의 자금이 소진된 시점에 비로소 甲회사에 손해가 발생한 것으로 보았기 때문이다. 다시 말해 이 사안에서 甲의 손해는 D의 인출행위만으로 발생하지 않았고, 이후 A의 횡령행위로 인해 최종적으로 발생하였다(大判 2009.6.25., 2008다13838).

* 이사의 배임행위와 변호사비용 간의 상당인과관계 : 乙은 甲 회사의 이사로 재직하면서 이사회 결의를 거치지 않고 이사회 의사록을 변조하여 회사 소유의 중요 부동산을 고청건설에 매도하는 계약을 체결하였다. 그러나 다음 날 계약금 25억 원을 반환하고, 그 후 계약이 무효임을 고청건설에 통지하였다. 그럼에도 고청건설은 甲 회사에 대해 부동산 소유권이전등기를 청구하는 소를 제기하였고, 甲 회사는 이에 대응하기 위해 변호사를 선임하며 선임료와 감정평가비 등 소송비용을 지출하였다. 甲 회사는 이러한 비용이 乙의 불법행위로 인한 손해라며 甲에 대해 손해배상을 청구하였다. 그러나 대법원은 변호사강제주의를 채택하지 않는 우리 법제에서 불법행위와 변호사 비용 사이의 상당인과관계는 일반적으로 인정되지 않고, 특히 본건에서는 乙이 계약금을 반환하고 계약 무효를 통지한 이후에도 소를 제기한 것은 고청건설의 독자적 결정이므로, 甲의 변호사 비용 지출은 乙의 불법행위가 아니라 고청건설의 부당한 제소로 인한 것이라 보아, 상당인과관계를 부정하였다(大判 2010.6.10., 2010다15363).

* 제약사의 판매예정시기 변경신청과 약가 인하, 그리고 매출 감소 간의 상당인과관계 : 甲은 '올란자핀' 성분 의약품의 특허권자 릴리 리미티드의 자회사로서, 공급유통 기본계약에 따라 국내에서 해당 의약품을 유일하게 수입·판매해왔다. 乙은 동일 성분·제형의 제네릭 의약품 제조사로, 2010년 3월 31일 제조판매품목 신고와 요양급여대상 결정 신청을 하면서 당초 특허권 존속기간 만료 이후를 판매예정시기로 기재하였다가, 그해 11월 5일 특허법원이 특허무효 판결을 내리자 이를 2010년 12월 6일로 변경하였다. 이에 보건복지부는 2010년 12월 28일 甲 제품의 보험약가 상한금액 인하 시행일을 2011년 4월 25일에서 2011년 2월 1일로 앞당기고 가격을 80%로 인하하는 고시를 하였다. 이후 2012년 8월 23일 대법원에서 해당 특허의 진보성이 부정되지 않는다는 판결이 확정되자 甲은 乙의 불법행위를 근거로 乙에 대해 손해배상을 청구하였다. 특허가 여전히 유효한 상태에서 乙이 제네릭 의약품의 판매예정시기를 특허만료 전에 앞당겨 신청함으로써, 보건복지부가 자사 제품의 보험약가 인하를 조기에 시행하게 되었고 그로 인해 매출이 줄었다는 이유에서였다. 그러나 법원은 乙의 신청이 당시 법령과 절차에 따른 적법한 행위였고, 약가 인하 시점과 폭은 보건복지부 장관이 제도에 따라 재량적으로 결정한 것이므로 손해의 직접 원인은 행정청의 고시에 있으며, 제네릭 출시로 약가가 인하되는 것은 제도적으로 예정된 결과에 불과하다고 보아, 乙의 행위와 甲의 손해 사이에 상당인과관계를 인정하지 않았다(大判 2020.11.26., 2018다221676).

(4) 인과관계의 경합

1) 의 의 : 가해행위와 손해발생 사이에 외부의 우연적 사정이 개입하였고 두 개의 행위가 모두 손해발생에 조건이 된 것을 인과관계의 경합(競合)이라 한다. 이러한 경합의 예로서는 ① 중첩적 경합Kumulative Konkurrenz, ② 필요적 경합Notwendige Mitwirkung, ③ 과잉적 경합Übermäßige Mitwirkung, ④ 가정적 경합Hypothetische Kausalität, ⑤ 추월적 경합Überholende Konkurrenz, ⑥ 택일적 경합Alternative Konkurrenz 등을 들 수 있다.

2) 필요적 경합(必要的 競合) : 여러 원인이 합쳐져서 비로소 결과를 야기한 경우를 필요적 경합Notwendige Mitwirkung이라고 한다. 예를 들어 자연력과 가해자의 과실행위가 합쳐져서 손해를 야기했거나, 피해자의 기왕증(既往症)이 교통사고와 경합하여 손해확대 등에 기여한 경우가 그와 같다. 이러한 경우 우리법원은 기여도에 상응한 배상범위의 분담을 인정하였다.

* 자연력과 가해자 과실의 경합 : 甲은 1989년경부터 한국전력공사가 운영하는 울진원전 온배수배출구 인근에서 수조식 육상양식장을 운영해왔는데, 1994년 7월 24일부터 27일 사이에 양식 중이던 넙치와 전복이 집단 폐사하는 사고가 발생하였다. 당시 이상고온 현상으로 해수온도가 상승한 상황에서 울진원전에서 배출된 31.3~34.2℃의 온배수가 예년과 다른 바람 방향으로 인해 甲의 양식장으로 유입된 결과 양식장 수온이 넙치와 전복의 생존 한계 수온인 30℃를 초과하게 된 것이다. 법원은 피해 원인이 이상고온 등 자연적 요인과 한국전력공사의 온배수 배출이 복합적으로 작용한 결과라고 보았다. 법원은 일단 취·배수구를 해안선을 따라 짧게 설치하여 온배수가 재유입되었던 구조적 문제와 온배수 영향 저감시설 미설치 등을 고려하여 한국전력공사의 과실을 인정하였다. 다만 甲이 온배수 영향을 알면서 양식장을 설치하고 온도조절시설 및 고수온 대비 조치를 충분히 취하지 않은 점, 적정 수용밀도를 초과한 점 등의 과실이 크다고 보았다. 이에 법원은 자연력 기여도를 50%, 甲의 과실을 70%로 평가하여 한국전력공사의 손해배상책임을 15%로 제한하였다. 이에 따라 총 손해액 24억 3천만 원 중 한국전력공사가 부담할 금액을 3억 6,450만 원으로 산정하였다(大判 2003.6.27., 2001다734).

* 피해자의 기왕증과 교통사고의 경합 : 甲은 교통사고로 인해 다발성 좌상과 제4-5요추간 추간판 탈출증의 상해를 입었다. 이에 甲은 가해자의 보험사인 삼성화재해상보험을 상대로 자신의 일실수입을 포함하여 약 2억 원의 손해배상을 청구하였으며, 원심은 사고일부터 퇴원일까지 노동능력상실률을 100%로 인정하였다. 그러나 甲에게는 사고 전부터 기왕증이 있었고 이 사고가 전체 상해에 기여한 정도는 50%로 인정되었다. 甲은 사고와 별도로 정형외과적 금속제거 수술을 받았고, 이후 상태 악화로 재수술을 하면서 입원 기간이 2000년 8월 23일까지 연장되었으며, 입원 중에는 병원의 허락 없이 무단외출을 한 사실도 있었다. 대법원은

이렇게 기왕증이 사고와 경합하여 손해가 발생한 경우에는 기왕증의 기여도를 참작하여 배상액을 정하는 것이 공평의 원칙에 맞다면서 甲의 정형외과 치료로 인한 입원 연장과 무단외출 사정 등도 감안하여 손해배상액을 감액하라고 판결하였다. 최종적으로 甲과 乙은 손해배상금을 4,700만 원으로 정하고 기존 가지급금 5천만 원 중 나머지 300만 원을 분할 반환하는 조건으로 합의하였다(大判 2004.11.26, 2004다47734).

3) **과잉적 경합**(過剩的 競合) : 손해의 발생에 1개의 원인으로 충분했으며, 다른 원인은 결과야기에 부족했던 경우를 과잉적 경합Übermäßige Mitwirkung이라 한다. 설령 가해자에게 과실이 있었더라도 그 과실이 손해를 발생시키는 데 충분하지 못한 것이었으며, 피해자의 과실만으로도 충분히 손해가 발생할 수 있는 상황이었다면, 가해자는 책임을 면할 수 있다.

* 피해자의 과실만이 사고의 원인이었던 경우 : 甲은 자전거를 타고 우측으로 굽은 내리막길을 내려가던 중 방향 전환에 실패하여 중앙선을 넘어 반대편에서 주행하던 덤프트럭과 충돌하여 사망하였다. 이에 甲의 유족들은 乙 보험사를 상대로 손해배상을 청구하면서, 乙 차량이 제한속도를 초과하였던 게 사고의 한 원인이 되었다고 주장하였다. 그러나 법원은 乙 차량이 자기 차로에서 주행하고 있었고, 앞서 진행하던 다른 자전거들이 모두 정상적으로 통과한 상황에서 마지막에 甲만이 갑자기 중앙선을 침범한 것을 예견하여 미리 감속하거나 회피할 것을 기대하기는 어렵다고 보았다. 설령 乙에게 최고제한속도를 14km/h 초과하여 운전한 과실이 있다 하더라도 이와 사고 사이에는 상당인과관계가 인정되지 않는다고 판단하였다(서울南部地判 2022.11.30, 2022가단230459).

4) **가정적 경합**(假定的 競合) : 1개의 원인으로 결과가 완료되었으나 그 원인이 없었더라도 어차피 다른 원인이 그 결과를 발생시켰을 경우, 이를 가정적 경합Hypothetische Kausalität이라 한다. 이때 그 결과를 현실적으로 발생시킨 원인의 제공자는 불법행위책임을 면하지 못한다. 예를 들어 피해자가 암으로 시한부 선고를 받은 상태에서 자동차사고로 인해 사망에 이르게 된 경우, 피해자의 생존일이 어차피 얼마 남지 않았다 하더라도, 가해자는 그 사고로 인한 사망에 대해 면책되지 않는다.

5) **추월적 경합**(追越的 競合) : 1개의 원인으로 결과발생이 완료되기 전에 다른 원인이 결과를 먼저 발생시킨 경우를 추월적 경합이라 한다. 이 경우 최초 원인의 기여부분은 제외되고, 그 후에 결정적으로 결과를 발생시킨 가해행위자가 손해 전부에 대하여 책임을 진다. 물론 후속원인을 제공한 가해행위자가 복수일

때는 복수의 가해자가 공동불법행위책임을 부담한다.

* 자연력의 기여부분을 제외한 사례 (1) : 폭우로 인해 도로와 하수도가 침수된 가운데, 인근 건물에 인명 및 재산 피해가 우려되는 상황이 발생하였고, 이에 서울시 자해대책본부가 재해비상발령을 내렸음에도 용산구 소속 공무원들은 재해방지를 위한 퇴거 조치나 통제, 구조 등 필요한 조치를 신속히 취하지 않았다. 그 결과 사고 현장에서 甲의 가족이 사망하는 인명 피해가 발생하였다. 당시의 상황과 구조 동선, 시간적 여유 등을 고려할 때 공무원들이 적절한 조치를 취했더라면 망인이 탈출하거나 구조될 수 있었던 것으로 인정되어, 공무원의 의무위반과 피해자 사망 사이에는 상당인과관계가 있다고 인정되었다. 또한 이 사고는 단순한 자연력에 의한 불가항력적 결과가 아니라, 용산구가 재해의 위험을 충분히 인식하고도 과도한 부담 없이 방지조치를 취할 수 있었던 사안으로서 자연력 기여를 이유로 손해배상책임의 범위를 제한할 수 없다고 보아, 법원은 자연력의 기여부분을 제외하고 용산구의 손해배상책임을 인정하였다(大判 2004.6.25. 2003다69652).

* 자연력의 기여부분을 제외한 사례 (2) : 甲은 산림조합이 시공하고 정부가 감독한 임도 개설공사 현장에서 발생한 산사태로 피해를 보았다. 해당 공사는 자연림을 벌목하고 비탈면을 절·성토하는 방식으로 진행되었고, 그 과정에서 설계도를 임의로 변경하거나 성토 시 나무뿌리와 가지를 제대로 제거하지 않았으며, 성토면 보호시설도 설치하지 않는 등 산림조합의 부실시공이 있었다. 이에 더해 정부에는 형식적인 감독과 부정확한 준공조서 작성, 준공 후 사전점검 및 보수 미실시 등 감독 소홀의 과실이 있었다. 1995년 8월 24일 집중호우로 인해 누적 강우량이 461.5mm에 이른 상황에서 산사태가 발생하였고, 임도 여러 곳이 유실되었으며, 이로 인해 甲과 그 가족이 피해를 보게 되었다. 원심은 집중호우라는 자연력과 甲의 일부 과실을 고려하여 산림조합과 정부의 손해배상책임을 40%로 제한하였다. 그러나 대법원은 해당 강우가 예측 불가능한 천재지변에 해당하지 않는다고 보았다. 이 사건 산사태가 일어날 당시의 월평균 강우량이 그 직전 10년간의 월평균 강우량에 비하여 상당히 많고 또 이 사건 사고일과 그 전날부터의 강우량이 많은 편이었다고 하더라도, 매년 집중호우와 태풍이 동반되는 장마철을 겪고 있는 우리나라 같은 기후 여건하에서 이 사건과 같은 집중호우를 전혀 예측할 수 없는 천재지변이라고 볼 수는 없다는 이유에서였다. 그 결과 자연력의 기여부분은 제외되고, 甲의 과실비율은 25%로 정해졌으며, 산림조합과 정부의 과실비율은 75%로 정해져서, 산림조합과 정부는 각자 甲에게 약 2억 원의 손해배상채무를 부담하게 되었다(大判 2001.2.23. 99다61316).

(5) 인과관계의 증명책임

1) 원 칙 : 손해의 증명책임과 마찬가지로 인과관계의 증명책임 역시 보통은 원고(피해자)에게 있다(大判 1973.11.27. 73다919). 따라서 원고가 피고의 가해행위와 자신의

손해발생 사이에 인과관계를 증명하지 못할 경우 원고는 피고에게 손해배상을 청구할 수 없게 된다.

* 공해사건에서 인과관계의 증명책임 : 甲은 자신의 인삼밭이 공해로 인해 심각한 피해를 입었다며, 인근에 공장을 운영하는 乙을 상대로 손해배상을 청구하였다. 乙의 공장에서는 PCP 및 MCP와 같은 생장억제 물질이 대기 중으로 방출되었고, 실제로 공장 주변 500~600미터 이내의 초목이 낙엽이나 고사 등의 피해를 입은 정황이 발견되었으며, 甲의 인삼밭 역시 인근 지역에 위치해 있었다. 이에 甲은 공해로 인한 인삼 고사를 주장하며 연간 순이익 손실 상당액을 乙에게 청구하였다. 원심은 공해소송의 특수성을 고려해, 공해의 원인과 손해 사이의 인과관계를 피해자가 직접 증명하기 어려운 점, 기술적·비용적 한계, 유해물질 배출기업의 사회적 책임 등을 이유로 증명책임을 완화하여 甲의 청구를 인용하였다. 그러나 대법원은 공해사건도 일반 불법행위와 마찬가지로 인과관계에 대한 증명책임은 원칙적으로 피해자에게 있으며, 단순한 개연성만으로 이를 추정하고 책임을 전환한 원심 판단은 법리오해라고 하여 원심을 파기환송하였다(大判 1973.11.27., 73다919).

* 경미한 충격에 기한 경추염좌? : 2015년 10월 24일 甲은 우회전 중 전방에서 신호대기 중이던 乙 차량의 좌측 뒷부분을 자신의 차량 우측 뒷부분으로 추돌하였다. 국립과학수사연구원은 이 사고로 인한 충격이 경미하여 乙에게 상해가 발생하지 않았을 것으로 판단하였다. 그러나 乙은 사고로 인해 견관절 염좌, 경추염좌 등의 부상을 입어 일실수입 1,500만 원, 위자료 600만 원의 손해가 발생했다고 주장했다. 법원은 乙의 부상이 이전부터 있던 기왕증이거나 이후 발생한 교통사고로 인한 것으로 판단했다. 乙은 신체감정을 받지 않았고, 사고와 부상 사이의 인과관계에 대한 증거를 제출하지 않았다. 따라서 법원은 甲의 채무부존재를 확인하고 乙의 반소청구를 기각했다(서울中央地判 2017.10.19., 2016가단29935).

2) 간접사실, 개연성의 증명 : 의약품소송이나 의료사고소송에 있어서와 같이 피해자가 인과관계의 존재를 증명하기 어려운 경우에는 간접사실Anscheinbeweis을 통해 인과관계의 개연성만 증명해도 충분하다. 이는 피해자가 인과관계를 직접 증명하기 어려운 정보 비대칭 구조와 과학기술적 한계를 고려하여 실질적 권리구제를 가능하게 하려는 데 있다.

* 혈관조영술과 그 직후 사망 간의 인과관계 : 甲은 뇌경색으로 진단되어 乙 의료기관에 입원한 뒤 어지러움 증세가 호전되었으나, 우측 추골동맥 조영을 위한 혈관조영술 중 갑작스럽게 두통과 함께 의식을 상실하고 결국 사망하였다. 이에 대해 甲의 유족은, 시술 중 발생한 급작스러운 증세 악화와 그 직후의 사망이라는 경과 자체가 이례적이고, 이는 의료진의 과실 없이 설명될 수 없다는 점을 들어 의료상 과실과 사망 사이의 인과관계를 추정할 수 있다고 주장하였다. 그러나 법원

은 甲이 중증의 뇌경색 환자였고, 기존 병력과 생활습관, 시술 방법, 합병증 발생 가능성을 고려할 때 의료진에게 과실이 있었음을 추정하기에는 개연성이 충분하지 않다고 보아 시술상 과실은 부정하였다. 다만 희귀한 경우라도 중대한 부작용이 예상되는 의료행위에 앞서 환자에게 구체적으로 설명할 의무는 존재하므로, 乙이 甲에게 해당 시술의 위험성과 사망 가능성에 대해 설명하지 않은 점은 설명의무 위반에 해당한다고 판단하였다(大判 2004.10.28, 2002다45185).

* HIV 감염과 혈액제제 간의 인과관계 : 혈우병 환자인 甲 등이 HIV에 감염되었고, 그 원인으로 乙 주식회사가 제조·공급한 혈액제제가 지목되었다. 제약회사가 제조한 혈액제제를 투여받기 전에는 감염을 의심할 만한 증상이 없었고, 혈액제제를 투여받은 후 바이러스 감염이 확인되었으며, 혈액제제가 바이러스에 오염되었을 상당한 가능성이 있다는 점을 증명하면, 제약회사가 제조한 혈액제제 결함 또는 제약회사 과실과 피해자 감염 사이의 인과관계를 추정할 수 있다고 법원은 판시하였다. 물론 제약회사는 자신이 제조한 혈액제제에 아무런 결함이 없다는 등 피해자의 감염원인이 자신이 제조한 혈액제제에서 비롯된 것이 아니라는 것을 증명하여 추정을 번복시킬 수 있으나, 법원은 단순히 피해자가 감염추정기간 다른 회사가 제조한 혈액제제를 투여받았거나 수혈을 받은 사정이 있었다는 것만으로는 추정이 번복되지 않는다고 하였다(大判 2011.9.29, 2008다16776).

5. 책 임

(1) 개 관

1) 책임의 의의 : 책임(責任 Schuld)이란 불법행위에 있어서 손해배상의무가 귀속될 수 있는 가해자의 주관적 측면을 말하는 것이다. 아무리 가해자가 객관적으로 위법한 행위를 저질렀더라도, 주관적인 면에서 그에게 뭔가 비난가능한 요소가 존재하지 않는다면, 불법행위의 효과를 그에게 귀속시킬 수 없다는 취지에서 가해자의 유책성을 별도로 검토하는 것이다.

2) 책임의 요소 : 우리민법은 과실책임주의를 그 원칙으로 삼고 있기 때문에, 민사상의 불법행위가 객관적으로 존재하더라도, 거기에 대해서 가해자의 고의 또는 과실이 존재하지 않으면 가해자는 면책된다. 여기서 고의(故意)란 일정한 손해발생의 결과가 발생할 것임을 알면서도 그것을 감히 행하는 심리상태라 할 수 있으며, 독일어로는 이를 'Vorsatz'라 하고, 영어로는 이를 'intention'이라 한다. 그리고 과실(過失)이란 자기 행위로 인하여 타인에게 손해가 발생하지 않도록 할 사회생활상의 주의의무가 있음에도 이에 충실하지 못한 것을 말하며,

독일어로는 이를 'Fahrlässigkeit'라 하고, 영어로는 이를 'fault'라 한다. 민법에 있어서의 책임은 형법에 있어서의 책임과는 달리 고의냐 과실이냐에 큰 차별을 두지 않는다.

* 민법상 고의책임과 과실책임의 차이 : 불법행위 책임에서 가해자에게 과실이 아니라 고의가 인정되는 경우, 위자료는 단순한 정신적 고통의 보상을 넘어서 비난 정도에 상응해 가중 산정될 수 있다. 그밖에 가해자의 고의에 기한 피해자의 손해배상청구권에 대해서는 가해자가 자기 채권으로 상계하는 것이 불가능하지만(제496조), 가해자의 과실에 기한 피해자의 손해배상채권에 대해서는 가해자가 자기 채권으로 상계하는 것이 가능하다. 그리고 가해자의 고의에 기한 손해배상책임은 가해자의 경제적 환경을 고려하여 손해배상액을 감액하는 것이 불가능하지만(제765조), 가해자의 과실에 기한 손해배상책임은 가해자의 경제적 환경을 고려하여 손해배상액을 감액하는 것이 가능하다. 그리고 가해자가 고의로, 피해자의 과실을 적극적으로 이용하여 불법행위를 하였다면 과실상계(제396조,제763조)가 불가능하지만(大判 1987.7.21. 87다카637), 가해자가 과실로 불법행위를 하였다면 피해자의 과실에 대하여 과실상계가 가능하다(吳炳喆, 37면).

(2) 과 실

1) 사회평균인의 안전의무위반 : 채무불이행법에 있어서의 과실은 계약상 주의의무의 위반을 말하지만, 불법행위법에 있어서의 과실은 '사회평균인reasonable person'이 사회생활을 하면서 지켜야 하는 안전의무duty of care의 위반을 말한다. 그러나 여기서의 '사회평균인'이라 하는 것은 정말로 '평균적인 사람average man' 혹은 '전형적인 사람typical person'을 의미하는 것이 아니라, '그러한 인물의 이상적인 상idealized image of such a person'을 가리키는 것이다.

* 해당 직무 종사자의 통상적 주의 : 한국탄소공업은 부산진구 문현동 부전역 구내의 창고를 임차하여 활성탄소 약 3톤과 카본블랙 약 18톤을 대량 보관하고 있었는데, 이들 물질은 공기 중 산소를 흡착하면서 산화발열을 일으켜 자연발화 위험이 높은 특성을 가진 화학제품이었다. 1996년 5월 20일 오후 3시경, 이 창고 내 물품에서 제1차 자연발화가 발생하여 진화작업이 이루어졌고, 그로부터 약 8시간 뒤인 오후 11시경 제2차 자연발화가 다시 발생하였다. 두 차례의 진화 과정에서 다량의 소방수가 사용되었고 이로 인해 창고 내 습도가 급격히 상승하였으며, 이는 자연발화의 가능성을 더욱 증대시켰다. 그런데도 이러한 상황을 인지하고 있던 한국탄소공업은 별다른 사후조치를 하지 않았고, 결국 제2차 발화로부터 약 4시간 후인 5월 21일 오전 3시경, 제3차 자연발화가 발생하여 인접 창고까지 연소되었다. 이에 대해 한국탄소공업은 화재의 직접 원인을 알지 못했고 해당 물품이

소방법상 위험물로 지정되지 않았다는 점, 소방법 등 관련 법규를 모두 준수하였고 평균적 일반인이 기울일 수 있는 주의를 다 기울였다는 점 등을 들어 과실을 부인하였다. 그러나 법원은 과실 유무를 판단함에 있어 '해당 직무 종사자가 통상적으로 기울이는 정도의 주의'를 기준으로 삼아 한국탄소공업에게 중대한 과실이 인정된다고 보았다(大判 1967.7.18. 66다1938).

2) 구체적 상황에 따른 주의의무위반 : 불법행위법에서의 과실은 추상적인 일반인을 기준으로 하는 것이 아니라 그때그때의 구체적인 사례에 있어서의 보통인을 기준으로 한다. 아무리 똑같은 사람이라 하더라도 그가 처한 상황에 따라 사회생활상의 안전의무 부담 정도가 달라질 것이기 때문이다.

* 운전연습생의 과실 판단 기준 : 1996년 5월 7일, 운전면허 기능시험을 준비 중이던 乙은 자동차운전학원 내 연습코스에서 단독으로 주행 연습을 하던 중, 도로를 횡단하던 보행자 甲을 미처 제동하거나 회피하지 못해 충돌하였고, 이로 인해 甲에게 심각한 상해를 가했다. 乙은 당시 연습생으로 기능강사 없이 운전하고 있었으며, 사고 순간 甲을 발견하고도 당황하여 적절한 제동조치를 취하지 못하고 단지 소리를 지르는 등 미숙하게 대응하였다. 원심은 당시 운전연습자였던 乙에게 보통인에게 요구되는 주의의무를 기대할 수는 없으므로, 乙이 연습코스에서 운전교습용 자동차를 운행하다가 운전미숙으로 사고를 일으킨 데 대해 乙의 과실은 없다고 판단하였다. 그러나 대법원은 乙이 운전 연습 중이더라도 반복된 연습을 통해 기본적인 운전 능력을 습득한 상태였던 이상, 사고 회피가 가능했음에도 이를 하지 못한 점에서 과실이 인정된다고 보았다. 운전 미숙을 이유로 한 乙의 면책 주장을 받아들이지 않고, 구체적 상황에서의 기대가능성을 기준으로 운전연습생에게도 일반 운전자에 준하는 주의의무를 부과한 것이었다(大判 2001.1.19. 2000다12532).

* 초보자의 주의의무 감경? : 2018년 12월 15일, 甲은 乙·丙·丁과 함께 G 골프장에서 골프 경기를 진행하던 중, 경기 도중 벙커에 빠진 공을 줍기 위해 고개를 내민 순간 乙의 타구에 왼쪽 눈을 맞아 안구 파열이라는 중상을 입었다. 이 사고와 관련하여 국민건강보험공단은 甲의 치료비 518만 원 가운데 339만 원을 부담한 후 가해자인 乙과 경기보조원인 丁을 상대로 구상금 청구소송을 제기하였다. 법원은 乙이 초보자이기에 더욱 자신의 공이 빗나갈 수 있다는 점과 벙커에 사람이 있었을 가능성을 인식해야 했고, 그럼에도 타구 전 아무런 안전 확인이나 경고 조치를 하지 않은 점에서 乙의 과실을 인정하였다. 乙이 초보자라는 이유로 甲의 피해에 대한 乙의 책임이 감경되지는 않았다. 법원은 乙에게 40%의 책임분담비율을 인정하였다(서울中央地判 2025.2.19. 2023나28825·2024나8088).

* 초보운전자의 주의의무 감경? : 2009년 4월 5일 밤 경부고속도로에서 乙이 운전하던 차량이 3차로에서 무리하게 차선을 변경하여 甲 차량의 우측 후방을 충격한 사고가 발생하였다. 甲의 자동차보험사는 甲의 차량이 2차로를 정상적으로

주행하던 중 乙의 과실로 손해를 입게 되었다며, 甲에게 수리비를 지급한 뒤 乙을 상대로 구상금 청구의 소를 제기하였다. 법원은 비록 乙이 초보운전자였다 하더라도 고속도로 주행 중 차선변경을 시도할 때는 그에 상응하는 주의의무를 다해야 하며, 이를 소홀히 한 과실이 사고의 직접 원인이 되었다고 판단하였다. 이에 따라 법원은 乙의 과실책임을 인정하여 甲이 보험금으로 지급한 수리비 전액과 이에 대한 지연손해금을 배상해야 한다고 판결하였다(水原地判 2013.4.26., 2012나28384).

* 운동경기 중의 주의의무 : 중국 장쑤성 쑤저우에 있는 한국 회사의 현지 법인에서 주재원으로 일하며 해당 지역에서 축구동호회 활동을 하던 甲은 2014년 8월 30일 쑤저우의 한 경기장에서 乙이 소속되어 있는 상대팀과 축구경기를 하며 헤딩 슛 자세를 취하다가 乙의 발에 머리를 걷어차이고 말았다. 甲은 그로 인해 사지마비, 원발성 뇌간 손상, 외상성 경막하 출혈 등의 진단을 받았으며, 이후 한국으로 이송되어 치료를 받았으나 상태가 호전되지 않았고, 결국 뇌손상 후 우측 편마비, 한 개의 물체가 두 개로 보이거나 그림자가 생겨 이중으로 보이는 복시, 인지장애 등의 후유장해를 갖게 되었다. 이에 甲은 乙의 보험사인 현대해상화재보험을 상대로 12억 6800여만 원의 손해배상을 요구하는 소송을 냈다. 乙은 이에 대해 다수 선수들이 한 영역에서 신체적 접촉을 통하여 승부를 이끌어내는 축구나 농구와 같은 형태의 운동경기는 신체접촉에 수반되는 경기 자체에 내재된 부상 위험이 있고, 그 경기에 참가하는 자는 예상할 수 있는 범위 내에서 위험을 어느 정도 감수하고 경기에 참가하는 것이라고 반박하였다(大判 2011.12.8, 2011다66849,66856). 그러나 법원은 조기축구회 등 동호인 사이에서 열리는 축구경기의 경우 전문적인 선수들 사이에 치러지는 축구경기와는 달리 승부를 가리기 위해서라기 보다는 신체를 단련하고 여러 동호인들이 어우러져 경기를 하는 것 그 자체로부터 즐거움을 얻고자 하는 목적에서 하는 것이므로, 동호인 사이의 축구경기에 참가하는 선수들은 상대팀을 이기려는 생각으로 경기에만 몰두할 것이 아니라, 취미로 운동을 같이 하는 다른 동호인 선수들이 뜻밖의 부상을 입지 않도록 안전에 대한 배려를 함에 있어 전문적인 선수들 사이에서의 축구경기에서보다 더욱 세심한 주의를 베풀어야 한다면서, 축구경기를 함에 있어 상대 선수의 움직임을 주의 깊게 살피지 아니하고 어른의 허리 높이 정도에서 휘감듯 돌려차는 발길질을 함으로써 상대 선수에게 치명적인 부상을 입힌 乙은 축구경기에 적용되는 규칙에 의하더라도 최소한 경고 이상의 제재를 받을만한 반칙을 범한 것이므로, 甲 자신과 가족들이 입은 재산상 손해와 정신적 손해를 배상할 책임이 있다고 밝혔다(서울中央地判 2018.11.14, 2018가합522404).

3) 행위에 일반적으로 따르는 위험 등 : 이러한 사회생활상 안전의무의 부담 정도는 그 행위에 일반적으로 따르는 위험과 피침해이익의 크고 작음에 따라서도 달라진다. 특히 그 사회평균인이 위험성이 높은 업무를 담당하는 경우에, 그러한 직무에 일반적으로 요구되는 정도의 안전의무를 준수했는지 따져봐야

한다. 위험성이 높은 업무에는 그만큼의 특수한 전문성과 주의사항이 요구되며, 그 특수한 기준에 따른 평가가 이루어져야 하는 것이기 때문이다.

> * 행정직 공무원의 법령해석에 관한 과실 : 주식회사 건진미화는 광주광역시로부터 일반폐기물처리업 허가를 받은 후, 기존 공장을 폐쇄하고 신 공장을 건축하기 위해 적법하게 수도용지 등 부지를 매입하고 건축허가를 받아 공사를 진행하였으나, 광주광역시 북구청장이 법정 건폐율을 초과하였다는 이유로 건축허가를 취소하면서 사업계획이 무산되었다. 참고로 해당 부지는 도시계획시설사업 부지로서 여러 필지를 통합하여 하나의 대지로 보아 건폐율을 산정해야 했으므로, 이러한 법리를 간과하고 개별 필지를 기준으로 건폐율을 판단하여 허가를 취소한 것은 관계 법령에 대한 명백한 오해에 기초한 위법한 처분이며, 이는 행정청인 광주광역시 소속 공무원의 과실로 평가되었다. 법원은 아무리 법령해석이 복잡미묘하며 어렵고 행정직 공무원이 법률전문가가 아니라 하더라도 관계법규를 알지 못하거나 법규해석을 그르쳐서 행정처분을 하였다면 과실이 있다고 보아 손해배상책임을 인정하였다(大判 2001.2.9. 98다52988).

4) 국가기관 또는 대기업의 과실 : 행위자가 국가기관 또는 대기업과 같이 사회적 영향력과 지배력을 지닌 주체라 하여 당연히 가중된 주의의무가 부과되는 것은 아니다. 이들은 비록 사회적으로 높은 책임감을 요구받는 존재일 수 있으나, 이들의 과실 역시 행위 당시 그 직업종사자에게 기대되는 수준의 주의의무에 맞춰 개별적으로 판단될 뿐이다. 단지 결과의 파급이 중대할 수 있다거나 행위자의 사회적 평판이 높다는 이유만으로 그의 과실이 추정되지는 않는다.

> * 사법시험 출제오류 : 1998년 2월 22일 시행된 제40회 사법시험 제1차시험에서 불합격한 응시자들이 대한민국을 상대로 총 2억 원의 손해배상을 청구하였다. 시험문제가 특수한 학설에 편파적으로 출제되었고, 판례상 확립된 해석에 어긋나는 채점을 하는 등 재량권을 일탈·남용하여 불합격 처분을 했으니, 이로 인한 정신적 고통에 대해 국가가 손해배상책임을 져야 한다는 주장이었다. 그러나 법원은 원고들의 청구를 기각하고, 국가배상책임을 부정하였다. 출제 당시 참여한 복수의 시험위원들 사이에 시험문제의 출제와 정답의 선정에 異見이 없었고, 후에 법원의 재판과정을 통하여 문제의 정당성과 정답의 적정성 여부에 대하여 다른 견해가 제시되었으며, 법학 과목은 정답이 명확한 자연과학과는 달리 출제오류 여부가 불명확하고, 이 사건 원고들은 불합격처분에 대한 제소기간을 도과함으로써 이에 대하여 다툴 수 없게 되었음에도 행정자치부장관의 적극적인 구제조치에 의하여 제2차시험에 응시할 기회를 부여받는 혜택을 받게 됨으로써 불합격 처분에 따른 정신적 고통을 상당 정도 해소하였다는 이유에서였다(大判 2003.11.27. 2001다33789).

제2장 불법행위 149

* 삼성중공업의 공정증서 미확인 및 강제집행 신청 : 1996년 9월, 乙은 처남인 甲에게 덤프트럭 매수를 제안하였고, 甲이 이를 수락하였다. 乙은 연대보증서·위임장 등 매수에 필요한 각종 서류를 2부씩 준비하여 제공하였다. 甲은 서류의 매수인란 등에 자신의 인장을 날인하고, 아버지인 丙으로부터 연대보증을 받았다. 다음 날 乙은 관리상 편의를 이유로 자신의 명의로 매수하는 것이 좋겠다고 제안하였고, 甲은 이에 동의하며 연대보증인란에도 날인하였다. 그러나 乙은 1996년 9월 30일, 제출받은 서류 중 각 1부를 이용하여 자신의 명의로 덤프트럭 1대를 매수하는 데 그치지 않고, 나머지 서류를 무단으로 사용하여 丁 명의로 덤프트럭 1대를 추가 매수하였다. 더 나아가 10월 16일에는 약속어음과 위임장을 사용해 1억 2천만 원 액면의 약속어음을 작성하고 이를 기초로 공정증서를 작성하였다. 이후 丁이 할부금 채무를 불이행하자, 삼성중공업은 1998년 5월 丙 소유의 부동산에 대해 강제경매를 신청하였고 2000년 1월 丙 소유 부동산은 경락되었다. 한편 乙은 1999년 11월 사문서위조 등 혐의로 기소되었다. 甲과 丙은 삼성중공업이 무효인 공정증서에 기하여 丙의 부동산에 강제집행을 신청한 것이 불법행위라며 삼성중공업에 3천만 원의 손해배상금 지급을 청구하였다. 그러나 법원은 공정증서 작성 시 채무자 대리인의 대리권을 확인할 의무는 공증인에게 있으며 채권자인 삼성중공업에게 그러한 확인 의무는 없다고 보았다. 법원은 단순히 무효인 공정증서에 기하여 채권자가 강제집행을 신청한 것만으로는 소의 제기에 과실이 있었다고 볼 수 없다면서 원고의 청구를 기각하였다(大判 2002.5.31., 2001다64486).

5) 중과실 : 중과실(重過失)이란 주의의무를 심히 게을리한 것을 말한다. 라틴어로는 이를 'culpa lata'라 하고, 프랑스어로는 이를 'faute lourde'라 하며, 독일어로는 이를 'grobe Fahrlässigkeit'라 칭한다. 대개 주의의무를 현저히 위반하여 고의와 동일시할 정도가 되었을 때 이를 중과실이라 한다. 민법상 불법행위에서 중과실은 예외적인 경우에만 가해자의 귀책기준으로 검토된다(大判 1999.1.26., 98다39930).

(3) 과실의 증명책임

1) 증명책임 피해자부담의 원칙 : 가해자의 과실에 대한 증명책임은 피해자가 부담한다. 채무불이행과 달리 불법행위에서는 손해발생사실로부터 곧 가해자의 주의의무위반이 추정될 수 있는 것은 아니기 때문이다. 예를 들어 근로계약상 근로자가 입은 신체상 재해에 대해 민법 제750조 소정의 불법행위책임을 고용주에게 묻기 위해서는, 사용자가 당해 근로로 인하여 근로자의 신체상 재해가 발생할 수 있음을 알았거나 알 수 있었음에도 그 회피를 위한 별다른 안전조치를 취하지 않은 과실이 인정되어야 하고, 위와 같은 과실의 존재는 손해배상을 청구하는 근로자에게 그 증명책임이 있다(大判 2000.3.10., 99다60115).

* 앨범카 운반으로 인한 근로자의 추간판 탈출증과 사용자의 과실 : 乙은 한국타이어제조 주식회사에 생산직 사원으로 입사하여, 타이어 제조공정 중 트레드 고무판을 실은 앨범카(무게 약 300kg) 운반작업을 수행하였다. 이 작업은 하루 2~4회, 10미터 내외의 거리를 반복하는 것으로, 원래 2인 1조로 수행하는 것이 적절하다고 여겨졌으나 乙은 혼자 이 작업을 맡았고, 그 과정에서 허리 통증을 호소하며 수차례 치료를 받았다. 이에 乙은 한국타이어가 작업환경에 대한 안전조치를 소홀히 하여 자신이 요추 추간판 탈출증을 얻게 된 것이라며 한국타이어에 손해배상을 청구하였다. 원심은 2인 1조 작업이 필요한 업무를 1인이 하게 한 것은 甲의 과실이라고 판단하여 乙의 청구를 일부 인용하였으나, 대법원은 앨범카가 바퀴 달린 장비로 평탄한 콘크리트 바닥에서 짧은 거리만 운반되었고, 유사한 재해 사례도 없었으며, 이로 인한 신체 재해를 甲이 예견할 수 있었다고 보기 어렵다는 이유로, 甲에게 과실이 있다 단정할 수 없다고 판단하였다(大判 2000.3.10. 99다60115).

2) 법률상의 추정 : 감독자책임(제755조), 사용자책임(제756조), 공작물점유자의 책임(제758조), 동물점유자의 책임(제759조) 등에서는 감독자·사용자·공작물점유자·동물점유자의 과실이 입법적으로 추정된다. 따라서 그에 관한 증명책임이 가해자측으로 전환된다.

3) 사실상의 추정 : 의료사고 등에서는 가해자의 과실이 사실상 추정되고 있다. 환자에게 중한 결과가 발생한 경우 의료상 과실 이외의 다른 원인을 찾기 어렵다는 간접사실Anscheinbeweis들을 통해 의료과실을 추정하게 하는 것이다. 다만 이를 위해서는 의사의 과실로 인한 결과발생을 추정할 수 있을 정도의 개연성이 있어야 하며, 막연한 추정으로 의사에게 무과실의 증명책임을 지우는 것은 허용되지 않는다.

* 복강경 담낭절제술로 인한 신장 절제와 의료과실 : 甲은 과거 위·공장문합술을 받은 병력이 있는 환자로, 담낭 용종이 발견되어 2007년 8월 8일 乙 병원에 담낭절제술을 받기 위해 입원하였다. 乙 병원의 외과 전문의는 다음 날 복강경 수술을 시행하였으나, 수술 중 담낭 부위에서 결장 및 장막과의 심한 유착을 발견하고도 개복으로 전환하지 않은 채 복강경 수술을 지속하였다. 결국 수술 도중 출혈이 발생했고, 개복 후 우측 신정맥 파열로 인한 심한 출혈이 확인되어 지혈이 불가능한 상태에 이르자 우측 신장을 절제하게 되었다. 이로 인해 우신을 영구적으로 상실하고 좌신 기능도 현저히 저하된 甲은 乙의 수술상 과실을 주장하며 손해배상을 청구하였다. 甲은 복강경 담낭절제술 도중의 후복막강 중요혈관 손상 가능성은 0.1%에 불과하지만, 경험이 적은 의사의 경우 가능성이 더 높고, 복부수술의 시행을 받은 환자는 장기 및 조직의 유착상태가 심하여 혈관손상의 가능성이 더 높다는 간접사실만을 제시하였을 뿐, 乙의 과실을 증명하지는 못하였다.

그러나 법원은, 유착이 심한 경우 개복 전환이 요구되고, 유착이 심하지 않았다면 신정맥 손상 자체가 의료진의 부주의에 기인한 것이라는 점에서 양자 모두 과실이 인정된다고 판시하였다. 특히 신정맥 손상으로 신장을 절제한 사례는 이례적이며, 의료진의 숙련도 부족에 기인했을 개연성이 높고, 손상이 불가피했다는 근거도 없다는 이유에서였다(大判 2012.5.9, 2010다57787).

* 시력교정술로 인한 황반원공과 의료과실 : 甲은 고도근시 및 난시를 앓고 있던 여성으로, 시력 교정을 목적으로 乙에게 안내렌즈삽입수술을 의뢰하였다. 乙은 사전 검사 후 2006년 11월에 레이저 홍채절제술을 실시하고, 2007년 1월 2일 안내렌즈를 삽입하는 수술을 시행하였다. 그러나 수술 직후 甲은 번쩍임과 물체 왜곡 등의 증상을 호소하였고, 乙은 난시축 교정술을 시행하였으나 증상이 계속되자 정밀검사를 실시하여 황반원공이 발견되었다. 이로 인해 乙은 삽입된 안내렌즈를 제거하였다. 이에 甲은 乙에게 수술상 과실 및 설명의무 위반을 이유로 손해배상을 청구하였다. 법원은 수술 후 황반원공이 발생한 사실만으로는 乙의 수술상 과실을 추정하기 어렵다고 보았다. 그 이유는 안내렌즈 삽입술과 황반원공 발생 위치가 물리적으로 다르고, 수술 부작용으로 황반원공이 발생한다는 의학적 보고가 희박하며, 甲이 이미 고도근시로 인해 망막이 취약한 상태였다는 점을 들었다(大判 2013.6.27, 2010다96010).

* 뇌수조조영술 후 지주막염의 시간적 근접성, 장애의 중대성과 의료과실 : 甲은 2007년 7월 5일 乙이 운영하는 분당제생병원에서 요추천자를 통해 뇌수조조영술을 받은 후 약 4일 뒤부터 하지마비 증상을 보였고, 이후 유착성 지주막염이라는 진단을 받았다. 이에 甲은 시술과 증상 발생 사이의 시간적 근접성, 발생한 장애의 중대성, 그리고 시술 당시 감염 관리의 부실 가능성 등을 근거로 乙의 의료상 과실을 주장하며 손해배상을 청구하였다. 그러나 법원은 유착성 지주막염의 일반적 발생 원인과 甲의 임상경과, 의료영상 검사 결과, 동위원소 사용의 특성, 그리고 다른 질환 가능성 및 시술 장소의 감염관리 실태 등을 종합적으로 고려한 결과, 의료행위 외의 원인 가능성을 배제할 수 없고 과실 추정을 뒷받침할 정도의 개연성도 부족하다고 판단하였다. 이에 따라 원심은 乙의 과실을 인정하지 않았으며, 대법원도 이러한 판단에 법리 오해가 없다고 보아 상고를 기각하고 甲의 청구를 기각하였다(大判 2012.10.11, 2011다100138).

(4) 책임능력

1) 의 의 : 책임능력(責任能力 Zurechnungsfähigkeit)이란 법률상 불법행위의 책임을 변식할 수 있는 능력을 말한다. 예를 들어 행위자의 나이가 어려서 행위의 책임을 변식할 지능이 없거나(제753조) 행위자가 심신이 상실된 상태에서 불법행위를 저질렀을 때는 책임능력이 존재하지 않아 배상책임이 부정된다(제754조 본문). 물론 고의 또

는 과실로 심신상실을 초래한 때(예를 들어 자신의 주량을 알거나 알 수 있는 사람이 주량을 넘겨 술을 마시고 주정을 부려 여러 사람을 다치게 하거나 재물을 손괴한 경우)에는 설령 심신이 상실되었다 하더라도 책임을 면하지 못하며(제754조 단서), 책임능력 없는 미성년자가 불법행위를 저질렀을 때는 법정감독의무자가 대신 배상책임을 부담하게 된다(제755조).

　　2) 판단기준 : 법원은 구체적 행위자에 따라 개별적으로 책임능력을 판단하고 있다. 대개 행위자가 13~14세를 넘었을 경우 책임능력이 있는 것으로 판단하므로, 의사능력에 비해 책임능력은 더 늦은 나이에 인정하는 경향이다. 법원은 심신미약인 자에 대해서도 그에게 정상적인 사물판별능력과 행위통제능력이 결여되어 있을 경우 책임능력을 부정하고 있다.

> * 만 14세 3개월인 자의 책임능력 : 만 14세 3개월의 甲이 저지른 불법행위에 대하여 피해자들이 손해배상을 청구한 사안에서 법원은 甲이 불법행위 당시 특별한 심신장애나 지적장애가 없었고, 행위의 경위나 내용 등을 고려할 때 시비선악을 분별하고 그에 따라 행동할 수 있는 인지능력을 갖춘 것으로 보아 책임능력이 있다고 판단하였다. 특히 법원은 미성년자의 책임능력 유무는 행위 당시의 나이와 정신상태를 종합적으로 고려하되, 별도의 의학적 감정 없이도 행위의 내용과 정황만으로 판단할 수 있다고 보았다. 따라서 만 14세를 넘은 甲에게는 통상적인 경우와 마찬가지로 불법행위에 대한 법적 책임이 인정되며, 이에 따라 손해배상책임이 인정된다고 판단하였다(大判 1969.2.25. 68다1822).

> * 만 13세 6개월인 자의 책임능력 : 甲(당시 13세 6개월)이 자전거 뒤 짐받이에 오이 등을 싣고 고갯길을 내려오던 중, 길가에서 술에 취해 비틀거리며 걷고 있던 보행자 乙을 자전거로 들이받아 乙이 넘어지면서 상해를 입게 되었다. 甲은 국민학교를 졸업한 뒤 부친 丙을 도와 농사일을 하던 중이었으며, 사고 당시 전방에 있던 乙의 상태를 인식하고도 충돌을 피하기 위한 조치를 취하지 않았다. 원심은 甲의 연령에 비추어 불법행위 책임능력이 없다고 판단하고, 친권자인 丙에게 민법 제755조에 따른 손해배상책임을 인정하였다. 그러나 대법원은, 13세 6개월 된 甲에게 특별한 사정이 없는 이상 자기 행위의 옳고 그름을 분별할 능력, 즉 책임능력이 있다고 보는 것이 사회통념에 부합한다고 보아 원심판결을 파기하고 사건을 환송하였다(大判 1971.4.6. 71다187).

> * 만 14세 2개월인 자의 책임능력 : 1975년 6월 17일 밤, 콘크리트 다리 위에서 태그매치 방식의 레슬링 놀이를 하던 중 甲(만 14세 2개월의 중학생)이 자신의 팀원인 丁을 돕기 위해 아무런 예고 없이 상대편인 乙의 등을 발로 밀었고, 이로 인해 乙이 콘크리트 바닥에 얼굴을 부딪쳐 치아 5개가 탈락하는 상해를 입었다. 당시 乙은 얼굴을 바닥에 대고 엎드려 있던 상태였으며, 사고는 야간에 발생했고, 장소는

맨바닥의 콘크리트 교량이었다. 법원은 이러한 구체적인 상황을 종합적으로 고려할 때, 甲의 행위는 불법행위 책임을 인식할 수 있는 지능을 가진 자의 행위로 보기 어렵다고 판단하여 甲에게 불법행위 책임능력이 없다고 보았다. 그러나 甲의 친권자인 丙은 그 자녀에 대한 감독의무자로서 필요한 주의의무를 다하지 않았다는 점을 부인하지 못했으므로, 민법 제755조 제1항에 따라 자녀의 불법행위로 인한 손해를 배상할 책임이 있다고 보았다(大判 1978.11.28., 78다1805).

* 심신미약자의 책임능력 : 甲은 1992년 5월 28일 자동차를 운전하던 중 고의로 인명사상 사고를 일으켰다. 사고 당시 甲은 정신분열증으로 반복적인 입원치료를 받아 왔고, 사고 직후에도 치료감호소에 수용될 정도로 비논리적 사고, 과대망상, 판단력 결여 등의 증세를 보였다. 법원은 甲이 사고 당시 그의 심신미약 상태로 인해 정상적인 사물판별능력과 행위통제능력이 결여되어 있었고, 행위의 결과에 대한 책임의식 역시 현저히 미약하였다고 판단하였다(大判 2001.4.24., 2001다10199).

3) 배상능력 없는 책임무능력자 : 책임능력은 있으나 배상능력이 없는 미성년자가 불법행위를 저질렀을 때 피해자가 현실적으로 손해배상을 받지 못한다는 문제가 발생한다. 그러나 이때는 감독의무자가 사실상 신원보증인으로서 책임을 부담하게 할 필요가 있으며(曺圭昌, 미성년자의 불법행위에 대한 친권자의 책임, 고려대학교 판례연구 제2집, 145면 이하 참조), 1994년 이후에는 책임능력 있는 미성년자의 불법행위에 대해서도 부모의 배상책임을 인정하는 판례가 나오고 있다.

* 책임능력 있는 미성년자의 부모가 부담하는 불법행위책임의 증명 : 甲(만 17세 9개월의 고등학교 3학년생)은 원동기장치자전거운전면허를 취득한 후 오토바이를 운전하다가 교통사고를 일으켰다. 사고 당시 甲은 책임능력이 있는 연령이었고, 법적으로 유효한 운전면허를 취득한 상태였으나, 배상능력을 갖고 있지는 않았다. 이에 따라 법원은 甲의 부모에게 일반불법행위책임이 성립하는지 검토하였다. 이 경우 부모에게 감독의무 위반이 있었는지, 나아가 그 위반과 사고 사이에 인과관계가 존재하는지는 피해자측이 증명해야 하는데, 피해자측은 이러한 인과관계를 증명하지 못하였다. 이에 법원은 증명책임의 일반원칙을 따라 부모의 손해배상책임을 부정하였다(大判(全) 1994.2.8., 93다13605).

* 책임능력 있는 미성년자의 부모가 부담하는 불법행위책임의 인용 : 전문대학 1학년에 재학 중이던 丙이 1994년 10월 자정 무렵, 친구들과 함께 甲을 집단 구타하여 상해를 입혔다. 가해자인 丙은 사건 당시 만 20세 10개월로 책임능력이 있었고, 이전에도 폭력 및 특수강간 범죄로 각각 기소유예와 징역 3년 집행유예의 전과가 있었으며, 본 사건 당시에도 집행유예 기간 중이었다. 그는 경제적인 면에서 전적으로 부모 乙에게 의존하고 있었고, 주거생활도 乙의 보호 아래에 있었다. 법원은 乙의 아들 丙이 이미 두 차례의 중대한 전과가 있음에도 불구하고, 乙이 그

에 대한 감독과 보호의무를 다하지 않아 다시금 상해 범죄가 발생한 점에 비추어, 乙에게 민법 제750조에 따른 일반 불법행위책임이 성립한다고 보았다. 즉, 책임능력 있는 자녀의 불법행위에 대하여도 부모의 고의 또는 과실과 그 불법행위 사이에 상당인과관계가 있다면 손해배상책임이 인정된다는 법리에 따라, 이 사건에서는 乙이 아들 丙에 대한 특별한 지도·감독을 소홀히 한 과실이 인정되어 甲에 대한 손해배상책임을 부담한다고 판단하였다(大判 1998.6.9., 97다49404).

III. 효 과

1. 개 관

(1) 가해자의 손해배상의무

불법행위의 모든 성립요건을 피해자가 증명하면, 그 효과로 가해자는 피해자에게 손해의 배상을 해야 한다(제750조). 손해배상의 방법은 금전배상이 원칙이나, 예외적으로 명예훼손에 관해서는 법원이 피해자의 청구에 의하여 명예회복에 적합한 처분(예를 들어 정정보도 등)을 명할 수 있다(제764조). 손해배상의 범위에 관해서는 채무불이행법의 규정(제393조)이 준용된다(제763조).

(2) 손해배상의 원칙

1) 완전배상의 원칙 : 민법은 손해배상에 있어서 '완전배상(完全賠償)의 원칙'을 채택하고 있다. 다시 말해 어떤 가해행위로부터 일정한 손해가 발생하였다면, 아무리 그 손해가 그 과실에 비해 너무 큰 것이더라도 가해자는 이를 전부 배상하도록 한다는 뜻이다. 다시 말해 어떤 사람이 일정한 손해유발사건을 일으켰고 그 사건에 의해서 발생한 손해에 대해 법률상 배상의무를 부담하게 되었다면, 그는 원칙적으로 자신의 가해행위에 의해 피해자에게 발생한 손해 전체를 배상하여야 한다. 그 손해범위를 그와 비슷한 가해행위에 의해 직접 침해되는 물건이 보통 갖는 가치로 제한하거나 일실이익(逸失利益)을 손해의 개념으로부터 제외하는 것과 같은 손해 제한규정(예를 들면 독일상법 제429-435조)은 우리민법에 존재하지 않는다. 가해자의 경과실·중과실 여부(예를 들어 단지 0.001초 안 한눈을 팔았다는 것 등)도 고려되지 않는다(Cass. civ., 26 mai 1913). 가해자와 피해자의 재정상황(예를 들어 피해자가 워낙 부유하여 그 손해가 그 피해자에게 그리 큰 부담이 안 된다거나 가해자가 너무 가난하여 배상의무가 그의 여생을 완전히 나락에 빠트리라는 사정) 등도 고려되지 않는다(Crim., 17 déc. 1970, n° 59-93.478). 이러한 완전배상을 독일에서는 'Totalreparation'이라 하고, 프랑스에서는 이를 'réparation intégrale'이라 칭한다. 다만 이러한 완전배상의 원칙

은 피해자에게 너무 가혹한 것일 수 있으므로, 보험제도의 활성화에 의한 보완이 필요한 게 사실이다.

2) 초과배상 금지의 원칙 : 가해자가 피해자에게 지급하는 배상액은 피해자의 실제 손해액을 초과하지 않아야 한다는 원칙이다("si la réparation doit être égale à la totalité du préjudice, elle ne doit cependant pas le dépasser": Crim. 3 déc. 1985, n° 84-92.660; Civ. 2e, 6 janv. 1988, n° 86-16.192). 손해배상은 손해 이전의 상태로 피해자를 가능한 한 정확하게 회복하는 것을 목표로 할 뿐이며 손해배상으로 피해자에게 추가 이익을 부여해서는 안 되는 것이기 때문이다. 따라서 법원은 동일한 손해에 대하여 가해자가 중복배상하게 할 수 없다(Civ. 1re, 20 nov. 1990, n° 87-19.564). 이러한 원칙을 프랑스법학에서는 '중복배상의 거부rejet de la double indemnisation'라고 부른다. 또한 법원은 단순한 현상유지status quo ante의 회복을 넘어서는 현물 배상 조치를 명령할 수도 없다(Com. 9 mars 1993, n° 91-14.685; 5 mai 2015, n° 14-11.148).

* 징벌적 손해배상의 문제 : 징벌적 손해배상punitive damages은 피해자의 손해를 보전하기 위한 일반적 손해배상compensatory damages과 달리, 가해자의 악의적·반사회적 행위에 대한 제재 및 억지 효과를 목적으로 부과되는 추가적 손해배상을 말한다. 이 제도는 손해배상의 본래 목적을 넘어서, 공익적 목적에 따라 가해자를 처벌하고 제3자에 대한 일반예방을 도모하려 한다. 미국에서 이러한 징벌적 손해배상은 가해자의 행위가 고의적intentional, 악의적malicious, 사기적fraudulent이거나 타인 권리의 중대한 무시wanton disregard for others' rights에 해당할 경우 인정된다. 하지만 독일(BGH, Urteil vom 4. Juni 1992 - IX ZR 149/91 = BGHZ 118, 312)·프랑스(Cass. 1re civ., 1er décembre 2010, n° 09-13303; Cass. ass. plén., 17 nov. 2000, n° 99-13.701) 등 대륙법계에서는 위와 같은 초과배상 금지의 원칙에 따라 미국식 징벌적 손해배상제도의 도입 가능성을 부정한다. 한국 법원에서는 민법상 일반 불법행위책임이나 채무불이행책임의 경우 이러한 징벌적 손해배상을 인정하지 않고 있지만, 하도급거래 공정화에 관한 법률 제35조, 가맹사업거래의 공정화에 관한 법률 제37조의2, 대리점거래의 공정화에 관한 법률 제34조, 대규모유통업에서의 거래공정화에 관한 법률 제35조의2, 독점규제 및 공정거래에 관한 법률 제56조 등 여러 특별법에서 예외적으로나마 징벌적 손해배상(실손해 3배의 배상)을 폭넓게 인정하고 있다.

2. 배상청구권자

(1) 피해자

손해배상의 청구권은 원칙적으로 피해자 자신이 갖는다. 예를 들어 성스러운 종교지도자나 조직폭력배의 두목이 교통사고를 당했더라도, 직접당사자 아닌 타인이 피해자를 대신하여 손해배상을 청구할 수는 없다.

* 동료에 대한 부당한 징계에 따른 손해 : 乙은 甲회사 소속 본부장으로부터 성희롱

을 당하였고, 회사 내부 고충처리절차에 따라 이를 신고하여 가해자인 본부장은 정직 및 전보 조치를 받았다. 그러나 이후 인사담당자가 이 사실을 사내에 유포하고 乙에게 책임이 있는 듯 언행을 하여 2차 가해가 발생하였고, 이에 분노한 乙이 해당 인사담당자에게 감정적인 발언을 한 것을 이유로 甲회사는 乙에게 견책 처분을 하였다. 이 과정에서 丙은 乙이 지방노동위원회에 구제신청을 하는 데 필요한 서류를 도와주기 위해 사내 자료를 외부로 반출하였는데, 이 사실이 발각되자 甲회사는 丙에 대해서도 정직 1주일의 징계를 내렸다. 이에 乙은 자신에 대한 징계뿐 아니라 丙에 대한 징계까지 문제 삼아 甲을 상대로 손해배상을 청구하였다. 원심은 乙에 대한 견책은 정당하나 丙에 대한 징계는 부당하다고 보면서도, 丙이 원고로 소송에 참여하지 않았다는 이유로 乙이 丙의 손해에 대한 배상까지 청구할 수는 없다고 보았다. 그러나 대법원은 乙에 대한 견책도 부당하다고 판단하였고, 나아가 丙에 대한 징계 역시 단순히 丙의 권리만이 아니라 乙이 안전한 근로환경에서 일할 인격적 이익을 침해한 것으로 보아, 丙에 대한 불이익조치가 乙의 손해와 불가분적으로 연결된 이상, 乙이 자신의 손해로서 그 부분에 대해서도 배상청구를 할 수 있다고 판시하였다. 이 판결은 손해배상청구는 원칙적으로 자기 손해에 관하여만 가능하다는 대원칙을 유지하면서도, 성희롱 사건과 같이 피해자 보호 및 조력자에 대한 불이익이 피해자의 인격권 침해로 확장되는 특수한 맥락을 고려하여, 乙의 배상청구를 받아들인 데에 의의가 있다(大判 2017.12.22. 2016다202947).

(2) 법인

법인이 그 재산이나 명예에 관련하여 손해를 입은 경우, 법인도 배상청구권의 주체가 될 수 있다. 다만 법인의 대표자가 손해를 입어 법인도 간접적으로 손해를 입게 된 경우에는, 이를 특별손해로 보아 예견가능성이 있었을 경우 제한적으로 배상청구를 인정할 수도 있을 것이다.

* 권리능력 없는 사단의 손해배상청구 : 불교 종단인 甲종단이 소속 하부조직인 乙지회의 신도들인 丙, 丁 등에 대하여 乙지회의 적립금을 무단 인출하여 부동산을 매수한 행위에 대해 손해배상을 청구하였다. 甲종단은 乙지회가 자신에게 소속된 기관에 불과하므로, 그 적립금은 甲종단의 소유이며, 이를 무단 인출한 것은 자신에 대한 불법행위라고 주장하였다. 그러나 법원은 乙지회가 비록 법인격은 없지만, 일정한 목적 아래 다수의 불교신자들이 조직적으로 결합하여 정기적 회합과 자치적 운영을 지속해왔고, 운영 및 재산관리도 독립적으로 이루어진 점을 들어, 乙지회는 권리능력 없는 사단으로서 법률상 단체성을 가진다고 판단하였다. 이에 따라 법원은 지회 명의의 재산이 그 단체 구성원들의 총유에 속하며, 丙 등이 이를 임의로 인출한 행위는 甲종단에 대한 불법행위가 아니라 乙지회 자체에 대한 불법행위에 해당한다고 보아, 손해배상청구권은 甲종단이 아닌 권리능력 없는 사단인 乙지회에게 귀속된다고 판시하였다(大判 1996.7.12. 96다6103).

(3) 태아

태아는 손해배상청구권에 관하여 이미 출생한 것으로 본다(제762조). 예를 들어 산모에게 의사가 잘못된 피를 수혈했을 경우, 산모 뿐 아니라 태아 역시 가해자인 의사에 대하여 손해배상청구권을 갖게 된다. 다만 출생하기 전까지는 손해배상청구권을 행사하지 못하다가, 출생을 하고 나서야 비로소 해당 불법행위가 있었던 시기로 소급하여 마치 그때 이미 출생해 있었던 것처럼 손해배상청구권을 행사할 수 있다(大判 1976.9.14, 76다1365: 정지조건설). 기형아로 태어난 아이가 임신중 마약을 복용했던 자신의 모친에게 (건강한 아이를 출산하는 데 필요한) 주의의무위반으로 인한 손해배상을 청구할 수 있느냐가 문제되는데, 이때는 모친의 주의의무위반과 자식의 기형출생 사이에 존재하는 인과관계를 증명하는 것이 필요하다.

(4) 위자료청구권자

직접적 피해자가 아니더라도 그 불법행위로 인하여 '정신적 고통 emotional distress'을 받은 자는 그 가해자에게 위자료를 청구할 수 있다. 특히 생명침해의 경우 피해자의 직계존속, 직계비속 및 배우자는 증명책임 없이(大判 1978.1.17, 77다1942) 위자료청구권을 갖는다(제752조). 물론 민법 제752조에 규정된 친족 이외의 친족도 그 정신적 고통에 관한 증명을 함으로써 위자료를 청구할 수 있다. 다시 말해 제752조는 위자료청구권자의 자격을 제한하기 위한 규정이 아니고 그 정신적 고통에 관한 거증책임을 경감하는 취지의 규정에 불과하다고 봐야 한다(大判 1967.9.5, 67다1307). 한편 피해로 인한 정신적 고통을 느낄 수 없는 유아도 장래에 감득할 정신적 고통에 대한 위자료청구권을 갖는다(大判 1971.3.9, 70다2992). 사실상의 혼인관계에 있는 배우자도, 다른 배우자가 상해를 입은 경우에 위자료청구권을 갖는다(大判 1969.7.22, 69다684).

> *사실혼배우자와 자녀의 위자료청구권 : 乙 회사의 과실로 인한 사고로 甲이 사망함에 따라, 甲과 혼인신고는 하지 않았으나 사실혼 관계에 있었던 丙과 그 사이에서 출생한 자녀 丁이 乙을 상대로 손해배상을 청구하였다. 丙과 丁은 모두 甲과의 혈연 또는 혼인관계에 대한 호적상 등재가 없었으나, 丙은 甲과 결혼식을 올리고 공동생활을 하며 사실혼관계를 유지해왔고, 丁은 丙과 甲 사이에서 출생하여 함께 생활해온 자녀였다. 乙은 丙과 丁이 법률상 친족이 아니므로 丙과 丁에게 손해배상을 해줄 수 없다고 하였다. 그러나 대법원은 민법 제752조에서 말하는 '친족' 개념이 호적에 따른 법률상 친족관계에 한정되지 않고, 일정한 공동생활과 유대관계를 바탕으로 한 사실상의 친족관계도 포함된다고 해석하였다. 따라서 丙과 丁이 비록 호적상 甲의 배우자나 자녀로 등재되어 있지 않더라도, 丙이 사실혼 배우자로서 甲과

실질적인 혼인생활을 영위하였고 丁이 그 사이에서 출생한 자녀로서 함께 생활하였다면, 이들은 민법 제752조에 따라 甲의 사망으로 인한 정신적 손해에 대하여 손해배상을 청구할 수 있는 자격이 있다고 판단하였다(大判 1975.12.23. 75다413).

* 외조부의 위자료청구권 : 甲이 교통사고로 인해 노동능력의 약 60%에 해당하는 중대한 부상을 입자, 동일 호적에 등재되어 있고 함께 생활하던 외조부 丙이 국가를 상대로 위자료를 청구하였다. 피고측은 丙이 민법 제752조에 열거된 친족의 범위에 포함되지 않으므로 위자료를 청구할 수 없다고 다투었다. 그러나 법원은 丙이 甲과 같은 호적에 등재되어 있으며 실질적으로 함께 거주하고 있는 점에 주목하고, 이러한 가족적·생활공동체적 관계에 비추어 볼 때, 甲이 중대한 부상을 입은 사실만으로도 丙에게 상당한 정신적 고통이 발생하는 것은 경험칙상 명백하다고 판단하였다(大判 1967.12.26. 67다2460).

* 누나의 위자료청구권 : 甲은 2017년 4월 24일 乙이 운영하는 병원에서 수면내시경 검사를 받던 중, 혈중 산소포화도가 급격히 저하되었음에도 병원 측이 이를 제때 인지하거나 적절한 응급조치를 취하지 않아 중증 뇌손상을 입고 그해 5월 13일 사망하였다. 乙은 당시 정상적으로 작동하던 산소포화도 측정기의 경고음을 인지하지 못한 채 검사를 계속하였고, 이후에도 산소마스크 착용과 에피네프린 주사 투여 외에 기도 확보나 기관내삽관 등의 필수적인 처치를 하지 않은 채 방치하였다. 이에 甲의 아버지 A, 어머니 B, 누나 C는 甲의 사망으로 인한 정신적 고통에 기하여 乙을 상대로 위자료를 청구하였다. A, B는 민법 제752조에 따른 직계존속으로서 당연히 위자료청구권자가 되지만, 누나 C는 해당 조문에 명시되지 않아 정신적 고통의 증명이 필요하였는데, C는 甲과의 생전 관계, 사망에 따른 정신적 고통의 내용 등을 증거와 경험칙에 따라 증명함으로써 고유한 위자료청구권을 인정받았다. 재판부는 A, B에게 각 200만 원, C에게는 100만 원의 위자료를 지급도록 乙에게 명하였다(仁川地判 2020.10.23. 2020가단229078).

* 위자료청구권의 양도·상속 : 위자료청구권은 정신적 고통에 대한 금전적 배상청구권으로서 일단 성립한 후에는 다른 재산권과 같이 독립적인 권리성을 갖는다. 따라서 위자료청구권이 아직 금전채권으로 구체화되지 않았더라도 일반 금전채권처럼 상속이 가능하고(大判 1966.10.18. 66다1335) 양도 역시 가능하다(大判 1976.4.13. 75다396).

* 위자료지급의무의 상속 : 甲은 아내 乙과 2007년 혼인신고를 마치고 자녀 4명을 둔 가장이었는데, 丙은 2011년경부터 甲의 아내 乙과 직장동료로 지내다가 乙이 유부녀임을 알면서도 지속적인 내연관계를 맺었다. 甲이 2015년 문자메시지를 통해 이를 인지한 후에도 乙과 丙의 관계는 계속되었다. 丙은 2015년 9월 1일 甲에게 불륜중단과 손해배상 의사를 담은 각서를 작성했으며, 이후 내연관계로 인한 심적 고통으로 2016년 9월 스스로 생을 마감하였다. 이에 甲은 丙의 부모인 F와 M을 상대로 위자료를 청구하였고, 법원은 제3자인 丙이 甲과 乙의 혼인 파탄 사실을 인지하고

도 부정행위를 지속하여 甲과 乙의 부부공동생활을 침해한 행위가 불법행위를 구성한다고 판단하였다. 또한 丙의 손해배상의무는 일신전속적 의무가 아닌 재산적 채무로서 사망 후 F와 M에게 상속된다고 보았고, 그 금액은 丙이 작성한 각서와 부정행위의 경위·기간, 가족관계, 이후 정황 등을 참작하여 총 천만 원으로 산정하여, F와 M에게 각 5백만 원씩의 위자료 지급을 명하였다(木原埼法安山支判 2017.6.9., 2016가단70522).

3. 손해배상액의 산정

(1) 기준시점

불법행위시를 원칙으로 하되, 사실심 변론종결시까지의 지연손해금을 청구하는 것도 허용되어야 한다(大判 1994.2.25., 93다38444). 예를 들어 금전적 손실의 경우 불법행위 당시의 피해액에 사실심 구두변론종결시까지의 지연이자를 합쳐서 배상액을 산정할 수 있다. 그리고 신체의 부상이 손해인 경우에는 사실심변론종결 시점을 기준으로 하여야 한다(金亨培/金奎完, [4. 816])

* 불법행위에 기한 손해배상채무의 변제기 : 불법행위를 저지른 가해자는 그 불법행위의 시점부터 손해배상채무를 부담한다. 불법행위에 기한 손해배상채무의 변제기는 불법행위 직후이다. 물론 불법행위가 발생한 시점에는 손해배상액을 확정할 수 없는 경우가 대부분이지만, 불법행위에 기한 손해배상채무는 그 발생 시점부터 지체책임이 성립한다(大判 2018.7.20., 2015다207044). 예를 들어 타인의 불법행위로 인하여 상해를 입고 그 때문에 사망한 자는 상해를 입음과 동시에 가해자에 대하여 장래의 일실이익에 따른 손해배상청구권을 취득한다(大判 1993.3.9., 92다48413).

* 산정액과 실제 배상액의 차이 : 법원에서는 사실심 구두변론종결시까지의 지연이자만을 합쳐서 배상액을 산정하지만, 실제 손해배상의무자가 피해자에게 배상하는 금액은 대개 그 산정된 금액보다 더 많다. 손해배상의무자가 사실심 판결 즉시 배상채무를 이행하는 경우는 드물기 때문이다. 그리고 그 손해배상채무의 이행을 구하는 소장 또는 이에 준하는 서면이 가해자에게 송달된 날의 다음부터는 소송촉진 등에 관한 특례법에 따라 연 12%의 고이자율로 지연이자가 발생한다. 가해자인 피고가 항소 또는 상고하더라도 그러한 상소가 각하되거나 기각되거나 심리불속행되면, 배상액은 눈덩이처럼 불어난다. 물론 대법원이 파기환송하면 원심인 사실심에서 새로 변론을 열어 재판할 것이므로 손해배상액이 다시 정해질 수 있다.

(2) 일실이익의 산정

1) 수입액의 산정 : 일실이익(逸失利益)은 수입액과 평균적 노동가능연수를 기초로 산정한다. 피해자가 직장인으로서 급여명세표가 존재한다면, 사고 당시

의 실제소득을 기준으로 수입액을 산정한다. 만약 호봉승급분이 확정되어 있다면, 그렇게 장차 증가될 임금수익을 기준으로 산정된 일실이익의 손해도 통상손해에 해당한다(大判 1989.12.26., 88다카6761). 일정한 수입이 없던 피해자(예를 들어 무직자, 취업전의 미성년자, 학생, 영세수입의 일용노무자 등)에 대해서는, 장래에 수입이 없을 것이라고 볼만한 특별한 사정이 없는 한, 보통사람으로서 누구나 종사하여 얻을 수 있는 일반노동임금을 기준으로 수입액을 산정한다(大判 2001.8.21., 2001다32472). 원칙적으로 시중노임단가에 의해 산정하는데(大判 1996.3.22., 95다20669), 건설물가월보나 농협조사월보상의 보통인부 1일 노임에 매월 18일을 곱하여 월수입을 산정한다. 주부(主婦)에 대해서는 여성고용근로자의 평균임금을 기준으로 계산하였으나(大判 1987.10.26., 87다카346), 오늘날엔 일반노동임금을 기준으로 수입액을 산정한다. 개인기업가에 대해서는 기업수익 중에서 기업주 개인의 기여분상당액을 기초로 하여 수입액을 계산한다.

> * 개인기업가의 일실이익 산정 : 개인기업을 경영하는 기업주의 경우, 소득세법상의 사업소득금액을 기준으로 삼아 기업주의 노무 등 개인의 기여 정도에 따른 일실이익을 산정하여야 한다. 따라서 사업소득금액으로부터 사업에 투하된 자본이 기여한 자본수익금액은 공제하여야 한다. 하지만 사업을 경영하기 위하여 임차한 점포의 차임과 같은 필요경비는 사업소득금액을 결정하는 과정에서 이미 공제되었으므로 다시 공제할 것이 아니다(大判 1989. 10. 27., 89다카5222).

2) 가동연수 : 가동연한(可動年限)에 대해서는 획일적 기준이 없으나 일반육체노동자의 가동연한은 보통 만 65세까지로 본다(大判 2019.2.21., 2018다248909). 물론 프로야구 선수는 40세(大判 1991.6.11., 91다7335), 술집마담은 50세(大判 1979.11.27., 79다1332·1333), 미용사·사진사·정비업자는 55세, 목공·기술사·행정사·보험모집인·식품소매업자는 60세, 변호사는 70세(大判 1993.2.23., 92다37642), 법무사도 70세(大判 1992.7.28., 92다7269), 목사도 70세(大判 1997.6.27., 96다426) 등 직종에 따라 다양한 가동연한이 적용된다. 공무원처럼 법률상 정년(定年)이 정해져 있는 경우에는 그 정년에 따라 정해진다(大判 2001.3.9., 2000다59920). 외국 거주자는 해당 국가의 가동연한을 기준으로 한다(大判 1995.5.12., 93다48373). 월평균 가동일은 1992년에 대법원이 월 25일로 보았으나(大判 1992.12.8., 92다26604), 1990년대 후반부터는 월 22일로 감축되었고, 2024년에는 월 20일로 감축되었다(大判 2024.4.25., 2020다271650). 가동개시연령은 예전에 남자 23세, 여자 20세부터 수입이 있는 것으로 추정하였으나(大判 1968.1.31., 67다2764), 현재는 원칙적으로 성년이 되는 만 20세부터 수입이 있는 것으로 추정한다(大判 2000.4.11., 98다33161). 다만 남자의 경우에는 병역이 면제되는 등 특별한 사정이 없는 한 병역복무기간이 가동기간에서 제외된다. 그리고 미성년자라 하

더라도 사고 당시 현실로 수입이 있었고, 그러한 수입이 계속적이라고 인정될 경우 사고 당시부터 수입상실을 인정 받는다.

3) 노동능력상실률 : 노동능력상실률(勞動能力喪失率)이란 신체기능이 완전했을 때와 비교하여 신체기능이 영구적으로 장애를 일으키거나 훼손된 비율을 가리킨다. 여기서 영구적 장애 또는 훼손이란 치료 종결 후에도 더 이상의 호전을 기대할 수 없는 상태를 말한다. 노동능력상실의 정도는 원칙적으로 전문의인 의사가 신체감정을 하여 판정한다. 예를 들어 피해자의 월급여가 500만 원이고, 노동능력상실률이 30%이면, 피해자의 월 손해액은 150만 원이 된다. 한편 노동능력상실을 판정할 때는 피해자의 직업도 고려하여야 한다. 피해자가 특수직업 종사자임을 가해자가 알 수 없었다는 사정은 고려하지 아니한다.

* 농구특기생의 부상과 노동능력상실률 : 2013년 H시 소재 J고등학교에 체육특기생(농구)으로 입학한 甲은 2013.5.24. K고등학교 체육관에서 연습경기 중 다른 학생과 부딪쳐 좌측 전방십자인대가 파열되어 재건술을 받았고, 2015.12.11. 농구부 훈련 전 워밍업을 위한 사이드스텝 동작 중 중심을 잃고 넘어져 우측 전방십자인대가 파열되어 재건술을 받았다. 이후 甲에게는 양측 슬관절 전방불안정성이라는 영구적 신체장해가 남았으며, 이는 농구선수로서 사실상 경력을 지속하기 어려움을 의미했다. 하지만 신체감정 결과 운동범위 감소소견이 없고 보조구를 착용할 필요가 없을 것으로 판단되어 일상생활이나 일반 사무직, 정적인 직업 활동에는 별다른 제한이 없는 것으로 평가되었다. 학교안전사고 예방 및 보상에 관한 법률에 따라 설립된 공제회 乙은 의학적 신체기능장애율에 대한 위 감정 결과를 토대로 甲의 노동능력상실률을 15%로 적용해야 한다고 주장했다. 그러나 법원은 단순한 의학적 신체기능장애율이 아니라 피해자의 연령, 교육 정도, 종전 직업의 성질과 직업경력, 기능 숙련 정도, 신체기능장애 정도 및 유사직종이나 타직종의 전업가능성과 그 확률 기타 사회적·경제적 조건을 모두 참작하여 경험칙에 따라 노동능력상실률을 정해야 한다면서 甲에게 40%의 노동능력상실률을 인정하였다(大邱地法 2019.11.14., 2018가합204620).

4) 생활비공제 : 사망 피해자의 경우 그가 장래 얻을 수 있었을 수익으로부터 생활비를 공제하여야 한다. 사망 피해자는 장래 얻을 수 있었을 이익을 사망사고로 인하여 상실하는 동시에, 생존했었다면 장래 지출하여야 했을 생활비를 사망사고로 인하여 면하게 되기 때문이다. 생활비에는 단순한 식생활에 드는 비용뿐만 아니라 피복비·주택비·교통비·문화비 등 생활에 필요한 여러 비용이 포함된다. 물론 피해자가 사망하지 않은 때는 생활비를 공제하여서는 안 된다. 한

편 불법행위로 사망한 미성년자의 일실이익을 산정함에 있어서는 그자의 성년에 이르기까지의 생활비는 공제하지 아니한다. 왜냐하면 그것은 친권자나 부양의무자의 부담이기 때문이다(大判 1970.02.23., 69다1388).

* 세금공제? : 불법행위로 인한 피해자의 일실수입을 산정함에 있어서 세금 기타 공과금을 공제하여서는 안 된다. 사망 피해자에게 생존 당시 소득세 등이 원천징수되고 있었던 경우라고 하더라도 소득 그 자체는 세금이 공제되지 아니한 액을 가리키는 것이기 때문이다(大判 1981.03.24., 80다2578). 만약 이를 공제해서 일실이익을 산정한다면 국가는 다시 그 배상금에 대하여 소득세법이나 상속세법에 따라 과세할 수 있게 되어 피해자 유족은 2중으로 세금을 납부하는 결과가 된다.

　　5) 중간이자의 공제 : 일실이익을 미리 당겨서 한꺼번에 배상받게 되면, 장래 수입액 중에서 그 당겨진 기간의 이자만큼을 중간이자로서 공제해야 한다. Hoffmann식은 위 이자를 계산함에 있어 이자를 단리(單利)로 적용한 것이고, Leibniz식은 이를 복리(複利)로 적용한 것이다. 현재 민사소송에서는 관행상 호프만식이 적용되고 있다.

* 호프만식 이자공제율 계산방법 : 호프만식으로 중간이자를 공제하기 위해서는 먼저 호프만계수를 산출하여야 한다. 호프만계수는 연 5%의 이율에 가동연한까지의 기간을 곱하고 거기에 1을 더한 숫자만큼을 분모로 하여 계산한다. 가동연한까지의 기간이 대략 10년이면 어림잡아 20% 정도 공제되는 것이 보통이다.

(3) 물적 손해배상액의 산정

　　1) 물건의 멸실·훼손 : 물건이 멸실(滅失)했을 때는 멸실 직전의 교환가격(大判 2003.1.10., 2000다34426)을 기준으로 산정한다. 멸실 이후 사실심 변론종결시까지 목적물의 가격이 등귀하였다 하더라도 그로 인한 손해는 특별한 사정으로 인한 것이어서 채무자가 그 사정을 알았거나 알 수 있었을 때에 한하여 손해배상을 청구할 수 있다(大判 1993.5.27., 92다20163). 그리고 물건이 훼손(毁損)되었을 때는 수리비 및 휴업손해(또는 대체 물의 차임) 그리고 가치감소분(大判 2006.4.28., 2005다44633)을 배상한다. 수리로 인하여 교환가치가 증가하였다면 수리비에서 그 교환가치 증가분을 공제한 금액이 손해가 된다(大判 2004.2.27., 2002다39456). 휴업손해에는 영업이익 뿐 아니라 영업중단과 상관없이 계속 지출해야 하는 비용도 포함된다(大判 2018.9.13., 2016다35802).

* 격락손해와 수리비 : 물건훼손으로 인한 교환가치 감소액을 격락손해(格落損害)라 부른다. 그런데 이러한 격락손해가 발생했어도 물건의 수리가 가능하다면 그 수

리비만 손해액이 된다(大判 1991.7.23.). 어떤 경우에는 수리를 통해 교환가치 감소액보다 더 낮은 비용으로 원상복구가 가능하고 교환가치도 회복되기 때문이다. 만약 훼손된 물건이 자동차인데 수리가 가능함에도 수리하지 않고 계속 사용했다면 손해는 없는 것으로 한다. 자동차사고로 자동차 교환가치가 감소했더라도 수리하지 않고 자동차 사용가능기간이 다 될 때까지 자동차를 그대로 사용한다면 사고이력이 없어 교환가치의 감소가 손해로 현실화되지 않을 것이기 때문이다.

2) 물건의 불법점유 : 물건이 불법점유되었을 때는 차임상당액이 손해액이다. 농지가 불법점거된 때는 그 농지의 연수확량에서 점유비용을 공제한 액수가 손해액이다(大判 1964.12.22. 64다810). 만약 불법점거자가 타인의 토지를 공로에 이르는 통로로 통행함에 그치고 통행지 소유자의 점유를 배제할 정도의 배타적인 점유를 하고 있지 않았다면 손해액을 감경할 수 있다(大判 2023.3.13. 2022다293999).

3) 부당소송과 변호사비용 : 변호사비용은 상대방의 부당소송으로 인한 통상손해이지만(大判 1968.7.2. 68다593), 실제로 변호사에게 지급한 전액이 아닌 상당액수로 제한된다(大判 1970.3.10. 69다201). 물론 변호사강제주의를 택하지 않고 있는 우리법제 하에서 불법행위 자체와 변호사비용 사이에 상당인과관계는 없다(大判 1996.11.8. 96다27889). 부당소송을 당한 사람은 통상적으로 변호사를 선임할 수밖에 없는 것이지만, 일반적으로 불법행위의 피해자가 통상적으로 변호사를 선임한다고 보기는 어렵기 때문이다.

(4) 정신적 손해배상액의 산정

위자료(慰藉料 Schmerzensgeld)는 금전적 가치와 결부된 정신적 손해를 보정하는 기능만이 아니라 응보적 기능도 아울러 갖는다. 따라서 실제 발생한 정신적 고통의 크기 못지않게 가해자의 고의 및 과실 여부, 주의의무 여부, 배상능력, 형사처벌 여부 등도 산정에 기준으로 작용한다. 따라서 고의의 가해자, 경제력 있는 가해자는 더 많은 위자료를 지불하며, 더 무겁게 형사처벌된 가해자 역시 더 많은 위자료를 지불하게 된다. 그러나 정신적 고통의 크기는 일반적 피해자를 기준으로 평가하기 때문에, 피해자가 자기 직업에 갖고 있던 개인적 애착, 자기 얼굴이나 몸매에 대해 유별나게 갖고 있던 자부심, 결혼에 대해 남달리 걸고 있던 기대 같은 것은 위자료산정에 고려의 대상이 되지 않는다.

* 가해자에게 고의가 없었다는 이유 등으로 위자료채무를 인정하지 않은 예 : 2020년 1월 24일 오전 7시 10분경 경기도 여주시의 한 도로에서, 차량을 운전하던 乙이 정차 중이던 甲의 차량을 후방에서 충격하는 사고가 발생하였다. 사고 이후 乙의 보험자인 E 주식회사는 甲의 차량 수리비로 53만 원 상당을, 甲과 그 동승자들의 치료

비로 900여만 원을 지급하였으나, 양측 간에 합의는 이루어지지 않았다. 乙은 甲이 실질적인 부상을 입지 않았음에도 과장된 치료와 고액의 합의금을 요구하고 있다며, 甲에 대하여 더 이상의 손해배상채무는 없다고 주장하였다. 반면 甲은 乙이 진로를 방해하였다는 이유로 경적을 울리며 따라붙어 고의로 추돌하였고, 사고로 인한 요추부 손상으로 노동능력의 24%를 3년간 상실하였으니, 이에 따른 일실수익과 상당한 위자료를 청구할 수 있다고 맞섰다. 그러나 법원은 의료감정 결과 甲의 요추부에 추간판 탈출증이나 신경 압박 등 노동능력 상실을 인정할 만한 객관적 근거가 존재하지 않고, 甲이 제출한 영상 자료와 사고 경위를 고려하더라도 乙의 고의적 충돌을 단정할 수 없으며, 충격의 정도와 상해 내용이 경미한 데 비해 8개월간 장기 치료를 지속한 점에 비추어 볼 때, 정당한 위자료 청구권의 존재도 인정할 수 없다고 판시하였다(서울東部地判 2021.8.20, 2020가단141675).

* 부정행위자의 경제력 등을 감안하여 위자료를 정한 예 : 甲은 2016년 H와 혼인하여 2021년 출생한 자녀 D를 공동으로 양육하던 중, 2022년 10월경부터 乙과 H가 지속적인 부정행위를 해왔다는 사실을 12월에 알게 되었고, 이로 인해 혼인관계는 회복 불가능할 정도로 훼손되었다. 이후 甲은 H와 별거에 들어가 미성년 자녀 D를 단독으로 양육하게 되었으며, 공황장애 진단까지 받는 등 중대한 정신적·육체적 고통을 겪게 되었다. 법원은 乙과 H의 부정행위가 일시적인 일탈이 아닌 반복적이고 계속적인 관계였으며, 그로 인해 甲의 혼인생활이 실질적으로 침해되었음을 인정하였다. 특히 위자료 산정에 있어 법원은 단지 행위의 위법성과 피해자의 고통뿐 아니라, 당사자들 각자의 나이, 경력, 사회적 지위, 그리고 경제력을 종합적으로 고려하였다. 이에 따라 법원은 乙에게 甲에 대한 위자료로 3,001만 원을 지급하도록 명령하였다(釜山地判 2023.6.1, 2022가단354166).

* 가해자에 대한 형사처벌의 정도 등을 고려하여 위자료를 정한 예 : 乙은 甲에 대한 범죄행위로 2022년 2월 대전지방법원에서 징역 1년 2월의 실형을 선고받았고, 이후 항소심에서 징역 1년에 집행유예 2년으로 감형되어 그 판결이 확정되었다. 이에 甲은 乙을 상대로 위자료 460만 원 등 총 1,000만 원의 손해배상을 청구하였다. 법원은 乙의 유죄가 확정된 형사판결이 민사재판에서도 유력한 증거가 됨을 전제로, 그 사실관계를 재확인하였다. 나아가 위자료의 인정 여부 및 액수 산정에 있어 단순히 가해행위의 존재뿐 아니라 범행의 경위, 양 당사자 사이의 관계, 그리고 乙에게 실제로 부과된 형사처벌의 정도를 함께 고려하여 위자료 460만 원이 적정하다고 판단하였다(大田地判 2023.11.10, 2023나201117).

4. 손해배상액의 조정

(1) 과실상계

1) 의 의 : 과실상계(過失相計)란 불법행위에 관하여 피해자에게도 과실이

있을 때 손해배상책임 및 배상금의 액수를 정함에 있어 이를 참작해야 한다는 것이다. 과실책임의 원칙에 따라, 가해자는 자기 과실로 인한 손해부분에 대해서만 책임을 지고, 피해자의 과실로 인한 손해부분에 대해서는 피해자가 이를 스스로 부담하게 해야 하기 때문이다.

  2) 적용규정 : 과실상계에 관해서는 이미 채무불이행법에 규정($_\text{조}^{제396}$)이 있으며, 이는 불법행위에도 준용된다($_\text{조}^{제763}$).

  3) 피해자의 과실 정도 : 과실상계에 있어 피해자의 과실은 불법행위책임을 적극적으로 부담시키는 것이 아니라 공평의 관점에서 피해자의 부주의를 참작하는 것에 불과하기 때문에, 불법행위법에 있어서와 같은 정도의 의무위반이 아니라 할지라도, 사회통념상, 신의성실상 요구되는 약한 부주의만 있으면 이것도 상계에 있어 고려 대상이 된다($_\text{2000다29028}^{大判 2000.8.22.}$). 특히 판례는 불법행위 피해자에게 불법행위로 인한 손해의 확대를 방지하거나 감경하기 위하여 노력하여야 할 일반적 의무를 인정하고 있다($_\text{2006다20580}^{大判 2006.8.25.}$). 피해자 본인의 과실이 아니라 신분상의 관계를 고려하여 실질적으로 피해자와 동일시할 수 있는 자의 과실이 있는 경우, 그 과실도 상계될 수 있다($_\text{91다30156}^{大判 1991.11.12.}$).

* 형의 과실로 동생의 손해액을 상계한 예 : 택시 운전사인 甲은 1989.3.2. 22:30경 대구 계산오거리에서 서성사거리 쪽으로 우회전하다가 때마침 반대차선에서 신호 대기중이던 乙의 오토바이가 중앙선을 넘어 인도 쪽으로 가로질러 건너가는 것을 미처 피하지 못하고 택시 앞부분으로 오토바이의 우측 뒷부분을 들이받아 넘어뜨렸다. 이로써 乙은 우측 대퇴골 및 경골간부 분쇄골절의 부상을 입었고, 그 오토바이 뒷좌석에 타고 있던 乙의 동생 丙은 그 자리에서 사망하였다. 원심은 甲과 乙의 과실비율을 5:5로 정하였다. 丙의 유족은 乙에게만 과실이 있었을 뿐 丙에게는 과실이 없었으므로, 丙의 손해액을 산정함에 있어 乙의 과실로 상계를 해서는 안 된다고 주장하였다. 그러나 법원은 비록 丙에게 직접적인 과실이 없더라도, 乙과 丙 사이에 신분상·생활상의 밀접한 공동체적 관계가 존재하므로, 丙의 손해배상액 산정에 있어 乙의 과실을 참작하는 것이 정당하다고 판시하였다($_\text{91다30156}^{大判 1991.11.12.}$).

* 환자의 수술 거부로 인한 자초 손해 : 교통사고로 척추 손상을 입은 甲은 의료진으로부터 요추 제5번–천추 제1번 추체 간격의 손상에 대해 척추유합술을 권고받았다. 그러나 甲은 해당 수술이 위험하거나 중대한 시술이 아니며 통증 경감 및 기능 호전을 기대할 수 있었음에도 이를 특별한 의학적 사유 없이 거부하였다. 이에 따라 수술을 받았을 경우 방지되었을 통증 지속과 기능 저하 등의 손해는 의료행위 거부로 인한 자초(自招) 손해에 해당하는 것이 되었고, 법원은 그 손해에 대한 피고의 책임을 일부 감경하였다($_\text{2009다95714}^{大判 2010.3.25.}$).

* 고가의 난화분을 제대로 고정하지 않은 부주의 : 2013년 8월, 싼타페 승용차를 몰고 경남 창원시 의창구 북창원 IC 인근 터널을 지나던 甲은 추돌사고를 당했다. 터널 안에서 난 사고로 급정차한 甲의 차량을 뒤따라오던 乙이 뒤 범퍼를 들이받은 것이다. 그런데 그로 인해 甲 차량 트렁크에 실려 있던 고가의 한국란(韓國蘭) 화분들이 파손되어 9종류의 난 상당수가 결국 말라죽고 말았다. 고사한 난 중에는 한 촉당 1천만 원을 호가하는 것도 있었다. 이에 甲은 乙과 그 자동차보험사를 상대로 1억 8,960만 원 상당의 손해배상을 구하였다. 이에 대해 우리법원은 가장 낮은 7-격의 감정가를 기준으로 총 손해액을 1억 4,480만 원으로 산정한 다음 乙측이 그 손해액의 55%만 지급하도록 했다. 고가의 난화분을 운반하면서 허술한 거치대에 화분을 고정했고 차량 후미에 고가물품을 운반한다는 표지도 없이 운행했다는 점에서 甲에게도 일부 과실이 있다는 이유에서였다(光州地判 2017.7.26.
2015가단513805).

* 아파트 환풍구 추락사건 : 甲(당시 48세)은 자신이 살던 광주광역시의 한 아파트 단지 내 발전기 환풍구 8m 아래 지하 바닥에서 의식을 잃은 채 발견됐다. 이 사고로 甲은 사지마비로 보행이 불가능해 침상에 누워있어야만 하게 됐고 식사는 튜브를 통해서만 가능한 데다 정상적인 의사소통마저도 불가능해졌다. 그러나 아파트 시설관리 주체인 입주자 대표자회의와 위탁관리업체는 안전 점검을 지속해서 했고 해당 환풍구 가림막에 일반인이 평소 접근하지 않으며 대부분의 환풍구 시설도 상황이 비슷하다고 해명하였다. 법원은 피해자가 사고 당시 술에 취해 있었으며 보행 중에 통화를 하고 있었다는 점, 지면과 수직으로 설치된 환풍구의 가림막과 함께 어떻게 추락했는지 알 수 없을 정도로 사고 경위가 이례적이라는 점을 들어 피해자에게도 40%의 과실을 인정하였다(光州高判 2023.10.18.
2023나21343).

4) 과실상계의 제한 : 피해자의 부주의를 이용하여 고의로 불법행위를 한 자가 그 피해자의 과실을 이유로 과실상계를 주장하는 것은 신의칙에 반하는 경우 허용되지 않는다(大判 1995.11.14.
95다30352). 다만 공동불법행위의 경우 가해자 일부가 고의였다 하여 다른 가해자까지 과실상계의 주장을 할 수 없는 것은 아니다(大判 2010.8.26.
2010다37479). 피용자의 고의 불법행위에 따라 사용자책임을 지는 경우 사용자는 피해자의 과실을 주장하여 사용자책임을 상계할 수 있다(大判 2002.12.26.
2000다56952).

* 대표이사의 횡령과 이사의 감독소홀 간 과실상계? : 甲은 학교법인의 설립자이자 이사 및 산하 고등학교의 교장으로 재직하면서, 회계서류를 허위로 조작하여 실제보다 과다하게 지출된 것처럼 가장하고 그 차액을 개인 용도로 유용하는 방식으로 횡령을 저질렀다. 이에 대해 교사들이 집단 항의와 고발에 나섰고, 교육당국의 감사 시도도 있었으나 물리적 저지로 무산되었다. 甲은 형식적으로만 이사들을 등재해 둘 뿐, 사실상 단독으로 법인을 운영하며 이사들의 인장까지 확보하여 법인의 전반적 업무를 임의로 집행해 왔다. 甲은 다른 이사들의 감독 부재를 이유로 책임을 감경해 달라고 주장하였으나, 법원은 고의적 불법행위자에게 과실상계

제2장 불법행위 167

를 적용할 수 없고, 오히려 甲이 이사들을 형식적으로만 등재해 두고 단독 집행을 해온 사정을 감안할 때 그러한 주장은 배척된다고 판시하였다(大判 1995.11.14. 95다30352).

* 대우전자의 고의 분식회계와 이에 대한 투자자들의 인지를 과실상계 : 대우전자는 1997-1998 회계연도에 걸쳐 재무제표상 자산을 약 2조 원 과대계상하고 당기순손실 약 1조 9,920억 원을 순이익 45억 원으로 허위 기재하는 방식으로 대규모 분식회계를 실시하였다. 이에 투자자들은 허위 재무제표를 신뢰하고 대우전자 주식을 매수하였다가 손실을 입었고, 증권거래법 제186조의5에 근거하여 대우전자와 A회계법인에 손해배상을 청구하였다. 물론 투자자들도 대우전자의 재무상태가 불안정하다는 점이 어느 정도 알려진 상황에서 주식을 취득했고, 이후에도 빠르게 매도하지 않고 보유를 지속했다는 점에서 일부 과실이 인정되었다. 투자자들은 대우전자의 분식회계가 명백한 고의의 불법행위이므로 과실상계를 해서는 안 된다고 주장했으나, 법원은 투자자의 손해를 전적으로 대우전자의 책임으로 보는 것은 형평에 반한다는 점에서 일부 제한이 가능하다고 판시했다(大判 2007.10.25. 2006다16758).

* 공동불법행위자 중의 일부는 과실의 가해자였던 경우 : 甲이 동거 중이던 처 乙을 살해했다는 신고를 받고 경찰관들이 출동하였으나, 경찰관들은 현장에 있던 丙 등에게 상황을 충분히 묻지 않은 채 구급차만 기다리며 甲을 제압하거나 乙을 격리하지 않고 방치하였다. 이러한 경찰관들의 방심을 틈타 甲은 乙을 살해하였다. 乙의 유족들은 甲과 국가를 공동피고로 하여 손해배상을 청구하였다. 법원은 고의의 가해자인 甲뿐 아니라 국가 역시 손해배상책임을 진다고 판단했다. 경찰관이 위험 징후가 명백한 상황에서 흉기 소지 여부를 확인하지 않고 가해자와 피해자를 분리하지 않은 조치는 직무상 의무를 위반한 것으로 보았기 때문이다. 다만, 乙이 폭행 피해 사실을 적극적으로 진술하지 않은 점과 甲과 乙이 부부로서 밀접한 신분관계를 맺고 있었던 점은 손해발생에 일부 기여한 것으로 보아 과실상계 및 책임제한이 가능하다고 판단하였다. 乙의 유족들은 甲이 고의의 불법행위자이므로, 甲과 공동불법행위자인 국가 역시 과실상계를 할 수 없다고 맞섰지만, 법원은 공동불법행위의 경우 가해자 일부가 고의였다 하여 다른 가해자까지 과실상계의 주장을 할 수 없는 것은 아니라고 판시하였다(大判 2010.8.26. 2010다37479).

* 고의의 불법행위에 대한 상대방 과실의 상계 : 甲은 1991년경부터 현대증권(乙)과 주식거래를 해오다 현대증권 직원인 丙의 소개로 계좌를 이관하고 새로운 거래를 이어갔다. 그런데 丙이 손실을 보전하겠다는 각서를 작성하고 매도 주문을 불이행하여 甲에게 손해가 발생하였다. 법원은 丙의 매도지시 불이행 행위가 고의의 불법행위에 해당한다고 보아 피용자인 丙의 행위에 대해 사용자인 乙이 사용자책임을 부담해야 한다고 판단하였다. 그러나 동시에 법원은 甲이 투자결정 과정에서 스스로 일정한 주의의무를 다하지 않았다는 점을 들어, 피해자인 甲에게도 과실이 있다고 보아 손해액의 20%를 제한하였다. 甲은 乙의 피용자인 丙의 불법행위가 고의의 불법행위이므로, 丙을 제대로 감독하지 못한 乙의 책임액이 상계되어서는 안 된다고 주장했으나, 법원은 피용자의 고의 불법행위에 따라 사용자책

임을 지는 경우 사용자는 피해자의 과실을 주장하여 사용자책임을 상계할 수 있다고 하였다(大判 2002.12.26, 2000다56952).

(2) 피해자의 체질적 소인과 질병 위험도

판례는 의료과오로 인한 손해배상액을 산정함에 있어서 피해자측의 귀책사유와 무관한 체질적 소인 또는 질병의 위험도 등을 고려하여 그 기여도에 따라 배상액을 감액할 수 있다고 한다. 당해 질환의 태양·정도 등에 비추어 가해자에게 손해의 전부를 배상시키는 것이 공평의 이념에 반하는 경우 그 손해배상액을 정함에 있어서 과실상계의 법리(제396조)를 유추적용하여 그 손해의 발생 또는 확대에 기여한 피해자측의 요인을 참작할 수 있다는 이유에서다(大判 1998.7.24, 98다12270).

* 피해자의 낮은 신체저항력을 고려한 책임감경 : 망인은 1995년 3월 자택에서 약 3미터 높이의 세탁실 창문에서 추락해 양측 종골 골절, 왼쪽 손목 골절 및 요추 압박골절상을 입고 병원에 입원하였다. 이후 두 차례에 걸쳐 정형외과적 수술을 받고 항생제 투여 등의 처치를 받았으나, 4월 중순부터 변비와 소화불량 증상을 시작으로 항문 주위 부종, 고열, 구토, 설사, 전신쇠약 등의 증세가 급격히 악화되었다. 병원은 4월 26일 패혈증 등의 가능성을 의심하고 전원을 결정하였으나, 환자는 이미 전신에 패혈증이 퍼진 상태에서 사흘 뒤인 5월 1일 사망하였다. 법원은 담당 의료진이 38도 이상의 고열, 설사, 구토, 항문통 등의 증상이 나타났을 시점에 패혈증을 의심하고 신속히 진단하거나 적절한 치료 조치를 취했어야 하며, 최소한 종합병원으로의 전원조치를 조기에 단행했어야 했음에도 이를 소홀히 하여 주의의무를 위반하였다고 보았다. 특히 환자의 임상증상이 이미 급성 패혈증의 전형적 경과를 보이고 있었음에도 이를 간과한 점을 중대하게 평가하였다. 다만, 법원은 손해배상책임의 범위를 제한하면서, 사망에 이른 감염균인 녹농균은 정상인의 장내에도 흔히 존재하며, 피해자의 낮은 신체저항력이 감염과 패혈증 진행에 유의미한 영향을 미쳤고, 그람음성 장관성 패혈증 자체가 치사율 40~60%에 이르는 치명적인 질병이라는 점을 들어, 전적인 책임을 의료진에게 귀속하는 것은 공평의 원칙에 반한다고 보아, 의료진의 책임비율을 40%로 제한하였다(大判 1998.7.24, 98다12270).

* 이미 3차례나 전신마취를 받은 암환자임을 고려한 책임감경 : 환자는 갑상선 유두암으로 림프절 다발성 전이가 확인된 상태에서 수술을 받았으며, 이후 경부 부종과 호흡곤란 등 합병증으로 인해 반복적인 수술과 처치를 받던 중 혈관조영술 시술 과정에서 의사의 기도삽관이 식도로 잘못 이루어지는 의료사고를 겪었다. 이로 인해 약 8분간 적절한 기도 확보와 산소공급이 지연되었고, 그 결과 심각한 저산소증에 의한 뇌손상이 발생하여, 환자는 중증의 기질적 뇌증후군과 사지마비라는 영구적인 장애를 입게 되었다. 법원은 의료진이 과거 수술 후의 경부 부종과 호흡곤란 증세를 이미 경험한 점을 감안할 때, 혈관조영술 시 호흡곤란 발생 가능성을 예견할

수 있었고, 따라서 응급 상황에 대비한 기도확보와 산소공급 준비를 철저히 했어야 한다고 판단하였다. 특히 삽관 실패로 인한 저산소 상태가 수분간 지속되었고, 그로 인한 뇌손상의 인과관계가 명백한 점에서 의료진의 주의의무 위반을 인정하였다. 다만 법원은 환자가 이미 암이 광범위하게 전이된 상태에서 3차례 전신마취를 받은 이력, 반복적인 기도삽관과 경부 부종, 폐부종 및 신부전 등의 기존 질환으로 인해 응급상황이 발생할 위험이 높았고, 기도 확보 자체가 일반적인 상황보다 훨씬 어려웠다는 점을 참작하여, 병원의 손해배상책임을 전체 손해의 55%로 제한하였다(大判 2010.7.8. 2010다20563).

* 박리성 두개골 원칙 : 참고로 영미법은 이른바 박리성 두개골 원칙egg-shell skull principle에 따라 피해자의 신체가 아무리 취약하더라도, 가해자는 전적인 책임을 진다는 원칙을 취하고 있다. 예컨대, 어떤 사람이 장난삼아 가볍게 누군가의 머리를 툭 쳤는데 상대방이 박리성 두개골, 즉 껍질이 매우 얇고 깨지기 쉬운 두개골을 갖고 있어 두개골 골절이나 뇌출혈 등 중대한 손해를 입은 경우라도 가해자는 그 결과 전체에 대하여 전적인 책임을 져야 한다는 것이다. 이는 독일법에서도 마찬가지로, 피해자에게 체질적 특수성이나 건강상의 취약성이 있었다는 사유가 가해자의 책임 감면에 영향을 미치지는 않는다고 한다. 이른바 완전배상Totalreparation의 원칙이 적용되기 때문이다.

(3) 손익상계

손익상계(損益相計)란 일반적으로 손해액을 산정할 때 같은 사건으로 인해 피해자가 얻은 이익을 손해액에서 공제하는 법리라 할 수 있다. 예를 들어 불법행위의 피해자 또는 그의 상속인이 불법행위로 인하여 불이익만을 받은 것이 아니라 그와 동시에 비용을 절감하거나 뜻밖의 소득을 얻은 경우 그 액수는 배상액에서 공제되어야 한다. 대표적인 것이 손해보험금(損害保險金)을 타게 된 경우이다. 다만 생명보험금(生命保險金)은 공제대상이 아니며, 부의금(賻儀金)도 공제대상이 아니라서 피해자가 그만큼 손해배상을 덜 받게 되는 것이 아니다. 연금(年金)도 손익상계의 대상이 되지는 않는다고 본다.

* 유족연금의 공제 : 퇴직연금, 공무원연금, 국민연금은 손익상계의 대상이 되지 않는다. 피해자 본인이 노동 또는 공적 기여에 따라 축적한 재산적 권리의 결과로 얻는 급부이기 때문이다. 하지만 유족연금(遺族年金)은 피해자의 사망이라는 특정 사정으로 인해 발생한 별도의 급부로서 불법행위로 인한 손해와 동일 원인에서 발생한 급부로 평가 가능하다. 판례는 피해자인 공무원의 유족이 퇴직연금 상당의 손해배상청구권을 상속함과 동시에 유족연금을 지급받게 된다면 그 유족은 같은 목적의 급부를 이중으로 받게 될 것이므로 손해배상액에서 유족연금액을 공제하여야 한다고 보았다(大判 2007.12.13. 2007다54481).

* 과실상계와 손익상계의 중첩 : 교차로에서 일어난 교통사고로 인해 사망한 甲의 유족들이 가해 차량 소유자 乙을 상대로 손해배상을 청구하였다. 甲의 일실수입은 약 8,200만 원이었고, 甲의 유족들이 산업재해보상보험법상 유족급여 등으로 받은 금액은 약 2,600만 원이었다. 甲에게도 교차로 일단정지 표지를 무시하고 과속으로 진입한 과실이 50% 인정되었기 때문에, 원심은 일실수입 약 8,200만 원에서 보험급여 약 2,600만 원을 먼저 공제한 후 과실 50%를 상계하여 2,800만 원을 재산상 손해액으로 인정하였다. 그러나 대법원은 먼저 일실수입 8,200만 원에 대해 50%의 과실상계를 하여 4,100만 원을 도출하고, 그 결과액에서 산업재해보상보험급여 2,600만 원을 손익상계하여 최종 손해액은 1,500만 원이 되어야 한다고 판시하였다(大判 1996.1.23, 95다24340).

(4) 생계를 감안한 감경청구

손해가 고의 또는 중대한 과실에 의한 것이 아니고 그 배상으로 인하여 배상자의 생계에 중대한 영향을 미치게 될 경우 배상의무자는 법원에 배상액의 감경을 청구할 수 있다(제765조 1항). 법원은 이러한 청구가 있는 때에 채권자 및 채무자의 경제상태와 손해의 원인 등을 참작하여 배상액을 경감할 수 있다(제765조 2항).

5. 손해배상청구권의 소멸시효

(1) 법조 규정

불법행위로 인해 발생하는 손해배상청구권은 영구적 성질을 갖고 있지 않기 때문에, 일정 기간 행사되지 않을 경우 당연히 시효로 소멸한다. 그리고 이렇게 소멸시효(消滅時效)에 걸리는 것은 다른 모든 채권적 청구권들도 마찬가지이다(제162조 1항). 그런데 우리민법은 불법행위에 기한 손해배상청구권의 경우, 소멸시효의 일반규정이 적용되도록 하지 않고, 소멸시효의 기산점 및 시효기간에 관해 자체적으로 특별규정을 갖게끔 하고 있다(제766조). 그에 관해 구체적인 내용을 살펴보면 다음과 같다.

(2) 소멸시효의 기산점

1) 제766조 1항의 경우 : 제766조 1항에 따르면, 불법행위의 피해자나 그 법정대리인이 그 손해 및 가해자를 안 날로부터 3년간 손해배상청구권을 행사하지 않을 경우, 그 청구권은 시효로 인하여 소멸하게 된다. 다시 말해 시효의 기산이 다른 청구권들처럼 구성요건이 실현되고 청구권의 기한이 도래한 때로부터 시작되는 게 아니라, 청구권자가 손해 및 배상의무자를 인식한 때로부터 시작되

도록 하는 것이다. 이때 피해자나 법정대리인의 인식대상은 손해뿐만 아니라 가해자가 누구인지까지 포함하며, 여기에 더하여 과실의 존재, 침해행위의 존재, 가해행위와 손해 간의 인과관계까지 다 알아야 시효가 기산한다(大判 1989.9.26., 88다카32371). 만약 가해행위가 일회적이 아니고 계속해서 일어나는 경우라면(예를들어, 불법점유), 손해는 나날이 발생하므로, 시효도 매일 기산한다(大判(全) 1966.6.9., 66다615).

* 부작위에 의한 불법행위의 경우 : 甲이 건축한 주택은 구청 건축계장의 부당한 설계변경 요구, 감리자와 설계사의 잘못된 설계변경으로 인해 건축법에 위반된 위법건축물이 되었다. 이후 구청 담당자들은 준공검사와 무관한 담장 재축조 문제를 들어 4년 이상 준공검사를 하지 않고 준공을 위법하게 지연시켰으며, 참다 못한 甲은 국가배상을 청구하였다. 정부는 준공검사 신청일로부터 3년의 시간이 지났으므로, 소멸시효가 완성하였다고 주장했다. 그러나 법원은 준공검사 지연과 같이 불법행위가 계속 발생하는 경우 준공검사 신청일이 아니라 각각의 손해 발생 시점을 기준으로 소멸시효가 개별적으로 진행된다고 판시하였다(大判 1999.3.23., 98다30285).

* 일조권 침해의 경우 : 부영아파트로 인해 원고들의 아파트 부지에 일조방해가 발생하고 그 정도가 사회통념상 수인한도를 초과하자, 원고들은 부영아파트에 대해 재산적·정신적 손해의 배상을 청구하였다. 부영아파트 측은 원고들이 아파트의 사용승인일인 1995년 11월 20일경 위 손해사실을 인식하였으므로, 그때 이미 시효가 기산하였다고 주장하였다. 법원은 일조방해로 인한 손해는 외부골조공사 완료 또는 건물 준공 시에 예견 가능하므로, 이 시점을 기준으로 소멸시효가 일괄적으로 진행되는 게 원칙이지만, 철거의무가 인정되는 경우와 같이 계속적 침해로 평가할 수 있는 특별한 사정이 있을 경우에는 날마다 새로운 불법행위가 발생하는 것으로 보아 시효 기산점을 달리 정할 수 있다고 하였다(大判(全) 2008.4.17., 2006다35865).

* 뇌손상 피해자가 손해를 현실적·구체적으로 인식할 수 없었던 예 : 1982년경 교통사고로 뇌에 중대한 손상을 입은 甲이 약 9년 후인 1991년에 가해자 乙을 상대로 손해배상을 청구하자, 乙은 민법 제766조 제1항의 단기소멸시효가 완성되었다고 항변하였다. 그런데 甲은 사고 후 수년간 심각한 정신적 장애로 인해 정상적인 인식능력과 판단능력을 갖추지 못했으며, 1989년경에 이르러서야 비로소 부분적 회복이 이루어진 상태였다. 법원은 피해자가 단순히 사고의 외형이나 가해자의 존재를 아는 것에 그치지 않고, 그 손해가 가해자의 불법행위로 인한 것이라는 사실을 현실적이고 구체적으로 인식할 수 있어야 시효가 기산한다면서 1989년까지 시효가 진행하지 않았다고 판단하였다(大判 1995.2.10., 94다30263).

* 인지기능장애의 회복 : 2017년 2월 1일 11:30경 전남 장흥군의 어느 편도 1차선 도로에서 甲이 운전하던 승용차와 乙이 운전하던 화물차가 정면으로 충돌하는 사고가 발생했다. 甲은 이 사고로 뇌다발성 출혈과 미만성 축삭 손상 등의 부상을

입었으며, 인지기능장애 등의 후유장해가 남았다. 甲은 乙 차량이 과속으로 중앙선을 침범했기에 이를 피하려다 사고가 발생했다고 주장했다. 그러나 乙은 이 사고가 전적으로 甲의 과실이라 주장했으며, 甲은 2017년 7월 25일 중앙선 침범 과실로 기소유예 처분을 받았다. 억울해진 甲은 사설기관에 사고 분석을 의뢰하여 2017년 11월 15일경 乙 차량의 중앙선 침범을 지적하는 분석보고서를 받았다. 그럼에도 甲은 2021년 1월 12일에야 乙에게 19억 원이 넘는 손해배상청구의 소를 제기했다. 甲은 사고 직후 인지기능장애로 인해 손해를 현실적·구체적으로 인식하지 못했다고 주장했으나, 법원은 甲이 늦어도 2017년 11월 15일경에는 손해와 가해행위를 인식하였다면서 甲의 손해배상청구권은 이미 시효로 소멸했다고 판단하고 甲의 청구를 기각했다(서울中央地判 2023.12.21., 2021가단1184).

* 손해의 인과관계를 인식할 수 없었던 때 : 1991년 7월 2일 乙의 과실로 인해 甲이 제12흉추 압박골절 등의 상해를 입었다. 사고 직후 의료진은 해당 압박골절을 기존 질환(진구성 골절)으로 진단하였고, 노동부 역시 이를 근거로 요양승인을 거부함으로써 甲은 사고와 손해 사이의 인과관계를 인식하지 못하였다. 그러다가 1991년 11월 14일 정밀검사 결과에서야 비로소 해당 골절이 사고로 인한 것임이 밝혀져 같은 해 12월 3일에 요양승인이 이루어졌다. 甲은 이후 약 3년이 경과한 1994년 11월 9일 손해배상청구의 소를 제기했는데, 乙은 단기소멸시효가 이미 1994년 7월 2일에 완성되었다고 항변하였다. 甲은 사고 당시 사고와 손해 간의 인과관계를 몰랐다고 맞섰으나, 乙은 甲이 어쨌든 사고 당시 손해 발생사실은 알았다면서 소멸시효 완성을 주장하였다. 법원은 손해배상청구권의 단기소멸시효의 기산점이 단순한 손해 발생사실이 아니라, 사고와 손해 사이의 인과관계를 알게 된 시점부터 기산되어야 한다고 판시하였다(大判 1995.11.10., 95다32228).

* 불법행위 당시 예견할 수 없었던 후속손해에 대한 기산점 : 교통사고로 심한 뇌손상을 입고 식물인간 상태가 된 당시 20세 4월의 피해자 가족이 가해자를 상대로 손해배상을 청구하여 확정판결의 인용금액 중 일부 감액한 금액을 가해자에게서 지급받고 사고로 인한 일체의 청구권을 포기하기로 가해자와 합의하였다. 그러나 애초에 피해자의 여명이 사고시로부터 약 5년으로 단축되었다는 감정결과와는 달리 피해자가 4년 후 점차 의식을 회복하면서 위 여명기간이 지난 후에도 생존하게 되자 피해자 가족은 추가손해의 지급을 구하는 소를 제기하였다. 새로운 감정결과에 따르면 종전에 예측된 위 여명기간 이후로도 약 38년이나 더 생존할 수 있고 정신적 장해로 인한 개호가 필요한 상태임이 밝혀졌다. 이에 가해자 측은 손해배상청구권이 시효소멸하였다고 주장하였으나, 이에 대하여 우리법원은, 통상의 경우 상해의 피해자는 상해를 입었을 때 그 손해를 알았다고 보아야 할 것이지만, 그 후 후유증 등으로 인하여 불법행위 당시에는 전혀 예견할 수 없었던 새로운 손해가 발생하였다거나 예상외로 손해가 확대된 경우에 있어서는 그러한 사유가 판명된 때에 새로이 발생 또는 확대된 손해를 알았다고 보아야 할 것이고, 이와 같이 새로이 발생 또는 확대된 손해 부분에 대하여는 그러한 사유

가 판명된 때로부터 민법 제766조 제1항에 의한 시효소멸기간이 진행된다고 판시하였다(大判 2001.9.14. 99다42797).

* 손해발생 당시 피해자가 침해행위의 위법성을 알지 못했을 때 : 甲 농협의 조합장인 乙은 조합 직원인 A, B, C가 丙 등의 조합원들로부터 위탁 받아 관리하던 대출담보물인 인삼을 대출금 상환 없이 丙 등에게 부당 출고함을 알면서도 이를 묵인, 방치하였다. 이에 따라 甲 농협은 조합원 丙에 대하여 담보권을 실행할 수 없게 되었으며, 그로 인해 甲 농협은 약 4억 원 이상의 손해를 보게 되었다. 그러자 甲 농협은 조합장 乙과 조합원 丙에 대하여 담보권 침해행위에 기한 손해배상을 청구하였는데, 乙과 丙은 乙이 인삼의 부당출고를 알았던 시점으로부터 이미 3년이 경과하였으므로, 손해배상청구권은 시효소멸하였다고 주장하였다. 그러나 우리법원은 이에 대하여 피해 조합의 대표자가 손해의 발생을 알았다 하더라도, 그 대표자가 가해자에 가담하여 법인에 대하여 공동불법행위가 성립하는 경우 법인과 그 대표자는 이익이 상반하므로, 적어도 법인의 이익을 정당하게 보전할 권한을 가진 다른 임원(본 사안의 경우 조합의 감사)이 손해배상청구권을 행사할 수 있을 정도로 이를 안 때에 비로소 위 소멸시효가 진행한다고 판시하였다(大判 1998.11.10. 98다34126).

* 증명책임 및 시효중단에 관한 사례 : S중공업이 전문대학을 설립하려는 목적으로 A에게서 토지를 공공용지로서 취득하였으나, 전문대학 설립계획 승인신청이 불승인됨으로써 법률에 따라 A가 위 토지에 대해 환매권을 갖게 되었다. 그럼에도 S는 이를 A에게 통지하거나 공고하지 않은 채 위 토지를 M학원에 매도하였고, 이에 A는 S에게 위 토지를 돌려달라고 요구하였으나, 이미 토지는 M에게 소유권이전된 뒤였다. 이에 A는 M에 대하여 환매권에 기한 소유권이전등기를 청구하였으나, A는 환매권으로 M에게 대항할 수 없었다. 그러자 A는 다시 S중공업에 대하여 불법행위에 기한 손해배상을 청구하였는데, 이에 S중공업은 당초 목적한 학교설립 허가가 거부된 때로부터 이미 10년이 경과하였고, 위 토지를 M학원에 매도하려 할 때 A가 S에게 와서 위 토지를 돌려달라고 요구한 지 3년이 경과한 이상, A의 손해배상청구권은 시효소멸하였다고 주장하였다. 그러나 이에 대해 우리법원은 A가 S를 찾아와서 위 토지를 돌려달라고 했다 하여 그것만으로 A가 손해발생 사실을 알았음이 증명된 것은 아니며, A가 환매권에 기하여 소유권이전등기를 청구하는 소를 제기한 것만으로도 A는 권리 위에 잠자는 것이 아님이 표명되었으므로, A의 손해배상청구권 소멸시효 진행 역시 중단되어, A의 손해배상청구권은 시효소멸하지 않았다고 판단하였다(大判 1995.6.30. 94다13435).

2) 제766조 2항의 경우 : 불법행위에 있어 소멸시효기간의 절대적 상한을 두기 위해서 제766조 2항은 10년의 소멸시효기간을 정하고 이 기간은 피해자가 손해를 안 날이 아니라 가해자가 불법행위를 한 날로부터 기산하도록 하고 있다. 그런데 여기서 '불법행위를 한 날'이란 가해행위로 인하여 현실적으로 손해

의 결과가 발생된 날을 말한다(大判 1998.5.8.). 가해행위와 이로 인한 현실적 손해 발생 사이에 시간적 간격이 있는 불법행위의 경우에는 손해의 결과발생이 현실적인 것으로 되었다 할 수 있을 때 소멸시효기간이 기산한다(大判 2008.6.12.).

* 가해행위와 손해발생 사이에 시간적 간격이 있는 불법행위의 경우 : 甲은 식품위생법상 신고 없이 오징어채 가공·판매 영업을 한다는 혐의로 수사를 받았다. 수사기관은 甲의 오징어채를 압수하여 국과수에 의뢰하였으나 법령에서 금지하거나 용량을 제한하고 있는 유해물질 등이 검출된 바 없음이 확인되었다. 그러나 수사기관은 마치 불법첨가물을 사용하여 오징어채의 중량을 부풀리는 방법으로 甲이 어떠한 범죄행위를 한 것처럼 수사결과를 발표하였고, 그 과정에서 오징어채도 전량 폐기되고 말았다. 이에 甲은 수사기관의 피의사실 공표행위 및 오징어채 폐기가 불법행위임을 주장하며 국가를 상대로 손해배상을 청구하였으나, 이에 대해 국가는 오징어채 폐기시점으로부터 이미 10년의 시효기간이 완성되었으므로 손해배상책임은 없다고 주장하였다. 이에 대해 법원은 그 장기소멸시효가 위법한 폐기처분이 이루어진 시점부터 기산하는 것이 아니라 무죄의 형사판결이 확정되었을 때부터 기산한다고 하여 甲의 손을 들어주었다. 위법한 폐기행위를 하였더라도 유죄판결이 선고·확정된다면 어차피 압수물에 대해 몰수형이 선고될 것이어서 손해발생을 인정하기 어려우나, 무죄판결이 선고·확정된다면 그때는 압수물의 환부가 이루어졌을 것이라는 이유에서였다(大判 2022.1.14.).

* 제766조 2항의 기간은 제척기간? : 甲은 1980년 10월 삼청교육대에 수용되는 과정에서 공수부대원들한테 가혹행위를 당해 심각한 후유장애를 입었다. 1988년 11월 26일 대통령이 삼청교육 관련 피해자들에 대한 명예회복과 보상을 약속하는 담화를 발표하고, 이어 국방부장관이 12월 3일 구체적인 신고 절차를 공표한 데 따라, 甲은 지정된 신고기간 내인 1989년 1월 5일에 피해신고를 접수하였다. 쟁점은 대통령과 국방부장관의 담화가 시효이익의 포기나 국가배상채무의 승인으로서 민법상 소멸시효 진행을 중단하거나 배제할 수 있는지 여부였다. 정부 측은 민법 제766조 제2항의 기간이 제척기간이므로 시효이익 포기나 중단 등 소멸시효에 관한 일반 법리가 적용되지 않는다고 주장하였다. 그러나 법원은 민법 제766조 제2항의 기간이 소멸시효기간에 해당하며, 시효이익 포기 등의 법리가 적용된다고 판결하였다(大判(全) 1996.12.19.).

3) 제766조 3항의 경우 : 미성년자가 성폭력, 성추행, 성희롱, 그 밖의 성적(性的) 침해를 당한 경우에 이로 인한 손해배상청구권의 소멸시효는 그가 성년이 될 때까지는 진행되지 아니한다.

* 규정취지 : 이 조항은 2020년 10월 20일에 새롭게 추가되었는데, 기존 규정에 따르면 미성년자가 성폭력 등 성적 침해를 당한 경우 손해배상청구권은 부모 등 법정대리인이 손해 및 가해자를 안 날부터 3년, 성적 침해가 발생한 날부터 10년이

지나면 소멸했다. 그러나 미성년 성범죄의 가해자가 친오빠, 친부, 계부, 삼촌, 사촌오빠 등 주변인인 경우가 많았던 이상, 법정대리인이 비밀 침해나 불이익 등을 우려해 손해배상을 청구하지 않으면 피해자의 의사와 무관하게 소멸시효가 완성될 수 있었다. 그러나 개정조항으로 인하여 미성년 피해자는 성년이 될 때까지 손해배상청구권의 소멸시효를 유예할 수 있게 되었다.

* 경과규정 : 제766조 3항의 신설 및 시행 이전에 발생한 성적 침해의 경우 소멸시효가 아직 완성되지 않은 경우에만 제766조 3항이 적용된다. 즉 제766조 3항의 신설 및 시행 시점에서 소멸시효가 이미 끝난 경우에는 제766조 3항이 적용되지 않는다. 또 제766조 3항은 성적 침해로 인한 불법행위 손해배상책임의 경우에만 적용되며, 그 밖의 사유로 인한 배상의 경우에는 적용되지 않는다.

(3) 독일민법과의 비교

우리나라의 제766조 규정은 종래 독일민법의 제852조 1항과 거의 정확히 일치했다. 그러나 독일민법은 2002년의 대대적인 개정을 통해 소멸시효Verjährung 규정을 민법총칙의 제5장 안에 모두 몰아넣고(독일민법제194조 이하), 계약법상의 청구권에도 적용되는 일반소멸시효는 채권자가 채권발생을 근거짓는 사정 및 채무자를 안 날로부터 3년 뒤에 채권이 소멸하는 것으로 소멸시효기간을 대폭 단축하는 한편(독일민법 제195조, 제199조), 생명, 신체, 건강 또는 자유의 침해에 대한 배상청구권은 그것이 계약위반에 기한 것이건 불법행위에 기한 것이건, 피해자가 손해 및 가해자를 알았건 몰랐건 간에, 침해행위를 한 날로부터 30년이 경과함으로써 소멸하는 것으로 규정함으로써, 인격권침해에 대한 배상청구권의 시효를 대폭적으로 연장하는 개혁을 감행하였다(독일민법 제199조 2항; 물론 그 이외의 손해배상청구권은 청구권발생 이후 10년이 경과함으로써 소멸하는 것으로 규정되었음: 독일민법 제199조 3항 1호). 하지만 이러한 소멸시효법의 개정은 우리나라에 아직 영향을 미치지 못하고 있는 실정이다(이에 관해서는 金濟完/白慶一/白泰雄, 권리행사기간에 관한 쟁점과 민법개정 방안, 민사법학 제50호, 2010. 09, 35면 이하 참조).

* 프랑스민법과의 비교 : 프랑스 민법 역시 독일민법과 비슷한 구조이며, 피해 유형에 따라 소멸시효prescription extinctive의 기간과 기산점을 달리 규정하고 있다. 구체적으로 살펴보면, 일반 청구권은 민법 제2224조에 따라 채권자가 권리의 발생사실과 채무자를 알았거나 알 수 있었던 날부터 5년의 소멸시효가 적용되며, 권리 발생일로부터 최대 20년을 넘지 않는 한도 내에서 유효하다. 그러나 신체적 손해에 관한 책임청구권은 채무불이행이든 불법행위이든 상관없이 민법 제2226조에 따라 손해가 의학적으로 확정된 날le jour de la consolidation du dommage부터 10년간 청구할 수 있다. 특히 고문·성적 학대 등 중대한 행위의 경우에는 시효기간이 20년으로 연장된다.

6. 손해배상청구권의 제척기간

(1) 개 관

우리민법은 불법행위에 기한 손해배상청구의 일부 사안에 관하여 소멸시효 기간 외에 제척기간(除斥期間)을 별도로 규정하고 있다. 예를 들어 점유침탈에 기한 손해배상청구($^{제204}_{조}$), 점유방해에 기한 손해배상청구($^{제205}_{조}$) 등이 그와 같다.

(2) 점유침탈에 기한 손해배상청구

점유자가 점유의 침탈을 당한 경우, 일단 그 물건의 반환을 청구할 수 있지만, 만약 그 점유침탈로 인하여 손해를 입었다면, 그 손해의 배상 역시 청구할 수 있다($^{제204조}_{1항}$). 그러나 이 경우 점유자는 손해 및 배상의무자를 인식한 때로부터 3년 이내에 손해배상을 청구($^{제766조}_{1항}$)하여야 하는 것이 아니라, 침탈을 당한 날로부터 1년 이내에 한하여 손해배상을 청구하여야 한다($^{제204조}_{3항}$). 그리고 이 1년의 기간은 소멸시효기간이 아니라 제척기간이기 때문에, 기간의 중단은 인정되지 아니한다. 물론 점유자가 침탈당한 물건에 관하여 소유권 기타의 본권을 갖고 있었다면, 이러한 제척기간의 제한을 받을 필요가 없다.

(3) 점유방해에 기한 손해배상청구

점유자가 점유의 방해를 받은 때는, 일단 그 방해의 제거를 청구할 수 있지만, 만약 그 점유방해로 인하여 손해를 입었다면, 그 손해의 배상 역시 청구할 수 있다($^{제205조}_{1항}$). 그러나 이 경우 점유자는 손해 및 배상의무자를 인식한 때로부터 3년 이내에 손해배상을 청구($^{제766조}_{1항}$)하여야 하는 것이 아니라, 방해가 종료한 날로부터 1년 이내에 한하여 손해배상을 청구하여야 한다($^{제205조}_{2항}$). 특히 공사로 인하여 점유의 방해를 받은 경우에는 공사완성 전, 그리고 공사착수 후 1년 이내에 한하여 손해배상을 청구하여야 한다($^{제205조}_{3항}$). 그리고 이 1년의 기간 역시 소멸시효기간이 아니라 제척기간에 해당하기 때문에, 기간의 중단은 인정되지 아니한다. 물론 점유자가 그 물건에 관하여 소유권 기타의 본권을 갖고 있었다면, 이러한 제척기간의 제한을 받을 필요가 없다.

제 2 절 불법행위 특수이론

I. 타인의 가해행위에 대한 책임

1. 책임무능력자에 대한 감독자의 책임

(1) 의 의

책임무능력자(責任無能力者)를 감독할 법정의무자 또는 그에 갈음하여 감독하는 자가 제3자에게 가한 무능력자의 불법행위에 대해 부담하는 책임을 말한다. 이에 관해 우리민법은 "미성년(未成年) 또는 심신상실(心神喪失)을 이유로 가해자에게 책임이 없을 경우에는 그 가해자를 감독할 법정의무 있는 자가 손해배상의 책임을 부담한다(제755조 1항 본문)"고 규정하여 가해자에게 일단 책임을 부담시키면서, "그러나 법정의무자가 감독의무를 해태하지 않은 때는 책임을 부담하지 않는다(제755조 1항 단서)"고 규정하여 감독자의 책임조각사유를 인정하고 있다.

(2) 요 건

1) 가해자의 책임무능력 : 가해자에게는 책임능력이 결여되어 있어야 한다. 만약 무능력자에게 책임능력이 있었다면 원칙상 감독자책임이 발생하지 않고, 불법행위책임은 무능력자에게 귀속된다. 그러나 무능력자가 미성년자라면 대개 책임능력이 있어도 배상능력은 없는 것이 보통이고, 여기서 법정감독의무자는 친권자(제913조)이거나 친권자와 같은 정도의 감독의무를 부담하게 되어 있으므로, 가급적 신원보증인과 같이 연대해서 배상책임을 부담하게 해석하는 것이 타당하다(曺圭昌, 미성년자의 불법행위에 대한 친권자의 책임, 고려대학교 판례연구 제2집, 1983.02., 145-174면 참조).

> * 책임능력 있으나 배상능력 없는 아들의 불법행위에 대한 부모의 책임 : 1986년 4월 26일 새벽, 19세 9개월 된 甲은 18세 9개월 된 丙과 함께 술을 마신 뒤 여관에 투숙하여 성관계를 가진 후, 성적 욕구 불만을 이유로 콜라병을 丙의 신체에 삽입하려다 丙의 욕설에 격분하여 콜라병으로 이마를 가격하였고, 丙이 실신하자 자살로 위장하기 위해 10미터 아래로 추락시켜 사망에 이르게 하였다. 甲은 이미 수차례의 비행 전력을 가진 미성년자였음에도 부모인 乙이 적절한 감독 및 교육을 하지 않은 점이 인정되었고, 법원은 이러한 감독의무 위반과 甲의 불법행위 사이에 상당인과관계가 존재한다고 보았다. 이에 따라 법원은 甲과 乙이 연대하여 丙의 부친인 원고에게 일실수익과 위자료를 포함한 총 2,195만 원의 지급을 명하였다(大判 1990.4.24. 87다카2184).

* 책임능력 있는 미성년자에 대한 부모의 일반적·일상적 감독·교육의무 : 고등학교 3학년생인 甲은 방과 후 학교 근처 야산에서 2학년생들과 함께 술을 마시던 중, 이들의 말버릇이 좋지 않다는 이유로 丙을 포함한 2학년생들을 한 줄로 세워 각자의 앞가슴을 주먹으로 세 차례씩 가격하였고, 이로 인해 丙은 심장압박에 의한 심인성 쇼크로 사망하였다. 당시 甲은 만 18세로 책임능력이 있었지만 경제적으로 전적으로 부모인 乙에게 의존하며 전면적인 보호와 감독 아래 있었고, 乙은 이에 따라 일반적·일상적인 감독·교육의무를 부담하였다. 법원은 甲에게 책임능력이 있더라도 그 불법행위와 乙의 감독의무 위반 사이에 상당인과관계가 인정되는 경우에는 乙에게도 손해배상책임이 발생한다고 보아, 丙의 부모 등 원고들의 손해배상청구를 인용하였다(大判 1993.8.27., 93다22357).

* 감독의무자의 책임 제한 : 2000년 11월 1일 저녁, 丙은 서울 강서구의 골목길에서 귀가 중 학원생들을 향해 욕설을 하며 쫓아내던 중 甲의 허리를 걷어차고 뺨과 배를 주먹과 발로 수차례 때렸고, 甲이 이를 피하자 스스로 헛디뎌 넘어져 머리를 다쳐 외상성 뇌출혈 등으로 약 49일의 치료를 요하는 상해 및 영구적 인지기능장 애를 입었다. 이에 丙은 자신이 甲에게 폭행당해 상해를 입었다고 주장하며 甲의 아버지인 乙에게 약 1억 5천만 원의 손해배상을 청구하였다. 그러나 법원은 甲이 책임능력 있는 재수생으로서 특별한 비행 전력이 없고, 乙이 단지 경제적으로 부양하며 동거하고 있었다는 사정만으로는 감독의무 위반을 인정할 수 없으며, 감독의무 위반과 손해 사이의 상당인과관계를 丙이 증명하지 못하였다고 보아, 乙의 일반 불법행위책임을 부정하고 원심판결을 파기환송하였다(大判 2003.3.28., 2003다5061).

2) 위법한 가해행위 : 무능력자의 행위가 불법행위성립의 다른 요건은 갖추었으나 오로지 책임능력이라는 요건 하나를 결여해 불법행위책임이 발생하지 않은 경우여야 한다. 만약 무능력자에게 정당방위 등의 위법성조각사유가 존재했다면, 그 가해행위는 위법하지 않은 것이므로, 감독자책임 역시 발생하지 않는다.

3) 법정감독의무자의 부주의 : 법정감독의무자(法定監督義務者)란 보통 미성년자의 친권자, 양육자, 후견인을 말한다. 성년후견 또는 제한후견을 받는 자에게는 후견인이 법정감독의무자이다. 감독의무자에 갈음하여 무능력자를 감독하는 자(교사, 학교장, 유치원장, 학칙장, 소년원장 등) 역시 감독자책임을 부담한다. 법정감독의무자의 감독의무 해태는 추정되므로, 감독의무를 해태하지 않았다는 사실은 법정감독의무자가 증명해야 한다.

* 아동보호시설의 감독의무 위반 : 미혼모의 자녀로 태어난 아동 甲은 ADHD 증상 등으로 인해 부산의 아동양육시설에서 丙 운영 시설로 2018년 5월에 전원되었다.

甲은 시설 내 다른 보호대상아동들을 추행한 전력이 있어, 2020년 3월 3일부터 시설 별관 2층에서 혼자 생활하고 있었다. 2020년 3월 28일 오전 9시 30분경, 甲은 시설 근처를 지나던 만 8세 여아 乙을 시설 별관 2층으로 데리고 가 성추행했다. 이에 乙의 부모는 乙을 대리하여 丙 시설에 4천만 원의 손해배상을 청구하였다. 이 사건 이전에도 甲은 시설 내 다른 보호대상아동들을 추행한 바 있어, 丙 시설장은 2020년 2월 19일 대구가정법원 소년부에 통고했고 甲은 4월 1일 출석 예정이었으나, 사건 당시까지 丙 시설은 별관에 상주 관리자를 배치하지 않았고, 甲에 대해 단순한 격리조치 외에 추가적인 보호·감독 조치를 취하지 않은 채 방치하였다. 법원은 甲의 반복된 문제행동과 사건 발생 경위에 비추어 丙이 운영자로서 보호·감독의무를 다하지 못했다고 판단하여 손해배상책임을 인정하였다. 다만 乙 측의 일부 과실도 사고 발생에 영향을 미쳤다고 보아 위자료 액수를 500만 원으로 제한하였다(大邱地判 2021.12.9., 2020나327339).

* 무능력자의 불법행위에 대한 부모와 학교의 공동책임 : 1987년 5월 18일 중학교 2학년생으로서 사고 당시 13세 6개월이었던 甲은 청소시간 중 교실에서 옆 친구의 옆구리를 수회 때리고 칠판 쪽으로 밀어 머리를 칠판 모서리에 부딪히게 하여, 피해자를 지주막하출혈 등으로 사망하게 하였다. 당시 甲은 평소 비행성향이 뚜렷한 책임무능력 미성년자로서, 보호자인 부모와 담임교사 丙이 각기 법정감독자 및 교육자로서의 감독의무를 해태한 상태였고, 사건은 丙이 교실을 비운 사이 발생하였다. 이에 피해자의 부모는 甲의 부모를 상대로 손해배상을 청구하여 약 4,853만 원의 배상판결을 받았고, 甲의 부모는 일부 금원을 지급하였다. 그 후 甲의 부모는 공동불법행위자인 丙의 사용자 서울특별시를 상대로 구상금을 청구하였다. 법원은 甲의 부모와 서울특별시가 각기 공동불법행위자로서 손해발생에 기여한 과실이 있다고 보고, 서울특별시는 그 자기부담부분인 1,600만 원을 甲의 부모에게 지급하여야 한다고 판시하였다(大判 1994.8.23., 93다60588).

* 교사의 감독자책임 제한 : 1992년 10월 12일 오전, 초등학교 6학년 학생 甲은 등교 후 교실에서 실과수업용 아크릴판을 발견하고, 소유자인 다른 학생의 만류에도 이를 던져 乙의 오른쪽 눈을 가격하는 사고를 일으켰다. 이로 인해 乙은 천공성 각막열상과 그에 따른 시력감퇴 및 16%의 노동능력 상실이라는 손해를 입었다. 당시 사고는 정규수업 시작 전 자율학습 준비시간 중 발생하였고, 교문과 교실문이 열려 있었다. 乙의 부모는 甲의 부모, 그리고 담임교사의 사용자인 서울특별시를 상대로 약 2,250만 원의 손해배상을 청구하였으나, 법원은 교사와 학교측에 대해서는 불법행위책임을 인정하지 않고 원고들의 청구를 모두 기각하였다. 고학년 학생의 분별능력, 가해자의 평소 성행 및 피해자와의 관계 등을 종합할 때 이러한 돌발적이고 우연한 사고에 대해서는 구체적 예측가능성이 없어 담임교사의 보호감독 의무 위반은 인정되지 않았기 때문이다. 사고에 사용된 아크릴판 역시 교육부 지침에 따른 정규 교재였고, 일부 위험성이 있더라도 정상적인 교육활동에 사용된 이상 그 채택 자체에 과실이 없다고 보았다(大判 1997.6.27., 97다15258).

＊ 친권자나 양육자가 아닌 부모 : 만 17세였던 甲은 피해자 乙의 나체사진을 불법으로 촬영한 다음 이를 유포하겠다고 乙을 협박하였다. 그 결과 乙은 스스로 목숨을 끊었고, 甲은 성폭력 범죄의 처벌 등에 관한 특례법상 카메라 등 이용촬영 등의 혐의로 기소돼 소년부 송치 결정을 받고 보호처분을 받았다. 乙의 유족은 甲의 부모가 甲을 제대로 교육하고 보호·감독해야 할 주의의무가 있음에도 이를 게을리했다며 甲의 부모에 대해 손해배상을 청구했다. 그런데 甲의 부모는 甲이 만 2세였을 때 이혼했고, 현재 甲의 친권자 및 양육자는 어머니 丙뿐이었다. 이에 법원은 이혼으로 부모 중 1명이 친권자 및 양육자로 지정된 경우 그렇지 않은 부모(비양육친)는 미성년자의 부모라는 사정만으로 미성년 자녀에 대해 일반적인 감독의무를 부담한다고 볼 수 없다면서도, 비양육친이 자녀에 대해 현실적·실질적으로 일반적이고 일상적인 지도·조언을 함으로써 공동 양육자에 준해 자녀를 보호·감독을 하고 있었거나, 자녀의 불법행위를 구체적으로 예견할 수 있었던 상황에서 직접 지도·조언을 하거나 양육친에게 알리는 등의 조치를 취하지 않은 경우 등 비양육친의 감독의무위반을 인정할 수 있는 특별한 사정이 있는 경우에는 비양육친도 손해배상책임을 부담할 수 있다고 판시했다(大判 2022.4.14., 2020다240021).

(3) 효 과

가해자의 감독의무자가 가해자를 대신하여 불법행위에 따른 손해배상의무를 부담한다. 이때 특별한 사정으로 인한 손해의 예견가능성(제393조)은 감독의무자를 기준으로 판단한다(大判 1968.6.11., 68다639).

2. 사용자책임

(1) 의 의

1) 정 의 : 사용자책임(使用者責任)이란 피용자(被用者)가 제3자에게 손해를 발생시킨 때 사용자가 그에 대해서 부담하는 책임을 말한다. 우리민법은 제756조 1항에서 "타인을 사용하여 어느 사무에 종사하게 한 자는 피용자가 그 사무집행에 관하여 제3자에게 가한 손해를 배상할 책임이 있다."라고 규정하여(제756조 1항 본문) 사용관계로 이익을 본 자에게 그 사용관계로 인한 불법행위책임을 귀속시키고 있다. 하지만 그 단서에서 "사용자가 피용자의 선임 및 사무감독에 상당한 주의를 기울인 때 또는 상당한 주의를 하여도 손해가 있었을 경우에는 그렇지 아니하다."라고 규정하여(제756조 1항 단서) 자기 몫의 주의를 다 한 사용자에게 일정한 면책의 가능성을 부여하고 있다.

2) 이행보조자책임과의 비교 : 사용자책임과 이행보조자책임(履行補助者

責任) 모두 직접적인 행위자가 아닌 자에게 손해배상책임을 부담시킨다는 공통점이 있다. 그러나 이행보조자책임은 채권관계(계약관계)를 전제로 하는 책임으로서($^{제391}_{조}$), 이행보조자에게만 과실이 있으면 그것으로 족하고 채무자 자신의 과실은 묻지 않는 반면, 사용자책임은 채권관계를 전제로 하지 않는 불법행위책임으로서 피용자의 과실 이외에 사용자의 과실도 당연히 전제로 한다는 점에서 두 책임은 본질적인 차이점을 갖는다.

(2) 요 건

1) 피용자의 위법·유책한 가해행위 : 피용자가 제3자에 대하여 가해행위를 저질렀어야 한다. 피용자의 과실 및 책임능력은 당연히 갖추어져 있어야 하며($^{大判\ 1981.8.11.}_{81다298}$), 피용자의 과실 없이 발생한 손해에 대해서는 사용자도 책임을 지지 않는다($^{池元林}_{[4458]}$). 피용자에게 과실이 있었으나 책임능력이 없었다면, 사용자가 책임을 지는 게 아니라 피용자의 친권자 또는 후견인이 피용자를 대신하여 책임을 진다($^{제755}_{조}$). 만약 피용자에게는 과실이 없고, 사용자의 작업지시나 도구제공에 과실이 있어 손해가 발생한 경우라면, 이때 사용자가 부담하는 책임은 사용자책임($^{제756}_{조}$)이 아니라 자기 고유의 책임($^{제750}_{조}$)이 될 것이다. 만약 피용자가 제3자에게 손해를 발생시킨 것이 아니라 사용자의 계약상대방에게 손해를 발생시켰다면, 이 경우에는 사용자책임이 아닌 이행보조자책임($^{제391}_{조}$)이 성립한다.

> * 피용자의 무과실을 이유로 사용자책임이 부정된 예 : 법무사 丙이 자신의 사무장 G의 횡령으로 인해 손해를 입은 丁에게 배상한 뒤, G의 횡령행위에 관여한 경남은행(甲)과 그 소속 직원 乙을 상대로 구상금을 청구하였다. 甲은 대환대출 절차에 따라 丁의 기존 대출금 3억6천만 원을 丙의 계좌로 송금하였고, G는 이를 인출하여 횡령하였는데, 丙은 甲과 乙이 금융사고 예방조치 및 대출처리절차에서 주의의무를 위반하였다고 주장하였다. 그러나 법원은 당시 법무사를 통한 대출금 상환 관행이 널리 존재하였고, 甲은 관련 규정에 따른 절차를 따르고 있었으며, 乙의 행위에도 위법성이 없다고 보아 甲과 乙의 공동불법행위책임을 부정하였다. 또한 乙에게 불법행위책임이 성립하지 않으므로 甲의 사용자책임도 인정되지 않는다고 판시하였다($^{釜山高判\ 2015.2.17.}_{2014나6510}$).

2) 사용관계의 존재 : 사용자는 피용자와 사용관계(使用關係)를 맺고 있어야 한다. 여기서 사용관계란 사용자의 조직영역 및 업무활동영역 내에 사실상 고정적으로 종속되어있는 관계를 의미한다.

a. 고용계약관계 : 사용자책임의 전제가 되는 사용관계는 대부분 고용관

계가 아니면 근로계약관계이다. 사용자는 단순히 타인의 행위를 수동적으로 받아들이는 자가 아니라, 자기 사무를 위임하거나 집행하게 하고, 이에 대해 지휘·감독할 지위에 있는 자이며, 이러한 지휘·감독의 법적 근거는 일반적으로 고용계약 또는 근로계약에서 발생하기 때문이다. 다만 단순히 고용계약관계만으로 사용관계가 인정되지는 않으며, 사용자가 피용자를 실질적으로 지휘·감독하는 관계에 있어야 사용관계가 인정된다.

  ▪ 고용계약관계에서 실질적 지휘·감독관계를 부정한 판례 : 1994년 전국체육대회에 부산광역시 대표선수로 참가하게 된 甲은 대회 준비를 위한 합동강화훈련 중 철봉에서 고난도 기술을 처음 시도하다 착지에 실패하여 중상을 입었다. 당시 훈련을 지도하던 코치 乙은 동아대학교 체조부 소속이자 부산시체육회가 전국체전 대표팀 코치로 위촉한 인물이었다. 사고 당시 체육회는 훈련계획 수립 및 훈련비 지급 등 실질적인 훈련 운영 주체였으며, 乙도 그 지휘·감독 하에 선수들을 지도하고 있었다. 이에 甲은 대한민국과 부산광역시를 상대로 하여 약 6억 4천만 원의 손해배상을 청구하였다. 그런데 원심은 전국체전이 학교교육의 연장선상에 있다고 보아 동아대학교 역시 乙의 사용자로서 사용자책임을 부담한다고 판단하였다. 그러나 대법원은 乙이 훈련 기간 중 부산시체육회의 위촉을 받아 그 직무를 수행한 것이고, 동아대학교는 당시 乙의 훈련 지도를 실질적으로 지휘·감독할 지위에 있지 않았다는 점에서 사용자책임의 전제가 되는 지휘·감독 관계가 부정된다고 판단하였다(大判 1999.10.12. 98다62671).

  * 명시적인 고용계약이 체결되지 않았음에도 지휘·감독관계를 인정한 예 : 1995년 서울의 한 다세대주택에서 동료 丙과 함께 가구를 운반하던 乙이 추락하여 중상을 입은 사고가 있었다. 가구 운반 및 설치 작업에 참여한 乙이 장농을 창문 안으로 끌어올리던 중 丙이 부주의하게 밧줄을 조작해 乙이 장농과 함께 지상으로 떨어졌던 것이다. 참고로 乙과 丙은 이삿짐센터에 상시 대기하던 고정직 작업원으로, 이 사건 당시 가구점 주인 丁의 의뢰에 따라 甲이 운영하는 이삿짐센터에서 작업에 투입되었다. 乙은 甲과 丁을 상대로 2,327만 원의 손해배상을 청구하였으나, 甲은 자신이 乙과 丙, 그리고 丁 사이의 계약에 단순 알선업무만 담당했을 뿐이고, 작업은 乙이 주도하였다며 맞섰다. 법원은 乙과 丙이 甲과 명시적인 고용계약을 체결하지 않았고 위 작업에 관한 보수를 甲으로부터 직접 지급받지 않았더라도, 甲이 운영하는 이삿짐센터가 소속 작업자들의 이름표를 걸어두고 고정적으로 상시 대기시킨 채, 의뢰가 들어오면 지시를 통해 작업에 투입해 온 사실을 들어, 甲은 乙과 丙에 대해 사실상의 지휘·감독자 지위에 있었다고 보았다. 이에 따라 乙의 60% 과실을 공제한 629만 원의 손해배상책임이 丙의 사용자인 甲에게도 인정되었다(大判 1996.10.11. 96다30182).

  * 퇴직자에 대한 사용자책임? : 甲 회사의 전 직원인 乙이 퇴직 후 甲 명의의 약속

어음을 위조하여 금융기관인 丙에서 이를 할인받았다. 丙이 어음금 지급을 청구하자 그 어음은 위조임이 밝혀졌으며, 丙은 甲에 대하여 乙의 사용자로서 책임을 지라고 요구하였다. 실제로 乙은 은행 직원을 속여 어음책을 수령하고 야간에 숙직자를 기망하여 甲의 사무실에 침입한 뒤 직인과 명판을 날인하여 약속어음을 위조하였으나, 甲의 총무차장은 이미 퇴사한 乙이 어음책을 수령한다는 연락을 받고도 아무런 조치를 취하지 않은 채 오히려 공금을 빌려주는 등 관리책임을 소홀히 한 바 있었다. 그러나 법원은 乙이 어음 위조 당시 이미 甲과의 고용계약관계에서 벗어난 상태였고, 甲이 그 사무를 실질적으로 지휘·감독하는 관계에 있지 않았으므로, 사용자책임은 인정되지 않는다고 판시하였다(大判 2001.9.4., 2000다26128).

* 파견근로자의 과실에 대한 파견사업주의 책임 : 파견근로자인 丙이 사용사업주인 甲의 업무용 차량을 사적 용도로 무단 운전하던 중 보행자 丁을 치어 사망에 이르게 하였다. 원심은 丙에 대한 실질적인 업무지휘권이 甲에게 있었고, 사고 당시의 운전행위가 甲의 사업활동과 관련된다고 보아 甲에게만 사용자책임을 인정하고 파견사업주 乙의 사용자책임을 부정하였다. 그러나 대법원은 乙이 丙과의 고용관계를 유지하며 임금을 지급하고, 파견명령권 및 징계권 등 근로계약상의 권한을 보유한 이상 乙에게도 일반적인 지휘·감독의무가 인정된다고 보아 乙의 사용자책임을 긍정하였다(大判 2003.10.9., 2001다24655).

b. 도급계약관계 : 도급인은 수급인이 그 일에 관하여 제3자에게 손해를 가하였어도 그 손해에 관하여 배상책임을 부담하지 않는다(제757조 본문). 수급인은 도급인에 종속되어 일하지 않으며, 작업방법과 내용을 스스로 정할 수 있기 때문이다. 다만 도급계약관계라 하더라도 예외적으로 도급인이 수급인의 작업에 대해 직접 지휘·감독을 하는 관계라면, 사용관계가 성립할 수 있다(大判 1983.2.8., 81다428). 그러나 도급인이 공사의 진행이 설계대로 행해지는 것만을 확인하는 공정의 감독·감리만을 했다면 사용관계는 성립되지 않는다(大判 1988.6.14., 88다카102). 민법은 도급인이 수급인의 작업에 일정한 지시를 내렸고 수급인이 그 지시한 일에 관하여 제3자에게 손해를 가하였더라도, 도급인의 지시에 중대한 과실이 없었다면 도급인은 그 손해에 대한 배상책임을 지지 않는다고 규정하나(제757조 단서), 도급인의 중과실 여부가 도급인의 사용자책임을 판단함에 있어 실제로 크게 고려되지는 않고 있다.

* 도급인의 사용자책임을 인정한 예 : 한국은행(甲)은 고도의 보안과 정확성이 요구되는 시험문제지 인쇄를 외부 인쇄업자인 乙에게 도급 주었으나, 이를 전적으로 맡기지 않고 인사과장을 비롯한 관계직원을 현장에 파견하여 전 과정에 걸쳐 실질적으로 지휘·감독하였다. 그러던 중, 인쇄에 참여한 乙 업체 소속 인

쇄공 丙이 석유램프를 부주의하게 사용하다 화재를 발생시켜 호텔 투숙객 丁 등이 질식사하는 사고가 발생하였다. 법원은 비록 丙이 평소에는 乙의 피용자 이지만, 이 사건 작업과정에서는 甲이 직접 丙을 차출하고, 인사과장의 지휘·감독 아래 작업을 수행하게 하였으므로, 甲은 丙의 과실에 대해서 사용자책임을 부담한다고 판단하였다($\frac{大判 1983.2.8.}{81다428}$).

* 도급인의 사용자책임을 부정한 예 : 1985년 5월 20일 보성군의 전주이설공사 현장에서 丁이 변압기 철거 및 전선 절단 작업 중 전주가 도괴되어 심각한 하지 부상을 입었다. 丁은 조선전기(乙) 소속의 근로자였고, 조선전기는 한국전력(甲)의 도급을 받아 위 공사를 시행하던 중이었다. 사고 당시 전주 주변의 수로 개설로 인해 기초가 노출되어 도괴 위험이 있었지만 乙 소속 현장대리인 丙은 이를 사전에 인지하고도 예비군 훈련 등을 이유로 현장에 나오지 않은 채 아무런 안전조치 없이 작업을 진행하게 하였다. 丁은 전기기능사 자격을 보유한 26세의 전공으로, 사고로 인해 노동능력의 35%를 상실하였다. 丁은 도급인인 甲이 사용자책임을 부담한다고 주장하였으나, 법원은 甲의 감독권한이 단순한 시공관리와 휴전조작관리에 한정된 감리 수준에 불과하고 乙에 대한 구체적인 지휘·감독권이 인정되지 않으므로 甲에게 사용자책임을 인정할 수 없다고 보았다($\frac{大判 1988.6.14.}{88다카102}$).

c. 위임계약관계 : 형식적으로는 위임계약관계라 하더라도, 수임인이 상대방의 상당한 지휘·감독 아래에서 업무를 수행한 경우에는 실질적으로 위임인에게 사용자의 지위가 인정될 수 있다. 특히 용역계약에서 인력과 장비가 함께 제공되고, 용역 의뢰인이 해당 인력의 업무에 대해 구체적인 지시를 하거나 감독을 하는 경우, 그 인력의 과실에 대해 의뢰인이 사용자책임을 부담할 수 있다.

* 변호사의 불법행위에 대한 의뢰인의 사용자책임 : A, B, C는 다수의 부동산을 공동상속한 후 변호사 乙에게 상속재산의 처분과 관련한 사무를 일임하였다. 乙은 이 과정에서 위임장을 포함한 각종 서류를 이용하여 A, B, C의 대리인으로 가장하고 丙과 매매계약을 체결한 다음, 丙으로부터 매매대금 일부를 편취하였다. 이후 A, B, C가 乙의 대리권을 부인하자, 丙은 乙에게 매매계약의 이행 또는 손해배상을 청구하였다. 乙은 자신의 주택에 丙의 이름으로 가등기를 설정해주고 丙에게 약속어음을 교부하였으나 결국 잠적하였다. 丙은 가등기된 부동산을 매각하여 일부 손해를 회수한 다음, A, B, C에게 나머지 손해의 배상을 청구하였다. 대법원은 A, B, C와 乙 사이에 단순한 위임관계를 넘어 실질적인 지휘·감독관계가 존재한다고 보았다. 특히 乙이 오랜 기간 A, B, C를 위해 상속재산 처리 업무를 수행했고, A가 수시로 乙의 사무실을 방문하여 업무를 감독한 점, 乙에게 처분에 필요한 백지서류까지 제공한 점 등이 그 근거가 되었다($\frac{大判 1998.4.28.}{96다25500}$).

* 용역관계에서 발생한 사고에 대한 사용자책임 : 대양건설(甲)의 하도급업체인 우림콘크리트(乙)가 운전기사 丙을 포함한 기중기를 일동기업으로부터 임차하여 사용하던 중, 甲의 현장소장이 제3의 공사현장에서 무상으로 기중기를 사용하게 하면서, 丙이 고압전선 인근에서 안전조치를 소홀히 한 채 작업을 하다 丁이 감전사고를 당했다. 丁은 전박부 절단 등으로 영구장해를 입었고, 산재보험자 대한민국은 보험급여를 지급한 후 乙에 대해 약 4,500만 원의 구상금청구를 하였다. 쟁점은 乙이 丙을 직접 선임하지 않았음에도 丙의 사용자로서 丁에 대해 책임을 부담할 수 있는지였다. 법원은 乙이 丙의 실질적 지휘·감독권을 행사한 이상 사용자책임 주체에 해당한다고 판단하였다(大判 1992.7.28, 92다10531).

d. 조합계약관계 : 조합계약 당사자 중 1인이 조합업무와 관련하여 외부의 제3자에게 손해를 가하였다면, 조합 내부의 손해분담비율에 따라 각 조합원이 손해배상책임을 분담한다. 만약 이익분배의 비율만 정하고 손실분담의 비율을 정하지 않았다면 이익분배의 비율에 따라 손해배상책임을 분담한다(제711조 2항). 만약 손익분배의 비율을 정하지 않았다면, 각 조합원의 출자가액에 비례하여 손해배상책임을 분담한다(제711조 1항). 만약 그 손실분담비율을 피해자가 알지 못한다면, 피해자는 각 조합원에게 균분하여 손해배상청구권을 행사할 수 있다(제712조). 만약 조합원 중의 1인이 다른 조합원에게 업무집행을 위임하여 그로 하여금 이를 처리하도록 한 것이라면, 그 지시한 자가 그 지시를 받은 자에 대하여 사용자의 지위에 있었다 할 것이므로(大判 1979.7.10, 79다644), 이 경우 업무를 지시한 조합원은 사용자책임을 부담한다(大判 1998.4.28, 97다55164).

* 동업자의 과실에 대한 사용자책임 : 甲은 13세대 규모의 빌라 신축공사를 도급받아 완공하였다. 그런데 하자보수 기간 중 누수 문제가 발생하자 甲은 동업관계에 있던 乙에게 그 보수작업을 맡겼다. 작업 당시 인화성이 강한 솔벤트 나프타 등이 포함된 방수액이 누출되었음에도 乙은 충분한 환기 조치 없이 압축기를 재가동하였고, 그 방전 불꽃이 유증기와 접촉하여 화재가 발생한 결과 乙에게 고용된 丙이 화상을 입었다. 乙은 전문적인 지식이 없는 丙을 고용해 작업을 수행하면서도 적절한 안전 교육이나 보호조치를 제공하지 않았으며, 위험을 인식할 만한 상황에서도 작업을 재개한 과실이 있었다. 법원은 하자보수 역시 甲과 乙 사이의 동업사무에 포함된다고 보았고, 甲이 乙에게 해당 업무의 집행을 위임한 이상, 甲은 乙의 동업자인 동시에 사용자로서의 지위에 있으며, 이에 따라 乙이 업무집행 중 저지른 불법행위로 인해 발생한 손해에 대해서는 甲이 사용자책임을 부담한다고 판시하였다(大判 1998.4.28, 97다55164).

3) 업무집행 관련성 : 피용자의 행위가 업무집행에 관련이 되어 있어야 한

다. 만약 피용자가 사용자의 업무영역이 아니라 피용자 자신의 개인영역에서 활동하다가 불법행위를 저질렀다면, 이에 대해서는 사용자가 책임을 지지 않는다. 업무집행 관련성은 사용자책임의 인정요건 가운데 사실상 가장 중요한 요건이다. 이러한 업무집행 관련성의 판단은 피용자의 불법행위가 거래적 불법행위인지 아니면 사실적 불법행위인지에 따라 다르게 판단한다.

  a. 거래적 불법행위 : 거래적 불법행위에서는 피용자의 행위가 사무집행의 외형(外形)을 갖는 경우 사무집행 관련성이 인정된다고 본다. 설령 내부적으로는 업무집행의 관련성이 별로 없었다 하더라도, 제3자의 관점에서 보았을 때 피용자의 불법행위가 사용자의 사무집행과 관련 있어 보이면 사무집행 관련성이 있다고 보는 것이다. 물론 피용자의 불법행위가 사용자의 사무집행과 무관하다는 사실에 대해 거래상대방인 피해자가 알았거나 중과실로 알지 못한 경우라면 사무집행 관련성은 인정되지 아니한다(大判 2003.1.10.; 2000다34426). 사무집행의 외형이 존재하는 이상, 마치 표현대리(제125조; 제126조; 제129조)의 법률효과가 본인에게 귀속되는 것과 같은 법리를 적용하는 것이다.

  ▪ 증권사가 사용관계의 외형을 형성·묵인한 예 : 고려증권 명동지점(甲)에서 투자상담을 하던 乙은 甲의 정식 직원이 아니었으나 甲의 묵인하에 투자상담 고문으로서의 외관을 가지고 상담 업무를 수행하였다. 甲은 乙에게 고문실과 집기를 제공하고 수수료도 지급받게 하는 등 乙이 피용인처럼 보이게 하였다. 丙은 乙의 권유로 甲의 지점에서 증권계좌를 개설하고 乙에게 도장을 맡겼으며, 乙은 이를 이용하여 백지 출금전표에 무단 날인하고 丙의 계좌에서 예탁금을 인출·횡령하였다. 법원은 비록 乙과 甲 사이에 형식상 고용관계가 없더라도, 甲이 외형을 형성하고 이를 방지하지 않은 채 乙이 회사의 업무와 관련된 사무를 수행하도록 묵인하였고 丙은 이 외형을 신뢰하여 乙과의 거래에 이른 것이므로, 甲에게 민법 제756조의 사용자책임이 성립한다고 보았다(大判 1992.2.25.; 91다39146).

  ▪ 피해자의 고의 또는 중과실에 기하여 사용자책임을 부정한 예 : 1988년경부터 丙은 한국상업은행(甲)의 지점장인 乙과 개인적인 거래관계를 맺었고, 1989년부터 1992년까지 乙의 부탁으로 CD 매매를 알선하며 乙에게서 수수료를 받았다. 1991년경부터는 乙이 개인적 자금조달을 위해 발행회사들로부터 받은 약속어음을 丙에게 할인하게 하였고, 1992년 10~11월에는 희성철강 및 롯데쇼핑 발행의 거액 어음이 같은 방식으로 처리되었다. 그러나 당시 乙은 CD 이중매매로 받던 자금 압박을 견디지 못하고 甲이 담보로 보관하던 어음을 무단 유출하여 丙에게 배서·양도하였으며, 금융사고가 노출되자 자살하였다. 법원은 乙의 행위가 외형상 甲의 영업범위에 속하더라도, 乙 자신 또는 제3자 丙의 이익

을 도모한 것으로서 甲의 이익에 반한 권한 남용이었으며, 丙이 장기간 사적 거래에 관여하면서 비정상적 절차·고금리·금융사고 우려 등의 사정을 통해 그 배임적 목적을 알 수 있었으므로, 이 사안에서 丙의 고의 또는 중과실이 인정된다고 하여 사무집행의 외형에 기한 甲의 사용자책임이 성립하지 않는다고 판단하였다(大判 1999.3.9, 97다7721·7738).

* 종중 총무 개인의 금원차용행위에 대한 종중의 사용자책임 : 乙은 종중 甲의 총무로서 甲으로부터 甲 명의의 경기도 용인시 수지읍 상현리 소재 X 임야를 매각·처분해 달라는 부탁을 받았다. 그 무렵 자신의 사업상 부담하게 된 외상대금의 지급을 채권자 丙으로부터 독촉받고 있던 乙은 때마침 甲 명의의 X 임야를 매각하는 데 필요로 하는 총회의결서, 관련 인감 등을 소지하게 된 것을 기화로, 자신과 甲 사이의 X 임야에 관한 허위의 매매계약서를 작성하여 위 관련 서류를 제시한 채, 자신이 X 임야의 사실상 소유자라고 하면서 丙에게 대금 지급의 기일을 요청하고 그 담보로서 유예기간 내에 외상대금을 지급하지 못할 경우에는 위 부동산을 양도하겠다는 계약서를 자신의 명의로 작성해 주었다. 그러나 유예기한이 되어서도 대금을 받지 못한 丙은 乙에게 별다른 재산이 없음을 확인한 후 甲을 상대로 위 X 임야의 소유권을 이전하거나 아니면 외상대금 미회수의 손해를 배상하라는 소를 제기하였다. 乙이 甲 소유의 X 임야를 丙에게 양도담보로 제공한 것은 외형상 객관적으로 甲의 업무집행에 관련된다는 이유에서였다. 그러나 乙이 甲 소유의 X 임야를 丙에게 양도담보로 제공한 것은 甲의 업무가 아닌 총무 乙의 개인사업 용도 대출을 위한 것으로서, 사무집행의 외형을 갖지 않는다고 우리법원은 판단하였다. 게다가 乙은 자기 이름으로 계약하였을 뿐 甲을 위한 대리행위를 한 것도 아니므로, 여기에 표현대리(제126조)의 법리를 적용할 수도 없다고 하였다(大判 2001.1.19, 99다67598).

* 회사가 사무집행의 외형을 형성한 예 : 피고회사(甲)의 직원이었던 乙은 甲 회사의 방배동지점 및 본사 근무 당시 자신이 예비펀드매니저로서 수십억 원의 펀드를 운용하고 있으며 월 4~5%의 수익과 환금성을 보장한다고 허위로 주장하며 원고들(丙)에게 투자를 권유하였다. 주식투자 경험이 거의 없던 丙은 그의 말을 신뢰하여 1995년경부터 乙에게 직접 또는 L은행 계좌를 통해 투자금을 교부하였다. 乙은 제3자 명의의 차명계좌를 이용하여 비공식적인 방식으로 丙과 주식거래를 하고 일정 수익을 지급하다가 1997년 2월경 계좌 손실이 발생했음에도 이를 은폐한 채 추가 투자금을 유치하였으며, 이로 인해 같은 해 9월 甲으로부터 징계면직되었다. 다시 말해 乙과 丙 간의 거래는 甲 회사 명의로 이루어진 정식 금융상품 거래가 아니었고, 乙과 丙은 가족관계를 통해 알고 지낸 사이라는 점에서 丙은 이를 단순한 사적 관계나 금전대차로 인식했어야 했다고 甲은 항변하였다. 그러나 법원은 乙이 甲의 사무실에서 상담을 진행하고, 甲의 명칭과 로고, 직원의 직함 등을 외형상 사용하면서 투자 권유를 해왔으며, 일정 금액이 甲 명의나 타 직원 명의로 송금되기도 한 점 등을 종합하면, 비록

형식상 甲과의 계약은 없더라도 외형상 甲의 업무로 보이도록 행동하였고, 그에 따라 丙의 신뢰가 유발되었으므로, 乙의 행위는 '사무집행에 관하여' 이루어진 것으로 보아 甲의 사용자책임을 인정하였다. 아울러 丙에게 투자 경험이 거의 없었고, 乙이 甲 소속 직원으로 활동한 외관이 강하게 형성되어 있었던 점을 고려할 때, 그 행위가 직무권한에서 벗어난 사적 행위라는 사정을 丙이 알았거나 중대한 과실로 알지 못한 경우에 해당한다고 보기 어렵다고 판단하여 면책 사유도 배척하였다(大判 2002.7.12., 2000다59364).

b. 사실적 불법행위 : 사실적 불법행위에서는 외형이론만이 아니라 업무와 가해행위 간의 시간적·장소적 근접성을 고려하여 그 가해행위의 업무집행 관련성을 판단하여야 한다(大判 1994.11.18., 94다34272). 거래법적 맥락에서는 상대방의 신뢰 보호가 전면에 서므로 외형이론만으로도 규범 목적이 상당 부분 달성되는 반면, 사실적 불법행위에서는 피해자가 피용자의 업무 외형에 기댄 신뢰를 전제로 행동하는 것이 아니므로 물리적·사실적 침해가 실제 업무의 시간·장소·과정과 어떻게 맞물려 발생했는가라는 사실적 연계성을 중심에 놓고 사무집행 관련성을 판단하는 것이다(池元林, 4464). 이때 시간적·장소적 근접성은 ① 그 위험이 사업 운영의 지배·통제 가능 영역에서 현실화되었는지, ② 업무수행이 기회·동기·수단을 제공했는지, ③ 사용자 측에 예방가능성·예견가능성이 있었는지를 가늠하는 실무적 지표로 기능한다.

* 근무지 이탈하고 8시간 배회한 후의 가해행위에 대한 사용자책임? : 1992년 12월 31일 오후 3시경 甲 레스토랑 종업원 乙은 여자친구와 통화하던 중 지배인 丙으로부터 욕설과 폭행을 당하였고, 이후 약 8시간 동안 외부를 배회하다가 과도를 구입하여 영업 종료 전인 오후 11시 50분경 甲에 돌아왔다. 그곳에서 선배 종업원이 乙을 타이르던 중 丙이 다시 욕설하며 다리를 걷어차자, 乙은 격분하여 소지한 과도로 丙의 흉부를 찔러 다음 날 0시 19분경 심장파열로 사망하게 하였다. 대법원은 이 살인행위가 영업시간 중 사업장 내에서 발생했더라도, 종업원이 8시간 동안 배회하다 과도를 구입하여 돌아온 점, 개인적 감정에 따른 보복 성격이 강한 점을 고려할 때 사무집행과 관련이 없는 행위로 판단된다면서 甲 운영자의 사용자책임을 부정하였다(大判 1994.11.18., 94다34272).

* 근무교대 직후 발생한 사건에 대한 사용자의 책임 : 1996년 11월 11일 오전 4시 30분경, 원고는 친구와 함께 대전 유성구 소재 호텔을 방문하여 프론트 직원에게 사우나 이용 가능 여부를 문의하였고, 직원이 5시부터 시작된다고 안내하자 이에 불만을 품고 욕설을 하며 시비를 걸고 밖으로 나오라고 위협하였다. 이에 직원은 4시 35분경 다음 근무자를 호출해 4시 40분에 교대한 뒤 지하 숙소로 내려

갔지만, 원고는 계속 따라가며 욕설을 퍼부었고, 분을 참지 못한 직원은 숙소에 있던 등산용 칼을 들고 5시경 프론트로 올라와 원고가 다시 밖으로 나가자고 하자 주차장으로 함께 나간 뒤 얼굴과 등을 찔러 상해를 입혔다. 법원은 이 가해행위가 고객 응대 중 발생한 감정 대립에서 비롯되었고, 사업장 내에서 근무교대 직후의 짧은 시간 안에 발생하여 시간적·장소적 근접성이 인정되며, 특히 접객업소의 특성상 고객과의 마찰에 대한 적절한 교육 및 감독 의무가 있음에도 이를 소홀히 한 점 등을 종합하여, 호텔 운영자인 사용자에게 민법 제756조의 사용자책임이 성립된다고 판단하였다(大判 2000.2.11. 99다47297).

* 근무지에서 직무권한을 이용해 벌인 성폭력 사건에 대한 사용자책임 : 丙은 2005년 6월부터 甲 아동복지시설의 프로그램 교사로 근무하던 21세 여성으로, 내성적인 성격과 원장인 乙의 잦은 질책 때문에 심리적으로 위축된 상태에서 해고와 경력 단절에 대한 두려움을 가지고 있었다. 2006년 4월 3일 자정경 노래방에서 乙은 丙에게 성기 애무를 강요하고 간음을 시도한 것을 시작으로, 4월 4일부터 8일까지는 매일 원장실에서, 4월 10일경에는 丙의 숙소에서 동일한 행위를 반복하였으며, 4월 29일 새벽에는 丙을 간음하였다. 丙은 5월 15일 사직 후 곧바로 乙을 고소하였고, 이후 외상후 스트레스 장애로 장기간 치료를 받으며 1년이 지나서야 재취업할 수 있었다. 법원은 乙이 원장으로서의 지위를 이용해 위력으로 丙의 성적 자기결정권을 침해한 점에서 乙의 불법행위를 인정하고, 甲에 대해서도 가해행위가 근무지와 숙소 등 업무와 시간적·장소적으로 근접한 범위에서, 고용조건 결정권 등 직무상 권한을 이용해 이루어진 만큼 외형상 사업활동과 관련된 사무집행으로 볼 수 있어 사용자책임이 성립한다고 판시하였다(大判 2009.2.26. 2008다89712).

4) **사용자의 부주의** : 사용자가 피용자를 선임하고 감독하는 데 있어서 상당한 주의를 기울이지 못했고, 그러한 부주의와 손해발생 간에 인과관계가 존재해야 한다(제756조 1항). 따라서 사용자가 선임·감독에 상당한 주의를 기울였다거나, 상당한 주의를 기울였다 하더라도 손해가 발생하였을 것임을 증명한다면, 사용자는 면책을 받을 수 있게 된다. 그러나 우리나라의 판례는 아직까지 사용자의 면책을 인정한 예가 거의 없다.

* 원청이 피용자의 선임·감독에 주의를 다 하였다고 판단한 예 : 하청업체 乙 소속 근로자인 A는 甲 회사가 시공 중인 제조공장 내 공사현장에서, B 및 C와 함께 3인 1조로 쉬프팅 훼임 설치 작업을 하고 있었다. 이 작업은 구조물의 양쪽 결합 부위에 플레이트를 고정하기 위한 것으로, A는 이를 위해 발판 위에 올라가 작업을 하고 있던 중이었다. 그런데 B와 C는 반대편에서 같은 구조물 설치 작업을 하던 중, 해당 발판이 완전히 고정되지 않은 상태임에도 아무런 신호나 사전 통보 없이 발판을 들어 올렸고, 그 바람에 그 위에 올려져 있던 쇠파이프 등의 자재가 A에게 쏟아져 떨어졌으며, 이에 따라 A는 우측 팔과 어깨 등에 상해를 입고 말았다. A는

甲이 B, C의 사용자에 해당하고 안전관리의무를 소홀히 하였다 주장하며 甲을 상대로 손해배상을 청구하였다. 그러나 법원은 甲이 B, C에게 사고 당일까지 매일 안전교육을 실시하였고, 공사현장에 안전관리자도 선임·배치되어 있었으며, 사고는 乙 소속 근로자인 B, C가 구체적인 작업 과정에서 안전수칙을 위반한 데에서 비롯된 것이라는 점을 근거로, 甲이 민법 제756조 제1항 단서에 따른 선임 및 감독에 상당한 주의를 다하였다고 보아 사용자책임을 부정하였다. 또한 제출된 증거만으로는 甲의 직접적 과실이나 불법행위가 인정되지 않는다고 보아 甲의 일반불법행위책임도 부정하면서 A의 청구를 모두 기각하였다(인천지판 2017.9.6., 2015가단239682).

5) 증명책임 : 피용자의 불법행위에 관해서는 원칙적으로 피해자가 증명책임을 부담한다. 피해자가 피용자의 위법한 가해행위와 귀책사유, 그리고 자신에게 발생한 손해를 증명하면, 피용자는 자신의 위법행위에 조각사유가 있다거나, 자신이 책임무능력자라는 사실에 관하여 증명책임을 부담한다. 피용자가 자신의 위법성조각사유 또는 면책사유를 증명하지 못하여 피용자의 불법행위가 성립하였는데, 피해자가 사용자에게 손해배상청구를 하려 한다면, 피해자는 사용자와 피용자 간의 사용관계, 그리고 가해행위와 업무집행 간의 관련성을 증명하여야 한다. 피해자가 사용자에 대하여 위와 같은 사실을 증명하면, 사용자의 과실 및 손해와의 인과관계는 추정된다. 이 경우 사용자는 자신의 선임·감독상 무과실 또는 자신의 과실과 손해발생 간의 인과관계 부존재에 관하여 증명책임을 부담한다.

(3) 효 과

1) 사용자의 손해배상책임 : 사용자는 피용자의 가해행위로 인해 발생한 손해의 배상의무를 부담한다. 사용자에 갈음하여 그 사무를 감독하는 자도 사용자책임을 부담할 수 있다(제756조 2항). 이때 특별한 사정으로 인한 손해의 예견가능성(제393조)은 사용자 또는 감독자를 기준으로 판단한다.

* 대리감독자의 사용자책임 : 1994년 10월 18일 甲 회사는 카타르 F사로부터 탄자니아산 고철 2만 2,000톤을 매수하기로 계약을 체결하고, 같은 해 11월 24일 G사에 이를 매도하기로 계약을 체결하였다. 甲 회사의 직원은 아니었지만 甲의 사장 직함을 사용하며 고철 수입·판매사업을 전담한 丙은 1995년 2월 24일 甲의 이름으로 丁과 선박 용선계약을 체결하였다. 그러나 1995년 3월 6일 丁의 선박이 탄자니아 다르에스살롬항에 도착했을 때 계약된 고철은 전혀 준비되어 있지 않았다. 丙은 실제 화물이 확보되지 않은 상황에서 丁에게 화물이 준비된 것처럼 허위 고지하여 용선계약을 체결하게 하였던 것이다. 법원은 丙의 불법행위를 인정하고,

丁이 선박 운항 및 보험에 지출한 비용을 손해로 인정하였다. 그리고 甲 회사는 丙과 사업을 공동운영하고 명의 사용을 허락한 점에서 민법 제756조 제1항의 사용자책임을, 甲 회사의 대표이사 乙은 丙을 실질적으로 감독한 점에서 같은 조 제2항의 책임을 부담하므로, 甲과 乙과 丙은 丁에 대하여 부진정연대책임을 부담한다고 판결하였다(大判 1998.5.15. 97다58538).

2) 부진정연대책임 : 피용자의 사무집행중 불법행위로 인한 사용자의 배상책임(제756조)과 피용자 자신의 불법행위 책임(제750조)은 별개의 것이다. 따라서 피해자에 대한 사용자와 피용자의 채무 부담부분은 동일하지 않을 수도 있다. 하지만 피해자가 어느 편으로부터 배상에 의하여 일부 또는 전부의 만족을 얻었을 때는 그 범위내에서 타방의 배상책임이 소멸한다. 이러한 점에서 피용자의 불법행위 책임과 사용자책임은 강학상 부진정연대채무(不眞正連帶債務)의 관계에 있다고 볼 수 있다. 만약 피용자 본인이 손해의 일부를 변제하였다면, 사용자와 피용자가 공동으로 채무를 부담하는 부분부터 소멸하는 것이 아니라 피용자가 단독으로 채무를 부담하는 부분부터 소멸한다(大判 (全) 2018.3.22. 2012다74236).

3) 사용자의 구상권 : 사용자 또는 대리감독자가 피용자의 불법행위로 인하여 사용자책임을 부담한 경우 사용자 또는 대리감독자는 피용자에 대하여 구상권(求償權)을 행사할 수 있다(제756조 3항). 하지만 사용자의 피용자에 대한 구상관계는 반드시 민법의 연대채무에 관한 규정에 따라야 하는 것은 아니고, 사용자와 피용자 간의 법률관계에 따라서 해결하여야 하며, 이에 관한 다툼은 특약이 없는 한 법률행위 해석에 관한 문제에 속한다(大判 1975.12.23. 75다1193). 사용자는 사업위험을 줄이도록 적절한 조치를 취하거나 상품가격의 조정 등을 통하여 위험을 분산할 수 있는 위치에 있으므로, 사용자의 구상권은 적절한 범위에서 제한된다(大判 1994.12.13. 94다17246).

* 사용자의 구상권 제한에 관한 판례 : 1990년 2월 17일, 개포우성아파트를 관리하던 한국주택관리주식회사(甲)의 전기기사인 丁은 이삿짐을 곤돌라로 운반하고 있었다. 丁은 줄잡기 인원 없이 혼자 작업하다가 곤돌라 줄 끝의 쇠고리가 15층 베란다 화분대를 충격하여 이를 떨어뜨렸고, 지상에 있던 戊가 이에 머리를 맞아 11일 후 사망하였다. 戊의 유족이 甲을 상대로 제기한 손해배상 소송에서 甲은 패소하여 1991년 1월과 8월에 걸쳐 총 8,724만 원을 지급하였다. 甲은 丁에게 구상권을 행사하여, 丁이 8,724만 원 전액을 甲에게 상환하도록 청구하였다. 참고로 당시 곤돌라 작업은 甲 회사의 전기주임 乙이 안전 인원과 장비를 갖추어 지휘·감독해야 했으나 乙은 이를 이행하지 않았고, 작업반장 丙 역시 안전통제를 하지 않았다. 전기기사 丁은 고졸 학력으로 입사 5개월 남짓의 저임금 근로자였으며,

사고 후 징역 8월을 복역하고 면직되었다. 법원은 손해의 공평한 분산 원칙상 甲이 丁에게 구상권을 행사하는 것은 신의칙에 반한다며 甲의 청구를 기각하였다. 사고의 주된 원인이 甲 측 관리·감독 소홀과 안전조치 미비에 있고, 甲의 사업 규모가 큰 데다 보험에도 가입되어 있으며, 丁의 열악한 근무조건(격일제 24시간 근무, 낮은 보수), 사고 후 丁이 실형 복역 및 면직된 반면 甲은 영업을 지속한 점 등이 이러한 판단에 종합적으로 고려되었다(大判 1994.12.13. 94다17246).

4) 국가배상관계 : 국가나 지방자치단체는 공무원 또는 공무를 위탁받은 사인이 직무를 집행하면서 고의 또는 과실로 법령을 위반하여 타인에게 손해를 입힌 경우 민법 제756조가 아니라 국가배상법에 따라 손해를 배상하여야 한다(국가배상법 제2조 1항). 이 경우 국가 또는 지방자치단체는 손해에 원인을 제공한 공무원에게 구상(求償)할 수 있지만, 이는 공무원에게 고의 또는 중대한 과실이 있는 경우에 국한한다(국가배상법 제5조 2항). 다시 말해 공무원에게 보통의 과실만 있었을 경우, 국가 또는 지방자치단체는 공무원에게 구상을 할 수 없게 된다는 점에 유의하여야 한다.

3. 공동불법행위

(1) 의 의

넓은 의미에서 공동불법행위(共同不法行爲)란 고의 또는 과실로 타인에게 손해를 가하는 위법행위에 관계된 사람이 여러 사람일 때 그 불법행위를 말한다. ① 손해를 가한 위법행위의 주체가 여러 사람인 경우, ② 여러 사람의 행위 가운데서 어느 사람의 행위가 손해를 가한 것인지 알 수 없는 경우, ③ 어떤 사람의 위법행위를 다른 사람이 교사하거나 방조한 경우 등의 유형이 있다. 불법행위를 다수가 공동으로 저지를 경우 피해자가 숫적으로 열세에 놓일 뿐 아니라 가해자 간의 역할분담으로 인해 가해자들은 피해자의 권리를 더 효율적으로 침해할 수 있게 되고 가해자들끼리 말을 맞춤으로써 증거도 훨씬 더 쉽게 인멸할 수 있을 것이기 때문에, 형법이 공동범죄자들을 가중처벌하는 것과 마찬가지로, 민법 역시 이러한 공동불법행위자들에 대해서 가중된 책임을 부과하고 있다.

(2) 요 건

1) 협의의 공동불법행위 : 여러 사람이 고의 또는 과실로 타인에게 손해를 가하는 위법행위를 공동으로 저지른 경우를 말한다(제760조).

a. 각자 행위의 불법성 : 공동불법행위가 성립하기 위해서는 공동불법행

위를 구성하는 각각의 행위가 모두 불법행위로 인정되어야 한다. 각 행위에는 위법성, 귀책사유 뿐 아니라 책임능력도 모두 갖춰져 있어야 한다.

* 공동 가해자 중 일부가 책임무능력자인 경우 : 각 행위자들은 책임능력을 갖고 있어야 한다. 예를 들어 아버지와 만 7세 아들이 공동으로 사기 또는 협박행위를 하였다면, 아들은 책임무능력자이므로, 아버지만이 불법행위책임을 부담한다. 하지만 공동 가해자 중 1인이 책임무능력자라 하여, 언제나 나머지 행위자에게만 불법행위책임이 성립하는 것은 아니다. 예를 들어 공동 가해자 중 1인은 성년자, 1인은 책임능력 없는 미성년자였고, 둘 간에 친자관계 등의 감독관계가 없었다면, 그 미성년자의 감독의무자가 범행에 가담하지 않았다 하더라도 자신의 감독의무 이행사실을 증명하지 못하는 한 그 미성년자를 대신하여 공동불법행위자로서 책임을 부담하게 된다. 만약 그 행위자가 책임능력은 갖고 있지만 아직 미성년자였고, 그 부모에게도 책임이 인정된다면, 미성년자의 불법행위에 대해서 그 부모도 미성년자와 함께 공동불법행위자로서 책임을 부담한다(大判 1991.4.9, 90다18500).

* 사용자책임과 감독자책임의 중첩 : 2001년 3월부터 10월까지 甲 초등학교 6학년생 K는 같은 반 학생 3명으로부터 이유 없는 폭행과 협박, 집단 구타, 욕설과 강요를 반복적으로 당하였다. 10월 17일 화장실 집단 폭행이 발각된 이후 K의 부모는 가해 학생들의 전학·분반을 요구했으나, 담임교사 乙은 반성문 작성과 학부모 면담만을 실시하고 K 부모의 요구를 거절하였다. 수학여행에서도 乙은 특별 감독을 약속했으나 오히려 가해 학생과 K를 같은 방에 배정하는 등 부적절한 조치가 이어졌고, K는 이후 스트레스 장애와 우울증이 심화되어 정서 불안과 자기통제력 상실 증상을 보이다가 11월 15일 자택에서 투신하여 11월 30일 사망하였다. 법원은 지속적 학교폭력이 자살로 이어질 수 있다는 예측가능성이 있었음에도 교사 乙이 적절한 보호·감독 조치를 취하지 않은 과실을 인정하여 乙의 사용자인 甲 학교에 대해 설치·운영자의 지위에 있는 경기도에 사용자책임을 인정하였다. 그리고 책임무능력자인 가해 학생들을 제대로 감독하지 못한 가해 학생 부모들에게는 책임무능력자의 감독자책임을 인정하였으며, 경기도와 가해 학생 부모들은 공동불법행위자로서 부진정연대책임을 부담한다고 판결하였다(大判 2007.4.26, 2005다24318).

b. 행위의 공동성 : 각 가해자는 모두 일반불법행위의 요건을 충족하여야 하며, 가해행위는 객관적으로 관련되어 공동으로 행해져야 한다. 다시 말해 각자의 고의·과실에 기한 행위가 동일한 손해에 대하여 객관적으로 공동원인이 되어야 한다(大判 1982.12.28, 80다3057). 따라서 각자의 행위가 시간적·공간적으로 분리되어 각각 다른 손해에 대하여 영향을 미쳤다면, 이러한 행위는 협의의 공동불법행위에 해당하지 않는다.

* 동일한 손해를 발생시켰다는 이유로 객관적 공동성이 인정된 사례 : 경북 영천군 주민 甲은 1985.6.29. 19:20경 들에 나갔다가 귀가하는 길에 丙이 경영하는 마을구판장에 들러 당시 그 마을 사람들과 함께 술을 나누어 마시고 있던 丙에게 술을 한 잔 달라고 하였다. 甲의 8세 연하 8촌 동생인 丙은 甲에게 외상진 술값을 내지 않고 있으니 술 먹을 자격이 없다 하였고 이에 화가 난 甲은 丙에게 "평생 술장사나 해먹으라"는 욕설을 한 다음 그 가게를 나와 집으로 돌아갔다. 그러자 격분한 丙은 甲의 집까지 뒤따라가 그 집 대문 앞에서 서로 손을 휘저으면서 甲과 언쟁을 하였다. 마침 그 주위에서 이를 지켜보고 있던 甲의 아들 乙은 아버지 甲과 언쟁하던 丙을 보고 그 집 담벽에 세워져 있던 지게작대기를 들고 와서 丙의 머리를 3회 강타하여 丙에게 약 10주간의 치료를 요하는 뇌좌상 및 두개골복잡함몰골절 등의 상해를 입혔다. 법원은 甲과 乙 간에 폭행에 대한 사전공모나 인식이 없었다 하더라도 객관적으로는 이에 공동관련되어 있는 것으로 판단된다면서, 이는 甲이 평소 정신이 온전치 못하고 폭력성이 있는 아들 乙을 보호감독해야 할 지위에 있다는 점에서 더욱 그러하다고 하였다. 甲 측은 乙이 정신분열증환자로서 범행 당시 심신상실의 상태에 있었다고 주장하였으나, 법원은 乙이 심신미약한 상태에 있었던 사실만 인정된다면서 甲 측의 주장을 배척하였다. 따라서 법원은 甲과 乙이 丙에 대한 공동불법행위자로서 모든 손해를 연대하여 배상하여야 한다고 판결하였다(大判 1988.4.12, 87다카2951).

* 2개 손해의 불가분성을 근거로 객관적 공동성이 인정된 사례 : 2003년 9~10월 경 제주시 한라병원장이자 시술의사인 甲은 간경화증 환자 2명에게 줄기세포 이식수술을 시행한 뒤, 같은 해 11월 4일 줄기세포 공급업체인 서울탯줄은행 운영회사 대표 乙과 함께 치료 성공을 발표하고, 이를 한라병원과 서울탯줄은행 홈페이지 및 언론을 통해 홍보하였다. 이 보도를 접한 간경화증 환자 7명과 다발성 경화증 환자 1명은 한라병원에서 시술을 받았고, 줄기세포를 3,000만~3,300만 원에 구입하였다. 甲은 시술 전 부작용과 치료효과의 불확실성은 설명했으나, 임상시험 승인을 받지 않은 사실은 알리지 않았다. 시술 후 환자들에게 병세 호전의 증거는 없었고, 부작용도 발견되지 않았으나, 환자 중 1인은 2004년 5월 간경화증 악화로 사망하였다. 이후 乙은 식약청 승인 없이 임상시험을 한 혐의로 2005년 1월 벌금 200만 원의 선고유예를 받았다. 甲은 줄기세포 이식수술의 시술자로서, 乙은 줄기세포의 공급자로서 서로 다른 법적 지위에서 각각 설명의무를 위반했고 甲과 乙 간에 공모나 공동의 인식도 없었지만, 법원은 이 두 위반행위가 같은 환자들, 같은 시술, 같은 줄기세포 공급이라는 하나의 사건을 배경으로 결합했고, 그 결과로 환자들이 줄기세포 구입비와 치료비라는 불가분의 손해를 동일하게 입었으므로 甲의 과실과 乙의 과실 간에는 객관적 공동성이 인정된다고 판단하였다. 따라서 법원은 위 환자들에 대해 甲과 乙이 공동불법행위자로서 부진정연대책임을 부담한다고 판결하였다(大判 2010.10.14, 2007다3162).

* 2개 손해의 독립성을 근거로 객관적 공동성이 부정된 사례 : 1989년 5월 16일 丙은 방광요도류 및 자궁탈출증 치료를 위해 고려대학교 부속병원(甲)에 입원하여 자궁적출수술을 받았다. 수술 과정 중 상당한 출혈이 있었기에 甲은 丙에게 대한적십자사(乙)로부터 공급받은 농축적혈구 2단위를 5월 20일에 수혈하였다. 그런데 그중 한 단위는 1989년 5월 15일 서울 신림동 전철역 앞 가두헌혈 행사에서 한 남성 헌혈자로부터 채혈된 혈액이었다. 이후 그 헌혈자가 HIV 양성 판정을 받자, 乙은 그가 이전에도 헌혈한 사실을 추적하여 甲에 이를 통보하였다. 이에 따라 甲은 丙을 대상으로 정밀검사를 실시하였고, 12월 15일 丙이 HIV에 감염되었음을 확인하였다. 조사 결과, 해당 헌혈자는 카페를 운영하며 다수의 남성과 동성 간 성관계를 가져온 이력이 있었고, 헌혈 당시 乙은 이 헌혈자의 성생활 이력 등에 대한 문진을 전혀 실시하지 않았다. 나아가 당시 乙은 "에이즈 감염 여부를 무료로 검사해 준다"는 홍보 문구를 통해 헌혈을 유도하였고, 실제 동성애자 중 약 50%가 자신의 감염 여부를 알아보기 위해 헌혈을 활용하였다는 보고도 있었다. 그리고 丙은 수혈 당시 HIV 감염 가능성과 그 위험성에 대하여 甲 소속 의사들로부터 어떠한 설명도 듣지 못하였다. 丙은 뒤늦게 국가 보건당국으로부터 자신의 감염 사실을 통보받았고, 이로 인해 회복할 수 없는 심각한 신체적·정신적 피해를 입었다. 법원은 甲이 丙에 대한 설명의무를 다 하지 못했으며, 乙은 감염위험군의 사전배제 및 감염혈액공급 방지의 의무를 위반했다고 판단하였다. 그러나 위 사안에서 甲은 丙의 자기결정권을 침해하였고 乙은 丙의 건강권을 침해하였으므로, 두 의무위반행위로 침해된 법익이 서로 달라 손해도 독립적으로 평가되었다. 다시 말해 이는 甲과 乙이 하나의 동일한 손해를 공동으로 야기한 경우에 해당하지 않아 甲의 과실과 乙의 과실 간에는 객관적 공동성이 인정되지 않으며 甲의 행위와 乙의 행위는 공동불법행위를 구성하지 않는다고 법원은 판단하였다(大判 1998.2.13. 96다7854).

* 다수 손해의 불가분성을 근거로 객관적 공동성이 인정된 사례 : 2006년 10월 3일 오전 7시 40분경 서해안고속도로 상행선에서 짙은 안개로 인한 시야 불량 속에 25톤 트럭이 1톤 트럭을 추돌하는 1차 사고가 발생하였고, 3분 뒤인 7시 43분경 EF소나타 택시가 정차 중이던 소나타III를 추돌하는 2차 사고가, 다시 1분 뒤 또 다른 소나타III가 EF소나타 택시를 들이받는 연쇄추돌이 이어졌다. 이 과정에서 사고 차량들이 도로 위에 정차하거나 안전조치를 취하지 않은 상태가 지속되었고, 뒤이어 현장에 진입한 차량이 도로 위 보행자를 충격하여 중상을 입혔다. 법원은 이러한 일련의 사고들이 시간적·장소적으로 근접하여 하나의 연속된 위험상황 속에서 발생하였고, 각 행위가 후속 사고 및 최종 피해 발생에 상당한 인과관계가 있으며, 공모나 주관적 공동인식이 없더라도 객관적으로 관련된 행위들이 결합하였고, 그로 인해 발생한 여러 손해 역시 서로 불가분의 관계에 있으므로, 위 보행자의 손해를 포함한 모든 손해에 대하여 위 사고 차량 운행자 모두가 공동불법행위책임을 부담한다고 판결하였다(大判 2019.6.27. 2018다226015).

2) 가해자불명의 공동불법행위 : 손해발생과 관련하여 여러 행위가 행해지고 그 행위 가운데 어느 행위가 구체적으로 손해를 야기한 것인지 알 수 없을 때는 모든 행위자가 공동불법행위자로 추정된다(제760조 2항). 단 공동가해자 가운데 1인이 자기 행위에 인과관계 없음을 증명한다면 그는 공동의 손해배상책임에서 빠져나갈 수 있다(大判 2008.4.10, 2007다76306). 이러한 공동불법행위 유형을 다른 말로 택일적 경합(擇一的 競合)이라고도 일컫는다.

* 병원 의료진 가운데 누구의 과실인지 특정할 수 없는 경우 : 甲은 프레스 기계 사고로 양손의 수지를 절단당하는 산업재해를 입고, 치료를 위해 乙이 운영하는 병원에 입원하여 수지 접합 수술을 받았다. 그러나 수술 후 심낭에 급속히 삼출액이 차는 심장 탐포나데가 발생하여 甲은 결국 사망하였다. 甲의 유족은 수술 전 甲에게 호흡곤란이나 흉통 등의 증상이 없었고, 심장질환 병력도 없었으며, 수술 전 검사에서도 심장 이상이 발견되지 않았고, 의료진이 과도한 수액을 투여한 점과, 배뇨 상태를 적절히 관찰하지 않았다는 사실만을 증명하였고, 의료진의 과실과 사망 간의 인과관계를 증명하지 못했다. 법원은 이러한 의료행위의 특수성을 감안하여 피해자가 의사측의 과실을 증명하고, 다른 원인의 부재를 증명하면, 의사의 과실과 피해자의 사망 간에 인과관계를 추정할 수 있다고 보았다. 그리고 乙 병원 의료진 가운데 누구의 과실로 사망에 이르렀는지 특정할 수 없어도 의료진에게는 공동불법행위가 성립한다고 판단하였다. 산업재해와 의료과실이 서로 독립적이면서도 객관적으로 관련되어 있어 결과적으로 사망이라는 동일한 손해를 초래하였다는 이유에서였다(大判 2005.9.30, 2004다52576).

* 3중 추돌에 의한 사망사고의 경우 : 2002년 10월 23일 밤, 혈중알코올농도 0.21%의 상태에서 오토바이를 운전하던 甲은 중앙선을 침범하여 마주 오던 차량과 1차로 충돌하였다. 그 후 甲은 진행 방향 차선으로 넘어져 뒤따르던 신원 미상의 차량에 의해 다시 충격을 받고 다른 차선으로 튕겨 나갔다. 약 5분 후, 그 뒤를 오던 乙의 차량이 甲을 들이받아 약 20m가량 끌고 갔으며, 甲은 결국 경수손상으로 사망하였다. 그러나 乙의 차량이 충격할 당시 甲이 생존해 있었는지는 확정되지 않았다. 법원은 이러한 상황에서 사망 원인이 된 충격이 어느 시점의 사고인지 특정할 수 없더라도, 이는 '가해자 불명의 공동불법행위'에 해당하여 사망에 관여한 모든 가해자가 공동불법행위책임을 부담한다고 하였다. 그에 따라 乙의 행위와 손해 사이에는 인과관계가 추정되므로, 乙이 자신의 행위와 손해 발생 사이에 인과관계가 없음을 증명하지 못하는 한 乙은 공동불법행위책임을 면할 수 없다고 보았다(大判 2008.4.10, 2007다76306).

3) 교사 및 방조행위 : 손해를 야기하는 위법행위를 직접 저지르지 않았다 하더라도, 그 행위를 옆에서 부추기거나 도왔을 경우에는, 공동행위자로 간주된

다(제760조3항). 예를 들어 특정인에 대한 폭행을 사주하거나 뒤에서 조종했으면, 이는 교사행위(敎唆行爲)로 인정되며, 폭행 또는 신체훼손의 현장에서 직접 폭행을 가하지는 않았어도, 피해자의 몸을 붙잡고 있었거나 옆에서 망을 봐주고 있었다면, 이는 방조행위(幇助行爲)로 인정된다. 형법상 범죄에서는 고의에 의한 방조만 가능하지만, 민법상 불법행위에서는 과실(過失)에 의한 방조도 가능하다. 다만 그 불법행위의 방지에 관하여 주의의무를 부담하는 자가 아니라면 그에게 과실에 의한 방조가 바로 인정되지는 아니한다. 예를 들어 길거리 싸움을 소극적으로 방관하여 살인에 간접적 원인을 제공한 자라 하더라도 경찰도 아닌 행인에게 그 방관에 기한 공동불법행위책임이 인정되지는 않는다.

* 회사 지배주주가 회사의 법령위반을 방관함으로써 방조한 사례 : H 상호신용금고의 영업부장 乙 등은 대출신청자 명의를 차용하고 도용한 다음에 대출신청서나 어음할인신청서를 작성하는 방법으로 법령에 정한 동일인여신한도초과금지 및 출자자여신금지규정을 위반하였다. 그와 동시에 乙은 충분한 물적 담보 없이 자기가 부회장으로 있던 H그룹에 442억 원 이상을 대출하여 이를 회수하기 곤란하게 만들었다. 乙의 형이며 H그룹의 회장으로 있던 甲은 H 상호신용금고의 지분을 대부분 소유하면서 이를 지배하는 자로서, 스스로 상호신용금고에 관한 법령을 준수할 의무가 있고, 평소 자신이 선임한 상호신용금고의 임원들에게도 이를 강조함과 동시에 임원들이 법령을 위반하는 일이 없는지 잘 감시할 주의의무가 있음에도 乙의 행위를 방관하였다. 법원은 甲이 乙의 배임행위에 대해서 설령 구체적 공모를 하지는 않았다 하더라도, 甲은 乙의 배임행위를 방조한 것이며, 그에 따라 甲과 乙은 공동불법행위책임을 부담한다고 판결하였다(大判 2003.1.10, 2002다35850).

* 대표이사의 방조책임을 부정한 사례 : 丙은 1988년 甲 회사에 입사하여 근무하던 중, 1999년 2월 과장 승진에서 탈락하였다. 丙은 이를 1996년 말 자신의 내부고발에 대한 보복으로 보고 항의하였으나 받아들여지지 않았고, 오히려 구조조정 대상자로 선정되어 명예퇴직을 권유받고 외근직에서 내근직으로 전보되었다. 이후 甲 회사는 丙의 업무용 전자우편 ID와 책상·사무용품을 회수하고, 직원 A가 동료들에게 丙과의 접촉 금지를 지시하는 등 직장 내 고립 조치를 취하였으며, 직원 B가 丙을 폭행하기도 하였다. 丙은 동료와 격리되어 업무 지시도 받지 못한 채 근무하다 1999년 11월 노동위원회 출석 중 졸도하여 적응장애와 우울장애 진단을 받고, 근로복지공단으로부터 업무상 재해로 인정받았다. 이후 丙은 징계해고와 형사고소를 당했으나 무죄 판결을 받았고, 관련자 일부는 위증죄로 처벌되었다. 丙은 甲 회사의 대표이사인 乙을 비롯한 관련자들을 상대로 손해배상을 청구하였다. 법원은 민법상 방조가 작위뿐 아니라 작위의무 있는 자의 부작위도 포함되고 과실에 의한 방조도 가능하다는 점을 전제로 하면서도, 대표이사 乙은 사실조

사를 지시하고 필요한 조치를 취하도록 하였고, 회사 규모상 세부적인 복무지침까지 직접 관여할 의무가 없었으므로 乙에게는 주의의무 위반이 인정되지 않는다고 보아 방조책임을 부정하였다(大判 2009.5.14.-2009다2545).

* 보이스피싱 피해자의 입금계좌 주인에 대한 손해배상청구 : 구매광고를 중고앱 등에 올린 피해자에게, 보이스피싱범이 전화 등을 이용하여 그 물건의 판매자인 척하면서 접근하여 그 피해자에게 현금을 판매자의 계좌로 송금하도록 하고, 판매자에게는 보이스피싱범이 보낸 돈으로 인식하게 한 후, 판매자로부터 보이스피싱범이 물건을 받는 사건이 빈번히 발생하고 있다. 피해자는 보이스피싱범을 판매자로 인식하고 보이스피싱범이 가리키는대로 현금을 보냈으나 구매하려던 물건을 받지 못하게 되니 그만큼 손해를 보게 된다. 이 경우 보이스피싱범은 이미 외국으로 도피하여 행방을 알 수 없으므로, 피해자는 제2차 구제책으로 자기가 송금한 계좌의 주인에 대해서 과실에 의한 방조를 이유로 손해배상을 청구하는 경우가 많다. 그러나 우리법원은 이러한 손해배상청구를 일관되게 기각하고 있다. 피해자의 손해발생에 대한 제3자의 예견가능성을 인정할 수 없다는 이유에서이다(서울中央地判 2021.10.28, 2021나24508; 서울中央地判 2021.11.30, 2021가단5031968 5059249; 서울中央地判 2021.7.22, 2019가합527369 589763; 서울中央地判 2021.2.25, 2020가다5070362).

* 유사수신업체 영업부장이 투자자모집으로 사기를 방조한 사례 : 甲 회사는 2000년경 부실채권 매입과 관리를 목적으로 설립되어, 2001년 1월부터 담보부·무담보채권 매입, O은행 상각채권 입찰, 리츠회사 주식 투자 등 고수익을 내세운 상품을 순차적으로 판매하며 자금을 모집하였다. 乙은 같은 해 3월부터 甲 회사의 영업부장으로서 투자자 모집을 담당하였고, 4월경 丙에게 위 상품들을 권유하여 총 4억여 원의 투자를 이끌었다. 그러나 甲 회사가 모집한 투자자들에게는 애초부터 약정된 수익 지급이나 원금 보전이 불가능한 상태였고, 甲 회사는 조달한 자금을 약정 목적 외에 유용하거나 기존 투자자에 대한 이자 지급으로 사용하였다. 게다가 甲 회사는 금융업의 인·허가를 받지도 않았기 때문에 위 투자유치행위는 유사수신행위에 해당하였다. 9월경 이러한 사실이 밝혀지자 甲 회사의 경영진은 도주하였고 영업이 중단되어 丙의 투자금이 회수 불가능하게 되었다. 乙은 직접 계약 당사자는 아니었으나, 회사 경영진의 불법적 유사수신행위를 알면서도 영업활동을 지속하며 투자금을 모집한 점에서 불법행위를 용이하게 한 '방조자'로 평가되었다. 이에 따라 법원은 丙의 손해액 약 4억 원 가운데 丙의 과실부분을 제외한 50%에 대하여 乙이 배상금을 지급하라고 판결하였다(大判 2007.6.14.-2005다32999).

* 기사형 광고로 사기를 방조한 사례 : 2011년 11월 甲은 소셜커머스 사이트를 개설하여 1.225% 할인된 상품권을 36개월 분할 배송하겠다 광고하며 판매하였으나, 실제로는 일부만 배송하거나 전혀 배송하지 않았다. 12월 2일 甲은 한경닷컴(乙)에 중소기업브랜드대상 수상을 요청하였고, 乙은 12월 5일 甲을 수상업체로 선정하여 자사 사이트에 소개 기사를 게재하였으며, 이후 다른 매체도 이를 홍보 기사로 다루었다. 원고들은 이러한 기사들을 신뢰하여 12월 5일부터 2012년 1월 9

일 사이에 甲의 사이트에서 상품권을 구입하고 대금을 지급하였으나, 약속된 배송을 받지 못해 손해를 입었다. 법원은 乙이 게재한 내용이 실질적으로는 '기사형 광고'임에도 이를 광고로 명시하지 않고 오히려 '기사본문' 표시를 하여 독자가 보도기사로 오인하게 하였으며, 개설된 지 불과 4일 된 신생 사이트를 "오프라인에서부터 소비자의 두터운 신뢰를 받아온 기업"이라고 허위로 소개함으로써 甲의 기망행위를 신뢰성 있는 것으로 가장하게 하여 피해자들의 구매 결정을 유도했다고 보았다. 이러한 보도·홍보 행위는 사기범의 영업을 실질적으로 지원한 것으로서 불법행위를 용이하게 한 방조에 해당하므로, 법원은 乙에게 공동불법행위책임을 인정하였다(大判 2018.1.25., 2015다210231.).

* 단순한 직인 관리 소홀이 방조가 되는가? : 경기도(甲)는 김포군으로부터 교육용 행정재산인 임야를 승계하여 1991년 12월 소유권이전등기를 마쳤다. 김포군 교육청 소속 공무원 乙은 1992년 위조된 매매계약서와 교육장 직인을 사용하여 이를 자기 명의로 등기하였다. 그는 1993년 丙들에게 임야를 매도하고 계약금과 잔금을 받은 뒤 지분별 소유권이전등기를 해주었으나, 1996년 불법행위가 드러나 등기가 말소되었다. 따라서 丙들은 乙에게 대금만 지급하고 토지소유권은 상실하게 되었다. 乙은 1985년부터 유사한 불법 매각을 반복하였고 甲은 이를 1996년 1월에야 발견해 고발하였다. 丙들은 甲이 공유재산 관리와 직원을 감독하지 않고 직인을 방치한 과실로 乙의 범행을 방조했다고 주장했다. 甲 산하 김포군 교육청에서 교육장 직인을 서무계장 책상 위에 방치하였기에 乙은 그 직인을 사용하여 매매계약서를 위조할 수 있었다는 것이다. 그러나 법원은 甲 소속 공무원들의 단순한 관리·감독 소홀이나 직인 관리 부주의만으로는 甲의 방조책임이 성립하지 않는다고 판단하였다(大判 1998.12.23., 98다31264).

* 방조자의 공모와 손해발생 사이의 인과관계 문제 : 방조자와 피방조자 사이에 주관적 공동, 즉 공모나 공동의 인식이 있었던 경우 방조자의 공모와 손해의 발생 사이에 엄밀한 인과관계의 증명은 요구되지 않는다(鄭泰綸, 민법주해 (XIX, 2005, 175면). 이 경우 방조자와 피방조자가 사실상 하나의 가해집단으로서 유기적 일체를 이루기 때문이다. 예를 들어 연예기획사 대표가 남성 아이돌과 여성 연습생의 성폭행에 관해 공모하였고, 실제로 남성 아이돌이 여성 연습생을 폭행한 사례가 그와 같다. 다시 말해 방조자와의 공모 여부와 상관없이 피방조자가 피해자에게 어차피 가해행위를 했었을 사안이라 하더라도, 피해자는 공모 방조자에 대하여 공동불법행위책임을 물을 수 있다.

4) 공동불법행위의 인과관계 : 수인의 가해행위가 경합하여 동일한 피해자에게 동일한 손해를 발생시킨 경우에는 공동불법행위가 성립하고 이 경우 인과관계의 경합문제가 발생한다. 가해행위가 경합하는 경우로는 ① 각자의 가해행위가 모두 결과를 야기하기에 충분한 경우인 중첩적 경합$^{\text{Kumulative Konkurrenz}}$, ② 각

자의 가해행위가 모두 결과를 야기하기에는 부족하였지만 양 가해행위가 합쳐져서 결과를 야기한 경우인 필요적 경합Notwendige Mitwirkung, ③ 일방의 가해행위는 결과를 야기하기에 충분한 반면 타방의 가해행위는 결과를 야기하는 데 부족한 경우인 과잉적 경합Übermäßige Mitwirkung, ④ 일방의 행위가 현실적으로 결과를 야기하였지만 그 행위가 없었어도 타방의 행위가 결과를 야기하였을 경우인 가정적 경합Hypothetische Kausalität, 그리고 ⑤ 하나의 가해행위로 인한 결과발생이 완료되기 전에 다른 가해행위가 부가되어 손해발생의 결과가 발생한 경우인 추월적 경합Überholende Konkurrenz 등을 예로 들 수 있다. 중첩적 경합이 아니라면 공동불법행위책임을 온전히 인정하기는 어려운데, 이에 관해서는 후술하기로 한다.

(3) 효 과

1) 배상연대의 원칙 : 공동불법행위자는 피해자에 대하여 연대하여 손해를 배상하여야 한다(제760조 1항). 다시 말해 피해자는 수인의 가해자에 대하여 동시에 또는 순차로 손해배상채무 전부 또는 일부의 이행을 청구할 수 있다. 따라서 피해자는 어느 한 가해자에게 배상능력이 전혀 없다 하더라도 다른 가해자로부터 전액의 배상을 받아낼 수 있다.

* 경미한 과실의 가해자를 위한 책임 제한? : 1995년 11월, 건축주 甲은 인근 부지에 근린생활시설을 신축하기 위해 시공사 乙에게 공사를 도급하였고, 乙은 토목공사를 하도급업체 丙에 맡겼다. 공사 부지는 K맨션과 불과 수 미터 떨어져 있었으며, 11월 23일부터 굴토작업이 시작되고 11월 28일부터 12월 2일까지 어스앵커 공법을 사용해 H빔을 설치하는 과정에서 K맨션 기초 밑까지 장기간의 앵커가 시공되었다. 그러나 乙과 丙은 사전 안전조치 없이 공사를 진행하여 지반교란과 진동을 유발했고, 이로 인해 K맨션 전유부분과 지하수조·정화조·마당·옹벽 등 공용부분에 균열과 누수가 발생하였다. 감리자 丁은 이러한 위험을 인지하고도 적절한 조치를 취하지 않고 오히려 공사 완료를 독촉하였다. 법원은 甲에게는 구체적 지휘·감독이 없어 책임을 인정하지 않았으나, 乙·丙·丁은 시공 과정에서 안전조치 의무를 위반하거나 위험 방지 조치를 게을리한 만큼 공동불법행위책임을 진다고 보아, 乙·丙·丁이 연대하여 하자보수비와 위자료 전액을 피해자들에게 배상할 의무가 있다고 판시하였다. 특히 丁의 가공 정도는 다른 가해자보다 경미하지만, 그렇다 하더라도 피해자에 대한 丁의 책임액을 丁의 과실 비율로 감액할 수 없다고 하였다(大判 2001.9.7, 99다70365).

* 불법파업 노동조합원에 대한 예외 : 공동불법행위자의 책임은 부진정연대책임이므로, 피해자에 대한 관계에서 동일하게 인정된다. 그러나 2023년 6월 15일의 대

법원 판결은 쟁의행위 영역에서 이러한 대원칙을 부정하였다. 다시 말해 전국금속노동조합 현대자동차 비정규직지회가 2010년 11월 15일부터 12월 9일 사이에 현대자동차 울산공장 1, 2라인을 점거하여 위 공정이 278.27시간 동안 중단됨에 따라 현대자동차가 약 271억 원의 손해를 본 사건에서 대법원은 쟁의행위의 단체법적 성격, 즉 노동조합이라는 단체에 의하여 결정·주도되고 조합원의 행위가 노동조합에 의하여 집단적으로 결합하여 실행된다는 점에 비추어, 단체인 노동조합이 쟁의행위에 따른 책임의 원칙적인 귀속주체가 되고, 각 조합원은 자기 행위의 한도에서 개별책임만을 부담하게 된다고 판시하였다(大判 2023.06.15., 2017다46274). 다시 말해 불법파업이라는 공동불법행위는 그것이 쟁의행위라는 특수성에 근거하여 각 노조원에게 책임이 개별화된다고 할 수 있다.

2) 부진정연대채무 : 다수설 및 판례(大判 1999.2.26., 98다52469)는 이때 가해자가 '연대하여' 배상하여야 한다는 법문언(제760조 제1항)을 연대채무 부담의 의미로 해석하지 않는다. 공동불법행위자들이 부담하는 채무는 연대채무가 아니라 부진정연대채무(不眞正連帶債務)라는 것이다. 이는 연대채무가 동일한 원인(예컨대 동일한 계약관계)에 기초하고 내부관계에서는 채무자 사이에 균등분담 원칙(제424조)이 적용되는 반면, 공동불법행위자들의 채무는 각 채무의 발생원인이 서로 다르고 내부관계에서의 부담부분도 균등분담이 아니라 각 채무자의 귀책 정도와 손해 발생에 대한 기여도를 고려하여 나눈다는 데 근거한다.

* 부진정연대채무 개념의 기원 : 과거 로마법은 채무에 두 가지 연대적 유형이 있으며, 다수의 채무자가 공동의 원인에 의해 하나의 채무를 연대해서 부담하는 경우 correi debendi와 서로 다른 원인에 의해 독립적으로 발생한 채무가 연대의 관계에 놓이는 경우 obligatio in solidum가 있음을 암시한 바 있다. 이에 착안하여 프랑스판례는 1836년에 전체책임채무 obligation in solidum라는 개념을 창안했다. 이 개념은 채무자들 사이에 계약상 또는 법률상의 연대합의 solidarité conventionnelle ou légale가 없다는 점이 핵심이었고 이러한 채무는 단일·동일한 채무 une seule et même obligation로 볼 수 없어 프랑스법상 연대채무 la solidarité de la part des débiteurs와는 구별된다고 하였다(Cass. Civ., 29 février 1836, S., 1836.1.293.). 예를 들어 두 명 이상이 서로 다른 의무위반행위를 했지만 그로 인해 동일한 손해를 발생시켜 연대책임을 부담하게 된 경우처럼 각 채무가 독립된 발생원인을 가짐에도 하나의 결과에 관련되어 공동책임이 발생하였을 때 그 채무자들은 전체책임채무를 부담한다는 뜻이었다.

* 독일법상 공동책임과 결속책임의 구별 : 위와 같은 논의에 영향을 받아 1851년 독일의 사비니 Friedrich Carl von Savigny는 '현대로마법의 일부로서 채권법 Das Obligationenrecht als Theil des heutigen Römischen Rechts'이라는 저작에서 공동책임 Korrealität과 결속책임 Solidarität을 구별하였다. 공동책임의 경우 다수가 동일한 원인에 의해 연대책임을 부담하게 되

어 채무자들 간에 단체적 성격이 강하기 때문에 연대채무자 1인에게 발생한 경개·면제 등의 사유가 다른 연대채무자에게도 영향을 미치고 채무자 내부관계에서도 구상권이 인정된다는 것이었다. 반면 결속책임의 경우 연대채무자들이 실질적으로 다른 원인에 의해 엮인 관계이기 때문에, 연대채무자 1인에게 발생한 경개·면제 등의 사유가 다른 연대채무자에게 상대적 효력만을 지닐 뿐이고 내부관계에서 구상권은 인정되지 않는다고 하였다. 그 뒤로 공동책임의 개념은 진정연대echte Solidarität, 결속책임의 개념은 부진정연대unechte Solidarität라는 개념으로 발전하였고, 서구 각국의 민법학에 영향을 미쳤다.

* 프랑스법상 연대채무와 전체책임채무의 차이 : 프랑스법상 연대채무에서는 그 내부적 부담부분이 균등한 것으로 추정되는 게 원칙이다. 하지만 전체책임채무에서는 각 채무자의 채무가 본질적으로 독립하며 내부적 부담부분은 각자의 과실비율에 따라 나뉜다(Cass. com., 18 mars 1997.; Bull. civ. IV, n° 77.). 그리고 프랑스법상 고의에 기한 전체책임채무자는 다른 전체책임채무자에게 구상권droit à contribution을 행사하지 못하는 경우가 많다. 프랑스의 공서양속ordre public에 따르면 고의에 기한 불법행위자는 자신의 고의에 기한 불법행위책임을 다른 사람에게 전가할 수 없기 때문이다. 물론 과실에 기한 전체책임채무자는 다른 전체책임채무자에게 얼마든지 구상권을 행사할 수 있다. 특히 프랑스민법에서 연대채무는 독일민법에서와 다르게 1인의 연대채무자에게 생긴 면제remise de dette와 같은 개인적 사유가 절대적 효력effet absolu을 가져 다른 연대채무자에게까지 파급되는 것으로 규정되어 있으므로(프랑스구민법 제1285조; 현행민법 제1350-1조), 연대채무-전체책임채무의 구별은 프랑스법에서 큰 의미를 가진다.

* 독일민법상의 부진정연대채무 : 부진정연대의 개념은 1896년 독일민법전 제정 당시 받아들여지지 않았다. 독일민법의 입법자들은 연대채무가 이미 다수의 채무자에게 개인화된 것이므로 이를 단일·동일한 채무라 보지 않았으며, 이는 연대채무가 동일한 원인에서 발생하였든 상이한 원인에서 발생하였든 달라지지 않는다고 생각했기 때문이다. 따라서 독일민법전의 입법자들은 연대채무의 모든 경우에서 연대채무자 1인에게 발생한 경개Novation·면제Erlass 등의 사유가 상대적 효력만을 지니는 것으로 통일하였다. 그리고 연대채무자 내부관계에서의 구상권도 인정되는 게 원칙이라고 하였는데, 다만 독일법상 공동불법행위자들이 부담하는 연대채무는 일반적인 연대채무와 달라서 일반 연대채무의 내부관계에 적용되는 균등 분담 원칙(독일민법 제426조)이 적용되지 않고 각 공동불법행위자의 기여·책임 정도에 따라 내부부담비율이 분배된다는 차이가 있다 하였다. 이렇듯 독일민법은 부진정연대채무 개념을 수용하지 않았지만, 1913년 독일제국법원 판례는 부진정연대채무 개념을 수용하였고, 부진정연대채무자들의 경우 내부관계에서 구상의 순위가 달라질 수 있다 하였다(RGZ 82, 206).

* 스위스법상의 부진정연대채무 : 19세기 독일민법학이 발전시킨 부진정연대개념은 1911년에 제정된 스위스채무법에 영향을 미쳤다. 스위스채무법이 제50조와

제51조에서 진정연대책임과 부진정연대책임을 구별하였기 때문이다. 다만 스위스판례는 공동불법행위라 해서 언제나 부진정연대책임만 인정되는 것은 아니고, 가해행위의 공동성Gemeinsame Verursachung이 인정될 경우 공동불법행위자 역시 진정연대책임을 부담할 수 있다고 한다($^{BGE\ 106\ II}_{250,\ S.\ 253\ f.}$). 스위스민법에서도 연대채무자 1인에게 발생한 경개·면제 등의 사유는 상대적 효력을 지닐 뿐이다.

* 일본민법의 계수 : 1890년에 공포된 일본의 보아소나드Boissonade 민법초안은 프랑스법의 전체책임채무 또는 불완전연대solidarité imparfaite의 개념을 받아들여 전부의무(全部義務)에 관한 규정을 두었다($^{채권담보편}_{제73조}$). 이에 따르면 전부의무는 채무자 사이의 공동관계를 전제로 하지 않기 때문에 상호대리를 근거로 하는 연대채무의 효력은 전부의무에 적용할 수 없는 것이었다. 물론 전부의무에 관한 규정은 1896년에 제정된 메이지민법전에 포함되지 않았지만, 1913년부터 독일민법학의 부진정연대개념이 일본민법학에 소개되어 부진정연대채무에 관한 논쟁이 점화되었다. 공동불법행위의 사안처럼 채무자마다 법률상 원인이 다른 경우에도 이를 연대채무로 보아($^{일본민법}_{제719조}$) 채무자 1인에게 발생한 경개·면제 등의 사유가 다른 채무자에게까지 전이되도록 하면($^{일본민법}_{제433조}$) 다른 채무자에게 불의의 이익·불이익을 주게 되어 부당하다는 실무·학설의 비판이 강하게 제기되었기 때문이다. 이로써 일본에서는 오늘날과 같은 부진정연대채무 이론이 정립되었으며, 이러한 일본의 이론은 우리나라에도 계수되었다.

3) 채무자 1인에 대한 사유의 효력 : 판례에 따르면 공동불법행위자는 부진정연대채무를 부담하므로, 가해자 1인에게 발생한 개인적 사유는 다른 공동불법행위자에게 영향을 미치지 못한다. 예를 들어 연대채무는 이행청구($^{제416}_{조}$), 경개($^{제417}_{조}$), 상계($^{제418}_{조}$), 채권자지체($^{제422}_{조}$), 면제($^{제419}_{조}$), 혼동($^{제420}_{조}$), 소멸시효($^{제421}_{조}$) 등의 사유가 폭넓게 다른 채무자에게 효력을 미치지만, 공동불법행위채무는 부진정연대채무이므로 위와 같은 사유가 다른 채무자에게 전혀 효력을 미치지 못한다. 오로지 채권을 만족시키는 사유($^{변제,\ 대물변}_{제,\ 공탁,\ 상계}$)만이 다른 채무자에게 영향을 미친다.

* 공동불법행위자는 언제나 부진정연대채무를 부담해야 하는가? : 우리민법은 공동불법행위자가 손해배상에 관하여 연대채무를 부담한다고 규정한다. 그런데 이는 공동불법행위자가 주관적 의사공동관계에 있는 경우 당연한 효과라 할 수 있다. 만약 공동불법행위자가 주관적 의사공동 없이 객관적 공동관계만으로 함께 책임을 부담하게 되었다면 이때는 공동불법행위자가 부진정연대채무를 부담하게 해야 하겠지만, 주관적 의사공동 있는 경우라면 단일·동일한 원인에서 채무를 부담하는 것이므로 마땅히 연대채무를 부담해야 할 것이기 때문이다. 이러한 구별을 하지 않고 모든 공동불법행위자에게 부진정연대채무를 부담시키는 우리 다수설과 판례는 민법이론과 맞지 않는 것이다. 그러나 이렇게 할 경우 주관적 의사공동 있는 공동불법행위자들이 그중 1인에게 발생한 개인적 면책사유를 자유

롭게 원용할 수 있게 되어 주관적 의사공동 없는 공동불법행위자들보다 더 가벼운 책임을 부담할 것이라는 문제가 남는다(李鐘基, 불가분채무, 연대채무, 그리고 부진정연대채무, 민사법학 제110호, 2025.03, 398-399면).

a. 면 제 : 공동불법행위자 중 1인이 피해자와 '모든 청구권을 없앤다'는 합의를 했더라도, 그 개인적 합의로 다른 공동불법행위자가 완전히 면책되는 것은 아니다. 공동면책은 오직 손해액 가운데 변제된 부분까지만 가능하다. 부진정연대채무자 중 1인에 대한 면제는 다른 부진정연대채무자에 대하여 효력이 미치지 않기 때문이다(大判 1982.4.27., 80다2555).

* 가해자 1인과 피해자 간의 합의가 다른 가해자들에 미치는 영향 : 고압전선 가설공사 현장에서 내선공사기능보 자격만 가진 丁이 전주에 올라가 스위치 투입작업을 하던 중 고압선에 접촉되어 감전사하였다. 이 과정에서 공사 수급자인 丙은 자격이 없는 丁에게 고압전선 작업을 맡기고 안전장비 사용을 지시하지 않았으며, 甲의 현장감독자인 乙은 위험작업에 대한 감독을 소홀히 하였다. 丁 또한 송전 중임을 알면서도 스위치조작봉 대신 뺀찌를 사용하여 작업하다가 뺀찌가 고압선에 접촉되어 감전되었다. 이후 丙은 丁의 유족들과 합의하여 상실이익금, 위자료, 장례비 등을 포함한 540만 원을 지급하였는데, 법원은 이 중 120만 원을 丁의 상실이익금으로 인정하여 손해배상액에서 공제하였다. 丁의 유족들은 甲에 대해 손해배상금으로 1,542만 원을 청구하였으나, 甲은 이미 丙이 유족에게 지급한 합의금 540만 원이 손해액의 상당 부분을 충당하였으므로 그 범위 내에서는 자신의 채무가 소멸한다고 주장하였다. 법원은 합의금 540만 원 가운데 120만 원의 경우 丙이 실제로 유족에게 지급한 손해배상금의 일부이므로 부진정연대채무 법리에 따라 甲에게도 변제의 효력이 미치지만, 나머지 420만 원은 甲이 부담해야 할 손해액에 대응하지 않고 丙이 별도로 면제받은 부분이므로, 이는 사실상 채무면제에 해당하고, 그 면제의 효력은 丙에게만 미치며 甲에게는 미치지 않는다고 판시하였다(大判 1982.4.27., 80다2555).

b. 상 계 : 상계의 한 예로서 출자전환(出資轉換)을 들 수 있다. 출자전환의 경우 채권자는 채무자인 회사로부터 변제금 대신 신주(新株) 또는 전환사채를 받는데, 이때 채권자가 회사에 납입해야 하는 주식대금 채무와 회사가 채권자에게 갚아야 할 기존 채무는 상계되어 소멸하기 때문이다. 만약 공동불법행위자인 회사가 피해자에게 변제해야 할 손해배상금의 일부를 이렇게 주식이나 전환사채로 출자전환시켜 준다면, 그 출자전환으로 상계된 금액만큼 다른 공동불법행위자 역시 면책된다. 부진정연대채무자 중 1인이 채권자와 한 상계는 변제와 같은 효과를 가져 다른 부진정연대채무자에게도 영향이 미치기 때문이다.

* 회사 워크아웃 과정에서의 출자전환이 대표이사의 책임에 미치는 영향 : 쌍용건설(甲)은 1977년 설립된 토목·건설업체로 1990년대 초 저가수주와 부동산 경기 하락으로 경영이 악화되었고, 1998년 11월 워크아웃에 들어갔다. 乙은 1994년부터 甲의 이사·대표이사로 재직하며 1995~1997 사업연도에 대규모 당기순손실을 이익으로 조작하는 분식회계를 지시하였고, 이를 알지 못했던 丙은 甲 회사를 위해 150억 원의 기업어음 매입, 200억 원 대출, 甲 발행 제98회 회사채 300억 원 지급보증, 제101회 회사채 150억 원 지급보증 등을 제공하였다. 乙은 분식회계에 의한 대출사기와 부외자금 조성에 의한 횡령으로 유죄판결을 받았다. 이후 甲 회사의 워크아웃 과정에서 丙의 CP 및 대출금은 甲 회사에 대한 주식으로 출자전환되었고, 제98회 회사채 관련 구상금 300억 원은 그중에 약 142억 원만 변제받고 나머지는 면제되었으며, 제101회 회사채 구상금은 전액 전환사채로 출자전환되었다. 丙은 乙이 공동불법행위자로서 甲과 함께 부진정연대채무를 부담한다고 주장하며 乙에 대해 약 592억 원의 미변제액에 대한 책임을 요구하였다. 그에 대해 乙은 丙이 甲과의 출자전환으로 이미 약 434억 원의 사실상 변제를 받은 만큼 자신도 그 범위에서 면책된다고 항변하였다. 법원은 부진정연대채무자 중 1인이 채권자와 한 상계 또는 상계계약은 변제와 같은 효과를 가져 다른 부진정연대채무자에게도 효력이 미친다고 보아, 상계액 상당 부분에 대해서는 乙의 책임이 소멸된다고 판시하였다(大判(全) 2010.9.16., 2008다97218).

4) 과실상계 : 공동불법행위에서 피해자의 과실을 상계할 때는 가해자 전원에 대하여 전체적으로 상계하는 게 원칙이다. 공동불법행위자 각인의 과실비율이 서로 다르다 하더라도 마찬가지이다(大判 1998.6.12., 96다55631). 공동가해자가 피해자에게 배상해야 할 전체 손해액을 정할 때는 일단 피해자의 과실비율만큼 총 손해액에서 일괄적으로 감액해야 할 것이기 때문이다. 물론 내부관계에서 공동가해자 간의 분담비율을 정할 때는 피해자의 과실을 각 가해자마다 개별적으로 상계하여야 한다.

* 공동불법행위자 1인의 과실 기여도가 매우 낮은 경우 : 甲은 자신의 그레이스 승합차를 몰고 가다가 중앙선을 침범하여 반대편에서 오던 丙의 프레스토 승용차와 정면충돌하였다. 그 뒤를 따르며 내리막 커브길에서 전방주시를 게을리하고 과속하던 乙의 소나타 승용차는 도로 가장자리에 걸쳐 있던 丙의 프레스토 승용차를 피하지 못하고 추돌하여 2차 사고가 이어졌다. 이로 인해 丙이 사망하고, 동승자인 원고들은 상해를 입었다. 원고들은 乙이 2차 사고의 가해자이지만 전체 손해에 대한 공동불법행위 책임을 부담한다고 주장하며 손해배상금 1억 7,664만 원을 청구하였다. 반면 乙은 자신은 1차 사고와 무관하며 2차 사고로 인한 손해만 한정적으로 배상하면 된다고 항변하였다. 원심은 전체 손해액을 1억 5,580만 원으로 산정하고, 여기서 乙의 책임을 30%로 제한하여 乙이 5,214만 원만 배상하도록 판결하였다. 이 사건 사고는 1차적으로 甲의 그레이스 승합차의 중대한 과

실에 의하여 발생하였으며, 丙과 원고들의 손해도 주로 1차 충돌사고로 인하여 일어나 乙에 의한 2차 충돌사고는 이 사건 손해에 기여한 정도가 비교적 작다는 이유에서였다. 그러나 대법원은 두 사고가 객관적으로 관련공동성이 있는 공동불법행위에 해당하므로, 피해자의 과실을 상계한 후 산출된 금액 전액에 대해 乙은 甲과 연대책임을 부담(예를 들어 피해자의 과실이 10%라면, 90%에 대해 甲과 乙이 연대책임을 부담)한다고 하면서 원심을 파기환송하였다. 乙의 기여도 30%는 甲과의 내부 구상관계에서만 문제 될 뿐 피해자에 대한 외부적 책임을 제한할 수는 없다는 뜻이었다(大判 1998.6.12., 96다55631).

* 공동불법행위자 1인의 고의 여부가 문제될 경우 : 인천국제공항공사(甲)의 국제업무단지 내 상업시설 개발을 맡은 乙 회사는 2002~2008년 2단계 공사 기간에 상업시설을 경유하는 모노레일(PMS)이 설치될 것처럼 홍보하였고, 감독기관인 甲도 교통관제센터 내 승강장에 '2단계 공사 시 완공 예정'이라는 안내문을 부착하였다. 그러나 실제로는 PMS가 건설 기본계획에 포함되지 않았고 구체적인 설치계획도 없었으며, 항공체험시설과 전망대 역시 계획 단계에서만 포함되었다가 甲이 비용 부담을 이유로 설치를 거부하였다. 임차인 丙들은 乙의 설명과 광고를 신뢰하여 20년 이상의 장기 임대차계약을 체결하고 임대료를 선납하였으나, 甲에게 직접 확인하지는 않았다. PMS 설치 불이행으로 상업시설 가치가 하락했다고 본 丙들은 설치 시와 미설치 시의 임대료 차액 상당의 손해배상과 보증금 반환을 甲과 乙에게 청구하였다. 이에 대해 甲과 乙은 확정된 설치 계획이 없음을 알리지 않은 점은 인정되나 손해 발생과의 인과관계, 손해액 산정, 丙들의 확인 의무 태만을 이유로 배상책임이 제한되어야 한다고 항변하였다. 그러자 丙들은 甲이 丙들의 부주의를 이용하여 고의로 불법행위를 저질렀다고 주장하며 과실상계 배제를 요구하였다(大判 1987.7.21., 87다카637 참조). 법원은 위 사안에서 甲이 丙들의 부주의를 이용해 고의로 불법행위를 한 것이 아니므로 과실상계가 가능하다고 판시하였다(大判 2009.8.20., 2008다51120).

5) 구상관계 : 공동불법행위자들의 채무는 부진정연대채무로서 공동불법행위자들 사이에 주관적 공동연관이 없기 때문에, 공동불법행위자들 간의 내부 분담비율은 균등하지 않고 각자의 고의나 과실, 위법성, 변제능력의 정도를 고려하여 정해진다(大判 1978.3.28., 77다2499).

a. 구상권의 발생요건 : 공동불법행위자 1인이 다른 공동불법행위자에 대하여 구상권을 행사하기 위해서는 먼저 자신이 자신의 부담부분을 초과하여 변제했다는 사실에 관하여 증명을 하여야 한다(大判 1997.6.27., 97다8144). 전부변제가 아니라 일부변제를 했더라도 자신의 부담부분을 초과하여 변제하기만 했으면 구상권을 갖게 된다(大判 2006.2.9., 2005다28426). 구상권의 발생 시점은 구상권자가 현실로 피해자에게 손해배상금을 지급한 때이다(大判 1994.1.11., 93다32958).

* 초과변제 없는 구상권 행사의 사례 : 1993년 3월 24일, 甲 회사 소속 근로자인 乙은 지인인 丙과 丁을 태우고 甲 회사 소유 승합차를 운전하다 교차로에서 좌회전 중 戊가 운전하는 화물차와 충돌하였다. 이로 인해 동승자 丙이 사망하고 丁 및 乙 자신이 부상을 입었다. 근로복지공단은 산업재해보상보험법에 따라 丙의 유족과 乙, 丁에게 총 1억 2,623만 원 상당의 보험급여를 지급한 뒤, 戊가 운전하던 화물차의 소유자 해동을 상대로 구상금을 청구하여 乙과 戊의 과실비율을 70:30으로 인정받고 전액을 회수하였다. 근로복지공단에 1억 2,623만 원 상당을 지급한 해동의 보험자 A 회사는 피해자 乙, 丙, 丁의 전체 손해액 5억 6,773만 원 중 乙의 과실비율 70%에 해당하는 금액을 乙에게 재구상금으로 청구하였다. 그러나 乙 측은 전체 손해액에서 戊의 부담부분인 1억 7,320만 원을 초과하여 A가 변제한 것은 아니므로, A에게 구상권은 없다고 주장하였다. 법원은 공동불법행위자 간 구상권은 자기 부담부분을 넘는 변제가 있어야 발생한다면서, A의 청구를 기각하였다(大判 2006.2.9. 2005다28426).

* 초과변제 사실의 증명책임 : 1992년 2월 18일 오후, 甲이 운전하는 승용차가 동해시 F 공장 후문 앞 삼거리에서 시속 100km로 중앙선을 침범한 오토바이와 충돌하여 운전자 乙이 사망하고 동승자인 丙이 중상을 입었다. 과실비율은 甲 25%, 乙 75%로 인정되었고, 甲의 보험자인 원고 A사는 丙에게 약 1,800만 원의 배상금을 지급하면서 丙과 합의하였다. A사는 자신이 丙에게 지급한 금액이 공동불법행위자 전체의 책임을 초과하여 변제한 것이라며 乙의 부모에게 그 초과분에 대한 구상금을 청구하였다. 그러나 乙의 부모 측은 A사가 자신의 부담부분 이상을 지급한 것에 관해 증명하지 못하였으므로 구상권이 성립하지 않는다고 항변하였다. 법원은 공동불법행위자 사이의 구상권이 자신의 부담부분을 넘어 변제한 경우에만 인정되며, 그 증명책임은 구상권 청구자에게 있다고 보아, 원고 청구를 기각하였다(大判 1997.12.12. 96다50896).

b. 통지의무? : 공동불법행위자 가운데 1인이 구상권 행사를 위하여 변제 전후에 다른 공동불법행위자들에게 통지(제426조)를 할 필요는 없다(大判 1998.6.26. 98다5777). 상호 밀접한 주관적 연관관계가 없는 공동불법행위자 간에 서로 통지해주면서 배려할 의무 등은 존재하지 않기 때문이다. 따라서 통지 없이 변제하였다 하더라도 구상권을 행사하는 데는 아무 지장이 없다.

c. 공동불법행위자들 간의 내부순위 : 공동불법행위자들은 많은 경우 내부관계에서 동순위에 있지 않다. 일부는 선순위의 책임을, 나머지는 후순위의 책임을 부담하는 경우가 많은 것이다. 예를 들어 공동불법행위자들 가운데 일부는 공동으로 모의하여 손해를 야기했거나 고의로 손해를 야기한 반면, 나머지는 그러한 모의에 가담하지 않았고 단지 손해방지의무에 위반한 과실만 있었던 경우,

전자는 내부관계에서 선순위의 책임을 부담하지만 나머지는 후순위의 책임을 부담한다. 또한 사용자책임(제756조)에서 피용자에게 전적인 과실이 있었음에도 사용자가 피해자에게 손해를 우선 배상한 경우에도 내부관계에서 피용자는 선순위의 책임을 부담하고 사용자는 후순위의 책임을 부담한다. 위와 같은 경우 내부관계에서 선순위의 책임을 지는 부진정연대채무자는 다른 부진정연대채무자의 급부에 내재된 부담을 최종적·전적으로 부담해야 한다.

* 풀다 성당 화재 사건 : 1905년 6월 4일, 독일의 풀다Fulda 교구는 성 보니파티우스Bonifatius의 사망 1150주년 축제를 성당이 위치한 도시 풀다에서 거행했다. 축제 도중 불꽃놀이가 진행되었고, 불꽃놀이 담당자(F)가 부주의하게 불꽃을 다루는 바람에 성당의 오른쪽 탑이 전소되는 화재가 발생하였다. 건물의 유지·보수 의무가 있는 풀다 시는 먼저 수리작업을 실시하였고, 이후 부주의한 불꽃놀이 가해자인 F에게 수리비용 전액을 청구하였다. 그러나 이에 대해 F는 자신이 풀다 시와 연대책임을 부담하며, 연대채무자들 간의 내부관계에서 다른 정함이 없는 한 서로 균등하게 책임을 나눠 부담해야 하므로(독일민법 제426조), 그 분할된 부분만 책임을 지겠다고 항변하였다. 1913년 4월 26일, 독일제국법원은 풀다 시가 건물 유지의무를 위반했더라도 그것이 풀다 시에게 최종적 책임을 부담시키는 것은 아니라면서, 풀다 시와 F 사이에 진정한 연대채무가 성립하지 않는다고 판결하였다(RGZ 82, 206).

c. 구상채무의 성질 : 구상채무를 부담하는 공동불법행위자가 복수인 경우 그 구상채무는 각자의 부담부분에 따른 분할채무가 되는 게 원칙이다. 그러나 앞서 본 바와 같이 독자적 과실이 없어 내부적 부담부분을 갖지 않았던 공동불법행위자, 즉 후순위의 공동불법행위자가 선순위자에 앞서 변제한 경우라면, 선순위의 공동불법행위자들이 후순위의 공동불법행위자에 대해 부담하는 구상채무는 부진정연대채무로 보아야 한다.

* 복수의 구상채무자가 분할채무를 부담하는 경우 : 1994년 5월 7일 甲은 견인차량으로 탱크로리 수반 차량을 견인하다가 구미시 편도 1차로 도로에 차폭등과 미등도 켜지 않은 채 주차해 두고 떠났다. 그 결과 해당 차량은 약 5일간 도로폭의 75%를 차지한 채 방치되었다. 5월 12일 새벽, 혈중알콜농도 0.09% 상태의 乙이 승용차를 운전하다 이를 발견하지 못하고 충돌하여 동승자 丙이 중상을 입었다. 사고지점은 구미시가 점유·관리하는 도로였고 주차금지구역이었다. 乙의 보험자인 A 보험회사는 피해자 丙에게 1995년 12월 2일까지 약 9,247만 원의 손해액을 전부 지급하였다. 이후 A는 도로관리자인 구미시를 상대로 9,247만 원 구상금 전액을 청구하였다. 구미시는 자신의 책임이 甲의 책임과 과실 정

도에 따라 내부적으로 분할되어야 한다고 항변하였다. 법원은 구미시와 甲이 A 보험사에 대한 관계에서 각자 과실비율에 따른 분할채무를 부담한다고 보았다. 전체 손해 중 甲의 과실은 70%, 구미시의 과실은 30%로 인정되었으므로, 甲의 부담액은 9,247만 원의 70%인 6,473만 원, 구미시의 부담액은 9,247만 원의 30%인 2,774만 원으로 정해졌다(大判 2002.9.27. 2002다15917).

* 독자적 과실이 없던 공동불법행위자가 변제한 경우 : 1998년 9월 대한민국 정부는 한동건설(20%), 영남건설(20%), 충일건설(60%)로 구성된 공동수급체와 국도 48호선 확장공사를 계약하였다. 그런데 한동건설, 영남건설, 충일건설 등 시공사들은 2001년 7월 집중호우 당시 절토구간에 배수시설을 설치하지 않아 빗물과 토사가 인근 건물 지하창고로 유입되어 C의 조명장비가 침수되는 피해가 발생하였다. C는 정부와 시공사들을 상대로 손해배상을 청구하였고, 정부는 6억 6,070만 원, 한동건설은 1억 4,250만 원을 C에게 지급하였다. 이후 정부는 자신이 지급한 금액을 포함하여 한동건설 등 시공사들에게 8억 320만 원의 구상금을 청구하였는데, 이에 대해 한동건설은 정부에게도 영조물 관리상 과실이 있어 내부적으로 과실비율에 따라 분담해야 한다고 항변하였다. 그러나 법원은 정부의 책임이 시공사를 통한 방호조치 의무 불이행에 기초한 것으로서 정부에게는 독자적 과실이 없으므로, 정부에 대한 시공사들의 구상채무는 부진정연대채무에 해당한다고 보았다. 따라서 각 시공사는 8억 320만 원 전액에 대해 정부에 대한 부진정연대책임을 부담하며, 내부관계에서만 지분율에 따라 한동건설 1억 6,064만 원, 영남건설 1억 6,064만 원, 정우개발(충일건설을 승계한 회사) 4억 8,192만 원을 최종 부담하게 되었다(大判 2012.3.15. 2011다52727).

e. 구상채무자 1인에 대한 사유의 효력 : 공동불법행위자 중 일부의 채무가 피해자의 권리불행사로 시효소멸하였더라도 그는 시효완성이라는 사유로써 구상채무를 면하지 못한다. 공동불법행위자 중 1인에게 발생한 시효완성의 사유는 공동불법행위자들 사이에서 상대적 효력만 가질 뿐이기 때문이다. 마찬가지로 피해자가 공동불법행위자 중 일부에 대해 채무면제를 한 경우에도 그 면제받은 자는 구상채무를 면하지 못한다.

* 공동불법행위자 일부에 대한 채무면제와 구상채무 : 1994년 10월 17일 오후 5시경, 甲은 乙, 丙, 丁과 함께 M아파트 뒷편 공터에서 놀고 있었다. 乙이 잠자리를 굽기 위해 라이터를 가져오라고 하자, 甲이 집에서 라이터를 가져와 낙엽 등에 불을 붙이며 놀다가 불이 번져 丁의 치마에 옮겨붙었다. 丁은 3도 화상을 입고 치료를 받다가 같은 해 11월 19일 패혈증으로 사망했다. 丁의 부모는 甲의 부모를 상대로 손해배상청구소송을 제기해 승소한 뒤, 1996년 3월경 甲의 부모 소유 아파트를 이전받고 의료보험조합 납부금 약 600만 원을 甲의 부모가 대신 지급하는 조건으로 나머지 청구권을 포기하는 합의를 하였다. 이후 甲의 부

모는 자신들이 丁의 부모에게 과도하게 변제했다며 乙의 부모와 丙의 부모에게 과실 비율에 따른 구상금을 청구하였다. 乙의 부모와 丙의 부모는 甲의 부모와 丁의 부모 간 합의로 인한 채무 소멸이 자신들에게도 미친다고 항변하였으나, 법원은 공동불법행위자 중 일부가 피해자와 한 합의나 채무면제의 효력은 다른 공동불법행위자에게 미치지 않는다고 판단하였다. 따라서 乙의 부모와 丙의 부모는 각자의 과실 비율(70:30)에 따라 甲의 부모에게 구상금을 지급하여야 한다고 판결하였다(大判 1997.10.10, 97다28391).

f. 다액채무자의 일부변제 : 피해자의 부주의를 이용하여 고의로 불법행위를 했다는 등의 이유로 피해자에 대하여 다른 채무자보다 더 많은 책임액을 부담하는 다액채무자가 피해자에게 일부 변제를 하는 경우 공동불법행위자들의 공동 책임부담부분보다 그 다액채무자의 단독 책임부담부분이 먼저 소멸한다. 만약 그 변제로 인한 잔액이 다른 채무자들의 공동책임액보다 더 적었다면, 그 다액채무자의 단독채무부담부분만 소멸하고 다른 소액채무자들의 공동책임액은 그대로 유지된다. 이 경우 다액채무자의 무자력에 대한 위험의 일부를 채권자인 피해자에게 전가해서는 안 되기 때문이다(大判(全) 2018.3.22, 2012다74236).

* 부진정연대채무관계에서 다액채무자의 일부변제가 갖는 효과 : 丙은 2009년 8월 아파트를 분양받아 임대차보증금으로 분양대금 관련 대출금을 상환하려 하였고, 같은 해 9월 대리인 A를 통해 丁과 보증금 2억 2천만 원, 기간 2년의 임대차계약을 체결하였다. 임대인 丁 측의 중개업자는 甲, 중개보조원은 乙이었으며, A는 乙에게 전세보증금 잔금 수령과 대출금 상환에 관한 전권을 위임하였다. 2009년 10월 30일 乙은 丁으로부터 잔금 1억 9,800만 원과 丙으로부터 상환수수료 540만여 원을 받았으나, 이를 대출금 상환에 쓰지 않고 자신이 매수한 부동산 잔금에 유용하였다. 그 결과 丙은 2009년 10월부터 2011년 1월까지 총 1,502만여 원의 이자를 부담하였고, 2010년 7월 15일 A로부터 甲·乙에 대한 손해배상채권을 양도받아 양도통지를 하였다. 丙이 甲·乙에게 청구한 손해배상금은 총 2억 1,843만 원이었는데, 법원은 丙에게도 50% 과실이 있다고 보았으므로, 甲의 책임 범위는 1억 921만 원으로 제한되었다. 반면 乙은 횡령의 직접 가해자이므로 과실상계 없이 손해 전액인 2억 1,843만 원에 대해 배상채무를 부담하였다. 乙은 丙에게 이미 9,722만 원을 변제했는데, 법원은 乙(다액채무자)과 甲(소액채무자)이 부진정연대채무 관계에 있고, 다액채무자의 일부 변제는 과실비율에 따라 공동부담 부분에 충당하는 것이 아니라 그가 단독으로 부담하는 부분부터 소멸시키는 것이 원칙이라고 판시하여, 기존의 과실비율설을 폐기하고 단독부담부분 우선충당설을 확립하였다(大判(全) 2018.3.22, 2012다74236).

g. 구상권의 소멸시효 : 구상권의 소멸시효는 그 구상권이 발생한 시점,

즉 구상권자가 공동면책행위를 한 때로부터 기산한다. 그 시효기간은 일반채권의 그것과 같이 10년으로 본다(大判 1996.3.26, 96다3791).

6) 기여분의 증명을 통한 책임감경 : 수인의 가해행위가 경합하여 손해결과를 야기한 경우, 각 경합의 유형에 따라 일부 가해자에 대해 기여분(寄與分)의 증명을 통한 책임감경이 인정될 수 있다.

  a. 필요적 경합(必要的 競合) : 각자의 가해행위가 합쳐져서 비로소 결과를 야기한 경우 각 가해자가 손해 전부에 대하여 부진정연대책임을 부담하는 것으로 추정된다. 그러나 어떤 행위자가 자기 기여분을 증명한 경우 책임이 감경될 수 있다. 예를 들어 유양돌기절제 수술 중 국소지혈로 수술시야를 좋게 하기 위하여 만성 중이염 환자의 오른쪽 귀에 의사 甲이 에피네프린epinephrine 0.3 mg을 주사하였는데, 수술중 착오로 다른 의사 乙이 같은 부위에 다시 에피네프린 0.4 mg을 주사하여 에피네프린이 치사량에 도달한 결과 환자가 심정지로 사망한 사건이 그와 같다. 이 경우 甲과 乙은 피해자에게 손해 전부에 대하여 부진정연대채무를 부담하는 것으로 추정되지만, 각자가 자기 기여분을 증명할 경우 책임 감경이 가능하다.

  b. 중첩적 경합(重疊的 競合) : 손해 발생에 기여한 복수의 원인이 그 자체로도 결과를 발생시킬 수 있는 충분조건이 되는 경우, 각 가해자가 손해 전부에 대하여 부진정연대채무자로서 손해배상책임을 부담하여야 할 것이다. 예를 들어 A와 B의 공장에서 폐수가 흘러나와 양식장 피해가 발생했는데, A, B 각 공장의 폐수만으로도 어차피 양식장 물고기는 다 죽을 수밖에 없었을 경우. 각 가해자는 피해자에게 손해 전부에 대하여 부진정연대채무를 부담해야 한다. 그러나 내부적으로는 과실의 정도와 비례적 기여분을 참작하여 손해를 분담할 수도 있다.

> * 필요적 경합 또는 중첩적 경합 여부가 다투어지는 경우 : 2개의 가해행위가 합쳐져 비로소 중한 결과를 야기했다 하더라도, 1차 가해행위에 다른 가해행위가 이어져 더 중한 결과가 발생할 수 있음이 1차 행위 당시 충분히 예견되는 경우라면, 이는 필요적 경합이 아니라 중첩적 경합의 사안으로 본다. 예를 들어 甲 은행의 은행원이 본인·대리인 여부를 확인 안 하고 계좌모용자 乙에게 예금계좌를 개설해준 사안에서, 계좌모용자 乙이 이를 정당한 계좌로 오신한 제3자 丙에게서 그 계자로 입금을 받아 회사 돈을 횡령한 경우, 甲 은행 직원의 주의의무 위반과 계좌모용자 乙의 고의는 중첩적으로 경합하여 손해를 야기한 것

이 된다. 따라서 甲 은행은 회사의 손해 전부에 대해 책임을 부담하고, 계좌 모용자 乙에게는 구상만 할 수 있다(大判 2007.7.13, 2005다23599).

* 피해자의 과실이 가해자의 과실과 구조적으로 결합한 경우 : A제약과 B제약이 '통초'라는 한약재를 제조하여 판매하였는데 이것이 실제로는 '등칡'이었음이 밝혀졌다. 등칡은 쥐방울덩굴과 식물로 신독성 성분인 아리스톨로킨산을 함유하는데, 아리스톨로킨산은 신조직에 유전자변이를 일으키고 만성신부전을 유발할 수 있는 독성물질이었다. 2012년 8월 성분분석 결과, A제약과 B제약이 공급한 '통초'에서 아리스톨로킨산이 검출되었다. 甲은 신장이식 수술 후에도 면역억제제 복용 등 지속적 치료가 필요한 상황이며 30%의 영구적 노동능력 상실을 판정받았다. 甲의 딸과 남편도 정신적 고통을 받았다. A제약은 乙이 한약사임에도 이 사건 한약재가 생약규격집의 기준에 따른 '통초'가 맞는지 확인하지 아니한 채 이 사건 한약제제를 제조함으로써 甲에게 이 사건 질환이 발생한 것이므로, 甲의 질환은 乙의 과실에 의하여 발생한 것이지 그에 대하여 A제약은 책임이 없다는 취지로 주장하였다. 그러나 법원은 A제약이 '통초'가 아닌 '등칡'으로 된 한약재 규격품을 제조·판매한 이상 그로 인하여 한약사가 그 한약재 규격품의 기재사항을 믿고 그 한약재로 한약제제를 제조함으로써 '등칡'에 함유된 아리스톨로킨산에 그 한약제제를 복용한 사람이 노출되어 손해를 입을 수 있다는 점은 쉽사리 예견할 수 있다고 할 것이므로, 다른 특별한 사정이 없는 한 이 사건 한약재에 존재하는 결함은 이 사건 질환 발생의 직접적인 원인이 되었다고 판결하였다. 또한 A제약과 B제약의 한약재 제조·판매행위 사이에 공동관계가 존재하지 않고 어느 누구의 행위로 인하여 甲에게 위 질환이 발생하게 되었는지 자연과학적으로 정확히 밝히기 어려운 한계가 있으나, A제약과 B제약의 각 한약재 제조·판매행위 중 어느 하나의 행위에 의하여 손해가 발생하였고 양자의 행위가 시간적·장소적으로 밀접하게 연결되어 甲에게 손해를 발생시켰으므로, A제약과 B제약은 공동으로 甲에 대한 손해배상책임을 부담함이 상당하다고 하였다(仁川地判 2015.11.11, 2012가합22095).

* 제3자의 개입에 대한 예견 : 판례는 1차손해의 확대를 방지하기 위해 필요한 조치를 취하던 중 제3자의 과실로 2차 손해가 발생하였다면, 그 제3자의 과실이 중과실이 아닌 이상, 1차손해를 야기한 행위와 제3자의 과실은 중첩적으로 경합하여 손해를 야기한 것으로 보고 있다(大判 2000.9.8, 99다48245). 다시 말해 가해자의 과실로 일단 손해가 발생하였다면, 그 손해가 제3자의 경과실로 인해 더 확대될 수도 있음을 가해자는 각오하여야 한다는 의미이다.

* 선행사고와 의료과실 사이의 중첩적 경합 : 甲은 乙의 자동차에 치어 좌측대퇴골 분쇄골절 등의 상해를 입었다. 이로 인해 甲은 丙 정형외과 의원에 입원하여 해당 골절부위 관혈적 정복술 및 금속제 교정, 골이식 수술을 다시 받은 결과 보행보조기만 착용하고 혼자 걸어다닐 정도로 호전되어 퇴원해도 무방하다는

권유를 받고 있었다. 그러던 중에 甲은 丙으로부터 마지막 물리치료를 받는 과정에서 다리가 무리하게 꺾여 환부 내의 금속고정물이 이완되고, 골절부위가 다시 골절되는 손해를 입고 말았다. 그 뒤 甲은 2년 동안 약 4천만 원의 병원비를 추가로 지출하였는데, 이에 대하여 乙은 선행사고인 교통사고와 재골절 상해 사이에 상당인과관계 없음을 주장하였으나, 우리법원은 그러한 乙의 주장을 배척하였다. 교통사고로 인한 상해와, 피해자가 치료를 받던 중 의사의 과실 등으로 증상이 악화되거나 새로운 증상이 생겨 손해가 확대되는 것 사이에는 상당인과관계가 있을 수 있다는 이유에서였다($^{大判\ 1993.1.26.}_{92다4871}$).

c. 과잉적 경합(過剩的 競合) : 1개의 가해행위만으로 충분했으며, 다른 가해행위는 결과야기에 부족했던 경우이다. 이때 단독으로 손해발생에 충분한 가해행위를 한 자는 당연히 손해 전부에 대하여 배상책임을 져야 한다. 하지만 손해발생에 충분하지 못한 가해행위를 한 자는 자신의 기여분을 증명함으로써 책임이 감경될 수 있다. 예를 들어 甲 소유의 오래된 창고 건물에 乙이 심야에 불을 질러 건물 전체를 전소시킬 만큼의 대형 화재를 일으켰는데, 우연히도 인근에서 불장난하던 어린이 丙이 위 창고 건물에 폭죽을 던져 창고 일부에 작은 불을 일으켰다면, 위 건물의 전소는 乙의 방화만으로 충분하므로, 丙이 자기 기여분을 증명할 경우 책임 감경이 가능하다.

d. 가정적 경합(假定的 競合) : 하나의 가해행위로 이미 결과가 발생하였지만, 설령 그 가해행위가 없었더라도 다른 가해행위가 동일한 결과를 초래했을 경우를 말한다. 이 경우 현실적으로 결과를 발생시킨 가해자는 불법행위책임을 면하지 못한다. 예컨대 甲과 乙이 상가건물을 공동소유하고 있었는데, 乙이 부동산 임대차 등 관리업무를 맡고 있었다. 甲은 임대료를 제2금융권인 B은행에 예치하여 투자하도록 乙에게 위임하였으나, 乙은 이를 은행에 예치하지 않고 횡령하였다. 이에 甲이 乙에게 손해배상을 청구하자, 乙은 "어차피 예치할 예정이었던 B은행이 파산했으므로 자신에게 책임이 없다"고 항변하였다. 그러나 독일 제국법원은 은행이 파산했더라도 乙의 불법행위로 인한 손해배상책임이 면제되지 않는다고 판시하였다($^{RG\ 141,}_{365\ ff.}$).

e. 추월적 경합(追越的 競合) : 추월적 경합$_{überholende\ Konkurrenz}$이란 전행 가해행위와 후행 가해행위가 하나의 손해에 순차적으로 기여하는데, 후행 가해행위가 전행 가해행위의 손해를 '추월'하여 사실상 손해 전부를 발생시키거나 확대시킨 경우를 말한다. 물론 이렇게 후행 가해행위자, 즉 제3자의 행위가 개입$_{Dazwischentreten}$

Dritter되어 손해가 발생 또는 확대된 경우에도 확대된 손해와 최초의 사고 사이에는 상당인과관계가 있는 것으로 본다. 하지만 제3자에게 중대한 과실이 있다는 등의 특별한 사정이 있는 경우 후행 가해행위의 손해가 전행 가해행위의 손해를 완전히 대체·흡수하여 전행 가해행위와 전체 손해 사이에 인과관계가 단절된다고 본다. 후행 가해행위가 최초 원인의 귀속을 차단하여 최초의 위법행위자는 책임을 면하게 되는 것이다. 이 경우 전행 가해자를 면책시키는 특별한 사정의 존재에 관한 증명책임은 전행 가해자에게 있다.

> * 제3자의 개입 및 추월적 경합에 관한 판례 : 유료 운동장에서 하자 있는 축구골대를 잡다가 고꾸라진 환자에 대해서 의사가 환자의 비장이 파열된 것을 모르고 즉시 수술하지 않은 채 환자 연고지 병원으로 이송하다가 환자가 사망하였다. 일단 시설관리자에게는 고정장치 없이 불안정한 상태로 축구골대를 방치한 과실이 인정되었다. 하지만 의사에게도 비장 손상 가능성이 있는 위급 상황에서 1시간 거리의 병원으로 만연히 이송을 결정한 과실이 인정되었다. 시설관리자는 의사의 과실이 없었을 경우 피해자가 사망하지 않았을 거라면서 피해자의 사망에 대해서는 자신의 과실책임이 존재하지 않는다고 주장하였다. 그러나 법원은 의사의 과실만이 아니라 운동장 관리자의 축구골대 관리부실과 환자의 사망 간에도 상당인과관계가 존재한다고 판시하였다. 물론 의사의 중과실이 인정될 경우 최초 사고와 사망 사이에 상당인과관계가 부정될 수 있으나, 위 사안에서 의사의 중과실이 인정되지는 않는다고 하였다(大判 2000.9.8. 99다48245).

II. 점유자·소유자의 책임

1. 공작물점유자 및 소유자의 책임

(1) 개 념

1) 의 의 : 공작물의 설치 또는 보존의 하자로 인하여 타인이 손해를 입은 때는 공작물점유자 또는 소유자가 그 손해를 배상해줘야 하는데(제758조 1항), 이를 공작물책임(工作物責任)이라 한다(제758조 1항 본문). 공작물책임에 관한 규정은 수목(樹木)의 재식(栽植) 또는 보존에 하자 있는 경우에도 준용된다(제758조 2항).

2) 연 혁 : 이미 로마법에 건물, 다리 기타 시설 등의 소유자는 그 소유물에서 발생한 손해에 대해 무거운 책임을 부담한다는 법리가 있었다(Casum sentit dominus: 사고는 소유자가 감수한다). 이후 게르만법은 이와 비슷한 무과실책임을 점유자에게도 부과하였다. 1804년

에 제정된 프랑스민법은 건물의 붕괴가 유지결함défaut d'entretien이나 시공결함vice de sa construction으로 인한 경우 소유자에게 무과실책임을 인정하는 규정(프랑스구민법 제1386조; 현행민법 제1244조)을 두었다. 이러한 프랑스민법의 영향을 받은 독일민법은 토지 또는 그 위에 설치된 공작물·건물의 점유자에게 그 건물의 붕괴Einsturz eines Gebäudes나 일부의 떨어져 나감Herabfallen eines Teils des Gebäudes으로 인한 인명·재산 손실에 대해 하자 있는 설치와 보관의 책임을 묻고 있다(독일민법 제836조 이하). 만약 점유를 이전한 지 1년이 안 되어 이러한 사고가 발생하였다면 이전 점유자도 동일한 책임을 부담하도록 하고 있다(독일민법 제836조 2항).

(2) 요 건

1) 공작물로부터 손해가 생겼을 것 : 공작물이란 인공적 작업에 의해 제작된 물건으로서, 토지의 공작물(건물, 도로, 다리, 광고탑, 어린이놀이시설 등), 건물 내의 공작물, 기계류, 교통수단 등을 말한다. 공작물로부터 생기는 손해라면 삼풍백화점이나 성수대교의 붕괴로 인한 인명피해를 대표적인 예로 들 수 있으며, 기차탈선사고도 마찬가지의 예로 볼 수 있다.

* 전기는 공작물이 아니라고 본 판례 : 1990년 11월 11일 낮 12:30경 乙은 강원도 영월군의 한 야산에서 배전전선로 사이에 앉아 있는 새를 잡기 위해 전선으로부터 약 1.5미터 떨어진 나무 위에서 길이 3미터의 철근을 휘둘렀다가 철근이 22,900볼트의 전류가 흐르는 전선에 닿아 감전 부상을 입었다. 사고 장소의 전선로는 5개 광업소가 한국전력공사(甲)와 전력수급계약을 체결하여 설치한 3.8킬로미터 구간 중 마지막 지점으로, 계약에 따라 수급지점 이전 구간은 甲이, 그 이후는 각 광업소가 소유·관리하기로 되어 있었고, 해당 전선은 전기를 공급받던 A 광업소가 폐광된 후 단전 및 계량기 분리 조치가 이루어진 상태였다. 乙은 甲이 전기설비의 설치·보존상 하자를 방치하여 사고가 발생했다며 민법 제758조에 기초한 손해배상을 청구한 반면, 甲은 전기가 공작물에 해당할 수는 없다고 맞섰다. 게다가 사고 지점은 관리책임이 광업소에 있는 구간이고, 고압전선은 정상적으로 설치·유지되고 있었으며, 乙의 행위는 전혀 예견할 수 없는 돌발적 행위라고 항변하였다. 법원은 전기가 그 자체로 공작물에 해당하지 않고, 전기의 설치·보존상 하자로 인한 손해배상책임도 인정되지 않으며, 고압전선은 통상 전류가 흐른다고 인식되는 점에서 乙의 이례적 행위를 甲이 예견하기 어려워 상당인과관계가 부정된다고 판단하여 乙의 청구를 기각하였다(大判 1993.1.26., 92다4871).

* 고압전선은 공작물이라고 본 판례 : 이삿짐센터 운영자인 乙은 고가사다리가 장착된 화물차를 이용해 E아파트에서 짐을 내리고 있었다. 乙이 사다리를 접는 과정에서 아파트 전면 상공에 설치된 22,900볼트 고압전선에 접촉하여 전류가 흘렀고, 이를 차단하려던 乙이 운전석 문을 놓치는 바람에 옆에 주차된 丙의 화물

차에도 전류가 전도되어 丙이 감전사하였다. 보험회사 A는 乙과 체결한 자동차 종합보험계약에 따라 丙의 유족에게 보험금을 지급한 후, 고압전선을 소유·관리하는 한국전력공사(甲)를 상대로 민법 제758조 제1항에 근거하여 공작물의 설치·보존상 하자를 이유로 손해배상을 청구하였다. 甲은 고압전선이 과연 공작물인지 다투면서, 설령 공작물이라도 전선이 지상 약 10미터 높이에 설치되어 있었고 아파트 외벽과의 이격거리가 법정 기준에 부합하며 사고 전 점검에서도 이상이 없으니 하자가 없다고 주장하였다. 그러나 법원은 고압전선도 민법상 공작물에 해당하며, 전기사업법령상 이격거리 기준 준수는 하자 판단의 절대적 기준이 아니라 참작사유에 불과하고, 주거밀집지역에서 이사작업이 빈번히 이루어지는 사정을 고려할 때 甲은 위험표지 설치 등 추가적인 안전조치를 취할 의무가 있었음에도 이를 게을리하였다고 보아 甲이 공작물책임을 부담한다고 판결하였다 ($\frac{大判 2007.6.28.}{2007다10139}$).

2) 공작물의 설치 및 보존에 하자가 존재할 것 : 여기서 하자(瑕疵)란 객관적인 개념이며, 주관적인 과실(過失)과는 구별된다. 예를 들어 공작물이 그 용도에 따라 객관적으로 요구되는 성질 및 설비를 설치 당시부터 갖고 있지 않았거나 또는 설치후 필요한 안전성이 결여되었으면 충분하고($\frac{大判 1976.3.9.}{75다1472}$), 거기에 관리 소홀 등의 과실이 더 요구되지는 않는다. 어떤 판례($\frac{大判 2007.6.15, 2004}{다37904·37911}$)는 공작물의 설치·보존상 하자에 그 공작물이 "이용됨에 있어 그 이용과 관련하여 이용자 및 제3자에게 사회통념상 참을 수 없는 위해(예를 들면 소음공해)를 발생케 할 위험성이 있는 경우도 포함"된다고 한다. 다만 여기서 하자란 그 용도에 따라 객관적으로 요구되는 성질이 결여된 것이어야 하므로, 통상적 사용 범위를 벗어난 비정상적·예외적 사용 과정에 적합하지 않았다는 것은 하자로 인정되지 않는다($\frac{大判 1998.1.23.}{97다25118}$). 하자의 존재에 대하여는 피해자가 증명책임을 지지만, 주위의 다른 건물에는 이상이 없는데 유독 계쟁건물만이 무너진 경우라면, 하자가 추정될 수도 있다($\frac{大判 1974.11.26.}{74다246}$).

* 공작물의 위험성에 비례하는 방호조치의무의 해태와 공작물의 하자 : 라인건설(甲)이 소유·시공한 아파트에 가스보일러가 설치되었다. 그런데 그 보일러가 설치되는 과정에서 연통을 직립부 없이 알루미늄 주름관으로 굽혀 연결하고 각 접속부의 결속을 소홀히 하며 역류방지장치도 두지 않는 등 관계 법령상의 시설·기술 기준을 위반한 상태가 지속되었다. 1989년 12월 1일 같은 단지에서 급배기 불량으로 질식사고가 발생하자 용역업체가 12월 6일 배기설비 전반의 개선을 촉구하고 1990년 11월 7일 역류방지장치 설치를 계도했음에도 甲은 아무 조치를 취하지 않았다. 그 후 아파트 임차인 중 1인인 乙이 일산화탄소의 거실 유입으로 사망하는 사고가 발생하였는데, 乙은 다용도실과 거실 사이 미닫이문을 임의 철거하고 환기구를 물건으로 가려 배기가스 유입을 용이하게 한 점에서 과실이 인정되었

다. 이에 乙의 유족들은 공작물의 설치·보존상 하자를 근거로 甲의 손해배상책임을 주장했다. 그러나 甲은 보일러 자체나 배기계통의 설치 당시 구조적 결함 때문이 아니라, 거주자 乙의 임의 구조변경 및 비정상적 사용으로 통상의 사용상태가 중대하게 변경되어 일시적 역압·역류 조건이 형성됨으로써 사고가 발생하였다며, 가스보일러에 설치·보존상 하자가 존재하지 않는다고 주장하였다. 법원은 도시가스와 같은 고위험 설비에서의 법정 시설기준 위반과 반복된 개선 요구의 미이행은 특별한 사정이 없는 한 공작물의 통상 안전성 결여로서 하자에 해당한다고 보아 甲의 책임을 인정하였다(大判 1994.10.28, 94다16328).

* **사회통념 수인한도를 초과하는 공작물 이용상태** : 경인고속도로를 설치·관리하는 한국도로공사(甲)는 1992년 부평–신월 구간을 8차선으로 확장하는 공사를 완료하였다. 그해 말 인근에 준공된 명보빌라는 고속도로로부터 약 9미터 떨어져 있었고, 확장공사 당시 높이 4.5미터의 방음벽이 설치되었으나, 이후 빌라 거주자들은 창문 개방 제한, 수면 장애 등 심각한 소음 피해를 호소하였다. 환경정책기본법상 주거지역 소음기준이 주간 65dB, 야간 55dB인 데 비해, 현장 측정 결과 일부 세대에서 77~78dB에 이르는 소음이 지속되었고, 지방자치단체가 소음규제지역 지정을 추진했으나 甲의 반대로 무산되었다. 1997년부터 주민 민원이 이어졌고, 2000년에는 방음벽을 7.5미터로 높이기로 합의했으나 장기간 이행되지 않아 합의가 해제되었다. 그러자 주민들은 甲을 상대로 고속도로의 설치·관리상 하자에 기한 손해배상과 소음 유지청구를 제기하였다. 甲은 고속도로 확장공사 후에야 빌라가 입주했고 공공도로로서 방음조치를 해왔으므로 고속도로에 하자가 없다고 항변하였다. 그러나 법원은 '공작물의 설치·보존상 하자'에 물리적 결함뿐 아니라 공작물 이용상태가 사회통념상 수인한도를 초과하는 경우도 포함된다고 판시했다. 이 사건에서는 환경정책기본법상 기준인 평균 65dB을 넘는 소음이 주민들의 수인한도를 넘었기 때문에 법원은 주민들의 유지청구 및 손해배상 청구를 인용하였다(大判 2007.6.15, 2004다37904·37911).

* **비정상적·예외적 사용과정에의 부적합성** : 1995년 8월 15일 새벽 2시 20분경, 인천의 한 여관 앞 골목길에서 고등학교 3학년생 甲이 머리에 중증 외상을 입고 쓰러져 사망하는 사고가 발생하였다. 여관은 3층 건물로 1·2층은 여관, 3층은 乙의 가정집이었으며, 건물벽과 폭 3.3미터의 골목길 사이에는 길이 15미터, 폭 45센티미터, 높이 15센티미터의 화단이 있었다. 여관 1층 외벽에는 세 개의 플라스틱 배수관이 설치되어 있었고, 행인들이 이를 잡고 올라가 내부를 엿보는 일이 잦자, 乙은 1991년 11월 화단 위에 시멘트 기초와 벽돌을 쌓아 높이 1.55미터의 보호벽을 설치하고 상단에 못을 박아 사람이 올라가지 못하도록 하였다. 사건 당일 甲은 대학입시 100일 전 기념으로 친구들과 술을 마신 뒤 귀가하던 중, 여관 내부를 보기 위해 보호벽에 올라갔다가 구조물이 무너지면서 시멘트 바닥으로 추락하였다. 甲의 유족들은 乙이 공작물의 설치·보존상 하자를 방치하여 사망에 이르렀다며 손해배상을 청구하였는데, 이에 대해 乙은 보호벽이 배수관 보호라는 본래

용도에 필요한 견고성을 갖추었고, 못을 박는 등 방호조치를 취하였으므로 하자가 없다고 항변하였다. 대법원은 공작물의 하자는 용도상 통상 요구되는 안전성을 갖추지 못한 상태를 의미하며, 보호벽이 스스로 넘어지지 않을 정도의 견고성을 갖추었고, 못을 박아 사람의 부정한 접근을 방지한 이상, 이를 무릅쓰고 올라가는 예외적 행위까지 대비할 의무는 없다고 보아 원심의 하자 인정 판단을 파기하였다(大判 1998.1.23., 97다25118).

* 단독 붕괴에 따른 하자 추정 : 1970년 11월 10일, 한성광업주식회사(甲)가 소유·관리하던 공작제관실에서 강풍으로 지붕이 날아가 붕괴되는 사고가 발생하였다. 당시 제관실 앞에서는 수리를 마친 광차를 트럭에 싣는 작업이 진행 중이었는데, 강풍이 출입구를 통해 유입되면서 지붕이 들려 날아가 떨어졌다. 이로 인해 제관실 앞에서 작업하던 甲 소속 배관부 직원 乙이 경추골 골절상을 입고 입원 치료를 받다가 같은 해 11월 18일 사망하였다. 주변의 다른 건물들은 전혀 피해를 입지 않은 반면 해당 제관실만 붕괴된 상황에서, 乙의 유족들은 건물이 통상 갖추어야 할 안전성을 갖추지 못했으니 설치·보존상 하자가 있었다고 주장하며 손해배상을 청구하였다. 이에 甲은 건물이 주변 환경에 맞게 견고하게 건축되었고 노후되지 않았으며, 사고는 불가항력적인 천재지변에 의한 것이라고 항변하였다. 법원은 주변 건물이 무사한 가운데 해당 건물만 붕괴된 이상 하자가 있었던 것으로 추정함이 타당하다고 보아 원심판결을 파기하고 환송하였다(大判 1974.11.26., 74다246).

* 댄스 강습실 바닥에 파인 홈 : 甲은 댄스학원에서 강습을 받던 중 넘어져 아킬레스건 파열 등의 부상을 입었다. 이에 甲은 강습실 바닥에 파인 홈을 밟아 넘어져 사고가 발생했다고 주장하며, 댄스학원 운영자 乙에게 약 7,380만 원의 손해배상을 청구하였다. 그러나 甲이 주장하는 홈은 단순히 강사와 수강생의 구역을 구분하는 흰색 선으로, 실제 단차가 있다고 보기 어려웠다. 마루 연결부위의 틈이나 단차는 사고 발생 위치와 무관하였고, 甲이 스텝 연습 중 자체적으로 넘어졌을 가능성을 배제할 수 없었다. 따라서 법원은 이 사안에서 공작물책임이 인정되지 않는다 판단하고 甲의 청구를 기각하였다(서울中央地判 2023.4.27., 2021가단17714).

3) 공작물의 하자와 손해 간에 인과관계가 존재할 것 : 공작물의 하자와 손해 사이에는 인과관계가 존재하여야 한다. 따라서 공작물이 불가항력으로 파괴된 경우이거나, 공작물에 하자가 없었더라도 어차피 손해가 생겼을 경우라고 하면, 공조물에 기한 불법행위책임은 인정되지 아니한다. 물론 공작물에 하자의 존재가 인정되면, 그 하자와 손해발생 간에는 인과관계가 추정된다(大判 1982.8.24., 82다카348). 그러므로 인과관계의 부존재 역시 점유자 또는 소유자가 증명하여야 한다.

* 하자의 존재로 인과관계가 추정된다는 판례 : 광양군 골약면 소재 제4호선 도로를 운행하던 트럭이 폭우로 인한 산사태에 휩쓸려 파손되는 사고가 발생하였다.

사고 당일 해당 지역에는 97.8mm 이상의 집중호우가 내렸고, 사고 지점은 산을 절개하여 조성된 구간으로 배수시설, 석축, 축대 등 안전설비가 전혀 없는 상태였다. 절개지 붕괴로 트럭이 피해를 입자, 피해 차량의 보험자인 한국자동차보험은 피해자에게 보험금을 지급한 뒤 도로 점유·관리자인 광양군을 상대로, 도로의 설치·보존상 하자로 인한 손해배상책임을 부담하라며 구상금 지급을 청구하였다. 이에 광양군은 전례 없는 집중폭우로 인한 불가항력적 산사태가 있었으므로, 하자와 손해 사이에 인과관계가 존재하지 않는다고 항변하였다. 법원은 도로에 필요한 안전시설이 전혀 갖추어지지 않은 점으로 보아 통상적 안전성 결여를 알 수 있고, 하자 존재가 인정되면 불가항력 사유는 점유자인 광양군이 증명해야 하는데, 단순히 강우량 수치만으로는 불가항력을 인정할 수 없다고 보았다(大判 1982.8.24, 82다카348).

* 하자가 방지하려던 유형의 사고가 발생하면 인과관계가 추단된다는 판례 : 2013년 7월 6일 乙(만 6세 7개월, 키 113cm)은 가족과 함께 서울성동구도시관리공단(甲)이 운영하는 야외 수영장에 입장해 16시 45분까지 어린이용 풀에서 놀다가 휴식 뒤 17시경 혼자 물가로 달려가 17시 1~2분경 입수하였다. 17시 5분경 乙은 성인용 풀(수심 1.2m)에서 의식을 잃은 채 발견되어 구조·이송되었고, 익수로 인한 무산소성 뇌손상으로 사지마비, 양안실명 등의 후유증을 입었다. 乙의 부모는 甲이 성인·어린이 구역을 같은 수영조에 두고 코스로프로만 구획한 설계 자체와 수심표시·출입통제 미흡이 공작물의 설치·보존상 하자에 해당하며 그 하자로 어린이가 성인용 풀에 유입되어 단시간 내 침수되는 위험이 현실화되었으니 인과관계는 경험칙상 추정된다고 주장하였다. 반면 甲은 표지·방송·수심표시·키 재기 판과 안전요원 배치 등 필요한 조치를 다했으며 어린이용과 성인용을 물리적으로 분리할 의무도 없고, 보호자 감독 소홀 속에 乙이 애초부터 성인용 풀에 입수했을 개연성이 높았다며 하자나 인과관계가 없다고 다투었다. 원심은 '어린이용→성인용' 유입이 증명되지 않았고 코스로프 구획·표지 등 조치가 이루어진 점을 들어 하자와 인과관계를 부정하였다. 그러나 대법원은 어린이 판단능력의 한계, 수영장 사고의 빈도와 피해의 중대성, 구역 분리에 드는 비용 대비 위험감소 효과, 관련 법령 체계 등을 종합해 물리적 분리 없이 코스로프만으로 구획한 점을 수영장의 하자로 보았고, 바로 그 하자가 방지하려던 유형의 사고가 발생한 이상 하자와 손해 사이의 상당인과관계를 경험칙상 추단할 수 있다면서 원심을 파기환송하였다(大判 2019.11.28, 2017다14895).

* 공작물 하자는 공동원인에 지나지 않았던 경우 : 乙은 강박증 등으로 2007년 4월 5일 甲 학교법인이 운영하는 병원에 입원하여 심리·약물치료를 받았다. 乙은 자살징후가 없다고 평가된 채 호전 경과 속에 퇴원이 6월 7일로 연기되었다가 6월 5일 15시경 면담을 마친 뒤 같은 날 17시 25분경 본관 8층 옥상에서 추락해 사망하였다. 당시 옥상 출입문은 개방되어 있었고, 115~120cm 높이의 난간과 약 30cm 높이의 발 딛을 수 있는 돌출부가 존재했으며 관리인은 배치되지 않았다. 乙의 부모는 甲 병원이 자살 위험을 예견하고 출입통제·보호조치를 취할 주의의무를

위반했거나, 적어도 옥상 구조가 통상 안전성을 갖추지 못한 공작물의 설치·보존상 하자에 해당하여 추락사에 인과적으로 기여했다며 손해배상을 청구하였다. 이에 대해 甲은 일반개방병동·피난용 출입문 개방의 필요·법령기준(난간 높이) 준수 등을 들어 자살예견 가능성도, 하자와 사고 간의 인과관계도 모두 부정하였다. 법원은 정신과 환자가 이용하는 시설의 특성과 옥상 구조상 취약한 환자가 난간을 비교적 쉽게 넘어설 수 있는 위험, 방호조치 미흡 등을 종합하여 옥상이 용도상 통상 갖추어야 할 안전성을 결여한 하자 상태에 있었다고 보았고, 그 하자가 방지해야 할 위험이 현실화되어 사망에 적어도 공동원인으로 작용한 이상 인과관계가 인정된다 하였다(大判 2010.4.29, 2009다101343).

4) 공작물에 대하여 점유 또는 소유를 하고 있을 것 : 가해자는 공작물을 사실상 지배하면서 그 설치 또는 보존상의 하자로 인하여 발생할 수 있는 각종 사고를 방지하기 위하여 공작물을 보수·관리할 권한을 갖고 있던 자이거나, 그 공작물을 소유하고 있던 자이어야 한다. 예를 들어 한국도로공사의 경우 고속국도법 제6조 1항에 의하여 건설부장관을 대행하여 경부고속도로를 관리하고 있었다면, 경부고속도로의 점유자가 될 수 있다(大判 1996.10.11, 95다56552).

※ 빌딩 관리업체의 공작물점유자책임? : 1997년 12월경 O빌딩 소유자들이 乙 회사와 시설관리 위탁계약을 맺고, 1999년 5월에는 전기설비 안전관리를 동양산공에 대행시켰다. O빌딩 전면에는 8개의 수직간판과 중앙의 아치형 R 입간판이 설치되어 있었다. 1999년 8월 28일 오후 3시 15분경 생일파티를 마친 만 9세 여아 甲이 난간에 걸터앉아 R 입간판을 만지다 감전되어 식물인간이 되는 사고가 발생하였다. 甲 측은 빌딩 전면 공용부분에 부착된 간판이 누전·감전에 취약한 구조임에도 절연대 설치, 접지공사, 누전차단기 연결 등 안전조치를 하지 않은 점에서 공작물의 설치·보존상 하자가 있음을 증명하였다. 甲 측은 이를 근거로 O빌딩의 소유자들에게 손해배상을 청구하였는데, O빌딩의 소유자들은 사고의 과실이 관리회사인 乙에게 있다며 자신들은 점유자책임을 부담하지 않는다고 주장하였다. 그러나 법원은 빌딩 소유자들이 건물 공용부분을 사실상 지배·관리하는 공작물점유자에 해당하는 반면 관리회사 乙은 점유보조자에 불과하다고 보아 O빌딩 소유자들에게 손해배상책임을 인정하였다(大判 2003.1.24, 2002다23741).

* 공장을 경비하고 있던 공장근저당권자의 점유자책임? : 1996.11.29. 부도에 이른 대한공업주식회사(丙)의 공장 토지·건물·설비 일체에 공장저당권을 가진 한국외환은행(甲)은 담보가치 보전을 위해 1996.12.2. 경비용역회사와 계약하여 丙 소유의 공장에 경비원 2명을 배치하였다. 丙 회사의 대표이사는 도피하여 행방을 알 수 없었지만, 丙의 근로자들은 같은 해 12월 중순까지 체불임금 문제 해결을 위해 공장을 자체 가동했고 이후에도 재가동 대비 청소·정비를 위해 수시로 출입했으며, 1997년 6월 초에는 장마철 대비로 파손 지붕을 보수하였다. 1997.6.25. 집중

호우로 탱크·지하용기 주변 배수로 미비 탓에 빗물이 유입되면서 담금질용 퀜칭유 약 2톤이 유출되어 주남저수지 약 3,300㎡와 농경지 약 9,900㎡가 오염되었다. 창원시는 오염 확산 방지 및 제거에 1억 1,151만 원을 지출하였다. 창원시는 공작물점유자 책임을 근거로 甲에게 위 비용의 구상을 청구하였는데, 甲은 자신이 담보물 보전을 위한 감시·경비만 했을 뿐 근로자 출입을 통제하거나 설비 상태를 점검·보수할 권한·책임이 없어 공작물점유자에 해당하지 않는다고 항변하였다. 법원은 甲의 관여가 단순 경비에 그쳐 실질적 지배·관리권이 인정되지 않는다며 창원시의 청구를 기각하였다(大判 2000.4.21. 2000다386).

* 신탁형 소유 구조와 공작물점유자 책임 : 戊는 2011년 10월 G빌딩 3·5층을 임차해 사용하였고 2014년 10월에는 F사로부터 4층 일부를 전차하였다. 당시 건물의 소유명의는 신탁업자 乙이 갖고 있었지만, 건물의 실질적 소유자는 집합투자업자인 甲이었으며, 甲이 건물의 운영·관리를 PM사인 丙에게 위탁하고, 丙이 다시 FM사인 丁에게 재위탁하는 방식이었다. 2015년 12월 11일 20:15경 건물 공용부분인 1층 주차장 천장에서 전기적 요인으로 화재가 발생해 1층부터 12층까지 내부와 외벽이 전소하면서 戊의 전산장비와 집기 등이 소실되는 사고가 발생하였다. 戊는 공작물의 설치·보존상 하자를 이유로 甲·乙·丙·丁에게 손해배상을 청구하였지만, 甲·乙은 서로 자신이 소유자도 점유자도 아니니 책임이 없다고 하였으며, 丙·丁은 자신들이 점유보조자에 불과하다고 항변하였다. 법원은 甲과 乙을 공작물점유자로, 丙과 丁을 점유보조자로 보아, 甲·乙에게만 공작물점유자책임을 인정하였다. 甲·乙이 PM·FM 체계를 통해 임대·시설관리 전반을 구조적으로 통제함으로써 공용부분을 직접 점유했고, 丙·丁은 甲의 관리권을 전제로 건물 운영·시설관리 업무를 위탁받아 수행했을 뿐 독자적 판단과 이익을 바탕으로 공작물을 지배한 것이 아니라 보았기 때문이다. 실제로 丙은 甲의 사전 동의와 지시에 종속되었고, 매월 보고 및 이메일 등 구체 지시의 이행이 확인되었으며, 용역 대가도 제한적이어서 독립된 점유자 이익이 인정되기 어려웠다. 丁 역시 丙의 재위탁 아래 시설·미화·주차·보안의 수행자에 그칠 뿐 공작물의 하자 예방을 위해 스스로 보수·관리의 최종 권한·책임을 지는 위치에 있지 않았다(大判 2024.3.12. 2019다301029).

5) 점유자는 손해의 방지에 필요한 주의를 게을리하였을 것 : 점유자는 손해의 방지에 필요한 주의를 게을리하였어야 한다(제758조 1항 단서). 물론 피해자에 의해 점유물의 하자 및 그로 인한 손해가 증명되었다면, 그에 대한 점유자의 과실은 추정된다.

* 면책사유의 증명책임이 공작물 점유자에 있다는 판례 : 2004.3.5.~2004.3.6. 사이에 경부·중부·호남의 각 고속도로를 이용하던 차량들이 강설로 인해 교통정체가 발생하여 10~35시간 고립되고 말았다. 그로 인해 244명의 운전자들이 한국도로공사(甲)를 상대로 소를 제기하였는데, 원고들은 위 고속도로를 운영·관리하던

甲이 재해상황별 조치계획에 따른 진입통제·교통제한과 신속한 제설을 이행하지 않았으므로, 도로가 용도상 통상 갖추어야 할 안전성과 기능을 상실한 공작물 하자가 있었다며 甲에게 정신적 손해의 배상을 청구하였다. 이에 甲은 해당 강설이 지역 '3월 최대치'를 3배 이상 상회한 기록적 사태로 동시다발 사고와 겹쳐 예측·통제 역량의 한계를 초과하였으며, 관리자의 의무는 합리적 대비와 대응일 뿐이지 절대적 결과 보장이 아니라고 항변하였다. 더구나 甲은 수차례 방송·보도자료로 운전자들에게 우회·차단 상황을 고지했고, 구호품 제공 등 피해 경감 조치도 시행하였는데, 원고들은 甲의 과실을 구체적으로 특정·입증하지 못했다고 지적하였다. 하지만 법원은 甲의 면책사유가 경험칙상 부존재로 추단되며, 이를 깨뜨릴 만큼의 특단의 사정을 甲이 증명하지 못하였으므로, 甲의 면책 주장은 배척되고 甲에게 손해배상책임이 인정된다고 판결하였다(大判 2008.3.13, 2007다29287·29294).

* 공작물 점유자의 면책사유가 증명된 사례 : 甲은 2014년 3월 지인들과 밤 11시경 서울의 한 건물 지하 1층에 있는 노래방을 찾았다. 이 노래방은 乙이 건물주 丙으로부터 임차해 운영하고 있었다. 그런데 甲은 지하 노래방으로 내려가는 계단에서 미끄러져 넘어졌고, 외상성 지주막하 출혈과 우측 편마비, 인지기능 저하 등 큰 상해를 입었다. 이에 甲은 乙을 상대로 "계단에 손잡이가 설치돼 있지 않은 하자가 있으니 치료비와 보조구 비용, 개호비, 일실손해액, 위자료 등으로 8억여원을 배상하라"며 소송을 냈다. 그러나 우리법원은 이 사안에서 공작물점유자인 乙의 손해배상책임을 부정했다(서울중앙지판 2018.8.23, 2017가합571041). 구 건축법 시행규칙에 따르면 건물 계단에 난간이 없는 경우 손잡이를 설치하도록 규정하고 있었으므로, 공작물에 하자가 있는 것은 맞을 수 있지만, 乙은 위 건물의 지하층만 임차했을 뿐인 데다, 건물 외부에서 지하로 연결되는 이 사건 계단은 건물의 공용부문에 해당하고, 乙이 건물주 丙에게 관리비 명목으로 월 2만 원씩 입금해준 점 등으로 보아 이 계단은 乙이 임차한 부분에 직접 포함되지 않아 乙에게 계단을 유지·관리할 의무가 있다고 보기 어렵다는 이유에서였다. 게다가 乙은 계단 위와 맨 아래 바닥에 미끄럼 방지 매트를 두고 단 끝마다 미끄럼 방지장치를 부착하는 등 사고방지조치를 취하였고, 사고 당시 계단이 어두웠다거나 관리소홀로 인해 특별히 미끄러웠던 사정도 없었으므로, 乙의 무과실은 증명된 것으로 판단하였다.

(3) 효 과

1) 점유자의 책임 : 공작물의 하자로 인한 손해배상책임은 1차적으로 공작물에 대하여 가장 밀접한 지위에 있는 점유자가 부담하는 게 원칙이다. 간접점유자(예를 들어 권대인)가 있는 경우에는 직접점유자(예를 들어 임차인)가 1차적인 책임을 지고, 다음에 간접점유자가 책임을 진다(大判 1981.7.28, 81다209). 간접점유자가 존재한다면, 간접점유자까지 모두 면책된 이후에야 점유자 아닌 소유자가 공작물책임을 부담하게 된다. 점유자는 손해의 방지에 필요한 주의를 해태하지 않았다고 증명하여야 책임을

면할 수 있다(제758조). 물론 손해의 방지에 필요한 주의를 다하였더라도 어차피 손해가 발생했을 것임을 증명한다면, 점유자는 책임을 면할 수 있다.

* 건물임차인의 공작물점유자책임 : A·B·C·D는 1988년 4월 1일 축대 아래 주택 각 일부를 乙로부터 임차해 거주하고 있었다. 1989년 6월 19일 부동산의 소유권이 甲에게 이전되자 乙이 甲으로부터 전체 부동산을 다시 임차하여 축대 위 주택은 직접 사용하였고 아래 주택은 계속 A·B·C·D에게 전대하였다. 그사이 해당 부지는 석축(약 3.8m)과 그 위 시멘트벽돌 축대(약 1.25m)가 배수설비 없이 시공되고 균열까지 존재하는 등 구조적 결함이 방치되어 있었다. 그 후 1990년 9월 11일 새벽 381.2mm의 집중호우로 축대가 붕괴하여 전차인 A·B·C·D가 거주하던 가옥들이 완파되면서 A의 딸(당시 16세 10개월)은 압사하고 B의 가재도구 등이 파손되는 사고가 발생하자, A·B·C·D는 공작물의 설치·보존상 하자를 이유로 가옥소유자 甲에게 손해배상을 청구하였다. 이에 대해 甲은 축대가 임차인 乙에 대한 임차목적물에 포함되어 乙이 1차적 점유·관리책임을 지므로 소유자에 불과한 자신은 책임이 없다고 항변하였다. 법원은 공작물책임이 그 공작물을 사실상 지배·관리하는 점유자에게 우선 귀속되고 점유자가 필요한 주의를 다했음을 증명한 경우에만 소유자가 2차적으로 책임을 지는바, 특별한 약정이 없는 한 대지와 건물을 임차할 때 그 사이의 축대도 임차목적물에 포함된다는 거래관행·경험칙에 비추어 乙이 책임을 부담해야 한다고 판시하였다(大判 1993.1.12, 92다23551).

* 간접점유자의 책임을 부정한 사례 : 丙은 2012년 2월 甲·乙로부터 인천 남동구 공장 2층 일부를 임차해 좌측 구획(샌드위치패널로 분리된 사무·생산 공간)을 사용하였다. 위 건물은 甲·乙의 공동소유였으며, 건물의 우측 구획은 공유자 乙이 조립부·고주파 융착실 등으로 사용하고 있었다. 甲은 위 건물 전체에 대하여 공유자이자 간접점유자의 지위에 있었다. 그러던 중 2014년 12월 1일 12시 45분경 乙의 고주파 융착기 주변에서 화재가 발생해 丙의 기계·집기 등이 전소되었다. 소방본부와 국과수는 발화지점을 乙 사업장 고주파 융착기 인근으로 특정하고 전기배선 단락흔을 확인하였다. 이에 丙은 공작물의 설치·보존상 하자와 관리상 과실을 원인으로 甲과 乙에게 연대하여 13억 7천만 원의 손해를 배상하라고 청구하였다. 그러나 乙은 손해액 산정이 과다하다며 다투었고, 甲은 사고 발생 지점인 건물 우측 구획에 대해 직접점유자가 아니어서 책임이 없다고 항변하였다. 법원은 화재가 乙의 점유·관리 영역에서 발생했고 공작물의 설치·보존상 하자가 인정되므로 민법 제758조에 따라 직접점유자인 乙이 1차적 책임을 부담하는 반면, 간접점유자인 甲은 면책된다고 보았다(서울高判 2020.6.19, 2019나12853).

2) 소유자의 책임 : 점유자가 손해의 방지에 필요한 주의를 다하였다고 증명함으로써 공작물점유자의 책임을 면하게 될 때는 소유자(간접점유자)가 그 손해에 대한 배상책임을 진다. 여기서 소유자는 법적인 소유자를 말하므로, 매수

인이 이전등기를 마치지 않고 있는 동안에는 매도인이 여전히 소유자로서 책임을 부담한다. 소유자와 점유자가 동일인인 경우에도 소유자로서 책임을 지는 것으로 본다. 소유자의 책임에 대해서는 면책이 인정되지 않으므로, 공작물소유자에 대해서는 사실상의 무과실책임(위험책임)이 도입된 셈이라 볼 수 있다. 우리나라 민법 내에서는 유일무이하게 찾아볼 수 있는 위험책임규정이다.

> * 건물소유자의 2차적 책임 : 甲은 직영으로 신축한 건물 가운데 새로 지어진 방 한 칸을 乙에게 임대하였고, 乙은 이를 丙에게 전대하였다. 그런데 그 방에 건축상의 하자로 연탄가스가 유입되어 丙이 중독되는 사고가 발생하였다. 丙은 공작물의 설치·보존상 하자를 근거로 甲에게 손해배상을 청구하였으나, 甲은 임차인 乙이 공작물 점유자로서 1차 책임을 지고 소유자인 자신은 점유자가 필요한 주의를 다하지 않은 경우에만 2차적으로 책임질 뿐이라고 항변하였다. 법원은 이 사건의 하자가 임차인 乙의 관리상 주의의무 해태에서 비롯된 것이 아니라 신축 당시의 건축상 결함에서 기인한 점, 해당 방이 새로 만들어져 임차인 乙에게 통상적 관리·수선의 필요성이 없었던 점을 들어 소유자 甲의 공작물책임을 인정하였다(大判 1979.6.12. 79다466).

3) **구상관계** : 피해자에게 손해를 배상한 점유자 또는 소유자는 그 손해의 원인에 대해 진정으로 책임이 있는 자에 대하여 구상권을 행사할 수 있다(제758조 3항).

> * 공작물 점유자의 소유자에 대한 구상금 청구 : 甲이 소유한 노후 아파트를 임차한 乙은 입주 전에 甲이 주방 구조를 변경하고 싱크대를 발코니로 이전하면서 급수배관이 외부에 노출된 상태에서 2012년 12월 27일 첫 동파 누수가 발생하자 보수를 받았다. 그러나 2012년 12월 30일 중국으로 출국한 뒤 2013년 1월 3일 두 번째 동파로 인한 누수가 일어나 아래층 405호 소유자 丙에게 철거공사 및 피해물품비 등 수리비용 약 766만 원의 손해가 발생하였다. 丙이 乙을 상대로 제기한 손해배상청구의 소에서 丙이 승소하자 乙은 수리비·지연손해금·소송비용 등 총 1,203만 원을 丙에게 지급하였다. 그 후 乙은 이 금액과 변호사비용을 합한 약 1,262만 원을 甲에게 구상금으로 청구하였다. 甲은 아파트 관리·동파방지에 대해 의무 위반이 없고, 乙이 사고 당시 출장으로 부재하며 적절한 조치를 취하지 못한 과실이 있다고 항변하였다. 그러나 법원은 노후화와 구조변경 경위, 구조변경 전 동파사고 부재 등을 들어 甲의 과실을 인정하면서도, 乙이 위험을 인지하고도 관리에 소홀한 과실을 들어 甲의 책임을 50%로 제한하였다. 그리고 그 구상권 범위는 수리비에 한정하고 지연손해금·소송비용·변호사비용은 상당인과관계가 없다고 보아, 최종적으로 甲이 乙에게 373만 원을 지급하도록 판결하였다(仁川地判 2016.4.26. 2015나18022).

4) **국가배상관계** : 공작물이 국가나 지방자치단체에 의해 설치되어 관리될

경우(예를 들어 정봇대나 송전탑), 공작물점유자책임에 관한 규정은 적용되지 않으며, 그 대신 국가배상법 제5조가 적용된다. 이때 손해의 원인에 대하여 책임을 질 자가 따로 있으면 국가나 지방자치단체는 그자에게 구상할 수 있다(국가배상법 제5조 2항).

  5) 채무불이행책임과의 관계 : 공작물의 하자 등이 증명되지 않아 공작물 점유자가 공작물책임을 면하더라도, 공작물 점유자가 계약상 부담하는 책임까지 면하는 것은 아니다. 특히 공작물 임차인인 점유자가 임대차계약상 지배·관리하던 영역에서 발생한 사고로 임차물을 임대인에게 반환하지 못하는 경우, 공작물 점유자는 공작물책임을 면하는 것과 별개로 공작물 소유자에게 계약상 책임을 부담한다. 공작물 점유자는 자신의 무과실을 증명하지 못하는 한 공작물 임대인에 대해 채무불이행책임(제390조)을 부담할 것이기 때문이다.

  * 공작물 임차인이 공작물책임을 면하고 임대차계약상 책임을 부담한 사례 : 크라운제과(乙)는 2007년 8월 甲으로부터 샌드위치판넬 창고(396㎡)를 임차하여 2년 넘게 사용하고 있었다. 그러던 중 2009년 12월 18일 오전 9시 25분경 창고 입구 우측에서 화재가 발생해 창고는 물론이고 인접 건물까지 전소되었다. 당시 입구 우측에는 플라스틱 팔레트가 적치되어 있었고 좌측에는 직원들이 난방용으로 쓰던 깡통이 있었으며, 전기적 원인은 발견되지 않았다. 창고 및 인접 건물의 소유자 甲과 배상책임보험계약을 체결하였던 丙 보험회사는 甲에게 보험금 2억 3천만 원을 지급한 후 임차인의 보존·관리의무 위반에 기한 채무불이행 또는 공작물의 설치·보존상 하자 및 불법행위를 근거로 乙에게 구상금을 청구하였다. 乙은 원인이 특정되지 않아 과실이 없고 팔레트 적치·깡통 사용은 하자나 과실이 될 수 없어 자신은 책임이 없다고 항변하였다. 법원은 팔레트 적치·깡통 사용을 공작물하자로 볼 수 없다면서 乙의 공작물점유자책임을 부정하였다. 그러나 화재가 乙의 임차부분에서 발생한 이상 임차물 반환불능에 관해 임차인 乙이 무과실을 증명하지 못해 乙은 창고 소실 부분에 대하여 甲에게 임대차계약상 책임을 부담한다고 판단했다. 물론 창고와 다른 건물은 구조상 독립되어 불가분 관계가 아니며 공작물하자 또는 乙의 과실이 증명되지도 않았으므로, 甲 소유 인접 건물의 소실은 乙의 책임이 아니고 공작물책임이나 불법행위로 볼 수도 없어 그 부분 청구는 배척하였다(大判 2014.9.24., 2012다61988).

2. 동물점유자의 책임

(1) 개 념

  1) 의 의 : 동물의 점유자는 그 동물이 타인에게 가한 손해에 대해 배상책임을 부담한다(제759조 1항 본문). 그러나 점유자가 동물의 종류와 성질에 따라 그 보관에 상당

한 주의를 해태하지 않은 때는 그렇지 아니하다(제759조 1항 단서). 점유자에 갈음하여 동물을 보관한 자도 마찬가지의 책임을 부담한다(제759조 2항).

2) 서구민법과의 비교 : 1804년 프랑스민법전은 당시 농경·가축 중심의 사회에서 말, 소, 개 등으로 인한 사고가 빈번하자 피해자 보호를 위해 일반 불법행위 규정과 별도로 '동물로 인한 책임responsabilité du fait des animaux'을 규정하였다(프랑스구민법 제1385조; 현행민법 제1243조). 이로써 프랑스법상 동물소유자 또는 점유자에게는 무과실책임에 가까운 책임이 부과되었으나, 동물소유자 등이 불가항력force majeure, 피해자의 중대한 과실 등 외부적·예외적 사유를 증명할 경우 면책을 받을 수 있게 하였기 때문에 프랑스법상 동물소유자의 책임은 무과실책임이 아닌 중간책임의 성질을 갖게 되었다. 한편 독일법상 동물보유자Tierhalter의 책임은 1888년 독일민법 제1초안에서 과실책임으로 규정되어 있었으나 1896년 제국의회는 이를 무과실의 위험책임Gefährdungshaftung으로 규정하도록 결의하였다(독일민법 제833조 이하). 동물의 행동은 본질적으로 예측 불가능하고, 피해자에게 동물보유자의 과실을 증명하게 하는 것은 현실적으로 매우 곤란하므로, 위험을 창출·통제하는 측이 그 위험의 현실화로 인한 손해를 부담하게 해야 한다는 이유에서였다. 하지만 이는 다시 독일 농·축산업자의 격렬한 반대에 부딪쳐, 결국 1908년 제국의회는 제833조 2문을 추가하여 동물보유자의 직업 및 생계를 위해 사육되는 동물Nutztier의 경우 그 가해행위는 불가항력이 증명될 경우 면책이 가능하도록 하였다. 물론 애완·사치용 동물Luxustier이 일으킨 사고 등에서도 독일법원은 피해자의 과실로 상계할 가능성을 폭넓게 인정하고 있기 때문에, 독일법상 동물보유자책임이 무과실책임이라고 단정하기는 어렵다.

(2) 요 건

1) 동물의 점유와 보관 : 점유자나 보관자는 동물을 사실상 지배하는 자(예를 들어 개목걸이에 달린 끈을 쥐고 있던 자)를 말한다. 예를 들어 박테리아나 병원균, 양봉하던 꿀벌로 인해 타인에게 손해를 가한 자는 그 동물에 대해 사실상 영향력을 행사할 수 없을 것이므로 그 발생한 피해에 대해 동물점유자나 보관자로서 책임을 부담하기 어렵다 할 것이다. 그러나 사실상 지배력을 행사할 수 있다면 직접점유자뿐 아니라 간접점유자(예를 들어 개를 빌려준 자)도 경우에 따라서 동물점유자책임을 부담할 수 있다. 물론 사실상 지배력을 행사할 수 없다면, 그 동물의 소유자라 하더라도 제759조에 기한 손해배상책임을 부담하지 않는다.

* 도사견 소유자의 손해배상책임 : 甲 소유의 도사견은 투견대회 우승 경력이 있는 사나운 수캐로, 1976년 6월 17일 20시경 乙이 교배 목적으로 甲으로부터 빌려 자신의 집 마당에 매어두었다. 이때 丙이 술을 마신 상태에서 호기심에 개에 접근하자, 도사견이 맨끈을 끊고 덤벼들어 丙의 전신을 여러 차례 물어 상해를 입혔다. 丙은 甲에게 손해배상을 청구했는데, 법원은 사람을 잘 무는 성질 사나운 도사견임에도 甲이 그 도사견을 철책과 철조망으로 된 개집 등 안전한 시설을 갖추지 않은 乙에게 빌려준 과실이 있다 하였다. 하지만 丙이 술을 마시고 호기심에 도사견에 접근하여 놀람으로써 위 도사견의 난폭성을 끄드긴 사실을 甲 측에서 제시하였고 이에 대한 반대증거가 없으므로 법원은 이건 사고 발생에는 丙에게도 적지 않은 과실 있었음이 뚜렷하다며 이를 손해배상액 산정에 참작한다고 하였다. 법원은 甲이 丙에게 재산상 손해금 50만 원과 위자료 10만 원을 합쳐 60만 원을 지급하도록 하였다(大判 1981.2.10, 80다2966).

* 동물소유자의 사실상 지배력을 부정한 사례 : 甲 소유의 단층주택에는 乙이 거주하고, 丙이 그 주택의 방 한 칸을 임차하여 함께 생활하고 있었다. 2013년 3월 4일 마당에서 乙이 기르던 차우차우가 丙의 왼손을 물었고, 丙이 이를 피하는 과정에서 넘어져 좌골·비구 및 치골 골절 등 상해를 입은 사고가 발생하였다. 丙은 甲과 乙을 상대로 치료비·간병비·위자료 합계 726만 원을 지급하라고 청구하였으나, 甲·乙은 자신들에게 과실이 없고 과실은 오히려 丙에게 있다면서 책임을 부인하였다. 법원은 동물점유자의 책임주체가 '현실의 직접점유자'에 한정된다고 보아, 설령 甲이 주택의 소유자이자 개의 소유자라 하더라도 甲은 개의 간접지배자에 불과하고 실제로는 乙이 그 주택에 상주하며 마당에서 해당 개를 사육·관리하였으므로 甲에게는 동물점유자의 사실상 지배력이 인정되지 않는다는 이유로 甲에 대한 청구를 배척하였다. 반면 乙에 대하여는 동물점유자로서 민법 제759조의 면책사유가 증명되지 못했다고 보아 책임을 인정하였다. 또한 개가 묶여 있었고 丙 또한 접근 시 주의할 필요가 있었다는 사정 등을 참작하여 丙의 과실을 40%, 乙의 과실을 60%로 정하였다(서울北部地判 2015.8.21, 2014나6976).

2) 동물이 타인에게 손해를 가했을 것 : 동물의 가해적 행동이 있었고 그로 인해 타인이 손해를 입었어야 한다. 다시 말해 동물의 가해적 행동과 타인의 피해 사이에 인과관계가 증명되어야 한다.

* 동물의 정의 : 여기서 동물이란 호흡기관과 감각기관을 갖추고 자유롭게 이동할 수 있는 능력을 갖추었으나 논리적인 사고능력 및 언어능력을 갖추지는 못한 생명체를 말한다. 개나 고양이, 소, 돼지뿐만 아니라 거미와 같은 곤충류, 뱀 같은 파충류 모두가 이 동물개념에 포함된다. 하지만 아무리 무식하고 야만적인 자라도 인간은 이 동물개념에 포함되지 않는다. 거의 동물적인 성질을 지닌 인간에 의해 손해를 입은 자가 그 인간의 관리자에게 굳이 법적 책임을 물으려 한다면 동물점유자의 책임이 아니라 사용자책임(제756조) 또는 감독자책임(제755조)을 물어야 한다.

3) 증명책임 : 동물점유자의 과실, 그리고 과실과 손해발생 사이의 인과관계는 추정된다. 따라서 보관에 상당한 주의를 기울였다는 면책의 사유는 동물점유자 측에서 증명하여야 하고, 모든 주의를 다 기울였어도 어차피 손해는 발생했을 것이라는 인과관계의 부존재사실 역시 동물점유자 측에서 증명하여야 한다. 하지만 동물의 가해적 행동과 피해 사이의 인과관계는 피해자가 증명하여야 한다.

* 개를 피하다 부상을 입은 경우 : 乙은 2014년 8월 오전 7시경 甲의 집 앞을 지나던 중 열려있던 대문 밖으로 甲이 키우던 개 2마리가 달려나와 깜짝 놀랐다. 개들은 짖어대며 乙에게 다가왔고, 겁을 먹은 乙은 피하려다 넘어져 제1요추 추체 압박골절상 등 큰 부상을 입었다. 이에 乙은 甲의 반려견보험사인 삼성화재를 상대로 8,900여만 원을 배상하라며 소를 제기했다. 법원은 애완견들이 함부로 집 밖으로 나가 사람들을 위협하지 않도록 적절한 조치를 취해야 할 주의의무가 甲에 의해 제대로 이행되었음이 증명되지 않았으므로, 甲의 보험자인 삼성화재는 乙의 손해를 배상할 책임이 있다고 밝혔다. 다만 乙도 애완견을 안전하게 피하지 못하고 스스로 넘어진 과실이 있고, 제출된 증거만으로는 당시의 상황이 넘어지는 것이 불가피할 정도로 급박하다 보이지 않으므로 甲의 책임비율을 70%로 제한한다고 판시했다(서울中央地判 2018.11.28, 2015가단5130680).

(3) 효 과

동물의 점유자 또는 보관자는 자기가 직접 가해를 하지 않았음에도 자기가 점유 또는 보관하고 있던 동물에 의해 발생된 손해 전체의 배상책임을 부담한다. 어차피 그 점유자 또는 보관자의 과실이 전제된다는 점에서 일반 불법행위책임과 크게 다르지 않으나, 그 과실에 관한 증명책임이 피해자에게서 동물점유자·보관자에게로 전환된다는 점에서 제750조의 일반 불법행위책임과 차이가 있다. 그 동물의 행위가 자연적인 행동이 아니라 예상 못한, 비정상적인 행동이었더라도, 그 행동에 대해 동물의 점유자 또는 보관자는 자기 무과실의 증명책임을 면할 수가 없다. 또한 동물에게는 배상능력이 없으므로, 동물의 점유자 또는 보관자는 동물에게 구상권을 행사할 수 없다. 동물에게 실질적으로 재산이 아주 많이 있다 하더라도(예를 들어 칼 라거펠트의 고양이 슈페트) 마찬가지이다.

III. 현대적 불법행위

1. 제조물책임

(1) 개념

1) 의 의 : 제조물책임(製造物責任)이란 시장에 유통시킨 상품의 안전성에 결함이 있어 그 이용자나 제3자에게 손해를 입힌 경우에 그 상품의 제조자나 판매업자에게 불법행위에 기한 손해배상책임을 부담케 하는 것을 말한다. 영어로는 이를 'product liability'라 하고, 독일어로는 이를 'Produkthaftung'이라 일컫는다. 2000년 1월 12일 제정되어 2002년 7월 1일부터 시행된 제조물책임법이 이러한 제조물책임을 규율하고 있다.

2) 제조물책임법의 입법 배경 : 산업사회에서 생산 및 유통 구조가 복잡해짐에 따라, 일반 소비자가 제조자의 과실을 증명하는 것은 사실상 거의 불가능하게 되었다. 이에 따라 제조물의 결함, 그리고 그 결함과 손해 사이에 인과관계만 인정되면, 제조자의 과실이 추정되도록 할 필요성이 생겼고, 심지어는 제조물의 결함, 그리고 그 결함과 손해 간의 인과관계 역시 일정 조건하에 추정될 수 있도록 할 필요성이 생겼다. 즉 제품이 정상적으로 사용되었다는 사실, 사고가 제조자의 지배 영역에서 발생했으며 통상적인 경우 발생하지 않았을 것이라는 사실만 증명하면, 제조물의 결함과 손해와의 인과관계는 추정되도록 할 필요성이 생긴 것이다. 이처럼 제조자의 과실이 증명되지 않더라도 제조자에게 손해배상책임을 인정하며, 제조물의 결함 등에 대한 소비자의 증명부담을 줄이기 위해 만들어진 법이 바로 제조물책임법이다.

  * 민법상 일반규정과의 관계 : 과거 민법상 불법행위책임이나 채무불이행책임의 틀에서는 제조물로 인해 피해가 발생하더라도 소비자가 제조자의 과실을 증명하기 어려웠고, 제조물의 결함을 증명하기도 어려웠다. 제조물의 결함이 증명되더라도 소비자는 판매자에게 매매계약상의 하자담보책임으로써 단지 하자손해만을 배상받을 수 있을 뿐이었으며, 그 이상의 후속손해는 과실증명의 어려움 때문에 제대로 배상받지 못하던 형편이다. 설령 매도인의 과실을 증명하더라도 매도인 가운데 상당수는 빈곤한 판매업자에 불과하여 충분한 배상능력을 갖추고 있지 않았기 때문에 현실적으로 손해배상을 받기는 어려웠다. 매도인 대신에 제조업자인 대기업에게 제조상의 과실에 따른 불법행위책임을 소구하려 해도, 생산과정을 자세히 알 수 없는 소비자는 제조자의 과실을 증명할 수 없는 것이 보통이었다. 제조

물책임법은 이러한 모든 문제를 해결하기 위해 만들어진 법이라 할 수 있다.

3) **법적 성질** : 제조물책임은 제조업자의 과실을 사실상 추정한다는 점에서 일반불법행위책임이나 채무불이행책임과 다르고 하자담보책임과 유사하다. 하지만 하자손해 이외의 후속손해까지 포괄한다는 점에서 하자담보책임과 다르고 불완전이행책임이나 일반불법행위책임과 비슷한 면을 갖는다.

* **독일민법과의 비교** : 참고로 독일민법에서는 계약관계의 연쇄를 무시하고 소비자가 제조업자에게 직접적으로 후속손해 전체의 배상을 청구할 수 있다는 식의 규정은 두고 있지 않다. 유럽연합의 소비재매매입법지침에서 판매인이 생산자에 대해 구상할 수 있도록 규정(제4조)한 것을 따라, 개정민법 제478조와 제479조에서 소비자가 매도인에게 해제권 내지 대금감액청구권을 행사했을 경우 소비자가 아닌 매도인이 제조업자에게 구상할 수 있도록 규율하고 있을 뿐이다. 계약책임과 불법행위책임의 분리원칙을 고려해봤을 때 독일민법의 태도가 입법론적으로 더 옳다고 생각된다.

(2) 증명책임

1) **과실 증명책임의 전환** : 불법행위법상 가해자의 과실은 피해자가 증명하여야 하는 것이 원칙이나, 제조물책임법은 과실이 없다는 것에 대한 증명책임을 제조자에게 부담시킴으로써 증명책임을 전환한다. 다시 말해 제조업자가 당해 제조물을 자기가 공급하지 않았다는 사실, 공급 시의 과학기술수준으로는 제조물의 결함을 발견할 수 없었다는 사실, 또는 공급 시에 각종 법령이 정하는 기준을 준수했다는 사실 등을 증명한 경우 제조업자는 제조물책임법상의 책임을 면할 수 있지만, 그렇지 않을 경우 제조업자에게는 과실이 인정된다(제조물책임법 제4조 1항).

2) **하자 및 인과관계 증명책임의 경감** : 피해자가 제조물의 결함 및 손해와의 인과관계를 증명한다는 것은 매우 어려운 일이므로, 피해자는 표현증명 내지 간접증명으로 제조물의 결함을 증명하고, 인과관계는 개연적 인과관계만을 증명하는 것으로 충분하다. 이를 위하여 2017년 신설된 제3조의2에 따르면 피해자가 일정한 사실, 예를 들어 정상사용 상태에서의 손해 발생 등을 증명하면 공급 당시 결함과 인과관계가 추정된다고 한다. 이에 대해 제조자는 결함 및 인과관계의 부존재를 구체적으로 증명하거나, 자기가 책임질 수 없는 다른 원인이 개재되어 당해 사고가 발생하였음을 증명함으로써 불법행위책임을 면해야 한다.

* **피해자의 표현증명 내지 간접증명에 관한 판례** : 丙은 1996년 7월 3일 부산 영도구

자택 2층에서 삼성전자(甲)가 1988~1990년경 제조한 16인치 TV로 방송을 시청하던 중 TV 후면에서 연기와 폭발음이 나며 화재가 발생하여 2층 내부와 가재도구가 전소되는 사고를 당했다. 乙 보험사는 丙에게 5,653만 원을 보험금으로 지급하였고, 甲에게 제조물의 결함으로 인한 손해를 구상금으로 청구하였다. 甲은 내구연한(5년) 경과, 사용자 관리소홀·오사용, 다른 원인 가능성을 들어 책임을 부인하였다. 법원은 TV가 수리·개조 없이 정상 사용 중 폭발·발화한 사실, 그와 같은 유형의 사고가 통상 결함 없이 발생하지 않는다는 경험칙, 그리고 고도기술 제품의 내부 결함은 피해자가 직접 입증하기 곤란하다는 점을 종합하여, ① 제조업자의 지배영역에서 제조·품질관리 과정을 거친 제품이 ② 정상 사용 중 비정상적 사고를 야기했음이 입증되면 제품의 결함과 그 인과관계를 추정하고, 제조업자가 구체적 다른 원인이나 사용자 과실을 입증하지 못하는 한 그 책임을 면할 수 없다고 판단하였다. 결국 법원은 결함·인과관계의 추정을 번복할 만한 반증이 없다는 이유로 乙의 구상금청구를 인용하였다(大判 2000.2.25. 98다15934).

* 피해자의 과실이 가해자의 과실과 구조적으로 결합한 경우 : 甲은 2011년 9월 출산 후 산후조리를 위해 한의사인 남편 乙의 처방으로 한약사 丙이 제조한 한약을 복용하였다. 丙은 A제약과 B제약으로부터 공급받은 '통초'라는 한약재로 한약을 제조했다. 2011년 9월~10월 甲은 3차례에 걸쳐 궁귀조혈음, 통유탕, 궁귀조혈음대영전가미 한약을 처방받아 복용했는데, 2012년 2월 말~3월 초 발열, 구역, 구토 등 증상이 발현되었고, 2012년 5월 순천향대학교병원에서 만성 신부전, 말기 신장질환을 진단받았다. 2012년 6월에는 세브란스병원에서 신세뇨관 괴사를 동반한 급성 신부전을 진단받았으며, 2013년 8월 신장이식 수술을 시행했다. 조사 결과 A제약과 B제약이 공급한 '통초'는 실제로는 '등칡'이었음이 밝혀졌다. 등칡은 쥐방울덩굴과 식물로 신독성 성분인 아리스톨로킨산을 함유하는데, 아리스톨로킨산은 신조직에 유전자변이를 일으키고 만성신부전을 유발할 수 있는 독성물질이었다. 2012년 8월 성분분석 결과, A제약과 B제약이 공급한 '통초'에서 아리스톨로킨산이 검출되었다. 甲은 신장이식 수술 후에도 면역억제제 복용 등 지속적 치료가 필요한 상황이며 30%의 영구적 노동능력 상실을 판정받았다. 甲의 딸과 남편도 정신적 고통을 받았다. A제약은 乙이 한약사임에도 이 사건 한약재가 생약규격집의 기준에 따른 '통초'가 맞는지 확인하지 아니한 채 이 사건 한약제제를 제조함으로써 甲에게 이 사건 질환이 발생한 것이므로, 甲의 질환은 乙의 과실에 의하여 발생한 것이지 그에 대하여 A제약은 책임이 없다는 취지로 주장하였다. 그러나 법원은 A제약이 '통초'가 아닌 '등칡'으로 된 한약재 규격품을 제조·판매함으로 인하여 한약사가 그 한약재 규격품의 기재사항을 믿고 그 한약재로 한약제제를 제조함으로써 '등칡'에 함유된 아리스톨로킨산에 그 한약제제를 복용한 사람이 노출되어 손해를 입을 수 있다는 점은 쉽사리 예견할 수 있다고 할 것이므로, 다른 특별한 사정이 없는 한 이 사건 한약재에 존재하는 결함은 이 사건 질환 발생의 직접적인 원인이 되었다고 판결하였다(仁川地判 2015.11.11. 2012가합22095).

(3) 효 과

1) 연대책임 : 동일한 손해에 대하여 배상할 책임이 있는 제조업자가 2인 이상인 경우에는 연대하여 그 손해를 배상하여야 한다(제조물책임법 제5조). 다만 공동불법행위에 관한 부진정연대책임원칙을 감안한다면 사실상 이러한 규정이 없어도 제조업자는 어차피 부진정연대책임을 부담했을 것이라 생각한다.

2) 징벌적 손해배상 : 2017년 개정된 제조물책임법은 '알면서도 방치한 결함'으로 중대한 인명피해가 난 경우 제조업자에게 최대 3배의 징벌적 손해배상책임을 명시적으로 부과했다. 이를 위해 신설된 제3조 제2항은 제조업자가 제조물의 결함을 인식하고도 필요한 조치를 하지 않아 생명·신체에 '중대한 손해'가 발생한 때 손해액의 3배를 넘지 않는 범위에서 배상책임을 진다고 규정하고, 그 액수를 정함에 있어 ① 고의성의 정도, ② 손해의 정도, ③ 해당 제조물로 얻은 경제적 이익, ④ 형사처벌·행정처분의 정도, ⑤ 공급 기간·규모, ⑥ 제조업자의 재산상태, ⑦ 피해구제 노력 등 일곱 요소를 법원이 고려하도록 했다. 소액 다수의 소비자피해를 발생시키는 제조업자의 악의적 가해행위에 대한 억지력을 강화하고 피해자에게는 실질적 보상이 가능하도록 하자는 취지에서 신설한 규정이었다.

2. 공해책임

(1) 의 의

공해로 인한 손해의 배상책임은 민법상 불법행위책임과 물권적 청구(제205조 이하; 제217조 등)로도 규율되지만, 입증곤란성과 피해의 광범위성에 대응하기 위해 특별법적 장치가 병행된다. 기본법 차원에서는 1990년 8월 1일 제정된 환경정책기본법이 '환경오염의 피해에 대한 무과실책임'을 선언하고, 가해 주체를 '사업자'로 한정하지 않은 '원인자 책임'을 규정한다. 2011년 전부개정으로 과거의 '사업장 등–사업자' 구조를 '원인자–무과실책임' 구조로 확장·정비한 것이다. 한편 2016년부터 시행된 환경오염피해 배상책임 및 구제에 관한 법률은 구체 사건에서의 피해구제 절차와 책임법리를 세분화하였다. 이 법은 우선 시설의 설치·운영과 관련하여 환경오염피해가 발생한 때에는 해당 시설의 사업자가 과실 유무와 관계없이 배상한다고 정하고(환경오염피해구제법 제6조), 예외적으로 전쟁·천재지변 등 불가항력이면 면책을 둔다. 또한 배상책임 한도를 원칙적으로 2천억 원 범위에서 대통령령으로 정하도록 하되, 고의 또는 중대한 과실 등 일정한 경우에는 한도 적용을 배제하고 있다(환경오염피해 구제법 제7조).

(2) 무과실책임

환경오염 또는 환경훼손으로 피해가 발생한 경우 그 원인자는 과실 유무와 무관하게 배상하여야 한다(환경정책기본법 제44조 1항). 대법원도 제44조 1항을 민법에 대한 특별규정으로 보아, 원인자에게 귀책사유를 묻지 않고 배상책임을 인정한다 하고 있다. 여기서 '환경오염'이란 사업활동 기타 사람의 활동에 따라 발생되는 소음, 진동, 악취, 대기오염, 수질오염, 토양오염, 해양오염, 방사능오염 등으로서 사람의 건강이나 환경에 피해를 주는 상태를 말한다.

(3) 증명책임의 전환

피해자가 해당 시설이 원인을 제공한 것으로 볼 만한 상당한 개연성을 증명하면, 그 시설로 인한 피해 발생이 추정된다. 사업자가 다른 원인 또는 법령준수·예방조치 등으로 추정을 깨지 못하면 사업자는 책임을 면하지 못한다(환경정책기본법 제9조). 이 입법은 공해소송에서 완전한 자연과학적 인과증명을 요구하지 않고 개연성에 기초한 일응의 증명→가해자측 반증 부담이라는 사법상 법리를 성문화한 것이다. 대법원이 이미 정립해 온 '입증완화 및 반증전가'의 흐름과 궤를 같이 한다(大判 1984.6.12, 81다558).

(4) 공동오염책임

환경오염의 원인자가 둘 이상인데 어느 쪽에 의해 발생했는지 특정할 수 없을 때에는 각 원인자가 연대하여 배상한다(환경정책기본법 제44조 2항). 물론 여기에서 '연대'란 부진정연대책임을 의미한다. 각 당사자는 자신의 기여도 없음을 반증함으로써 면책될 수 있다.

제 3 장 사무관리

제 1 절 사무관리 일반이론

I. 개 념

1. 사무관리의 정의

사무관리(事務管理)는 법적 의무 없이 타인을 위하여 사무를 처리하는 행위를 말한다(제734조 1항). 라틴어로는 이를 'negotiorum gestio', 독일어로는 이를 'Geschäftsführung ohne Auftrag'이라 하며, 프랑스어로는 이를 'gestion d'affaires sans mandat'이라 하고, 영어로는 이를 'agency without specific authorisation' 또는 'benevolent intervention'이라 칭한다.

2. 사무관리 제도의 취지

(1) 공동체구성원 간의 상호부조

타인의 생활영역에 대한 간섭이나 부탁받지 않은 도움 등은 원래 베풀 필요가 없고 함부로 베풀어서도 안 되는 것이다. 하지만 공동체구성원 간의 유대나 상호부조적인 측면에서 그것이 필요할 수도 있다. 예를 들어 본인이 부재중이거나 심신상실상태여서 자기 의사를 실현하거나 자기 이익을 확보할 수 없는 경우가 그렇다. 따라서 본인의 사무·생활영역에 타인이 간섭·개입했더라도 그것이 본인의 이익이나 의사에 반하지 않을 때, 이러한 간섭을 예외적으로 적법한 것으로 보고 그에 관하여 적정한 법률효과를 부여할 필요가 있다. 이렇듯 본인의 동의 없이도 타인이 사적으로 본인의 생활영역에 개입하여 본인의 이익·의사를 합법적으로 보호·실현할 수 있도록 하고 그에 따른 법률효과를 합리적으로 예비하게끔 마련된 제도가 바로 사무관리라 할 수 있다.

(2) 상호부조에 대한 보상

이러한 사무관리 사안에서 적정한 법률효과는, ① 사무관리행위와 관련하여 지출된 비용 또는 발생한 손해를 본인의 현존이익 또는 과실과 상관없이 전보하도록 하는 것과, ② 이렇게 본인의 사무를 처리하기 시작한 관리인에게 본인의 의사·이익에 합치되도록 사무를 관리하게 하고 이미 시작한 사무관리를 계속하게끔 의무를 부담시키는 것, 그리고 ③ 사무관리행위와 관련한 주의의무를 본인과 관리인 어느 쪽의 이익에도 치우치지 않게 합리적으로 가중하거나 감경하는 것 등이 된다.

3. 사무관리의 실제적 예

(1) 법적 의무 없는 자의 사무처리

사무관리의 전형적 사안은 관리인에게 계약상·법률상 아무런 의무가 없고, 본인한테서 관리인이 아무런 부탁 받은 바 없음에도 사무관리자가 이타적 의도로 본인의 업무를 대신 처리한 사안이다. 다음과 같은 예를 들 수 있다:

1) 부재지주 소유 전답의 위임 없는 경작 : 전답의 주인이 부재중이어서 그 전답이 잡초와 병충해로 방치되는 상황이 계속되자, 이웃이 이를 보다 못해 몇 개월간 경작을 대신한 경우이다. 만약 그 행위가 전답의 수확량 증대와 전답의 가치 보전을 위한 합리적인 관리행위로 인정된다면, 민법 제734조 이하의 사무관리 규정이 여기에 적용될 수 있다. 주인의 이익·의사에 부합하기만 한다면 파종·제초·관수·수확 등의 모든 행위가 여기에 해당할 수 있다. 만약 관리자가 경작에 필수적인 종자·비료·농약 등의 구입에 비용을 지출했다면 그 필요비에 대한 상환청구권을 본인에 대해 행사할 수 있다(제739조 1항). 관리자가 설령 필수적이지 않은 비용을 지출했더라도 작물의 성장이나 토양 개선으로 인한 가치 상승이 있었다면 본인에 대해 그 유익비의 상환도 청구할 수 있다. 반대로, 관리자가 주인의 경작 방식과 현저히 다른 방식으로 작물을 재배하여 토양 성질을 변화시키거나, 방치보다 더 큰 손해를 초래한 경우에는 사무관리 성립이 부정되거나 관리자의 손해배상책임이 발생할 수 있다(제734조 3항). 또한 수확물의 귀속 문제에서도, 관리자가 이를 전부 소비하거나 처분하면 부당이득반환 문제가 발생할 수 있고, 수확물을 주인에게 인도한 경우에는 그 수확물 상당액을 비용상환청구의 변제

로 충당하는 문제가 발생한다.

2) 주인 부재 중 생활비성 지출의 무단 대행 : 주인이 부재중인 가정에서 청소도우미가 별도의 허락 없이 주인 명의로 도착한 착불 택배의 요금을 대신 지불하거나, 주인의 양복·이불을 세탁소에 맡기고 세탁비를 대납한 경우, 위와 같은 대납이 객관적으로 주인의 재산 유지나 생활상 편익을 위한 합리적 관리행위로 인정된다면 사무관리 성립이 가능하다. 예컨대 오염된 세탁물의 장기간 방치로 인한 손상 방지나, 긴급히 수령해야 할 물품의 보전을 위한 착불 요금 지급은 필요비 지출에 해당하여, 관리자는 이에 대한 상환청구권을 가진다($^{제739조}_{1항}$). 그러나 주인의 의사에 반하며 긴급성·필요성이 인정되지 않는 지출, 예를 들어 걸레로 사용하기 위해 방치했던 수건을 특수 세탁에 맡긴 경우이거나 사기성 착불택배에 요금을 지급한 경우에는 사무관리 성립이 부정될 수 있다.

3) 병중 지인의 채권 추심 및 금전 관리의 무단 대행 : 지인이 병석에 누워 자신의 채권을 추심하지 못하는 상황에서, 이를 보다 못한 친구가 아무런 위임 없이 지인을 대신하여 해당 채권을 추심하고, 그 수령한 금전을 별도의 계좌에 예치·관리한 경우이다. 만약 이러한 행위가 채권의 소멸시효 완성 방지나 채무자의 지급불능 위험 회피 등, 지인의 재산 보전을 위한 합리적이고 필요한 관리행위로 인정된다면, 사무관리 규정이 적용될 수 있다. 특히 채권의 적시 추심을 통한 금전 확보는 본인의 이익·의사에 부합하는 행위일 것이므로, 관리자가 추심 과정에서 지출한 송달료·교통비·인지대 등은 필요비로서 본인에 대해 상환청구가 가능하다($^{제739조}_{1항}$). 또한 추심금 보관을 위해 별도의 이자 발생 계좌를 개설하는 등 금전 가치를 증대시킨 경우, 그로 인한 증가분이 인정된다면 유익비 상환청구도 가능하다. 반대로, 관리자가 본인의 의사와 달리 채권을 헐값에 양도하거나, 추심금 중 일부를 유용·소비한 경우에는 사무관리 성립이 부정되거나 손해배상책임($^{제734조}_{3항}$) 및 부당이득반환 문제가 발생할 수 있다. 또한 추심금의 귀속과 사용에 관해서도, 관리자가 이를 전액 본인에게 반환하지 않고 임의로 사용한 경우 그 사용 부분에 대해 반환의무가 인정된다.

4) 부재중 친척 자녀를 대신한 장례 집행 : 어느 노인이 갑작스러운 심장마비로 쓰러졌는데, 그 자녀가 부재중이고 연락도 안 되는 상황에서 그 노인이 결국 사망하자 노인의 친척 누군가가 아무런 위임 없이 비용을 들여 장례를 대신 치른 경우이다. 장례 집행은 망인의 사회적 체면 유지와 시신 처리라는 필수적

성격을 가지므로, 사무관리 규정이 적용될 수 있다. 따라서 관리자는 장례 절차에 필수적으로 소요된 장례식장 사용료, 관·수의·운구비 등 필요비에 대해 상환청구권을 가진다(제739조 1항). 특히 장례를 치르지 않으면 시신 부패로 인한 위생상의 위험이 발생할 수 있으므로, 장례집행은 공공의 이익에 적합한 사무관리행위로 취급된다. 따라서 유족이 설령 그 장례를 원하지 않았더라도 사무관리의 성립이 인정되며, 장례가 사망자의 사회적 지위나 종교, 관습에 맞게 치러지지 않고 과도하게 사치스럽게 치러져 유족의 부담을 과중하게 하거나 너무 초라하게 치러져 유족의 명예를 훼손하였다 하더라도, 또는 망인의 생전 의사나 종교적 신념에 현저히 반하는 장례가 집행된 경우라 하더라도 장례의 공익성에 비추어 관리자에게 중대한 과실이 없는 한 그 관리자는 면책될 수 있다(제734조 3항 단서). 또한 장례를 위해 조의금(弔意金) 등을 수령한 경우, 그 금액은 상환청구액에서 공제하거나 본인에게 반환해야 한다. 만약 관리자가 그 조의금을 착복하면 부당이득반환 문제가 발생할 수 있다. 만약 동거인이 사망한 동반자의 장례식을 주관하면서 동반자의 자녀들 이름을 부고장에 언급하지 않고 자신의 일로 처리하였다면, 그 동거인은 자녀들의 사무관리자로 인정되지 않는다(Cour d'appel de Liège, 18 avril 1994, J.L.M.B., 1994, p. 898).

  5) 부재 부친을 대신한 미성년 자녀의 양육 : 남편이 외국에 파견 중이고 연락도 되지 않는 상황에서, 그 아내가 강도살해를 당해 사망하고 부부의 두 살배기 아들만 홀로 남겨지자, 이웃이 아무런 위임 없이 그 아들을 대신 맡아 양육한 경우이다. 미성년 자녀의 보호와 양육에 대해서는 부친이 당연히 부양의무를 부담하기 때문에, 부재 부친의 반대의사 여부와 상관없이 이 사안에는 사무관리 규정이 적용된다. 특히 영유아를 장기간 방치하면 건강 악화, 생명 위협, 발달 지연 등 중대한 위험이 발생하므로, 음식·의복·거주 제공, 질병 치료, 안전 보호 등 양육 행위 전반은 합리적 관리행위로 간주된다. 따라서 관리자는 양육에 필수적으로 소요된 식료품비, 의류비, 의료비, 보육시설 이용료 등에 대해 필요비 상환청구권을 가지며(제739조 1항), 아동의 건강·발달·사회적 적응능력 향상이라는 가치 증대가 인정되는 경우에는 과도했거나 불필요했던 비용, 즉 유익비도 부재 부친에 대해 상환을 청구할 수 있다. 반대로, 관리자가 부당한 양육 방법을 사용하거나, 아동을 위험한 환경에 방치하거나, 부친의 양육 방식·종교적 신념에 현저히 반하는 방식으로 양육한 경우에는 사무관리 성립이 부정되거나 손해배상책임이 발생할 수 있다(제734조 3항). 또한 아동을 양육하는 과정에서 정부나 친족으로부터 양

육비나 보조금을 수령한 경우, 그 금액은 상환청구액에서 공제하거나 본인에게 반환해야 하며, 임의로 사용하면 부당이득반환 문제가 발생할 수 있다.

6) 지연된 손해배상금에 갈음한 생활원조와 채권자대위 : 피해자가 사고로 경제적 곤궁에 처했음에도 가해자가 손해배상금 지급을 지체하자 피해자의 친족이 아무런 위임 없이 피해자 몰래 피해자의 생활원조를 해준 경우이다(東京地判昭和 38年 3月 29日 下民集 14券 3號 488頁: 비용상환청구권에 기한 채권자대위의 사안임). 피해자의 생계유지를 위한 금전 지급은 사무관리 규정이 적용될 수 있는 행위로서, 본인(피해자)의 이익과 의사에 부합하는 합리적인 관리행위로 본다. 관리자인 친족은 생활원조에 소요된 금전을 필요비로 하여 피해자에 대하여 상환청구권을 가질 뿐 아니라(제739조 1항), 이 상환청구권은 채권자대위(제404조)의 피보전채권이 될 수 있다. 즉, 피해자가 일정한 심리적 이유로 가해자에 대한 손해배상청구를 주저하는 경우, 친족은 자신이 피해자에 대하여 가지는 비용상환청구권을 보전한다는 명목으로 피해자의 가해자에 대한 손해배상청구권을 대위행사할 수 있다. 이때 대위행사의 범위는 지급한 생활원조금 상당액에 한정되며, 가해자가 이를 지급하면 그 범위에서 피해자의 상환의무가 소멸한다. 반대로, 지급된 생활원조금이 피해자의 객관적 필요와 무관하거나 사치·낭비에 해당하는 경우에는 사무관리 성립이 부정되어 비용상환청구권과 이를 기초로 한 채권자대위권 행사도 인정되지 않는다. 또한 가해자가 손해배상금을 지급한 이후에 동일한 금액을 중복 청구하는 경우에는 부당이득반환 문제가 발생한다.

7) 발주자 불량설계로 인한 기계 하자의 무단 보수 : 기계제조업자가 고객의 설계에 따라 기계를 제조하여 납품하였다가, 그 기계에 하자가 발생하여 수리를 하게 되었는데, 그 수리하는 과정에서 기계의 하자가 고객의 잘못된 설계 때문임을 알게 되었으면서도 제조업자가 약정된 보수액을 훨씬 초과한 만큼의 비용을 투자하여 기계의 수리를 마친 경우이다(大阪地判昭和 63年 12月 23日 判例 タイムズ 700號 207頁). 이 사안에서 기계제조업자의 하자보수 행위는 자신의 계약상 하자담보책임을 이행한 것이 아니라, 발주자의 불량설계로 인한 하자를 방치할 경우 기계의 전면 파손 및 발주자의 생산 차질이라는 중대한 손해가 발생할 것을 막기 위해 발주자의 사무를 처리한 것이므로, 이는 사무관리로 평가될 수 있다. 보수 과정에서 외주업체에 지급한 비용이나 추가 부품 구입비용 및 설치비용 등은 모두 하자제거에 필요·유익한 관리행위로서 필요비·유익비 상환청구의 대상이 된다(제739조 1항). 만약 발주자가 비용상환을 안 해주면 기계제조업자는 비용상환채권이 변제될 때까지 기

계를 유치할 수 있다(제320조). 반대로 기계제조업자가 불필요하고 과도하게 사양을 높이거나 발주자가 거절할 것이 명백히 예상되는 과잉 보수를 했다면 상환청구가 제한될 수 있다.

(2) 공동의무자 간의 구상관계

사무관리 사안 가운데 많은 것은 법적 의무가 전혀 없는 자에 의해서 사무처리가 대신 행해진 사안이 아니라, 관리자가 법적 의무 자체를 부탁 없이 부담했거나, 법적 의무의 부담부분을 초과하여 의무를 이행한 자의 구상(求償) 관련 사안이라 할 수 있다. 이와 관련하여 다음과 같은 예를 들 수 있다:

1) 부양의무 불이행하는 전남편을 대신한 자녀 양육 : 이혼한 남편이 아내에게 자녀를 맡긴 뒤 아무런 부양 약속도 하지 않고, 양육비도 전혀 지급하지 않아, 아내가 혼자서 자녀를 전적으로 양육한 경우이다. 부모는 자녀에 대한 부양의무를 공동으로 부담하므로(제974조), 전남편이 양육비를 지급하지 않은 것은 자신의 법정의무를 불이행한 것이다. 아내가 한쪽 부모로서의 자신의 부양의무를 이행함과 동시에, 원래 전남편이 부담해야 할 몫까지 초과하여 자녀를 양육한 경우, 그 초과 부분에 대해서는 전남편을 위하여 그의 사무를 처리한 것으로서 사무관리에 해당할 수 있다. 아내는 자녀 양육을 위해 필수적으로 지출한 식료품비, 의류비, 의료비, 교육비 등을 필요비로서 전남편에 대해 상환청구할 수 있으며(제739조 1항), 자녀의 건강·교육·사회적 적응력 향상과 같은 가치 증대가 있었다면 유익비 상환청구도 가능하다. 이 경우 아내의 지출비용은 자신의 법적 의무 초과 이행분에 한해서만 상환청구가 인정된다. 아내가 과도하게 사치성 소비나 불필요한 지출을 한 경우, 그 부분은 상환청구 대상에서 제외된다.

2) 부탁 없이 부담한 무수탁보증과 채무 변제 : 부탁 없이 친구의 보증(이른바 무수탁보증)을 서주고 그의 빚을 갚아준 경우이다. 물론 보증인은 자기 법적 의무를 이행하는 것이지만, 이러한 무수탁보증의 경우는 그 법적 의무 자체를 부탁 없이 자발적으로 부담한 것이며 보증계약의 체결부터가 본래 채무자인 친구를 위한 것이므로, 이는 사무관리에 해당한다. 민법은 이러한 무수탁보증의 경우 보증인이 본인(주채무자)에 대하여 변제액 전부를 상환청구할 수 있는 것으로 규정하고 있는데(제444조), 이는 사무관리 규정과 병행하여 해석될 수 있다. 보증인이 변제 과정에서 지급한 원금, 약정이자, 지연손해금, 변제에 부수된 비용(송달료, 인지대, 변제조서 작성비용 등)은 필요

비로서 상환청구의 대상이 된다(제739조). 반대로, 보증인이 본인의 의사에 현저히 반하거나, 사회통념상 불필요한 과도한 조건으로 보증계약을 체결하여 불필요한 손해를 초래한 경우에는 사무관리 성립이 부정되거나 상환청구액이 감액될 수 있다.

  3) 공동보증인의 부담부분 초과 변제 : 공동보증인들 사이에 아무런 부탁이나 위임도 없는 상태에서, 그중 1인이 자신의 부담부분(제439조)을 넘어 다른 보증인들의 부담부분까지 변제한 경우이다. 공동보증인은 각자의 부담부분에 한하여 주채무자와 연대하여 채무를 이행할 의무가 있으므로, 그 부담부분을 초과하여 변제한 것은 다른 보증인들의 채무를 대신 이행한 것이다(제439조,제408조). 이와 같이 자신의 법정 부담을 초과한 이행은 다른 보증인들의 사무를 처리한 것으로서, 사무관리에 해당할 수 있다. 이 경우 변제한 보증인은 사무관리 규정(제739조)에 근거하여 초과 변제액 상당의 상환을 다른 보증인들에게 청구할 수 있다. 상환청구의 범위에는 원금, 약정이자, 지연손해금, 그리고 변제와 직접 관련된 부대비용(송달료, 인지대, 집행비용 등)이 포함된다.

  4) 공동불법행위자의 부담부분 초과 손해배상 : 공동불법행위자들 중 1인이 다른 가해자들과 아무런 협의나 부탁 없이 피해자에게 손해 전부를 배상한 경우이다. 민법은 공동불법행위자들이 연대하여 피해자에 대한 손해배상책임을 부담한다고 규정하므로(제760조), 각 가해자는 전체 손해액에 대하여 외부적으로는 전액 배상 의무를 지지만, 내부적으로는 각자의 책임비율(과실 정도, 손해 발생에의 기여도)에 따라 분담을 하여야 한다. 따라서 1인이 자신의 내부 부담부분을 넘어 피해자에게 전액을 변제한 것은 다른 공동불법행위자들의 부담부분까지 이행한 것으로서, 사무관리 규정(제739조)에 근거하여 가해자는 다른 공동불법행위자들에게 초과 변제액 상당의 상환을 청구할 수 있다. 상환청구의 범위에는 초과 변제액에 부수된 법정이자 및 변제와 직접 관련된 부대비용(송달료, 인지대, 집행비용 등)이 포함된다. 다만, 변제인이 전체 손해액을 초과하여 배상한 경우에는 사무관리 성립이 부정되거나 상환액이 감액될 수 있다.

  5) 사용자의 구상 : 가해자를 고용한 자가 사용자책임(제756조)을 이유로 피해자에게 손해 전부를 배상한 경우, 이는 외부적으로 법정책임의 이행이지만, 내부적으로는 가해자(피용자)가 부담해야 할 부분까지 대신 변제한 것일 수 있다. 만약 사용자가 자신의 부담부분(통상은 가해자의 과실 기여도를 고려하여 정해지는 내부분담비율)을 넘어 배상하였다면, 그 초과

분은 피용자의 사무를 처리한 것으로서 사무관리에 해당할 수 있다. 이 경우 사용자는 사용자책임의 구상권 규정(제756조 3항)과 더불어 사무관리 규정(제739조 1항)에 근거하여서도 피용자에 대하여 초과 변제액 상당의 상환을 청구할 수 있다. 상환청구에는 변제액 중 가해자의 내부 부담분, 그에 부수된 법정이자, 변제와 직접 관련된 부대비용(송달료, 인지대, 집행비용 등) 등 필요비가 포함된다. 다만 사용자의 이러한 비용상환청구권은 적절한 범위에서 제한될 수 있다(大判 1994.12.13., 94다17246).

6) 공유자의 부담부분 초과 보존행위 : 물건의 공유자 중 1인이 다른 공유자들과 아무런 협의 없이, 공유물의 멸실·훼손을 막기 위한 보존행위를 한 경우이다. 민법은 공유자가 다른 공유자의 동의 없이도 보존행위를 할 수 있다고 규정하나(제265조 단서), 그 비용은 공유자 전원이 지분 비율에 따라 분담하여야 한다. 따라서 특정 공유자가 자신의 지분에 해당하는 부담부분을 넘어 보존비용을 지출하였다면, 이는 다른 공유자들의 부담부분까지 대신 이행한 것이므로, 사무관리로 평가될 수 있다. 상환청구의 범위에는 보존행위에 직접 소요된 필요비(예를 들어 지붕·외벽 수리비, 방수공사비, 방역비 등)와 그에 부수된 이자, 공사 진행을 위한 부대비용이 포함된다. 다만, 보존행위가 사회통념상 불필요하게 과도하거나, 다른 공유자의 명백한 반대 의사를 무릅쓰고 행해진 경우에는 사무관리 성립이 부정되거나 상환액이 감액될 수 있다.

4. 유사한 개념과의 구분

(1) 위임과의 구분

일반적으로 타인의 사무를 처리하는 것은 그 본인의 위탁, 즉 본인과의 위임계약을 전제로 하는 것이다. 사무관리자는 이러한 계약적 수권 없이 타인의 사무를 처리한다는 점에서 위임계약상 수임인과 차이점을 갖는다. 다시 말해 위임과 사무관리의 차이점은 위임이 당사자 간의 합의를 근거로 하는 데 반해, 사무관리는 본인의 부탁 없이 업무를 처리함으로써 그 채권관계가 성립한다는 데 있다(玄勝鍾/曺圭昌, 로마법, 772면).

(2) 호의관계

본인과의 친분 또는 가족관계 때문에 타인의 사무를 관리해준 것이거나, 사무관리의 내용 자체가 경제적으로 큰 의미를 갖지 못할 정도인 경우, 이는 채권관계의 범주에 속한다기보다, 호의관계의 범주에 속한다고 봐야 한다. 예를 들

어: ① 딸이 엄마를 대신하여 우편물을 수령한 경우, ② 청소를 게을리 하는 룸메이트를 대신하여 1주일 동안 방 청소를 좀 해준 경우, ③ 평소 친하게 지내던 옆 가게 주인이 잠깐 점심을 먹으러 간 사이에 그를 대신하여 가게를 좀 봐준 경우, ④ 직장동료의 어머님께서 갑자기 돌아가셔서 직장동료가 장기간 출근을 못하게 되자 그를 대신하여 그가 작성하던 문서 하나를 대신 기안해준 경우, ⑤ 이웃집 부부가 갑작스런 사정으로 놀이터에 있는 아이를 데리러 오지 않고 연락도 닿지 않자 어쩔 수 없이 그 아이를 두세시간 정도 봐준 경우 등이 그와 같다. 이러한 호의관계에서는 급부청구권이나 비용상환청구권이 발생하지 않기 때문에, 설령 의무 없이 타인의 사무를 처리해 주었더라도, 그 타인에 대하여 비용상환을 청구하지 못한다.

(3) 법률이 의무화한 타인사무관리행위

경찰공무원이나 소방공무원 등은 타인의 동의 없이 일정한 상황에서 타인의 사무를 처리할 수 있는 법적 권한을 갖는 동시에 의무를 부담한다(경찰법 제3조, 소방기본법 제16조 이하). 사무관리자는 이러한 법적 수권·의무 없이 타인의 사무를 처리한다는 점에서 경찰공무원이나 소방공무원 등과 엄연한 차이점을 갖는다. 그밖에 일정한 특별법이 타인의 사무를 대신 처리하도록 의무화하는 경우가 있다. 예를 들어 선원법과 수상구조법은 선장에 대해 다른 선박 또는 항공기의 조난을 안 경우 인명을 구조하는 데 필요한 조치를 다 하도록 의무를 부과하고 있고(선원법 제13조, 수상구조법 제18조), 유실물법은 유실물 습득자가 그 유실물을 신속하게 유실자 또는 소유자에게 반환하거나 경찰서에 제출하도록 의무를 부과하며(유실물법 제1조), 수상구조법은 표류물 또는 침몰품을 습득한 자가 그 물품을 구청장 등에게 인도하도록 의무를 부과하고 있다(수상구조법 제35조 3항). 특히 상법은 해난(海難)에 조우한 선박 또는 적하를 의무 없이 구조한 자에게 비용상환청구권이 아니라 보수청구권을 보장하고 있다(상법 제882조).

(4) 대 리

대리(代理)는 대리인이 본인한테서 대리권한을 받아, 그 법률효과를 직접 본인에게 귀속시키려는 의사로 법률행위를 하고, 그에 따른 법률효과가 실제로 본인에게 발생하는 제도이다. 본인을 위하여 일정한 행위를 하고, 그 효과가 본인에게 귀속된다는 점에서 사무관리와 유사한 점이 있지만, 사무관리는 대리와 달리 위임계약과 수권(授權)을 전제로 하지 않는다. 게다가 반드시 법률행위를 대신 처리해야 하는 것도 아니라는 점에서 대리와 다른 점이 있다. 그리고 반드시 본인의 이름으로 해야 하는 것이 아니라 사무관리자의 이름으로 그 행위를 해도 무방하다. 이러한 점에서 사무관리와 대리 사이에는 큰 차이점이 있다.

(5) 무권대리

무권대리(無權代理)는 어떤 이가 타인을 대리할 권한이 없음에도 타인의 이름으로, 타인을 위하여 법률행위를 하는 것이다(제130조). 권한 또는 의무 없이 타인을 위하여, 타인의 사무를 처리한다는 점에서 사무관리와 유사한 점이 있다. 하지만 무권대리는 본인이 추인하지 않는 한 본인에게 그 효과가 귀속되지 않는 반면, 사무관리는 본인에게 그 효과가 간접적으로라도 귀속된다는 근본적 차이점이 있다. 무권대리인이 본인의 이름으로 행위하고도 그 효과에 대하여 책임을 져야 하는 반면, 사무관리자는 자기 이름으로 행위하고도 그에 따른 책임을 본인에게 돌릴 수 있다(제739조 2항; 제688조 2항).

> * 무권대리와 사무관리의 경합 : 사무관리자가 대리권한 없이 본인의 이름으로 법률행위를 했는데 그 법률행위가 본인의 의사에 부합했고 본인이 그로 인해 사실적 이익을 본 경우 그 법률행위는 사무관리와 무권대리의 요건을 모두 충족할 수 있다. 이 경우 이를 사무관리로 보아 본인에게 직접 법률효과를 귀속시켜야 할지, 아니면 무권대리로 보아 본인에게 법률효과를 귀속시키지 말아야 할지 문제될 수 있는데, 일단은 무권대리로 보아 본인에게 법률효과를 귀속시키지 말아야 한다고 생각한다. 다시 말해 그러한 대리행위는 본인의 추인(追認)을 받거나 표현대리(表見代理)로 인정되지 않는 한(제125조, 제129조), 그 법률효과가 본인에게 귀속되지 아니한다. 하지만 이 경우 사무관리자가 그 무권대리 상대방에 대해 채무이행 또는 손해배상의 책임을 부담했을 경우(제135조), 본인에게 자기에 갈음하여 이를 변제하도록 청구하면 본인은 이를 변제하여야 한다(제739조 2항; 제688조 2항). 그리고 그 무권대리행위로 인해 사무관리자에게 발생한 비용을 사무관리자는 본인에게 상환청구할 수 있다(제739조 1항). 그러니까 아무리 무권대리행위라 하더라도 본인은 그 무권대리행위로 인하여 이익을 보게 되어 있었고 그러한 무권대리행위를 원하기까지 했던 이상, 그로 인해 사무관리자에게 발생한 부정적 결과에 대해 사실상 책임을 지지 않을 수 없게 된다.

(6) 부당이득

의무 없이 타인을 위하여 그의 사무를 관리해줄 경우, 그 타인은 그 관리행위로 인하여 생각지도 못한 이익을 얻게 될 수 있다. 그러한 점에서 사무관리는 부당이득(不當利得)과 서로 중첩되는 부분이 있는 것처럼 보일 수도 있다. 하지만 법적 요건을 모두 갖춘 사무관리는 법적으로 정당한 행위이므로, 그 사무관리로 인하여 본인에게 불로소득(不勞所得)이 귀속되었더라도, 그 이익은 법적으로 정당한 이익이 된다. 따라서 사무관리자는 본인에 대하여 그 이익의 반환을 청구할 수 없고, 비용의 상환(제739조 1항)만 청구할 수 있을 뿐이다. 설령 그 사무관리로 인하여 본인에게 작은 소득만 발생하였다 하더라도 사무관리의 요건이 충족된다면, 사무관리자가 최선을 다하여 지출한 비용을 본인은 모두 상환하여야 한다.

(7) 타인 채무의 변제

의무 없이 타인을 위하여 그의 채무를 변제해줄 경우에도, 그 타인은 그 변제행위로 인하여 생각지도 못한 이익을 얻게 된다. 그러한 점에서 타인채무의 변제는 사무관리의 범주에 포함되는 것처럼 여겨질 수도 있다. 그러나 타인의 채무를 변제하는 자가 그 채무를 자기 채무로 오인하고서 변제한 경우라면, 이는 사무관리 사안이 아니라 비용부당이득 사안으로 취급된다는 점에 주의하여야 한다.

5. 사무관리의 법적 성질

(1) 혼합사실행위

사무관리행위는 법률행위가 아니다. 물론 사무관리행위는 타인의 이익을 위해 의무 없이 사무를 관리한다는 의사Fremdgeschäftsführungswille를 필요로 한다는 점에서 의사적 요소도 포함하고 있지만, 이 의사는 일정한 법률효과의 발생을 의욕하는 의사가 아니라 사실적 의사에 불과하기 때문이다. 그리고 사무관리는 그 법률효과가 그 행위자의 법적인 의식내용에 기하여 발생하는 게 아니라 그 관리행위의 결과에 기하여 발생하므로, 준법률행위에도 해당하지 않는다. 따라서 사무관리행위는 사실행위로 분류되는데, 타인의 사무를 관리한다는 의사가 있어야 사무관리가 성립하는 이상, 사무관리는 순수사실행위가 아닌 혼합사실행위(混合事實行爲)로 분류된다. 물론 사무관리행위 안에는 법률행위(제3자에게 의뢰)가 포함될 수도 있다.

(2) 사무관리자의 행위능력문제

사무관리는 법률행위는 물론이고 준법률행위도 아니기 때문에 사무관리에는 행위능력에 관한 민법규정(제4조 이하)이 적용되지 않는다. 다시 말해 제한능력자라 하더라도 계약적·법률적 수권 없이 자발적으로 타인의 사무를 처리하고 그에 따른 의무를 부담하며 그만큼의 보상을 요구할 수 있는 게 원칙이다. 다만 사무관리자가 제한능력자인 경우 일정한 보호가 필요하므로, 사무관리자가 설령 관리행위를 부실하게 했다고 할지라도 그가 제한능력자라면 그에게는 제734조 3항 본문의 무과실책임을 묻지 않는다(송덕수, 35면·). 다시 말해 제한능력자인 사무관리자에게는 불법행위와 부당이득에 의한 책임만을 인정한다(제135조 2항 후 단의 유추적용).

6. 사무관리 제도의 연혁

(1) 로마법

사무관리의 제도적 기원에 관하여 지배적 견해는 법무관(法務官 praetor)이 부재자의 사무관리negotia absentis에 관하여 사무관리자(事務管理者 negotiorum gestor)에게 사무관리직접소권을 부여하고 본인(本人 dominus negotii)에게 반대소권을 부여한 것이 사무관리negotiorum gestio 제도로 발전했다고 한다(玄勝鍾/曺圭昌, 로마法, 789면). 이러한 사무관리에서 처리되는 사무negotiorum는 본디 재산적 업무에 국한되었으며, 특히 명시적·묵시적 신탁 없는 부재자·노약자의 재산에 대한 장기적 유지·관리업무가 사무관리의 주된 규율대상이었다. 이에 관한 법무관법상의 소권들은 곧 시민법상의 성의소권(誠意訴權 iudicium bonae fidei)이 되었으며, 이를 통해 사무관리는 시민법상의 법률행위로 인정되었다. 이러한 사무관리가 언제부터 법무관의 사실소송(事實訴訟 actio in factum)이 아닌 시민법상의 성의소송으로 보호받게 되었는가의 문제와, 모든 사무관리가 성의소송으로 보호되었는지 아니면 일부만이 성의소송으로 보호되었는지의 문제는 아직까지 해명되지 않고 있다(玄勝鍾/曺圭昌, 로마法, 792면·).

(2) 프랑스민법

1804년 제정된 프랑스민법전은 사무관리gestion d'affaires를 비채변제, 부당이득과 같은 준계약quasi-contrat의 하나로 보고 제1372조 이하에 규정하였다. 그에 따라 사무관리자에게는 그 사무관리로 인한 모든 결과에 대하여 책임이 부과되었고(프랑스구민법 제1372조), 선량한 관리자bon père de famille의 주의의무(프랑스구민법 제1374조)와 함께 본인이 그 사무를 담당할 수 있을 때까지 그 사무관리를 계속한다는 것에 대해서도 의무가 부과되었다(프랑스구민법 제1372-1373조). 반면 본인에게는 사무가 잘 관리된bien administrée 경우 그 사무관리로 인해 발생한 모든 채무를 변제하고, 관리자가 지출한 모든 유익하거나 필요한 비용을 상환할 의무가 부과되었다(프랑스구민법 제1375조). 사무관리자의 선한 의도bienveillance를 감안하여 판사는 사무관리자의 과실·부주의로 인해 발생한 손해의 배상액을 감경할 수 있는 권한ius moderandi도 갖는다고 하였다(프랑스구민법 제1374조 2항). 로마법은 직접소권과 반대소권의 요건을 차별적으로 정하여 사무관리 요건에 통일성이 없었지만, 20세기 프랑스판례는 사무관리 요건을 통일하여 관리자의 자발성volonté, 행위의 유익성l'utilité, 본인의 반대의사 부존재l'absence de la volonté contraire du propriétaire 등이 갖춰져야 사무관리가 성립한다고 하였다(Cass. fr. civ., 28 octobre 1942, D., 1943, jur., p. 29, note P. L.-P.; Cass. fr. civ., 26 janvier 1988, D.S., 1989, somm. comm., p. 234).

(3) 오스트리아민법

1811년 제정된 오스트리아민법은 사무관리에 관하여 프랑스민법보다 더 상세한 규정을 두었다. 우선 오스트리아민법은 사무관리를 원칙적으로 위법하다고 파악하여, 타인의 사무를 처리할 권한이 없는 자가 타인의 사무에 개입하지 못한다는 원칙을 명확히 했고, 만약 그럼에도 타인의 사무에 개입했다면 그는 모든 결과에 대하여 책임이 있다고 규정했다(오스트리아민법 제1035조). 다만 긴급사무관리Notgeschäftsführung의 경우에는 관리자가 본인의 사무를 처리한 결과가 무익한 것으로 끝나더라도 관리자에게 과실이 없는 경우에는 본인에 대하여 비용상환청구권이 인정된다고 규정했다(오스트리아민법 제1036조). 또한 명확하고 현저한 이익을 위한 사무관리Geschäftsführung im klaren, überwiegenden Vorteil의 경우 관리자에게 사무관리의사가 있었고 관리자가 본인의 동의를 얻기 위해 노력하였다면 역시 본인에 대하여 비용상환청구권이 인정된다고 했으며(오스트리아민법 제1037조), 사무관리자가 본인의 의사에 반하였거나(오스트리아민법 제1040조) 본인에게 명확하고 현저한 이익이 없는 사무관리를 하였다면(오스트리아민법 제1038조) 관리자는 본인에 대한 비용상환청구권을 상실하는 것은 물론이고 본인에 대하여 손해배상책임을 진다고 규정함으로써 오스트리아민법은 사무관리의 구체적 요건과 효과를 확립했다. 하지만 오스트리아민법은 사무관리자의 선관주의의무에 관해서는 따로 규정을 마련하지 않았다.

(4) 독일민법

1896년 제정된 독일민법은 오스트리아민법처럼 타인사무에의 개입에 대한 원칙적 금지를 선언하지 않았고, 프랑스민법처럼 사무관리를 준계약의 일종으로 파악하지도 않았다. 사무관리자Geschäftsführer에게는 사무관리의 성립 이후에도 본인Geschäftsherr의 이익·의사를 배려하도록 의무를 부과하였으며(독일민법 제677조). 만약 사무관리의 착수단계에서부터 본인의 의사에 반한 사무관리Geschäftsführung gegen den Willen des Geschäftsherrn였다면 그 후 사무관리의 실행단계에서 관리자의 고의·과실, 즉 실행과책Ausführungsverschulden이 없었더라도 관리자의 인수과책Übernahmeverschulden에 기해 그 사무관리로 인한 손해에 대해 관리자가 배상책임을 부담한다고 하였다(독일민법 제678조). 다만 공익에 적합한 사무관리의 경우 본인의 반대의사가 있었더라도 정당한 사무관리가 성립하여 사무관리자가 결과책임을 부담하지 않는다고 하였다(독일민법 제679조). 그리고 긴급사무관리 Geschäftsführung zur Gefahrenabwehr의 경우에는 손해가 발생하더라도 관리자에게 고의·중과실이 있는 경우에만 관리자가 배상책임을 부담한다 하여(독일민법 제680조), 긴급사무관리자의 주의의무를 경감하였다. 그리고 부진정사무관리 Unechte Geschäftsführung에 관한 규정을 별도로 두어 관리자가 사무관리의사 없이 오신(誤信)에 의해서 타인의 사무를 관리한 경우 사무관리 규정의 적용 없이 불법행위·부당이득 등의 일반규정을 따르게 하였다(독일민법 제687조 1항). 반면에 관리자가 악의로 타인의 사무를 찬탈한 경우라면 불법행위·부당이득 등의 일반규정을 따르는 게 아니라 사무관리 규정을 적용하여 그 관리행위로 취득한 물건과 이익의 전부를 본인에게 귀속시키도록 하였다(독일민법 제687조 2항).

(5) 일본민법

1896년 제정된 일본민법은 1887년의 독일민법 제1초안으로부터 강한 영향을 받았으며, 그에 따라 사무관리에 관하여 독립된 장(일본민법 제3장: 제697조~제702조)을 두고, 이를 '의무 없이 타인의 사무를 관리하는 행위'로 규정하였다. 프랑스민법처럼 사무관리를 준계약으로 파악하지 않고, ① 타인사무의 관리, ② 본인의 이익·의사에 부합, ③ 관리의사 등의 요건으로 성립하는 법정채권관계로 구성하였다는 점에서도 독일민법을 그대로 따랐다 할 수 있으며, 특히 긴급사무관리 규정(일본민법 제698조)은, 독일민법의 긴급사무관리 규정(독일민법 제680조)과 거의 동일한 내용임을 볼 수 있다. 비용상환청구에 관한 규정 역시 독일민법 규정을 그대로 수용한 것이다. 반면 독일민법과 달리 일본민법은 부진정사무관리 규정을 따로 두지는 않았으며, 공익사무관리 조항 역시 계수하지 않았다. 우리민법의 사무관리 규정은 일본민법의 체계와 조문을 거의 그대로 계승하면서 거기에 독일민법의 규정을 보충한 것이다. 다만 우리민법은 위임 규정의 준용(일본민법 제701조) 부분을 삭제한 채 해석론에 맡겼으며, 긴급사무관리의 보호법익에서 '명예'를 제외하는 등 일부 수정을 가했다.

7. 사무관리제도의 기본이념

(1) 본인의 이익과 의사를 기준

사무관리법을 구성함에 있어서 사무관리자의 주관적 선행 의도나 공익을 기준으로 할 것인가, 아니면 본인의 이익과 의사를 기준으로 할 것인가 하는 것은 정책적 판단 내지 법이념에 속하는 문제이다. 만약 주관적 선행 의도만을 우선한다면, 설령 본인에게 손해를 발생시키는 사무관리라 하더라도, 본인은 사무관리자의 정신을 갸륵하게 생각하여 이를 감수해야 한다는 결론에 이를 수 있다. 그리고 공익만을 우선한다면, 사무관리를 공법적 문제로 다루거나 공공보험의 보장영역으로 포섭시켜, 개인의 사무영역 또는 생활영역이 갖는 독자성·개별성을 사실상 해체하는 결과로 이어질 수 있다. 그와 달리 우리민법은 본인의 이익과 의사를 더 중시하는 방향으로 결단하여, 사무관리행위가 본인의 이익과 의사에 합치되는 한도에서만 사무관리인에게 수임인과 같은 정도의 비용상환청구권을 인정하게끔 규정하고 있다(제739조 1항, 2항).

* 위험 초대Danger invites rescue 원칙 : 참고로 영국보통법에서는 사무관리자가 본인을 위해 설령 많은 비용을 지출했더라도, 본인에게 그 사무관리를 유발한 데 대한 고의·과실 있음이 증명되는 경우에만 본인의 비용배상의무를 인정하고 있다. 이를 'Danger invites rescue' 원칙이라 일컫는다. 이 경우 사무관리자의 보호범위는 더욱 축소되므로, 이러한 점에서 영미법은 대륙법보다 본인의 이익·의사를 더 중시하는 개인주의 입장에 있다고 판단할 수 있다.

(2) 사무관리의 좁은 성립요건

덕 윤리Virtue Ethic나 의무론Deontology 등 도덕적 이상주의에 따르면, 남을 돕고 거들며 보살피는 행위는 그 자체로 가치가 있고 장려되어야만 한다. 설령 그 결과가 좋지 않았다 하더라도, 그 아름다운 마음을 기려서 잘못을 따지지 않아야 한다. 하지만 자유주의·공리주의에 기반하고 있는 우리민법은 사무관리자의 의도가 아무리 선한 것이었더라도, 이미 사무관리행위의 착수단계에서부터 본인의 이익 또는 의사에 객관적으로 반한 상황이었다면, 그 사무관리를 불법행위 또는 부당사무관리로 취급한다. 다시 말해 사무관리자는 그와 같은 경우 비용상환청구권(필요비상환청구권: 제739조 1항), 손해보상청구권(제740조) 등을 행사하지 못하게 되고, 심지어 손해배상의무까지 부담하게 된다. 설령 그 사무관리행위가 공공의 이익에 적합했거나, 급박한 위해를 면하게 하기 위한 것이었다 하더라도 마찬가지이다. 우리민법은 개입의 의도가 아무리 선한 것이었다 하더라도, 공익에 적합했다 하더라도, 당사자에게 결과적으로 도움이 되지 않는 개입은 불법으로 보고 있다.

(3) 손해에 대한 관리자의 무거운 책임

관리행위의 인수Geschäftsübernahme 당시에 사무관리행위가 본인의 이익·의사에 부합하기만 하면, 그 후 사정이 바뀌어 그 사무관리행위가 본인의 이익·의사에 부합하지 않게 되더라도 사무관리자는 본인에게 그때까지의 비용상환 및 손해보상의 청구를 할 수 있게 된다. 하지만 그 대신에 사무관리행위에 일단 착수한 자는 사무를 관리함에 있어 선량한 관리자의 주의를 다 하여야 하고 사무관리행위를 계속해야 하는 무거운 의무를 본인에 대해 부담하게 된다. 그리고 이러한 의무에 위반한다면, 그에 따른 손해배상책임을 사무관리자는 본인에 대해 부담한다. 게다가 행위의 착수 당시부터 그 사무관리행위가 본인의 이익·의사에 부합하지 않았다면, 사무관리자는 그 관리행위로 인하여 본인에게 발생한 모든 손해에 대해 설령 자신에게 과실이 없더라도 결과책임을 부담하게 된다(제734조 3항 본문).

(4) 공익과 사익의 충돌

그뿐만 아니라, 사무관리자는 사무관리의 의도·결과가 공익에 설령 적합했다 하더라도, 본인 개인의 사적·객관적 이익이나 실제적·추정적 의사에 합치되도록 할 의무 역시 부담한다(제734조). 물론 공익사무관리나 긴급사무관리의 경우 사무관리자의 책임이 감경되긴 하지만(제734조 3항 단서, 제735조), 이 경우에도 완전한 면책이 이루어지는 것은 아니다. 사무관리자는 비록 공익적 의도를 가졌더라도, 그로 인해 발생한 부정적 결과에 대하여 중과실이 있으면, 그에 따른 책임을 부담한다. 관리자의 희생에 대한 공공보험재단의 보상 등은 규정된 바 없다. 이러한 점에서 우리민법의 태도는 도덕주의·전체주의·공동체주의보다는 개인주의·자유주의·공리주의에 더 기울어진 입장이라 할 수 있다.

II. 사무관리의 종류

1. 진정사무관리 혹은 정당사무관리

(1) 의 의

사무관리행위가 행위자의 사무관리의사에 의하여 행해졌으며, 본인의 이익과 의사에 적합하게 착수되었을 경우, 이를 진정사무관리(眞正事務管理) 혹은 정당사무관리(正當事務管理)라 한다. 타인사무에 개입하는 행위가 사무관리의 요건을 모두 충족할 경우, 사무관리라는 적법(適法)한 행위로서 성립하며, 그에 대해 사무관리의 모든 법률효과가 귀속된다.

(2) 적법하고 정당한 행위

이때 사무관리자는 적법성(適法性)과 정당화사유(正當化事由)를 모두 갖고 있는 것으로 본다. 따라서 관리자는 본인의 위탁을 받은 적이 없음에도 법적 원인 있는 이익을 제공한 것이 되고, 사무관리의 목적이 제대로 실현되지 않아 본인에게 손해를 입혔다 하더라도, 관리자가 무과실을 증명한다면 불법행위책임을 지지 않게 된다.

(3) 수임인에 준하는 대우

정당하게 사무를 관리한 자는 수임인의 지위를 가진 것과 마찬가지로 취급된다. 사무관리자는 자기 손실에 대해 두터운 보호를 받아 비용상환청구권(제739조 제1항), 대위변제청구권(제739조 제2항), 손실보상청구권(제740조)을 모두 보장받으며, 그 대신 수임인과 마찬가지로 선관주의의무(제734조 제681조)라는 무거운 의무를 부담하게 된다. 그리고 사무관리의 결과로 발생한 이익은 본인에게 전부 귀속하게 된다.

2. 부당사무관리

(1) 의 의

사무관리의 다른 요건을 전부 갖추었지만, 그 사무관리가 착수단계에서 본인의 이익 또는 의사에 반한 것이었을 경우, 이를 부당사무관리(不當事務管理)라 한다. 다시 말해, 관리자에 의해서 사무관리의 의사로 관리행위가 인수되어 행해지긴 했으나, 그러한 인수 자체가 본인의 객관적 이익이나 실제적·추정적 의사에 반한 것이어서 사무관리의 기본적 법률효과를 부정해야만 하는 경우를 가리킨다.

(2) 위법한 행위

이러한 부당사무관리는 사무관리의 정당성 요건을 충족시키지 못한 행위이므로, 사무관리법에서 규정하는 비용상환청구권(제739조 제1항), 대위변제청구권(제739조 제2항), 손해보상청구권(제740조) 등의 법률효과는 부당사무관리자에게 온전히 인정되지 아니한다. 물론 관리자에게 관리계속의무 역시 인정되기가 어렵다(제737조 단서). 그리고 이렇게 부당하게 사무를 관리한 자의 개입행위는 애초부터 위법(違法)한 것이었기 때문에, 그에 관한 관리자의 손해배상책임은 부정되지 아니한다(제750조). 설령 그 후 본인에게 발생한 손해에 관하여 관리자에게 과실이 인정되지 않는다 하더라도 마찬가지이다(제734조 제3항 본문). 이러한 점에서 본인의 이익이나 의사에 반하여 사무관리에 착수한 자는 본인에 대해 일종의 위험책임Risikohaftung을 부담한다고 할 수 있다(金亨培 10면).

(3) 사무관리규정의 준용

부당사무관리자라 하더라도 그에게 사무관리의 의사가 존재하였다는 점에서는 정당한 사무관리와 유사한 부분이 존재한다. 따라서 부당사무관리자는 그러한 유사성에 기초하여 정당한 사무관리에서 인정되는 보고의무(제683조; 제738조), 취득물 인도·이전의무(제684조; 제738조) 등을 이행하여야 하고, 금전소비책임(제685조; 제738조) 등을 부담하여야 한다.

(4) 부당사무관리의 분류

이러한 부당사무관리는 크게 무익사무관리(無益事務管理)와 반의사사무관리(反意思事務管理)로 나눠서 고찰해볼 수 있다.

3. 부진정사무관리

타인의 사무를 관리하긴 하였지만, 관리자에게 사무관리의 의사가 존재하지 않은 경우, 이를 부진정사무관리(不眞正事務管理)라 한다. 사무관리의 의사 자체가 존재하지 않는다는 점에서 진정사무관리와 구별되고, 부당사무관리와도 구별된다. 이러한 부진정사무관리는 크게 둘로 나뉠 수 있는데, 관리자가 사무관리의사 없이 사무관리행위를 한 것이 관리자의 과실에 의한 것일 경우 이를 오신사무관리(誤信事務管理)라 하고, 관리자의 고의에 의한 것이었을 경우 이를 무단관리(無斷管理)라 한다.

III. 사무관리의 요건

1. 사무관리행위의 착수

(1) 외부적 행위의 존재

타인의 사무를 관리하는 행위, 즉 사무관리행위의 착수Geschäftsübernahme가 있어야 한다. 사무관리는 내부적 용태가 아니라 외부적 용태에 속하기 때문이다. 따라서 아무리 타인의 사무를 관리하려는 의사가 있었더라도, 단순히 관심을 갖고 접근하기만 했거나 그저 간절히 마음 속으로 기원하기만 했다면, 사무관리의 규정을 원용하여 본인에게 비용상환 등을 청구할 근거는 없게 된다.

(2) 사무의 예

1) 재산적 이익을 주는 행위 : 여기서 사무는 원칙적으로 사람의 생활에 있어서 재산적 이익을 주는 모든 행위를 가리킨다. 타인을 위해 대금이나 보수나 부양료를 대신 지출해주거나, 타인의 아이나 반려견을 대신 돌봐주거나, 타인의 영업활동을 대신 해주거나, 타인 소유의 건물·구조물·공작물 또는 수목을 대신 유지·보수해주는 것이 그와 같다.

2) 생명·신체·건강을 지켜주는 행위 : 타인의 생명·신체·건강을 보호하기 위해 자기 계산으로 비용을 지출하거나 자신의 신체·재산을 희생한 경우도 사무관리에 해당한다. 예를 들어 자동차 운전자가 자전거 운전자를 충격하지 않기 위해 운전대를 급히 돌린 바람에 자기 자동차를 망가뜨리고 자기 스스로 큰 부상을 입은 경우가 여기에 해당한다($^{BGH, Urteil\ vom\ 27.\ November}_{1962 - VI\ ZR\ 18/62}$).

3) 처분행위 : 사무관리행위는 대개의 경우 타인의 재산·인신을 현상 그대로 유지시키기 위한 보존행위(保存行爲)인 경우가 많다. 하지만 이러한 사무관리행위에는 비단 보존행위만이 아니라 재산의 처분행위(處分行爲)도 간혹 포함된다. 예를 들어 옆집에서 마당에 오징어를 널어두고서 여행을 떠났는데, 부패하여 악취가 심하게 나고 있다면, 그것을 대신 폐기처분하거나 비료상에게 매각처분하는 것도 사무관리에 속한다. 그러한 경우 본인의 해당 물건을 처분하여야만 본인의 재산이 유지될 것이기 때문이다.

4) 불법사무 : 타인을 위하여 사무를 처리한다 하더라도, 그 사무 자체가 만약 불법이라면, 이는 사무관리로 볼 수 없다. 예를 들어서 폭행·협박 등을 대신 해주고서 비용을 청구하는 것이 정당화되지는 않는다. 또한 그 사무 자체는 적법하더라도, 그것을 대행하는 것이 불법이라면, 이것 역시 사무관리로 봐서는 안 된다. 타인의 이름으로 학위논문을 대필하여 학위를 받게 해주거나, 타인의 이름으로 입학·자격·취직시험을 대신 봐서 합격시켜주는 것이 그와 같다. 설령 그 타인에게서 부탁이나 대가를 전혀 받지 않은 채 일을 해줬더라도, 이를 적법한 사무관리로 볼 수는 없다.

2. 법률상 의무의 부존재

(1) 의무 없는 개입

관리자가 본인에 대해 사무를 처리할 계약상의 권한·의무나 법률규정에 의한 권한·의무를 부담하지 않고 있어야 한다. 여기서 말하는 의무는 법적 의무이며, 단순한 도덕적·윤리적 의무는 아니다(Wandt, § 5, Rn. 22). 이러한 의무의 대부분은 경찰관·소방관에게 부과되는 공법상 의무 또는 소유방해자가 소유자에 대하여 부담하는 방해제거의무나 친족의 장례의무(葬禮義務) 등에 국한된다. 설령 계약상 기본 권한이나 의무가 있었더라도 그 해당 사무에 관해서는 권한·의무 없었던 자가 개입하였다면 이는 계약상 급부가 아닐 것이므로, 만약 그 행위가 본인의 이익·의무에 적합하였다면 이는 사무관리가 되고, 만약 그 행위가 본인의 이익·의무에 적합하지 않았다면 이는 불법행위가 된다.

> * 아파트 관리업자의 의무 : 어느 아파트 세대에 누수문제가 발생하였다. 누수의 원인을 살펴본 결과 아파트 공용부분이 아니라 아파트 전유부분에서 배수관이 파손되어 있었다. 아파트 세입자와 아파트 관리자가 그 아파트 세대의 임대인(소유자)에게 연락을 취해보았으나 연락이 되지 않았다. 그러자 임차인의 사정이 딱하다고 느낀 아파트 관리업자가 배관수리업자를 불러서 그 누수문제를 해결하였다. 그 후 아파트 관리업자가 아파트 해당 세대의 소유자에게 연락하여 수리비의 상환을 청구하자, 그 소유자는 아파트 관리업체가 기본적으로 아파트 모든 부분에 대해서 관리업무를 위탁받은 것이며 이는 전유부분에도 확대될 수 있으므로 자기는 비용상환의무가 없다고 주장하였다. 그러나 아파트 관리업체는 아파트의 공유부분과 공용시설에 관해서만 관리업무를 위탁받은 것이고 아파트 전유부분에서 발생한 누수문제는 아파트 전유부분의 소유자가 해결하여야 하므로, 법원은 아파트 관리업체의 사무관리를 인정하였다(東京地判 平成 5年 1月 28日 判例時報 1470號 91頁).

(2) 의무가 예전에 존재했으나 소멸한 경우

관리자에게 비록 현재는 그 관리에 관한 의무가 존재하지 않지만, 과거에 관리의무가 존재하였다면, 혹시 그 근거가 되는 계약이 갱신(更新)된 것은 아닌지, 신의칙상 그 관리의무가 연장된 것은 아닌지 검토해야 한다.

> * 계약기간 만료 이후의 온천관리 : 온천소유자의 관리위탁에 따라 어느 온천을 관리하던 업체가 계약기간이 이미 만료되었음에도 온천소유자와 연락이 닿지 않는다는 이유로 온천소유자의 허락없이 시설을 계속 관리하고 영업이익을 수취해왔다. 이러한 관리업체에 대해 온천소유자는 사무관리에 기한 비용상환만을 해주겠다고

주장하며 영업이익 전부의 반환을 청구하였으나, 이 경우 온천관리업체는 사무관리를 한 것이 아니라 계약상 의무를 수행한 것으로 볼 수 있다. 기존 계약의 해석에 따라서는 계약이 자동갱신된 것일 수 있기 때문이다(東京地判 平成 8年 1月 23日 判例 タイムズ 918號 155頁).

(3) 계약이 없었으나 그 성립이 기대되었던 경우

관리자와 본인 사이에 비록 계약은 없었으나, 관리자가 본인과 사후에 계약이 체결될 것이라 기대하고 사무를 처리하였다면, 이는 계약상 급부인지 아니면 사무관리인지 문제된다. 아무리 계약체결을 기대할 만한 객관적 사정이 존재했다 하더라도, 계약은 그 체결에 유리한 외부조건과 일방의 의사만으로 체결되는 것이 아니기 때문이다. 다만 이러한 사무처리가 정당한 사무관리에 해당하는지는 그 사무처리가 애초에 본인의 이익·의사에 부합하였는지를 살펴봐야 알 수 있다. 만약 그러한 사무처리가 본인의 이익·의사에 적합하였다면 정당사무관리에 해당하지만, 그렇지 않은 경우 부당사무관리에 해당할 것이다.

* 계약체결을 기대하고 타인의 사무를 처리한 경우 : 2003년 3월 대한주택공사(甲)는 제주 노형동 아파트 신축공사를 乙 시공사에 도급하고, 같은 해 4월 丙 폐기물처리업체와 건설폐기물 처리 용역계약을 체결하였다. 그런데 丙이 2003년 5월부터 2005년 2월까지 폐기물을 처리하는 과정에서 당초 계약물량 136.9t을 훨씬 초과한 926.75t의 혼합폐기물이 발생하였다. 이는 乙이 폐콘크리트, 포장지, 생활쓰레기 등을 분리하지 않고 방치한 결과였으며, 丙은 2004년 2월경 초과물량 대책을 요구했으나 이에 대해 甲과 乙 모두 확실한 지급 약속을 하지 않았다. 이에 丙은 한때 반출을 중단하였다가 乙의 요청으로 작업을 재개하였다. 그 후 전체 처리비용 1억 8천여만 원 중 계약금액에 해당하는 5천여만 원만을 甲에게서 지급받은 丙은, 초과 부분이 乙의 폐기물관리법상 의무에 속하는 사무였다는 점을 전제로 사무관리 법리에 따라 乙에 대하여 미지급 비용의 상환을 청구하였다. 이에 대해 乙은 자신에게 지급의무가 없다고 다투었다. 법원은 乙이 폐기물배출자로서 초과 폐기물에 대한 처리의무를 乙이 부담하였고, 丙이 乙을 위하여 사무를 처리한 의사가 인정된다고 보아 丙은 乙에 대하여 사무관리에 따른 비용상환청구를 할 수 있다고 하였다(大判 2010.1.14. 2007다55477).

* 위임인의 사실상 승계인을 위하여 사무를 처리한 경우 : 2003년 8월 22일 창전미르 지역주택조합(甲)은 미르산업개발(乙)에게 지역주택조합업무를 위탁하였고, 乙은 그 위임계약에 따라 토지 매입대행, 인허가, 조합원 모집 등 전반적인 업무를 수행하였다. 계약상 수수료는 30억 원으로 정해졌다. 그러나 甲 조합이 추진하던 아파트 신축 사업은 조합원 모집이 잘 안되었고 결국 甲 조합은 2004년 8월 27일 해산인가를 받았다. 그 후, 같은 지역에서 새로운 조합원을 모집하여 2004년 9월 22일 甲 조합과 명칭, 규약, 조합원 구성을 달리하는 丙 조합이 새롭게 설립 인가를 받았다.

하지만 丙 조합은 甲 조합에서 확보했던 인허가 절차나 토지 매입 진행 상황 등을 그대로 활용하였고, 실제 사업 경과와 사업 목적에서 사실상 甲과 동일한 사업을 추진하였기 때문에, 乙은 丙 조합을 위하여 계속 업무를 수행하여 2006년 8월 16일 해지 통고 시까지 丙 조합의 업무를 실질적으로 대행하였다. 丙은 甲과 乙 간의 계약이 자신에게 효력이 없고, 甲 조합장이 乙과 공모하여 乙에게 24억 원을 부당하게 지급했다며 乙에 대하여 수수료 24억 원 전액의 부당이득 반환을 청구하였다. 하지만 이에 대해 乙은 자신의 실제 업무 수행으로 丙 조합이 이익을 얻었으므로 반환의무가 없다고 항변하였다. 법원은 양 조합이 별개의 단체이어서 계약 효력은 승계되지 않지만, 乙이 丙을 위해 사무를 처리한 이상 사무관리가 성립한다고 보았다. 법원은 그 사무처리의 가치를 전체 용역비 30억 원 중 27억 원으로 산정하여 乙은 초과 지급된 3억 원만 반환하면 된다고 보았다(大判 2010.6.10., 2009다98669).

3. 사무관리의사

(1) 개 관

관리자에게는 본인의 의사에 맞게, 그리고 본인의 이익을 위해 사무를 처리한다는 의사가 존재해야 한다. 이러한 관리자의 의사를 사무관리의사(事務管理意思)라 하는데, 라틴어로는 이러한 사무관리의사를 'animus negotia aliena gerendi'라 하며, 독일어로는 이를 'Geschäftsführungswille', 프랑스어로는 이를 'la volonté de gérer l'affaire d'autrui'라 칭한다.

(2) 사무관리의사 여부가 불분명한 경우

1) 이기적 의도와 결합한 경우 : 사무관리의사는 타인을 위해 타인의 사무를 처리한다는 의사이지만, 타인의 이익뿐 아니라 자기 이익을 위한다는 의사 역시 있었다 하더라도, 이는 사무관리의사로 인정될 수 있다. 예를 들어 비가 와서 논밭으로 개울물이 넘치려 하자, 타인의 논밭은 물론이고 자기 논밭 역시 지키기 위해서 자기 비용을 투입하여 둑을 강화한 것이 그와 같다(박수곤, 사무관리에 있어서 관리의사와 보수청구권, 경희법학 제47권 제2호, 2012, 188면). 다시 말해 동기에 있어서 약간의 이기적인 요소가 개입되었다 하더라도 (예를 들어 본인과 연인이 되고 싶었다든가, 본인에게서 비용상환을 명목으로 사실상 보수를 받고 싶었다든가) 어쨌든 타인을 위해서 어떤 행위를 하려 했다면, 사무관리의사가 인정될 수 있다는 뜻이다. 다만 관리행위의 주된 의도나 목적이 자신의 경제적 이익을 추구하고자 하는 데 있는 경우에는, 그 사무의 처리가 본인의 이익과 의사에 부합하는지 엄격하고 신중하게 판단할 필요가 있을 것이다(大判 2010.6.10., 2009다98669).

* 베누아 씨Sieur Benoit 사건 : 프랑스의 음악출판업자 베누아 씨는 자신이 저작권의 독점 소유자라 믿고 작곡가 다니엘 오베르Daniel Auber의 오페라 작품들을 상업적으로 이용했다. 그러나 이 저작물은 사실 다른 사람에게 저작권이 있었다. 그러자 베누아 씨는 자신이 이 저작물의 이용에 관하여 사무관리를 하였다고 주장하며 저작권자에게 비용상환을 요구했다. 이에 법원에서는 베누아 씨가 타인의 저작물을 관리할 의도가 있었는지, 아니면 오직 자신의 상업적 이익을 위해 위 저작물을 이용했는지 다투어졌다. 결국 파리 항소법원은 베누아 씨를 사무관리자로 인정할 수 없다 하였고, 프랑스 대법원은 이러한 결정을 유지하며 상고를 기각했다. 베누아 씨가 "타인의 재산을 자발적으로 관리한 것이 아니라, 자신이 독점적인 소유자라고 믿었고 오로지 자신의 상업적 이익을 위해서 문제의 저작물들을 이용했다"고 판단했기 때문이었다(Cass. civ., 25 juin 1919, Benoît aîné c/ Biollay et autres (rejet).).

* 상속인 탐색업자Généalogiste 사건 : 프랑스의 한 상속인 탐색업자가 토지를 점유하다가 그 토지의 상속인들을 찾아냈다. 그 업자는 상속인들에게 상속인 탐색 비용으로 20만프랑을 요구했으나, 상속인들은 비용상환을 거부하면서 오히려 그 업자에게 점유하고 있던 토지의 명도를 청구했다. 그러자 그 업자는 상속인들이 상속인 탐색의 결과 이익을 얻었으니 당연히 그 대가로 수수료를 지급해야 하며, 상속인들이 반환을 요구하는 토지에 대해서는 자신이 피상속인으로부터 이미 구두로 임차권bail verbal을 보장받았다고 주장했다. 이에 따라 그 업자가 상속인들의 이익을 위해 순수히 이타적인 동기로 상속인을 탐색했는지, 아니면 토지임차권의 확보라는 자신의 개인적 이익을 위해dans son seul intérêt 상속인을 탐색했는지 다투어졌다. 그런데 법원은 결국 이 업자의 사무관리 주장을 기각했다. 그 업자가 '오직 문제의 토지에 대한 임차권 인정을 요구할 목적'으로 상속인들을 찾았다고 판단했기 때문이었다(Cass. 1re civ., 28 mai 1991, n° de pourvoi 89-20.258, Bull. civ. I, n° 167, p. 110.).

* 동승자 보험 사건 : 독일에서 어느 자동차 소유주가 자신의 자동차에 대해 동승자상해보험Insassenunfallversicherung에 가입하였다. 그 소유주는 자신의 자동차에 동승한 사람에게 사무관리에 기한 비용상환을 청구하였는데, 이에 관하여 그 자동차 소유주가 동승자를 위해 보험계약을 체결한 것이 맞는지 다투어졌다. 독일연방대법원은 누군가가 자신의 자동차에 대해 동승자상해보험계약을 체결한 경우 이는 사무관리라 볼 수 없다고 판단했다. 왜냐하면, 보험 계약은 보험 가입자 자신을 위해 체결한 것이며, 동승자를 위해서 의도된 것이 아니라고 보았기 때문이다. 즉, 보험계약은 타인의 이익을 위한 이타적 목적과 무관하므로, 사무관리로 인정되지 않았다(BGH, Urteil vom 7. Mai 1975 - IV ZR 208/73).

2) 사무영역이 불분명한 경우 : 여기서 사무는 타인의 생활영역에 속하는 것인지 자기 생활영역에 속하는 것인지 꼭 외부적으로 명백할 필요는 없다. 자기의 영역인지 타인의 영역인지 불분명한 상태에서 사무를 처리했다 하더라도, 그

사무가 타인의 사무임을 나중에 관리자가 알게 되었다면 그때부터 사무관리의사가 존재할 수 있다. 만약 끝까지 자기 사무로 알고 관리행위를 종료한다면 이는 오신사무관리로 보아야 한다.

(3) 사무관리의사가 없었을 경우

이러한 사무관리의사가 존재하지 않았을 경우 사무관리는 성립하지 않는 것이 된다. 따라서 설령 타인사무의 관리행위가 있었더라도, 사무관리의사가 없었다면, 원칙적으로 이는 사무관리의 법리가 아니라 부당이득·불법행위의 법리에 따라 규율하게 된다. 예를 들어 타인의 사무를 자신의 사무로 오신하고 단순히 자기 이익만을 위해 사무를 처리한 경우, 즉 오신사무관리(誤信事務管理)의 경우가 그러한데, 이 경우 관리자는 본인에게 비용상환(제739조 1항) 대신 부당이득반환(제741조)만을 청구할 수 있고, 그와 별도로 본인에 대하여 불법행위에 기한 손해배상책임(제750조)을 부담하게 된다. 다만 그 사무가 타인의 사무라는 점을 알았고, 자기가 개입할 때 타인의 이익이나 의사에 객관적으로 반하게 된다는 것을 알았거나 알 수 있었으면서도 개입하여 큰 이득을 본 경우에는 이를 무단관리(無斷管理)로 보아, 이에 대해서는 사무관리의 규정 가운데 무단관리자에게 불리한 규정을 적용하도록 한다.

(4) 호의관계에 해당하는 경우

사무관리관계에서의 '사무관리의사'와 호의관계에서의 '호의'는 구분할 필요가 있다. 당사자가 사무관리에 기한 법적 의무를 받아들이기 어려운 호의관계Gefälligkeitsverhältnis에까지 사무관리법을 적용하기는 어렵기 때문이다.

> * 손녀를 축구경기에 데려다준 할머니 : 독일법원은 방과후 축구팀에서 활동하던 어린 손녀의 축구경기 참가를 위하여 할머니가 차를 몰고 와 손녀를 축구장에 데려다준 사안에서 이는 사무관리가 아니라 호의행위에 불과하다고 판시하였다. 어차피 축구장까지 가는 것은 선수들이 알아서 가도록 되어 있었고, 이는 체육단체의 사무가 아니며, 할머니가 손녀를 위해 호의를 베푼 것이라고 봤기 때문이었다. 따라서 그 할머니가 손녀를 데려다준 과정에서 교통사고로 중상을 입은 것에 대해 그 체육단체가 손실보상의무를 부담하지는 않는 것으로 판시되었다(BGH Urt. v. 23.07. 2015, Az. III ZR 346/14).

4. 본인의 이익과 의사에 반하지 않을 것

(1) 개 관

사무관리는 본인의 객관적 이익이나 실제적·추정적 의사에 반하지 않아야 한다. 만약 사무관리가 이미 그 착수단계에서 본인의 객관적 이익이나 실제적·추정적 의사에 반하였다면, 정당사무관리가 성립하지 않고 부당사무관리만이 성립한다(金亨培·30면).

(2) 본인의 이익과 의사

1) 본인의 실제적·추정적 의사 : 사무관리는 본인의 의사에 반하여 행해져서는 안 된다. 독일민법 제677조는 이를 더 구체화해서 '실제적이거나 추정적인 의사를 고려하여 mit Rücksicht auf dessen wirklichen oder mutmaßlichen Willen' 사무관리를 개시하여야 한다고 규정하고 있다. 다시 말해 본인의 실제적 의사 wirklicher Wille가 사무관리의 반대에 있었음에도 관리자가 그 실제적 의사에 반하여 사무관리를 하였다면, 이는 반의사사무관리, 즉 부당사무관리로 취급된다. 만약 사무관리의 인수 여부에 대한 본인의 실제적 의사가 인식 가능하게 표명되지 않았다면, 이때에 한하여 본인의 추정적 의사 mutmaßlicher Wille를 기준으로 사무관리의 적법 여부를 판단한다(Wandt, § 5, Rn. 14). 사무관리자가 본인의 추정적 의사를 알았거나 알 수 있었음에도 그 추정적 의사에 반하여 사무관리를 하였다면, 이 역시 반의사사무관리, 즉 부당사무관리로 취급한다. 참고로 본인의 추정적 의사가 사무관리의 수용에 있는 것처럼 보였더라도, 본인이 표명한 실제적 의사가 사무관리를 확고히 반대하는 것이었다면, 정당한 사무관리는 성립하지 않는 것으로 본다.

> * 본인의 실제적 반대의사가 인식 가능하게 표명되었던 경우 : 은행강도 D가 은행 G의 창구 앞에서 무기를 들고 출납원들과 고객들을 위협하며 돈을 요구했다. 은행원의 요청이 전혀 없었음에도 고객 S는 D를 제압하려고 뒤에서 D를 덮쳤는데, D와의 몸싸움 과정에서 S는 큰 부상을 입었고 많은 치료비와 일실손해가 발생했다. 한편 은행은 직원들에게 신체나 생명의 위험을 무릅쓰면서까지 임박한 금전손실을 막지 말라고 지시해 두었으며, 그 지침은 문서로 존재했다. 고객 S는 은행 G에 대하여 사무관리에 기한 치료비보상을 청구하였으나, 은행 G는 그러한 사무관리를 실제로 전혀 원하지 않았다면서 손실보상을 거절하였다. 법원은 은행강도의 방지가 은행과 그 직원들에게 객관적으로 유익함을 인정하면서도 이에 반하는 은행의 실제 의사가 인식 가능하게 표명되었으면 사무관리자가 그 의사를 알았는지 몰랐는지와 상관없이 사무관리는 정당성을 상실한다고 판결하였다. 다시 말해 본인의 실제적 의사가 본인의 객관적 이익에 우선하므로, 고객 S의 손실보상청구권은 인정되지 않는다. 물론 그 사무관리가 부당하였더라도 고객 S는 은행 G에 대해서 부당이득을 청구할 수 있으나, 위 사안에서 S의 사무관리로 은

행이 아무것도 취득하지 못한 이상 S의 부당이득청구권은 배제된다($^{OLG\ Karlsruhe,}_{VersR\ 1977,\ 936}$). 다만 독일의 사회법은 위법하게 공격받은 자의 방위를 위해 개인적으로 개입한 사람에게 법률상 보험급여를 제공하므로($^{§\ 2\ Abs.\ 1\ Nr.\ 13}_{lit.c\ SGB\ VII}$), S는 통상 업무상 재해에서 지급되는 산재보험 급여를 국가로부터 받게 되었다.

2) 본인의 객관적 이익 : 사무관리는 본인의 이익에도 부합해야 한다. 여기서 본인의 이익에 부합하는 사무관리란, 객관적으로 보아 사무를 인수하는 것이 본인에게 유익하고 이로운 경우를 말한다. 본인의 이러한 이익에는 재산적 이익뿐 아니라 비재산적 이익도 고려된다. 만약 관리자가 이미 착수단계에서 본인에게 유익하지 않은 관리행위를 시작했다면 이러한 부적절하거나 불필요한 관리행위는 무익사무관리, 즉 부당사무관리가 된다.

* 실제적 예 : 예를 들어 어느 학원강사가 무단으로 결근한 동료강사의 수업을 대신해서 잘 해주었고 그 덕분에 그 동료강사는 수강생들 사이에서의 평판을 계속 유지할 수 있었다면, 이는 본인의 이익에 부합한 것이다. 사무관리행위의 종료 후에 그 동료강사가 자기에게 주관적 이익이 없었음을 주장하더라도 그 주장은 인용되지 않는다.

* 사유지에 무단 주차된 차량의 견인 기타 : 사유지에 무단으로 주차된 차량을 그 토지소유자가 견인시키는 것은 정당한 자력구제일 뿐 아니라 그 차량 소유자 또는 운전자의 추정적 의사 및 객관적 이익에도 부합하여 비용상환청구권을 발생시킨다. 왜냐하면 그는 어차피 즉각적인 방해제거의무를 부담하기 때문이다. 다만 차량 운전자가 단기간 내 차량 근처에서 발견될 수 있다면, 위와 같은 견인조치는 차량 운전자의 추정적 의사 및 객관적 이익에 부합하지 않아 운전자에 대한 손해배상책임을 발생시킬 수 있다($^{BGH\ VersR}_{2016,\ 996}$). 또한 차량 소유자의 주소를 알아내기 위해 그 차량의 등록번호를 조회하는 행위 역시 차량 소유자의 추정적 의사 및 객관적 이익에 부합하지 않으므로, 불법행위에 기한 손해배상책임을 발생시킬 수 있다($^{BGH\ VersR}_{2016,\ 863}$). 그밖에 무단 주차된 차량을 견인하고 그 차량 소유자에게 차량 새 위치를 알려주지 않는 행위도 차량 소유자의 추정적 의사 및 객관적 이익에 부합하지 않아 손해배상책임을 발생시킨다($^{BGH\ NJW\ 2012,}_{528\ Tz.\ 11}$).

(3) 이익과 의사에 부합하는 정도

그 관리행위가 본인의 이익과 의사에 적합하게 착수되었어야 정당한 사무관리로 성립할 수 있다. 하지만 그것이 어느 정도로 적합해야 사무관리로 인정될 수 있는지는 쉽게 알 수 없다.

1) 본인의 의무영역이었던 경우 : 만약 그 사무에 관하여 본인이 계약상·법률상 의무를 부담하였음에도 의무를 이행하지 않았거나 이행할 수 없었다면, 관

리행위는 본인의 이익·의사에 적합하게 착수되었던 것으로 본다. 예를 들어 방치되거나 유기된 아이를 부모 아닌 누군가가 대신 양육하였다면 그 사무관리는 부모의 이익·의사에 적합하게 착수된 것으로 본다. 이에 관해 그 아이의 부모가 이익이 없다고 주장하거나 반대의사를 표시한다 하더라도 마찬가지이다. 어차피 부모는 그 아이에 대하여 부양의무를 부담하기 때문이다.

* 공동불법행위자 중 1인의 공동면책행위 : 3인의 공동불법행위자 가운데 2인이 나머지 1인과 아무런 상의도 없이 피해자와 손해배상액에 관하여 합의하고 피해자에게 그 손해액 전부를 배상하였다고 하자. 이때 나머지 1인에게 그 피해자와 합의할 생각이 전혀 없었다고 한다면, 위 2인의 변제행위가 과연 나머지 1인을 위한 사무관리로 인정될 것인지 문제된다. 일본판례는 이러한 공동면책행위를 사무관리로 인정하고, 손해배상금을 지급한 2인은 나머지 1인의 공동불법행위자에게 비용상환을 청구할 수 있다 하였다. 공동불법행위자는 어차피 손해배상채무를 부담하며, 피해자와의 합의 및 그에 따른 합의금지급 등은 대부분 공동불법행위자의 이익·의사에 부합하기 때문이다(東京地判昭和 38年 12月 23日 判例時報 366號 37頁).

* 공동매수인 중 1인의 대금변제행위 : 2011년 3월 乙과 丙은 한국토지주택공사(甲)로부터 경남 양산시 소재 토지를 지분 55%와 45% 비율로 약 30억 원에 공동 매수하기로 하였다. 이후 乙은 2012년부터 2013년까지 E은행 대출금 약 20억 원으로 2차부터 7차까지의 할부금을 甲에게 납부하였다. 2019년 10월에는 乙과 丙이 나머지 8차 할부금과 연체이자를 甲에게 지급하고 각 지분에 대한 소유권이전등기를 甲으로부터 마쳤다. 그 후 乙은 2019년과 2021년 두 차례에 걸쳐 丙에 대한 구상채권을 丁에게 양도하였다. 丁은 이를 근거로 丙에게 구상금의 지급을 청구하였으나, 丙은 乙의 변제가 자신의 의사와 무관한 변제라고 다투었다. 법원은 乙의 할부금 납부가 丙 지분의 소유권 확보에 직접 기여한 유익한 행위이므로 丙의 이익·의사에 반하지 않는 사무관리라 보았다. 따라서 丁이 양수한 범위 내에서 丙에게 비용상환청구를 인정하였다(서울高判 2022.1.19. 2021나2022983).

2) 여러 주변사정 : 관리자가 본인을 위해 처리한 사무가 본인의 의무영역이 아니었더라도, 여러 주변 사정을 객관적으로 고려할 때 본인이 관리자의 개입을 기대하였고 그것을 승낙하였으리라 인정된다면, 그 관리행위는 본인의 추정적 의사 및 객관적 이익에 적합하다고 보아 사무관리의 적법성 요건이 충족된다. 일본판례는 아파트 관리조합이 주차장 벽면의 도장공사(塗裝工事)를 실시할 때 주차장의 구분소유자인 아파트 입주자가 그 비용분담에 동의하지는 않았지만 도장공사의 실시에는 협력한 경우에도 사무관리는 성립한다 하였다(東京地判 平成 16年 11月 25日 判例時報 1892號 39頁). 그 벽면도장공사가 주차장의 기능을 향상시키는 것임은 객관적으로 명백

하고 입주자 역시 그 공사에 대해 반대의사를 표시하지 않았기 때문이다.

* 뮌헨 환자이송업체의 보상청구 사건 : 뮌헨의 민간 사설 환자이송업체가 1985년 10월 이후 의사나 병원의 요청을 받아 총 79건의 환자 이송을 수행한 뒤 환자들이 가입한 법정 건강보험조합에 사무관리를 근거로 9,733마르크의 비용상환을 청구했다. 법원은 업체의 이송행위가 법정건강보험조합에게 이익이 되었으나 추정적 의사에 부합하지 않아 사무관리에 해당하지 않는다고 판결했다. 법정건강보험조합은 공익단체 중심의 환자이송체계 유지를 통해 효율성과 비용 억제 등을 도모하고 있었고, 공익단체가 적시에 투입이 불가능했다는 특별한 긴급 사정이 증명되지 않았다는 것이었다. 다시 말해 보험조합 입장에서는 민간업체의 임의 개입을 원하지 않았을 것이므로, 민간업체의 환자이송 서비스가 유용성을 가졌던 것과 별도로 그에 따른 비용상환의무를 보험조합에게 인정할 수는 없다고 했다. 다만 이미 이루어진 79건의 이송으로 보험조합은 자신의 현물급부의무에서 해방되는 이익을 얻었으므로 그만큼의 부당이득은 조합이 업체에게 반환해야 한다고 하였다(OLG München, Urt. v. 10.12.1987 – 19 U 6312/86, NJW-RR 1988, 1013, 1015).

3) 이익·의사 부합의 판단 시점 : 정당한 사무관리의 성립요건으로서 본인 이익·의사 부합 여부를 판단하는 기준 시점은 사무관리의 착수 당시이다. 실행 시점의 본인 이익·의사 합치 여부는 사무관리자의 선관주의의무위반 여부를 판단하는 기준이 될 뿐이고, 사무관리의 성립 여부는 착수 시점을 기준으로 해야 하기 때문이다(金亨培 10면). 프랑스법에서도 이미 적법하게 성립한 사무관리에서 본인이 사후에 반대의사를 표시하더라도 이는 이미 행해진 사무처리에 영향을 미치지 않으며 장래를 향해서만 효력이 발생한다고 한다(Forti, Gestion d'affaires. Généralités – Conditions, 2024, n° 31). 또한 정당한 사무관리의 성립요건으로서 유익성은 행위의 결과가 아닌 사무관리 착수 당시를 기준으로 판단하여야 하므로, 관리행위 착수를 할 때 본인에게 유익성이 있었다면 사무처리가 완료되었을 때 본인에게 이익이 잔존하지 않더라도 사무관리의 성립에는 영향이 없다고 한다(Cass. 1re civ., 25 nov. 2003, n° 02-14.545.).

* 사무관리행위 도중에 드러난 본인의 추정적 의사와 객관적 이익 : 사무관리자가 사무관리 개시·착수 단계에서 본인의 추정적 의사와 객관적 이익을 알 수 없었다면 사무관리자가 본인의 추정적 의사 및 객관적 이익에 반하여 사무관리를 해도 일응 정당사무관리를 한 것이 될 수 있다. 하지만 이후라도 사무관리자가 본인의 추정적 의사와 객관적 이익을 알았거나 알 수 있게 되었다면, 그때부터 그 사무관리는 부당사무관리로 취급된다. 이는 특히 그 사무관리행위가 여러 일련의 행위로 이루어질 때 그러하다. 예를 들어 주택공유자가 다른 공유자의 추정적 의사대로 주택을 개조하던 도중에 그 개조가 다른 공유자의 이익에 반함을 알았다면, 그는 그 즉시 주택개조행위를 중단해야 한다. 다른 예로, 이웃 농부가 옆 논

소유자의 추정적 의사대로 그 옆 논에까지 농약을 살포하던 도중에 그 농약 살포가 옆 논에 무익함을 알았다면, 그는 그 즉시 그 옆 논에 대한 농약살포행위를 중단해야 한다.

4) 본인의 이익 또는 의사에 부합하지 않는 경우 : 사무관리행위가 이미 착수단계부터 본인의 객관적 이익이나 실제적·추정적 의사에 부합하지 않는 것으로 인정된다면, 사무관리의 성립을 부정해야 한다. 이렇게 사무관리행위가 본인의 이익 또는 의사에 부합하지 않는 경우에는, 사무관리의 기본적 법률효과, 예를 들어 개입행위의 위법성 조각, 관리자의 비용상환청구권, 대위변제청구권, 손해보상청구권 등을 부정하여야 하며, 대신 불법행위법과 부당이득법으로 사안을 규율하여야 한다(同旨 : 金亨培, 29면).

(4) 본인의 추인 여부

본인의 의사 또는 이익에 반하더라도 본인의 추인 ratihabitatio이 있으면, 그 하자가 치유된다(독일민법 제684조 2문). 설령 그 사무관리가 처음에 본인의 이익 또는 의사에 반하는 것이었더라도, 본인이 그 사무관리 행위를 인수하고 그 효과를 자신에게 귀속시키고자 한다면, 사적 자치의 원칙에 따라 본인의 그러한 의사를 존중해야 할 것이기 때문이다. 예를 들어 청소만 하기로 계약했던 가사도우미가 허락 없이 냉장고 문을 열어 재료들을 함부로 꺼내 요리를 해놓은 경우, 이는 반의사사무관리가 될 수도 있겠지만, 본인이 그 요리를 맛있어 하고 이를 추인하면 이는 정당사무관리가 될 수 있다. 물론 여기에 무권대리(無權代理)에만 적용되는 제133조를 유추(類推)하여 적용하는 것에 대해서는 논란이 있을 수 있으나, 사무관리도 대리처럼 본인을 위해 행해지는 것임을 감안해야 한다(金亨培, 37면).

IV. 효 과

1. 본인의 의무

(1) 비용상환의무

1) 개 관 : 사무관리자의 행위가 사무관리의 모든 요건을 충족시킨다면, 본인은 사무관리자가 지출한 비용을 전액 상환해야 한다(제739조 1항). 사무관리자가 필요비를 지출한 게 아니라 유익비를 지출했다 하더라도 마찬가지이다. 아무리 사

무관리행위로 인해 본인이 그 사무관리비용보다 훨씬 적은 이득을 보았다 하더라도 마찬가지이다.

  2) 비용의 이자에 대한 상환의무 : 사무관리자가 본인을 위해 비용을 지출한 이후 상당한 시간이 흘렀다면, 그 이자의 청구 역시 문제될 수 있다. 그런데 결론부터 말하자면, 본인은 사무관리자의 상환청구 이전에 발생한 이자에 대해서 사무관리자에게 상환의무를 부담하지 아니한다. 이는 수임인이 위임인을 위하여 비용을 지출한 경우 위임인은 수임인이 지출한 날 이후의 이자까지 모두 상환을 해야 한다는 점과 비교할 때, 사무관리 본인의 비용상환의무가 더 가벼움을 보여준다. 다시 말해 수임인은 위임인을 위해 지출한 필요비 원본액과 함께 그 필요비를 지출한 날 이후의 이자까지 모두 계산하여 상환을 받는 반면(제688조 1항), 사무관리자는 비용지출 이후 아무리 많은 시일이 흘렀다 하더라도, 비용 원본액과 함께 상환청구한 날 이후의 이자만을 상환받는 데 그친다(제739조 2항 의 반대해석).

 * 공동보증인의 구상관계 : 수인의 보증인이 각자의 행위로 보증채무를 부담하는 공동보증의 경우 보증인이 각자 부담부분에 대해서만 책임을 지는 분별의 이익 bénéfice de division을 갖는다(제439조). 따라서 공동보증인에게 특별한 의사표시가 없으면 각 보증인이 균등한 비율로 의무를 부담하고, 각자의 비율 내에서만 보증채무를 부담한다. 그러므로 설령 채권자가 채무 전액에 대해 청구하여도 공동보증인은 자신의 부담부분만 변제함으로써 의무를 면할 수 있다. 만약 공동보증인이 자기 부담부분을 넘어서 변제하였다면, 다른 공동보증인에 대하여 부탁 없는 보증인, 즉 사무관리자의 지위만을 가지므로, 다른 공동보증인이 변제 당시에 이익을 받은 만큼만 다른 공동보증인에게 구상할 수 있다(제448조 1항, 제444조 1항). 따라서 공동보증인은 다른 공동보증인에게 초과변제액만큼만 구상할 수 있고, 변제한 날 이후의 이자는 청구하지 못한다.

 * 공동연대보증인의 구상관계 : 수인의 보증인이 있는 경우 그 사이에 분별의 이익이 있는 것이 원칙이지만, 그 수인이 연대보증인일 때는 채권자에 대하여 분별의 이익을 갖지 못하고 각자 채무의 전액을 변제하여야 한다. 그리고 이는 각자가 별개의 법률행위로 보증인이 되었고 보증인 상호 간에 연대의 특약(보증연대)이 없었더라도 마찬가지이다. 물론 연대보증인들 상호 간의 내부관계에 있어서는 주채무에 대하여 출재를 분담하는 일정한 금액을 의미하는 부담부분이 있고, 그 부담부분의 비율, 즉 분담비율에 관하여는 그들 사이에 특약이 있으면 당연히 그에 따르되 그 특약이 없는 한 각자 평등한 비율로 부담을 진다(大判 1990.03.27., 89다카19337). 하지만 연대보증인 가운데 한 사람이 자기의 부담부분을 초과하여 변제함으로써 공동면책을 시키고 다른 연대보증인에게 구상을 할 때 그 연대보증인은 다른 연대보

증인에 대하여 연대채무자, 즉 수임인의 지위를 가지므로, 그의 구상권은 변제한 날 이후의 법정이자 및 피할 수 없는 비용 기타 손해배상을 포함한다(제448조 2항,/제425조 2항).

3) 노무비용의 문제 : 사무관리자가 금전을 지출하지 않고 노동력을 투입했을 경우 이것 역시 비용으로 인정할 수 있을지 문제된다. 학설은 노동력의 제공 역시 비용의 지출이라고 보고 있다(金亨培/45면). 전문 직업인이 그의 노동력을 제공한다는 것은 의도적으로 그의 재산을 지출하는 것과 같기 때문이다. 만일 노동력의 대가를 비용과 같이 처리하지 않는다면, 예컨대 관리자가 의사와 계약을 체결하여 본인을 구조한 경우 의사의 보수가 비용으로 처리되는 데 반하여, 의사 자신이 스스로 본인을 구조한 때는 보수를 받을 수 없게 되는 모순이 생길 수 있을 것이다(金亨培/45면). 다만 사무관리자가 상인이 아닌 일반인인 경우, 노무제공에 따른 보수 전액을 청구할 수는 없고, 거기서 이윤을 공제한 순수비용만을 청구하도록 해야 할 것이다.

4) 상인인 사무관리자의 보수청구권 : 만약 사무관리자가 직업 또는 영업에 의하여 유상(有償)으로 타인을 위하여 일하는 사람이고 그 직업 또는 영업의 범위에서 사무관리행위를 한 경우라면, 사무관리자는 본인에 대하여 상당한 보수(報酬)를 청구할 수 있다(상법 제61조). 다만 사무관리의 목적 자체가 그 보수를 지급받아 자신의 경제적 이익을 추구하는 데 있는 것으로 볼 수 있는 경우에는 그 사무의 처리가 본인의 이익과 의사에 부합하는지 여부 등 사무관리 성립요건의 충족여부에 관하여 보다 엄격하고도 신중한 판단이 이루어져야 할 것이다(大判 2010.6.10,/2009다98669).

  * 폐기물처리업체가 타인을 위하여 폐기물처리를 한 경우 : 丙은 폐기물처리업을 영업으로 하는 상인으로서, 대한주택공사(甲)와 136.9t의 건설폐기물 처리 용역계약을 체결하였다. 그러나 그 아파트 공사 현장에서 건설폐기물을 발생시키는 시공사 乙이 폐기물 분리·관리 의무를 제대로 이행하지 않아 폐콘크리트, 포장지, 생활쓰레기 등이 혼합된 채 대량의 초과 폐기물이 발생하였다. 丙은 계약금액을 초과하는 물량에 대해 甲으로부터 확실한 지급 약속을 받지 못한 상태에서 한때 반출을 중단했으나, 乙의 요청에 따라 초과물량을 계속 처리하였다. 그 후 丙은 그 결과 전체 처리비용 1억 8천여만 원 중 계약금액에 해당하는 5천여만 원만을 대한주택공사로부터 지급받았고, 나머지 비용은 乙에게 청구하였다. 그러나 乙은 자신과 丙 사이에 건축폐기물의 처리에 관한 아무런 사법상 계약관계가 없으니 자신은 계약상 보수지급의무가 없으며, 설령 사무관리에 기해 자신이 丙에게 비용을 상환하더라도 丙이 다른 사람을 고용함이 없이 직접 사무를 처리한 만큼 자신은 丙이 받을 통상의 보수액이 아니라 丙이 실제 지출한 비용만을 상환하여

야 한다고 주장하였다. 이에 대해 법원은 상법 제61조의 취지상 그 제공된 용역은 통상의 보수 상당의 재산적 가치를 가지는 유상행위로 평가되고, 이는 사무관리로서 필요비·유익비에 포함되어 본인인 乙에게 상환을 청구할 수 있다고 보았다. 그 관리자가 사무관리를 위하여 다른 사람을 고용하였을 경우 지급하는 보수가 사무관리 비용으로 취급되어 본인에게 반환을 구할 수 있는 것과 마찬가지로, 다른 사람을 고용하지 않고 자신이 직접 사무를 처리한 것도 통상의 보수 상당의 재산적 가치를 가지는 관리자의 용역이 제공된 것으로서 사무관리 의사에 기한 자율적 재산희생으로서의 비용이 지출된 것이라 할 수 있다는 이유에서였다. 따라서 법원은 丙이 폐기물처리업자로서 초과 폐기물을 처리하고 받았어야 했던 보수 1억 3천여만 원과 이에 대한 지연손해금을 乙이 丙에게 지급하여야 한다고 판결하였다(大判 2010.6.10. 2009다98669).

5) 점유자-회복자 간의 관계 : 만약 사무관리의 관계가 아니라 점유자-회복자 간의 관계라면, 회복자는 유익비의 경우 가치증가액의 현존범위 내에서만 점유자에게 비용을 상환하고 그칠 수도 있다(제203조 2항). 그러나 그것이 점유자의 입장에서 사무관리로서 지출된 것이라면, 아무리 가치증가액이 불가항력적 사유로 인해 현존하지 않게 되었다 하더라도, 회복자는 그 유익비 전액을 점유자에게 상환해주어야 한다. 왜냐하면 본인의 의사와 이익에 적합한 모든 사무관리 지출비용은, 그 당사자 간의 관계가 점유자-회복자 간의 관계인지를 불문하고, 그 보상을 받아야 하는 것이기 때문이다.

6) 부당사무관리에 있어서 비용상환의무 : 만약 사무관리가 그 착수단계에서부터 본인의 실제적 의사에 반하는 것이었다면, 본인은 그 관리비용에 관하여 전혀 상환책임을 부담하지 아니한다. 이러한 관리행위는 설령 본인에게 유용했더라도 관리자에 의해 강요당한 이익으로서 정당한 사무관리를 근거지을 수 없는 것이기 때문이다. 그러나 그 사무관리가 착수단계에서부터 본인의 이익에 반하는 것이었더라도, 본인의 실제적 의사에는 부합하는 것이었다면, 본인은 그 비용을 상환해줘야 한다(제739조 1항). 아무리 본인에게 무익한 일이라도 본인이 실제로 원하는 사무를 처리한 자에게 사무관리자의 지위조차 부여하지 못할 것은 아니기 때문이다.

(2) 대위변제의무

그밖에 본인은 사무관리자가 본인을 위해 필요 또는 유익한 채무를 부담한 때는 그 채무 역시 변제해줘야 한다(제739조 2항). 예를 들어 타인의 아이를 의무 없이 돌봐주던 자가 육아도우미를 고용했다면, 본인은 그 보수지급채무를 대신 부담해야 한다. 만약 변제기가 도달하지 않았다면 본인은 사무관리자에게 상당한 담보를 제공하여야 할 수도 있다(제739조 2항·제688조 2항). 예를 들어 타인의 아이를 의무 없이 돌봐주던 자가 그 아이의 백혈병 치료비를 위해 병원에 수억 원의 채무를 부담하게 되었다면, 본인은 이에 대해 변제기 미도래를 이유로 채무변제를 거절할 수 있다 하더라도, 담보제공까지 거절할 수는 없게 된다.

(3) 손실보상의무

1) 사무관리자가 과실 없이 받은 손해 : 사무관리자가 사무관리를 함에 있어 과실 없이 손해를 받은 때 본인은 자기 현존이익 한도에서 그 손해를 보상해 줘야 한다(제740조). 예를 들어 물에 빠진 사람을 구해주기 위해 양복과 코트를 벗고 물에 뛰어들었는데, 막상 그 사람을 구해주고 나와보니 벗어둔 양복과 코트 그리고 그 안에 든 지갑 모두가 사라져버린 경우가 그와 같다. 마찬가지로 구덩이에 빠진 아이를 꺼내주려다가 무릎이나 허리를 심하게 다친 청년은 그 아이의 부모에게 치료비의 보상을 청구할 수 있다.

* 야간에 전조등 없이 주행하는 차량에 경고하려다 부상을 입은 사건 : 독일의 어느 자동차 운전자(G)는 승용차로 어두운 시골길을 주행하다가, 바로 앞에 전조등이 켜지지 않은 트랙터가 주행 중인 것을 마지막 순간에야 발견했다. G는 트랙터를 추월하여 자기 승용차를 그 앞에 정지시키고, 조명이 불충분한 점을 운전자 T에게 알려서 뒷차들을 보호하려 했다. 바로 그 순간, 뒤를 따르던 자동차 운전자 A가 조명이 없는 트랙터를 들이받았고, 트랙터 앞에 서 있던 G가 그로 인해 트랙터 앞범퍼에 부딪혀 심한 부상을 입었다. G는 A에게 불법행위에 기한 손해배상을 청구하려 했으나, A에게는 과실이 없어 손해배상은 청구될 수 없었다. 그러자 G는 A에게 사무관리에 기한 치료비 보상을 청구하였는데, A는 G의 도움이 자신에게 원치 않은 도움이었고 성공적이지도 않았으며 자신은 G를 알지도 못했다면서 치료비의 보상을 거절하였다. 이에 대해 독일연방대법원은 G가 T·A의 이익·의사에 적합하게 T·A의 사무를 수행한 것이 맞다면서 G는 T·A에 대해 보상청구권을 갖는다고 판결하였다. 관리자 G가 본인 A를 알지 못했다는 점은 여기서 중요하지 않으며, G의 사무관리가 실패하여 위험이 제거되지 않았다는 사실도 여기서 중요하지 않다. 물론 G의 사무관리에 대한 A의 실제적 의사는 존재하지 않았지만, 모든 사정을 객관적으로 평가할 때 G의 개입은 뒷차의 위험제거에 기여하며, 이는 본인 A의 추정적 의사와 이익에 부합한다(BGH, Urteil vom 23. Februar 1965 - VI ZR 24/64).

* 캐쉬 앤 캐리 사건 : 프랑스의 대형 백화점 캐쉬 앤 캐리Cash and Carry의 매장에서 무장한 도둑이 계산대의 현금을 들고 달아나자 어느 고객이 매장 직원 등 몇몇 사

람과 함께 그들을 추격했다. 추격 과정에서 한 범인의 총격으로 고객이 총상을 입었지만, 고객의 개입으로 탈취금 일부가 회수되었다. 고객은 사무관리를 근거로 매장 운영회사에 손해보상을 청구했으나 운영회사와 그 보험사는 고객이 범인을 뒤쫓을 때 매장 측에서 개입하지 말라고 말했으며, 회수한 탈취금 일부보다 고객의 치료비가 더 많이 나왔고 이러한 사태는 고객이 도둑을 뒤쫓을 때부터 충분히 예견되었다며 맞섰다. 그러나 대법원은 고객의 사무관리 착수단계에서 그 개입은 유용했으며, 개입의 적시성·정당성도 인정된다면서 사무관리의 성립과 고객의 손실보상청구를 인정하였다. 물론 매장에는 이러한 무장강도 상황에 대하여 직원이 개입하지 못하도록 하는 내부지침이 존재하였지만, 이 사안의 경우 매장 간부가 이미 행동을 개시해 고객이 그 행동에 합류한 사정이 있어, 매장 내부의 지침을 근거로 고객의 사무관리 성립을 부정할 수는 없다고 했다. 또한 매장이 사건 후 고객을 위해 성금 모금·무상 구매 한도 부여 등의 혜택을 제공한 점으로 보건대 매장 측의 행위 추인ratification도 인정될 수 있다고 하였다(Cass. 1re civ., 26 janv. 1988, n° 86-10.742 et 8.6.; 12.447).

2) 부당사무관리에 있어서 손실보상의무 : 착수단계부터 본인의 이익에 반하는 사무관리였다면, 본인은 사무관리자에게 손해보상의무를 부담하지 않는다. 애초에 본인에게 이익도 되지 않는 사무관리를 한 자에게, 손해를 보상해줄 필요는 없기 때문이다. 이는 본인의 이익에 부합하되 본인의 의사에 반한 사무관리의 경우에도 마찬가지이다. 물론 그 사무관리가 본인의 위임에 의한 것이었다면, 위임인은 수임인이 자신의 과실 없이 받은 손해 전부를 보상해줘야만 한다(제688 조3항). 예를 들어 사회적으로 큰 물의를 빚은 흉악사건이나 권력형 비리사건의 범죄자를 변호하던 변호사가 무자력 피해자들로부터 집단폭행을 당한 경우가 그렇다.

(4) 보수지급의무

사무관리의 관계에서 본인은 사무관리자에게 보수(報酬)를 지급하지 않아도 된다. 단지 지출된 비용의 상환만을 해야 할 뿐이고, 관리자의 이윤(利潤)까지 거기에 포함시켜서 상환할 필요는 없다. 일부견해는 ① 사무처리의 유상성에 관한 관념이 일반화되었다거나(李丙儀, 사무관리의 성립과 노무제공에 따른 보수청구권, 안암법학 제34호 上, 2011, 424면), ② 상법 제61조가 상인의 사무관리에 대해 보수청구를 인정하고 있다거나(李丙儀, 위의 논문, 424면), ③ 어차피 관리자는 보수에 해당하는 만큼의 손해를 본 것인데 이러한 손해는 보상청구의 대상이 된다거나(李丙儀, 위의 논문, 414면) 하는 이유로 본인에게 보수지급의무까지 인정하지만, 이러한 견해는 따를 수 없다고 생각한다. 우리 입법자가 사무관리에 있어서 보수청구권을 규정하지 않았는데, 그 의도를 정면으로 무시할 수는 없고(朴泳珪, 앞의 논문, 197면), 상법 제61조는 상인(商人)을 전제로 하고 있을 뿐이기 때문이다. 물론 특별법에서 보수지급의무를 규정한 경우에는 본인이 관리자에게 일정한 보수를 지급하여야 한다(상법 제849조, 유실물법 제4조, 수난구호법 제28조).

2. 사무관리자의 의무

(1) 선량한 관리자의 주의의무

1) 개 관 : 사무관리자는 본인의 사무를 처리하는 데 있어서 선량한 관리자의 주의의무를 부담한다(제735조의 반대해석). 비록 본인으로부터 직접적인 사무위탁을 받은 것은 아니고, 대개는 단순한 호의에 의해서 사무처리를 한 것이지만, 타인의 업무영역에 어쨌든 개입을 한 것이니만큼 수임인의 의무(제681조)과 동등한 정도의 무거운 주의의무를 부담하는 것이다. 만약 사무관리자가 사무관리 중에 이러한 선관의무를 위반하여 본인에게 손해를 발생시켰다면, 사무관리자는 그 손해를 배상하여야 한다(다만 사무관리자가 지출한 비용이 있다면 본인에게 그 상환을 청구할 권리를 잃지는 않음). 설령 그 사무관리를 착수한 것 자체는 본인의 이익이나 의사에 반하지 않았다 하더라도, 실행과정에서의 과실로 본인에게 손해를 발생시킨 이상, 그에 따른 책임을 부담하는 것이다. 프랑스법에서는 정당한 사무관리가 성립한 상태에서 사무관리자가 선관의무에 위반하여 본인에게 손해배상책임을 부담하는 경우 이러한 사무관리를 '부적절한 관리gestion fautive'라고 부른다.

2) 선관주의의무 위반의 실제적 예 : 부모와 잠시 떨어져 있는 아이를 봐주다가 상한 음식을 먹여 식중독에 이르게 한 경우, 룸메이트의 스웨터를 대신 빨아준답시고 세탁기에 넣었다가 줄어들게 한 경우, 술에 취하여 인사불성이 된 직장동료를 집에 데려다주다가 계단을 오르면서 그만 동료를 놓쳐버려서 그 머리가 난간에 부딪치도록 하여 뇌출혈을 일으키고 청력까지 상실하게 한 경우, 사무관리로 보관하고 있던 차량을 어느 휴대폰에서 나온 목소리의 명령에 따라 그 심부름꾼들에게 인도하였는데, 결과적으로 그 차량이 그들에 의해 도난되게끔 한 경우 등을 들 수 있다.

> * 사무관리자의 선관주의의무 위반을 부정한 사례 : 甲 아파트신축조합의 해산 후 동일 부지와 사업계획을 기초로 새롭게 설립된 丙 조합은, 乙이 甲 조합에게서 위탁받은 아파트 신축사업의 인허가, 토지 매입, 시공사와의 계약 변경 등 업무를

계속 수행한 것이 설령 丙을 위한 사무관리가 된다 하더라도, 乙이 그 사무관리 과정에서 선관주의의무를 위반하였다고 주장하며, 그에 따른 손해배상을 乙에 대해 청구하였다. 그 구체적 사유는, ① 乙이 사업부지 내 토지를 매입하면서 실제 소유자와 동일한 이름을 가진 동명이인으로부터 토지를 매수·등기하여, 진정한 소유자가 소를 제기한 결과 丙이 2008년 3월 3일 시세보다 훨씬 높은 16억 원을 지급하고 해당 토지를 재매입하게 되었다는 점이며, ② 乙이 또 다른 토지소유자에게서 토지를 매수하였으나 그가 조합원 자격이 없다는 이유로 계약 무효와 등기 말소를 위한 소를 제기하여야 했고, 결국 丙이 항소심 도중 4천만 원의 합의금을 지급하고 분쟁을 종결지은 점이었다. 그러나 법원은 동명이인 사건의 경우 매도인의 사칭과 기망이 주된 원인이고, 조합원 자격 문제도 사업 지연을 방지하기 위한 합의에 따른 것이어서 乙의 선관주의의무 위반을 인정하기 어렵다며 丙의 주장을 받아들이지 않았다 (大判 2010.6.10., 2009다98669).

　* 사실상 강요된 사무관리의 경우 : 사무관리자가 사실상 강요된 상황에 의해서 어쩔 수 없이 타인의 사무를 관리하였더라도, 사무관리자의 실행과책으로 본인에게 손해가 발생하였다면, 사무관리자는 그 손해를 배상해줘야만 한다. 예를 들어 어느 폭력단 간부가 주유소에 자기 차량을 무단주차하고 가버려서 그 주유소 직원이 주유소 진입로를 막고 있던 그 차량을 안전한 장소로 밀려고 시도한 경우 이는 정당한 사무관리행위라 할 수 있다. 하지만 그 실행과정에서 그 고급 차량의 하부, 문짝, 범퍼 등에 흠집·파손이 발생하여 주유소가 막대한 배상청구를 받은 경우, 만약 직원에게 실행과책이 있었다면 그 주유소는 손해배상책임을 면하지 못한다 (東京地判 平成 12年 9月 26日 判例 タイムズ 1054號 217頁).

　　3) 본인의 이익·의사에 반하지 않을 의무 : 우리 민법규정은 이러한 선량한 관리자의 주의의무를 관리자가 사무의 성질에 좇아 가장 본인에게 이익되는 방법으로 관리할 의무(제734조 1항), 관리자가 본인의 의사를 알거나 알 수 있는 때에는 그 의사에 적합하게 관리할 의무(제734조 2항)로 구체화한다. 다시 말해 사무관리자의 실행과책 Ausführungsverschulden은 관리자가 본인의 이익·의사에 반하여 행위했음을 알았거나 알 수 있었는가에 따라 판단하여야 한다. 그런데 본인의 이익과 의사가 충돌할 경우 선관주의의무 위반의 판단기준으로서 더 중심이 되는 것은 본인의 의사보다 본인의 이익이라고 봐야 한다(Wandt, § 5, Rn. 58). 사무관리의 성립요건으로서는 본인의 실제적 의사가 본인의 이익보다 더 결정적이지만, 사무관리자의 실행과책을 판단함에 있어서는 본인의 이익을 기준으로 해야 하기 때문이다.

　　4) 적용규정 : 사무관리자가 실행과정에서 선관주의의무에 반하여 본인에게 손해를 발생시킨 경우, 여기에는 불법행위 규정(제750조)이 아닌 채무불이행 규정(제390조)이 적용된다(Wandt, § 5, Rn. 66). 만약 사무관리의 목적이 적시에 실현되지 않았거나 실현

이 불가능하게 되어 본인에게 손해가 발생한 것이라면, 그 지체·불능에 관하여 관리자의 과실이 추정되므로, 사무관리자는 그에 기한 손해의 배상책임을 면하기 위하여 자신에게 과실 등 귀책사유가 없었음을 증명하여야 한다. 반면 사무관리행위의 실행과정에서 관리자가 본인의 다른 법익을 침해한 것이라면, 이때는 관리자의 실행과책이 추정되지 않으므로, 본인이 사무관리자의 고의·과실 있었음에 관하여 증명하여야 관리자에게 손해배상책임을 물을 수 있다. 관리자가 본인의 이익·의사를 배려함에 있어 주의를 다하였는지는 관리자의 관점에서 판단하여야 한다(Martinek/Theobald, JuS 1998, 27 28).

* 공공사무관리 또는 긴급사무관리의 경우 : 사무관리가 공공의 이익에 적합한 것이거나(제734조 3항 단서), 본인의 생명·신체·명예 또는 재산에 대한 급박한 위해를 면하게 하기 위하여 그 사무를 관리한 경우(제735조)에는 사무관리자의 선관주의의무가 대폭 감경된다. 예를 들어 인근 공원에 놀러갔다가 어떤 사람이 부상당한 채 의식을 잃고 피투성이로 쓰러져 있는 것을 발견하고 자기 차에 급히 태워서 병원 응급실까지 옮겨다주고 입원비까지 대신 지불해준 경우가 그러하다. 이런 경우에는 사무관리자에게 고의 또는 중대한 과실이 있어야만 배상책임이 인정되고, 가벼운 과실만 있었을 경우 배상책임이 인정되지 않는다. 예를 들어 물에 빠진 사람을 구해내는 과정에서 그 사람의 머리채를 뽑고 인공호흡 및 심폐소생술을 실시하는 과정에서 갈비뼈를 부러뜨렸다 해도 중과실이 없다면 손해배상책임을 부담하지 아니한다. 이는 이른바 '선한 사마리아인의 법리'에 따른 것인데, 이러한 사무관리자의 주의의무는 수임인의 주의의무보다 훨씬 더 경감된 정도의 것이다.

(2) 관리계속의무

사무관리자가 관리를 일단 개시했다면 본인, 그 상속인 또는 그 법정대리인이 그 사무를 넘겨받을 때까지 그 관리를 계속하여야 한다(제737조 본문). 만약 관리를 계속하지 않고 중단·방치했다가 본인에게 손해를 발생케 하였다면 관리자는 그에 대해 배상책임을 부담하게 된다. 그러나 관리의 계속이 본인의 의사에 반하거나 본인에게 무익함이 명백해진 때는 관리자가 관리를 중단해야 한다(제737조 단서). 이때는 사무관리의 관계가 장래를 향하여 소멸하므로, 만약 이 경우 계속해서 사무관리행위를 한다면 그에 대해서는 비용상환이나 손해보상을 청구할 수가 없게 된다.

* 관련판례 : 甲은 의정부시에서 G 레스토랑을 경영하였고, 乙은 다른 레스토랑의 주방장으로, G 레스토랑에 가끔 들르곤 했다. 1992년 4월 6일 11시경, 乙이 G 레스토랑에 들렀을 때 甲은 외출 중이었고 종업원 D만이 있었다. 이때 손님 C가 다른 1명과 함께 들어와 식사 가능 여부를 문의했고, 乙은 음식 주문을 예상하여 주방에서

가스레인지에 기름 용기와 스프 용기가 올려진 상태로 불을 켰다. 그런데 손님들이 식사 대신 간단한 음료만 주문했음에도 乙은 가스레인지의 불을 완전히 끄지 않고 줄여놓은 채로 레스토랑을 떠났다. 그로부터 7분 후 기름 용기가 과열되어 기름이 넘치면서 불이 붙었고, 주변의 분진으로 불이 옮겨 붙어 주방과 실내, 가전제품 등 3,356만 원 상당의 집기류가 소실되었다. 甲은 乙이 타인의 레스토랑 주방에 함부로 들어와 화재를 초래했다며 손해배상을 청구했다. 하지만 乙은 자신이 호의로 도움을 주었을 뿐이며 가스레인지의 불을 약하게 줄였기 때문에 자신에게는 가벼운 과실만 있고, 이번 화재는 자기 주방을 함부로 비워 놓은 데다 소화기를 제대로 비치하지 않은 甲의 책임이라 항변했다. 법원은 乙이 甲을 대신하여 조리 준비를 시작함으로써 사무관리를 개시하였고 그 개시한 관리행위를 계속하지 않아 손해가 발생했다며, 乙의 손해배상책임을 인정하였다(大判 1995.9.29., 94다13008).

(3) 통지 및 보고의무

사무관리자가 관리를 개시한 때는 지체없이 본인에게 통지해야 한다. 다만 본인이 이미 이를 알고 있을 때라면 통지할 필요가 없다(제736조). 본인의 신원과 연락처를 모를 때에도 이와 같다. 관리중에 본인이 전화 등으로 보고를 청구한다면 언제든지 관리자는 본인에게 관리상황을 보고해야 하고, 관리가 종료한 때는 본인에게 관리의 전말을 보고해야 한다(제738조, 제683조).

(4) 취득물의 인도의무

사무관리자는 사무관리에 의해 받거나 거둔 금전 기타의 물건을 본인에게 인도하여야 한다(제738조, 제684조 1항). 본인을 위해 자기의 이름으로 취득한 권리 역시 본인에게 이전하여야 한다(제738조, 제684조 2항). 사무관리자가 본인의 허락 없이 본인의 지배영역에 개입하였음에도 그 개입행위의 위법성을 조각하는 근거는 바로 그 이익이 본인에게 귀속됨에 있기 때문에 수임인이 위임인에게 이행하여야 하는 것과 같은 의무를 사무관리자에게 부담시키는 것이다. 따라서 만약 그 사실행위의 이익을 사무관리자가 수취하였다면, 사무관리자는 이를 본인에게 귀속시켜야 한다(제738조, 제684조). 설령 사무관리자가 본인에게서 비용상환을 못 받을 것으로 예상된다 하더라도 마찬가지이다. 만약 그 이익을 사무관리자가 편취하게 한다면, 이는 사무관리자가 사무관리자로서 지켜야 할 선관의무(제734조 1항)를 위반하도록 하는 것이 되고, 그 의무에 위반하여 얻은 부당이득(제741조)을 정당화하는 것이 되기 때문이다.

* 실제적 예 : 예를 들어 본인이 방치한 양계장을 사무관리자가 본인의 허락 없이 운영하여, 계란 판매대금을 본인 대신 사무관리자가 받았다면, 사무관리자는 그 대금

을 본인 계좌에 입금하여야 한다. 만약 건물점유자가 그 소유자에게서 비록 허락은 받지 않았지만 이심전심으로 건물을 더 개량하거나 증축했을 경우 나중에 그 건물에서 철수할 때 그 개량한 부분과 증축한 부분은 남겨두고 나와야 하는 것이 당연하다.

* 사무관리자의 유치권 문제 : 사무관리자가 본인에게 인도하여야 할 취득물을 인도하지 않고, 예를 들어 비용상환청구권을 근거로 유치권(제320조) 또는 동시이행의 항변권(제536조)을 행사할 수도 있다. 사무관리자의 비용상환청구권은 본인이 사무관리자에게서 회복할 물건 또는 사무관리자가 본인에게 반환할 물건에 관하여 생긴 채권이라고 봐야 하기 때문이다. 다시 말해 본인에게 자력이 없어서 사무관리자에게 비용상환 또는 손해보상을 못줄 형편이라고 하면, 사무관리자는 동시이행항변권 등을 근거로 그 이익이 본인에게 귀속되는 것을 저지할 수도 있게 된다. 이러한 점에서 사무관리자의 취득물인도의무 기타 본인이익귀속의무는 본인의 비용상환의무 등과 견련관계에 있게 된다.

* 사무관리자가 자기 명의로 한 법률행위 : 사무관리자가 자신의 명의로 본인을 위하여 법률행위를 했을 때, 그 법률행위의 효과는 일단 사무관리자에게 귀속된다. 물론 이 경우 본인은 그 법률행위가 자기 이익의사에 부합할 경우 비용 전액을 상환하고(제739조 1항) 채무를 변제해줘야 하지만(제739조 2항), 사무관리가 자기 이름으로 법률행위를 했다면 그 효과인 권리의무가 본인에게 당장 귀속되지는 않는다. 다시 말해 그 법률행위에서 약정된 대금이나 보수의 지급의무는 본인이 아니라 일단 사무관리자에게 귀속되고, 그 법률행위 상대방에 대한 대금·물건의 지급·인도청구권 역시 본인이 아니라 일단 사무관리자에게 귀속된다는 것이다. 하지만 그 다음 단계에서 사무관리자는 그 법적 의무를 이행함으로써 지출된 비용을 본인에게 상환청구할 수 있다(제739조 1항). 그리고 그 법적 권리를 행사함으로써 얻은 이익이나 물건 역시 본인에게 귀속시켜야 하는 의무를 부담하게 된다(제684조; 제783조).

* 사무관리자가 본인 명의로 한 법률행위 : 사무관리자가 본인명의로 법률행위(예를 들면 제3자에 대한 치료의뢰 또는 수리의뢰)를 했을 수도 있다. 이때 사무관리자에게는 원칙적으로 대리권이 인정될 수 없으므로, 그 법률행위는 무권대리행위(제130조)가 되어 본인의 추인이 없는 한 본인에게 효과가 귀속되지 않을 수 있다(郭潤直, 415면). 이 경우 사무관리자는 그 상대방에 대해 채무이행 또는 손해배상의 책임을 부담하게 되는데(제135조), 그로 인해 발생한 비용을 사무관리자는 본인에게 상환청구할 수 있다(제739조 1항). 다시 말해 설령 본인이 추인하지 않더라도 그 법률행위가 본인의 이익이나 의사에 부합한 것이었다면, 사무관리자는 본인에게 결국 그 법률행위의 사실적 결과를 책임지도록 할 수 있다.

* 이자의 기산점 : 사무관리자가 금전을 본인에게 인도할 때 그 이자의 기산점이 언제부터인지 문제된다. 수임인은 그 금전을 받은 날로부터의 이자를 계산하여 본인에게 지급하여야 하지만(大判 2022.09.07., 2022다217117), 사무관리자는 사무가 종료한 시점부터의 이자를

계산하여 본인에게 지급하면 된다고 할 것이다. 아무리 본인을 위하여 받은 금전이라 하더라도, 위임인이 아닌 사무관리자는 그 금전을 받는 즉시 본인에게 인도하여야 하는 게 아니고 사무가 종료한 시점에 그 금전을 인도하기만 하면 되는 것이기 때문이다.

(5) 금전소비에 대한 배상의무

사무관리자가 본인에게 인도해야 할 금전 또는 본인을 위하여 사용해야 할 금전을 사무관리인 자신의 이익을 위하여 소비한 때는 소비한 날 이후의 이자를 배상하여야 한다(제738조,제685조). 설령 그 금전을 본인에게 인도하여야 한다는 점에 대해 사무관리자가 선의였고, 그 금전 및 이자가 사무관리자에게 현존하지 않는다 하더라도 마찬가지이다. 본인에게 귀속될 금전을 소비한 사무관리자는 이미 선관주의의무에 위반한 이상, 본인에 대하여 부당이득반환의무(제741조)가 아니라 손해배상의무(제739조 3항 본문)를 부담하는 것이기 때문이다. 따라서 그 금전소비로 인해 본인에게 발생한 손해가 그 소비한 날 이후의 이자액을 초과한다면, 사무관리자는 그 추가분의 손해도 따로 배상하여야 한다(제738조,제685조).

제 2 절 사무관리 특수이론

I. 필요적 사무관리

1. 개 관

필요적 사무관리(必要的 事務管理)는 진정·부진정사무관리, 정당·부당사무관리 등을 막론하고, 사무처리의 공익성이나 긴급성으로 인해 그 사무관리가 반드시 행해져야만 하며, 사회적으로 고도로 장려되어야 할 사무관리를 일컫는 것이다. 이러한 특별사무관리에는 공익사무관리(公益事務管理)와 긴급사무관리(緊急事務管理), 두 가지 종류가 존재한다:

2. 공익사무관리

(1) 의 의

공익사무관리(公益事務管理)란 사무관리행위가 공공의 이익에 적합한 경우를 말한다. 예를 들어 연고자가 아님에도 어느 방치된 시체의 장례를 치르는 것, 부모를 대신하여 미성년자를 부양하는 것, 국가·지방자치단체를 대신하거나 그에 협조하여 범죄자를 제압하거나 그 검거에 조력하는 것, 공중에 위협이 되는 야생동물이나 맹견을 포획 또는 사살하는 것 등이 그와 같다. 우리민법 제734조 3항은 이렇게 사무관리행위가 공공의 이익에 적합한 경우에 관하여 별도의 특칙을 마련해두고 있다.

* 독일민법과의 차이 : 독일민법은 제679조에서 본인의 의무 가운데 그 의무의 이행이 공적 이익이 되는 의무 또는 법률상 부양에 관한 의무가 타인의 개입이 없을 경우 적시에 이행되지 아니할 경우에, 관리자는 본인의 반대의사와 상관없이 사무관리를 할 수 있다고 규정한다. 우리민법에서 공익사무관리는 관리자의 주의의무 감경사유로만 규정되어 있는 것과 다르다. 그런데 본인의 반대의사가 공익에 반하는 경우까지 존중될 수 있는 것은 아니므로, 독일민법 제679조는 우리민법의 해석론으로 원용할 수 있으리라 생각한다. 다시 말해 제734조 3항 단서의 규정은 사무관리자 손해배상책임의 감경을 위한 규정이 아니라 사무관리의 요건을 위한 규정으로 해석하는 것이 타당하다(金亨培·32면·).

* 공익사무관리의 연혁 : 로마법은 장례의무를 공익을 위한 의무라고 보았다. 따라서 장례의무 없는 자가 장례의무자를 위해 장례를 대신 치러준 경우 본인의 반대의사와 상관없이 장례의무자에게 비용상환을 소구할 수 있다고 하였다(Ulp. D. 11,7, 14, 13). 독일민법 제679조는 이러한 로마법적 전통을 기원으로 하는 규정이다. 독일민법 예비초안과 제1초안은 공익사무관리가 본인의 이익·의사에 반하는 경우 본인에 대한 비용상환청구권만 공익관리자에게 인정하는 것으로 규율했으나(독일민법 제 683조 2항), 제2초안은 공익사무관리자에게 비용상환청구권은 물론이고 손실보상청구권 등 다른 권리도 주어지도록 규정하였다. 그 후 제2초안의 규정이 독일민법전 최종안으로 채택되었다.

(2) 요 건

1) 공익성 : 여기서 '공익öffentliche Interesse'이란 넓은 의미에서 법질서의 존중 일반을 의미하는 것이 아니다. 그보다는 좀 더 좁은 의미에서 시민의 생명, 신체, 건강 또는 중요재산 등을 수호하는 이익이다(Staudinger/Bergmann, §§ 679, 2006, Rn. 21; Zitelmann, Ausschluß der Widerrechtlichkeit, in: AcP 99(1906), S. 114 f.). 다시 말해 경찰법에서 경찰이 부담하는 공적 의무 가운데서도 필수적 의무만이 여기에 해당한다(MünchKomm/Seiler, § 679, Rn. 5).

* 위험방지 및 교통안전을 위한 개입 : 예를 들어, 붕괴 위험이 있는 박공지붕 벽을 철거하는 행위(BGH, Urteil vom 22. Oktober 1954 - IV ZR 233/53), 위험 구역에 표지를 설치하는 행위(BGHZ 65, 384; BGH NJW 1964, 1365; RGZ 75, 188, 189·), 소방대가 도착할 때까지 화재를 진압하는 행위(BGH, Urteil vom 2. April 1986 - VIII ZR 322/84 = BGHZ 98, 195, 199; LG Braunschweig DVBl. 1973, 227),

교통에 위험을 주는 도로 오염물을 제거하는 행위(BGH, Urteil vom 4. Dezember 1975 - VII ZR 218/73), 결빙되어 위험해진 도로에 제설제(除雪劑)를 살포하는 행위(RG JW 1923, 78), 전복된 유조차를 견인하는 행위(BGH, Urteil vom 3. Oktober 1974 - III ZR 167/72), 사고 차량에서 발생할 수 있는 위험을 방지하기 위한 조치(LG Limburg MDR 1965, 742), 운전자의 음주로 인해 위험하게 방치된 차량을 처리하는 행위(AG Lübbecke MDR 1975, 228.) 등이 공익사무관리행위로 추정될 수 있다.

* 의료·사회 복지를 위한 개입 : 관할 사회보험기관이 아닌 제3자가 응급 환자를 이송하는 행위(BGHZ 23, 351; BGH VersR 1956, 235), 경찰 아닌 제3자가 공공도로·광장에서 사고당한 자를 구조하는 행위(RG JW 1910, 186), 해외에서 무일푼이 된 패키지 관광객을 고국으로 데려오는 행위도 긴급성이나 대체불가능성 등이 인정되면 공익사무관리로 추정된다(LG Frankfurt/Main NJW 1983, 52.).

* 공익사무관리에 해당하지 않는 예 : 타인의 도로에 자기 가축이 들어가지 못하도록 울타리를 설치한 자는 그 도로유지의무자에게 비용상환을 청구하지 못한다. 도로유지의무자에게는 타인 소유의 가축이 자기 도로에 들어오지 못하도록 울타리를 설치할 의무가 없기 때문이다(BGH NJW 1963, 922). 다만 온천장 소유자가 국가를 대신하여 온천장과 고속도로 사이에 소음차단벽을 설치한 행위는 공익사무관리로 인정된다. 고속도로로부터 발생하는 소음을 차단하기 위한 보호벽 설치의무를 국가가 부담하기 때문이다(BGH NJW 1978, 1258). 한편 사법당국이 수형자를 강제로 급식하거나 치료하는 행위는 사법당국 자신의 의무 이행에 해당하므로, 사무관리의 기본 요건을 충족하지 못한다(BGHZ 109, 354; LG Frankfurt/Main NJW 1977, 1924; Schubert NJW 1978, 687). 사인이 불법 주차 차량을 당국의 명령 없이 견인하는 것도 특별한 위험이나 긴급 상황이 증명되지 않으면 공익사무관리로 인정되지 않는다(AG Schöneberg NJW 1984, 2954; LAG Düsseldorf MDR 1987, 1029).

2) 긴급성 : 공익을 위한 관리행위를 하였더라도 긴급한 행위가 아니었다면, 공익사무관리로서 인정되지 못한다. 다시 말해 공익사무관리는 그 관리행위가 아니었다면 공익적 의무가 적시에 이행되지 못했을 사안에서만 인정될 수 있다. 그 긴급성의 판단은 관리행위의 착수시점을 기준으로 한다(BGH NJW 1978, 1258).

(3) 효 과

1) 본인 이익·의사의 배제 : 사무관리자가 본인의 이익·의사에 반하여 사무관리행위에 착수하였을 경우 이는 정당한 사무관리가 아니라 부당한 사무관리가 된다. 하지만 본인의 이익·의사에 설령 반하였더라도, 그 사무관리가 공익에 적합한 것이었다면, 그 사무관리는 정당한 사무관리가 된다(독일민법 제679조). 설령 본인의 실제적 반대의사가 인식 가능하게 표명되었다 하더라도 마찬가지이다. 이러한 점에서 공익사무관리는 사무관리법에서 사적 자치를 허용하지 않는 유일한 예외가 된다(Medicus S. 172).

2) 주의의무 감경 : 사무관리자가 본인의 이익·의사에 반하여 사무관리행위에 착수하였다가 본인에게 손해를 발생시켰을 경우, 관리자는 자신에게 과실없는 때에도 그 관리행위로 인한 손해를 본인에게 배상할 책임이 있다(제734조 3항 본문). 하지만 그 관리행위가 공공의 이익에 적합하였을 때에는 공익사무관리자가 선량한 관리자의 주의의무를 위반했다 하더라도 관리자는 본인 또는 제3자에 대하여 그 관리행위로 인한 손해의 배상책임을 부담하지 않는다. 오직 관리자가 중대한 과실로 본인에게 손해를 가한 경우에만 본인에게 배상책임을 부담한다(제734조 3항 단서). 이렇게 공익성만으로 관리자의 주의의무를 경감할 수 있는지에 대해서는 의문이 제기될 수 있으나, 공익사무관리의 요건에 긴급성이 포함되는 이상 이러한 감경규정은 당연한 규정이라 생각한다(제735조). 물론 공익사무관리자가 고의(故意)로 본인에게 손해를 가한 경우에도 공익사무관리자는 그에 따른 손해배상책임을 부담한다. 중과실과 고의는 민법에서 같게 취급되기 때문이다.

* 공익에는 적합했지만 그 본인에게는 부당한 사무관리였던 경우 : 이러한 공익사무관리자의 주의의무 감경규정은 부당사무관리에도 적용될 수 있다고 봐야 한다. 본인의 객관적 이익이나 추정적 의사에 반하는 사무관리였다 하더라도, 그 사무관리가 공익에 적합한 것이었다면, 이에 반하는 본인의 이익이나 의사는 온전히 적법한 것으로 보기 어렵기 때문이다. 따라서 본인의 반대의사가 충분히 예상되는 관리행위를 관리자가 착수했고, 그 실행과정에 과실이 있더라도, 그 사무관리가 공공성과 긴급성을 갖췄다면, 관리자에게 고의 또는 중대한 과실이 없었던 한, 관리자는 손해배상책임을 지지 않는다. 예를 들어 공장 하수구에서 대량의 독한 오염물질이 강물로 갑자기 흘러나오는 것을 보고, 그 공장주의 의사에 반하여 강의 오염을 막기 위해 공장 하수구를 임의로 막고 경찰에 신고했는데, 그렇게 하수구를 막은 것으로 인해 그 공장 건물에 구정물이 넘쳐 큰 손해가 발생한 경우에도 관리자에게 중과실이 없었다면 관리자는 면책된다. 다시 말해 이러한 공공사무관리의 경우, 사무관리자에게 고의 또는 중대한 과실이 인정되어야만 관리자는 손해배상책임을 부담하게 된다.

* 공익사무관리자에게 사무관리의사가 없었던 경우 : 이러한 공익사무관리자의 주의의무 감경규정은 부당사무관리에 적용될 수 있으나, 부진정사무관리의 경우에는 적용될 수 없다. 부진정사무관리자는 공익을 위해 사무를 관리한 것이 아니라 자기를 위해 사무를 관리한 자로서 아예 사무관리의사를 갖지 않았던 자이고, 이러한 자는 사무관리자 특유의 이타성altruism을 결여했다는 점에서 법적으로 특혜를 받을 필요성 역시 적기 때문이다.

3. 긴급사무관리

(1) 의 의

긴급사무관리(緊急事務管理)란 사무관리행위가 본인의 생명, 신체, 명예 또는 재산에 대한 급박한 위해를 면하게 하기 위하여 행해진 경우를 말한다. 예를 들어 어떤 주택 거주자가 수도관의 폐색상태에서 수도꼭지를 완전히 틀어놓은 채 바캉스를 떠났는데 나중에 수도관이 개통되어 수도꼭지에서 물이 쏟아졌고 집이 물로 가득하게 되자 옆집 사람들이 그 집 창문을 깨고 들어가 수도꼭지를 잠근 경우, 또는 바닷물에 빠져 죽게 된 소녀의 머리채를 잡아당겨 구하려다가 소녀의 두피를 크게 손상시킨 경우 등이 여기에 해당한다. 우리민법은 제735조에서 이에 관한 특칙을 마련해두고 있다.

> *독일민법의 규정: 독일민법은 제680조에서 사무관리가 본인에 대한 급박한 위험의 방지를 목적으로 행하여지는 경우 사무관리자는 고의 및 중과실에 대하여만 책임이 있다고 규정한다. 긴급상황에서는 신중한 검토가 불가능하다는 점을 고려하여 경미한 부주의를 면책시킨 것이다. 우리민법 제735조는 독일민법 제680조를 본받은 것이다.

(2) 요 건

1) 본인 또는 그의 재산에 대한 급박한 위해 : 본인 또는 그의 재산에 급박한 위해가 있어야 한다. 그리고 그로 인해 본인에게 직접적 손해발생의 개연성이 매우 높아졌어야 한다. 물론 사무관리자가 그 위험을 현실적으로 제거해야만 하는 것은 아니다. 비록 사무관리자가 그 위험제거에 실패했다 하더라도, 사무관리에 어쨌든 착수를 했다면, 긴급사무관리가 인정된다. 관리행위의 이러한 긴급성은 사무관리자가 증명해야 한다.

2) 관리자의 인수과책이 중대하지 않을 것 : 관리자에게 인수과책이 있는 경우라도 관리자가 본인에 대한 급박한 위험을 방지할 목적으로 사무에 개입하였다면 책임감경을 받을 수 있다. 다시 말해 본인의 이익·의사를 고려하여 관리자가 도와주지 않는 것이 차라리 더 나은 상황이었다 하더라도, 일단 그가 사무관리의 의사로 긴급한 관리행위에 착수하기만 했다면, 긴급사무관리의 요건은 충족되는 것으로 본다(MünchKomm/Seiler, § 680, Rn. 4). 다만 관리자의 인수과책이 고의 또는 중과실의 정도에 이르렀던 경우라면 긴급사무관리의 요건은 충족되지 않는다(Larenz, Lehrbuch des

^{Schuldrechts Bd. Ⅱ/1: Besonderer Teil, 13. Aufl., 1986, S. 452}). 관리자의 인수과책이 고의 또는 중과실의 정도에 이르렀다는 사실의 증명은 본인이 하여야 한다.

> * 반대견해 : 우리학설 가운데는 관리자에게 '급박한 위해를 면하게 하기 위한 의사'만 있으면 객관적으로 긴급상황이 존재하지 않더라도 긴급사무관리가 성립하여 관리자의 책임이 감경될 수 있다는 견해가 존재한다(崔秉祚, 민법주해 XVII, 60면 이하; 李丙儁/黃元載, 175면). 그런데 아무리 관리자에게 긴급사무관리의 의사가 있었다 하더라도 상황을 제대로 판단하지 못한 데 중대한 과실이 있었던 경우까지 관리자의 책임을 감경할 수는 없다 할 것이다.

(3) 효 과

1) 주의의무의 감경 : 긴급사무관리는 책임감경사유에 해당한다. 다시 말해 긴급사무관리의 경우 사무관리자는 설령 선량한 관리자의 주의의무를 위반했다 하더라도 본인에 대하여 손해배상책임을 부담하지 않는 게 원칙이다. 오로지 고의 또는 중과실로 본인에게 손해를 가한 경우에만 배상책임을 부담한다(제735조). 물론 긴급사무관리자는 정당사무관리의 요건을 갖출 경우 본인(대개는 본인이 가입한 손해보험사)에 대하여 비용상환 및 손실보상을 청구할 수 있다.

> * 응급처치에 따른 법적 책임문제 : 길가에 쓰러져 심폐소생술이 요구되는 사람에게 응급처치를 시행하다가 성추행 가해자로 지목되어 강제추행죄 고소를 당했다거나 갈비뼈를 부러뜨렸다는 등의 이유로 과실치상죄 고소를 당했다는 사례가 가끔 있다. 그러나 사무관리자가 응급조치를 진행하던 도중 과실로 본인에게 성적 수치심을 불러일으켰다거나 신체적인 상해를 입혔더라도 형사처벌을 받거나 민사상 손해배상책임을 부담하지는 않는다. 긴급사무관리의 법리가 적용되기 때문이다. 하지만 응급처치를 시행하는 자는 다음과 같은 점을 검토하여야 한다: ① 만약 피해자에게 의식이 있었다면 반드시 상대방의 동의를 얻은 뒤 응급처치를 시행하여야 한다. ② 피해자가 의식을 잃었더라도 계속해서 숨을 쉬고 있는 상황이고 심장이 잘 뛰고 있다면 응급처치를 시행하지 않아야 한다. 만약 ①②와 같은 상황에서 심폐소생술 등을 시행하면 강제추행죄 또는 과실치상죄로 처벌받을 수 있고 손해배상책임도 부담할 수 있으니 주의하여야 한다.

> * 한의사의 응급처치를 돕다가 실패한 의사의 배상책임 : 2018년 5월 15일 甲은 경기도 부천시 소재 한의원에서 봉침 시술을 받고 아나필락시스 쇼크를 일으켜 병원에 옮겨졌으나 뇌사로 같은 해 6월 6일 사망했다. 시술한 한의사 乙은 업무상 과실치사로 2020년 금고 10개월에 집행유예 2년을 선고받았다. 문제는 사건 당시 한의사 乙의 요청을 받고 달려온, 같은 층의 가정의학과 의사 丙의 책임이었다. 당시 丙은 아무런 의무 없이 달려와 환자를 진찰한 후 에피네프린 등을 투여하고

119 구급대 도착까지 심폐소생술을 진행했다. 이에 대해 법원은 한의사 乙에게 4억 7,148만 원 배상 명령을 내리면서도 의사 丙에 대해서는 배상 책임이 없다고 판시했다(서울高判 2023.6.9, 2020나11351). 비록 의사 丙에게는 에피네프린을 즉각 투여하지 않은 과실이 있었지만, 의사 丙은 긴급사무관리자로서 중대한 과실이 없는 한 본인 甲에 대해 책임이 없다는 이유에서였다.

* 긴급사무관리자에게 사무관리의사가 없었던 경우 : 이러한 긴급사무관리자의 주의의무 감경규정은 부진정사무관리에 적용될 수 없다. 다시 말해 긴급사무관리자에게 사무관리의사가 없었을 때는 주의의무감경규정이 준용될 수 없다. 부진정사무관리자는 타인을 위해 사무를 관리한 것이 아니라 자기를 위해 사무를 관리한 자로서 아예 사무관리의사를 갖지 않았던 자로서, 그가 과실로 일으킨 부정적 결과를 면책시켜줄 규범적 필요가 없기 때문이다. 아무리 긴급한 상황을 진압하는 과정에서 벌어진 결과였더라도 마찬가지이다.

2) **본인 이익·의사의 배제?** : 긴급사무관리는 책임감경사유에 해당할 뿐 본인의 이익·의사를 배제하는 사유가 되지는 않는다. 다시 말해 긴급사무관리가 긴급성만 갖추었을 뿐 공익성을 갖추지는 못했고 본인의 이익·의사에도 반하는 것이었다면, 이는 부당사무관리가 되어 관리자는 비용상환청구권, 손실보상청구권 등을 상실하게 된다. 물론 대개의 경우 긴급사무관리는 공익사무관리이기도 하기 때문에 긴급사무관리가 부당사무관리에 해당하는 경우는 매우 희귀하다.

* 폭력영화 촬영장인 줄 모르고 뛰어든 의로운 시민 : 예를 들어 폭력영화 촬영장에서 린치 당하는 장면을 찍고 있는 주인공이 실제로 구타당한다고 생각하여 어느 의로운 행인이 촬영장에 난입해 악역 배우들을 모두 때려 중상을 입혔고 자신도 다쳤다고 하자. 그 의인은 정당방위의 의사로 개입했을지 모르지만, 만약 그가 정당방위상황을 오인했다면 정당방위는 성립하지 않으므로 그의 가해행위에 위법성이 조각되지는 않고 과실의 문제가 남는다. 만약 그가 상황의 긴급성 등을 증명할 수 없다면 그의 상황 오인에 관한 중대한 과실이 본인에 의해 증명되지 않아야 그 의로운 시민은 손해배상책임을 면할 수 있다(제735조). 또한 그의 긴급사무관리는 동시에 부당사무관리에 해당하므로 그에게 손실보상청구권이나 비용상환청구권 등은 주어지지 않는다(제739조 3항).

* 긴급사무관리자가 제3자에게 가한 손해 : 긴급사무관리라 하더라도 본인에 대해서만 주의의무가 감경될 뿐이므로 제3자에게 가한 손해에 대해서는 손해배상책임을 면하지 못할 수 있다. 다만 제3자에게 더 큰 유책성이 있을 경우 과실상계로 배상책임이 감면될 수는 있다. 그리고 정당방위 또는 긴급피난의 요건을 충족할 경우 그 가해행위의 위법성이 조각될 수도 있다.

* '선한 사마리아인의 법 Good Samaritan Law' : 영미법계에서는 이러한 긴급사무관리의

문제를 '선한 사마리아인의 법'으로 해결한다. '선한 사마리아인의 법'은 성서 누가복음 제10장 제30절 ~ 제37절에 나오는, 강도에게 다친 사람을 구해준 사마리아인의 이야기에서 유래된 것으로서, 긴급한 위험에 처한 사람에게 선한 동기에서 구조활동을 한 자가 법적으로 일정한 특혜를 받는다는 점을 포함하고 있다. 그러한 특혜는 ① 설령 객관적인 의미에서 이상적이고 완벽한 구조활동을 하지 못했다 하더라도 그를 민사상·형사상으로 면책한다는 것, 그리고 ② 그 구조자가 손해를 입었을 경우 피구조자가 이를 보상해야 한다는 내용으로 구성되어 있다. 그밖에 선한 사마리아인의 법은 ③ 그러한 긴급한 위험상황의 표지를 인식했음에도 구조를 하지 않은 자에 대해 민사상의 손해배상 및 형사상의 처벌을 가할 수 있다는 내용까지 담고 있다. 영미 보통법상 'Danger invites Rescue'의 법리가 그것이다. 우리민법의 경우 ①은 긴급사무관리자의 책임감경에 관한 제735조, ②는 사무관리자에 대한 본인의 손해보상의무에 관한 제740조에서 입법화된 반면, ③은 아직 입법화가 되지 않은 상태이다. 참고로 '선한 사마리아인의 법'은 2004년 말 SBS에서 방영된 '러브스토리 인 하버드'란 드라마에서 소개되어 우리나라 대중에게 긴급사무관리의 개념보다 더 잘 알려져 있다.

II. 사무관리·부당이득·불법행위의 중첩영역

1. 부당사무관리

(1) 개 관

1) 부당사무관리의 개념 : 관리자에 의해서 사무관리의 의사로 관리행위가 행해지긴 했으나, 본인의 객관적 이익이나 실제적·추정적 의사에 반하여 관리행위가 착수되어 사무관리의 기본적 법률효과를 부정해야만 하는 경우, 이를 부당사무관리(不當事務管理 unberechtigte Geschäftsführung ohne Auftrag)라 한다.

* 실제적 예 : 예를 들어 의사 甲과 乙이 공동사업 형태로 정형외과 전문병원을 운영하고 있었는데, 乙이 甲의 동의 없이 20억 원을 들여 병원 이름으로 MRI 장비를 구입했다고 하자. 乙은 병원의 매출확대를 위해 당연히 필요한 기계인데, 마침 싼 가격으로 매물이 나와서 급히 샀다고 하지만, 甲은 어차피 인근 지역의 정형외과 전문병원 모두가 MRI 장비를 갖추고 있어 그 기계가 필요하지 않다고 생각했다면, 乙은 병원을 위하여 무권대리(제130조)를 한 것이 된다. 물론 甲이 乙의 무권대리를 어쩔 수 없이 추인하였다면, 무권대리는 아니게 되지만, 甲은 乙에 대해서 무리한 MRI 장비 구입으로 인해 병원에 발생한 손해를 배상하라고 요구할 수 있다. 그런데 만약 그 장비 구입이 병원에 손해보다는 이익을 더 가져다주었다면, 乙은 병원에 대하여 비용상환을 청구할 수 있는지도 문제된다.

2) 적용규정 : 이러한 부당사무관리는 정당한 사무관리가 아니므로, 이러한 사안에는 원칙적으로 부당이득법의 일반규정(제741조)과 불법행위법의 일반규정(제750조)이 적용된다. 하지만 사무관리법의 일부 규정이 적용될 수도 있다. 따라서 부당사무관리는 이른바 사무관리법과 부당이득법, 그리고 불법행위법이 만나는 영역이라 할 수 있다.

3) 독일민법과의 비교 : 참고로 독일민법은, 아무리 사무관리자가 사무관리의 의사를 갖고 있었다 하더라도, 본인의 이익이나 실제적·추정적 의사와 일치하지 않는 사무관리를 하였다면, 본인에게 비용상환을 청구할 수 없고 오직 부당이득반환규정에 따른 반환청구만을 할 수 있다고 규정한다(독일민법 제684조 본문). 그리고 그 사무관리의 결과로 본인에게 손해가 발생하였다면, 관리자에게 설령 그 손해 발생과 관련하여 귀책사유가 없었다 하더라도, 그 사무관리의 착수(Geschäftsübernahme) 자체가 본인의 실제적·추정적 의사에 반한 것인 이상, 관리자에게 무과실책임이 인정된다고 규정하고 있다(독일민법 제678조). 물론 본인의 이익·의사에 반하는 사무관리라 하더라도 공공의 이익에 적합한 것일 때는 정당한 사무관리가 된다는 것이 독일민법의 입장이다(독일민법 제679조).

4) 부당사무관리의 종류 : 이러한 부당사무관리는 크게 무익사무관리(無益事務管理)와 반의사사무관리(反意思事務管理)로 나눠서 고찰해볼 수 있다. 물론 대부분의 부당사무관리는 무익사무관리이면서 동시에 반의사사무관리에 해당하지만, 순수한 반의사사무관리의 예도 적지 않다. 따라서 이하에서는 양자를 나누어서 상세히 설명해보기로 하겠다:

(2) 무익사무관리

1) 의 의 : 무익사무관리(無益事務管理)란 관리자가 본인의 사무를 관리할 의사로 개입하였으나, 애초부터 본인의 이익에 객관적으로 도움이 안 되는 개입이었기 때문에, 본인에게 이득이 발생하지 않거나 결국 본인에게 손해가 발생한 경우를 말한다. 프랑스법에서는 이러한 무익사무관리를 'gestion inutile'이라고 부른다.

* 실제적 예 : 예를 들어 산에 올라간 대학생들이 밤이 되도록 내려오지 않아 걱정이 된 등산안내인이 이틀을 허비하며 그들을 찾으러 다녔는데, 정작 대학생들은 2박 3일 동안 잘 놀고 무사히 산 아래로 내려온 경우가 그와 같다. 그 외에도 서로 아무런 계약관계에 있지 않은 2인의 공유자 중 1인이 다른 공유자의 장기 부재중

에 그의 허락 없이 공유물을 개량하기로 하여 근린생활시설 건물이었던 것을 예식장 및 종합상가건물로 리노베이션 하였는데, 객관적으로 그 개량은 공유물의 가치를 떨어트릴 수밖에 없는 것이었으며 결국 그로 인해 공유물의 가치가 올라가긴커녕 오히려 더 떨어져버린 경우도 여기에 해당한다. 또는 무효인 타인의 채무를 유효하다고 믿고 타인을 도우려는 마음에서 변제한 경우 역시 여기에 해당한다.

2) 무익 여부의 판단 : 여기서 무익(無益)이란 본인에게 이익이 되지 않는다는 의미일 뿐, 본인에게 손해가 된다는 의미는 아니다. 따라서 사무관리의 착수단계에서 그 관리행위가 본인에게 꼭 손해가 되지는 않을 것 같더라도 본인에게 객관적으로 이익이 될 것 같지는 않았다면, 이는 부당한 사무관리로 보아야 한다. 본인 입장에서는 자기에게 손해가 되지 않는다 하더라도 자기에게 이익이 되지 않는 사무관리에 대해서는 보상하고 싶지 않을 것이며, 이러한 본인의 이해관계는 법적으로 존중받아야 하기 때문이다.

3) 다른 유형과의 구별

　　a. 위임 : 본인에게 객관적으로 이익이 되지 않았더라도, 본인의 사무위탁에 따라 사무를 관리한 것이라면, 이는 애초부터 사무관리행위가 아니라 수임행위(受任行爲)로 본다. 이 경우 수임인은 의무 없이 타인의 사무를 처리한 것이 아니라, 본인과의 계약에 따라 사무를 처리한 것이기 때문이다. 그리고 이 경우 수임인에게 사무를 위탁한 위임인은 그 사무처리의 결과로 이익이 발생하지 않을 수도 있음을 이미 감수하고서 일을 맡겼을 것이기 때문에, 수임인은 그 사무처리의 결과가 위임인에게 이익이 되지 않았다 하더라도 수임사무처리에 소요된 비용의 상환을 위임인에게 청구할 수 있다.

　　b. 반의사사무관리 : 본인에게 객관적으로 이익이 되지 않는 것이라면 대부분의 경우 본인은 이를 원하지 않았을 것이고, 관리자도 본인의 거부의사를 알 수 있었을 것이다. 예를 들어 어느 3류 작가가 본인의 승낙 없이 본인의 자서전을 조잡한 문체로 대필해준 경우, 이는 본인에게 이익이 되지 않으니 본인이 이를 원하지도 않았을 것이다. 따라서 무익사무관리에 해당하는 행위는 대부분 반의사사무관리에도 해당한다고 할 수 있다. 다시 말해 본인의 객관적 이익에 도움이 되지 않으면서도 본인의 추정적·실제적 의사에 합치되는 사무의 예는 거의 없다고 해도 과언이 아니다.

4) 효 과

　　a. 비용상환청구권 : 관리자는 이 경우 본인의 허락을 받지 않은 데다, 착수단계에서부터 본인의 객관적 이익에 반하여 사무를 관리한 것이기 때문에, 이러한 사무관리를 법적으로 장려하기는 매우 어렵다. 따라서 이러한 관리자가 본인에게 비용상환청구권($^{제739조}_{제1항}$)을 행사할 수는 없다 할 것이다. 설령 반의사사무관리의 규정을 여기에 적용한다 하더라도, 본인의 현존이익 한도에서만 비용상환을 청구할 수 있을텐데($^{제739조}_{제3항}$), 무익사무관리에서 이익을 보았을 리 없는 본인에게 현존이익이 있을 리는 없다. 따라서 관리자는 결국 본인에게 아무런 비용상환도 청구할 수 없는 것으로 봐야 한다. 물론 관리자는 본인에게 대위변제($^{제739조}_{제2항}$)를 청구할 수도 없다.

　　b. 부당이득반환청구권 : 법적으로 보호되지 않는 사무관리를 통해 본인에게 발생한 이익은 모두 정당한 이득이 아니라 부당한 이득($^{제741}_{조}$)이 된다. 그런데 이러한 무익사무관리에서는 본인이 무슨 이익을 얻었을 가능성이 거의 없다. 따라서 사무관리자가 설령 비용상환청구권 대신에 본인에게 부당이득반환청구권을 행사한다 하더라도, 본인에게는 사무관리자에 반환해줄 이득 자체가 존재하지 않을 것이다. 따라서 본인은 이러한 관리자에게 비용상환은커녕 부당이득반환의무조차 부담하지 않게 된다.

　　c. 손실보상청구권 : 애초에 본인에게 이익이 되지도 않을 사무관리를 한 자가 본인에게 손실보상을 청구할 수는 없다. 설령 관리자가 본인을 도와준답시고 뛰어들었다가 불의의 손실을 입었다 하더라도, 그 일이 쓸데없는 짓이었다면, 예를 들어 어느 아이돌 가수의 광팬이 그 가수와 앙숙이었던 어느 연예인에 대한 비난의 글을 인터넷 게시판 십여 곳에 올렸다가 형사고소를 당했고 비록 무죄를 받았지만 변호사비용을 많이 썼다 하더라도 그에 따른 손실은 관리자가 감수해야 하는 것으로 봐야 한다. 다시 말해 본인은 이 경우 관리자에 대하여 손실보상의무($^{제740}_{조}$) 역시 부담하지 아니한다.

　　d. 손해배상책임 : 우리민법은 관리자가 착수단계에서 본인의 이익 또는 의사에 반할 것으로 예정되었던 사무관리행위를 시작하여 결국 본인에게 손해를 발생시켰다면, 그 손해발생 자체에 관하여 관리자에게 과실이 없었어도 관리자는 본인에게 배상책임을 부담하는 것으로 규정하고 있다($^{제734조 제}_{3항 본문}$). 물론 이러한

무과실책임은 사무관리자가 사무관리에 착수할 당시 그 사무관리행위가 본인의 이익 또는 의사에 반하게 될 것임을 몰랐으나 과실로 알지 못했을 때에도 당연히 인정된다(이때의 과실을 이른바 '인수과실'이라고 함). 이러한 책임의 성질은 불법행위에 기한 손해배상책임보다 더 가중된 책임으로 봐야 한다. 보통의 경우 불법행위에 기한 손해배상책임은 가해자의 과실과 손해발생 간의 인과관계를 전제로 하는 것이지만, 무익사무관리의 경우 이른바 인수과책(Übernahmeverschulden) 이외에 다른 과실이 없었어도 손해배상책임을 부담하기 때문이다. 따라서 무익사무관리자는 사무관리행위 자체에 선량한 관리자의 주의를 다 하였다 하더라도, 이미 그 관리행위의 착수부터가 본인에게 이익이 되지 않았던 이상, 무익사무관리와 관련하여 본인에게 발생한 모든 손해를 배상하여야 한다(제734조 제3항 본문의 유추적용).

* 은행의 주식 교환 사건 : 프랑스의 어느 은행 고객이 자신의 회사 주식을 은행에 맡겼다. 그런데 은행은 고객의 동의 없이 공개 교환 매수를 통해 이 주식들을 다른 주식으로 교환해버렸다. 그 9개월 후 원래 맡겼던 주식 가격이 3배까지 오르자 고객은 은행에 대해서 그 원래 맡겼던 주식을 팔라고 지시했다. 그러나 그 주식은 이미 다른 주식으로 교환되었기에 매도가 불가능했다. 고객은 은행에 대해서 손해배상책임을 물었고, 은행은 자신들이 고객의 이익을 위하여 사무관리를 했기에 그 주식 교환은 적법했다고 주장했다. 이에 은행의 그러한 주식 교환 행위가 애초에 고객의 이익을 위한 순수한 사무관리였는지, 아니면 은행 자체의 이익이나 재량에 따른 것이었는지 다투어졌다. 그리고 프랑스 대법원은 은행의 사무관리를 인정할 수 없기에 은행은 고객에게 손해를 배상하여야 한다고 판단하였다. 은행이 "고객의 유가증권 처분 행위의 유용성만을 주장하며 사무관리를 정당화하려 했을 뿐, 고객이 합리적으로 스스로 행동할 수 없었다거나 주식을 교환하지 않음으로 인해 발생할 수 있는 심각한 위험을 증명하지 못했다"는 이유에서였다(Cass. com., 12 janv. 1999, n° 96-11.026 (rejet)).

* 인과관계의 문제 : 주의할 것은 인수과책과 손해발생 그 자체 사이에 상당인과관계가 존재할 필요는 없다는 것이다. 사무관리자의 인수과책은 사무관리행위의 착수에만 관련되며 손해의 결과 자체에 미칠 필요는 없기 때문이다. 다시 말해 사무관리자가 그 손해의 결과를 미리 알아야 했다거나 알았어야 했을 필요는 없다. 다만 그 손해와 사무관리행위 간에는 상당인과관계가 존재하여야 한다. 따라서 사무관리자는 그 사무관리행위가 없었더라도 본인에게 발생하였을 손해에 대해서는 책임을 지지 않는다. 물론 사무관리행위로 인하여 발생한 손해라면 사무관리 과정에서 관리자가 주의의무를 다하여 적절하게 사무를 수행한 경우에도 발생했을 손해에 대해서까지 책임을 져야 한다 (Staudinger/Bergmann, § 678, Rn. 17; MünchKomm/Schäfer, § 678, Rn. 14; Wandt, § 5, Rn. 79).

* 긴급한 무익사무관리 : 관리자에게 인수과책이 있었던 경우라도 그 인수과책이 중대하지 않았고 관리자가 본인에 대한 급박한 위험을 방지할 목적으로 사무에 개입하였다면 긴급사무관리의 주의의무 감경규정이 적용될 수 있다. 따라서 이러한 경우 관리자가 고의 또는 중과실로 본인에게 손해를 끼친 경우에만 관리자가 본인에게 배상책임을 진다(Larenz, Lehrbuch des Schuldrechts Bd. Ⅱ /1: Besonderer Teil, 13. Aufl., 1986, S. 452).

(3) 반의사사무관리

1) 의 의 : 반의사사무관리(反意思事務管理)란 타인의 사무를 관리할 의사로 개입하였으나 본인의 실제적·추정적 의사에 반한 경우를 말한다. 예를 들어 타인 채무의 변제에 이해관계도 없었고 그 본인의 승낙도 없었으나 본인의 채무를 대신 변제했는데 본인은 이를 원치 않았을 경우, 어느 방송사가 본인의 승낙 없이 본인이 판매하는 제품의 광고영상을 방영해줬는데 본인은 이를 원치 않았을 경우 등이 그와 같다. 이러한 사무관리자에게 사무관리의 의사는 존재하였을지 모르나, 이러한 사무관리는 본인의 의사에 반하여 착수된 것이기 때문에(쉽게 말해 '본인이 싫다는데 도굳이 한것'이기 때문에), 이는 본인이 보상해줄만한 급부가 아닌 것으로 취급한다. 다시 말해 이러한 일방적 서비스제공은 본인에게 객관적으로 유리했는지 여부와 상관없이 부당사무관리에 해당하는 것으로 본다.

2) 반의사 여부의 판단 : 본인은 그 사무관리의 여러 가지 점에 대하여 반대의사를 가질 수 있다. 사무관리의 내용 자체에 대해서 이미 반대의사를 가질 수도 있고, 그 행위 자체는 반대하지 않으나 그 범위가 너무 과도하다는 점에 대해서 반대의사를 가질 수도 있으며, 그 행위 자체에 대해서는 반대하지 않으나 그 시점 또는 방법에 대해서 반대의사를 가질 수도 있고, 하필이면 왜 그 사람이 내 허락도 없이 사무관리를 하느냐는 점에 대해서 반대의사를 가질 수도 있다. 다만 본인은 반대의사를 제대로 형성할 수 있는 의사능력을 가져야 하며, 만약 의사능력이 없는 상태에서 반대의사를 표시하였다면, 이러한 반대의사는 법적으로 고려되지 말아야 한다(BGH, NJW 1972, 475). 물론 본인의 반대의사가 사후에 철회되거나, 본인이 그 반의사사무관리를 사후에 정당사무관리로서 추인할 경우, 사무관리의 부당성은 치유된다(Staudinger/Bergmann, §§ 678, 2006, Rn. 9). 이 경우 본인의 의사를 존중하여 반의사사무관리를 부당한 것으로 규정할 실익이 없어지기 때문이다.

* 반의사사무관리가 공공성을 갖춘 경우 : 반의사사무관리행위가 공공의 이익에 적합한 것이었을 경우, 반의사사무관리는 정당한 사무관리가 된다. 예를 들어 강물

에 뛰어들어 자살하려는 자를 다른 누군가가 구해주었을 때 본인이 그러한 구조를 원하지 않는다고 거듭 표시했다 하더라도 이러한 반대의사는 고려되지 아니한다. 본인의 반대의사는 사회적으로 용인될만한 가치를 가져야 하기 때문이다.

3) 무익사무관리와의 관계 : 반의사사무관리에서 본인의 의사에 반한다는 것은, 본인의 이익에 반한다는 것과 그 개념이 조금 다르다. 다시 말해 그 사무관리가 아무리 본인에게 이익이 된다 하더라도, 예를 들어 본인 대신 본인의 빚을 대신 갚아주는 것이라 하더라도, 그에 대한 본인의 반대의사만 확정될 수 있다면, 그 사무관리는 반의사사무관리가 될 수 있다(RGZ 101, 18; Staudinger/Bergmann, § 678, Rn. 10; Batsch, Aufwendungsersatzanspruch und Schadensersatzpflicht des Geschäftsführers im Falle berechtigter und unberechtigter Geschäftsführung ohne Auftrag, AcP 171 (1971), 218(227)). 물론 본인에게 이익이 되는 관리행위를 하는 자 대부분은 본인이 그에 대해 반대한다는 사실에 대해 알 수가 없었을 것이다(MünchKomm/Seiler, § 678, Rn. 5). 하지만 본인이 그러한 사무관리의 주체나 사무관리의 방법 등에 대해 거부감을 가질 수 있다는 사정이 이미 충분히 예측가능하였을 경우, 본인에게 이익이 되는 반의사사무관리가 드물게나마 성립할 수 있다.

4) 효 과 : 반의사사무관리는 비록 본인의 의사에 반하나, 본인에게 어쨌든 이익이 될 수 있다. 따라서 똑같은 부당사무관리임에도, 무익사무관리의 경우보다는 관리자에게 좀 더 많은 권리가 부여될 수 있다.

a. 이익 귀속 : 반의사사무관리로 인하여 만약 이익이 발생하였다면 그 이익은 사무관리자가 아니라 본인에게 모두 귀속시킨다. 만약 그 이익을 사무관리자에게 귀속시킨다면, 사무관리자는 본인의 의사에 반하여 본인의 사무를 찬탈하고도 그 사무처리의 결과를 편취하게 될 것인데, 법이 이를 정당화할 수는 없기 때문이다. 따라서 그 사무관리가 본인의 의사에 반했더라도, 사무관리자는 사무관리에 의해 받은 금전 기타의 물건을 본인에게 인도하여야 하고(제738조, 제684조 1항), 본인을 위해 자기의 이름으로 취득한 권리 역시 본인에게 이전하여야 한다(제738조, 제684조 2항). 만약 그 사무관리의 이익을 사무관리자가 일단 수취하였다면, 사무관리자는 이를 본인에게 귀속시켜야 한다.

* 실제적 예 : 예를 들어 본인 의사에 반하여 본인의 잡동사니 물건을 사무관리자가 무단처분한 다음 그 매매대금을 유보하고 있었다면, 본인은 사무관리자에 대하여 그 매매대금 전액의 인도를 청구할 수 있고, 그 매매사무 종료일로부터의 이자 역시 전액을 청구할 수 있다(제738조, 제684조 1항). 설령 그 잡동사니 물건이 사무관리자의 수완·노력으로 인해 본래 가치보다 더 비싸게 팔렸다 하더라도 마찬가지이다.

* 사무관리자의 유치권 문제 : 반의사사무관리자가 본인에게 인도하여야 할 취득물을 인도하지 않고, 예를 들어 유치권($^{제320}_{조}$) 또는 동시이행의 항변권($^{제536}_{조}$)을 인도를 거절할 수 있는지 문제된다. 생각건대 정당한 사무관리자와 달리 반의사사무관리자에게 이러한 인도거절권은 허용되지 않는다 할 것이다. 무엇보다 반의사사무관리자에게는 원칙적으로 비용상환청구권이 인정되지 않기 때문이다.

b. 비용상환청구 : 대개의 경우 반의사사무관리는 동시에 무익사무관리에 해당한다. 따라서 대부분의 반의사사무관리 사안에서는 본인에게 현존이익이 존재하지 않아, 관리자는 비용상환을 청구할 수 없게 된다. 반의사사무관리의 경우 사무관리자는 본인에게 현존이익의 한도에서만 비용상환을 청구할 수 있을 것이기 때문이다($^{제739조}_{3항}$). 그러나 만약 반의사사무관리가 본인에게 이익이 되는 것이었다면, 반의사사무관리자는 예외적으로 자기가 출재한 비용의 상환을 본인에게 어느 정도 청구할 수 있다. 예를 들어 관리자의 출재로 본인에게 채무소멸 등의 이득이 발생하였다면, 그 현존이익의 한도에서 관리자는 본인에게 비용상환을 청구할 수 있다($^{제739조}_{3항}$). 다만 이는 법리적으로 비용상환이라기보다 부당이득반환($^{제741}_{조}$)의 성질을 갖는다고 할 것이다.

* 본인의 실제적 의사에 반한 사무관리자의 비용상환청구 : 독일의 어느 건설업자(G)는 통일 이후 1991년에 동독 지역 슈베린Schwerin의 토지를 매수하여 주상복합건물을 신축하려고 했다. 그 토지에는 1981년 동독 시절 체결된 계약에 따라 공공 수도·하수관이 지나가고 있었다. 이 관로는 G의 토지뿐 아니라 주변 다른 토지의 급·배수에도 사용되고 있었다. G는 건축을 위해 관로의 이전Umlegung 공사를 자비로 실시한 뒤, 통일 후 해당 업무를 승계한 공공 수도·하수 사업자들(A)에게 그 이전 비용 약 66만 마르크의 상환을 청구했다. 그러나 독일 연방대법원은 G의 비용상환청구를 기각했다. G는 자기 건축사업을 위해 스스로 관로 이전을 자기 일로 추진했고, 더구나 A 측은 1992.1.13.자 서신 등으로 비용 부담 의사가 없음을 G에게 명시했으므로, 이처럼 표시된 실제 의사가 존재하면 그 실제 의사에 따라야 한다고 보았기 때문이다. 설령 A의 의사가 비합리적이거나 이해에 반하더라도 G는 A의 실제적 의사에 반하여 착수한 사무관리에 기하여 A에게 비용상환청구를 할 수는 없다고 법원은 판결하였다($^{BGH, Urt. v. 2.4.1998}_{- III ZR 251/96}$).

* 무수탁보증인의 변제 : 주채무자에게서 부탁을 받지 않고 독자적으로 채권자와 보증계약을 체결한 보증인은 설령 채권자에게 보증채무를 이행하더라도 주채무자가 그 당시에 이익을 받은 한도에서만 주채무자에게 구상할 수 있다($^{제444조}_{1항}$). 만약 주채무자의 의사에 반하여 보증인이 되었다면, 보증채무를 이행하더라도, 주채무자에게 현존이익 한도에서만 구상할 수 있다($^{제444조}_{2항}$). 만약 무

수탁보증인이 보증채무를 이행하고 주채무자에게 구상하였는데 그 이전에 채권자와 상계할 채권이 주채무자에게 있었다면, 무수탁보증인은 그 상계할 금액만큼을 공제하고서 주채무자에게 구상해야 하며, 그 대신 무수탁보증인은 주채무자에게서 그 상계로 소멸할 채권을 이전받게 된다($^{제444조}_{3항}$).

* 반의사사무관리자의 대위변제청구 : 반의사사무관리자에게 비용상환청구가 인정될 수 있는 경우라면, 대위변제청구 역시 인정될 수 있다. 예를 들어 사무관리자가 본인을 위하여 사무관리를 하다가 채무를 부담하였고 그 사무관리의 결과 본인에게 이익이 발생하였다면, 설령 그 사무관리가 본인의 의사에 반하는 것이었더라도, 사무관리자는 본인에게 현존이익의 한도에서 대위변제청구권($^{제739조}_{2항}$)을 행사할 수 있게 되는 것이다. 예를 들어 어느 유튜브 채널이 본인의 승낙 없이 본인의 레스토랑을 광고해줬는데 본인은 이를 원치 않았지만 그 광고로 인해 본인의 매출이 급격히 증가한 경우, 본인은 그 유튜브 채널의 촬영·편집료지급채무 일부를 현존이익 범위에서 대위변제해줘야 할 수도 있다. 물론 본인의 명시적 반대에도 사무관리자가 계속 본인의 사무를 대신 처리하여 본인의 경영을 방해했다면, 사무관리자의 손해배상액이 본인의 비용상환액을 초과하게 될 것이다.

* 반의사 변제행위의 특수성 : 우리나라는 변제에 이해관계를 갖고 있지 않은 자가 채무자의 의사에 반하여 변제하였을 때 그 변제는 무효가 된다고 규정하고 있다($^{제469조}_{2항}$). 따라서 이러한 변제자가 사무관리의 법리에 따라 채무자에게 현존이익 한도에서 비용상환을 청구하더라도 이는 기각될 수밖에 없다. 어차피 그 변제는 무효여서 채무자에게 이익이 되지 않았을 것이기 때문이다. 하지만 채무자의 의사에 반한 데다 변제자의 입장에서 법적 이해관계까지 없는 변제였다 하더라도, 채권자가 그 변제를 유효한 것으로 오신하고 선의로 증서를 훼멸하거나 담보를 포기하거나 시효로 인하여 그 채권을 잃어 채무자가 채무를 면하였다면, 반의사 변제행위는 채무자에게 이익이 될 수 있다. 물론 변제자가 채무자의 반대의사 없음을 착오한 것과 채무의 귀속주체를 착오한 것은 다르지만, 이러한 사안에 제745조를 확대적용하면 변제자는 채권자에게 부당이득반환청구를 못할 것이고, 변제는 결과적으로 유효가 될 것이기 때문이다. 이러한 경우 변제자는 사무관리의 법리에 따라 채무자에게 현존이익 한도에서 비용상환을 청구할 수 있다 할 것이다($^{제739조}_{3항}$).

  c. 부당이득반환청구 : 사무관리자가 의무 없이 본인의 의사에 반하여 본인을 대신해 변제 등의 사무관리행위를 하였을 때, 본인에게는 일정한 이득이 발생할 수 있다. 아무리 본인이 그러한 사무관리를 원하지 않았다 하더라도, 그 관리행위로 인해 본인이 자기 의무를 면하였거나 본인의 영업이익이 더 늘어났다면, 본인의 반대의사와 상관없이 본인은 어쨌든 이익을 얻게 된 것이기 때문이

다. 이러한 이득은 그 사무관리가 정당한 것이었을 경우 본인에게 정당한 이득이 되겠지만, 만약 그 사무관리가 본인의 의사에 반하여 부당한 것이었다면 그 이득은 본인에게 부당한 이득이 되어버린다(제741조). 따라서 이 경우 본인은 사무관리자에게 그 사무관리자의 출재로 인한 부당이득을 그 이득이 현존하는 범위에서 반환해야 하게 된다(제739조 3항).

  * 본인이 그 부당사무관리행위를 알았던 경우 : 본디 부당이득이란, 이득자가 선의인 경우 그 이득이 현존한 범위 내에서, 이득자가 악의인 경우 본인이 받은 이익에 이자까지 합쳐서, 사무관리자에게 이득을 반환해야 하는 것이다(제741조,제748조). 그런데 여기서 주의해야 할 것은 제739조 3항의 규정이다. 제739조 3항은 반의사사무관리를 위한 특별규정으로서 이러한 부당이득법에 대해 특칙의 지위에 있으므로, 반의사사무관리자는 본인이 설령 악의라 하더라도 단지 현존이익의 한도에서만 그 반환을 청구할 수 있을 뿐이다. 예를 들어 본인이 반대할 상황에서 본인을 위하여 본인의 채무를 변제한 자는 그 변제로 인해 본인이 계속 보유할 수 있게 된 금원이 있다 하더라도, 그 금원을 본인이 낭비해버렸다면, 본인에게서 아무런 부당이득반환도 받지 못하게 된다. 참고로 독일의 법규정(독일민법제684조 본문)은 이러한 부당사무관리의 경우에도 본인이 악의라면 관리자에게 부당이득 전부를 반환해야 하는 것으로 규정하고 있다. 이러한 점에서 우리민법은 부당사무관리를 더 강력히 억제하는 입장이라 볼 수 있다.

  * 본인에게 초과이득이 발생한 경우 : 부당사무관리로 인해 본인에게 발생한 이익의 현존액이 관리자의 출재액보다 더 큰 경우가 있을 수 있다. 예를 들어 서로 아무런 계약관계에 있지 않은 2인의 공유자 중 1인이 부재중인 다른 공유자가 반대할 것을 알면서 약 1억 원의 돈을 투자하여 그 공유건물을 예식장으로 개량하고, 그 결과로 약 3억 원 이상의 이익이 그 건물에서 나와 현존하는 경우가 그러하다. 이러한 경우 본인이 그 초과이득까지 사무관리자에게 남김없이 반환해야 할 것인가가 문제되는데, 생각건대 이 경우 본인에게 초과이득이 발생했더라도, 부당이득의 반환범위를 부당사무관리자의 비용지출범위 내로 한정해야 할 것이라고 본다(제739조 제3항). 그 사무관리 자체가 본인의 객관적·추정적 의사에 반했던 이상, 사무관리자에게 운용이익을 보장하기는 어렵기 때문이다. 다시 말해 이 경우 본인은 초과이득을 보유할 수 있다고 봐야 한다(이에 관해서는 徐鍾熙, 부당사무관리 및 부진정(準)사무관리와 부당이득과의 관계 -부당이득 성립요건 및 반환범위에 관한 재고찰과 함께-, 민사법학 제63-1호, 39면 이하).

d. 손실보상청구권 : 반의사사무관리의 경우 사무관리자는 애초에 본인에게 이익이 되는 일을 한 것이긴 하지만, 어쨌든 본인 입장에서 이 일은 원치 않은 일인 것이 맞다. 따라서 그러한 사무관리의 결과 사무관리자가 손실을 입었더라도, 사무관리자는 그 보상을 본인에게 청구할 수 없게 된다. 예를 들어 어느

사냥꾼이 어느 산골의 고구마밭을 지켜주기 위해 밭 주인의 만류에도 임의로 멧돼지와 싸우다가 큰 부상을 입었을 경우, 그 밭 주인에게 그 사냥꾼 치료비의 지급이 강제되는 것은 아니다. 다시 말해 본인은 이 경우 관리자에 대하여 손실보상의무(제740조)를 부담하지 아니한다.

  e. 손해배상책임 : 사무관리 자체가 본인의 의사에 반하게 착수되었고 그 관리행위로 본인에게 손해를 발생시켰다면, 그 손해발생 자체에 관하여 관리자에게 과실이 없었어도 관리자는 본인에게 배상책임을 부담하여야 한다(제734조 제3항 본문). 그리고 이러한 책임의 성질은 무익사무관리와 마찬가지로 불법행위에 기한 손해배상책임보다 더 가중된 책임으로 봐야 한다. 이른바 인수과실^{Übernahmeverschulden} 이외에 다른 과실이 없었어도 관리자는 본인에 대하여 손해배상책임을 부담하기 때문이다. 따라서 반의사사무관리자는 사무관리행위 자체에 선량한 관리자의 주의를 다 하였더라도, 이미 그 관리행위의 착수부터가 본인의 의사에 반했던 이상, 반의사사무관리와 관련하여 본인에게 발생한 모든 손해를 배상하여야 한다(제734조 제3항 본문의 유추적용).

  * 연습문제 : 학생 乙은 같은 원룸 건물 같은 층에 사는 대학 동기 甲과 심한 원한 관계에 있었다. 甲은 乙에게 "내 일에 관여하지 말라"고 경고한 상태였다. 어느 날, 乙은 택배 기사로부터 甲에게 온 소포를 대신 받았다. 乙은 다른 친구 丙에게 온 소포인 줄 알고 받았지만, 다시 확인해보니 甲에게 온 소포였고, 乙은 잠시 고민했지만, 자신이 소포를 받았으니 책임지고 甲에게 전달해야겠다고 판단했다. 乙은 소포를 들고 甲의 집 문 앞으로 가서 초인종을 눌렀지만 아무도 응답하지 않았고, 전화도 받지 않았다. 乙은 소포를 자신의 방에 보관해 두었다. 그런데 갑자기 윗층의 보일러 배관이 파열되는 사고가 발생하여 乙의 방은 물바다가 되었고, 乙의 방 안에 있던 甲의 소포는 완전히 젖어 내용물이 망가지고 말았다(Wandt, § 5, Rn. 66). 이 경우 소포의 수령 및 보관은 타인의 사무처리에 해당한다. 소포가 甲에게 보내진 것이고 乙에게 보내진 것이 아니기 때문이다. 乙은 타인의 사무를 처리하려는 의사를 가졌으므로, 위 사안은 부진정사무관리 사안이 아니다. 설령 처음에 丙을 위해서 사무관리에 착수했다 하더라도, 본인에 대한 착오는 사무관리의사를 탈락시키지 않는다. 그러나 乙의 사무관리행위 착수는 甲의 실제 의사에 반한다. 수취인 표시에 주의를 기울이지 않은 乙의 과실이 인정되므로, 乙은 부당사무관리, 특히 반의사사무관리를 한 것이다. 따라서 乙은 관리행위와 인과관계 있는 모든 손해에 대해 책임진다. 물론 윗층의 보일러 배관이 파열된 것은 乙의 과실이 아니지만, 乙은 甲에게 소포를 전달할 의무를 불가능하게 만들었고 그것에 乙의 과실이 있었는지는 중요하지 않으므로, 乙은 甲에 대해서 손해배상책임을 부담한다.

* 손익상계와 과실상계 : 반의사사무관리는 그 자체로 불법행위이지만, 적어도 착수단계에서는 본인에게 손해가 되기는 커녕 오히려 이익이 되는 경우가 많다. 따라서 반의사사무관리는 제대로만 수행된다면 본인의 자기결정권을 침해한 것 이외에 본인에게 이렇다 할 손해가 없는 사안이기 쉽다. 만약 본인에게 반대의사가 없었던 것으로 관리자가 오해하게끔 본인이 어느 정도 원인을 제공하였거나, 반의사사무관리를 알고도 본인이 이를 내버려둔 경우라면, 반의사사무관리를 유발·방치한 본인에게도 과실이 있었던 셈이 된다. 이러한 경우라면, 관리행위가 제대로 수행되지 않아 본인에게 손해가 발생하더라도, 과실상계(제396조)의 법리에 따라 배상액이 감경되거나 손해배상책임이 면제될 수도 있다.

* 반의사사무관리의 긴급성 : 반의사사무관리자의 선관주의의무는 그 관리행위가 본인의 생명, 신체, 명예 또는 재산에 대한 급박한 위해를 면하게 하기 위한 것이었을 경우 경감될 수 있는지 문제된다. 예를 들어 고객이 은행강도를 붙잡으려 했지만, 은행 측은 고객이 무장강도와 다투는 것에 대해 확고한 반대의사를 갖고 있었던 경우(OLG Karlsruhe, VersR 1977, 936), 결과적으로 고객이 은행강도와 몸싸움을 벌이는 과정에서 은행의 기물이 파손되었다면, 고객은 은행에 대해 손해배상책임을 부담하여야 하는가 하는 문제이다. 만약 고객이 은행의 반대의사를 인식하지 못한 데 중대한 과실이 있었다면, 고객은 파손된 기물에 대해 손해배상책임을 져야 할 것이다. 하지만 고객이 은행의 반대의사를 인식하지 못한 데 중대한 과실이 없었다면, 그 관리행위의 긴급성을 고려하여 고객의 주의의무가 감경되어야 할 것이다. 따라서 후자의 경우 관리자에게 고의 또는 중과실이 없었던 한 관리자는 본인에 대하여 손해배상책임을 면할 수 있게 된다(Larenz, Lehrbuch des Schuldrechts Bd. Ⅱ/1: Besonderer Teil, 13. Aufl., 1986, S. 452).

2. 부진정사무관리

(1) 개 관

타인의 사무를 관리하긴 하였지만, 관리자에게 사무관리의 의사가 존재하지 않은 경우, 이를 부진정사무관리(不眞正事務管理)라 한다. 사무관리의 의사 자체가 존재하지 않는다는 점에서 진정사무관리와 구별되고, 부당사무관리와도 역시 구별된다. 다만 사무관리법과 부당이득법, 그리고 불법행위법이 중첩되는 영역이라는 점에서는 부당사무관리와 유사한 분야라고도 할 수 있다. 부진정사무관리는 크게 둘로 나뉠 수 있는데, 관리자가 사무관리의사 없이 사무관리행위를 한 것이 관리자의 과실에 의한 것일 경우 오신사무관리(誤信事務管理)라 하고, 관리자의 고의에 의한 것이었을 경우 이를 무단관리(無斷管理)라 한다:

(2) 오신사무관리

1) 개 관 : 오신사무관리(誤信事務管理)란 타인의 사무를 자신의 사무로 오인하고 단순히 자신의 이익을 위해 그 사무를 처리한 경우를 말한다. 예를 들어 계약상 새로 입주할 임차인이 자기 방의 도배를 직접 하기로 되어 있었는데, 임대인이 착각하고 자기가 임차인 방의 도배까지 다 해버린 경우가 이에 해당한다. 독일어로는 이러한 오신사무관리를 'vermeintliche Geschäftsführung ohne Auftrag'이라 칭한다. 관리자의 착오가 개입되었다는 점에서 부당사무관리(不當事務管理)와 유사하나, 관리자에게 사무관리의 의사가 존재하지 않는다는 점에서 부당사무관리와 구별된다.

2) 효 과

 a. 관리자의 부당이득반환의무 : 관리자는 자기 사무가 아닌 본인의 사무를 관리하였고, 그 결과로 본인의 사무영역이나 소유물, 무체재산권 등을 아직 지배·보유하고 있을 것이므로, 이를 부당이득(제741조)으로서 본인에게 반환하여야 한다. 설령 자기 출재로 그 사무영역이 더 커지거나 가치가 증대되었다 하더라도, 그 사무 자체와 그로부터 얻은 이익 전부를 대가 없이 본인에게 돌려줘야 한다. 애초부터 그 사무는 자기 사무가 아니라 본인 사무였기 때문이다. 다만 오신사무관리자는 그 이득이 부당한 것이었음을 몰랐을 터이므로, 그 사무영역과 그로부터 얻은 이익을 현존상태로 반환하기만 하면 된다(제748조 제1항).

 b. 관리자의 손해배상의무 : 오신사무관리자는 비록 고의가 아니라 오신(誤信)에 의한 것이라 하더라도, 타인의 사무영역을 불법적으로 침범한 것이다. 다시 말해 오신사무관리자는 본인의 업무영역이나 소유물, 무체재산권 등을 불법지배함으로써 본인에게 손해를 가했을 수 있다. 이 경우 오신사무관리자는 본인에 대하여 자신의 귀책사유를 요건으로 불법행위에 기한 손해배상책임(제750조)을 부담할 수 있다. 다만 오신사무관리자가 본인의 업무영역을 장악하는 동안 이를 방치하였던 본인에게도 고의·과실이 있었던 경우가 많으므로, 본인의 과실과 오신사무관리자의 과실은 상계될 필요가 있다(제396조). 특히 오신사무관리자와 본인이 점유자와 회복자 간의 관계에 있을 경우, 타인의 물건을 자신의 물건으로 알고 점유하면서 손상시켰다가 그 물건을 주인에게 반환해야 하는 오신사무관리자는 그 이익이 현존하는 한도에서만 배상하면 된다(제202조).

 c. 관리자의 부당이득반환청구권 : 비록 오신사무관리자에게 사무관리

의 의사는 없었겠지만, 오신사무관리는 본인의 이익과 의사에 적합할 수 있다. 따라서 이러한 오신사무관리로 인해 본인에게 이득이 발생한 경우 오신사무관리자는 부당이득법에 기하여 본인에게 일정한 권리를 행사할 수 있다. 예를 들어 본인이 선의인 경우 관리자는 본인에게 그 이득이 현존한 범위 내에서만 이득반환을 청구할 수 있지만(제748조 제1항), 본인이 악의인 경우 관리자는 본인이 받은 이익에 이자까지 합쳐서 본인에게 이득반환청구권을 행사할 수 있다(제741조 제748조).

　　* 오신사무관리와 반의사사무관리에 대한 법적 차별 : 반의사사무관리의 경우 그 관리행위로 인하여 본인이 이익을 얻었고 그에 대해 본인이 악의였을 경우에도 관리자는 본인에게 현존이익의 범위에서만 상환을 청구할 수 있다(제739조 제3항). 이러한 점에서 우리 법은 오신사무관리보다 반의사사무관리에 대해 더 법적 불이익을 가한다고 할 수 있다. 물론 이는 최소한 본인의 의사에는 적합할 수 있는 오신사무관리가 본인의 의사를 무시하는 반의사사무관리에 비해 불법성이 더 약한 데서 기인한다. 다만 반의사사무관리의 경우에도 악의인 본인에 대해서는 관리자의 불법행위책임이 과실상계로 감경될 수 있으므로, 둘 사이에 큰 차이는 없다.

　　d. 관리자의 비용상환청구권? : 오신사무관리의 경우 관리자에게 비용상환청구권이나 손실보상청구권 등은 주어지지 않는다. 관리자에게 사무관리의사, 즉 이타적 동기가 없었던 이상 그에게 법적 보상을 줄 필요가 없기 때문이다.

　　* 건물 매수인의 수리 사건 : 프랑스의 어느 건물 매수인이 건물 수리 작업을 했다. 그런데 그 매매가 나중에 무효로 판명되자, 매수인은 자신이 건물을 수리하였으므로 매도인으로부터 2만 3천 프랑의 비용을 상환받아야 한다고 주장했다. 법원에서는 그 매수인이 수리 작업을 할 당시 매도인의 재산을 관리하려는 의도가 있었는지, 아니면 자신의 소유라 믿고 자신의 재산을 관리하려 했던 것인지 문제되었다. 그리고 법원은 결국 매수인에게 사무관리의 의사가 없었다고 판단했다. "타인의 사무에 개입하면서 자신의 사무를 관리한다고 생각하는 사람은 사무관리자로 볼 수 없"었기 때문이었다. 다시 말해 매수인은 매매계약에 따라 자신이 소유자라 믿고 행동하였고, 이러한 매수인의 원래 의도는 매매계약이 소급적으로 무효가 되더라도 소급적으로 바뀌지는 않는다고 하였다. 따라서 매수인은 매도인으로부터 그 이익이 매도인에게 현존하는 한도에서 부당이득반환만을 받을 수 있었다(Civ. 3e, 13 janvier 1999, n° 97-14.017).

　　3) 부당한 오신사무관리 : 오신사무관리 역시 본인의 이익 또는 의사에 반하여 부당하게 행해질 수 있다. 이를 편의상 부당한 오신사무관리라고 부를 수 있다. 이를 다시 본인의 이익에 반한 오신사무관리와 본인의 의사에 반한 오신

사무관리로 나누어서 살펴보면 다음과 같다:

  a. 본인의 이익에 반한 오신사무관리 : 오신사무관리행위는 본인에게 처음부터 객관적으로 이익이 안 되는 것이었을 수도 있다. 이 경우 본인에게는 사무관리 종료 후에도 이득이 발생하지 않을 가능성이 높고, 실제로 그렇게 되었을 경우 오신사무관리자는 본인에게 부당이득에 기한 반환청구권($^{제741}_{조}$)을 행사할 수 없게 된다. 이러한 점에서 본인의 이익에 반한 오신사무관리는 무익사무관리(無益事務管理)와 매우 유사하다 할 수도 있다. 만약 오신사무관리로 인해 본인에게 손해가 발생한다면, 관리자는 본인에게 손해배상책임도 부담해야 한다($^{제750}_{조}$).

  * 긴급한 오신사무관리 : 관리자가 자신의 재산에 대한 급박한 위해를 면하게 하기 위해 개입하였으나, 실제로는 자신의 재산이 아닌 타인(본인)의 재산이 위기에 처해 있었던 경우도 있을 수 있다. 예를 들어 자기 소유로 알고 있던 집에 기름불이 붙었는데, 실수로 물을 퍼붓는 바람에 불이 더 번져서 집이 모두 타버렸고, 나중에 알고 보니 그 집의 소유권은 자신이 아닌 다른 사람에게 있었던 경우가 그와 같다. 그런데 이는 본인의 이익에 반한 오신사무관리에 해당하기 때문에, 이 경우 관리자는 긴급사무관리의 주의의무감경규정($^{제735}_{조}$)을 원용하여 손해배상책임을 면하지 못한다. 아무리 긴급한 개입이었다 하더라도, 관리자에게는 사무관리의사, 즉 이타적 동기가 없었기 때문이다.

  b. 본인의 의사에 반한 오신사무관리 : 오신사무관리행위가 본인의 이익에 합치되었다 하더라도 본인의 실제적·추정적 의사에 반한 것이었을 수 있다. 이러한 경우 본인은 해당 사무관리의 개시와 진행을 원하지 않았던 것이지만, 그 행위가 본인 재산의 객관적 가치를 증가시키는 결과를 초래하였다면, 관리자는 그 가치증가분에 대하여 부당이득반환청구($^{제741}_{조}$)를 할 수 있다. 그러나 본인은 이에 대하여 손해배상청구($^{제750}_{조}$)나 사용료청구를 통해 상계할 수 있으므로, 실제로 관리자의 순수한 이득회수가 제한될 수 있다.

  * 상표권의 무단 사용 사례 : 예를 들어 甲과 乙이 음식 프랜차이즈 사업을 함께 하여, 甲은 乙에게 레시피와 영업권을 부여하고 乙은 甲에게 수익 지분을 보장하였는데, 乙이 동업자인 甲의 영업권만이 아니라 상표권까지 매수한 것으로 오신하고 그 상표를 사용하였다고 하자. 乙이 사업을 한 결과 甲이 지닌 상표권의 가치를 크게 올렸지만, 甲은 乙이 자신의 상표권을 무단 사용한 데 대해 분노하여 乙에 대해 손해배상 및 사용료를 청구할 경우 오신사무관리가 문제된다. 이 경우 甲의 상표권을 불법사용하였지만, 그 상표권의 가치를 더 올려서

甲에게 반환한 乙은 그때까지 불법사용을 방치해온 상표권자인 甲에 대하여 그 상표권의 가치증가액 전부를 반환청구할 수 있다. 하지만 甲은 乙에 대하여 이미 사용료청구 또는 손해배상청구를 하였으므로, 두 청구는 상계되어 없어질 가능성이 높다. 가치증가액 또는 손해배상액 모두 매출액과 순익을 기준으로 동일하게 계산될 것이기 때문이다.

* 오신사무관리의 본인이 악의인 경우 : 오신사무관리는 부당사무관리가 아니므로, 관리자의 부당이득반환청구는 본인에게 이익이 현존한 범위(제739조 제3항)로 제한되지 아니한다. 다시 말해 본인이 악의였을 경우, 본인이 오신사무관리로 인해 직접적으로 얻은 이익 전부를 현존 여부 상관없이 관리자에게 상환하여야 한다(제748조 제2항). 이 경우 관리자는 그 관리행위가 본인의 의사에 반한다는 것을 알지 못했거나 알 수 없었던 반면, 본인은 이를 알고서 이용한 것이기 때문이다. 이러한 점에서 본인의 의사에 반한 오신사무관리는 본인이 악의였던 경우에 한해서 반의사사무관리(反意思事務管理)보다 관리자에게 법적 불이익이 더 적다고 할 수 있다.

(3) 무단관리

1) 개 관 : 무단관리(無斷管理)란 누군가 전적으로 타인의 사무를 자기 사무처럼 취급하면서, 자신에게 그 사무에 대한 권한이 없다는 사실을 알면서도 자기가 이를 고의로 수행하는 경우를 말한다. 독일어로 이는 '사무찬탈Geschäftsanmaßung' 또는 '허락 없는 자기사무수행Unerlaubte Eigengeschäftsführung'이라고도 칭한다. 이러한 경우 사무관리인에게 타인의 사무를 수행한다는 의식은 있으나, 그는 그 사무를 타인의 것이 아니라 자신의 것으로 수행하려 한다는 점에서 엄밀한 의미의 사무관리 의사Fremdgeschäftsführungswille는 그에게 결여되어 있다. 우리나라에서는 이러한 무단관리를 '준사무관리' 또는 '불법사무관리'라고도 부른다.

* 실제적 예 : 본인이 일부러 자연상태로 방치해놓은 땅에 누군가 고의로 난입하여 자기 이익을 위해 대규모 화전(火田)을 일군 경우 무단관리가 성립한다. 그밖에 남의 아이를 유괴·납치한 다음 자기 아이로 삼기 위해 많은 돈을 들여 정성스럽게 기른 경우도 이에 해당한다 할 수 있다. 최근에는 타인의 저작권이나 초상권 등을 침해하여 거액을 벌어들인 경우도 이러한 무단관리의 일례로서 문제가 되고 있다.

* 무단관리와 다른 개념 간의 차이 : 무단관리자에게는 사무관리의 의사 자체가 존재하지 않는다. 그러한 점에서 무단관리는 부당사무관리(不當事務管理)와 구별된다. 그 외에 무단관리자는 그 관리행위가 본인의 의사에 반한다는 사실을 알고서

관리를 한 것인 반면, 부당사무관리자는 그것을 모르고서 관리한 것이라는 점에서도, 무단관리는 부당사무관리와 구별된다. 그리고 무단관리는 자신의 관리행위가 본인의 사무를 빼앗는 것이라는 점에 대해 알면서 관리를 한 것인 반면, 오신사무관리자는 그것을 모르고서 관리한 것이라는 점에서, 무단관리는 오신사무관리와 구별된다.

2) 요 건 : ① 무단관리자는 객관적으로 타인에게 속하는 사무를 위임이나 기타 권한 없이 수행하여야 한다. 객관적으로 중립적인 사무를 관리자가 수행한 경우 무단관리는 성립하지 않는다. ② 무단관리자에게는 사무의 '타인성'에 대한 명확한 인식이 요구된다. 관리자가 과실로 이를 인식하지 못한 경우에는 오신사무관리가 성립한다. ③ 무단관리자는 그 사무를 자신의 사무로 수행하여야 한다. 이는 곧 사무관리의사가 결여된 상태를 의미하며, 무단관리자에게는 사무관리의사 대신에 그 사무를 자신의 사무로서 수행하려는 의사 Eigengeschäftsführungswille가 존재하여야 한다. 다시 말해 관리자에게 타인의 이익을 도모하려는 의도가 있어서는 안 된다.

* 무단관리가 성립하는 예 : 甲이 수취인으로 지정된 소포를 이웃 乙이 받아 개봉한 다음 그 내용물을 자기 계산으로 팔기 위해 보관하는 경우 무단관리가 성립한다. 이때 乙의 자기업무수행의사는 늦어도 그 내용물의 판매 시점에서 드러난다.

* 무단관리가 성립하지 않는 예 : 임차인이 임대인의 동의를 받지 않고 무단으로 임차물을 전대(轉貸)하는 것은 무단관리에 해당하지 않는다. 전대는 임대인의 사무가 아니기 때문이다.

3) 효 과 : 무단관리자에게는 오신사무관리자에게 부과되는 책임보다 더 무거운 책임이 부과된다.

a. 불법행위에 기한 손해배상책임 : 무단관리자는 고의에 의해 타인사무영역을 침범한 것이므로, 착오에 의해 타인사무영역을 침범한 오신사무관리자보다 더 큰 불법을 저지른 셈이 된다. 그러므로 무단관리자의 고의에 본인의 과실이 상계(제396조)되더라도 그 폭은 그리 크지 않게 된다. 만약 무단관리자가 본인의 사무를 찬탈하는 과정에서 본인의 인격권까지 침해하였다면, 무단관리자는 그 고의성에 비추어 더 많은 위자료를 본인에게 지급하여야 한다.

b. 부당이득의 반환책임 : 무단관리자는 자기 사무가 아닌 본인의 사무를 찬탈하였고, 그 결과로 본인의 사무영역이나 소유물, 무체재산권 등을 아직 지

배·보유하고 있을 것이므로, 이를 부당이득(제741조)으로서 본인에게 반환하여야 한다. 설령 자기 출재로 그 사무영역이 더 커졌다 하더라도, 그 사무 자체와 그로부터 얻은 이익 전부를 대가 없이 본인에게 일단 돌려줘야 한다. 게다가 무단관리자는 그 이득이 부당한 것이었음을 알았을 터이므로, 그 사무영역과 그로부터 얻은 이익에 이자까지 붙여서 반환하여야 한다(제748조 2항). 하지만 본인이 직접 사무를 관리하였다면 벌어들일 수 없었을 이익을 무단관리자가 벌어들였다면, 그 이익은 공제하고서 반환하여야 한다(大判 1995.5.12., 94다25551).

　　c. 사무관리법에 기한 책임 : 사무의 귀속주체인 본인은 무단관리자에 대하여 선관주의의무(제734조), 취득물 등의 인도·이전의무(제684조; 제738조), 금전소비에 기한 이자지급의무(제685조; 제738조), 관리계속의무(제737조), 보고의무(제683조; 제738조) 등에 기한 책임을 물을 수 있어야 한다. 그렇게 해야만 본인은 무단관리로 사무찬탈자가 얻은 이익 전부의 반환을 청구할 수 있을 것이기 때문이다. 물론 사무관리법을 적용하더라도 관리행위의 공익성·긴급성에 따른 주의의무 감경(제734조 3항 단서; 제735조)은 무단관리자에게 인정되지 않아야 한다.

> * 운용이익의 반환 : 우리나라에서 무단관리자에게 사무관리법에 기한 책임을 인정하는 판례는 없다. 따라서 무단관리자는 부당이득법에 따라 본인의 손실 범위에서만 부당이득을 반환하면 된다(大判 1995.5.12., 94다25551). 설령 본인의 손실액보다 무단관리자의 이득액이 훨씬 더 크고, 그 이득이 애초에 불법적인 것이었다 하더라도 그러하다. 하지만 오신사무관리에서처럼 무단관리에도 사무관리의 규정이 전혀 적용되지 않도록 한다면, 그 사무처리로 인해 무단관리자에게 발생한 불법적 초과이득(이른바 용익)이 무단관리자에게 그대로 남게 되는 결과가 생길 수 있다. 피해자 또는 손실자 스스로 달성할 수 없었거나 달성 의사가 없었던 수익은 불법행위법이나 부당이득법의 손해·이득 개념으로 온전히 포착될 수 없기 때문이다. 따라서 사무처리로 인한 모든 이득을 본인에게 인도해야만 하는 진정사무관리(眞正事務管理)의 경우와 비교할 때 정의관념상 불균형한 사태가 초래될 수 있다. 그러므로 무단관리의 경우, 본인이 직접 사무를 관리하였다면 벌어들일 수 없었을 이익을 무단관리자가 벌어들였다 하더라도, 이를 사무관리에 준하는 것으로 보아 그러한 '운용이익(運用利益)'까지 본인에게 귀속시키게 할 필요가 있다(金亨培, 51면; 崔秉祚, 민법주해 XVII, 박영사 2005, 93, 95면; 崔宇鎭, 타인 재화의 무단관리로 인한 수익책임, 저스티스 제180호. 2020. 10, 54면 이하). 이는 독일민법 제687조 2항과 스위스채무법 제423조, 그리고 프랑스민법 제1303-4조가 규정하는 바이기도 하다. 물론 이에 대해서는 관리자의 특수한 재능으로 얻게 된 이익까지 본인에게 반환하게 하는 것은 형평에 맞지 않으며 본인을 지나치게 보호하는 것은 부당하다는 이유로 반대하는 견해도 존재한다(李丙儁/黃元載, 177면).

제 4 장 부당이득

제 1 절 부당이득 일반이론

I. 개 념

1. 부당이득의 의의

(1) 법적 정의

법정채권의 여러 발생원인 가운데 대중에게 가장 애매하게 받아들여지지만, 생각보다 매우 광범위한 발생영역을 갖는 것이 바로 부당이득이다. 여기서 부당이득(不當利得)이란 법률상 원인 없이 타인의 재산 또는 노무로 인하여 누군가가 얻은 이익을 말한다(제741조). 라틴어로는 이러한 부당이득을 'condictio'라 한다. 그리고 독일어로는 이를 'Ungerechtfertigte Bereicherung'이라 한다. 프랑스어로는 이를 'enrichissement injustifié'라 하며, 영어로는 이를 'unjust enrichment'라 한다. 부당이득반환이란 그러한 부당이득을 누린 자가 그 이득을 손실자에게 돌려주는 것이라 할 수 있다. 다른 관점에서 보면 이는 위법성 또는 유책성과 상관없이 계약이나 법률로 정당화될 수 없는 사실상의 재산증가를 공평에 맞게 조정하는 것이라 할 수 있다.

(2) 채무불이행 및 불법행위와의 차이

1) 고의·과실과 무관 : 부당이득은 이득자의 수익과정에 비난가능성이 있는가를 묻지 않는다. 오로지 그 목적물을 수익하고 보유하는 데 법적 원인이 있는가만을 파악할 뿐이다. 따라서 불법행위자나 채무불이행자가 자기 고의 내지 과실에 기해 손해배상의무를 부담하는 데 반해, 부당이득자는 자기에게 고의나 과실이 있건 없건 상관없이, 그에게 법적으로 귀속될 수 없는 이익이 현존하는

한에서 이를 법적 권리자에게 반환하게 된다. 예를 들어 어떤 아파트를 매도하였는데, 그 아파트의 매수자가 목적물에 관하여 착오하였음을 증명한 경우, 매도인은 설령 그 매수인의 착오를 유발한 적이 없고 이를 안 적조차 없었다 할지라도 그 매매대금을 반환하여야 한다. 비록 그 매도인에게 고의나 과실이 존재하지 않더라도, 더 이상 그 매매대금을 보유할 수 있는 법적 원인이 존재하지 않기 때문이다.

2) 손해 중심이 아니라 이득·손실 중심 : 부당이득 사안에서는 법정채무자의 책임범위를 정함에 있어 원고의 손실뿐 아니라 피고에게 발생한 이득 역시 고려한다($^{Combot,}_{n°12}$). 프랑스민법이 규정하듯이 부당이득자는 손실자에게 자신의 이득액과 손실자의 손실액 중 더 적은 금액을 반환해야 하는 것이다($^{프랑스현행민}_{법\ 제1303조}$). 이는 채무불이행과 불법행위 사안에서 법정채무자의 책임범위가 오로지 손해 중심으로 정해지는 것과 다르다($^{제390조,\ 제}_{750조\ 참조}$).

(3) 물권적 청구권과의 차이

부당이득의 반환청구권은 원칙상 점유권이나 소유권만으로 해결될 수 없는 문제영역을 다루는 것이다. 예를 들어 어떤 자가 매매대금만 미리 받아놓고 끝내 자기 소유물의 매각을 거부하였을 경우, 그는 더 이상 매매대금의 보유에 관하여 법적 원인을 갖고 있지 않지만, 그 매매대금을 그에게 지불한 자가 그 매매대금의 소유권을 아직 갖고 있다거나 그 소유권을 이미 회복한 것은 아니다. 여기서 매매대금이 이미 수령자의 은행계좌에 들어가 그 수령자의 재산에 첨부되어 버렸다면, 더 이상 이를 '물건'으로 보기가 어려운 이상, 그 매매대금에 대해 소유권이라는 권리 자체가 존속할 수 없게 되는 것이다. 따라서 이 경우 매매대금을 지불한 자가 그 금전을 돌려받기 위해서는 부당이득반환청구권($^{제741}_{조}$)을 행사하는 수밖에 없다.

* 다른 사례 : 매수인이 미성년자인 줄 모르고 어떤 부동산매도인이 그와 부동산매매계약을 체결하여 목적부동산의 점유를 이전하고 등기까지 경료해줬다 하자. 그런데 나중에 매수인의 부모가 그 계약을 미성년자의 법률행위란 이유로 취소한 경우($^{제5조}_{2항}$), 부동산의 소유권은 매도인에게 자동으로 돌아오지만, 그 부동산의 사용이익이나 매매대금은 그렇지 않다. 부동산 소유권은 물권변동에 관해 우리판례가 유인주의를 취하고 있는 이상 그 소유권이전등기의 원인행위가 취소됨으로써 그 이전등기 역시 무효등기가 되는 반면, 그 부동산의 사용이익이나 매매대금은 물건으로

서의 특정성을 갖고 있지 않으므로, 부동산 사용이익은 여전히 매수인에게 남고 매매대금 역시 매도인에게 남아 있는 것이다. 따라서 매수인인 미성년자가 매도인에게 매매대금의 반환을 청구하기 위해서는, 그리고 매도인이 매수인에게 사용이익의 반환을 청구하기 위해서는, 소유물반환청구(제213조)가 아니라 부당이득반환청구(제741조)에 의존할 수밖에 없다.

(4) 사무관리와의 차이

손실자에게 아무런 법적 의무가 없었음에도 손실자의 자발적 출연행위로 인하여 이득자의 재산이 증가한 경우, 이러한 부당이득의 사안은 사무관리와 큰 차이를 갖지 않는 것처럼 보인다. 그러나 사무관리의 의사를 비롯해 본인의 이익·의사에 대한 적합성 등 사무관리의 여러 법적 요건을 관리자가 다 갖춘 경우라면, 이로 인해 본인에게 발생한 이득은 부당한 이득이 아니라 정당한 이득이 되어 손실자는 이득자에게 반환을 청구하지 못하게 될 것이므로, 사무관리의 사안은 부당이득의 사안과 명확하게 구분된다. 물론 구체적인 사안을 놓고 봤을 때, 사무관리자의 본인에 대한 비용상환청구액과 오신사무관리자의 부당이득자에 대한 부당이득반환청구액은 비슷해질 수도 있다고 할 것이다.

2. 부당이득의 연혁

(1) 로마법상의 부당이득개념

부당이득condictio 개념은 로마법원리의 위대한 산물로서, 법의 핵심개념(본질)인 형평의 원리를 직접적으로 표시한 것이다. 다시 말해 로마법상 부당이득개념은 일방 당사자가 정당한 법률관계(법률행위) 없이 타방당사자의 불이익에 기하여 이익을 취득함으로써 형평 원칙에 반한 경우였으며, 이런 경우 취득자가 그 이익을 상대방에게 반환해야 한다는 제도였다. 이처럼 로마인은 특정인이 어떤 이익을 취득할 정당한 원인이 없을 경우 이를 모두 반환해야 한다는 최초의 법이론을 구성했다.

(2) 로마법상 부당이득의 종류

로마법은 부당이득에서 발생하는 채권을 준계약에서 발생하는 채권으로 규정했으며, 일반적·추상적으로 규정하지 않고 다음과 같이 개별 사안 중심으로 구성·발전시켰다(玄勝鍾/曺圭昌, 로마法, 794면 이하).

1) 원인의 불실현으로 인한 부당이득$_{\text{condictio causa data causa non secuta}}$: 장래의 일정한 원인의 실현을 위하여 지급하였으나 이 원인이 실현되지 않은 경우를 말한다. 예를 들어 결혼을 위해 약혼예물을 교환했으나 약혼이 해제된 경우, 위임사무의 처리를 위해 비용을 미리 지급했으나 위임계약이 중도에서 해지된 경우 등이 있다. 그 밖에도 각종의 쌍무·유상계약에서 계약목적의 실현을 위해 급부를 제공했으나, 계약이 성립되지 않거나 무효·취소·해제됨으로써 계약목적이 실현될 수 없게 된 경우 급부는 부당이득으로서 반환되어야 했다. 부당이득의 가장 전형적인 경우로서 오늘날의 급부부당이득$_{\text{Leistungskondiktion}}$에 해당하는 것이라 할 수 있다.

2) 착오에 의한 비채변제$_{\text{indebiti solutio}}$: 채무의 변제로 알고서 급부하였으나 채무가 없는 경우이다. 예를 들어 매매대금이나 차임을 실수로 두 번 납입한 경우, 채권자가 아닌 자를 채권자로 착오하고서 변제한 경우, 자기 잘못인 줄 알고 손해를 배상했는데 나중에 자기 잘못이 아닌 것으로 밝혀진 경우 등이 있다. 이것 역시 오늘날의 급부부당이득에 해당하는 것이다. 이러한 변제를 반환받으려는 변제자는 자기 착오 및 채무 없음의 사실을 증명해야 했으며, 만약 변제자가 채무없음을 알고서 지급한 것이면 이는 증여로 간주되어 부당이득반환청구가 배제되었다. 그러나 그 변제가 도의관념에 적합한 때는 착오에 의한 것이더라도 반환을 청구하지 못했다. 예를 들어 소멸시효가 이미 완성된 사실을 모르고 채무를 변제한 경우, 법률상 부양의무가 없는데 모르고 친척을 부양한 경우, 엉뚱한 집 상가(喪家)에 부의금을 낸 경우, 줄 필요가 없었는데 실수로 봉사료(팁)를 준 경우 등에는 반환을 청구하지 못했다.

3) 파렴치로 인한 부당이득$_{\text{condictio ob turpem causam}}$: 재산의 수령이 비윤리적인 과정을 거친 경우에는 당연히 그 재산을 반환해야 했다. 예를 들어 유괴나 인질, 협박을 통해 갈취한 금품은 당연히 부당이득으로서 피해자에게 반환되어야 했다. 다만 피해자에게도 파렴치한 이유가 있었을 때는 불법원인급여(不法原因給與)로서 반환청구가 금지되었다. 예를 들어 살인청부업자에 대한 보수, 공무원에 대한 뇌물, 도박꾼에 대한 판돈의 대여, 성매매종사자에게 준 화대(花代), 탈법계약을 맺고서 지급한 대금 등은 급여자에게도 불법원인이 있었던 것이므로 반환청구가 인정되지 않았다.

4) 절도로 인한 부당이득$_{\text{condictio ex causa furtiva}}$: 타인의 재산을 절취하여 그 이익을 취득한 경우, 형사적 제재와 별개로 피해자가 민사상 그 이익의 반환을 청구할

수 있던 제도이다. 절도범에게 부당이득 반환의무를 부과함으로써 피해자의 재산을 회복시키는 데 목적이 있었으며, 절취된 물건 자체뿐 아니라 그로부터 생긴 과실이나 대체물, 매매대금 등 파생이익까지 반환의 범위에 포함되었다. 또한 도품 res furtiva의 처분·소비로 인하여 원상회복이 불가능한 경우에도 그 가액 상당을 청구할 수 있었고, 절도행위가 직접적으로 이루어진 것이 아니더라도 결과적으로 부당한 재산취득이 인정되면 반환청구가 인정되었다. 이러한 제도로 보건대 로마법은 이미 부당이득법과 불법행위법의 교차를 예정하였다고 할 수 있다.

5) 원인부재로 인한 부당이득 condictio sine causa : 이외의 잡다한 모든 경우를 통칭한 개념이다. 예를 들어서 사용대주가 임대차계약을 체결한 것으로 착오하고서 자신이 차주에게 부담하고 있는 다른 채무를 실재하지 않는 차임채무와 상계한 경우, 증여자가 매매계약을 체결한 것으로 착오하고서 자신이 수증자에게 부담하고 있던 다른 채무를 실재하지 않는 매매대금채무와 상계한 경우, 법적 원인 없이 물건의 점유를 취득하고서 그 점유물에 유익비와 필요비를 지출한 경우, 상대방의 채무를 면제해줌으로써 상대방이 절약하게 된 부수비용, 타인의 동산에 가공을 한 자가 원재료의 소유자에게 가공물의 소유권을 넘길 때 가공비용, 자기 동산이 타인의 동산에 혼화되어 소유권을 잃게 되었을 때 타인이 취득한 동산 등이 그것이다. 이러한 경우에도 부당이득의 법리가 적용되어 그 이득에 대한 반환청구가 인정되었다.

(3) 보통법시대 부당이득이론의 형성

로마법과 교회법이 융합하던 보통법시대, 17세기 법학자 후고 그로티우스 Hugo Grotius는 채권법을 계약법과 불법행위법으로 나누지 않고, 계약법과 법정채권법으로 나누는 새로운 구도를 제시하였다. 이 과정에서 부당이득반환책임은 불법행위책임 등 다른 비계약적 책임과 이론적으로 구별되기 시작하였다(Grotius, De iure belli ac pacis, 1625, p.388). 그로티우스는 다양한 부당이득 사례에 적용될 수 있는 일반원칙을 제시했는데, 그 원칙에 따르면 부당이득의 요건은 법익 귀속 질서의 붕괴와 그로 인한 법률상 원인 없는 이익의 발생이었다. 그의 관점에서 부당이득이란 타인 소유물의 무단 보유였고, 그 물건이 더 이상 본래의 성질로 존재하지 않을 때 그 변형된 이익의 발생이나 그 물건을 보유함으로써 얻은 파생이익의 발생이 부당이득반환의 문제에 해당하는 것이었다(Grotius, 위의 책, p.391). 하지만 계약해제에 따른 원상회복 condictio ob rem은 부당이득이 아니라 준계약의 문제로 이해되었다. 그리고 그는 부당이득의 3각관계 상황에서 정의aequitas에 따라 직접 반환청구권을 인정했다. 그는 당사자 간 급부관계보다 재화 귀속질서의 회복을 우선시했는데, 이러한 관점은 18세기 전용물소권actio de in rem verso 이론에도 영향을 미쳤다. 그밖에도 보통법시대의 부당이득법은 통일된 이론구조를 형성하지 못한 채 학자별·지역별로 상이한 해석이 병존하였다.

(4) 프랑스법상 부당이득이론의 발전

프랑스법에서 부당이득enrichissement injustifié은 로마법의 전통을 계승하여 전용물소권actio de in rem verso과 비채변제 반환청구condictio indebiti라는 두 개의 중심축을 통해 발전했다. 특히 전자의 논의는 외부 원인에 의한 간접적 이득을 회수하는 일반원칙의 형성으로 이어졌다. 로마법에서는 일정한 금전 또는 물건이 채무 이행의 목적solvendi causa으로 이전되었음에도 실제 채무가 존재하지 않으면 반환청구가 가능하다고 했으나, 프랑스법학자들은 여기에 도품 반환청구condictio furtiva 일부를 흡수시켰다. 실제로 1804년에 제정된 민법전에는 부당이득에 관한 일반규정이 없었고, 비채변제 반환청구 규정(프랑스구민법 제1376조~제1381조) 안에서 선의 수익자와 악의 수익자를 구분해(프랑스구민법 제1378조, 제1379조) 서로 다른 반환 범위를 인정한 구조는 로마법상 절취물 반환청구의 악의자 책임확대 사상을 비채변제 체계에 부분 흡수한 것이었다. 한편 전용물소권은 원래 로마법의 제한적 간접이득 반환소송에서 출발했으나, 19세기 전반 자카리애Zachariae 등은 민법 조문들로부터 '원인 없는 이득'의 일반원칙을 추론하여 전용물소권을 인정하려 했다. 그러나 그 후의 프랑스법학자들은 전용물소권의 잠재적 파급력을 억제하기 위해 ① 정당한 원인의 부재absence de cause, ② 보충성subsidiarité이라는 두 가지 제한 원리를 추가하였다. 1892년 이후 프랑스판례는 일반 부당이득청구의 요건으로 ① 피고의 이득enrichissement, ② 원고의 상응하는 손실appauvrissement, ③ 법률상 정당한 원인 없음absence de cause을 제시하였는데, 여기서 '이득'은 금전평가 가능한 모든 법익을 포함했으며, '손실' 역시 폭넓게 인정되었다. 정당한 원인은 계약·법률규정·당사자 의사에서 도출되었으며, 제3자와의 계약도 피고 이득의 원인으로 인정될 수 있다고 했다.

(5) 독일법상 부당이득이론의 발전

19세기 독일의 법학자 사비니Friedrich Carl von Savigny는 부당이득을 법적 원인 없는 재산의 이전rechtsgrundlose Vermögensverschiebung으로 정의하고, 이를 로마법 체계 속에서 통일적으로 설명하려 하였다. 그는 원인 없는 이득의 반환청구condictio sine causa를 일반원칙으로 삼아 급부부당이득과 비채변제를 그 특별한 사례로 포섭하고, 절취물이득condictio furtiva이나 불법원인급여condictio ob turpem causam는 손해배상이 더 적합한 비정상적 유형으로 보았다. 특히 그는 부당이득반환청구권을 소유물반환청구권vindicatio의 기능적 등가물로 이해하여, 소유자가 권리를 상실하거나 원인 없이 타인에게 그 소유이익이 귀속된 경우 반환을 인정하였다. 그후 제정된 독일민법은 사비니의 이론을 따라, 개별 부당이득 유형을 나열하지 않고 법적 원인 없이 급부Leistung나 기타 방법in sonstiger Weise으로 재산이 이동한 경우를 포괄하는 통일적 부당이득 규정(독일민법 제812조 1항 1문)을 두었다. 그러다가 1930년대 이후부터는 급부부당이득Leistungskondiktion과 비급부부당이득Nichtleistungskondiktion을 구성요건 단계에서 구별하는 분리론Trennungstheorie이 제기되었고, 1950년대부터는 분리론이 통일론Einheitstheorie을 제치고 점차 다수설의 지위를 차지하게 되었다. 사실 이미 독일민법전 제정 직후부터 기센Gießen 대학의 에리히 융Erich Jung은 부당이득을 급부부당이득과 침해부당이득으로 이분하고 있었다(Jung, Die Bereicherungsansprüche, Leipzig 1902, S. 26). 그리고 1934년 그라쯔Graz 대학의 발터 빌부르크Walter Wilburg는 급부부당이득과 침해부당이득 간에 요건·효과상 차이가 큼을 밝혀냈다(Wilburg, Die Lehre von der ungerechtfertigten Bereicherung, 1934, S. 14 ff.). 그 후 1954년 프라이부르크Freiburg 대학의 에른스트 폰 캐머러Ernst von Caemmerer는 비급부부당이득 유형에 침해부당이득만 있는 것이 아니라 비용부당이득Verwendungskondiktion과 구상부당이득Rückgriffskondiktion 등 여러 다른 유형이 있음을 밝혀냈다(v. Caemmerer, Bereicherung und unerlaubte Handlung, in: Festschrift für Ernst Rabel, Band I, Tübingen 1954, S. 145, 333 ff.). 다만 이러한 비급부부당이득은 다수당사자관계에서 급부부당이득에 우선적 지위를 양보한다고 하였으며, 이러한 비급부부당이득 보충성의 원칙이 널리 받아들여졌다.

3. 부당이득의 종류

(1) 급부부당이득

1) 의 의 : 급부부당이득(給付不當利得)이란 특정 당사자 간의 계약관계 기타 법률관계를 기초로 해서 출연자의 출연행위에 의해 급부가 제공되었으나, 이후 그 법률관계에 하자가 생기거나 급부의 '법률상 원인causa civilis'이 탈락함으로써, 그 제공된 급부가 부당이득이 되는 경우를 말한다. 독일어로는 이를 'Leistungskondiktion'이라 한다.

2) 세부유형 : 급부부당이득의 세부유형으로는 다음의 세 가지를 들 수 있다.

a. 법률상 원인의 소급적 무효 : 법률관계가 무효·취소·해제됨으로써 법률상 원인이 원래부터 존재하지 않았던 것으로 간주되는 경우를 말한다. 예를 들어 일정한 약관이나 계약에 의해 수령한 보수액이나 수수료를 그 약관·계약의 무효로 인해 반환해야 하는 경우, 매매계약에서 매도인이 매수인한테서 이미 수령한 매매대금을 매수인의 계약 취소로 인해 매도인이 매수인에게 반환해야 하는 경우, 부동산매매계약에서 매수인이 매도인으로부터 인도받은 부동산을 일정 기간 점유하고 사용하였는데 매도인이 계약을 취소하자 매수인이 그 부동산과 함께 그 부동산 사용이익 역시 매도인에게 반환해야 하는 경우 등이 여기에 속한다.

* 조합 가입계약의 무효 : 평택시 일원 지역주택조합(甲)은 2014년 7월 조합설립인가를 받은 후 2015년 8월 종전 조합원들과 가입계약을 체결하였고, 2017년 8월 종전 조합원들로부터 지위를 승계하는 형태로 신규 조합원들(乙)과 가입계약을 체결하였다. 그러나 계약 당시 乙은 세대주 요건과 거주지 요건을 충족하지 않아 자격 취득이 불가능하였다. 이후 甲은 2022년 11월 乙에게 자격 부적격을 통보하고 대체 조합원 모집을 요청하였으나, 乙은 이미 2억 원 이상의 분담금을 납부한 상태에서 중도금 마련을 위해 대출을 받아 2023년 5월부터 7월까지 이자를 지급하던 중이었다. 乙은 계약이 원시적 불능으로 무효이므로 甲은 乙의 납부금을 부당이득으로서 乙에게 반환하여야 하며, 乙의 대출금 이자는 무효인 계약 때문에 발생한 손해이므로 甲이 乙에게 배상해야 한다고 주장하였다. 그러나 甲은 납부금에서 업무대행비와 위약금을 공제해야 하며, 계약 무효에 자신은 과실이 없으므로 대출금 이자의 배상은 못하겠다고 맞섰다. 법원은 조합원 자격 요건 규정이 강행규정이므로 계약은 처음부터 무효이며 조합규약에 따른 공제도 허용되지 않는다고 판단하였다. 이에 따라 甲은 乙이 납부한 분담금 전액을 乙에게 반환하여야 하지만, 위 계약 무효에 대한 甲의 과실을 인정할 수 없으므로 乙의 대출금 이자는 甲이 배상하지 않아도 된다고 판결하였다(大判 2025.2.27. 2024다297889).

* 법적 원인 없는 합의금 : 乙은 사고 당일 새벽, 대마를 흡입한 환각 상태에서 타인의 차량을 강취하여 운전하다가 사고 현장 인근에 그 차량을 버리고 도주하였다. 상의를 벗은 채 도로 한가운데로 뛰어든 乙은 정상 주행 중이던 甲의 화물차를 가로막고 운전석 발판에 올라타 甲의 얼굴을 수차례 가격하며 운전석에서 甲을 끌어내리려 하였다. 이에 甲이 저항하는 과정에서 수분간 실랑이가 이어졌고, 내리막길에서 기어가 중립 상태였던 차량이 전진하여 중앙분리대와

충돌하였다. 그 과정에서 乙은 차량에서 떨어져 뒷바퀴에 치여 사망하였다. 甲이 속한 전국화물자동차운송사업연합회는 사고 후 乙의 부모인 丙에게 합의금 명목으로 300만 원을 지급하였다. 그러나 법원은, 乙이 대마 흡입 후 환각 상태에서 차량을 강취·도주하다가 운전자인 甲을 폭행하여 정상적인 조작이 불가능하게 만든 점, 사고가 甲의 정당방위 과정에서 발생한 점 등을 들어, 사고의 원인이 전적으로 乙에게 있다고 보았다. 이에 따라 丙의 손해배상청구를 기각하고, 丙에게 이미 지급된 300만 원은 법률상 원인 없는 이익으로서 반환할 것을 명하였다(서울中央地判 2016.8.23., 2015가단5374169).

b. **법률상 원인의 사후 불실현** : 사후에 법률상 원인이 충족될 것을 기대하고 급부를 미리 제공했으나 그 원인이 사후에 실현되지 않은 경우를 말한다. 예를 들어 계약교섭단계에서 상대방에게 미리 대금을 지급하였는데 계약이 결국 체결되지 않아 그 대금을 돌려받아야 하는 경우, 변제받기 전에 미리 영수증을 교부했으나 변제가 되지 않아 미리 교부한 영수증을 돌려받아야 하는 경우가 여기에 속한다.

* **계약의 중도파기** : 甲은 2020년 2월 15일 남양주시의 공인중개사 乙로부터 丙 소유 소유 아파트를 소개받고, 같은 날 乙이 보낸 문자메시지에 따라 丙 명의 계좌로 천만 원을 송금하였다. 그러나 2월 21일 乙을 통해 丙이 매도 의사가 없다는 통보를 받았음에도, 甲은 이미 매매계약이 성립되었다고 믿고 2월 22일 추가로 2,200만 원을 송금하여 총 3,200만 원을 丙에게 지급하였다. 丙은 2018년 11월 다른 중개사를 통해 과거에 매도를 의뢰한 적이 있었으나, 乙은 이를 확인하지 않은 채 오래전 조건과 계좌번호를 甲에게 전달하였고, 그 과정에서 甲과 丙 사이에 직접적인 교섭이나 계약서 작성 등 통상적인 절차는 전혀 없었다. 甲은 매매계약 성립을 주장하며 丙에게 소유권이전등기를 청구하고, 예비적으로는 해약금, 부당이득반환, 손해배상 및 위자료를 청구하였으나, 丙은 계약 자체가 없었으므로 모든 청구가 부당하다고 항변하였다. 법원은 계약 성립을 부인하고 주위적 청구를 기각하였으나, 법률상 원인 없이 지급된 금전은 부당이득으로서 반환되어야 한다면서 丙은 甲에게 부당이득금 3,200만 원과 그 지연손해금을 지급하도록 명하였다(서울東部地判 2021.1.21., 2020가단110930).

c. **법률상 원인의 소멸** : 법률상 원인이 원래는 존재했으나 어느 시점부터 적법하게 소멸한 경우를 말한다. 유효하게 성립한 계약에 따라 채권자가 채무자에게 반대급부를 지급했는데 급부가 불가항력적 사유로 불능하게 되어 채무자가 그 보유에 관한 법적 원인을 주장할 수 없게 된 경우, 유효하게 성립한 계약에 따라 채무자가 채권자에게 모두 변제하여 채무가 소멸했는데 채무자가 착오로 추가 변제를 한 경우, 유효하게 성립한 계속적 계약에 따라 일방이 상대방

으로부터 계약목적물의 점유를 인도받고 계속 점유하였는데 계약기간 종료 이후 계약 연장 등이 합의되지 않아 쌍방의 귀책사유 없이 일방이 그 목적물을 더 점유한 경우, 채무자가 채권자로부터 돈을 빌리고 차용증을 써주었다가 나중에 돈을 갚았을 때 그 차용증을 반환해야 하는 경우 등이 있다.

* 반대급부의 불능에 기한 급부반환 : 광교원주민상가조합은 경기도시공사의 광교신도시 택지개발사업지구 생활대책용지를 분양받기 위해 설립된 조합으로, 조합원 자격은 경기도시공사가 선정한 생활대책대상자로 제한되어 있었다. 그리고 조합 정관은 조합원의 지분권 개별 양도를 금지하고 있었다. 乙은 2009년 4월 6일 상가조합의 조합원인 甲으로부터 '광교신도시 택지개발사업지구 생활대책용지를 분양받을 수 있는 권리'를 5,100만 원에 매수하고 같은 날 매매대금 전액을 지급하였다. 그러나 조합 정관상 지분권 개별 양도가 금지되어 있어 조합원 전원의 동의나 정관 변경 없이는 계약 이행이 불가능한 상태였다. 이후 상가조합이 해당 용지를 제3자에게 매도하고 수분양권 명의이전까지 마침으로써 매매계약은 사회통념상 이행할 수 없게 되었고, 이는 甲과 乙 모두의 귀책사유 없는 사유였다. 乙은 민법 제537조에 따라 이행불능으로 피고의 채무가 소멸하더라도 이미 지급한 매매대금은 법률상 원인 없이 이전된 급부라며 부당이득반환을 청구했고, 甲은 자신의 귀책사유가 없고 위험이 乙에게 이전되었다고 항변하였다. 법원은 당사자 쌍방의 귀책사유 없이 이행불능이 된 경우 채무자는 상대방의 이행을 청구할 수 없고 이미 이행한 급부는 부당이득으로 반환해야 한다고 판시하면서, 甲은 대금을 청구할 수 없으므로 乙은 지급한 5,100만 원을 반환받을 수 있다고 보았다(大判 2021.5.27., 2017다254228).

* 착오에 의한 초과변제 송금 : 甲은 乙이 매도하는 업무용 부동산을 2022. 3. 17. 매매대금 17억 4천만 원(부가세 별도)에 매수하기로 계약하였다. 그 직후 甲은 乙에게 가계약금 5백만 원을 보내려 했으나 회계 담당자의 착오로 5천만 원을 이체한 뒤, 이후에는 나머지 계약금과 잔금을 정상 지급하였다. 甲의 과지급분 4,500만 원에 관해 乙이 반환을 약속하고도 이행하지 않자 甲은 乙에 대해 부당이득반환을 청구했다. 법원은 매매대금의 법정·약정 구조상 가계약금은 5백만 원에 그치는데 甲의 실수로 초과 지급이 이루어진 사실이 증명되었으며 乙이 그 초과액을 보유할 법률상 원인이 없다고 보아 乙에 대하여 4,500만 원과 이에 대한 지연손해금을 甲에게 반환하도록 명했다(仁川地判 2023.9.7., 2023가단240465).

* 계약기간 만료 후의 계속 점유에 따른 이득 : 甲은 1976년 공유토지에 대한 사용승낙을 丙으로부터 받아 그 위에 점포를 신축하였다. 甲은 그 토지를 임차하기로 1978년 丙과 계약을 체결하였는데, 그 건물 일부(31.1㎡)는 신축 당시부터 乙이 사용해 왔다. 1983년 8월 甲과 乙 간에는 임대료 관련하여 갈등이 있었으나, 같은 달 19일 甲과 乙 간에는 건물 임대차계약(보증금 200만 원, 월세 8만 원, 기

간 1년)이 체결되었다. 1984년 8월에 기간이 만료한 후에도 1985년 2월까지는 乙이 甲에게 차임을 지급하였으나, 甲이 1984년 10월 4일 해지통고를 하여 6개월 경과한 1985년 4월 말 甲과 乙 간의 계약은 종료되었다. 그럼에도 乙은 1993년 초까지 위 건물부분의 점유를 계속하였다. 한편 甲과 丙 사이의 토지 임대차는 1986년 4월 7일 해지통고로 종료되었으나, 법원은 건물 소유자인 甲이 乙의 무권원 점유에 대하여 건물 차임 상당액뿐 아니라 건물의 부지사용 이익(지대)까지 포함한 범위에서 부당이득반환을 구할 수 있다고 보았다. 아울러 甲이 乙의 점유반환지체에 기한 손해배상을 별도로 구하지 않은 점에 관하여, 법원은 갱신 여부와 정산 관계의 불명확성 등으로 어느 일방의 귀책을 단정하기 어려워 지체책임을 독립적으로 묻기 적절치 않다고 보아 구제수단을 부당이득반환으로 한정하는 취지에서 판단을 구성하였다(大判 1994.12.9., 94다27809).

3) 규범적 기능 : 급부부당이득은 계약법의 보충기능을 담당한다. 급부부당이득은 부당이득의 가장 전형적인 경우로서, 급부부당이득에 기한 반환청구권은 물권법상의 권리(예를 들어 선의점유자의 과실수취권: 제201조 1항)에 의해 배제되지 아니한다.

 a. 채무불이행과의 차이 : 급부부당이득 반환청구는 상대방에 대하여 이득의 환수를 구하는 것이고, 채무불이행에 기한 손해배상청구(제390조)는 상대방에 대하여 손실의 보전을 구하는 것으로서 서로 다르다. 요건으로서 전자는 이득·무원인성·인과만을 묻고 귀책을 묻지 않으며 반환범위도 객관적 이득에 한정되는 반면, 후자는 계약상 의무위반과 손해·인과관계를 요하고 손해액 산정·감경 규율이 적용되어, 전자가 더 간명하고 후자는 더 번거롭다. 특히 임대차가 기간만료로 종료되었는데 임차인이 목적물을 곧바로 반환하지 않은 사안에서는 갱신협의의 결렬이나 정산관계(보증금, 원상회복, 수선비 등)의 불명확성으로 어느 일방의 귀책을 단정하기 어려운 경우가 많아 지체책임을 독립적으로 묻기보다는 차임 상당액의 부당이득반환으로 구제를 한정하는 경향이 강하다. 나아가 임차인이 임대인에 대하여 보증금반환청구를 통한 동시이행항변을 하거나 부속물매수청구권(제646조)·지상건물 매수청구권(제643조) 등을 행사하는 국면에서는 임차인의 이행지체 자체가 성립하지 않으므로, 손해배상보다는 부당이득반환이 실무·이론상 정합적인 해법이 된다.

 b. 소유물반환청구와의 차이 : 소유물반환청구(제213조)는 소유권 회복을 목적으로 하는 반면, 급부부당이득반환청구는 이익 환수를 목적으로 한다는 점에서 둘의 기능은 서로 다르다. 전자는 원고의 소유와 피고의 점유만 증명하면 되고, 반환범위는 물적 대상 그 자체에 집중된다. 반면 후자는 채권적 청구권으로

서 급부·무원인성·인과만을 요하고 반환은 현존하는 사용이익과 그 가치상환까지 파급된다.

> * 독일법과의 차이 : 독일법에서는 물권변동에 무인성의 원칙 Abstraktionsprinzip을 적용하기 때문에 급부부당이득(독일민법 제812조 1항 1문)에 기하여 상대방에게 유체물 자체의 반환을 구하는 채권법적 시정수단이 광범위하게 활용된다. 독일법상 원인계약이 무효여도 물권행위가 유효하면 소유권이 상대방에게 남아 소유물반환청구로는 유체물을 되찾지 못하므로, 부득이 대안으로서 급부부당이득반환청구에 의존해야 하는 것이다. 물론 그 유체물이 이미 제3자에게 이전되었다면 급부부당이득에 기한 반환청구가 불가능하지만, 적어도 그 유체물이 급부상대방에게 남아 있다면 급부부당이득에 기한 반환청구가 유용한 대안이 된다. 하지만 우리법은 물권변동에 유인성(有因性)의 원칙이 지배하여 그 유체물의 반환을 위해 굳이 급부부당이득을 원용할 필요가 없다. 우리법상 채권행위가 무효로 되어 급부의 법률상 원인이 탈락하면 소유권도 회복되고 그에 따라 급부상대방이 보유한 유체물에 대하여 소유물반환청구가 곧 가능해지기 때문이다. 물론 우리법에서 소유물반환청구가 부당이득반환청구를 배제하는 것은 아니므로, 당사자가 사안에 따라 유체물의 반환을 부당이득 규정에 기해 청구하는 것은 얼마든지 가능하다.

4) 제3자의 매개에 따른 급부부당이득 : 급부부당이득 사안에서 중간에 제3자의 재산이전행위가 있었던 경우이다. 급부 Leistung와 단순한 재산이전 Zuwendung은 다르다. 예를 들어 丙에 대해 매매대금채무를 부담하고 있던 甲이 자신의 거래은행 乙에게 자신의 계좌에서 1억 원을 인출하여 丙의 계좌에 1억 원을 입금하라 명령하였고, 乙이 이를 실행하였다면, 이 사안에서 丙에게 급부를 한 사람은 甲이고, 乙은 丙에게 단순히 재산이전을 한 것에 불과하다. 물론 乙은 의식적으로 丙의 재산을 1억 원 증가시켰지만, 丙에 대한 계약상 급부의무를 이행한 것은 아니다. 다시 말해 乙은 丙에 대해 채무가 없었으므로, 乙의 이체행위는 丙에 대한 급부가 아니라 단순한 재산이전에 해당한다. 재산이전의 목적은 甲의 丙에 대한 매매대금채무 변제에 있었으므로, 甲은 乙을 급부의 매개자로 사용한 것이다. 따라서 설령 乙이 丙에게 직접 송금하였더라도, 법적으로는 甲이 丙에게 급부를 한 것이고, 그로써 甲에 대한 당좌계약상 의무를 이행한 乙은 丙이 아니라 甲에게 급부를 한 셈이 된다.

> * 실제적 예 : 甲은 乙에게 상가를 매도하였다. 매수인 乙은 매도인 甲의 안내에 따라 2010. 6. 25. 무렵 신탁업자 丙에게 8천만 원을 송금했다. 그 금원은 甲이 시행

사에게 지급해야 할 분양대금의 이행으로 처리되었다. 이후 乙은 자신이 단지 甲에게 대금을 주려 했을 뿐 丙에게는 지급 원인이 없었다며, 8천만 원과 이에 대한 지연이자를 부당이득으로서 丙에게 반환청구했다. 그러나 법원은, 계약당사자(乙)가 상대방(甲)의 지시에 따라 제3자(丙)에게 직접 급부한 경우 그 급부는 당사자 사이의 급부와 동시에 상대방의 제3자에 대한 급부가 성립하여 대금이 당초 예정된 법률효과(채무의 소멸)에 사용된 것이므로, 이를 이유로 제3자 수익자(丙)에게 당사자(乙)가 부당이득반환을 구할 수 없다고 보았다. 만약 乙이 매매계약을 취소·해제하려면 자신의 계약상대방(甲)을 상대로 원상회복을 청구해야 하고, 신탁업자인 丙은 수익자로서 당초 거래관계에서 발생하는 항변·위험배분을 침해받지 않아야 한다는 점에서, 제3자 丙을 상대로 한 乙의 급부부당이득 주장은 배척되었다(大判 2013.6.28, 2013다13733).

(2) 침해부당이득

1) 의 의 : 침해부당이득(侵害不當利得)이란 손실자의 재산영역에서 손실자에게 귀속되는 부분을 축소시키고 그로써 이익을 얻은 경우 그 이득을 말한다. 독일어로는 이를 'Eingriffskondiktion'이라 한다. 권리자의 허락 없이 권리를 이용해서 이익을 얻을 수도 있고 그 권리를 처분해서 이익을 얻을 수도 있다.

2) 세부유형 : 침해부당이득의 세부유형으로는 다음의 네 가지를 들 수 있다.

　　a. 원물보유이득 : 타인의 재산권에 속한 동산을 탈취·편취하거나 타인의 재산권에 속한 부동산을 점거한 자가 그 동산·부동산을 자기 지배하에 두고 계속 점유하는 경우이다. 만약 그 이득자가 물건을 점유하기만 하고 사용하지 않았다면 이득자는 손실자에게 물건의 점유만 반환하면 된다. 하지만 그 이득자가 물건을 사용까지 하였다면 그 점유와 함께 사용이익 역시 손실자에게 반환해야 한다. 만약 이득자가 손실자에게 그 점유를 반환할 수 없는 사정이 있다면 그 사용이익이라도 손실자에게 계속적으로 반환해야 한다.

> * 타인 소유 토지의 점용에 따른 부당이득 : 전라북도 고창군 소재 X 토지는 1985년 상속재산분할협의로 甲의 단독소유가 되었고, 1990년 乙이 이를 매입한 뒤 1999년 丙이 증여를 받아 현재까지 소유하고 있다. 전라북도는 1977년부터 위 X 토지 일부를 도시계획도로로 지정·관리하였고, 그중 일부는 2007년 고창군으로 관리가 이관되었다. 丙은 전라북도와 고창군이 권원 없이 위 X 토지를 도로로 점유·사용하여 임료 상당의 이익을 얻었다며 전라북도와 고창군에 대하여 부당이득반환을 청구하였다. 이에 대해 전라북도와 고창군은 점유취득시효 완성, 丙의 배타적 사용수익권 포기, 임료 산정액 과다 등을 항변하였다. 법

원은 전라북도와 고창군이 토지를 도로로 사용·관리함으로써 丙의 배타적 사용수익권을 침해하고 이에 상응하는 사용이익을 얻어 丙에게 손해를 발생시켰다고 보아 부당이득반환의무를 인정하였다. 전라북도와 고창군의 점유취득시효나 권리포기 주장은 증거 부족으로 배척하였다. 법원은 도로로 제한된 현황을 반영한 임료를 기준으로 반환 범위를 산정하였다(全州地判 2017.5.26.,2014나10123).

b. 원물처분이득 : 타인의 재산권에 속한 물건을 보유하던 자가 그 물건을 처분함으로써 이익을 얻는 경우이다. 그 물건을 소비처분해서 물건의 전부 또는 일부를 소멸시킬 수도 있고, 매각처분하여 그 물건의 점유를 제3자, 즉 전득자에게 인도할 수도 있다. 이로써 처분이익을 얻은 자는 손실자에게 그 처분이익으로서 소비이익이나 처분대금을 반환하여야 한다.

* 환수될 친일파 재산의 처분대금 : 1930년 4월 친일반민족행위자인 甲이 X 토지를 매수하여 소유권이전등기를 마쳤다. 1940년 甲이 사망하자 乙이 이를 상속받았고, 1951년 乙이 사망하자 丙이 이를 상속받았으며, 1971년 丙이 사망하자 丁이 이를 상속받았다. 그리고 丁은 이 토지를 2006년 총 4억 4,650만 원에 戊에게 매도하였다. 한편 2006년에 시행된 친일반민족행위자 재산의 국가귀속에 관한 특별법은 러일전쟁 개전 시부터 1945년 8월 15일까지 친일반민족행위자가 취득한 재산을 친일행위의 대가로 취득한 것으로 추정하고 국가 소유로 귀속시키기로 하였으며, 대한민국은 이 규정에 따라 丁 소유의 위 토지를 丁에게서 반환받으려 하였다. 그러나 丁은 위 토지가 국가 귀속 대상임에도 이를 제3자에게 처분하여 매매대금을 취득하였으므로 대한민국은 丁에 대하여 그 매매대금 4억 4,650만 원과 그 이자를 부당이득으로서 국가에 반환해야 한다고 주장하였다. 丁은 특별법의 위헌성과 매매대금에서 양도소득세·주민세 상당액의 공제를 주장했으나, 법원은 특별법이 합헌이며, 선의의 제3자 보호로 토지 자체의 반환은 불가능하더라도 丁은 매매대금 상당액을 부당이득으로 반환해야 하고, 처분 과정에서 발생한 세금 등 비용은 공제할 수 없다고 판단하였다(大判 2011.6.10., 2010다40239).

* 야자수의 처분대금 : 1997년 甲은 H 소유의 부동산에 가등기를 한 뒤 2002년 경매로 그 부동산의 소유권을 취득하였다. 2005년 9월 甲은 이 부동산을 丙에게 매도하였으며, 丙은 같은 달 丁에게 재매도하였다. 乙은 자신이 甲에게서 위 부동산을 임차했다고 주장하면서 해당 부동산의 과수원에 2004년 자신이 식재했다고 주장하는 워싱턴 야자수 180그루를 2011년부터 2013년까지 무단 처분하였다. 丁은 위 토지와 함께 야자수의 소유권도 丙에게서 이전받았다며 乙에 대하여 야자수 시가 상당액의 부당이득반환을 청구했다. 그러나 乙은 과수원 임차권에 기한 식재로 부합이 되지 않아 丁이 야자수 소유권을 취득하지 못했다고 항변하였다. 법원은 乙이 권원 있는 식재를 증명하지 못했으므로, 乙에 의

해 무단 식재된 수목은 토지에 부합되어 토지소유자에게 귀속된다고 보았다. 야자수는 이미 제3자에게 처분되었으므로, 乙은 야자수 목적물 자체의 반환이 아니라 그 시가 상당액 약 6천만 원의 부당이득을 丁에게 반환하도록 법원은 판결하였다(서울高判 2017.2.17., 2015나19744).

c. 원물전득 : 손실자의 재산권에 속하는 물건을 제3자가 전득하여 거기서 이익을 얻는 경우를 말한다. 만약 전득자가 선의의 제3자 보호 등을 원용할 수 없다면, 전득자는 전득한 물건 그 자체는 물론이고 그 물건으로부터 얻은 사용이익 역시 손실자에게 부당이득으로서 반환하여야 한다.

* 양식장의 무단 전득 : 2001년 甲은 완도군과 대부계약을 체결한 토지 위에 가설 건축물 형태의 양식장을 신축하여 운영하였고, 2011년경 乙에게 이를 임대하였다. 乙은 건축주로 가설건축물대장에 등재되었으나 양식장의 소유권자는 아니었다. 2014년 丙은 乙으로부터 양식장을 매수했다고 주장하며 점유·사용을 시작했고, 일부 대금을 甲 자녀 계좌로 지급하였다. 이에 甲은 丙이 권원 없이 양식장을 점유해 임료 상당의 이익을 얻었다며 丙에 대하여 양식장의 점유 및 그 사용이익을 부당이득으로서 반환하라고 청구하였다. 丙은 자신이 乙로부터 양식장을 선의로 취득했다고 항변했으나, 법원은 양식장이 동산에 해당해 원칙적으로 선의취득 대상이 될 수 있다고 보면서도, 매매계약서 등 처분문서가 없고, 매매대금이 시가보다 현저히 낮으며, 대금 중 일부를 제3자인 甲 자녀에게 지급한 점, 무과실을 증명할 증거가 없는 점 등을 들어 丙의 선의취득을 부정하였다. 결국 법원은 乙이 甲의 임차인에 불과하고 소유권이 없으므로 丙의 취득은 무권리자로부터의 취득에 해당한다고 판단하여, 甲의 소유권에 기한 양식장 인도 및 소 제기 이후의 임료 상당 부당이득반환 청구를 인용하였다(光州地判 2023.6.22., 2022나63644).

d. 무형이득 : 물적 대상성이 없는 타인의 재산을 탈취·편취하고 그로써 이익을 얻은 경우이다. 타인의 은행계좌에서 일정 금액을 무단 인출하거나 타인의 특허권을 무단 실시하여 실시료를 지급받거나 타인의 초상·성명을 무단으로 광고에 이용하여 광고효과에 따른 매출증가분을 얻는 경우가 이에 해당한다. 이 때의 이익은 유형물의 점유·처분과 달리 그 자체의 직접 반환이 불가능하므로, 그로 인하여 얻은 경제적 가치 또는 이에 상응하는 금액을 산정하여 손실자에게 부당이득으로 반환하여야 한다.

* 회사 자금 무단 인출 : 이동통신 쇼핑몰 및 통신대리점업을 운영하는 법인 甲의 사내이사인 丙이 2017년 12월과 2018년 3월 두 차례에 걸쳐 甲의 계좌에서 총 4천만 원을 자신의 계좌로 이체하였다. 甲은 丙이 무단으로 회사 자금을 인출했

다며 丙에 대해 부당이득반환을 청구했다. 이에 대해 丙은 과거 회사에 운영자금으로 3천만 원을 대여했는데 대표이사 乙의 동의를 받아 이를 회수한 것이라고 항변하였다. 그러나 법원은 丙이 주장하는 대여금보다 실제 인출액이 많고, 해당 자금은 투자금 성격을 가지며 대여금이라면 필수적인 회계처리나 증빙이 전혀 없었고, 회사 재정이 어려운 시기에 즉시 상환할 합리적 사유도 없다고 보았다. 이에 따라 법원은 丙의 이체행위에 법률상 원인이 없다고 판단하여 부당이득에 해당한다고 보았고, 丙은 甲에게 4천만 원과 그 지연손해금을 반환하도록 명령하였다(水原地判 2022.11.17., 2021나87668).

* 초상권·성명권 침해에 따른 이득 : 스포츠의류 제조·판매업체인 배럴사(甲)가 연예기획사 W 엔터테인먼트(乙) 및 소속 연예인 강○라(丙)와 2015년 6월 17일 브랜드 'D'에 관한 광고모델계약을 체결하였다. 계약은 2015년 12월 16일까지 유효하였고, 재고 소진을 위해 1개월 추가 사용이 허용되었으나, 그 이후에는 신규 광고물 제작이 금지되었다. 계약 만료 무렵 甲은 乙과 丙에게 1년간 3억 5천만 원 조건의 재계약을 제안하였으나, 중국 판매 포함 여부와 그에 따른 모델료 2억 원 증액, 메이킹 필름 촬영 등 핵심 조건에서 합의가 이루어지지 않아 계약은 성립되지 않았다. 그럼에도 甲은 2016년 1월 16일 이후 약 10개월간 丙의 초상과 성명을 온라인 쇼핑몰, SNS, 홈쇼핑 등에서 계속 사용하였다. 이에 乙과 丙은 무단 사용 중단을 요구하였으나 받아들여지지 않았다. 甲은 자신이 2016년 4월 4일 국내 계약을 체결하였다고 주장하며 乙과 丙에게 위약금을 청구하였다. 그러자 乙과 丙은 계약 미성립을 주장하며 甲에 대하여 초상권·성명권 침해를 이유로 손해배상 및 부당이득반환을 청구하였다. 법원은 재계약의 성립을 부정하고, 甲의 위약금 청구를 기각하며, 丙의 초상·성명을 甲이 무단 사용한 것으로 인해 丙에게 발생한 손해 5천만 원의 배상과 위 무단 사용으로 甲에게 발생한 부당이득금 5천만 원의 반환을 각각 인정하였다(서울南部地判 2017.6.29, 2016가합3219·2017가합103451).

3) 비슷한 개념과의 차이 : 침해부당이득은 주로 불법행위법과 물권법의 보완기능을 한다. 침해부당이득은 다음과 같은 점에서 그 특유의 성질을 갖는다.

    a. 급부부당이득과의 차이 : 출연자의 출연행위에 의해 부당이득이 이루어진 게 아니라 부당이득자 측의 침해행위(혹은 배신행위)에 의해 부당이득이 이루어진 것이란 점, 다시 말해 부당이득을 직접적으로 발생시킨 주체가 손실자 아닌 부당이득자 측이라는 점에서 급부부당이득과 구별된다. 즉, 부당이득자는 손실자의 의사와 상관없이 손실자에게서 무엇인가를 취득한 것이다. 또한 급부부당이득은 계약의 어그러짐에 따른 결과를 보정하는 데 주안을 두는 반면, 침해부당이

득은 주로 재화 또는 물건의 보호에 주안을 둔다. 법경제학적으로 볼 때는 권리의 무단침해로 발생한 이득이 마치 시장에서의 계약에 의해 행해진 것과 같은 결과를 사후적으로 만들어줌으로써 경제적 효용성을 달성하려는 취지를 담고 있다고 한다.

   b. 무단관리와의 차이 : 무단적 권리침해의 사안을 다룬다는 점에서 무단관리와 비슷한 점이 있긴 하지만, 침해자의 고의를 전제로 하지는 않으며, 그 침해자가 거두어들인 모든 이익을 회수하는 것은 아니라는 점에서 무단관리와 구별된다. 다시 말해 권리침해자의 고의가 인정될 경우 이를 무단관리로 보아 그 운용이익까지 포함한 모든 이익을 피해자에게 귀속시킬 수도 있겠지만, 단순한 침해부당이득의 경우 그러한 운용이익 반환까지 예정하지는 않는다는 차이가 있다.

   c. 불법행위와의 차이 : 침해부당이득법은 불법행위법의 보충기능을 담당하지만, 침해행위자의 위법성이나 유책성이 없어도 침해부당이득이 될 수 있다는 점에서 불법행위와 구별된다. 예를 들어 타인의 동산 점유를 박탈하거나 타인 소유의 부동산을 점거하거나 타인 소유의 물건을 소멸시킴으로써 이익을 얻으면 침해부당이득이 발생하는데, 그러한 침해에는 위법성이 있을 수도 있고 없을 수도 있다. 물론 침해부당이득자의 대부분은 불법행위를 저지른 자이며, 손실자는 피해자로서 그 침해부당이득자에 대해 불법행위에 기한 손해배상을 청구할 수도 있다. 그러나 손실자가 그 배상청구를 위해 손해를 증명하고 이득자의 고의·과실을 증명하는 것은 번거로운 일이다. 반면, 이득자에게 발생한 이익을 증명하고 이득자에 대해 단순히 반환만을 청구하는 것은 상대적으로 용이하다. 또한 불법행위에 기한 손해배상을 청구할 경우 가해자와 피해자 간의 과실상계로 인해 배상액이 미미할 수 있는 반면, 침해부당이득을 청구할 경우 침해된 가치 그대로를 반환받을 수 있다는 점도 불법행위보다 유리한 점이다.

  4) 과실수취권 : 침해부당이득의 경우 물권법이 우선적용되므로, 침해부당이득자가 과실(果實) 또는 사용이익을 수취했다면 그 과실에 대한 반환청구권은 선의점유자의 과실수취권 규정(제201조 1항)에 의해 제한될 수도 있다. 물론 침해부당이득자가 정당하지 못한 점유자로서 물권법상 악의점유, 폭력점유 또는 은비점유의 요건을 충족시킨다면, 그에게는 과실수취권이 박탈되므로, 침해부당이득

자는 과실 및 사용이익의 반환책임을 면하지 못한다. 하지만 정당하지 못한 점유자이더라도 선의이면서 평온·공연하게 점유를 취득했다면 그에게는 과실수취권(제201조 1항)이 보장되므로 과실 및 사용이익의 반환의무를 부담하지 않게 된다.

(3) 비용부당이득

1) 의 의 : 비용부당이득(費用不當利得)이란 어떤 자가 급부 이외의 다른 사정으로 타인의 재산에 비용을 지출하여 타인에게 재산적 이익을 제공하고, 그로 인해 자기가 손실을 본 경우를 말한다. 독일어로는 이를 'Verwendungskondiktion'이라 한다. 대개는 착오에 의해 타인의 물건을 점유하게 되었거나 처분권한 없는 자로부터 타인의 물건을 전득하게 된 자가 그 물건을 수선·개량하여 손실자가 되고 그로부터 졸지에 이익을 얻는 자가 이득자가 된다.

2) 비용부당이득의 세부유형으로는 다음의 세 가지를 들 수 있다.

　a. 타인 재산의 수리·개량 : 타인의 물건을 자기 소유 물건이라 오신하고 자기 비용을 지출하여 이를 수리·개량한 경우가 전형적인 비용부당이득의 사안이 된다. 이 경우 비용지출자는 그 비용 전액을 상환받는 것이 아니라 그 물건의 소유자에게 이득이 된 가액의 범위에서만 반환을 받을 수 있다. 만약 물건 소유자에게 발생한 이득이 비용지출자의 손실보다 크다면 비용지출자는 손실 범위에서만 반환을 받을 수 있다.

> * 타인 소유의 대지에 대한 성토 및 석축공사 : 甲은 1968년 2월경 서울 성동구의 어느 저지대에 위치한 대지 약 2,500평을 전 소유자로부터 매수하였다. 甲은 위 대지의 소유권이전등기를 마치지 않은 채 乙에게 위 대지에 대한 토지 성토 및 석축공사를 맡겼는데, 위 대지의 소유권은 이미 1967년 11월부터 1968년 3월 사이에 법원 경락을 통하여 丙 은행 앞으로 이전된 상태였다. 당시의 거래 관행상 甲은 토지를 매수하면서 등기부를 확인하지 않은 채 외형상 전 소유자가 여전히 토지를 지배하고 있는 것으로 믿었던 것이다. 乙은 도급계약에 따라 같은 해 4월부터 6월 사이 공사를 완료하여 토지의 지반을 높였고, 그 결과 해당 토지의 이용가치가 증대되었지만, 이익은 실제 소유자인 丙 은행에게 귀속되었다. 이후 丙 은행은 1970년 12월에 토지 일부를 제3자에게 매도하였고, 甲은 1971년 말 乙에게 丙에 대한 부당이득반환청구권을 양도하였으며, 1972년 초 그 사실을 丙에게 통지하였다. 이에 乙은 丙을 상대로 공사비 상당액의 반환을 청구하였다. 법원은 토지의 이용가치를 높이는 공사의 결과가 현존하는 한 그로 인한 소유자의 이득은 법률상 원인 없는 것으로서 부당이득에 해당한다고 보았다(大判 1974.7.26., 73다1637).

* 타인 소유의 임야를 목장으로 개량 : 丁은 1965년 乙로부터 시흥군 소재의 어느 임야를 매수하여 이전등기 없이 인도받은 뒤, 위 임야를 가옥 건립과 목장설비, 밭 조성 및 과수 식재 등의 목적으로 장기간 사용하였다. 한편 위 임야의 등기부상 소유자였던 甲은 위 임야를 1968년 丙에게 매도하였고, 공유물 분할소송 종료 후 위 임야는 1980년 丙 명의로 소유권이전등기가 이루어졌다. 1977년 해당 토지가 서울 남서울 대공원 부지로 편입되자, 서울시는 현황에 따라 임야보다 높은 단가로 평가된 밭·대지·목장 부분까지 포함하여 약 2,200만 원의 보상금을 등기명의자인 丙에게 지급하였다. 丁은 자신의 노력과 비용으로 토지의 경제적 가치가 상승했으므로, 그 증가분까지 보상금으로서 丙에게 귀속된 것은 법률상 원인 없는 이득이라며 丙에 대해 그 부당이득의 반환을 청구하였다. 丙은 이에 대해 자신이 서울시로부터 받은 보상금에는 법률상 원인이 존재하며 丁의 손해 역시 명확히 증명되지 않았다고 다투었다. 원심 법원은 위 임야 가운데 서울시로부터 밭, 대지, 목장 등으로 감정평가된 부분은 결국 丁의 재산 또는 노무로 인하여 그 본래의 형질인 임야보다 경제적 가치가 증가되어 그 증가된 가치가 丙에게 귀속된 채 현존하고 있는 것이라며 그 증가된 가치를 가액으로 환산한 490만 원을 丙이 丁에게 반환하여야 한다고 판시하였다. 그러나 대법원은 부당이득이 성립하려면 이득뿐 아니라 상대방의 손해가 존재해야 하고, 반환액은 손해 범위로 한정된다고 보아, 원심이 구체적인 손해액 심리 없이 단순히 평가액 차액을 반환액으로 인정한 것은 법리를 오해한 것이라 판시하였다(大判 1982.5.25, 81다카1061).

b. 착오에 의한 타계좌 송금 : 착오로 엉뚱한 사람의 계좌에 금전을 이체함으로써 그 계좌의 예금액이 법률상 원인 없이 증가한 경우를 말한다. 일단 송금인은 타인의 사무를 관리한 것이 아니므로 사무관리의 문제라 할 수는 없다. 설령 송금인이 급부 목적으로 송금하였더라도 그 금전을 수취한 자에 대해서는 독자적 급부목적이 없었던 만큼 이는 급부로 볼 수 없다(BGH, Urteil vom 26. April 1976 - VII ZR 139/75). 따라서 송금인은 수취인에 대해 급부부당이득의 반환을 청구할 수도 없다. 결국 송금인의 지출에 대응하는 계좌 주인의 이득을 대상으로 하여 비용부당이득을 반환청구하는 방법으로 이 문제를 해결할 수밖에 없다. 만약 계좌 주인이 악의이면 그 이체한 금전의 수취로 인한 이익·과실 전부를 반환하고 손해까지 배상해야 한다(제748조 2항). 하지만 수취인이 그 이체된 돈을 선의로 소비하였다면 그 범위에서 책임이 경감된다(제748조 1항).

* 착오에 의한 타계좌 송금 : 甲은 2019년 2월과 4월 乙과 국제화물 운송거래를 진행하던 중 乙이 안내한 입금계좌에 약 3,800만 원을 이체하였다. 그러나 그 계좌는 실제로 동명의 별개 법인인 丙 명의 우리은행 계좌였고, 甲은 그 사실을

모른 채 乙의 말만 믿고 착오로 송금한 것이었다. 이후 착오를 안 甲은 거래와 무관한 丙에게 부당이득 반환을 구했고, 丙은 乙에 대한 자기 채권이나 계좌 문제에 관한 乙의 책임 합의를 내세워 항변했다. 이에 대해 법원은 甲과 丙 사이에 계좌이체의 원인이 되는 법률관계가 전혀 없는 상태에서 丙이 예금채권을 취득한 이상 이는 법률상 원인 없는 이익이라 보아 甲의 부당이득반환청구를 인용하였다. 결국 丙은 수취한 금전과 이에 대한 지연손해금을 반환할 의무가 있다고 판단되었고, 丙의 항소는 기각되었다(서울中央地判 2020.6.18., 2019나77226).

* **착오송금에 의한 수취 주체**: 甲은 2015년 9월 25일 경리직원의 실수로, 丁에 지급할 공사대금 3,200만 원을 과거 거래처였던 乙의 우체국 계좌로 이체하였다. 그런데 乙은 그보다 앞선 2015년 6월 12일 丙에 흡수합병되어 丙이 그 계좌상의 예금채권을 승계하는 구조가 되었다. 오류를 확인한 甲이 곧바로 丙에게 반환을 요구했으나, 丙은 甲이 乙의 계좌에 송금한 것이고, 甲과 乙 사이에 무슨 거래관계가 있었는지 丙은 알지 못하며, 丙은 합병이라는 우연한 사실에 의하여 甲이 乙에게 이체한 금액을 간접적으로 수취한 것뿐이므로, 3,200만 원을 甲에게 반환하지 못하겠다며 맞섰다. 그러나 법원은 송금액이 丁에게 지급할 공사대금과 동일하고 乙과는 이미 거래가 중단된 점 등을 고려하여 착오송금 사실은 증명되었고, 乙의 예금채권이 丙에게 포괄승계로 귀속된 만큼 丙 역시 수취주체가 된다면서, 丙은 甲에게 3,200만 원과 그 지연손해금을 지급해야 한다고 판결하였다(春川地法 原州支判 2016.1.26., 2015가단36517).

c. **타인 재산에 자기 재산을 부합시킨 행위**: 만약 첨부(제256조 이하)로 인한 이득자가 첨부행위를 스스로 한 게 아니고 손실자가 자발적으로 이득자의 재산에 자기 물건을 첨부시킨 경우라면, 그 첨부에 의한 이득은 침해부당이득이 아니라 비용부당이득이 된다. 이 경우 첨부행위자는 그 첨부된 물건의 본래 가치와 첨부 과정의 비용 전부를 상환받는 게 아니라 그 첨부로 상대방에게 이득이 된 가액만을 반환받을 수 있다.

* **국화꽃의 식재로 인한 부합**: 2009년 4월 9일 甲이 충북 음성군 소재 3,081㎡ 토지의 소유권을 취득한 이후, 乙은 그중 1,635㎡ 부분에 비닐하우스를 설치하여 점유하고 있었다. 甲은 같은 해 乙을 상대로 비닐하우스 철거 및 토지 인도 청구의 소를 제기해 최종 승소하였으나, 판결 확정 후에도 乙은 비닐하우스에서 국화꽃을 계속 재배하였다. 이에 甲은 乙이 권원 없이 토지에 국화꽃을 식재하였으며, 그 국화꽃은 민법 제256조에 따라 토지에 부합되어 토지소유자인 자신에게 소유권이 귀속된다고 주장하였다. 그러자 乙은 국화꽃이 농작물이므로 경작자인 자신의 소유라고 항변하였다. 법원은 국화꽃이 일반 농작물과 달리 다년생 초본식물로서 장기간 토지를 점유하여 토지소유자의 권리 행사를 제한할 수 있고, 농지법에서도 이를 농작물과 구별하고 있으며, 경작자는 부당이

득반환청구로 손해를 보전받을 수 있다는 점에서 이를 토지에 부합된 것으로 보아 국화꽃의 소유권이 甲에게 귀속된다고 판시하였다. 물론 甲은 乙에게 그에 따른 부당이득반환을 하여야 한다고 했다(서울高判 2017.2.17. 2015나19744).

3) 다른 개념과의 차이 : 비용부당이득은 물권법과 사무관리법에 대한 보완기능을 담당한다. 비용부당이득은 다음과 같은 점에서 다른 개념들과 구별된다.

a. 점유자의 유익비상환청구권 : 비용부당이득은 물권법 가운데서도 점유권법, 특히 점유자와 회복자 간의 유익비상환청구권(제203조 2항)에 대한 보충기능을 담당한다. 하지만 손실자의 물건점유가 반드시 전제되지는 않는다는 점에서 비용부당이득은 점유자의 유익비지출에 따른 회복자의 이득과 구별된다. 예를 들어 어떤 문상객이 실수로 부의금을 다른 상가의 부의금함에 투입한 경우, 어떤 마사지사가 옆에 잠들어 있던 다른 마사지 손님을 자기 손님으로 오신하고 최상급의 마사지 서비스를 제공한 경우에도 비용부당이득이 발생할 수 있다.

> *타인의 정원에까지 물을 뿌린 사례: G는 자기 정원에 물을 주고 있었는데, 관수장치가 잘못 설정되어 있었기 때문에 물이 너무 멀리 나가 의도치 않게 이웃 S의 토지에까지 물을 뿌렸다. 이를 근거로 G가 S에게 '보상'을 요구하였는데, 이 사안에 점유자의 비용상환청구권 규정(제203조)은 적용될 수 없다. 왜냐하면 G는 S의 정원을 점유하지 않았기 때문이다. 또한 사무관리 규정(제734조) 역시 적용할 수 없는데, 이는 G가 타인의 사무를 자기 사무의 의사로 처리했기 때문이다. 따라서 G는 비용부당이득의 관점에서 S에게 이득반환을 청구할 수 있다. 왜냐하면 S가 G로부터 관수이익을 얻은 데는 법률상 원인이 없기 때문이다(Wandt, § 11, Rn. 63).

b. 임차인의 유익비상환청구권 : 비용부당이득이 임대인과 임차인 간의 계약관계에서 발생했을 때, 특히 임차인이 임차물을 수리·개량하여 임대인이 이득을 봤을 때는 비용부당이득의 반환청구권에 앞서 임차인의 유익비상환청구권(제626조 2항)이 문제된다. 이러한 경우에는 부당이득법이 적용되지 않고, 임대차법상의 특별규정(제626조 2항)이 부당이득규정보다 우선 적용된다. 그 이유는 이러한 임차인의 유익비 지출이 계약에 기초한 특별구속관계 내에서 발생하는 것으로서 그 유익비 상환 범위·시기·방법을 당사자 의사와 계약형태에 맞게 조정할 필요가 있고, 부당이득법의 일반규정이 임대차 특유의 위험분담구조를 왜곡하지 않도록 하려는 데 있다. 참고로 독일민법은 이를 사무관리의 문제로 다루고 있기 때문에, 우리민법과는 태도가 약간 다르다(독일민법 제539조 1항).

c. 수급인의 추가 보수청구권 : 비용부당이득이 도급인과 수급인 간의 계약관계에서 발생했을 때, 특히 수급인이 도급인의 주문사항보다 더 많은 일을 완성하여 도급인이 이득을 봤을 때는 이를 비용부당이득의 문제로 보지 않고 일단 도급계약 내의 보수 조정문제로 본다. 만약 이를 부당이득으로 환원하면 계약상 가격위험과 변경절차에 대한 계약의 차단효Sperrwirkung des Vertrags를 훼손하여 당사자 간 위험분담을 왜곡하게 될 것이기 때문이다. 따라서 수급인의 추가비용에 대한 보상문제는 일단 계약상 보수청구·조정 절차에서 해결되어야 한다. 설령 수급인의 비용지출에 따른 이득을 도급인 아닌 제3자가 보게 되었더라도, 수급인은 도급인으로부터 받는 보수로써만 그 보상을 받을 수 있을 뿐 제3자에게 그 보상을 청구할 수 없다(大判 2002.8.23., 99다66564·66571).

d. 급부부당이득과의 차이 : 비용부당이득 사안에서 손실자는 자신의 행위로 이득자에게 뭔가를 제공한다. 이러한 점에서 비용부당이득 사안은 급부부당이득 사안과 유사한 점이 있다. 하지만 급부부당이득 사안에서 그러한 이익제공은 계약을 전제로 하고, 그 계약상대방이어야 할 자에게 그 이익이 목적의식적으로 제공된다. 하지만 비용부당이득 사안에서 그러한 이익제공은 손실자의 착오 또는 실수에 의해 우연하게 제공된다. 이러한 점에서 비용부당이득은 급부부당이득과 다르다.

e. 사무관리와의 차이 : 비용부당이득 사안에서 손실자는 타인을 위해 의무 없이 비용을 지출한다. 이러한 점에서 비용부당이득 사안은 사무관리 사안과도 유사한 점이 있다. 하지만 비용지출자에게 타인의 사무를 처리한다는 의사, 즉 사무관리의사는 없기 때문에, 사무관리자가 이타적 동기에 의하여 본인의 사무를 처리하는 것과 비용부당이득은 다르다. 더 엄밀히 말하자면, 비용부당이득은 사무관리에서도 부진정사무관리(不眞正事務管理)의 사안과 밀접한 관련을 맺고 있다.

f. 침해부당이득과의 차이 : 비용부당이득은 침해부당이득과 그 행태가 비슷하다. 계약 장애의 보정이 아니라 재산질서의 회복을 목적으로 한다는 점, 손실자와 이득자 간에 수수된 이득이 급부로서 제공된 것이 아니라는 점에서 둘은 같기 때문이다. 비용부당이득이나 침해부당이득이나 둘 다 비급부부당이득이라는 유형으로 묶이는 이유가 거기에 있다. 하지만 부당이득을 발생시킨 행위

주체가 이득자가 아닌 손실자라는 점에서 비용부당이득은 침해부당이득과도 구별된다. 다시 말해 손실자에게도 상대방의 이득에 진정한 목적의식은 없었겠지만, 이득자에게도 이득의사가 없었던 경우가 비용부당이득 사안이라 할 수 있다.

  4) 제3자의 개입에 따른 비용부당이득 : 비용부당이득 사안에서 그 출연행위의 주체가 이득자도 아니고 손실자도 아닌, 제3자인 경우이다. 이득자는 받은 잘못 밖에 없는데 손실자에게 이득을 반환해야 한다는 점에서 비용부당이득 사안에 속하나, 손실자의 행위가 아닌 제3자의 행위에 의해 부당이득이 발생했다는 점에서 특수성을 갖는다. 그리고 손실자가 타인의 행위에 의해 손실을 입었다는 점에서는 침해부당이득과 유사하나, 손실자가 행위주체에게 이득반환을 청구하는 것이 아니라는 점에서 침해부당이득과 구별된다.

   a. 채권의 준점유자에 대한 변제 : 예를 들어 채무자가 채권의 준점유자(準占有者)에게 선의·무과실로 변제함으로써 진정한 채권자의 채권을 소멸시킨 경우이다($\text{제}470\text{조}$). 여기서 채권의 준점유자로는 무효 또는 취소된 양도계약에 의한 채권의 사실상 양수인, 채권의 표현상속인(表見相續人), 채권증서와 인장(印章)을 소지한 예금명의자 등을 예로 들 수 있다. 이 경우 출연행위의 주체는 이득자인 채권의 준점유자도 아니고 손실자인 진정한 채권자도 아니며 제3자인 채무자가 되는데, 어쨌든 손실자인 채권자는 채무자로부터 직접 급부를 받지 못해 일정한 손실을 입는다. 이때 손실자는 출연행위의 주체인 채무자(제3자)가 선의·무과실인 만큼 채무자에게 이득반환을 청구하지는 못한다. 따라서 손실자인 진정한 채권자는 이득자인 채권의 준점유자에게 법적 원인 없이 변제받은 것을 반환하도록 청구할 수 있을 뿐이다.

   * 실제적 예 : B는 2012년 1월 18일 농협은행(乙)에 2억 7천여만 원을 1년 만기 정기예금으로 예치하였다. 2013년 1월 19일 B가 사망하자 甲과 丙 등이 B의 상속인이 되었다. 사망 나흘 뒤인 1월 23일, 丙은 B의 통장·인감도장·신분증과 자신의 신분증 및 가족관계증명서를 지참하여 乙 은행 지점을 방문, B가 무릎 통증으로 직접 오지 못한다고 설명하며 2억 7천여만 원과 그 이자를 포함한 예금 전액 지급을 요청하였다. 은행 직원 C는 망인의 고객정보에 등록된 번호로 전화를 걸어 본인을 사칭한 자와 통화한 다음 인출 의사를 확인하였고, 인감·비밀번호가 일치함을 점검한 뒤 丙에게 원리금 전액을 지급하였다. 이러한 사실을 안 甲은 자신의 상속분 상당액을 부당이득으로 반환하라며 乙에 대해 소를 제

기하였다. 乙이 수령권한 없는 丙에게 예금을 지급하였으니 예금채무가 소멸하지 않았다는 주장도 하였다. 이에 乙은 丙이 예금주의 대리인이라 주장하며 지급을 요구한 채권의 준점유자에 해당하고, 은행은 B의 사망 사실을 알지 못한 채 상당한 확인 절차를 거쳐 과실 없이 지급하였으므로 민법 제470조에 따라 채무가 소멸하였다고 항변하였다. 법원은 乙의 항변을 받아들여 해당 지급을 유효한 변제로 인정하였고 甲의 청구를 기각하였다(서울中央地判 2017.1.13, 2015가단5347792).

* 채권 준점유자에 대한 변제가 무효인 경우 : 채무자가 채권의 준점유자에게 과실로 변제한 경우라면, 이때 채권은 소멸하지 않는다(大判 2004.4.23, 2004다5389). 따라서 채권자 아닌 채무자가 채권의 준점유자에게 비용부당이득의 반환청구를 해야 한다.

* 채권 준점유자에 대한 변제가 악의변제였던 경우 : 만약 채무자가 채권의 준점유자에게 악의로 변제하였다면, 이는 악의의 비채변제가 된다(제742조). 따라서 채권자는 손실을 입은 것이 없게 되고, 변제를 받은 채권의 준점유자는 그 받은 것을 보유할 수 있게 된다. 이 경우 채무자는 채권의 준점유자에게 비용부당이득의 반환을 청구하지 못한다.

b. 제3자의 첨부행위 : 손실자의 물건이 이득자의 물건에 첨부되었는데, 그 첨부행위를 손실자 또는 이득자가 한 게 아니라 제3자가 한 경우이다. 이렇게 첨부행위자가 제3자인 경우에도 첨부로 인한 실질적 이익이 이득자에게 귀속되었으며, 이득자가 선의취득의 요건을 갖추지 못한 경우라면, 손실자가 이득자에게 직접 첨부이득의 반환을 청구할 수 있다(大判 2018.3.15, 2017다282391).

* 연소설비의 조립으로 인한 부합 : 甲은 乙과 고형연료 연소보일러 연소설비 도급계약을 체결한 뒤 범위를 연소로 설치 및 전기공사로 변경하였다. 그리고 乙은 丙과 연소로 구동장치설비에 관한 소유권유보부 물품제작공급계약을 체결하였다. 丙은 2013년 8~9월경 乙에게 설비를 제작·납품했으나 乙에게서 대금의 일부만 지급받았다. 乙은 丙 소유의 구동장치설비를 현장에 반입하였고 SG에너지가 그 설비를 연소로 시설로 속에 완전히 조립하였다. 이 설비는 丙에게 소유권이 유보되었던 상태에서 연소로에 부합되어 甲 소유가 된 것이다. 丙은 甲에 대하여 미정산 대금 중 5억 2,614만 원의 부당이득반환을 청구하였다. 甲은 乙에게 도급대금을 지급하였으므로 자신에게 이득이 존재하지 않아 부당이득반환의무가 없다고 항변했으나, 법원은 부합으로 인한 소유권 귀속이 법률상 원인 없는 이득에 해당하고, 丙에게서 설비를 직접 납품받은 자는 乙이었으나 실질적 이익은 부합에 의하여 甲에게 귀속된다고 보아 丙에 대한 甲의 부당이득반환의무를 인정하였다(大田高判 2016.8.17, 2015나12534).

II. 부당이득의 요건

1. 이득자가 이득을 보았을 것

(1) 개 관

1) 경제적 이익 : 여기서 이득(利得)이란 일반적으로 재산상 이익, 즉 경제적 이익을 말한다. 예를 들어 물권, 채권, 점유의 취득이나 경제적으로 환가할 수 있는 법적 지위, 금전의 대가로서 거래상 취득한 목적물 사용이익이나 노무제공의 취득, 또는 채무의 변제소멸 이익, 비용 절감에 따른 이익 등은 부당이득법상의 이득이 될 수 있다. 물론 이득자가 직접 이득을 봐야만 부당이득이 되는 것은 아니며, 대리인 또는 이행보조자가 이득을 보더라도 부당이득이 된다.

> * 비경제적 이익 : 경제적 이익이 아닌 이익은 부당이득법상의 이득이 되지 아니한다. 예를 들어 단순히 고소하게 생각했던 것, 남의 불행을 보며 행복해했던 것, 큰 돈이 든 봉투를 갖고 있는 동안 뿌듯해했다는 것, 다른 사람의 집에 자물쇠를 걸어놓고 있는 동안 통쾌해했다는 것 등은 아무리 직접적인 이익이었고 다른 경제적 이익에 수반한 것이었더라도 가액으로 환산한다든지 해서 반환청구되지는 않는다.

2) 잠재적 미실현 이익 : 경제적 이익이 꼭 완전히 실현되었을 필요는 없다. 다시 말해 경제적 가치 있는 권리를 취득해 자신의 법적 지위를 개선했다면 현금 유입이나 실제 추심이 이루어지지 않았더라도 이미 이득이 성립한 것으로 본다. 따라서 미수금 상태라도 그 채권 자체의 기대가치가 채무자의 지급능력·집행가능성·시간가치 등을 반영하여 긍정적이면, 이는 이득으로 본다(大判 1984.2.14, 83다카1645). 다만 채권을 부당하게 이득한 자가 아직 그 채권을 현실적으로 추심하지 못하였다면, 손실자는 그 채권의 이득자에 대하여 채권 자체의 반환을 구할 수 있을 뿐, 그 채권 가액에 해당하는 금전의 반환을 구할 수는 없다(大判 1995.12.5, 95다22061).

> * 가등기담보 실행으로 인한 초과이득과 그로 인한 채권의 취득 : 乙은 甲에게서 금전을 차용하고 이를 담보하기 위하여 자신의 토지에 甲의 이름으로 소유권이전등기청구권보전 가등기를 설정하였다. 그러다가 乙이 甲의 피담보채권을 변제하지 못하자 乙은 甲 명의로 위 토지의 소유권이전등기를 해주었다. 甲은 담보권 실행의 일환으로 1981년 6월 11일 乙의 토지를 제3자인 丙에게 9,825만 원에 매도하고 소유권을 이전해 주었는데, 그 중 6,825만 원만을 수령하고 나머지 3천만 원은 받지 못한 채 자기 앞으로 위 토지에 대한 담보가등기를 마쳤다. 당시 乙의 甲에

대한 채무원리금은 약 4,268만 원이었으므로, 甲의 가등기담보 실행으로 甲에게 생긴 9,825만 원의 매매대금 가운데 乙에 대한 채권액 4,268만 원을 초과하는 5,557만 원이 현재 시점에서 乙에게 모두 반환되어야 할지 다투어졌다. 원심은 甲이 현실적으로 수령한 금액 6,825만 원에서 채권액 4,268만 원을 공제한 약 2,556만 원만을 부당이득으로 인정하고, 미수령 잔대금 3천만 원은 아직 정산시기가 도래하지 않았다고 보았다. 그러나 대법원은 甲의 丙에 대한 3천만 원 채권 역시 재산권으로서 그 취득 자체가 이득이 되므로 현재 시점에서 甲이 乙에게 반환하여야 할 초과이득에 이 채권 자체를 포함시켜야 한다고 판시하였다(大判 1984.2.14., 83다카1645).

* 명도 완료시까지 발생할 장래의 사용이익 : 토지불법점거자에 대한 토지사용이득 반환을 청구할 때, 그 토지반환의 청구시점으로부터 명도의 완료시점까지 상당한 시일이 소요될 것으로 예견되는 경우라면, 손실자는 부당이득자에게 명도 완료 시까지 발생할 사용이익 상당금액까지 부당이득으로서 미리 반환청구할 수 있다고 본다. 그 채무의 이행기가 도래하였을 때 채무자가 그 채무를 자진하여 이행하지 않을 것이 명백히 예상되는 경우에도 채권자가 이행기 도래 부분에 한하여 현재의 급부의 소만 제기하도록 한다면 채권자의 보호가 충분치 못할 것이기 때문이다(大判(全) 1975.4.22., 74다1184).

3) 물적 대상성의 요부 : 경제적 이익만 될 수 있다면 권리객체로서의 물적 대상성이 없다 하더라도 이득이 된다. 다시 말해 특정의 물건 또는 권리가 취득된 게 아니라 단순한 재정이익이나 기회 제공, 등기명의만 주어졌어도 부당이득으로 인정된다. 특정의 물건을 대상으로 하는 물권적 청구권과는 달리, 부당이득반환청구권은 불특정 재산에 대해서도 행사될 수 있는 것이기 때문이다. 그런데 이러한 이득의 개념은 각 부당이득의 유형별로 조금씩 달라지기 때문에 그에 관하여 세부적으로 살펴볼 필요가 있다:

(2) 급부부당이득

1) 급부이익 : 급부부당이득에서 이득은 권리가 아니라 급부이익이다. 급부부당이득 자체가 계약법의 보충기능을 담당하며, 그 이득 역시 대부분 계약상 급부를 수령함으로써 얻어진 것이기 때문이다.

* 순수 재정이익과 유체물 : 독일법상 급부부당이득에는 유체물(有體物)이 큰 비중을 차지한다. 독일 물권법은 무인성 원칙Abstraktionsprinzip이 지배하여 원인행위인 채권행위가 무효라도 물권행위가 유효라면 소유권이 상대방에게 머물러 소유물반환청구권으로 그 유체물을 반환받을 수 없게 되기 때문이다. 하지만 그 유체물이 제3자에게 인도된 게 아니라면, 독일법상 부당이득반환청구권을 통해 그 유체물을 반환받을 수 있는 방법이 주어진다. 따라서 독일법상 급부부당이득반환청

구권은 물권법의 무인성(無因性) 원칙에 대한 채권법적 시정수단으로 활용된다. 하지만 우리나라 물권법은 유인성(有因性) 원칙이 지배하기 때문에 급부의 법률상 원인이 탈락한 경우 소유권도 회복되어 유체물을 소유물반환청구로 돌려받을 수 있게 된다. 그러므로 우리나라에서 급부부당이득반환청구권은 유체물의 반환문제가 아니라 유체물의 사용이익 또는 금전적 이익의 반환문제에 주로 원용되고 있다. 물론 우리나라에서 소유물반환청구권 규정이 부당이득반환청구권 규정을 배제하는 것은 아니므로, 당사자는 유체물의 반환문제 역시 부당이득반환청구로써 해결할 수 있는 게 사실이다.

2) 실질적 이익 : 급부부당이득의 반환청구권은 이득자에게 실제로 발생한 이익을 대상으로 한다. 급부부당이득의 보호초점은 권리의 배타영역이 아니라 손실자가 급부로서 건네준 가치의 환원이므로, 그 이득은 실제로 상대방이 받은 경제적 가치로 평가하는 것이다. 만약 급부부당이득의 반환에도 규범적 평가를 적용하면 당사자 의사·교환구조를 왜곡하고, 법의 징벌·억지 기능이 그 의사·교환구조에 과도하게 반영되어 통상의 이해관계에 어긋나게 될 것이다. 따라서 급부부당이득은 부당이득법의 본령에 충실하여 이득자에게 현실적으로 귀속·실현된 경제적 가치를 한도로만 반환을 구한다. 예를 들어 급부물의 단순한 점유는 사용이익 또는 가액반환 대상으로서의 가치를 갖지 않는 것으로 본다(BGH, Urteil vom 20. November 2013 - XII ZR 19/11).

* 손해배상청구권과의 차이 : 급부부당이득반환청구권이 실질적 이득만을 대상으로 하는 것은, 채무불이행에 기한 손해배상청구권이 규범적 이득까지 대상으로 하는 것과 다르다. 채무불이행에 기한 손해배상청구권의 경우 이행이익(履行利益), 즉 이행이 제대로 이루어졌으면 발생하였을 가상의 이익까지 손해로 보아서 청구하는 것이기 때문이다. 불법행위에 기한 손해배상청구권 역시 불법행위가 없었으면 피해자가 얻었을 일실이익을 손해에 포함시켜서 청구한다. 불법행위 사안에서도 피해자의 권리 침해 자체가 손해 발생을 추정하게 만들고 손해평가에 규범적 보정이 강하게 작용하여 사실적 이익뿐 아니라 권리침해에 대한 규범적 평가액까지 손해에 산입하는 것이다. 이러한 점에서 보면 급부부당이득반환청구권은 손해배상청구권과 그 대상이 전혀 다름을 알 수 있다.

* 점유이익만 있었고 사용이익은 없었던 경우 : 乙은 씨비닐 생산공장 설치를 목적으로 甲 소유 건물을 임차하였고 그 건물을 급부로서 甲으로부터 인도받았다. 그러나 계약 체결 후 해당 지역이 공장 신설 불가 지역임이 드러나 임차 목적대로 사용할 수 없게 되자, 乙은 甲에게 차임을 지급하지 않은 채 건물을 점유하였다. 그리고 계약 종료 후에도 乙은 그 건물을 계속 점유하였다. 이에 甲은 乙에게 점유반환지체에 기한 손해배상을 청구하지는 않았지만, 종료 시점 이후부터 명도

시까지 약정 차임을 기준으로 한 부당이득반환을 乙에게 청구하였다. 그러나 乙은 그 건물이 어차피 공장으로 사용할 수 없었다며 자기에게는 실질적 이익이 없었다고 항변하였다. 대법원은 이러한 부당이득이 실제 얻은 경제적 이익을 한도로 하므로, 단순 점유만으로 약정 차임 상당액 전부를 이익으로 볼 수 없고, 피고의 구체적인 사용·수익 방법과 실질적 이익을 심리해야 한다며 원심을 파기하였다. 다시 말해 법률상 원인 없이 임차건물을 점유했다 하더라도, 점유자가 이를 본래의 용도대로 사용·수익할 수 없었다면 점유자에게 실질적 이익은 없어 이를 반환청구할 수 없다고 본 것이다(大判 1992.11.24. 92다25830). 이는 불법행위에 기한 손해배상청구의 경우 점유권원 없이 아파트를 점유한 사실만으로도 아파트 소유자에 대해 임료 상당의 손해배상 의무가 있다고 법원이 판시한 것과 대조적이다(서울中央地判 2017.8.30, 2017나6558).

* 약정 임료와 실제 수익이 달랐던 경우 : 1987년 12월 22일 甲은 자기 소유의 대지를 乙에게 36개월간 임대하기로 하고 乙과 대지 임대차계약을 체결하였다. 그 후 乙은 위 대지를 甲으로부터 급부로서 인도받았고 그 대지에 지하 1층·지상 2층 규모의 건물을 신축하였으나, 임대차기간 종료 후에도 乙은 건물을 점유하며 일부를 일식점, 사우나, 주점, 한식점, 분식점 등에 임대하여 합계 월 1,100만 원의 임료를 받고 있었다. 甲은 乙에 대하여 대지의 반환과 함께 임대차기간 종료 이후의 사용이익(월 1,100만 원)을 부당이득으로서 반환하라고 청구하였다. 그러나 乙은 재임대 수입 전부는 건물가치와 결합된 것이므로 전부 반환할 수 없다고 항변하였다. 참고로 乙은 임대차기간 종료 당시 甲에게 민법 제643조의 지상건물 매수청구권을 행사하였으므로, 甲이 乙에게 건물대금을 지급하기 전까지 乙에게 건물 인도를 거절할 권능이 발생하여 乙의 건물반환지체는 성립하지 않았다. 하지만 乙의 귀책 없음과 별도로 乙의 토지 사용은 계속되었으므로 그에 기한 乙의 부당이득을 甲이 乙에게 청구하는 것은 인용되었다. 법원은 부당이득반환 범위가 실제 얻은 경제적 이익에 한정되므로, 이 사건 반환액은 약정 임료가 아니라 당시 대지의 임료 감정액에서 건물 발생 수익을 제외한 금액으로 산정해야 한다고 판결하였다(大判 2001.6.1., 99다60535).

* 체신부 vs 코레일 철도부지 분쟁 : 대한민국은 1979년부터 서울 용산구 소재 국유지를 소유하였고 철도청이 이를 철도부지로 관리해 왔다. 1986년부터는 체신부가 철도청과 국유재산 유상사용승인계약을 체결하였고 이에 근거하여 그 철도부지 위에 서울우편집중국 건물을 신축하여 사용하였다. 이후 2005년 해당 토지는 한국철도공사(코레일)에 현물출자되었고, 2007년 철도공사는 용산 국제업무지구 개발사업을 추진하기 위해 드림허브라는 특수목적회사를 설립한 다음 위 토지를 드림허브 등에 매도하였다. 그 후 2008년 3월 31일 위 토지에 대한 체신부의 사용관계가 종료되었으나, 체신부는 2011년 12월 말까지 우편집중국 건물을 점유·사용하며 드림허브 앞으로 사용료를 공탁하였다. 그리고 2011년 12월 31일 체신부는 위 건물에 관한 인계인수절차를 마친 뒤 퇴거하였고, 그 뒤 7개월간 위

건물에 대해서는 석면해체·제거작업 및 배관·덕트 철거작업 등이 진행된 다음에야 건물이 완전 철거되었다. 그 후 드림허브 등은 체신부를 상대로 2008년 4월부터 2012년 7월까지 위 토지를 불법 점유·사용함으로써 드림허브 측에 임료 상당액의 손해를 입혔다며, 약 450억 원의 부당이득반환청구를 하였다. 이에 체신부는 2012년 1월 1일부터 위 건물은 철거 작업 중이었으므로 이를 본래의 용도대로 사용·수익할 수 없어 2012년 1월부터 7월까지 부당이득은 발생하지 않았다고 주장했다. 그러나 드림허브 측은 2011년 12월 31일 건물 인도 이후에도 건물은 7개월간 철거되지 않았고 여전히 체신부가 지은 우편집중국 건물 형태로 토지가 점유되고 있었으므로, 토지 소유자 입장에서는 사실상 토지 반환이 완전히 이루어지지 않은 것이라며 그 기간의 임료 상당 수익도 부당이득으로서 반환되어야 한다고 맞섰다. 참고로 이 사안은 민법상 임대차계약의 종료가 아니라 공법상 사용승인이 종료되었다는 점, 이전계획의 협의가 계속되었고 유예기간이 부여되었다는 점, 공적 물류시설의 이전이 쉽지 않았다는 점 등으로 인해 체신부 측의 귀책사유를 인정하기가 어려워 건물반환지체에 기한 손해배상이 청구되지는 않았다. 법원은 부당이득 반환범위가 실제 얻은 경제적 이익에 한정되며, 2012년 이후 위 건물 인도 후 전기·수도 등이 차단된 상태라면 실질적 이익이 있었는지 별도 심리가 필요하다고 판단하였다(大判 2016.12.1, 2014다207498·2014다207504·2014다207511).

(3) 침해부당이득

1) 침해된 권리의 변형·유출물 : 침해부당이득에서 이득은 급부이익이 아니라 손실자가 가졌던 권리의 변형물 내지 유출물이다. 예를 들어 타인의 음식을 먹고 소화한 것, 타인의 식자재를 요리에 사용한 것, 타인의 석유나 전기를 소비한 것, 타인의 물건을 절취·강취·편취하거나 횡령·전득한 다음 제3자에게 매각하고 대금을 받은 것 등이 그것이다. 따라서 애초부터 권리가 아니었던 것(예를 들어 누구와 혼인할 수 있었던 가능성, 사업에 대박을 낼 수 있었던 가능성 등)은 이득을 낳지 않는 것으로 본다.

> * 산업재산권 보호를 받지 않는 지식의 참조·활용 : 화학회사 A는 새로운 식물보호제를 출시하기 위해 독성·환경영향 실험 데이터를 작성하고, 이를 독일당국에 제출하여 판매 허가를 받았다. 이 데이터는 특허권 등의 산업재산권으로 보호받는 것이 아니었지만, 제출 자체는 법이 요구하는 승인 절차의 일환이었고, 제출 시점에는 경쟁사에게 제공되는 것이 아니었다. 한편 또 다른 화학회사인 B는 동일한 유효성분을 함유한 자사 제품에 대해 승인 절차를 밟으면서, 행정당국이 보관하고 있던 A의 자료를 참조·활용했다. A는 그 자료가 자사의 투자와 노력으로 생산된 성과물이라 주장하며, B가 이를 무단으로 사용하여 침해부당이득을 얻었다는 이유로 B에 대해 소를 제기했다. 독일법원에서는 산업재산권으로 보호되지 않는 지식·정보라도, 승인 절차에서 제출된 자료를 경쟁사가 이용하는 것이 침해부당이득의 요건인 '타인의 권리·법익 침해'에 해당한다고 할 수 있는지 다투어졌다.

최종적으로 독일연방대법원은 B의 행위가 A의 '권리'를 침해한 것이 아니므로 침해부당이득이 성립하지 않는다고 판단했다. 승인 절차에 제출된 자료는 법령상 심사와 공익적 목적을 위해 사용되는 것이므로, 제출 후에는 법적으로 일정한 접근 가능성이 전제된다는 이유에서였다. 해당 데이터가 산업재산권이나 영업비밀로 보호되는 범위를 벗어난 상태라면, 이를 이용하더라도 '권리 침해'에 해당하지 않는다는 것이 독일법원의 판단이었다. 승인기관이 자료를 활용하거나, 다른 신청인의 자료 준비를 위해 참고하는 것을 금지하는 특별규정이 없는 한, 이러한 사용은 '권리 침해' 개념에 포함되지 않는다는 것이다. 다시 말해 침해부당이득에서 보호되는 '권리'에는 소유권, 지식재산권, 독점적 영업권 등 법이 인정하는 배타적 지배가능성이 있는 법익만 포함된다는 것이 독일법원의 결론이었다 (BGH, Urteil vom 9. März 1989 – I ZR 189/86).

2) 규범적 이익 : 침해부당이득에서 이득은 실질적으로 판단하지 않고 규범적으로 판단한다. 침해부당이득은 이득자가 타인의 절대적 권리나 배타적 사용·수익영역에 권원 없이 침투하여 그 배타성 자체를 잠식한 경우이므로, 이때의 이득은 실제로 얼마를 벌었는지 그리고 그것을 현실로 사용했는지와 무관하게 그 배타영역을 무단 점유·이용할 수 있었던 객관적 사용가치로 평가하여 규범적으로 산정하는 것이다.

* 타인의 토지를 영리 목적으로 사용하지 않은 경우 : 乙이 소유한 토지는 1970년경부터 인근 주민들의 통행로로 사용되었지만, 乙은 이를 방치하고 있었다. 그러다가 1978년 11월경 서울특별시(甲)가 乙의 승낙 없이 乙의 토지 위에 도로포장공사를 완료하였고 이를 주민과 차량의 통행에 제공함으로써 甲은 乙의 토지를 사실상 도로부지로 점유·관리하게 되었다. 이에 乙은 甲이 법률상 원인 없이 토지를 사용하여 임대료 상당의 이익을 얻었다며 甲에 대해 부당이득반환을 청구하였다. 甲은 이에 대해 토지를 실제 영리목적으로 사용하지 않았으므로 실질적 이익이 없다고 항변하였으나, 법원은 위와 같은 사안에서 부당이득을 실질적으로가 아니라 규범적으로 파악하여, 설령 甲이 해당 토지를 영업에 이용하지 않았더라도 도로부지로 점유·관리하여 통상 차임에 해당하는 사용가치를 수취한 것으로 보아야 한다고 판시하였다(大判 1981.10.24, 81다96).

* 타인의 토지에 송전선을 설치한 데 따른 이득 : 한국전력공사(甲)는 1969년 5월경 토지 소유자인 乙의 승낙 없이 그 토지 상공에 154kV 특별고압 가공송전선을 설치하였다. 이로써 乙의 토지에는 전기설비기술기준상 송전선 좌우 각 4.78m 이내에서 건축물 높이에 제한이 가해졌고, 乙의 토지 일부는 독립적 이용이 어려운 과소토지(過小土地)로 남게 되었다. 그러자 乙은 甲이 정당한 권원 없이 토지를 점유·사용함으로써 임료 상당의 이익을 얻었다고 주장하며 甲에 대해 부당이득반환을 청구하였다. 이에 대해 甲은 乙의 토지 가운데 과소토지의 경우 소유자 乙

만 사용할 수 없었던 게 아니라 甲 자신도 위 과소토지를 사용할 수는 없었다고 주장하며, 위 과소토지의 임료 상당 이익은 제외하여야 한다고 주장하였다. 그러나 법원은 송전선 설치로 인해 과소토지까지 사용·수익한 것으로 사회통념상 평가함이 타당하다고 보아 甲은 과소토지의 임료 상당 이익까지 부당이득으로서 반환해야 한다고 판결하였다(大判 2001.3.9, 2000다70828).

3) 이득의 증명책임 : 침해부당이득은 손실자의 권리영역에 대한 침해로써 얻은 이득이기 때문에, 그 침해사실만 증명되면 침해자의 이득은 추정된다. 다시 말해 손실자가 이득자의 권리침해사실을 증명하기만 하면 그 권리의 목적물은 물론이고 변형물·유출물조차 존재하지 않는다는 사실에 대한 증명책임을 이득자가 부담한다. 물론 침해자가 절취·강취·횡령·편취한 물건이 침해자에게 존재하지 않았다는 사실을 증명하면, 침해자는 그 부당이득반환책임을 면할 수 있다. 다만 손실자가 이득자에 대해 부당이득반환 외에 손해배상까지 청구하려면 위법성뿐만 아니라 침해자의 고의·과실과 구체적 손해액을 추가로 증명해야 한다.

4) 전득자의 과실수취권 : 침해부당이득이 만약 물건이고, 그 물건이 제3자에게 전득되었다면, 전득자가 일정한 원물을 수취한 후 이를 점유하면서 과실이나 사용이익을 얻을 수 있다. 그런데 이러한 과실이나 사용이익은 전득자가 원물 또는 그 매매대금을 반환해야 하는 경우라 하더라도, 반환될 이득에 포함되지 않는 것을 원칙으로 한다. 이 경우 전득자는 회복자에게 과실수취권(제201조 1항)을 주장할 수 있는 선의의 전득자인 것으로 추정되기 때문이다(제197조 1항).

5) 침해부당이득으로 인한 운용이익 : 침해부당이득자가 자신의 노력으로 운용이익 내지 초과이익을 얻었다면, 이를 반환할 필요는 없다. 예를 들어 타인의 상표권을 침해한 다음 경영을 잘 하여, 통상의 순이익보다 훨씬 더 많은 순이익을 올렸다면, 그 추가된 순이익까지 반환해야 하는 것은 아니다. 다만 이는 침해부당이득이라서 반환되지 않는 것이라기보다 손실과 상당인과관계가 없기 때문에 반환되지 않는 것이다.

(4) 비용부당이득

1) 타인의 비용지출로 인한 이익 : 비용부당이득에서 이득은 급부이익이나 권리변형물이 아니라 손실자의 비용지출로 인해 이득자가 얻은 이익을 말한다.

2) 실질적 이익 : 비용부당이득은 규범적으로 판단하지 않고 실질적으로 판단한다. 물론 비용부당이득은 침해부당이득처럼 비급부부당이득 계열이지만, 권리 침해가 아니라 타인 재산에의 투입에 의해 부당이득이 발생한 유형으로서, 이때 이득자는 타인의 배타적 권리를 침해하여 능동적으로 이익을 취득한 게 아니라, 타인의 재산투입 덕에 수동적으로 재산가치가 증가하거나 지출이 절약되었을 뿐이기 때문이다. 만약 이러한 사안에 가상 임료 등의 규범적 평가를 얹어 반환범위를 정하면, 이득자는 원치도 않았던 '호의적 개량' 등을 받았음에도 과도한 반환의무를 강제당하게 될 것이다. 따라서 비용부당이득자가 객관적으로 이익을 얻었다고 볼 수 있음이 증명되었더라도, 그 이익이 이득자의 재산적 계획에 따라 무가치한 이익이었던 것으로 다시 증명된 경우, 이는 부당이득으로 보지 아니한다(예를 들어 어차피 철거할 건물의 수리).

* 실제적 예 : 호텔 직원의 실수로 투숙객에게 원래 예약한 스탠다드룸이 아닌, 최고급 스위트룸을 제공한 경우, 이는 본래의 급부가 아니라 착오에 의해 잘못 제공된 서비스이므로 급부부당이득이 아니라 비용부당이득의 문제가 된다. 이 경우 호텔 측은 착오를 발견하더라도 투숙객에게 스위트룸 이용에 대한 추가 요금을 청구하지 못하고, 그 고객을 위해 추가로 지출된 비용을 청구하지도 못한다. 반드시 그 고객이 객관적으로 얻었을 추가적 이익을 증명해야만 그 추가적 이익 한도에서 부당이득반환을 청구할 수 있다. 미용실에서 직원의 실수로 고객에게 원래 예약한 일반 펌이 아닌, 고가의 프리미엄 펌 시술을 한 경우, 항공사에서 직원의 실수로 여객에게 원래 예약한 이코노미석이 아닌 비즈니스석을 제공한 경우에도 마찬가지 법리가 적용된다.

3) 이득의 증명책임 : 비용부당이득은 손실자의 권리영역에 대한 침해가 아니라 이득자의 재산영역에 대한 간섭을 의미하기 때문에, 그 통상적 이득에 관한 증명책임은 이득자가 아니라 손실자가 부담한다. 다만 그 통상적·추정적 이득이 증명되었더라도, 수령자가 자신에게 실제적 이득이 없었다거나 이득이 현존하지 않음을 증명하면, 수령자는 반환책임을 부담하지 아니한다.

* 농약살포로 인한 이익의 경우 : 어느 살구나무 과수원 소유자(甲)가 살구나무에 검은별무늬병이 유행하기 시작하자, 헬리콥터 가득 석회유황합제를 실은 다음에 이를 자기 과수원 전체에 뿌렸다. 그러나 공교롭게도 살충제를 뿌리던 날에 바람이 강하게 불어 이날 뿌린 석회유황합제 가운데 절반이 옆 과수원에도 뿌려졌고, 이러한 덕분인지 옆 과수원 소유자(乙)는 졸지에 자기네 복숭아나무 과수원에서 검은별무늬병을 퇴치하는 이익을 보게 되었다. 이 경우 농약살포자인 甲

은 乙에 대하여 자신의 손실과 인과관계 있는 乙의 통상적 이득을 증명하고, 乙에 대해 부당이득의 반환을 청구할 수 있다. 다만 乙이 그 이득에 관하여 악의임이 증명되지 않는다면, 甲의 지출비용과 상관없이 乙은 이익의 현존하지 않음을 증명하고 현존이익에 한해서만 반환책임을 부담할 수 있다(제748조).

4) 비용부당이득으로 인한 운용이익 : 비용부당이득자가 자신의 노력으로 운용이익 내지 초과이익을 얻었다면, 이를 반환할 필요는 없다. 예를 들어 타인의 불법경작으로 인해 자기 토지에서 많은 농작물을 수확한 자가 자신의 수완으로 이를 시가보다 비싸게 팔았다면, 그 농작물 수확자는 농작물 경작자에게 농작물의 시가보다 더 많이 보상해주지 않아도 된다. 다만 이는 비용부당이득이라서 반환되지 않는 것이라기보다 그 운용이익은 손실과 상당인과관계가 없기 때문에 반환되지 않는 것이다.

2. 이득에 법적 원인이 없을 것

어떠한 이득이 부당이득으로서 반환되려면 법률상 원인 없음이 증명되어야 한다. 다시 말해 계약 또는 법률규정이 이득자의 그러한 재산상 이익을 허용하지 않았거나 그러한 재산상 이익을 더 이상 허용할 수 없게 해야 한다. 이러한 법적 원인의 흠결 역시 각 부당이득의 유형별로 조금씩 개념을 달리 하기 때문에 그에 관하여 세부적으로 살펴볼 필요가 있다:

(1) 급부부당이득

1) 계약의 불성립·무효·취소 : 급부부당이득에서 법적 원인은 채권이다. 따라서 법적 원인이 흠결되었다는 것은 이득자와 손실자 간의 계약이 성립하지 않거나 무효이거나 취소되거나 종료하게 되어 채무가 더 이상 존재하지 않게 되었음을 의미한다.

2) 법적 원인 흠결의 증명책임 : 법적 원인으로서 계약은 그 성립을 주장하는 자가 이를 증명하여야 하는 게 원칙이다. 하지만 계약상 급부에 대하여 이를 부당이득이라 주장하고 반환을 구하는 자는 상대방에게 그 법적 원인의 증명을 요구하지 못한다. 오히려 반환을 청구하는 자가 그 법적 원인 없음에 대해 증명책임을 부담한다. 다시 말해 급부행위의 원인이 무효·취소·해제·변제 등으로 소멸되어 법률상 원인이 없게 되었음을 반환청구자가 주장·증명하여야 하는 것이다(大判 2018.1.24. 2017다37324). 이미 이행된 계약상 급부가 정당한 원인에 의해 이루어지지 않았을

가능성은 희박하므로, 급부를 되돌리려는 측은 반드시 그 근거가 되는 증명을 해야 한다고 보는 취지이다.

* 대여금 이체 여부에 관한 증명책임 : 甲은 2006년 6월부터 2008년 9월까지 7차례에 걸쳐 합계 7,200만 원을 乙에게 송금하였다. 처음에 甲은 이를 대여금이라 주장하며 乙에 대하여 반환을 구하였다가, 예비적으로는 법률상 원인 없는 수령이라고 주장하며 乙에 대하여 부당이득반환을 청구하였다. 이에 대해 乙은, 자신이 과거 토지를 매도하면서 매매계약 체결과 대금 수령 권한을 甲 등에게 위임하였고, 문제된 금원은 매수인으로부터 받은 매매대금 일부를 甲이 자신에게 전달한 것일 뿐 대여가 아니라고 항변하였다. 법원은 급부부당이득의 경우 무원인성에 대한 증명책임이 원고에게 있음을 전제로, 금전 수수 사실이 인정되더라도 그것이 대여였는지 또는 법률상 원인 없는 급부였는지는 이를 주장하는 자가 증명해야 한다면서 甲의 청구를 기각하였다(大判 2018.1.24., 2017다37324).

* 초과변제에 관한 증명책임 : 乙은 甲에게서 1차 500만 원, 2차 300만 원을 차용하였다. 그 후 2020년 7월 2일 중개인 丁이 甲의 딸 丙에게 문자로 변제의사를 알리고 丙이 계좌번호를 丁에게 회신하자, 다음 날인 7월 3일 乙은 丙 계좌로 808만 원을 이체했고 丙은 이를 곧바로 甲 계좌로 송금하였다. 이후 乙은 종전 채무를 이미 전부 변제했는데 고령으로 착오 송금했다며 甲에 대하여 부당이득반환을 청구했다. 이에 甲은 뇌경색으로 가족이 채권을 관리하던 중 乙이 변제를 예고하여 정상 변제가 이루어졌다고 항변하였다. 법원은 법원은 급부부당이득의 경우 무원인성에 대한 증명책임이 원고에게 있음을 전제로, 乙이 중개인 丁을 통해 계좌를 확인하고 자발적으로 송금한 이상 제3자의 유발행위나 오인 사정이 보이지 않고, 乙이 기존 채무 전액 변제를 증명하지 못했으며, 丙-丁 간 문자내용이 변제의사를 뒷받침하는 점을 들어 착오송금 주장을 배척하였다. 아울러 착오송금 반환청구의 상대방은 원칙적으로 수취 계좌명의인인데, 이 사건 송금의 직접 수취인은 丙으로서 甲이 아니란 점도 지적되었다(大判 2023.3.9., 2022다293883).

* 성혼사례금 약정무효의 증명책임 : 甲은 2018년 8월 19일 乙과 결혼중개계약을 체결하고 가입비 500만 원을 乙에게 송금하였다. 같은 해 11월 말 甲은 乙의 소개로 丙과 교제를 시작한 뒤 2019년 3월 29일 성혼사례금 명목으로 乙에게 5천만 원을 지급하였다. 그 후 甲은 丙과 2020년 9월 예식일을 논의했으나 코로나19로 진행되지 못했고, 그해 가을 丙이 난소 제거 및 자궁 일부 적출 수술을 받은 이후 丙과의 갈등이 심화되어 2022년 10월 甲은 丙과 완전히 결별하였다. 甲은 乙이 지역 관행을 내세워 압박하여 착오 상태에서 성혼사례금을 지급하게 했고, 그 금원은 성혼을 조건으로 하며 불성사 시 반환하기로 약정되었다고 주장했으나, 법원은 그에 관한 증명책임이 甲에게 있고 제출 증거만으로는 부당한 압박으로 인한 착오, 성혼 조건부 지급, 불성사 시 반환약정의 존재를 인정하기 부족하다고 보아 甲의 청구를 기각하였다(水原地法 城南支判 2023.7.6., 2022가단255132).

3) 서로운 법률상 원인 : 급부이익의 법적 원인이 탈락되었다 하더라도 그 급부이익을 계속 보유해야 할 다른 원인이 생겼을 경우에는 법적 원인이 존재하는 것으로 본다. 예를 들어 매매계약이 취소되어 매수인이 매매목적물과 함께 그 사용이익을 반환해야 한다 하더라도 매수인이 그에 상응하는 손해배상청구권(예를 들어 매매목적물의 하자로 인하여 발생한 손해의 배상청구권)으로 매도인에게 상계할 수 있을 경우 이득의 법적 원인은 존재하게 되는 것이다. 물론 그러한 새로운 원인의 발생사실에 대한 증명책임은 그것을 주장하는 자가 부담한다.

4) 특별규정에 의한 정당화 : 급부이익의 법적 원인이 설령 계약의 무효·취소에 의해 탈락되었더라도 선의 제3자가 그 급부목적물을 취득할 경우 의사표시에 관한 규정(제107조 2항; 제108조 2항; 제109조 2항; 제110조 3항;) 등에 의해 그 탈락이 치유될 수 있다. 정상적이지 않은 의사표시를 무효화할 필요성보다 거래안전의 필요성이 더 우선시될 수도 있기 때문이다. 이렇게 의사표시 규정에 의해 선의 제3자가 보호되는 경우 급부이익의 법적 원인은 존재하는 것으로 간주된다. 설령 의사표시 규정에 의해 선의 제3자가 보호될 수 없다 하더라도 선의취득(제249조)이나 시효취득(제245조)에 의해 제3자가 보호될 경우에는 그 급부목적물과 사용이익(제247조 1항)에 대한 반환청구가 차단될 수 있다.

(2) 침해부당이득

1) 침해행위 증명의 선행 : 손실자는 침탈자의 침해행위 및 그 재산에 관한 권리가 자신에게 있음을 먼저 증명하여야 한다. 그러므로 손실자가 침해행위의 존재를 증명하지도 않은 상태에서 이득자가 그 침해행위의 법적 원인을 먼저 증명하여야 하는 것은 아니다.

2) 재산보유권원의 증명 : 침해부당이득에서 법적 원인은 타인의 재산을 보유할 수 있게끔 해주는 권원(예를 들어 취득시효 또는 선의취득: 제245조; 제249조)이며, 이는 침해부당이득자가 증명하여야 한다. 침해부당이득의 경우 손실자에 의해 침탈자의 침해행위가 이미 증명되었다면, 타인에게 배타적으로 귀속된 권능을 침해한 것 자체가 법률상 원인 없음을 추정케 한다고 보기 때문이다. 다시 말해 권리침해가 있었다면, 그 침해를 정당화시키는 동의나 법률규정 등의 존재는 예외적인 것으로 보아 그 증명책임을 부당이득자에게 부담시킨다.

* 국가가 사유지를 도로부지로 점용한 이득 : 甲 소유의 토지는 1972년 6월경 건설부장관과 국방부장관 협의로 군작전도로에 편입되어 국방부 관리하에 도로부지

로 점유·사용되기 시작하였다. 그 후 1981년 3월 14일 대통령령 제10247호에 따라 위 토지는 일반국도 47호선 부지로 편입되어 계속 점유·사용되었다. 이에 甲은 그 점유기간 동안의 토지 사용이익(임료 상당액)을 법률상 원인 없는 이익으로 보아 국가에 부당이득반환을 청구하였다. 하지만 국가는 일반국도 노선인정과 그에 따른 국가의 관리 사실만으로 사법상 사용·수익권원이 성립한다고 다투었다. 도로법 제5조가 도로부지에 대한 사권 행사를 금지하므로 부당이득반환청구는 배제된다는 뜻이었다. 하지만 법원은 도로로서의 효력·관리는 별론으로 하고 노선인정·관리 사실만으로는 사법상 권원이 취득되지 않는다고 보아 부당이득반환책임을 인정하였다. 도로법 제5조는 '관리·이용에 저촉되는 사권 행사'만을 제한할 뿐 부당이득반환청구권 자체를 배제하지 않는다는 이유에서였다. 국가는 또한 甲의 청구가 재산권 행사는 공공의 복리에 적합하도록 하여야 한다는 헌법정신에 위배될 뿐만 아니라 권리남용에 해당되는 행위로서 부당하다고 주장하였으나, 법원은 국가의 위 주장사실만으로 甲의 청구가 권리남용이나 헌법정신에 위배되는 부당한 재산권의 행사라 할 수는 없다고 판결하였다(大判 1988.9.13., 87다카205).

* 국가가 사유 농지를 도로부지로 점용한 이득 : 보령시 소재 B 토지는 1913년 C에게 사정된 뒤 소유자가 여러 차례 바뀌고 1945년 1월 분할되었으며, 그중 E·G 필지는 도로로 지목이 변경되었다. 1949년 I에게 소유권이 이전되었고, I의 아들인 甲은 1993년 부동산등기특별조치법에 따라 소유권보존등기를 마쳤다. 이 토지는 장항선 O역 개설에 맞춰 물자·인력 수송을 위해 개설된 K 도로에 포함되어 1994년 7월까지 군도로, 1996년 10월 농어촌도로로, 2017년 7월에는 시도 M로 지정되어 보령시가 포장·관리하며 일반 공중의 통행에 제공해 왔다. 甲은 토지의 본래 이용이 '답(畓)'이었음에도 보령시가 아무런 사법상 권원이나 사용승낙 없이 점유·사용하여 자신의 독점적·배타적 사용수익을 침해했고 그만큼의 사용이익을 취득했다며 '답(畓)'의 차임에 상당하는 부당이득의 반환을 구하였다. 이에 보령시는 장기간의 도로 이용과 관리에 비추어 자주점유가 추정되고, 공중용 제공으로 소유자가 사실상 사용수익을 포기했거나 도로로 편입되지 않았더라도 도로로 이용되었을 것이라 항변했다. 법원은 공공용 재산 취득절차나 소유자 승낙이 확인되지 않는 점 등을 들어 보령시의 주장이 증명되지 않았다고 판단하였다. 게다가 인근 토지가 여전히 농지로 이용되는 점 등을 들어 보령시는 도로 사용이익이 아니라 농지 사용이익을 얻은 것으로 추정된다며, 보령시는 '답(畓)'의 차임에 상당하는 부당이득을 甲에게 반환하여야 한다고 판결하였다(大判 2021.8.19., 2019다226043).

3) **동산전득자의 적법추정** : 동산이 횡령 또는 침탈되었는데 그것이 제3자에게 전득된 경우, 전득자가 점유물에 대하여 행사하는 권리는 적법하게 보유한 것으로 추정한다(제200조). 설령 그 횡령·침탈 및 전득사실이 증명되었더라도 그러하다. 따라서 전득자가 전득과정에서의 무과실을 증명하는 한(제249조), 전득자의 불법점유에 대한 증명책임은 손실자가 부담하여야 한다.

4) 부동산전득자의 불법추정 : 부동산이 횡령 또는 침탈되었는데 그것이 제3자에게 전득되었고 그 전득자가 등기 없이 부동산을 점유하는 경우 부동산 점유자의 불법점유가 추정된다. 부동산의 경우 점유의 추정력이 인정되지 않기 때문이다. 설령 전득자가 부동산등기를 갖고 있어 등기의 추정력을 원용하더라도, 대개의 경우 전득자는 그 부동산 및 사용이익의 반환책임을 면하지 못한다. 부동산 등기에는 공신력이 인정되지 않기 때문이다. 물론 법률규정(제107조 2항, 제108조 2항, 제109조 2항, 제110조 3항, 제548조 1항 단서)에 의해 전득자가 보호되거나, 전득자의 부동산 시효취득(제245조)이 인정되었을 때는 부동산 전득자의 적법점유가 인정된다.

(3) 비용부당이득

1) 권원 부존재의 증명책임 : 비용부당이득은 손실자의 권리영역에 대한 이득자의 침해가 아니라 이득자의 재산영역에 대한 손실자의 기여를 의미한다. 따라서 손실자의 그러한 기여를 사무관리(제734조) 또는 증여(제554조) 등의 적법한 행위로 추정한다. 따라서 그 법적 원인의 흠결(대개는 비용지출자의 착오)에 관한 증명책임은 이득자가 아니라 손실자가 부담한다. 예를 들어 어느 아파트주차장에 출장세차를 가서 전혀 엉뚱한 자동차를 세차한 손실자는 그 세차행위가 이득자에게 이득이 되었다는 것 이외에 자신이 타인의 사무를 자신의 사무로 오신했다는 점에 관해 증명하여야만 한다.

* 송금 원인의 부재에 관한 증명책임 : 甲은 2010년 6월 15일 乙의 계좌로 1,455만 원을 이체한 뒤, 2016년 1월 13일 이 금원의 반환을 구하는 소를 乙에게 제기하며 자신이 타인에게 지급할 돈을 乙에게 착오로 송금한 것이라 주장하였다. 이에 대해 乙은 자신이 송금 전후로 甲과 대출 위임·중개 등 금전거래를 빈번히 이어왔고, 甲은 거래내역을 언제든 확인할 수 있었음에도 수년간 아무런 반환요구 없이 관계를 지속하다가 분쟁이 격화된 뒤에야 부당이득을 주장하였다고 항변하였다. 하지만 乙은 위 1,455만 원이 무슨 원인으로 甲에게서 자신에게로 송금되었는지 끝내 밝히지 못했다. 이에 대해 법원은 부당이득에서 무원인성의 증명책임이 원고에게 있음을 전제로, 피고가 송금의 원인관계를 구체적으로 밝히지 못했다는 사정만으로 곧바로 무원인성을 추단할 수 없다고 판단하였다. 물론 甲은 乙에게 송금한 사실을 소명하였지만 이체의 법률상 원인이 부재함을 甲이 구체적 자료로 증명하지 못했으므로, 甲의 청구는 기각되었다(서울西部地判 2017.6.1., 2016나3625).

2) 침탈물의 첨부 : 첨부(添附)의 경우에는 법률규정(제256조, 제257조, 제258조, 제259조, 제260조)에 의한 소유권취득이므로 그 이득에 법적 원인이 존재한다고도 볼 수 있다. 하지만 그러

한 첨부로 인해 손해를 본 자는 부당이득 규정에 의하여 보상을 청구할 수 있다는 규정(제261조)이 존재하므로, 그에 근거하여 비용부당이득이 성립할 수 있다. 따라서 제3자의 첨부행위로 인해 타인의 물건으로부터 이익을 얻은 자는 그 부당이득을 반환해야 하지만, 일단 그 첨부사실은 손실자가 증명하여야 한다. 게다가 손실자는 전득자의 악의 또는 과실까지 증명하여야 전득자에 대하여 보상을 청구할 수 있다.

* 첨부물의 선의취득 : 매도인에게 소유권이 유보된 자재가 제3자와 매수인 사이에 이루어진 도급계약의 이행으로 제3자 소유 건물의 건축에 사용되어 부합된 경우 자재 매도인은 기체 소유자에 대하여 보상을 청구할 수 있는 게 원칙이다. 그러나 제3자인 기체 소유자가 도급계약에 의하여 제공된 자재의 소유권이 유보된 사실에 관하여 과실 없이 알지 못한 경우라면 선의취득의 경우와 마찬가지로 제3자가 그 자재의 귀속으로 인한 이익을 보유할 수 있는 법률상 원인이 있다고 봄이 상당하므로, 매도인은 제3자에게 그에 관한 보상청구를 할 수 없다(大判 2018.3.15. 2017다282391).

3. 손실자가 손실을 보았을 것

부당이득자가 법률상 원인 없는 이득을 얻었을 뿐 아니라 그 이득이 손실자의 손실로써 얻어진 것이어야 부당이득이 성립한다. 비록 법률은 손해라고 규정하지만, 부당이득이란 위법성을 전제로 하는 것이 아니므로, 손해가 아닌 손실로 이해함이 옳을 것이다(梁彰洙/權英俊, 516면).

(1) 손실자에게 귀속되어서는 안 되는 손실

손실자에게 발생한 손실은 법질서 전체의 관점에서 봤을 때 손실자가 감수해서는 안 되는 손실이어야 한다. 예를 들어 어느 토지소유자가 법률상 원인 없이 자기 소유 토지의 가격이 상승하는 불로소득을 챙겼더라도, 그로 인해 다른 경제주체가 입은 손실이 보상되어서는 안 되는 게 그와 같다.

(2) 실질적 손실

1) 급부부당이득 사안 : 급부부당이득의 경우 급부라는 개념 안에 손실, 이득, 인과관계 등이 모두 용해되어 있어 손실은 따로 증명할 필요가 없다(Wandt, § 10, Rn. 3). 다시 말해 급부가 있었는데 그 급부원인이 탈락했으면, 그 급부가 곧 손실이 된다.

2) 침해부당이득 사안 : 침해부당이득 사안에서 권리침해사실이 증명되면 손실은 추정된다. 따라서 손실이 없다는 사실에 대한 증명책임을 이득자가 부담

하는데, 침해부당이득자가 이를 증명하기는 매우 어렵다. 침해부당이득에서 손실이라 함은 재산권의 귀속내용, 즉 재산권을 통하여 권리자에게 독점적으로 귀속된 이익이나 권능이 침해되는 것 그 자체를 말하고, 이로 인해 실제로 불이익한 구체적 결과가 발생하여야 하는 것은 아니기 때문이다. 다만 침해부당이득 사안에서 손실자는 손실자로서의 자격을 가지고 있어야 하므로, 권리침해사실이 증명되지 않고 사실상의 손실이나 잠재적 손실만 주장될 경우 이는 손실이 아닌 것으로 본다. 예를 들어 어떤 물건을 제3자가 무단으로 점유하여 사용·수익함에 따른 침해부당이득의 반환에서 그 물건에 대한 원래의 사용·수익권을 가지는 자가 여러 사람이라면, 그중에서 우선하는 용익권자만이 손실자에 해당한다 (예를 들어 소유권자·임차인에 우선하는 지상권자).

* 토지의 지하가 점유됨으로 인한 손실 : 乙은 1974년 말 서울 성동구 소재 324㎡의 토지를 취득하였는데, 그 토지 가운데 56㎡에 서울특별시(甲)는 1975년 2월경 하수도 암거를 설치하고 복개하여 지하는 하수도로, 지상은 도로로 사용해 왔다. 이에 乙은 甲이 정당한 권원 없이 토지를 점유·사용하여 임료 상당의 이익을 얻었다며 부당이득반환을 청구하였다. 하지만 甲은 현실적으로 토지소유자가 토지의 지하까지 사용하는 일은 매우 드물다면서 자신이 乙 소유지의 지하를 점유함으로 인하여 乙에게 실질적 손실이 발생했다는 구체적인 증명이 없다고 항변하였다. 이에 대해 법원은 이 경우 손실이 없었다는 증명책임을 피고 甲이 부담한다고 판결하였다. 토지 소유권은 정당한 이익이 있는 범위에서 지하에도 미치므로, 타인 소유지의 지하 점유로 인한 손실이 없다는 특별한 사정을 점유자인 피고가 증명해야 한다는 이유에서였다 (大判 2001.3.9, 2000다70828).

* 명의신탁자의 권리가 침해된 사실? : 서울시는 강남 일대 취락구조개선·주택지조성사업을 추진하면서 주민 동의를 받아 일부 주민 예치금으로 공사비를 충당하였고 대부분의 비용을 시가 부담하는 방식으로 위 사업을 진행하였다. 하지만 적법한 매수·수용 절차 없이 문제의 토지를 마을도로·공원용지에 편입해 포장·조성하였기 때문에 위 토지의 실소유주를 자처한 원고 종중은 서울시에 대하여 임료 상당의 부당이득을 청구했다. 서울시가 법률상 원인 없이 종중 소유 토지를 점유했다는 이유에서였다. 그러나 이에 대해 서울시는 위 토지가 종중원 명의로 명의신탁된 상태에서 원고 종중이 직접 제3자에 대하여 소유권을 주장할 수 있는지에 대해 의문을 제기하였다. 원고 종중은 실소유주인 자신에게 손해가 발생하지 않았다는 사실을 서울시가 증명하지 못했다고 주장했으나, 법원은 명의신탁자가 제3자에 대하여 직접 소유권·점유사용권을 주장할 수 없고, 수탁자를 대위하더라도 임료 상당 부당이득반환청구를 주장할 수 없다 하여 원고 종중 측의 주장을 배척하였다 (大判 1991.10.22, 91다17207).

3) 비용부당이득 사안 : 비용부당이득 사안에서는 손실이 당연 추정되지 않는다. 원고는 우선 자신의 지출 사실을 특정하여 증명하여야 하고, 그 지출로 인해 자신에게 일정한 권리 또는 사실적 이익이 대체적으로 발생할 경우 그 대체권리 등이 자신의 손실을 소거하지 않는다는 점에 대해 증명하여야 한다.

> * 타인 채무의 변제로 인한 손해? : 乙은 1992년 9월 삼화건업 주식회사(甲)의 전무이사로 취임하였는데, 甲 회사는 1991년 국민은행과 동남은행에서 대출을 받았고 丙이 甲을 위하여 그 채무의 연대보증을 하였다. 1993년 5월 19일과 20일 乙은 자신의 자금으로 각각 동남은행 대출금 전액과 국민은행 대출금 일부를 甲 회사 명의로 변제하였으며, 회사 회계상은 乙이 甲 회사에 금전을 대여하고 그 자금으로 은행채무를 갚은 것으로 처리하였다. 乙은 이로써 丙이 연대보증채무에서 면책되어 법률상 원인 없는 이익을 얻었다며 丙에 대하여 부당이득반환을 청구하였다. 그러나 丙은 乙이 주채무자 甲에 대한 구상권을 가지므로 손해가 없다고 다투었다. 법원은 제3자가 주채무를 변제하면 보증채무도 소멸하지만, 변제자대위가 없는 한 보증인에게 직접 청구할 수 없고, 제3자는 주채무자에 대한 구상권을 가지므로 실질적 손해가 인정되지 않는다며 원고의 부당이득반환청구를 배척하였다(大判 1996.9.20, 96다22655).

4. 이득과 손실 사이에 인과관계가 있을 것

(1) 인과관계의 판단기준

부당이득이 성립하기 위해서는 일방의 손실과 상대방의 이득 사이에 인과관계가 존재하여야 한다. 다시 말해 상대방의 이득은 일방의 손실에 기인한 것이어야 한다. 물론 부당이득 관련 실무에서 이러한 이득과 손실 간 인과관계는 대부분 쉽게 인정하기 때문에, 특별한 사건을 제외하면 부당이득의 인과관계가 크게 문제되지는 않는다. 그럼에도 이러한 인과관계를 판단하는 기준으로서 ① 손실과 이득 사이에 경제적·사실적 연쇄가 존재하는지, ② 중간원인·제3자 지급이 개입해도 가치단위가 실질적으로 동일한지, ③ 담보·우선변제 등 법질서가 미리 정한 귀속규범에 비추어 보더라도 인과관계가 단절되는지 등을 들어 살펴볼 수 있다.

(2) 경제적·사실적 연쇄

누군가의 이득이 그 자신의 권리에 기초하여 얻어진 급부처럼 보이고 그 이득의 원인이 된 제3자의 행위가 손실자의 권리를 직접 향했던 것은 아니더라도,

경제적·사실적 관점에서 보건대 손실자의 권리에 속하는 가치를 흡수하여 이득자가 이익을 얻었고 손실자의 권리가 본디 이득자의 권리를 직접 지배했던 경우 부당이득의 인과관계를 인정한다. 원래 손실자에게 귀속되어야 할 가치나 지위의 배분영역이 소멸한 대가로 이득자가 이익을 얻은 것이기 때문이다.

> * 담보물의 소유자가 담보권의 소멸이익과 물건의 보상이익을 동시에 얻는 경우 : 채권자 甲은 1969년 성동수산 소유 선박 4척에 채권최고액 천만 원의 제2순위 근저당을 설정하였다. 위 선박들에 대하여 제1순위 실행으로 경매가 진행되던 중 1970년 6월 12일 乙에게 그중 2척의 소유권이 이전되었다. 乙에게 소유권이전된 선박 가운데 1척이 같은 해 9월 24일 일본 선박의 가해로 침몰하자 乙은 한일민간어업협회로부터 선박 2척(시가 3천만 원)과 현금 9백만 원의 보상을 받아 1971년 3월 26일 소유권보존등기까지 마쳤다. 한편 나머지 선박들의 경락대금에서는 甲에게 배당이 전혀 이루어지지 않았다. 원심은 한일민간어업협회로부터 乙이 받은 보상이 자기 손해배상청구권에 기초한 정당한 급부라며 부당이득을 부정했으나, 대법원은 침몰이 없었다면 경락절차에서 甲이 배당받을 수 있었던 가치단위가 침몰로 말미암아 사라지고, 그 대신 乙이 부담 없는 대가(선박 2척+현금)를 취득하여 담보권자의 회수 가능가치를 그만큼 흡수한 점을 들어, 乙의 이득이 甲의 손실로부터 발생하였다고 보았다. 다만 구체 액수는 침몰이 없었더라면 얻어졌을 경락대금과 그중 甲이 배당받을 수 있었던 금액을 심리하여 한도로 정하여야 한다며 원심을 파기환송하였다 (大判 1975.4.8., 73다29).

(3) 중간원인의 개입

부당이득한 재산에 이득자의 행위가 개입되어 얻어진 이른바 운용이익(運用利益)의 경우, 그 중간원인인 이득자의 행위가 없었더라도 어차피 손실자가 얻을 수 있는 이익이었는지 검토해볼 필요가 있다. 만약 그것이 사회통념상 이득자의 행위가 개입되지 않았더라도 부당이득된 재산으로부터 손실자가 통상 취득하였으리라고 생각되는 이익이라면, 이는 손실자가 이득자에 대하여 그 반환을 청구할 수 있다(大判 1995.5.12., 94다25551). 하지만 이득자의 행위가 개입되지 않았을 때 손실자가 통상 취득할 수 없었으리라 생각되는 이익이라면, 이는 손실자가 이득자에 대하여 그 반환을 청구할 수 없다 할 것이다.

> * 승차대의 관리운영에 따른 영업이익 가운데 운용이익 : 甲 조합은 지방자치단체로부터 시내버스 정류소의 승차대와 표지판 설치·관리 업무를 위탁받았다. 甲은 이를 乙사에 재위탁하여 1972년부터 이를 관리하게 하였다. 1997년 1월 甲과 乙은 10년 기간의 계약을 체결했다. 주요 내용은 乙이 비용을 부담하여 승차대 등을 설치·관

리하고 광고를 게시할 수 있으며, 계약 효력 상실 시 시설물은 甲 소유가 되는 것이었다. 이 계약은 2006년 12월 31일 종료되어 시설물이 甲에 귀속되어야 했지만, 乙은 2010년 12월 31일까지 시설물을 계속 점유·운영하며 매출에서 관리비를 뺀 이익을 취득했다. 甲은 乙에 대하여 그중 2억 원을 부당이득으로 반환청구했다. 그러나 법원은 乙이 올린 영업이익의 전부가 甲의 손실로부터 직접 귀속된 것은 아니며 乙의 사업능력·운용행위가 개입한 성과라는 점에서 乙의 노력 없이 甲이 당연히 취득할 수 있었을 것이라고는 여겨지지 아니한다고 판단했다. 따라서 甲이 점유를 빼앗겨 상실한 것은 실제 영업이익이 아니라 시설물 사용·수익의 객관적 가치인 임료 상당액에 한정되므로, 반환의 범위도 그 한도로 좁혀야 한다고 법원은 판결하였다 (大判 2013.5.24., 2012다12894).

III. 부당이득의 효과

1. 개 관

부당이득의 요건이 모두 갖추어지면, 이득자는 법률상의 원인 없이 취득한 이익을 손실자에게 반환해야 한다(제741조). 그 외에도 그 이득에서 과실(果實)이 발생했으면 과실도 반환하여야 하며, 이득과 대신해서 바꾼 대체물(代替物 Surrogate)이 있으면 대체물을 반환하여야 한다. 만약 원물(原物)을 반환하는 것이 불가능하게 되었다면, 이득자는 원물의 가액(價額)을 반환하여야 한다(제747조 1항). 다만 이득자가 부당한 이득이었음을 몰랐을 경우 반환의 범위는 현존이익으로 한정되며(제748조 1항), 만약 이득자가 부당한 이득이었음을 알았다면 더 강화된 반환책임을 부담하게 된다(제748조 2항). 그리고 이득자의 이득과 손실자의 손실 간에 차이가 있다면, 그 중에 더 적은 가치를 이득자가 손실자에게 반환하여야 한다(프랑스현행민법 제1303조). 이러한 원칙을 프랑스에서는 이중상한 double plafond의 원칙이라 일컫는다(Combot, n° 12).

2. 반환의 대상

(1) 원물반환의 원칙

1) 개 관 : 이득자는 원칙적으로 법률상의 원인 없이 취득한 원물 그 자체를 손실자에게 반환해야 한다. 그 원물은 동산·부동산 등의 유체물일 수도 있고, 주식 등의 채권일 수도 있고, 계약서 등의 서류일 수도 있고, 무체재산권일 수도 있다.

2) 원물반환의 방법 : 이득자가 손실자로부터 어떤 물건의 점유를 취득한 경우, 그는 합의와 인도로써 이를 손실자에게 반환하여야 한다(제196조). 만약 이득자가 손실자로부터 물건의 소유권을 취득하였다면 법률상의 원인이 탈락함으로써 소유권은 손실자에게 당연 회복될 것이지만, 혹시 점유를 갖고 있다면 점유를 반환하고 등기·등록을 갖고 있다면 등기·등록을 말소해줘야 한다. 만약 이득자가 손실자로부터 채권을 취득하였다면, 지명채권인 경우 채무자에게 다시 통지하고(大判 1995.12.5., 95다22061), 증권적 채권인 경우 그 증권을 손실자에게 다시 교부하는 방법으로 반환하여야 한다.

3) 원물 시가의 상승 : 부당이득 당시보다 부당이득 청구 당시에 원물의 가액이 훨씬 더 올랐다 하더라도 원물 취득 당시의 가액이 아니라 현재 점유하고 있는 원물 자체를 반환하는 것이 원칙이다. 설령 취득 이후 반환시점까지 시가가 상승했더라도 그 원물 자체가 손실자의 손실이며 부당이득자의 이득이기 때문이다.

4) 과실의 반환 : 이득자가 원물을 반환할 때는 그 원물에서 발생한 과실까지 함께 반환하여야 한다(독일민법 제818조 1항). 이득자가 반환하는 과실에는 천연과실(天然果實 Sachfrüchte), 법정과실(法定果實 Rechtsfrüchte)은 물론이고(제101조) 원물의 사용이익(使用利益 Gebrauchsvorteile)까지 포함된다. 예를 들어 받은 금전을 은행에 정기예금하였다면 그 이자, 받은 금전으로 대출금을 갚았다면 그로써 절약한 이자, 받은 자동차로 일정 기간 주행을 하였다면 감가·자본비용·운행거리 등을 반영한 사용이익을 손실자에게 반환하여야 한다.

5) 대체물의 반환 : 만약 이득자가 원물과 대신해서 바꾼 대체물(代替物 Surrogate)이 있으면 대체물을 손실자에게 반환하여야 한다(梁彰洙/權英俊, 556-557면). 그 대표적 유형으로 이득자가 받은 권리에 근거하여 얻은 이익, 예를 들어 손실자에게 반환해야 할 금전채권을 이득자가 착오로 행사하여 채무자에게서 추심해버린 금전 같은 것을 들 수 있다. 그밖에 원물의 파괴·손상·박탈에 대한 대가로 이득자가 받은 물건 역시 대체물이 될 수 있다. 그 예로 손실자에게 반환해야 할 승용차가 파괴됨에 따라 이득자가 갖게 된 보험금 청구권, 손실자에게 반환해야 할 건물이 화재로 소실되어 이득자가 받은 화재보험금 또는 손해배상금, 손실자에게 반환해야 할 토지가 공용수용되어 이득자가 받은 수용보상금이나 대토(代土) 등을 들

수 있다. 부당이득반환청구권에는 담보물권과 같은 가치권에 대해서 인정되는 물상대위의 효력이 그대로 인정되기 때문이다.

> * 대위물이 지급된 후의 반환청구 : 담보물권에는 물상대위적 효력이 인정되지만, 담보권설정자가 받을 금전 기타 물건이 담보권설정자에게 지급 또는 인도된 후에는 담보권자가 더 이상 압류를 할 수 없게 된다(제342조 단서; 제370조). 하지만 부당이득반환청구권은 물권적 청구권이 아니므로, 그러한 대상(代償)이 특정성을 잃은 금전으로서 부당이득자의 일반재산에 산입된 후라 하더라도, 여전히 이를 반환청구할 수 있다. 이러한 점에서 질권이나 저당권이 보상금 등의 지급 또는 압류 후에 물상대위할 수 없는 것(제342조 단서; 제370조)과는 구별된다.

(2) 가액반환의 예외

1) 개 관 : 이득자가 손실자에게 원물을 반환할 수 없게 된 때에는 가액을 손실자에게 반환하여야 한다(제747조 1항). 예를 들어 이득자가 원물을 제3자에게 처분하여 그 원물을 더 이상 갖고 있지 않게 된 때가 그렇다. 이 경우 이득자는 원물 대신 원물을 처분한 대금에서 원물의 객관적 교환가치만큼을 손실자에게 반환하여야 한다.

> * 대체물반환과 가액반환의 구별 : 이득자가 원물을 처분하여 얻은 대금을 혹시 원물의 대체물이라 볼 수 있는지 문제된다. 결론부터 말하자면 대체물반환과 가액반환의 개념은 구분하여야 한다. 대체물이란 채권의 추심이익처럼 반환할 권리의 정상적 행사에 의해 얻어진 것만을 말하기 때문이다. 원물을 매도함으로써 얻은 판매대금은 이른바 법률행위적 대체물rechtsgeschäftliches Surrogat에 속하는 것으로서, 매수인과의 매매계약이라는 별도의 법률행위를 통해 독립적으로 얻어진 것이다. 따라서 이는 원물의 대체물로 보지 않고 가액반환Wertersatz의 대상으로 본다. 대체물은 전부를 손실자에게 반환해야 하지만, 판매대금의 경우 당연히 전액을 손실자에게 반환하지는 않으며 물건의 교환가치Verkehrswert에 해당하는 금액만을 반환한다.

> * 원물반환 불능의 귀책사유? : 가액반환을 할 때 원물반환의 불능에 대한 귀책사유는 묻지 않는다(梁彰洙, 민법주해 XVII, 566면). 어차피 손실자는 손해배상을 청구하는 것이 아니라 부당이득반환을 청구하는 것이기 때문이다.

2) 가액반환의 판단시점 : 원물반환을 할 것인지 가액반환을 할 것인지 판정하는 시점은 손실자가 반환청구를 하는 때가 아니라 이득자가 실제로 반환해야 하는 때이다. 소가 제기되었다면 변론종결시를 기준으로 가액반환 여부를 판단한다. 손실자의 반환청구를 무릅쓰고 이득자가 원물을 제3자에게 양도한 상

황에서 법원이 이득자에게 원물반환을 명해봤자 원물반환은 사실상 불가능해진 것이기 때문이다(梁彰秀, 민법주해 XVII, 567면). 원물의 반환불능에 관해서는 그것을 주장하는 자가 증명책임을 부담한다(大判 1995.12.5, 95다22061).

* 원물인 채권이 추심되어 소멸했는지에 관한 다툼 : 담배소매인들로 구성된 비법인 사단인 甲에 대하여 구상금을 청구하였던 乙은 1984년 그 소송에서 승소하여 1985년 7월 25일 확정판결을 받았다. 그 후 乙은 甲의 임대차보증금 반환채권 일부에 대해 압류 및 전부명령을 받아 학교법인 H를 상대로 전부금 청구의 소를 제기하여 승소하였다. 이에 대해 甲은 1986년 10월 乙의 대리인과 판결금의 일부를 지급하고 나머지는 포기하기로 합의하였는데 그럼에도 乙이 전부명령을 받아 甲의 임대차보증금을 취득하였으니 그 보증금 반환채권의 가액을 甲에게 반환하여야 한다고 주장하였다. 그러나 법원은 乙이 전부금 채권을 실제로 추심하였다는 증거가 없으므로, 甲이 반환을 구할 수 있는 대상은 채권 자체이지 그 가액 상당의 금전은 될 수 없다고 보았다(大判 1995.12.5, 95다22061).

* 원물반환이 가능함에도 가액반환을 청구할 수 있는 경우 : 부당이득으로 반환되어야 할 원물이 이미 제3자에게 양도되었더라도, 그 원물이 부동산이거나 점유이탈동산인 경우에는 제3자의 선의 또는 무과실과 상관없이 손실자는 그 원물을 반환받을 수 있다. 그런데 도품이나 유실물과 같은 점유이탈동산은 소유자가 그 물건의 현존장소나 점유자를 알 수 없어 실제로는 그에 대한 소유물반환청구권을 실현할 수 없는 것이 보통이다. 특히 점유이탈 후 수 차례에 걸친 양도행위가 이루어졌다면, 더욱 더 그러하다. 그러므로 이 경우 손실자 입장에서는 부당이득자에 대하여 그의 처분행위로 받은 대가를 반환하도록 청구하는 것이 더 현실적이다. 따라서 우리판례는 이러한 경우에 손실자가 그 처분행위를 추인하고, 그로써 원물반환이 불가능해진 이득을 가액으로 반환할 수 있게끔 하고 있다(大判 1992.9.8, 92다2550).

3) 반환할 가액의 범위 : 이득자는 처분대금에서 그 처분 당시 물건의 객관적 교환가치 objektive Verkehrswert만큼을 손실자에게 반환하면 된다(BGH, Urteil vom 6. Juli 2006 - III ZR 252/05 = NJW 2006, 2847, 2851 f.). 여기서 교환가치란, 해당 권리대상에 대한 비교 가능한 이용에서 통상 지급되는 적절한 대가를 말한다(BGH, Urteil vom 26. April 1996 - V ZR 185/95). 다만 원물의 처분대금과 원물의 객관적 교환가치는 일단 같은 것으로 추정한다. 따라서 이득자가 반환하여야 할 가액은 특별한 사정이 없는 한, 그 원물의 실제 매매대금을 기준으로 한다.

* 원물의 가치보다 더 싸게 판매한 경우 : 만약 이득자가 그 원물처분 당시의 시가보다 더 낮은 가격으로 원물을 매도했다면, 이득자는 원물의 시가가 아니라 그 판매대금만을 손실자에게 반환하면 된다. 부당이득반환청구권의 기능은 이득자

제4장 부당이득 **343**

의 재산상 이익을 환수하는 데 있는 것이지 이득자의 과실에 대한 책임을 추궁하는 데 있는 것은 아니기 때문이다.

* 원물의 가치보다 더 비싸게 판매한 경우 : 만약 이득자가 그 원물의 시가보다 더 높은 가격으로 원물을 매도했다면, 이득자는 그 처분대금보다 원물의 객관적 교환가치가 더 낮았다는 사실을 증명하고 그 처분 당시 원물의 객관적 교환가치만 반환할 수 있다.

(3) 운용이익의 공제

1) 운용이익의 의의 : 손실자로부터 법률상 원인 없이 얻은 이익이라도 이득자가 자신의 재능과 노력 등을 운용하여 남긴 이익은 부당이득으로부터 공제되어야 한다. 왜냐하면 이는 손실자의 손실과 상당한 인과관계 없이 이득자에게 발생한 이익이기 때문이다. 이러한 이익을 운용이익(運用利益)이라 한다.

2) 가액반환에서 운용이익의 판단 : 법률상 원인 없이 취득한 재산으로부터 얻은 이익이지만, 이득자 자신의 능력·노력·조직역량·위험부담이 독립적·가치창출적으로 결합되어 추가 이익을 만들어냈다면 그 이익은 독립적 가치창출분으로서 공제하여야 한다. 예를 들어 마케팅·유통·가격차별·재고관리·브랜딩·거래교섭 등 이득자의 능동적 활동이 있었고, 이것이 이득자의 한계기여marginal contribution로 평가되는 경우가 여기에 해당한다.

* 원물의 판매대금 가운데 운용이익의 공제 : 甲 회사는 乙 회사로부터 공급받은 마스크 10만 장 중 일부가 무허가 제품임을 알게 된 뒤 그 공급계약을 착오에 기하여 취소하고, 이미 지급한 대금 7,700만 원 전액의 부당이득 반환을 청구하였다. 참고로 甲이 乙에게서 매수한 마스크 10만 장 가운데 8만 9천여 장은 이미 甲이 제3자에게 판매처분하였고 甲은 나머지 1만여 장만을 보관하고 있었다. 이에 대해 乙은 계약 취소로 원상회복이 이루어져야 하므로, 甲이 판매하여 보유하지 않는 나머지 8만 9천여 장의 마스크에 대해서도 처분 당시 대가를 반환해야 한다고 주장하였다. 하지만 甲은 설령 가액반환을 하더라도 甲 자신의 노력으로 남긴 운용이익은 판매대금에서 공제해야 한다고 항변하였다. 법원은 甲의 주장을 받아들여 甲이 처분 당시 받은 판매대금에서 甲이 판매과정에서 투입한 노력·활동으로 얻은 운용이익은 공제하여야 한다고 판결하였다(大判 2024.4.16, 2024다202973).

* 성토대금의 사례 : 乙 주식회사는 1989년 6월, 실제 소유자인 甲의 동의 없이 전라남도 해남에 위치한 甲 소유 선산의 일부를 A에게서 임차한 다음 인접 임야에 대한 토석굴취허가를 빌미로 같은 해 10월부터 12월까지 甲 소유 임야 1만1천여㎡에서 약 2만4천㎥의 토석을 무단 채취하여 해남농지개량조합(丙)의 간척지 제방

성토공사에 사용하고 대금을 수령하였다. 이 과정에서 임야의 41%가 훼손되어 가치가 거의 상실되었고, 복구에는 교환가액을 초과하는 비용이 소요되는 상태였다. 甲은 乙을 상대로 토석성토대금 상당 부당이득의 반환을 청구하였는데, 이에 대해 乙은 그 토석성토대금에 자신의 노력에 따른 이윤이 포함되어 있으므로 그 이윤은 반환 범위에서 공제되어야 한다고 항변하였다. 법원 역시 수익자의 노력으로 발생한 운용이익의 경우 사회통념상 원물 자체에서 당연히 발생하는 이익이 아니므로 그 반환 대상에서 제외된다고 하면서 乙의 항변을 받아들였다(大判 1995.5.12, 94다25551).

3) 운용이익이 아닌 이익 : 이득자가 자신의 재능과 노력 등을 운용한 과정이 있었더라도, 사회통념상 이득자의 행위 개입과 상관없이 원물로부터 손실자가 당연히 취득하였으리라고 생각되는 이익은 반환범위에서 공제하지 않아야 한다. 원물의 내재가치·통상처분가에 해당하는 부분, 물가상승으로 인한 교환가치 증가분 등이 그러한 것이다. 예를 들어 원물이 공용수용되었을 경우 통상적으로 받을 수 있었던 보상금 등은 이를 공제하지 않고 손실자에게 반환하여야 한다(大判 1995.5.12, 94다25551).

* 정기예금의 이자 : 1997년 4월 甲 종중의 당시 종회장인 乙이 적법한 소집절차를 거치지 않은 임시총회에서 甲 종중 소유 임야의 매도를 결의한 뒤 그 임야를 丙에게 7억 5천만 원에 매도하였다. 丙은 甲 종중에 7억 5천만 원 전액을 지급하였다. 그러나 일부 종중원의 반발로 새 종회장이 선임된 후 甲 종중은 매매계약 무효를 주장하며 소유권이전등기 말소를 청구하였다. 이에 법원은 2002년 2월 절차상 중대한 하자로 총회 결의가 무효이므로 이에 기초한 매매계약도 무효라고 확정하였다. 이에 丙은 매매대금 7억 5천만 원 및 이자 상당 부당이득 반환을 청구하였다. 이에 대해 甲 종중은 丙으로부터 받은 매매대금 7억 5천만 원을 연리 20% 조건의 정기예금에 예치하였고, 이 예금이 수년간 유지되는 동안 고율의 이자가 붙어 예치금 잔액이 9억 7,679만 6,544원에 이르렀으며, 그 이자수익 가운데 상당 부분은 甲 종중 자신의 행위와 노력에 의한 운용수익이므로 반환 범위에서 공제되어야 한다고 다투었다. 하지만 법원은 위와 같이 많은 이자의 발생 이유가 1997년 말 외환위기 직후 매매대금이 예치되어 시중 정기예금 금리가 이례적으로 높았던 데 있다며 이러한 예금이익은 특별한 노력 없이도 당시 사회경제적 상황에서 손실자인 丙이 직접 취득할 수 있었던 범위의 이익에 해당하므로 공제할 수 없다고 보아, 원금과 함께 예금이익 전부를 부당이득 반환 범위에 포함시켰다(大判 2008.1.18, 2005다34711).

4) 운용이익과 원물의 가치가 겹치는 경우 : 운용이익 공제가 원물의 통상 수익능력을 잠식할 정도로 확대되어서는 안 된다. 아무리 이득자의 능력과 수고

에 의해 추가된 이익처럼 보이더라도 이를 공제한 결과 손실자에게 반환될 금액이 반환청구 당시 원물의 가액을 밑돌아서는 안 되기 때문이다(大判 1997.7.11., 96다31581).

* 사업보증금의 운용이익 : 지방자치단체가 지하도 개설사업을 하면서 그 사업에 참여한 업체로부터 사업보증금을 예치받았다가 사업의 좌절로 이를 반환하는 경우, 업체에게는 그 사업보증금의 원금과 통상 이자 전액을 부당이득으로 반환하여야한다. 원심은 피고 지방자치단체가 사업보증금을 적절히 운용하여 공금예치인 1%의 이율보다 높은 이익을 거두었다는 이유로 이를 반환범위에서 공제하였으나, 대법원은 그렇게 할 경우 손실자에게 돌아갈 몫이 고작 1% 공금예치 이율 수준으로 떨어져 과소환급이 될 수 있다고 판단하였다. 사업체가 예치한 보증금이라는 원물은 통상 시장에서 무위험에 가까운 정기예금 수준의 이익을 창출할 수 있는 것이고 손실자도 그 정도 이익은 통상 취득 가능했으리라는 이유에서였다(大判 1997.7.11., 96다31581).

5) 비용부당이득 사안의 특수성 : 대부분의 비용부당이득 사안에서는 물건의 소유권이 본래부터 이득자에게 확고히 귀속된 상태에서 손실자 또는 제3자가 그 물건에 비용을 투입하여 물건의 가치를 상승시킨다. 따라서 그 이후 물건의 교환가치가 증가한 부분은 그 물건의 소유자인 이득자에게 귀속시켜야 하는 것이 당연하다. 그 가치증가가 손실자의 재능과 노력에 의한 것이든, 물가상승 등 사회경제적 요인 때문이든 가리지 않는다. 그러한 가치상승분은 소유권에 내재한 자연적 이익으로서 소유자인 이득자의 몫에 속하고, 이를 손실자의 손실로 볼 수 없기 때문이다. 다시 말해 가치상승의 대상물이 이득자의 소유에 속하는 비용부당이득 사안에서 반환의 대상이 되는 것은 손실자가 지출한 비용일 뿐이지 손실자의 노력에 의한 결과가 아니다.

* 다른 부당이득 유형과의 비교 : 급부부당이득이나 침해부당이득 사안에서는 이득자의 원물 취득 자체가 대개 법률상 원인 없는 것이므로, 이득자는 원물 또는 그 가액을 손실자에게 반환하면서 원물의 교환가치 증가분 역시 손실자에게 반환하여야 하는 것이 당연하다. 그러한 가치증가분은 손실자가 원물의 소유권자로서 당연히 취득하였으리라 볼 수 있는 이익이기 때문에, 그 가치증가분이 법률상 원인 없이 이득자에게 속하였다면 이는 원물 소유자인 손실자의 손실로 보는 것이다. 다만 소유자는 원물의 내재가치 한도에서만 손실이 인정되므로, 이득자의 재능과 노력으로 가치증가된 부분은 공제하도록 할 뿐이다. 반면 비용부당이득에서 이득자는 원물 자체의 소유가 정당한 것이므로, 그 원물의 가치가 무슨 이유로 증가되었든 이를 비용지출자의 손실로 볼 수 없다. 다시 말해 운용이익 반환문제는 단순히 '이득자의 재능과 노력으로 증가된 가치인가'라는 기준만으

로는 설명될 수 없고, 부당이득의 유형별 구조—급부·침해·비용부당이득—에 따라 '손실자에게 그 가치증가물의 소유권이 귀속될 수 있는가'를 함께 고려하여야 한다. 결국 반환 범위의 차이는 '손실자가 본래 취득했을 법적 지위'를 어디까지 인정할 수 있는가에 달려 있다(이에 관해서는 白慶一, 비용부당이득 반환청구권을 통한 상가권 리금보호의 가능성, 민사법학 제88호, 2019.09, 244, 256면 이하).

* 타인 소유의 대지에 대한 성토 및 석축공사와 그로 인한 가치상승분 : 甲은 1968년 2월경 서울 성동구의 어느 저지대에 위치한 대지 약 2,500평을 전 소유자로부터 매수하였다. 甲은 위 대지의 소유권이전등기를 마치지 않은 채 乙에게 위 대지에 대한 토지 성토 및 석축공사를 맡겼는데, 위 대지의 소유권은 이미 1967년 11월부터 1968년 3월 사이에 법원 경락을 통하여 丙 은행 앞으로 이전된 상태였다. 乙은 도급계약에 따라 같은 해 4월부터 6월 사이 공사를 완료하여 토지의 지반을 높였고, 그 결과 해당 토지의 이용가치가 증대되었지만, 이익은 실제 소유자인 丙 은행에게 귀속되었다. 이후 丙 은행은 1970년 12월에 토지 일부를 제3자에게 매도하였고, 甲은 1971년 말 乙에게 丙에 대한 부당이득반환청구권을 양도하였으며, 1972년 초 그 사실을 丙에게 통지하였다. 이에 관하여 乙이 성토 및 석축공사를 한 결과 丙의 토지 가치가 증가한 부분이 乙에게 반환되어야 하는지 다투어졌으나, 법원은 甲 또는 乙의 손실이 공사비 약 188만 원에 국한되며 甲의 토지 가치 증가분은 甲 또는 乙의 손실이 아니라고 보았다. 법원은 이득자가 손실자의 손실액보다 더 많은 이익을 얻은 경우라도, 반환 범위는 손실자의 손실액을 기준으로 한다면서, 1968년도 공사 당시의 공사비인 약 188만 원만을 반환 범위로 인정하였다(大判 1974.7.26., 73다1637).

(4) 부당이득과 관련된 비용의 공제

1) 개 관 : 이득자가 그 법률상 원인 없는 이익을 얻는 과정에서 지출한 비용은 반환하여야 할 이득의 범위에서 공제되어야 한다(大判 1995.5.12., 94다25551). 어차피 손실자도 그 이익을 얻으려 했다면 그만한 비용은 지출해야 했을 것이고, 이득자는 그러한 비용을 지출한 만큼 이익을 더 적게 얻은 것이기 때문이다.

* 토석 굴취 이득에 소요되는 비용 : 예를 들어 손실자에게서 토석을 굴취하여 그 토석으로 성토대금을 벌어 들였다면, 그 토석을 굴취하는데 지출된 경비(포크레인 사용비 등) 외에, 굴취한 토석을 작업장까지 덤프트럭으로 운반하기 위한 비용, 토석을 사용하여 제방성토작업을 함에 소요되는 비용 등은 부당이득액에서 공제되어야 한다. 아무리 손실자의 손실이 크다 하더라도 그 비용을 지출한 부당이득자에게 비용지출의 비난가능성이 존재하지 않는 이상, 그 비용지출은 부당이득액에 포함시키지 않아야 할 것이기 때문이다(大判 1995.5.12., 94다25551).

* 마스크 판매를 위해 직접 지출한 비용 : 손실자에게서 인도받은 마스크를 판매하

여 얻은 이익을 반환하더라도 마스크를 판매하는 과정에서 실제 지출한 운송비·광고비 등 비용은 판매대금에서 공제해야 한다. 법원도 이러한 직접비용은 공제하여야 한다고 판결하였다(大判 2024.4.16. 2024다202973).

* 개로 인해서 발생한 손해비용 : S는 G에게서 개 한 마리를 매수하였는데, 그 매매계약은 무효였다. G가 S에 대하여 개의 반환을 청구하자, S는 그 개가 자신의 주택에서 일으킨 손해, 그리고 그 개에게 지출한 사료비와 수의사 비용을 보상받아야만 반환하겠다고 하였다. 독일의 다수설은 그러한 사료비와 수의사 비용이 취득과 인과적으로 연결되어 있을 뿐 아니라 S의 신뢰를 보호하여야 한다는 이유로 이득에서 공제하여야 한다고 주장하였다. 왜냐하면 S는 취득의 최종성을 신뢰하고서 그러한 비용의 지출을 하였기 때문이다. 하지만 그와 달리 개가 S의 주택에서 일으킨 손해는 비용으로서 공제하지 말아야 한다고 다수설은 주장하였다. 왜냐하면 이러한 손해비용은 S의 신뢰와 무관하기 때문이다(z.B. MünchKomm/Schwab, § 818, Rn. 182). 하지만 독일법원은 단순히 인과관계만을 고려하여 이러한 손해비용 역시 이득에서 비용으로 공제하여야 한다는 태도이다(RG, Urteil vom 31. Oktober 1923 - III 178/23; BGH, Urteil vom 18. September 1951 - I ZR 75/51).

2) 취득비용의 공제문제 : 손실자의 물건 또는 권리를 이득자가 손실자 또는 제3자로부터 취득하면서 손실자 또는 제3자에게 취득대금Erwerbspreis을 지급하거나 기타 취득비용을 지출했을 수 있다. 이 경우 그 취득비용을 이득에서 공제할 수 있을지 문제되는데, 일단 급부부당이득의 경우 어차피 쌍방이 동시에 이득을 반환하여야 하기 때문에 취득대금의 상계가 고려될 수 있다. 그러나 비급부부당이득의 경우 이러한 취득대금은 반환하여야 할 이득에서 공제될 수 없다(BGH, Urteil vom 2. Juli 1954 - VI ZR 91/53; BGH, Urteil vom 26. April 1976 - VII ZR 139/75).

* 비급부부당이득에서 취득비용이 공제되지 않는 이유 : 어차피 그 이득을 손실자에게 반환하여야 하는 이득자는 자신의 계약상대방에 대하여 계약해제에 기한 원상회복청구권 또는 손해배상청구권을 갖게 될 것이다. 물론 계약상대방이 이득자에게 원상회복 또는 손해배상을 해주지 않을 수도 있으나, 그러한 위험은 이득자가 부담해야 하는 것이지 이를 손실자에게 전가하려 해서는 안 된다. 그리고 비급부부당이득 사안에서 이득자의 취득대금 지급이라는 재산감소 행위는 애초에 손실자에게서 그 이득물이 이탈한 사실과 인과관계에 있지도 않다. 결국 취득대금의 지급은 부당이득의 결과가 아니라 원인이므로 이를 이득 공제 요소로 고려할 수 없다(Wandt, § 12, Rn. 25).

3) 필요비와 유익비의 공제 : 만약 공제되어야 할 비용이 필요비이고 이득자가 원물을 선의로 점유하였다면, 그 이득자가 선의 점유자로서 회복자에 대해 과실수취권을 주장할 수 있는 한 그 필요비를 상환청구할 수 없다(제203조 1항 단서). 다시 말

해 이득자가 선의의 점유자로서 과실수취권을 가질 경우(제201조), 필요비는 부당이득액에서 공제되지 아니한다. 그리고 만약 공제되어야 할 비용이 유익비라면, 그 전액을 공제하는 것이 아니라 그 유익비 지출과 인과관계 있는 이득증가액의 범위에서만 비용을 공제한다(제203조). 이 경우 그 이득 증가액이 유익비보다 더 적음을 손실자가 증명하여야 한다.

3. 반환범위

(1) 선의의 부당이득자의 반환범위

1) 개 관 : 선의의 부당이득자는 그 받은 이익이 현존(現存)하는 한도에서만 반환책임을 부담한다(제748조). 아무리 부당이득을 했다 하더라도 불법행위의 경우처럼 그에게 비난가능성이 전제되지는 않기 때문에, 그 반환범위를 현존이익의 범위로 줄여서 그 책임을 덜어주는 것이다. 따라서 선의의 부당이득자는 설령 손실자의 손실액이나 자신의 최초 이득액이 자신의 현존이익보다 더 크다 하더라도, 그 현존이익의 범위에서만 반환책임을 부담한다. 대부분의 부당이득 사안에서 이득자는 선의이므로, 부당이득의 원칙적 반환범위는 현존이익으로 제한된다고도 할 수 있다.

2) 부당이득자의 선의 : 부당이득자가 선의(善意)라는 의미는 그가 이익을 얻은 것에 법적 원인이 결여되어 있음을 알지 못했다는 뜻이다.

　　a. 선의 여부의 증명책임 : 일정한 이익을 얻은 자는 그 이익에 법률상 원인이 있었으리라 믿었던 것으로 추정된다(제197조 1항의 유추적용). 타인의 재산을 점유하거나 이익을 얻은 자는 특별한 사정이 없는 한 선의로 행동했을 것이라는 사회 일반의 통념이 존재하기 때문이다. 따라서 이득자의 악의에 대해서는 손실자가 증명책임을 부담한다.

　　b. 이득자의 선의에 관한 과실 : 이득자가 법률상 원인 없음을 알지 못한 것에 대한 과실 여부는 묻지 않는다. 따라서 이득자가 설령 그 이득에 법률상 원인 없음을 알 수 있었다 하더라도 그 이득의 부당성을 몰랐던 이득자는 손실자에게 현존이익만 반환하면 된다.

　　　*　선의 이득자의 과실을 묻지 않는 이유 : 부당이득법에서 선의와 악의의 구분은 단순한 주관적 심리상태의 문제가 아니라, 법이 누구에게 어떤 정도의 책임을

부담시키는가에 관한 법정책적 선택이라 할 수 있다. 민법은 제748조에서 이득자가 이득의 부당성을 알았을 경우 곧바로 악의의 이득자로 취급하여 그에 대해서는 원물의 과실 없는 소멸까지도 모두 책임지게 한다. 반면 선의의 이득자는 오로지 현존이익만 반환하면 되는 특혜를 누린다. 이는 부당이득 사안에서 선의의 이득자가 대부분 불의의 피해자에 속하거나 설령 그에게 과실이 있더라도 그 과실의 비난가능성이 그리 크지 않다는 데 기인한다. 예를 들어 매도인의 말 실수 때문에 착오에 빠진 매수인, 매도인의 사기에 당한 매수인, 매수인의 착오를 알지 못하고 그 대금을 받은 매도인, 매도인에게 강박을 당한 매수인 등이 전형적인 선의의 이득자들인데, 이들에게 부주의가 있었다 하더라도 그 의미는 사소한 것에 지나지 않는다. 그들은 대개 상대방의 신의를 전제하고 일반적인 거래질서에 따라 행위한 자들이기 때문이다. 게다가 부당이득 반환제도의 기본 목적은 손실의 공평한 분담에 있는 것이지 귀책사유의 추궁에 있지는 않다는 점도 여기서 고려할 필요가 있다. 따라서 부당이득법은 불법행위법과 달리 선의 이득자의 과실을 근거로 그 책임을 가중시키지 않으며, 그 이득자가 이득의 부당성을 알지 못했던 이상 '현존이익 한도의 반환'이라는 제한적 책임만 부담하게 한다.

c. 사후의 악의 : 이득자가 부당이득을 받은 시점에는 선의였다 하더라도 나중에 어쨌든 그 이득에 법적 원인이 결여되어 있음을 알았을 때는 그 안 때로부터 악의의 부당이득자가 된다(제749조 1항). 예를 들어 급부의 원인이 되는 계약이 해제·취소되었다면, 이득자는 그 시점에 이미 법적 원인 결여 사실을 알게 된 것으로 본다.

* 선의 이득자가 계약을 취소한 경우 : 甲은 乙에게서 잉어 10톤을 총 5,500만 원에 매수하였고, 乙에게 그중 2,500만 원을 지급하였다. 그러나 乙은 무허가 양식장을 운영하면서 철거가 예정되어 있었음에도 이를 은폐하고 마치 1991년까지 적법한 면허를 보유한 것처럼 甲을 기망하였기 때문에 甲은 乙의 기망을 이유로 계약을 취소하였다. 그 취소의 효력은 甲의 소장 부본이 乙에게 송달된 1990년 6월 14일에 발생하였다. 그 후에도 甲은 잉어를 계속 점유·관리하다가 1990년 8월 29일 양식장 철거명령을 받고 이를 다른 소류지로 옮기는 과정에서 관리소홀과 산소 부족으로 인해 9월 10일경 잉어 전부를 폐사시켰다. 이에 乙은 甲이 자기 과실로 잉어 10톤을 반환할 수 없게 되었으므로 자신이 甲에게 반환하여야 할 2,500만 원은 폐사 무렵의 잉어 시가 상당액과 상계되어 없어진다고 주장하였다. 그러나 甲은 아직 소송이 乙의 패소로 확정되지 않은 만큼 자신은 그 잉어 보유의 법률상 원인 없음을 모르는 것이라고 반박하며, 자신은 아직 선의 이득자이므로 폐사되어 현존하지 않는 잉어에 대해 반환책임을 지지 않는다고 맞섰다. 그러나 법원은 甲이 적어도 계약 취소 시점인 1990년 6월 14일부터는 법률상 원인 없는 이득임을 알고 있었으므로 그 시점부터 甲을 악

의의 수익자로 평가하였고, 따라서 잉어가 이후 멸실된 것은 甲의 과실에 기인한 것이므로 현존이익의 범위를 이유로 반환책임을 면할 수 없다고 보았다(大判 1993.2.26, 92다48635·48642).

* 선의 이득자가 계약을 합의해제한 경우 : 甲은 2016년 5월 31일 乙의 중개로 토지를 매도하면서 묘지 3기의 이장을 특약하였다. 그리고 이에 따라 2018년 8월 1일 乙에게 묘지이장 준비비 명목으로 5,300만 원을 지급하였다. 그러나 묘지 관리자들의 반대로 이장이 불가능해졌고, 결국 甲은 2021년 8월 4일 매수인들과 매매계약을 합의해제하면서 乙에게 선급금 반환을 요구하였다. 그런데 그 후 乙은 선급금을 분실하였고, 乙은 이것을 이유로 甲에게 선급금을 반환하지 않겠다고 하였다. 그러자 甲은 乙에 대하여 소를 제기하여 선급금의 반환을 구하였다. 甲은 이미 매매계약이 합의해제된 시점에 묘지 이장이 불가능해져 그 선급금 수령에 법률상 원인이 없어졌음을 乙은 알았으므로 제749조 1항에 따라 乙은 그때부터 악의가 인정되어 선급금과 그 지연이자를 지급하여야 한다고 주장하였다. 그러나 乙은 자신이 그때에도 법률상 원인 없음을 알지 못했으며, 다만 제749조 2항에 따라 소 제기 시점에 법률상 원인 없음을 안 것으로 간주된다면 이는 기꺼이 받아들이겠다고 하였다. 이에 대해 법원은 甲의 주장을 받아들여, 적어도 매매계약이 합의해제된 2021년 8월 4일에는 乙이 그 선급금 수령에 원인 없음을 알았다고 보아, 乙에게 부당이득금 5,300만 원의 반환과 2021년 8월 4일부터의 법정이자 지급을 명하였다(木原地法 廬州支判 2022.9.20, 2022가단14778).

d. 소가 제기된 경우 : 손실자에 의하여 부당이득반환을 구하는 소가 이득자에게 제기된 경우 이득자의 선의 여부는 실질적으로 판단하는 것이 아니라 규범적으로 판단한다. 만약 이득자가 패소한다면 이득자는 원고가 그 소를 제기한 때로부터 악의의 부당이득자로 간주된다(제749조 2항). 물론 소의 제기를 받은 때에도 이득자는 자기 이득에 법률상 원인이 있었으리라 믿었을 수 있지만, 이러한 사정은 고려되지 아니한다. 설령 이득자가 패소 직전까지 자신이 정당한 이득자라 오신하였음을 증명하더라도, 그러한 증명은 법원에서 받아들여지지 않는다.

* 채무부존재확인의 소가 제기된 경우 : 전국버스운송사업조합연합회(甲)는 乙에 대하여 교통사고 치료비 약 1억 원을 지급하였으나 그 지급 근거가 없다는 점이 문제 되었다. 2014년 8월 11일 다른 회사가 乙을 상대로 채무부존재확인의 소를 제기하였고, 甲은 이때부터 乙이 법률상 원인 없음의 사정을 알았으므로 악의 이득자에 해당한다고 주장하며, 같은 날부터 이자를 가산하여 1억 원의 치료비를 반환하라고 청구하였다. 그러나 乙은 단순한 채무부존재확인의 소 제기로는 법률상 원인 없음의 인식을 가졌다고 볼 수 없다고 항변하였다. 법원 역시 민법 제749조 2항의 '소 제기'는 부당이득반환청구의 소를 의미할 뿐 채무부존재확인의 소는 이에 해당하지 않는다고 판시하였다. 따라서 乙이

악의의 이득자가 되는 시점은 채무부존재확인의 소가 제기된 날인 2014년 8월 11일이 아니라, 그 소송이 확정되어 지급에 법률상 원인이 없음이 명백해진 2016년 10월 21일로 보아야 하며, 이에 따라 법원은 乙이 그때부터 甲에게 부당이득 약 1억 원과 그 법정이자를 반환해야 한다고 판단하였다(大田地判 2017.4.26. 2017가단200648).

e. 제한능력자인 경우 : 민법은 법률행위 당사자가 제한능력자라는 이유로 법률행위가 취소되는 경우 제한능력자는 그 취소되는 행위로 인하여 받은 이익이 현존하는 한도에서 반환할 책임이 있다고 규정한다(제141조 단서). 제한능력자는 그 법률행위의 취소 원인에 대해 알았든 몰랐든 상관없이 언제나 선의 이득자로 취급되어 현존 이익 한도로 반환책임을 감경하는 것이다. 물론 이러한 특칙은 부당이득법상 선의·악의 구별 논리와는 별개의 층위에서, 제한능력자 제도의 본래 취지를 관철하기 위해 마련된 것이다.

3) 현존이익의 내용 : 이득자에게 그 이익이 실질적으로 귀속되거나 향유되었다면, 그것이 그에게 어떤 형태로 남아있든 모든 이익이 현존이익이다. 예컨대 이득자가 그 이득물(예를 들면 무효인 매매계약에 의해 취득한 아파트)을 매각하여 그 대금을 갖고 있는 경우, 이득한 건물이 화재로 소멸하여 그 화재보험금을 지급받은 경우 등에는 모두 이익이 현존하는 것으로 인정된다. 심지어는 이득한 금전을 타인에게 빌려준 경우에도 원상회복으로 대여금채권의 양도를 할 수 있기 때문에, 현존이익이 인정된다(大判 2009.1.15. 2008다58367). 물론 이득물이 분실·멸실·도난·소비·증여 등의 이유로 사라진 경우 이익은 현존하지 않은 것으로 본다. 다만 다음의 경우에는 그 이익 현존 여부에 논란의 여지가 있다:

a. 절약된 지출 : 이득한 금전을 생활비(예를 들어 통상적인 의식주생활에 지출한 금전)로 소비한 경우 그 금전 자체는 없어졌더라도 이익은 현존하는 것으로 본다. 왜냐하면 이득자는 어차피 그 생활비를 지출하여야 했을 것이기 때문이다(BGH, Urteil vom 17. Juni 1992 - XII ZR 119/91). 따라서 이득자는 이미 생활비로 지출되어 없는 금전이라 하더라도 이를 모두 계산하여 손실자에게 반환하여야만 한다. 부당이득금으로 기존의 대출금채무를 변제한 것도 어차피 지출했을 비용의 절약이라면 반환하여야 할 이득에 포함된다.

　* 이득자가 부당이득을 생활비로 지출한 사례 : C가 소유하던 토지는 2002년 C가 사망한 후 C의 장남 F와 C의 장녀 甲를 비롯한 자녀들에게 상속되었다. 그런데 F와 그 상속인인 乙은 공유자인 甲 등의 지분을 무시하고 단독으로 임대수익을 독점하였다. 실제로 F는 2006년부터 2011년 사망 시까지 제3자에게 월세를 받아 총 8천1백여만 원의 임대료를 취득하였으며, 그 지분 상당액 1/5은

甲에게 귀속되어야 함에도 반환하지 않았다. F가 사망하자 그 상속인인 乙은 F의 부당이득반환의무를 상속하였을 뿐 아니라, 직접 2011년부터 2017년까지 부동산을 단독 임대하여 약 1억1천3백여만 원을 수취하면서 역시 甲 지분 상당의 이익을 반환하지 않았다. 이에 따라 법원은 乙이 상속분에 따른 467만 원과 자기 단독 임대분에 따른 2,268만 원을 합산한 2,736만여 원을 甲에게 반환해야 한다고 판시하였다. 乙은 자신이 수령한 임대료를 생활비, 세금, 가족 송금 등으로 사용하여 현존이익이 없다고 항변했으나, 법원은 설령 乙이 선의의 이득자에 해당한다 하더라도 위 임대료 수익은 금전상의 이익으로서 생활비로 소비했는지와 관계없이 그 이익이 현존하는 것으로 보아야 할 것이며, 乙이 위 임대료를 자신의 모친이나 형, 조부모와 관련하여 사용하였다는 사정만으로 그 이익이 현존하지 않는다거나 부당이득반환의무를 면한다고 보기 어렵다고 판결하였다(仁川地判 2017.9.20, 2016가단43598).

* 제한능력자가 부당이득을 생활비로 지출한 사례 : 乙에 대하여는 법원의 심판으로 한정후견이 이미 개시된 상태였으나, 乙은 임시후견인의 동의 없이 甲 대부업체로부터 2억 5천만 원을 대출하였고 자기 소유 부동산에 근저당권 및 전세권을 설정하였다. 대출 직후 乙의 딸 丙이 계좌에서 2억 4,250만 원을 인출하였는데, 그 중 1억 2,807만여 원은 乙과 丙의 공동생활비와 대출이자 등으로 사용된 사실이 인정되었다. 그리고 나머지 1억 1,442만여 원은 사용처나 乙과의 관련성이 증명되지 않아 乙에게 실질적 이익이 귀속된 것으로 보기 어렵다고 판단되었다. 한편 丙이 인출하지 않은 750만 원은 특별한 소멸 정황이 없어 현존이익으로 추정되었다. 결국 법원은 대출계약이 한정후견인의 적법한 취소로 무효화된 이상 乙은 제한능력자로서 현존이익 범위 내에서만 반환책임을 지며, 그 범위는 생활비 등으로 절감한 1억 2,807만여 원과 현존이익으로 추정되는 750만 원을 합한 1억 3,557만여 원으로 한정된다고 보았다. 물론 여기서 생활비는 공제되는 것이 아니라 오히려 乙이 지출을 면함으로써 얻은 경제적 절감이익으로 평가되어 반환 범위에 포함되었다(서울高判 2019.11.28, 2018나2065065·2065072).

* 의사무능력자가 부당이득을 생활비로 지출한 사례 : 지적장애로 의사능력이 결여된 상태에 있던 甲은 부모의 보조 아래 부동산을 보유하고 있었다. 2012년 부친 D가 사실상 후견인으로 관여하여 甲은 자신의 부동산을 乙에게 5억 3,000만 원에 매도하였고 소유권이전등기를 마쳤다. 乙은 대금 전액을 甲 명의 계좌에 지급하였으나, 이후 甲의 상태가 중증도의 지적장애로 평가되면서 甲은 성년후견개시 심판을 통해 후견인이 선임되었다. 이후 후견인은 위 매매계약이 무효임을 주장하며 乙에 대하여 말소등기를 청구하였다. 법원은 甲이 당시 의사능력을 상실한 상태였음을 인정하여 매매계약을 무효로 보았으나, 원상회복 범위에서는 제한능력자의 현존이익 원칙을 유추 적용하였다. 매매대금 중 일부는 가족 L이 무단 인출하여 변제 가능성이 없으므로 현존이익으로 볼 수 없었고, 나머지 상당액은 甲의 생활비, 병원비, 간병비 등 필수 지출에 사용되

었으므로 이는 비용절감의 이득으로 간주되어 현존이익이 존재한다고 판단되었다. 결국 甲은 현존이익 상당액인 4억 1,949만 9,286원을 반환할 의무가 있으며, 乙은 그 지급과 동시에 소유권이전등기를 말소해야 한다고 판시하였다. 따라서 甲의 생활비 등으로 사용된 부분은 이득에서 공제된 것이 아니라, 오히려 甲이 생활필수비를 절감하여 얻은 이익으로 인정되어 반환 범위에 포함되었다 (서울中央地判 2019.2.21., 2017가단5154444).

b. 사치비 지출 : 이득자가 선의로 수취한 것을 사치적 용도로 소비해 버렸다면, 그 이득은 부당이득자에게 현존하지 않는 것으로 본다. 물론 사치·낭비의 보호는 법정책적으로 바람직하지 않은 일이지만, 선의의 이득자가 그 부당이득을 갖지 않았을 때 그러한 사치를 하지 않았을 것으로 인정될 경우 그 사치지출Luxusaufwendungen은 선의 이득자의 관점에서 절약된 필수비용으로 볼 수 없을 것이기 때문이다. 다시 말해 문화비, 외식비 기타 모든 비정상적 소비지출은 그것이 사치·낭비까지는 아니라 하더라도 선의의 부당이득 없이 지출되지 않았을 것인 한, 이를 현존이익에 포함시키지 않는다.

* 비행기 여행 사례 : 어느 미성년 시각장애인이 법률상 원인 없이 기업으로부터 지원금을 받은 후 그 금전급부에 법률상 원인 없음을 전혀 모른 채 이를 값비싼 비행기 여행으로 소비해 버렸다. 이는 생활비 등의 필수적 용도에 쓴 것이 아니라 평소 같으면 결코 쓰지 않았을 여행 비용에 사용한 것이며, 그에게 여행은 이미 끝나 버렸으므로 그 돈은 그에게 남아 있지 않았다. 물론 여행 경험이 남았지만, 그 여행 경험은 재산적 가치로 환산하기 어려운 것이었다. 독일법원은 이러한 사치비 지출이 부당이득과 인과관계 있는 것으로 인정되고 그 이득자가 법률상 원인 없음에 대해 선의였던 경우 이득자에게 그 부당이득이 현존하지 않는 것으로 판단하였다(BGH, Urteil vom 7. Januar 1971 - VII ZR 9/70).

c. 제3자에게 증여한 경우 : 선의 이득자가 그 이득물을 제3자에게 증여하였다면, 그 증여가 이득자에게 필요한 것이었는지 살펴봐야 한다. 만약 그 증여가 이득자에게 필요한 것이었고 부당이득이 없었어도 어차피 해야 했던 증여였다면 그 증여를 위한 지출이 있었어도 부당이득은 현존하는 것으로 본다. 하지만 그 증여가 부당이득이 없었을 때 하지 않았을 증여로서 오직 그 부당이득이 있었기 때문에 증여를 하였던 것으로 인정된다면, 그 증여를 위한 지출만큼 부당이득은 현존하지 않는 것으로 본다. 한편 선의 이득자가 그 이득물을 제3자에게 증여했는데, 그 제3자가 악의였다면, 그 부당이득은 제3자에게 현존하는 것으로 본다(제747조 2항).

* 필요했던 증여의 사례 : 예를 들어 이득자가 부당이득금으로 꽃을 사서 자기 애인에게 생일선물을 하였다면, 그러한 증여는 이득자에게 필요한 것이었고 부당이득이 없었어도 어차피 해야 했던 증여이므로, 이 경우 증여를 위한 지출이 있었어도 부당이득이 현존하는 것으로 본다. 그 이득자는 부당이득금을 소비하였지만 그와 동시에 원래 애인의 생일 꽃선물에 지출했을 자기 금전을 절약하였기 때문이다.

d. 이자가 현존하는 경우 : 금전을 선의로 이득한 자가 그 금전을 정기예금 또는 정기적금 통장에 넣어 두었을 경우 이자가 붙어 현존할 수 있다. 제748조 2항을 반대해석하면, 선의의 이득자는 이자를 공제하고 원금만 반환해야 하는 것처럼 생각될 수 있으나, 설령 선의의 이득자라 하더라도 그 받은 금전의 이자가 현존한다면 그 이자 역시 손실자에게 반환하여야 한다.

* 과실의 현존 : 이자는 금전에서 발생한 과실(果實)로서 독립적 경제가치가 있지만, 금전이 존속하면 당연히 파생되는 이익이기도 하다. 따라서 부당이득금에서 발생한 이자가 실제 현존한다면 이는 당연히 반환대상에 포함되어야 한다. 선의의 이득자를 보호하는 제도적 이유는 존재하지 않는 이익까지 허위로 계산해 반환을 강제하지 않겠다는 데 있는 것이지, 이득자에게 당연히 발생할 파생이익을 그것이 아직 현존함에도 사후에 추가되었다는 이유로 공제해 주려는 데 있는 게 아니기 때문이다.

e. 영업부진으로 인한 손실 : 이득자가 부당이득한 물건을 바탕으로 영업을 했는데 영업이 부진하여 손실을 보았더라도 그 손실은 반환하여야 할 현존이익의 판단에서 고려되지 않는다. 부당이득반환은 그 이득물로부터 직접 얻게 된 이익을 반환하는 것이 원칙이고, 영업매출은 여러 독립적 기여가 섞여 있어 물건 사용과의 직접성이 약하기 때문이다. 만약 원물의 사용이익을 원물에 기한 영업매출로 보게 되면 타 생산요소의 기여까지 원물 소유자에게 귀속시키거나 타 경제요소의 위험까지 원물 소유자에게 과도하게 귀속시키는 문제가 발생할 것이다.

* 실제적 예 : 甲은 1989년 10월 호텔 부동산과 영업권을 乙에게 17억 원에 매도하기로 계약하고 乙에게서 계약금과 중도금을 받은 다음 호텔을 乙에게 인도하였다. 乙은 그 호텔을 인수한 후 1989년 11월부터 1990년 6월까지 호텔을 점유·사용하면서 호텔업을 경영하였으나, 자금난으로 甲에게 잔금을 지급하지 못하였다. 이에 甲은 乙에게 매매계약의 해제를 통보하면서 乙에게 계약금과 중도금을 반환하고, 그 대신 乙에게 호텔의 점유와 함께 그 호텔 부동산과 영업권의 사용이익을 반환하라고 청구하였다. 그러나 乙은 호텔 영업이 적자여

서 현존하는 사용이익이 거의 없다고 항변하였다. 이에 대해 법원은 계약해제에 따른 원상회복으로 乙이 받은 호텔 점유·사용의 이익을 반환할 때, 특별한 사정이 없는 한 부동산의 임료 상당액으로 반환하여야 하며, 호텔 영업이 적자였다는 사정은 점유·사용 자체로부터 얻은 이익을 부정할 수 있는 근거가 되지 않는다고 판시하였다. 乙이 반환하여야 하는 사용이익은 호텔 부동산과 영업권 그 자체에서 직접 발생하는 효용의 가치이고, 매출·영업이익은 乙이 관장하는 인건비·자본·영업기술·브랜드·수요 등 수많은 요소가 결합해 생기는 기업이익으로서 대상이 전혀 다르다고 보았기 때문이다(大判 1997.12.9, 96다47586).

f. 이득자에게 이득을 대체하는 권리가 생긴 경우: 이득물이 멸실·도난·횡령·강탈 등의 사유로 사라졌더라도, 이득자에게 이득물을 대체하는 다른 권리가 주어진다면, 이득자에게 이익은 현존하는 것으로 본다. 예를 들어 손실자에게 반환할 이득물이 제3자에게 강탈되어 이득자가 이를 더 이상 점유하지 않게 되었는데, 이득자가 그 제3자에 대해서 소유물반환청구권을 행사할 수 있다면, 이 경우 이득자에게 이익은 현존하는 것이다.

 * **무자력인 제3자에 대한 채권**: 선의의 이득자가 이득물을 상실하고 이를 대체하는 권리를 취득하였어도, 그 대체적 권리를 실현할 수 있는 가능성이 거의 없다면 손실자에게 반환할 이익은 선의 이득자에게 현존하지 않는 것으로 본다. 예를 들어 선의 이득자가 이득금을 제3자에게 도난·사기·횡령당했을 때 이득자는 그 절취자·편취자·횡령자에 대해서 반환청구권이나 손해배상청구권을 취득하는 것이지만, 만약 그 제3자가 무자력이어서 실질적 회수가 불가능하다면 그러한 채권은 무가치한 권리에 불과하므로 이는 현존이익으로 보지 않는다. 예를 들어 이득자에게 자력이 전혀 없는 가족구성원이 있었는데 그 구성원이 이득금을 무단 인출하여 탕진한 경우와 같이 실질적 회수 가능성이 전혀 없는 사정은 현존이익 부정의 전형적 예가 된다(서울中央地判 2019.2.21, 2017가단5154444).

g. 이득자 스스로 회복가능한 경우: 이득자가 이득물을 처분하였으나, 이득자가 그 처분행위를 취소·해제할 수 있거나 그 무효를 주장할 수 있는 경우 그 이익은 이득자에게 현존하는 것으로 본다. 다시 말해 이득자가 자신의 행위로 이득물의 소멸을 초래하였더라도, 그 소멸한 현상을 스스로 되돌릴 수 있다면, 그 소멸을 이유로 이익 현존 없음을 주장하게 두지는 않는다.

 * **이득자 스스로 회복가능하다고 본 사례**: 독일의 어느 민간건강보험사가 보험가입자들로부터 보험료를 일방적으로 인상하여 받았는데, 그러한 보험료 인상은 무효로 확정되었다. 이에 보험가입자들이 보험사에 대하여 그 무효인 보험료 인상분의 반환을 청구하였으나, 그 보험사는 보험료 인상분을 적립금으

로 전용했다며 그 이익이 현존하지 않는다고 보험가입자들에게 항변하였다. 이에 대하여 독일연방대법원은 그 적립의 환입이나 향후 보험료와의 정산이 가능하므로 보험사에게 그 이익은 현존하며 이를 가입자들에게 반환하여야 한다고 판단하였다(BGH, Urteil vom 16. Dezember 2020 - IV ZR 294/19 =) (NJW 2021, 378 Rn. 52; BGH WM 1974, 389).

h. 선의 이득자 자신의 과실에 의한 이익 소멸 : 이득의 소멸이 다름 아닌 선의 이득자의 과실에 의한 것인 경우에도 선의 이득자의 신뢰를 고려하여 그 소멸된 이득은 반환범위에서 제외하도록 한다. 따라서 반환해야 할 목적물이 선의 이득자의 부주의로 멸실되어 더 이상 존재하지 않게 된 경우, 선의 이득자는 목적물의 반환의무뿐 아니라 가액반환의무에서도 면책된다.

* 선의 부당이득자 자신의 행위에 의한 이익소멸의 문제 : 아무리 선의의 부당이득자라 하더라도 그 자신의 과실 있는 행위로 인하여 부당이득을 소멸시켰을 때, 그 이익상실에 따른 책임은 부당이득자 자신에게 귀속시켜야 할 것이라는 견해가 존재한다. 부당이득이 불가항력적 사유에 의하여 소멸한 것도 아닌데, 그에 따른 위험을 오로지 손실자에게만 부담시키는 것은 가혹하다는 이유에서이다. 그러나 부당이득자가 선의인 경우 목적물의 소멸이 우연에 의한 것인지 아니면 자신의 행위에 기인한 것인지 여부와 무관하게 선의 부당이득자는 이익이 현존하는 한에서만 반환의무를 부담하는 것으로 해석해야 하리라 생각한다. 선의의 이득자에게는 자신이 권리자라 신뢰하고 행동한 결과를 어느 정도 인정해주려는 취지에 의하여 우리민법이 선의 이득자의 반환범위를 현존 이익으로 축소해준 것이기 때문이다(崔鍾貞, 동산매매에 있어서의 위험부담에 관한 연구, 서울대학교 박사논문, 2000, 260면 이하). 예를 들어 선의 이득자가 손실자에게 반환해야 할 목적물이 우연히 또는 선의 이득자의 부주의로 멸실되거나 소비되어 더 이상 현존하지 않게 된 경우, 선의 이득자는 당해 목적물의 반환의무는 물론이고 가액반환의무도 면하게 된다고 봐야 한다.

4) 이익현존의 증명책임 : 이득자에게 법률상 원인 없이 발생한 이익이 현재 이득자에게 남아 있다는 것은 일반적으로 추정된다. 설령 이득한 금전이 이미 소비되어 없는 경우에도 이익이 현존하는 것으로 추정된다(大判 1996.12.10, 96다32881). 따라서 손실자는 법률상 원인 없이 이득자에게 이전·투입된 모든 이익의 반환을 이득자에게 청구할 수 있다. 그리고 이에 대해 이득자는 자신에게 이익이 현존하지 않음을 증명해야 한다(大判 1970.10.30, 70다1390). 예를 들어 물건이 이미 멸실하였거나 금전이 타인에 의해 인출·소비되어 그 시점부터 더 이상의 사용이익을 얻을 수 없었다는 증명이 대표적이라 할 수 있다.

* 분양권 처분대금의 현존 여부 : 1980년대 후반부터 시작된 서울 동작구 B구역 주

택개량재개발사업의 F공구 재개발은 세입자들의 저항으로 인해 난항을 겪고 있었다. 이에 공구조합은 1989년경 세입자들에게 금전을 지급하며 특별분양권을 회수하기로 결정하였다. 공구조합은 이 보상금 재원을 마련하기 위해 회수한 분양권을 외부인들에게 매각하였는데, 이러한 매도행위는 조합원 총회 결의나 관할청 인가를 얻지 않고 한 행위였다. 어쨌든 이 과정에서 I는 7,800만 원, J는 1억 3,000만 원에 해당 분양권을 매수하였고, 이후 甲이 이들의 권리를 양수하였다. 그러나 공구조합의 매도행위가 무효로 판단됨에 따라 甲은 분양권을 반환하여야 했고, 이에 甲은 구역조합과 공구조합을 상대로 총 2억 800만 원의 반환을 청구하였다. 공구조합은 분양권 매매대금을 이미 소비하여 현존하지 않는다고 항변하였으나, 법원은 금전이 그 자체로 대체 가능한 특성을 가지므로 일단 취득하면 소비되었더라도 그와 동액의 금전이 재산으로 남아있는 한 이익이 현존하는 것으로 추정된다고 판단하였다(大判 1996.12.10. 96다32881).

* 급부자의 지시에 의한 사용·지출 : 금융기관 甲이 제3자 乙의 기망행위에 의해 고객 丙에게 1억 원 대출을 해줬으나, 그 계약이 기망의 의사표시로서 취소되었다. 甲은 丙에 대하여 대출금 1억 원의 반환을 청구하였으나, 丙은 그 금전이 모두 인출되었다고 항변하였다. 甲과 乙 간의 사전 합의된 내용에 따라 丙이 자기 명의의 예금통장과 도장을 乙에게 제공하여 乙이 1억 원 전액을 인출 사용하였고 이는 기록으로 증명된 것이다. 법원은 이에 따라 丙에게 현존이익이 존재한다는 추정은 깨어졌다고 판단하였다(大判 2003.12.12. 2001다37002).

* 소극적·무형적 이득의 부재 증명 : 일정한 이익을 적극적·유형적으로 취득했다면 그것이 어떻게 소모되었는지 증명하기가 상대적으로 용이하다. 그러나 이익을 소극적·무형적으로 취득했다면(예를들어 사용이익) 그것이 현존하지 않음을 증명하기란 매우 어려운 일이다. 설령 그 이익액만큼의 금전을 타인에게 증여해버렸다거나, 그 이익액만큼의 금전을 어느 사업에 투자하여 모두 날려버렸다 하더라도, 그 인과관계를 증명하는 것은 현실적으로 그리 간단하지 않다.

5) 현존이익의 기준시점 : 현존이익은 그 부당이득의 반환시점을 기준하여 그때 얼마만큼 남아있었는가를 보아 결정한다. 그러나 소가 제기된 경우에는 원고가 그 소를 제기한 때로부터 악의의 부당이득자로 취급될 수도 있으므로(제749조 2항), 이때는 현존이익을 결정하는 기준시점이 그 소를 제기한 때로 거슬러 올라간다(梁彰洙/權英俊, 516면; 池元林, [4550]). 물론 그 이전이라도 이득자가 법률상 원인 없음을 알았던 것으로 증명된다면, 그 알았던 시점을 기준으로 현존이익을 결정하여야 한다(宋德洙, [244]).

6) 지체책임 : 부당이득반환의무는 이행기한의 정함이 없는 채무이므로, 이득자는 손실자에게서 반환청구를 받은 익일부터 지체책임을 부담한다. 따라

서 선의의 이득자라도 손실자에게서 반환청구를 받은 이후부터는 손실자에게 지연이자를 지급하여야 한다. 다만 급부부당이득의 경우 쌍무계약의 견련성에 기해 반환의무를 부담하는 쌍방이 서로 동시이행을 항변할 수 있으므로(제536조), 상대방이 자기 반환할 것을 변제제공(제460조)할 때까지 일방에게 지체책임이 발생하지 않을 수 있다.

> * 선의의 부당이득자가 지연이자채무를 부담하기 시작하는 시점 : 甲은 1997년 5월 사찰 E의 주지로 있으면서 F로부터 서울 종로구 D 대지 124.3㎡를 1억 1,300만 원에 매수하여 같은 해 11월 자기 명의로 소유권이전등기를 마쳤다. 그후 甲은 12월 주지에서 물러나며 후임 주지 G에게 "토지는 E 소유이고 모든 권리를 포기한다"는 위임장을 내주고 대출금·예금 8,800만 원을 G에게 인계하였다. 이후 乙 재단법인과 현 주지 C는 해당 토지를 사찰 주차장으로 사용하며 컨테이너와 철재 가설물을 설치했는데, 이에 대해 甲은 그 토지가 자기 명의로 등기되어 있음을 증명하면서 乙에 대해 점유·사용 중지와 구조물 철거를 청구하였다. 이에 대해 乙은 토지가 사찰 재산으로 매수되었고, 甲에게는 명의신탁했을 뿐이라고 주장하였으나, 甲은 이것이 부동산실명법 시행 이후의 계약명의신탁에 해당하고 매도인 F가 명의신탁 사실을 알지 못했으므로 자신이 완전한 소유권을 취득했다고 반박하였다. 그러자 乙 재단은 甲에게 乙 재단이 매수자금을 제공한 만큼 명의신탁약정은 무효라 하더라도 甲이 받은 1억 1,300만 원은 부당이득이므로 반환해야 하고, 甲은 이미 1997년부터 악의의 이득자였으므로 그에 따른 지연손해금도 거액을 지급해야 한다고 주장하였다. 대법원은 본건이 매도인 비인지의 계약명의신탁이라 甲에게 소유권이 귀속된다는 전제를 유지하면서도, 부당이득반환채무는 기한 없는 채무이므로 이득자에 대한 손실자의 반환청구가 있어야 비로소 이행지체가 발생한다고 하였다. 그리고 甲을 악의 이득자로 보려면 단순한 명의신탁 인식만으로는 부족하며 甲은 상당 기간 명의신탁약정을 유효로 믿은 사정이 엿보인다고 판단하였다(大判 2010.1.28, 2009다24187·24194).

(2) 악의수익자의 반환범위

1) 받은 이득의 전부 : 악의의 부당이득자는 그가 받은 이득의 전부를 반환하여야 한다(제748조 2항). 만약 그 이득이 현존하지 않는다면, 악의의 부당이득자는 그 이득의 가액만큼을 자기 고유재산에서 손실자에게 반환하여야 한다. 선의의 부당이득자는 손실자에게 이득이 멸실하여 현존하지 않는다고 항변할 수 있으나, 악의의 부당이득자는 이득이 멸실하여 현존하지 않더라도 손실자에게 항변하지 못한다.

2) 이자의 가산 : 악의의 부당이득자는 그 받은 이익에 이자를 붙여 반환하

여야 한다(제748조 2항). 설령 그 받은 이익에서 이자가 발생하지 않았거나 현존하지 않는다 하더라도, 악의의 부당이득자는 법정이자를 가산하여 반환하여야 한다. 여기서 반환되는 이자의 법적 성질은 지연이자(遲延利子), 즉 손해배상금이다.

3) 이자 가산의 기준시점 : 악의 이득자가 손실자에게 반환하여야 하는 지연이자는 손실자한테서 반환청구를 받은 시점부터가 아니라, 손실자한테서 그 이익을 받은 시점부터 가산된다. 부당이득자가 그 이득의 법률상 이익 없음에 대해 악의였던 것으로 증명된다면, 그러한 악의의 부당이득자는 부당이득을 하는 즉시 지체책임을 부담한다고 보기 때문이다(제387조 2항). 이는 선의의 이득자가 대개 손실자로부터 반환청구를 받은 시점부터 지체책임을 부담하는 것과 대비된다.

* 이득을 받은 이후에 악의 이득자가 된 경우 : 부당이득자가 손실자로부터 법률상 원인 없이 선의로 이익을 얻은 이후 손실자로부터 반환청구를 당하기 전의 어느 시점에 이미 법률상 원인 없음을 알게 된 것으로 증명된다면, 선의였던 부당이득자는 그 악의가 된 시점부터 지체책임을 부담한다(제749조 1항). 따라서 이 경우 지연이자 역시 그 이득의 시점이 아니라 그 후 악의가 된 시점부터 가산된다.

4) 이율의 계산 : 악의의 이득자가 가산하여 손실자에게 반환하여야 하는 이자는 법정이율로 계산한다. 여기서 법정이율은 민법에서 정한 이율로, 현재 연 5%이다(제379조). 예를 들어, 2024년 1월 1일 천만 원의 금전을 부당하게 악의로 취득하고 2025년 1월 1일에 반환하는 경우, 1년 치 이자인 50만 원(천만 원 ×0.05)을 더하여 총 1,050만 원을 반환하는 것이다. 다만, 법원은 구체적인 사안에 따라 이자율을 달리 정할 수 있다. 예를 들어, 악의의 이득자가 부당이득을 통해 얻은 실제 이익이 법정이율보다 높은 경우, 법원은 그 실제 이익에 상응하는 이율을 적용할 수 있다.

5) 손해배상책임 : 만약 이득자가 이득의 전부와 이자를 반환하여도 손실자에게 손해가 남아 있다면, 악의의 부당이득자는 손실자에게 그 손해(예를 들어 전매이익의 상실손해, 재료의 무단반출로 인해 조업손실 등)도 아울러 배상하여야 한다(제748조 2항). 자기가 보유할 법률상 원인 없음을 알면서 타인의 물건 또는 금전을 타인에게 반환하지 않는 행위 자체가 이미 위법·유책한 것이므로, 그 손해배상을 위하여 악의 이득자의 귀책사유는 따로 요구되지 아니한다(池元林, 1715면).

4. 적용규정의 문제

(1) 개 관

1) 부당이득법의 보충성 : 부당이득법은 현존 실정법에 규정된 청구권으로써는 형평의 목적을 달성할 수 없을 때 최후의 수단으로 동원되는 법규정 흠결의 보충수단이다(프랑스현행민법 제1303-3조; Combot, n° 352). 민법은 동일한 반환문제를 다루면서도 서로 다른 출처의 규범을 병렬로 두고 있는데, 그 순위와 서열을 정하는 기본원리는 바로 특별법lex specialis 우선의 원리라 할 수 있다. 따라서 부당이득법상 현존이익의 반환방법에 대해서도 일반법인 부당이득법보다는 특별법인 계약법·물권법상의 반환청구권규정이 우선적용되는 게 원칙이며, 이러한 점에서 부당이득 반환관계에 있어서도 부당이득자와 손실자 간의 계약관계·소유권관계 등을 먼저 검토하는 것이 필요하게 된다.

2) 다른 청구권과의 경합 : 물론 부당이득반환청구권이 다른 청구권과 경합하는 경우도 존재한다. 예를 들어 불법행위에 기한 손해배상청구권(제750조)은 부당이득반환청구권과 병존하여 경합할 수 있다. 특히 침해부당이득 사안에서는 불법행위에 기한 손해배상청구권과 부당이득반환청구권의 요건 모두가 충족되곤 한다. 다만 두 청구권은 서로 다른 청구목적을 지향하며, 그 점에서 근본적으로 구별됨에 유의해야 한다.

그럼 부당이득의 각 사안에 우선적용되는 법률규정에 관해 각 부당이득의 유형별로 살펴보고자 한다.

(2) 급부부당이득

1) 계약법과의 관계 : 계약법에 규정된 각종 반환의무 관련 규정들은 부당이득반환의무 관련 규정(제741조 이하)에 우선한다. 다시 말해 계약법은 원칙적으로 부당이득법의 적용을 배제한다.

> * 계약법이 부당이득법보다 우선 적용되는 이유 : 계약은 본디 대가교환과 분업을 전제로 상승(相昇)을 도모하는 제도이기 때문에 그를 위하여 위험배분, 사용이익 귀속, 과실 귀속, 급부시기, 반환시기 등에 관한 정교한 규칙을 내장한다. 특히 반환과 관련해서는 해제·종료에 관한 규정이 계약법의 규범목적에 맞게 특별히 설계되어 있으므로, 이를 건너뛰고 일반부당이득으로 반환을 청구하면 계약이 설계해 놓은 위험·비용·수익의 배분구조가 왜곡된다(Borghetti, La responsabilité du fait des choses, un régime qui a fait son

^{temps (1), RTD.}). 더욱이 계약 중에서도 쌍무계약(雙務契約)은 서로 맞물린 급부의무를 쌍방 동시이행으로 해소하도록 구성한 것인데, 부당이득법은 원칙적으로 개별 이동을 단선적으로 되돌리는 구조라 쌍무계약 특유의 동시이행·쌍방위험부담 견련관계를 온전히 반영하기 어렵다. 이러한 이유로 계약법에 반환에 관한 규정이 존재하면 그것이 우선하도록 하고, 부당이득법은 단지 보충적·잔여적으로만 적용되게끔 하는 것이다(曺圭昌 선생님의 강의안 에서 그대로 가져왔음).

a. 계속적 계약의 종료 : 계속적 계약이 끝나면 해당 계약에 관한 특별규정이 곧바로 급부반환문제를 규율한다. 예를 들어 사용대차 또는 임대차의 종료시에는 부당이득반환 규정이 아니라 차용물반환에 관한 규정이 적용된다(제610조; 제654조). 특히 사용대주가 사용차주에게 차용물반환을 청구하는 시기에 관해서는 당사자간 약정이 없다면 계약 또는 목적물의 성질에 의한 사용·수익이 종료한 때 반환청구할 수 있다는 특별규정이 적용된다(제613조). 그리고 임대인이 임차인에게 차용물 반환을 청구할 때는 임차인이 부속물매수청구권(제646조) 또는 지상물매수청구권(제644조)을 행사할 수 있게 한다. 물론 사용대주가 사용차주에게 차용물반환을 청구할 때 사용차주는 부속물철거권(제615조)만 행사할 수 있을 뿐이다. 이처럼 계약 유형별로 종료에 따른 반환에 관한 규정이 이미 구비되어 있다면 동일 사안에 다시 부당이득법을 중첩 적용할 이유가 없다.

b. 계약의 해제 : 만약 계약이 해제되었다면 부당이득법이 적용되는 대신 해제 당사자의 원상회복의무에 관한 특별규정이 적용된다(제548조). 따라서 선의의 이득자라 하더라도 반환할 금전에 그 받은 날로부터 이자를 가하여야 하고 그 반환범위가 이익 현존 한도로 제한되지 아니한다(大判 1962.3.29, 61다1429). 물론 계약이 합의해제되었다면 쌍방은 별도의 합의가 없는 한 부당이득법에 따라 급부를 반환한다(大判 1960.10.6, 4293민상275). 계약이 무효이거나 취소된 경우에도 당사자는 부당이득법에 따라 급부를 반환한다.

> * 계약해제에 기한 원상회복 규정이 부당이득반환 규정보다 우선 적용되는 이유 : 계약해제의 핵심은 이미 형성된 계약상의 위험분담과 대가관계를 원상으로 되돌리는 것에 있다. 이미 유효하게 성립한 계약의 당사자는 상대방에게서 받은 급부 전부를 자신의 채무불이행시 당연히 반환해야 하는 것으로 계약구조상 예정되어 있다. 따라서 그는 자기 채무불이행을 미처 인식하지 못하였더라도 그러한 선의의 보호를 주장할 수 없는 위치에 있다. 물론 이러한 급부 전부의 반환의무는 상대방의 채무불이행을 인식하지 못했던 계약당사자에게도 당연히 예정된 것이다(曺圭昌 선생님의 강의안 에서 그대로 가져왔음).

c. 동시이행의 항변 : 쌍무계약에서는 급부와 반대급부가 서로 대립하여 견련관계Synallagma에 놓인다. 설령 쌍무계약이 무효이더라도 이미 교환된 계약당사자들의 급부가 다시 반환되어야 한다면 그 반환에 다시 견련관계가 인정된다. 따라서 반환의무를 부담하는 쌍방은 서로에게 동시이행을 항변할 수 있고($^{제536}_{조}$), 만약 상대방에게 급부반환을 재판상 청구하려 한다면 반드시 자기가 취득한 대가의 반환과 동시이행하는 조건을 청구취지에 명시하여야 한다. 만약 쌍방의 반환청구권이 동종의 채권이라면 둘은 자동적으로 상계된다($^{제492}_{조}$).

* 무효인 계약상 급부의 반환과 동시이행 항변 : 1990년대 말 서울 관악구 흑석제1구역 주택개량재개발사업을 위해 설립된 조합(甲)은 현대산업개발을 통해 아파트를 건설하고 있었다. 이 과정에서 甲 조합의 상근총무이사와 상근이사는 조합장의 도장을 보관하면서 실질적으로 조합 사무를 처리하던 중 조합원총회의 결의를 거치지 않은 채 보류건축시설로 지정된 일부 아파트를 일반분양 형식으로 시공사 직원인 乙에게 분양하였다. 당시 일반분양은 이미 종료된 상태였고, 乙은 이사들의 청탁을 통해 시가보다 낮은 분양대금으로 아파트를 배정받았다. 그 후 乙의 승낙으로 丙이 아파트를 점유하게 되자, 甲 조합은 도시재개발법상 총회결의를 거치지 않은 분양계약은 무효라는 점을 근거로 丙에게 건물 명도를 청구하였다. 이에 대해 丙은 무효인 계약임을 다투지 않으면서도, 甲 역시 乙로부터 받은 분양대금을 丙에게 반환해야 할 의무가 있으며 이는 명도의무와 동시이행관계에 있으므로, 甲이 분양대금을 돌려주기 전까지는 丙이 건물을 적법하게 점유·사용할 수 있다고 항변하였다. 대법원은 이 사건 분양계약이 총회결의 결여로 무효이며 丙의 건물 점유에 법률상 원인이 없음을 인정하면서도, 甲의 분양대금 반환의무와 丙의 건물명도의무가 동시이행관계에 있음을 인정하여, 이를 고려하지 않은 원심을 파기환송하였다($^{大判\ 1995.2.24.}_{94다31242}$).

* 무효인 계약상 급부의 반환과 상계 : 주택재건축정비사업조합인 甲은 정비사업전문관리업체인 乙과 조합원총회 결의 없이 두 차례 용역계약을 체결하고 거액의 용역대금과 부가가치세를 지급하였다. 그러나 후에 이 계약이 무효라는 이유로 甲은 乙에 대하여 그 용역대금과 부가가치세 전액을 반환하라고 청구하였다. 乙은 자신이 甲에게 실제로 용역을 제공하였으므로 그 정당한 대가 상당의 금액을 甲이 부당하게 이득하였다고 항변하면서, 쌍방 모두에게 부당이득반환채권이 존재하므로 그 범위 내에서 두 채권은 상계되어야 한다고 맞섰다. 법원은 乙의 주장을 받아들여 乙이 甲에게 실제 제공한 용역의 정당한 대가 상당액을 반환하여야 하는 甲의 채무가 존재하고 그 채무는 乙의 용역대금 반환채무와 자동적으로 상계될 것이므로, 乙의 채무는 이미 상계로써 소멸하였다고 판단하였다($^{大判\ 2015.10.29.}_{2013다90976}$).

d. 위험부담 : 쌍무계약이 무효인 경우 당사자는 이미 교환된 자신들의 급부를 다시 반환하여야 한다. 이때 견련관계는 쌍방의 반환의무 사이에도 존재하는데, 만약 일방의 반환의무가 그의 귀책사유 없이 이행할 수 없게 되었다면, 설령 상대방의 반환의무는 이행이 가능하더라도 그 상대방의 반환의무는 소멸하게 된다($\text{제}537\text{조}$).

 * 무효인 계약상 급부의 반환과 위험부담 : 이미 거래 당시부터 정신적 사유로 인하여 의사능력이 결여된 상태였던 K는 자신의 토지를 A에게 매도하기로 계약을 체결하였다. 매매대금은 30만 마르크였고, A는 계약 체결 직후 공증인을 통해 30만 마르크를 B 은행(K의 부동산에 근저당권을 갖고 있던 은행)에게 송금하여 그 근저당권을 말소하는 데 쓰이도록 하였다. 그러나 계약 당시 K는 의사무능력이었으므로, 매매계약 자체가 원시적으로 무효임이 나중에 밝혀졌다. B 은행은 공증인이 송금한 30만 마르크 중 20만 마르크를 K에 대한 자신의 채권에 충당하였다면서 나머지 10만 마르크만 A에게 반환하였다. 그러나 얼마 지나지 않아 B 은행이 파산하여 남은 20만 마르크의 회수가 불가능하게 되었다. 그럼에도 A는 K에 대하여 무효인 매매계약에 기한 부당이득 반환을 청구하면서, 자신이 지급한 30만 마르크 전부를 반환하라 하였다. 이에 대하여 K는 자신이 B 은행으로부터 20만 마르크를 회수할 수 없게 되었으므로 그 부분은 반환할 수 없다고 항변하면서, 반면에 A가 점유하는 K의 토지는 반환이 가능하므로 토지 전부를 자신에게 반환하라 하였다. 법원은 쌍무계약이 무효가 된 경우 양 당사자는 각자 받은 급부를 부당이득으로 반환하여야 하나, 일방의 급부가 제3자에게 지급되어 회수가 불가능하게 된 경우 그 상대방 역시 대가적 부당이득 반환을 면한다고 판시하였다. 따라서 A는 토지 전부를 반환할 필요가 없고, K가 돌려줄 수 있는 10만 마르크에 상응하는 토지 부분의 가액만 반환하면 된다고 하였다(BGH, Urteil vom 28. September 1988 - VIII ZR 262/87).

2) 물권법과의 관계 : 계약이 무효·취소·해제되거나 기간만료된 경우 그 계약에 따라 이행된 것을 당사자들은 상대방에게 반환하여야 한다. 만약 동산·부동산 등의 유체물을 반환한다면 여기에는 물권법이 적용되어야 할 것으로 생각되기 쉬우나, 이때의 관계는 물권법상 소유물반환관계로 보기보다 급부부당이득반환관계로 보아야 한다. 이때 원인 계약의 흠결이 반환의 직접적 근거가 되고, 소유권 관철은 부차적 지위에 놓이기 때문이다. 따라서 이 경우 물권법 규정은 원칙적으로 적용되지 않으며, 급부부당이득법이 물권법에 우선하여 적용된다.

a. 과실수취권의 부정 : 급부관계에 기해 취득한 물건으로부터 과실(果實)

또는 사용이익을 취득하였다면, 그리고 그 파생물 또는 파생이익이 현존한다면, 이득자는 선의·악의를 불문하고 그 현존한 이익 전부를 손실자에게 반환하여야 한다($^{제741조;제}_{748조 1항}$). 설령 그 부당이득이 물건이며, 이득자가 설령 그 법적 원인 없음에 대해 알지 못한 채 그 물건의 점유를 받았다 하더라도, 그 물건의 점유를 급부로서 받았다면, 이득자는 그 물건에서 생긴 과실이나 사용이익에 대해서 선의 점유자로서의 과실수취권($^{제201조}_{1항}$)을 주장할 수 없다. 참고로 우리판례는 이에 관해 아직 침묵을 지키고 있다.

* 급부점유에 선의 점유자 과실수취권 규정이 적용되지 않는 이유 : 급부관계에 기해 제공된 점유는 단순한 사실상 지배·점유가 아니라 계약이라는 법률관계에 기초한 급부점유이다. 이러한 급부점유의 정당성은 점유과정의 선의보다 그 원인계약의 유·무효 여부에 더 큰 영향을 받는다. 따라서 그 원인계약이 무효이면, 아무리 그 원인 없음에 대해 모르고 점유를 취득하였어도, 그 점유물은 물론이고 그 점유물에서 나온 과실까지 모두 상대방에게 반환하여야 하는 게 원칙이다. 여기서 이득자가 선의로 점유하였다는 사정은 그 점유물이 현존하지 않게 되었을 때 면책되는 가능성에만 영향을 미칠 뿐이다($^{제748조}_{1항}$). 만약 계약의 무효에 기한 원상회복의무자가 점유법($^{제201조}_{1항}$)에 따라 자신의 점유권과 선의에 근거하여 점유물에서 사용이익을 수취할 수 있다고 하면, 쌍무계약관계에서 수익성 높은 급부를 수령한 자가 그렇지 못한 자보다 더 이득을 보는 부당한 결과로 이어질 것이다.

b. 점유보호청구권의 단기제척기간 적용 배제 : 법률상 원인 없는 급부관계에 의해 부당하게 물건을 제공한 자는, 상대방에 대하여 그 반환청구권의 소멸시효기간이 10년임을 주장할 수 있다($^{제162조}_{1항}$). 설령 손실자가 그 물건에 대해 점유권만을 갖고 있었고 이득자가 그 물건의 점유를 선의로 인도받은 후 1년이 지났다 하더라도, 이득자는 손실자에 대하여 점유반환청구권의 소멸($^{제204조}_{3항}$)을 주장하지 못한다.

* 급부점유에 점유보호청구권의 단기제척기간 규정이 적용되지 않는 이유 : 점유보호청구권의 단기 제척기간은 사실상의 점유질서를 조속히 확정하기 위한 것이다. 이를 법률상 원인 없는 급부관계의 청산을 도모하는 급부부당이득관계에 끌어들일 경우 사실적 질서의 단기적 안정을 위한 제도가 실체 권리관계의 회복을 위한 제도에 앞서는 결과로 이어진다. 사실적 지배자의 잠정적 권리에 관한 규정은 실체적 권리의 회복을 위한 규정보다 우선할 수 없는 게 원칙이므로, 점유법은 급부부당이득법에 일단 그 우선적 지위를 양보할 수밖에 없다.

c. 선의취득 규정의 적용 배제 : 손실자와의 급부관계에 의해 급부물을 직접 수취한 자는, 그 흠결된 법적 원인이 계약인 이상, 그 급부물의 선의취득($^{제249}_{조}$)을 주장하지 못한다. 다시 말해 양수인이 선의이며 과실 없이 그 동산을 점유한 경우에도, 심지어는 양도인이 그 동산에 대해 소유권을 갖고 있지 않은 경우에도, 양수인은 그 동산의 소유권을 취득하지 못하며 이를 양도인에게 부당이득으로서 반환하여야 한다($^{제741}_{조}$).

> * 급부부당이득인 동산에 선의취득 규정을 적용하지 않는 이유 : 물권법이 동산 점유의 취득자에게 선의취득을 인정하는 이유는 동적 거래안전을 보호하려는 데 있다. 단순한 점유질서의 보호가 아닌 동적 거래안전의 보호는 진정한 실체적 권리관계의 회복보다 그 법적 가치가 더 높을 수 있지만, 계약의 직접 당사자간 급부물 반환관계에서는 거래안전보다 역시 계약청산이 더 중요시된다. 계약교섭에 참가하는 당사자간에는 그 계약이 유효하게 성립되지 않을 경우 이미 교환한 모든 급부를 반환하여 청산한다는 것이 이미 기본적으로 예정되어 있기 때문이다. 이러한 전제는 선의취득의 요건에도 반영되어 있다. 선의취득이 인정되려면 양도인과 양수인 사이의 양도처분행위가 적법·유효하게 존재해야 하는데, 원인계약 무효·취소 상황에서는 처분의 기초가 되는 채권행위가 무효이므로 양도처분행위 역시 원칙적으로 무효가 된다. 따라서 무효인 계약의 직접 당사자 간에는 선의취득의 요건 자체가 성립하지 않게 된다.

(3) 침해부당이득

　　1) 침해부당이득 사안에서 물건의 반환 : 손실자와 이득자 간에 급부관계가 없었으며 부당하게 이득한 것이 물건인 경우, 물권법이 원칙적으로 침해부당이득법보다 우선적용된다. 따라서 손실자는 부당이득자($^{물건점}_{유자}$)에 대해 자신의 소유권 또는 점유권에 기한 물권적 반환청구권($^{제213조;}_{제204조}$)을 행사할 수 있고, 특히 소유물반환청구권인 경우 소멸시효에 걸리지 않음을 주장할 수 있다($^{제162조}_{2항}$). 그리고 그 물건이 점유위탁동산인 경우에는 물권법상 선의취득($^{제249}_{조}$)의 규정이 적용되어 원물반환이 불가능해진다.

> * 침해부당이득관계에서 선의취득규정의 적용 : 부당이득된 물건이 동산이고 손실자와 이득자 사이에 급부관계가 없는 경우, 여기에 선의취득의 규정($^{제249조;}_{제250조}$)이 적용된다. 예를 들어 손실자가 미성년자로서 급부관계를 소멸시키고($^{제5조}_{1항}$), 원물을 전득한 제3자에 대해 동산 소유의 원상회복을 청구한다 하더라도($^{제213조}_{본문}$), 손실자와 전득자 사이에 직접적 급부관계가 존재하지 않고 그 제3자가 선의·무과실의 전득자라면, 그에 대해 손실자는 대항하지 못하게 된($^{제249}_{조}$). 또한 손실자가 자기 동

산을 도둑맞거나 잃어버린 경우라 하더라도 전득자가 그 동산을 선의이며 과실 없이 평온·공연하게 취득했을 때는 그 동산을 잃어버린 날로부터 단지 2년 내에만 손실자는 그 전득자에 대해 물권적 반환청구권을 행사할 수 있을 뿐이다(제250조). 만약 그 기간 내에 반환청구하지 못하면 손실자는 전득자에게 더 이상 소유권 또는 부당이득반환청구권을 주장하지 못하게 된다. 특히 손실자가 소유권자가 아니라 점유권자라면 그 반환청구는 반드시 1년 내에 하여야 한다(제204조 3항).

2) 침해부당이득한 물건에서 나온 과실 : 법률상 원인 없이 점유하던 물건에서 과실이 생겼거나 그 물건을 이용해서 이득자(물건점유자)가 사용이익을 얻었더라도, 만약 손실자와 이득자 사이에 급부관계가 없었다면, 손실자는 선의의 부당이득자에게 그 반환을 청구할 수 없다. 왜냐하면 이 경우 물건을 점유한 자는 물권법의 우선적용을 받아 선의점유자로서 과실에 대해 수취권을 갖게 되기 때문이다(제201조 1항).

* 침해부당이득법보다 물권법이 우선하는 이유 : 침해부당이득법은 거래의 정지적 상태 status quo를 전제로 하는 반면, 물권법의 선의취득(제249조, 제250조)과 선의 점유자 과실수취권(제201조 1항) 규정은 거래의 동적 안전 securitas mobilis을 보장하거나 그 과정에서 발생하는 희생을 보상하기 위한 것이다. 후자의 제도는 거래질서를 준수하고 거래상대방에게 신의를 지켜서 거래로 권리를 취득한 자가 거래상대방의 권리가 아닌 제3자의 권리 때문에 권리를 상실하지 않도록 하고 그로 인해 희생되는 제3자에게도 약간의 보상이 있도록 특별히 창안된 것이므로, 동일한 사실관계에 양자가 병존할 때 특별법인 물권법이 일반법인 침해부당이득법을 제약하는 것은 당연하다. 침해부당이득법은 단순히 손실자와 이득자 사이의 권리질서 회복을 도모하는 데 그치지만, 물권법은 손실자-이득자-제3자가 얽힌 복잡한 관계 속에서 거래의 동적 안전을 규율하려는 특수한 규범목적까지 갖고 있기 때문이다(單초昌 선생님의 강의안에서 그대로 가져옴).

* 토지매수인에 대한 토지점유자의 과실수취권 주장 : 서울 동대문구 소재 철도용지 두 필지는 甲에게 소유되어 있었으나, 乙 주식회사는 해당 토지를 궤도부지로 점유하고 있었다. 甲은 1953년 위 토지를 丙 합자회사에게 매도하였고, 1955년 丙의 명의로 소유권이전등기가 마쳐졌다. 그러나 乙 주식회사는 1965년 말까지 해당 토지를 궤도부지로 계속 점유하였다. 이에 丙은 乙이 1956년 1월부터 1965년 12월까지 위 토지를 무단으로 점유하여 임료 상당의 이익을 얻었다며 약 113만원의 부당이득반환을 청구하였다. 乙은 자신이 선의의 점유자로서 과실수취권을 가지므로 부당이득이 성립하지 않고, 설령 부당이득이 성립하더라도 丙의 토지 사용료 채권은 단기시효로 소멸되었으며, 나아가 丙이 자신의 소유권이전등기 청구권을 고의로 침해했으므로 손해배상채권으로 상계할 수 있다고 항변하였다. 원심은 선의의 점유자라 하더라도 법률상 원인 없이 타인의 재산으로 이익을

얻고 상대방에게 손해를 입힌 경우에는 부당이득 반환책임이 있다고 보아 丙의 청구를 인용하였다. 그러나 대법원은 민법 제201조가 선의의 점유자에게 본권의 존부와 무관하게 과실취득권을 인정하는 이상, 선의의 점유자가 악의로 전환되지 않는 한 그 과실취득이 법률상 원인 없이 이루어졌더라도 반환의무는 없다면서 원심의 법리 오해를 지적하였다(大判 1967.11.28., 67다2272).

3) 침해부당이득이 금전적 이익인 경우 : 타인의 권리를 침해하여 금전적 이익을 취득하였다면, 이 경우에는 물권법이 아니라 부당이득법의 규정이 적용된다(梁彰洙/權英俊, 520면). 특정성 없는 금전적 이익에 대해서는 물권법의 규정을 적용할 수 없기 때문이다. 설령 침해부당이득이 물건이었다 하더라도, 부당이득자가 그 부당이득한 물건을 매각하여 그 대금을 수취하였다면, 이에 대해서는 물권법을 적용할 수 없다. 그 대금은 더 이상 물건의 성질을 갖고 있지 않기 때문이다. 따라서 이 경우에는 선의 점유자의 과실수취권(제201조 1항) 등을 인정할 수 없으며, 이득자가 선의로 점유한 경우에도 그 금전적 이익이 현존하는 한 그 이자까지 손실자에게 반환하여야 한다.

(4) 비용부당이득

1) 유효한 임대차에 기한 비용지출 : 손실자의 출연행위에 의해 부당이득이 이루어졌는데, 그 손실자가 임차인이었고 이득자가 임대인이었다면, 임차인의 유익비상환청구권 규정(제626조 2항)이 특별규정으로서 비용부당이득법을 배제하게 된다.

    a. 유익비상환의 청구시기 : 임차인은 '임대차계약이 종료한 때'에 그 가액의 증가가 현존한 것을 전제로 해서만 임대인에게 그 상환을 청구할 수 있다(제626조 2항). 그전에는 임대인에게 유익비상환을 청구하지 못하는 게 원칙이다. 만약 임차인이 유익비를 상환받지 못한 채 임대인에게 이미 임차목적물을 인도해 버렸다면 임차인은 원칙적으로 그때부터 6월 내에만 임대인에게 그 상환을 청구할 수 있다(제654조; 제617조).

    b. 임대인의 책임 감경 : 임대인이 임차인에게 유익비를 상환하는 경우 임대인은 임차인이 지출한 금액과 자기 재산의 현존 증가액 중 더 적은 금액을 선택하여 임차인에게 반환할 수 있다(제626조 2항 1문). 따라서 임차인의 유익비 지출로 인한 재산증가에 임대인이 악의였는지는 묻지 않는다. 일반적인 비용부당이득의 경우 악의의 이득자는 자기에게 현존하지 않는 이득까지 손실자에게 반환하여야

하는 것과 대조적이다.

　　c. 임차인의 유익비상환청구권에 기한 유치권 : 임차인이 유익비상환청구권에 기하여 임차물에 관해 유치권(제320조)을 행사할 때도 임대인은 상당한 상환기간을 허여받아 임차인의 유치권을 소멸시킬 수 있다(제626조 2항 2문). 법원이 임대인의 일시적 자금부담을 배려하여 유치권을 소멸시킬 수 있도록 법적 장치를 둔 것이다.

　　d. 임차인의 유익비상환청구권으로써 제3자에게 추급할 가능성? : 임차인의 유익비상환청구권은 계약에 근거하여 부여된 청구권이므로, 직접적인 계약당사자에 대해서만 행사될 수 있을 뿐, 제3자에게는 추급하지 못한다(大判 2003.7.25, 2001다64752). 따라서 임대인이 그 임차물 소유권을 이미 제3자에게 이전한 경우 임차인은 그 유익비상환을 제3자에게 청구하지 못한다. 단지 유치권으로써 제3자를 간접적으로만 압박할 수 있을 뿐이다.

　2) 불법점유자의 비용지출 : 비용지출자와 이득자 사이에 임대차계약관계가 없었더라도, 그 비용지출자의 출연행위가 적법한 권원 없는 물건의 점유에 기한 것이고 그 출연행위로 가치가 증가된 점유물을 회복자에게 반환해야 한다면(제213조), 이때는 부당이득법이 아니라 물권법이 원칙적으로 우선적용된다. 따라서 점유자가 점유물에 대해 비용을 지출함으로 인해 소유자가 비용부당이득을 본 경우라면, 예를 들어 타인의 자전거를 착오로 점유한 자가 그 자전거를 자기 자전거로 오신하여 수리한 경우라면, 여기에는 점유자의 유익비상환청구권 규정(제203조 2항)이 우선적용된다.

　　a. 유익비상환의 청구시기 : 이 경우 점유자인 비용지출자는 그 점유물을 회복자에게 반환함으로써만 그 비용지출을 보상받을 수 있다(大判 1969.7.22, 69다726). 그 전에는 비용지출자가 이득자에게 비용상환을 청구하지 못하는 게 원칙이다. 일반적인 비용부당이득의 경우 비용지출자가 이득자에게 즉시 그 이득의 반환을 청구할 수 있는 것과 대조적이다.

　　b. 회복자의 반환책임 감경 : 회복자가 점유자에게 유익비를 상환하는 경우 회복자는 점유자가 지출한 금액과 자기 물건 가치의 현존 증가액 중 더 적은 금액을 선택하여 점유자에게 반환할 수 있다(제203조 2항). 따라서 점유자의 비용지출로 그 물건의 가치가 증가했음에 대해 회복자가 악의였는지는 묻지 않는다. 일

반적인 비용부당이득의 경우 악의의 이득자는 자기에게 현존하지 않는 이득까지 손실자에게 반환하여야 하는 것과 대조적이다.

　　　　　c. 점유자의 유익비상환청구권에 기한 유치권 : 점유자가 유익비상환청구권에 기하여 점유물에 관해 유치권(제320조)을 행사할 때도 회복자는 상당한 상환기간을 허여받아 점유자의 유치권을 소멸시킬 수 있다(제203조 3항). 법원이 회복자의 일시적 자금부담을 배려하여 유치권을 소멸시킬 수 있도록 법적 장치를 둔 것이다.

　　　　　d. 유익비상환청구권의 소멸시효 : 점유자의 유익비상환청구권은 10년의 시효로 소멸한다(제162조). 이러한 점에서 점유자의 유익비상환청구권은 비용부당이득의 반환청구권과 다른 점이 없다 할 수 있다. 참고로 국가에 대한 유익비상환청구권이나 비용부당이득반환청구권은 5년의 시효로 소멸한다(국가재정법 제96조 2항).

　　　　　e. 타인의 토지 위에 건물 신축 : 예를 들어 타인의 토지 위에 착오로 건물을 지었다가 토지소유자로부터 토지점유반환청구를 받은 자가 토지소유자에 대해 건축비 보상을 청구하려면, 점유자의 비용상환청구권 규정(제203조 2항)을 원용해야 한다. 점유자의 비용상환청구권 규정이 특별법으로서 부당이득반환청구권 규정의 적용을 배제하기 때문이다. 이는 독일의 다수설이기도 하다(BGHZ 41, 157; BGH NJW 1996, 52; Staudinger/Thole, Vorb. §§ 994 ff., Rn. 42 f.). 하지만 이러한 사안에서 토지소유자는 건물 신축자에 대해 건물철거를 청구할 수 있고, 이 경우 건물 신축자는 토지소유자에 대해 비용상환을 청구할 수 없게 된다. 어차피 철거될 건물이라면 건물 신축은 토지소유자에 대해 유익비 지출이 되지 않을 것이기 때문이다. 물론 건물 신축자 역시 신축한 건물을 철거하겠다고 토지소유자를 압박함으로써 토지소유자로부터 더 쉽게 보상의 합의를 이끌어낼 수 있다.

　　　　　f. 점유자의 유익비상환청구권으로써 제3자에게 추급할 가능성? : 점유자의 유익비상환청구 상대방은 비용지출 당시의 소유자가 아니라 점유 회복 당시의 소유자이다(大判 2003.7.25, 2001다64752). 따라서 점유자는 그 유익비상환청구권으로써 제3자에게 추급하는 것이 가능하다. 예를 들어 점유물의 소유자에게 유익비상환이 청구된 후 그 소유권이 제3자에게 이전되었고 그 전득자가 다시 점유자에게 반환을 구하는 상황이면, 그 전득자가 곧 회복자로서 유익비를 반환해야 할 것이기 때문이다. 물론 점유자가 종전 소유자에게 이미 점유물반환을 마쳐 점유자–회

복자 관계가 종료된 뒤라면, 아무리 점유자가 유익비상환을 아직 못 받았다 하더라도, 제203조에 기한 청구로써 전득자를 더 이상 좇을 수 없다.

  3) 기타의 경우 : 손실자가 이득자의 물건을 점유하지 않고 순수 재정이익, 즉 물적 대상성이 없는 재산적 이익을 이득자의 재산에 투입하여 이득이 발생하도록 했다면, 그리고 이득자와 손실자 사이에 임대차 등의 계약관계가 존재하지 않았다면, 여기에는 위의 특별규정이 적용되지 않을 것이므로, 부당이득법의 일반규정이 적용된다.

  a. 악의 이득자의 책임가중 : 이 경우 손실자는 비용부당이득자가 이익소멸을 항변하더라도 이득자의 악의를 근거로 최초의 이익 전액에 이자를 가산하여($^{제748조}_{2항}$) 반환할 것을 청구할 수 있다. 임차인 또는 점유자의 유익비상환청구권 규정에서 악의 이득자의 책임이 가중되지 않는 것과 대조적이다.

  b. 유치권 또는 대외적 효력 : 손실자가 이득자의 물건을 점유하지 못한 이상 손실자의 비용지출로 가치가 증가된 재산에 대하여 유치권($^{제320}_{조}$)을 행사하지는 못한다. 이러한 부당이득반환청구권 역시 채권으로서 대내적 효력만 가질 뿐 대외적 효력은 갖지 못하는 게 원칙이므로, 제3의 전득자에게 추급하기는 어렵다($^{大判\ 2002.8.23.}_{99다66564·66571}$).

제 2 절 부당이득 특수이론

I. 반환금지의 특례

1. 비채변제

(1) 개 관

 1) 비채변제의 의의 : 비채변제(非債辨濟)는 채무가 없음에도 채무가 있는 것으로 오신하여 변제한 경우를 말한다. 라틴어로는 이를 'indebiti solutio'라 한다.

 2) 비채변제의 예시 : 주채무가 이미 소멸했음에도 보증인이 모르고서 변제한 경우, 회사구내 이발소는 원래 무료인데도 이를 알지 못하고 이발료를 이

발소 거울 앞에 놓고 온 경우가 그와 같은 경우이다. 급부부당이득 가운데서도 급부의 법률상 원인이 변제 이후에 탈락한 경우, 다시 말해 법률상 원인 없음이 변제 이후에 밝혀지거나 법률상 원인이 변제 이후에 소멸한 경우condictio ob causam finitam 가 아니라, 급부의 법률상 원인이 변제 이전부터 부재한 경우, 다시 말해 법률상 원인 없음이 변제 이전에 벌써 밝혀지거나 법률상 원인이 변제 이전에 소멸한 경우condictio indebiti에 해당한다.

3) 비채변제에 관한 민법규정 : 본디 비채변제는 당연히 부당이득으로서 반환될 수 있는 게 원칙이다. 그러나 우리민법은 악의의 비채변제와 도의관념에 적합한 비채변제의 경우에 한해 예외적으로 비채변제의 반환청구를 인정하지 않고 있다. 즉 이러한 경우에는 이른바 '자연채무'의 이행으로 보아서, 변제자가 이행을 강제당하지는 않지만, 한번 이행하고 나면 '유효한 변제soluti retentio'가 되어, 부당이득이라는 이유로 반환청구하지 못하도록 하는 것이다(玄勝鍾/曺圭昌, 로마법, 793면).

(2) 악의의 비채변제

1) 의 의 : 채무 없음을 알고 이를 변제한 때는 그 반환을 청구하지 못한다(제742조). 예를 들어 채무가 시효로 소멸되었음을 알면서도 이를 변제한 경우가 그렇다. 독일어로는 이를 'Erfüllung bei Kenntnis von Nichtschuld'라 한다.

* 반환청구 금지의 이유 : 본디 법적 원인 없이 변제 등의 급여를 했을 경우 이는 부당이득으로서 반환되어야 마땅한 것이다. 하지만 예외적으로 법적 원인 없음을 분명히 아는 자가 변제해놓고 나중에 다시 반환을 청구할 경우, 이는 자기 선행행위에 모순되는 행위를 금지한다Venire contra factum proprium는 원칙에 반할 것이다. 이에 따라 급부부당이득 또는 비용부당이득은 오로지 착오 또는 오신에 의하여 급여한 자만이 그 반환을 청구할 수 있게 된다.

* 실제적 예 : 은행이 어음발행인의 예금부족 등 부도사유가 발생했음에도 부도어음통지를 하지 않은 채 임의로 어음소지자에게 어음금을 지급하는 것이 그와 같다. 어음 발행인인 거래처와의 관계를 유지하기 위해 부도어음임에도 일부러 어음금을 지급한 것이다. 그러다가 어음발행인의 상황이 더 나빠지자 은행이 나중에야 부도어음대금을 회수한다며 어음금 수령자에게 어음금의 반환을 청구한 사안에서 법원은 이러한 청구가 신의칙에 반하여 허용될 수 없다고 하였다(大田高判 2003.10.23., 2002나8757).

2) 요 건 : 악의의 비채변제는 다음과 같은 요건을 충족시켜야만 한다:

a. 변제 당시 법률상 원인의 부존재 : 변제 당시 채무, 즉 변제의 법률상 원인이 존재하지 않아야 한다. 예를 들어 계약이 무효·취소·해제되었거나, 채무가 이미 변제·공탁·상계·면제·시효 등으로 소멸하였음에도 변제자가 이를 알고 변제했음을 요한다는 것이다.

* 불법원인인 경우 : 계약의 원인이 불법이어서 무효인 경우에는 불법원인급여의 법리(제746조)가 적용된다. 따라서 여기에는 악의의 비채변제 규정(제742조)이 적용되지 아니한다. 물론 그 급부의 반환을 청구할 수 없다는 점에서 두 규정의 결론은 같다.

* 원인 없음이 불확정적인 경우 : 변제의 법률상 원인이 설령 무효였다 하더라도, 변제 당시 그것이 아직 밝혀지지 않았다면, 여기에는 제742조가 적용되지 아니한다. 변제 당시 채무의 법률상 원인이 아직 탈락하지 않은 경우에 해당하기 때문이다.

* 채무자의 의사에 반하여 무효인 경우 : 변제 당시 법률상 원인이 없었긴 하나 그 사유가 타인에게 존재했을 경우에도 악의의 비채변제 법리(제742조)는 적용되지 않는다. 그 이유는 그러한 변제가 정당한 이익에 근거하거나 채무자의 의사에 반하지 않는 한 유효라는 데 있다. 따라서 정당한 이익 없이 채무자의 의사에 반하여 변제된 것을 수령한 자는, 그 변제자가 설령 채무자의 반대의사를 알고 변제하였다 하더라도, 이를 부당이득으로서 반환할 책임을 부담한다.

b. 변제자의 악의 : 변제자는 변제 당시 채무 없음을 알았어야 한다. 다만 채권자라고 자칭하는 자의 강박에 의한 것이거나 채권자라고 자칭하는 자의 강제집행 등 변제거절로 인한 사실상의 손해를 피하기 위해 변제한 경우에는 악의의 비채변제라도 반환을 인정하는 것이 공평의 관점에서 타당하다(大判 2004.1.27, 2003다46451). 이 경우에는 변제가 변제자의 자유로운 의사에 반하여 이루어진 것이기 때문이다(大判 2006.7.28, 2004다54633).

* 사실상 강제된 변제 : 주식회사 남양사(乙)는 전기공급을 독점하는 한국전력공사(甲)가 丙 회사의 체납 전기요금을 먼저 납부하지 않으면 전기를 공급하지 않겠다고 하자, 다른 방법이 없어 丙 회사의 체납 요금을 甲에게 지급하였다. 그 후 乙은 이를 부당이득이라 주장하며 甲에 대하여 반환을 청구하였으나, 甲은 乙이 丙 회사의 채무를 인수하였다고 항변하였다. 그러나 乙은 채무인수를 부인하고 오직 전기공급을 받기 위해 부득이하게 지급한 것이라고 반박하였다. 법원은 변제자가 자기에게 채무가 없음을 알면서 임의로 지급한 경우에만 민법 제742조의 비채변제가 성립하는데, 본건 지급은 전기공급 거절로 인한 손해

를 피하기 위해 사실상 乙에게 강제된 것으로 乙의 임의성이 결여되어 乙에게 甲에 대한 부당이득반환청구가 인정된다고 판시하였다(大判 1988.2.9, 87다432).

* 법률상 원인이 아직 탈락하지 않은 경우 : 변제 당시 변제의 법률상 원인이 아직 탈락하지 않았지만 변제자가 그 탈락을 이미 예상할 수 있었던 경우에도, 변제자는 어쨌든 선의인 것으로 취급한다(BGH, Urteil vom 5. April 1990 - VII ZR 270/89 = BGHZ 111, 125(130)). 이 경우 변제자가 법률상 원인 탈락을 예상할 수 있었다 하더라도, 이것을 악의와 동일시할 수는 없는 것이기 때문이다.

* 변제자의 악의에 대한 증명책임 : 비채변제자는 선의가 추정되므로, 변제자의 악의, 즉 변제자가 채무 없음을 알았다는 사실은 반환의무를 면하려는 변제수령자가 증명해야 한다(大判 1962.6.28, 61다1453).

* 변제자의 선의에 대한 과실 : 변제자가 채무 없음을 알지 못하였다면, 그 이유나 그에 대한 과실 유무와 상관없이 제742조는 적용되지 않는 것으로 한다. 다시 말해 변제자가 선의로 변제하기만 했다면, 그 선의임에 과실이 있었다 할지라도, 그 변제한 것에 관해 원칙적으로 부당이득반환을 청구할 수 있게 되는 것이다. 예를 들어 서울특별시의 하천구역에 편입된 토지의 소유자 甲에게 서울특별시가 보상금을 지급했는데, 나중에 알고 보니 그 토지는 1971년 이전 건설부 고시에 따라 이미 하천구역에 편입되어 있었고, 서울특별시는 1984년 하천법 개정과 1986년 하위 규정을 잘못 해석하여 보상 의무가 있다고 오인하고 보상금을 지급한 경우라면, 서울시는 甲에 대하여 부당이득반환을 청구할 수 있다(大判 1998.11.13, 97다58453).

c. 손실자의 변제행위 : 악의의 비채변제는 손실자의 변제행위를 전제로 한다. 손실자가 변제의 의사를 가지고 변제를 한 경우에만 제742조가 적용되지, 손실자가 예를 들어 사무관리의 의사를 가지고 급여를 한 경우에는 제742조가 적용되지 않는다는 것이다(BGH WM 1986, 1324(1325)).

* 악의의 비용지출 : 악의의 비채변제는 급부부당이득, 그 가운데서도 급부의 법률상 원인이 이미 탈락한 상태에서 이루어진 급부부당이득의 발생을 전제로 한다. 비용부당이득을 발생시키는 행위는, 그것이 설령 손실자의 악의에 의해서 행해진 것이라 하더라도, 손실자에게 부당이득자에 대한 이득반환청구권을 부여한다(물론 비용상환청구권까지 발생시키는 것은 아님). 따라서 손실자가 부당이득자에게 급부부당이득이 아니라 비용부당이득을 발생시켰다면, 여기에는 제742조가 적용되지 아니한다.

(3) 도의관념에 적합한 비채변제

채무 없는 자가 착오로 인하여 변제한 경우에 그 변제가 도의관념에 적합한 때는 반환을 청구하지 못한다(제744조). 예를 들어 부양의무(제974조) 없는 친족을 부양한 경우와 같이 사회의 도의관념을 고려했을 때 굳이 그 부당이득의 반환을 법률이 강제할 필요가 없다고 판단되었다면, 그때에 발생한 부당이득은 부당이득자와 손실자가 알아서 분배하도록 내버려두는 것이 더 낫다는 것이다. 그밖에, 시효완성으로 채무가 소멸되었다는 사실(제162조 이하)을 모르고 임의변제하였을 경우에도 도의관념에 적합한 비채변제가 되어 그 반환을 청구할 수 없게 된다.

2. 기한 전의 변제

(1) 의 의

유효하게 성립하고 변제기가 존재하는 채무를 채무자가 변제기 도래전에 변제한 경우를 말한다. 예를 들어 돈 천만 원을 빌리고서 설날까지 갚기로 했는데, 그만 착오를 일으켜 추석에 미리 갚아버린 경우를 들 수 있다. 이 경우 채무자가 채권자에게 이미 변제한 것을 부당이득이라 하여 채권자로부터 다시 반환받을 수 있는지 문제된다.

(2) 법적 규율

민법은 변제기 전의 채무를 변제한 때 그 반환을 청구하지 못한다(제743조 1문)고 규정하고 있다. 따라서 일단 유효하게 성립한 채무를 유효하게 변제했다면 아무리 기한 전에 변제했더라도 그 채무의 소멸효과는 확정적으로 이루어지게 된다. 그러나 채권자가 미리 급부받은 것을 변제기까지 이용함으로써 사실상 얻은 이익(예를 들어 그에 상당하는 이자)은 법률상 원인이 없는 것이므로, 만약 채무자가 착오로 변제했다면 변제한 채무자가 그 이익의 반환을 청구할 수 있다 해야 할 것이다(제743조 2문). 예를 들어 연 10%의 이자로 10억 원을 차용한 자가 1년의 대여기간 만료 한 달 전에 11억 원을 착오로 변제하였고, 그 변제 직후에 채권자에게 부당이득의 반환을 청구했다면 그 10억 원의 한 달 치 법정이자에 대해서 채무자가 채권자에게 반환을 청구할 수 있다 할 것이다.

3. 타인채무의 변제

(1) 개 관

1) 의 의 : 자기가 채무자가 아님에도, 심지어는 채무자의 변제에 대해 법률

상 이해관계 있는 자(예를 들어 보증인, 물상보증인, 담보부동산의 제3취득자)도 아니면서, 다른 사람의 채무를 자기가 직접 변제한 경우이다. 예를 들어 술집에서 술 마시고 나오면서 엉뚱한 테이블의 술값을 계산하고 나온 경우, 사랑하는 이성의 빚을 몰래 갚아준 경우 등이 그에 해당한다.

　　2) 법적인 취급 : 일종의 비채변제에 해당하지만, 악의의 비채변제(제742조)인가, 선의의 비채변제인가에 따라 그 변제 자체의 유·무효가 달라진다. 그리고 변제자에게 사무관리(제734조)의 의사가 있었는가 없었는가, 다시 말해 변제자가 자기 채무로 '오인'하고서 변제한 것인가 아닌가에 따라 사무관리인지 비용부당이득인지 여부가 달라진다. 물론 채무자가 그에 대해 반대의사를 가지고 있었는지 여부도 중요하다(제469조 2항). 그리고 변제수령자 외에 채무자에 대해서도 변제자가 일정한 보상청구권을 행사할 수 있는지 여부는, 그 채무가 애초에 유효한 채무였는지, 무효인 채무였는지 등의 여부에 따라 달라진다.

　(2) 타인채무임을 '알면서' 변제한 경우

　　1) 원칙적 유효 : 만약 자기 채무가 아니고 다른 사람의 채무임을 알면서 변제했다면 이는 원칙적으로 제3자를 위한 변제로서 정당하고 유효한 변제가 된다(제469조 1항 본문). 물론 채무의 성질이나 당사자의 의사표시로 인하여 제3자의 변제를 허용하지 않는 채무임에도 변제했거나(제469조 1항 단서) 채무자의 반대의사가 있었음에도 이해관계 없이 변제한 경우라면(제469조 2항), 그 변제는 무효가 될 것이다. 하지만 그러한 예외적 사정이 없다면, 원칙적으로 그 변제는 유효가 된다.

　　2) 부당이득반환청구의 배제 : 제3자가 자기 채무 아님을 알면서 변제했을 경우, 그 자발적 행위에 따른 결과를 감수해야 마땅하다. 따라서 그 변제자는 그 변제를 수령한 채권자에게 부당이득반환청구권(제741조)을 행사할 수가 없다. 다시 말해 채권은 소멸하고, 채권자는 변제의 목적물을 유효하게 취득한 것이 된다.

　　3) 비용상환청구권 : 변제자는 그 변제를 이유로 채무자에 대하여 보상을 청구할 수 있다. 만약 채무자의 위탁에 따른 변제였다면 변제자는 수임인으로서 채무자에 대해 비용상환을 청구할 수 있다(제688조 1항). 설령 채무자로부터 아무런 위탁을 받지 않았다 하더라도, 변제자는 채무자를 위해 일종의 사무관리(제734조)를 한 것인 이상, 그 비용상환을 청구할 수 있다(제739조). 만약 보증계약 등의 원인관계가 있다면 그에 기한 구상권(제441조)을 행사할 수 있겠지만, 변제자에게 변제의 이해관

계가 없었다면 그러한 특별한 법률관계는 존재하지 않았을 것이다.

4) 변제자대위 : 만약 변제수령자인 채권자가 승낙한다면, 변제자는 채무자에 대하여 채권자를 대위할 수도 있다(제480조 1항). 즉, 변제자가 채무자 대신 채무를 변제하였다면 채권자의 지위를 변제자가 대신하게 되어 그 채권자가 갖던 담보권 기타의 권리를 변제자가 채무자에게 행사할 수 있게 되는 것이다.

5) 채무자의 항변권 : 채무자 역시 채권자에게 변제하였거나, 채무자가 채권자에 대하여 상계할 채권을 갖고 있었다면, 채무자는 변제자에 대하여 비용상환을 거절할 수 있다. 다시 말해 이 경우 채무자는 채권자로부터 통지를 받은 때까지의 사유로써 변제자에게 대항할 수 있게 된다(제451조 2항).

(3) 자기채무로 '오인하고서' 변제한 경우

1) 변제의 무효 : 만약 다른 사람의 채무임에도 자기 채무인 것으로 오인하고서 변제를 했다면, 이는 선의의 비채변제로서 무효가 된다. 다시 말해 이러한 변제는 제3자를 위한 변제(제469조 1항 본문)로서 효력을 발생시킬 수가 없다. 따라서 채권은 소멸하지 않고, 변제를 수령한 채권자는 이 경우 변제의 목적물을 유효하게 취득할 수 없게 된다.

2) 사무관리에 기한 비용상환청구권? : 이러한 경우 변제자에게 사무관리의 의사를 인정할 수 없으므로, 이러한 변제를 사무관리(제734조)로 볼 수는 없다. 다시 말해 변제자는 채무자에게 사무관리에 기한 비용상환청구(제739조)를 할 수 없게 된다.

3) 변제자의 부당이득반환청구권 : 이 경우 변제자는 오로지 채권자에 대해서만 비용부당이득의 반환청구(제741조)를 할 수밖에 없는 처지에 놓인다. 물론 채권자는 무효인 변제를 수령하였으므로, 당연히 그 받은 것을 변제자에게 반환하여야 한다. 그런데 그러한 부당이득반환청구조차도 채권자가 무자력이거나 채권자가 변제자로부터 선의로 부당이득한 것이 채권자에게 현존하지 않아서 부당이득반환을 할 수 없는 경우라면(제748조 1항), 변제자는 채권자에게서 아무것도 반환받지 못하게 된다. 예를 들어 변제자의 변제로 인해 채권이 없어진 것으로 오인한 선의의 채권자(변제수령자)가 선의로 채권증서를 훼손했거나, 담보를 포기했거나, 시효로 인하여 그 채권을 잃게 되었다면, 채권자에게는 현존이익이 없는 것이므로, 변제자는 그 채권자(변제수령자)에 대해 부당이득에 기한 반환청구권

을 행사할 수 없게 된다(제745조 1항).

4) **변제자의 특별구상권** : 타인 채무임을 모르고 변제한 자가 채권자에게서 부당이득반환을 받을 수 없는 경우에 대비하여 우리민법은 변제자가 무효 변제를 했음에도 채무자에 대해 행사할 수 있는 구상권(제745조 2항)을 규정하고 있다. 비록 무효인 변제이지만, 예외적으로 변제자의 변제로 인해 채권이 없어진 것으로 오인한 채권자(변제수령자)가 선의로 채권증서를 훼손했거나, 담보를 포기했거나, 시효로 인하여 그 채권을 잃게 되었다면, 이러한 경우 채무자에게는 변제자의 변제로 인한 이익이 발생한 것으로 보아야 하기 때문이다.

* **부당이득반환청구권의 성질** : 이 경우 변제자가 채무자에 대해 행사하는 구상권은 변제로 인해 채무자가 법적 원인 없이 이득한 것에 대해서 행사하는 부당이득반환청구권(제741조)의 성질을 갖는 것으로 보아야 한다. 따라서 채무자는 변제자의 지출액 전부를 상환하는 것이 아니라 그로 인해 자기에게 발생한 이득만 반환하면 된다. 만약 채무자에게 그 이득이 현존하지 않는다면 채무자는 구상을 거절할 수도 있다(제748조 1항). 물론 그 경우 변제자는 채무자의 악의를 증명하고서 채무자가 그 변제로 인하여 얻은 이익 전부를 반환청구할 수 있다(제748조 2항).

(4) 이해관계 없이 채무자의 의사에 반하여 변제하였을 경우

1) **사안의 개요** : 제3자가 자기 채무 아님을 알면서 변제했지만, 제3자가 그 변제에 법적 이해관계를 갖고 있지 않았고, 그것이 채무자의 의사에 반한 변제였던 경우이다. 예컨대 채무자가 빚을 갚지 않겠다고 버티고 있는데, 그와 아무 관련 없는 친구가 이를 보다 못해 마음대로 돈을 갚아버린 경우가 그와 같다.

2) **변제의 무효** : 이 경우 변제자에게 설령 사무관리의 의사가 있었더라도 그 변제는 무효가 된다. 채무자 본인의 의사에 반한 변제이기 때문이다(제734조 2항; 제469조 2항). 물론 그러한 변제가 채무자에게 이익이 안 되는 것은 아니다. 하지만 이 경우 변제자의 일방적 은혜를 거절하고자 하는 채무자의 자주적 의사를 존중해줄 필요가 있어서 우리민법은 이러한 변제를 무효로 규정하고 있다.

3) **사무관리에 기한 비용상환청구권?** : 설령 변제자에게 사무관리의 의사가 있었더라도, 채무자 본인의 의사에 반한 것인 이상 이러한 변제를 사무관리(제734조)로 볼 수는 없다. 다시 말해 변제자는 채무자에게 사무관리에 기한 비용상환청구(제739조)를 할 수 없게 된다.

4) 변제자의 부당이득반환청구권 : 이 경우 변제자는 무효인 변제를 수령한 채권자에 대해 그 변제한 것을 부당이득으로서 반환청구할 수 있다. 그런데 만약 채권자가 무자력이거나 채권자가 변제자로부터 선의로 부당이득한 것이 채권자에게 현존하지 않는다면, 변제자는 채권자로부터 부당이득반환을 받을 수 없게 될 것이다(제748조1항). 물론 변제자는 채무자에 대해 부당이득반환을 청구할 수 없다. 변제가 무효인 이상 채무자는 채무를 면하지 않아 그 변제로 인한 이익을 본 적이 없기 때문이다.

5) 채무자가 사실상 이득을 본 경우 : 다만 변제자의 변제로 인해 채권이 없어진 것으로 오인한 채권자(변제수령자)가 선의로 채권증서를 훼손했거나, 담보를 포기했거나, 시효로 인하여 그 채권을 잃게 되었다면, 이러한 경우 채무자에게는 변제자의 변제로 인한 이익이 사실상 발생한 것으로 보아야 한다. 채무자의 이러한 사실상 이익은 변제자의 무효인 변제와 인과관계를 가지므로 이 경우 변제자는 채무자에게 부당이득반환을 청구할 수 있다 할 것이다.

> *특별구상권 규정의 유추적용? : 이러한 사안에 착오변제자의 특별구상권에 관한 제745조 2항의 규정이 유추적용될 수 있을지 문제된다. 비록 이 사안은 채무자 아닌 자가 착오로 인하여 변제한 사안은 아니지만, 어쨌든 착오에 의한 변제처럼 무효인 변제를 통해 채무자가 반사이익을 얻은 것은 마찬가지이므로, 이 경우에도 변제자는 채무자에게 특별구상권을 행사할 수 있는 것으로 봐야 한다. 다시 말해 이 경우 변제자는 채무자가 그 변제에 대한 반대의사를 증명하며 구상을 거부한다 하더라도, 채무자의 반사이익을 근거로 채무자에 대해 구상권(실질적으로는 부당이득반환청구권)을 행사할 수 있게 되는 것이다.

> *부당이득반환책임의 감경 : 다만 주의할 것은 이러한 변제가 반의사사무관리에 해당하는 만큼, 변제자가 채무자에 대해 구상권을 행사하더라도 그 구상은 현존이득의 한도에서만 가능하다는 점에 있다(제739조3항). 설령 채무자가 그러한 이득에 대해 악의였다 하더라도 마찬가지이다. 따라서, 예를 들어 채무자가 채권자로부터 융자받아 저축은행에 예치한 돈을 저축은행의 파산으로 다 날려버렸다고 하면, 채무자는 그 반의사변제자에 대해 자신의 현존이익 없음을 증명하고서 비용상환을 거절할 수 있게 될 것이다. 설령 그 반의사변제자가 채무자의 악의를 증명하더라도 마찬가지이다.

(5) 무효인 타인채무를 변제한 경우

1) 사안의 개요 : 제3자가 채무자를 대신해서 채무를 변제했는데, 그 채무

의 법적 원인이 무효가 된 경우이다. ① 채무자의 부탁으로 무효인 채무를 변제한 경우와 ② 자기 채무로 오인해서 무효인 타인 채무를 변제한 경우로 나눠서 살펴볼 수 있다.

2) 채무자의 부탁으로 무효인 채무를 변제한 경우 : 채무자와의 계약에 따라 또는 변제에 이해관계가 있음을 이유로 제3자가 대신 변제한 경우에는 채무자가 제3자의 변제에 원인을 제공한 경우이므로 이 경우에는 변제가 보호되어 채무자(간접이득자)가 제3자(변제자)에게 구상책임($^{제441}_{조}$) 또는 사무관리에 따른 비용상환책임($^{제739}_{조}$)을 부담한다.

* 채무자의 부당이득반환청구권 : 위와 같이 변제자에게 비용상환을 해준 채무자는 무효 변제를 수령한 자에 대하여 부당이득반환을 청구할 수 있다($^{제741}_{조}$). 변제수령자의 부당이득으로 채무자가 손실을 본 셈이기 때문이다. 물론 변제수령자가 선의일 경우 현존한도에서만 반환책임을 부담하며, 채무자는 그에 따른 위험을 부담한다.

3) 자기 채무로 오인해서 무효인 타인 채무를 변제한 경우 : 착오에 의해 타인채무를 변제했는데, 그 채무가 무효이기까지 했던 경우이다. 이 경우 제3자(변제자)는 변제수령자(직접이득자)에 대하여만 직접 반환청구를 할 수 있고, 그 채무자에 대해서는 비용상환이나 부당이득반환을 청구할 수 없다. 어차피 무효인 채무이므로 채무자에게 반사이익도 존재하지 않을 뿐 아니라, 채무자의 입장에서는 변제자의 변제에 원인을 제공해준 적이 없기 때문이다($^{제469조}_{2항}$).

* 변제자의 비용상환청구권? : 이 경우는 변제자에게 사무관리의 의사가 없었던 경우이므로 반의사사무관리($^{제739조}_{3항}$)라고 볼 수도 없다. 만약 변제자가 사무관리의 의사로 대신해서 변제를 했는데 그 채무가 무효인 경우라면, 이는 무익사무관리가 될 것인데, 이 경우 채무자는 이익을 본 것이 없으므로, 선의·악의를 불문하고 채무자는 비용상환 및 부당이득반환의 책임을 부담하지 아니한다.

* 변제자가 악의인 경우 : 만약 변제자가 타인채무의 무효를 알고도 변제했다면, 이는 무효인 변제이면서 동시에 악의의 비채변제가 될 것이다. 이 경우 변제자는 변제수령자에 대해서도 반환을 청구할 수 없게 된다($^{제742}_{조}$).

4. 불법원인급여

(1) 개 관

1) 의 의 : 불법원인급여(不法原因給與 Leistung aus einem rechtswidrigen Grund)란 불법한 법률관계에 근거하여 급여가 이루어졌고, 그로 인해 급여의 상대방이 이익을 얻은 경우를 말한다. 예를 들어 성매매나 마약·총기류의 거래를 위해 대금을 지급한 자는 불법한 법률관계를 원인으로 하여 급여를 한 것인데, 이 경우 그 급여를 수령한 자는 무효인 원인으로 이익을 얻은 것이고 대금을 지급한 자는 그만큼 손실을 입어 부당이득반환청구의 요건을 충족할 것이지만, 이 경우 그 금전급여를 한 자가 반환청구를 하면서 적법한 근거를 원용하기 곤란한 이상, 이러한 반환관계를 특별하게 다루는 것이다(이에 관해서는 白慶一, 불법원인급여반환금지규정의 적용제한에 관한 비판적 고찰 - 법적 안정성, 특히 법적 명확성에 입각해서 -, 재산법연구 제29권 제4호, 2013.02, 244면 이하).

2) 우리민법 규정 : 우리민법은 제746조 본문에서 "불법의 원인으로 인하여 재산을 급여하거나 노무를 제공한 때는 그 이익의 반환을 청구하지 못한다"고 규정하고, 그 단서에서 "그러나 그 불법원인이 수익자에게만 있는 때는 그러하지 아니하다"고 규정하고 있다. 다시 말해 불법원인으로 인하여 급부한 것은 법률상 원인 없이 급부한 것이나 마찬가지이므로 비채변제(非債辨濟)로서 급부자에게 반환되어야 하는 것이 원칙이라 볼 수 있으나(제741조), 불법원인급여의 경우는 손실자가 손실을 입은 원인이 불법한 것이고 그 불법원인이 손실자(급여자)에게 조금이라도 귀속되는 이상, 그 불법원인급여가 급여자에게 반환되지 않도록 하는 것이다.

3) 연 혁 : 이러한 불법원인급여 제도는 로마법상 여러 부당이득반환소송 condictio 가운데서 '파렴치로 인한 부당이득 condictio ob turpem causam'에 한해서는 반환청구가 인정되지 않았던 전통을 계수한 것이기도 하다. 본디 로마법상 부당이득반환소송은 당사자 일방이 일정한 목적달성을 위해 또는 약정한 반대급부의 수령을 위하여 상대방에게 급부를 이행했으나 계약의 목적이 달성되지 않았거나 또는 반대급부를 수령하지 못한 때에 인정된 소송방식을 말하는데, 이러한 부당이득에는 '목적부달성으로 인한 부당이득 condictio causa data causa non secuta', '원인부재로 인한 부당이득 condictio sine causa', '급부목적의 소멸로 인한 부당이득 condictio ex causa finita', '파렴치로 인한 부당이득 condictio ob turpem causam', '절도로 인한 부당이득 condictio ex causa furtiva' 등이 있었으며, 이 중 '파렴치로 인한 부당이득'에 대해서는 반환청구권을 인정하지 않았던 것이다. 그에 따라 "누구도 자신의 파렴치한 행위를 원용하는 것은 허용되지 않는다 Nemo auditur propriam turpitudinem allegans" 내지 "양 당사자가 모두 파렴치하다면 어느 누구도 이를 회복할 수 없다 In pari causa turpitudinis cessat repetitio"의 법언으로서 표현되어왔던 이 원

칙은, 영미법에서도 깨끗한 손clean hands 원칙("He who comes into equity must come with clean hands.")이나 "법원은 불법을 돕지 않는다.("Court will not aid a wrongdoer.")"는 원칙으로서 표현되었던 바 있다. 이러한 법적 전통을 따라 대부분의 서구 대륙법계 국가들이 불법원인급여에 관하여 반환금지의 규정을 두고 있고(독일민법 제817조 2문, 스위스채무법 제66조, 오스트리아 일반민법 제1174조, 이태리민법 제2035조가 그와 같은 규정을 두고 있음), 우리민법 역시 이를 따른 셈이다.

* 제도의 기능 : 불법원인급여제도는 '사법적 집행 불가enforceability ban'라는 규범을 부과함으로써 불법계약 당사자 사이에 구조적 불신structural distrust을 조장한다는 점에서 죄수의 딜레마prisoner's dilemma와 연결된다고 한다. 게임 이론game theory에 따르면 협력 균형cooperative equilibrium을 원천 차단하고 배신·불참 균형defection·non-participation equilibrium만 남겨둠으로써 사전적으로는 불법계약을 억지하고 사후적으로는 부당한 기대를 차단할 뿐 아니라 불법계약 참여의 기대값expected value을 낮추고 불법시장의 거래비용transaction costs을 상승시킨다는 것이다.

4) 제도의 불공평함 : 불법원인급여의 반환금지규정은 필연적으로 '이미 이행한 자'에 대해 불이익을 주게 된다는 점에서 그 공평성이 의문시되고 있다. 불법원인의 형성에 관여한 자들 가운데서도 더 성실하거나 우연한 이유로 그 불법원인에 의한 급부를 이미 이행한 자는 상대방에 대하여 반대급부를 청구하지도 못하면서 상대방에게 자신이 이행한 급부를 돌려받지 못하게 되기 때문이다. 반대로 불법적인 법률관계 내에서 유난히 게을렀거나 우연한 이유로 의무이행을 해태하여 아직 급부를 이행하지 않은 자는 상대적으로 이득을 보는 결과가 발생한다. 한편 급부자와 이득자 간의 관계에서도 특히 운 좋게 급부를 먼저 받은 자는 급여자에게 반대급부를 제공할 필요 없이 불법원인에 의한 급부를 보유하고 그에 관해 소유권을 취득하게 된다. 심지어 자기 의무이행을 해태했거나 급부를 먼저 받은 자가 불법원인의 형성에 더 크게 기여했을 때가 많기 때문에 제도의 불공평성은 증폭된다.

* 제도의 역기능 : 불법원인급여제도는 현실에서 더 강한 세력을 가진 불법거래 참가자의 경제적 기득권을 인정함으로써 공서양속의 위반상태가 제거되긴 커녕 계속 유지가 되는 아이러니를 발생시키고 양속위반을 오히려 조장하는 기능을 발휘하곤 한다. 급부자가 입는 손실의 정도는 그 죄질에 의해 좌우되는 것이 아니라 오로지 그 자신이 스스로 얼마나 많이 급부했는가에 의해 좌우되므로, 불법시장에서 세력 우위에 있는 자는 이러한 맹점을 이용하여 상대방에게 선급부를 강제하는 식으로 위험을 회피하게 되는 것이다. 일반예방의 효과 역시 불법거래 당사자가 이미 그러한 위험까지 영업비용에 포함하여 대처하거나 동시이행을 관행

화함으로써 대처한다면 그 목적 달성은 기대하기 어려울 것이라는 점에서 불법원인급여제도의 유용성에는 의문이 제기되고 있다.

(2) 요 건

1) 급여자의 의사에 의한 급여 : 급여는 급여자의 자발적 의사에 기한 것이어야 한다. 따라서 급여자가 수익자의 협박을 거절할 수 없을 뿐 아니라 급여자 자신을 보호하기 위해서도 어쩔 수 없이 수익자에게 금품을 교부한 경우라면, 이는 자발적 의사에 기한 것이 아닌 이상 급여라고 볼 수 없다. 또한 급여는 종국적인 것이어야 하므로, 예를 들어 부동산등기를 마치지 않고 점유만 인도했다면 부동산의 급여가 있었다고 볼 수 없다.

2) 급여의 원인이 불법일 것 : 판례는 '불법'을 '선량한 풍속 기타 사회질서'에 반하는 것으로 해석함으로써 단순한 '강행법규위반'의 경우에는 제746조가 적용되지 않는다고 한다. 강행규정 위반이라 하여 당연히 제746조가 적용되는 것은 아니고, 강행규정에 위반하는 행위가 선량한 풍속 기타 사회질서에 위반하면, 그 때에야 제746조가 적용된다고 하는 것이다(大判 2001.5.29, 2001다1782).

* 명의신탁약정에 따른 등기는 불법원인급여가 아니라고 본 판례 : 甲은 자기 소유의 여관을 사위 乙에게 맡기고 그 여관을 담보로 금전을 차용할 수 있는 권한을 부여하면서 관련 서류를 교부하였다. 乙은 이 모두를 자신의 예금을 관리하던 丙에게 위임하였다. 그런데 丙은 乙의 예금을 횡령하는 한편 1998년 6월 11일 위 여관의 소유권등기를 자신 명의로 이전하였다. 그리고 丙은 乙의 부하직원이던 丁과 공모하여 1999년 11월 15일 다시 丁 앞으로 위 여관의 소유권등기를 이전하였다. 한편 丁 역시 乙의 사업자금 일부를 횡령하여 유죄판결을 받고 형사 처벌을 받았는데, 그 후 丁은 앙심을 품고 甲에 대해 여관의 반환을 거부하였다. 이에 甲은 여관의 소유자로서 丁에게 진정명의 회복을 위한 소유권이전등기를 청구하였고, 丁은 이에 대해 명의신탁약정에 따른 등기 자체가 민법 제746조의 불법원인급여에 해당하므로 甲의 반환청구는 허용될 수 없다고 맞섰다. 그러나 법원은 이에 대해 불법원인급여라 함은 선량한 풍속 기타 사회질서에 위반하는 급부를 뜻하는 것인데 단순한 법률 위반이 모두 여기에 해당하는 것은 아니며, 명의신탁약정 자체가 사회질서에 위배된다고 단정할 수 없다 하였다. 다시 말해 단순히 명의신탁에 따른 등기가 이루어졌다는 사정만으로는 선량한 풍속 기타 사회질서에 위반하는 불법원인급여로 볼 수 없으므로 丁에 대한 甲의 권리행사를 배척할 수 없다고 한 것이다(大判 2003.11.27, 2003다41722).

3) 불법의 원인이 급여자에게도 있을 것 : 제746조 단서는 '불법원인이 부

당이득자에게만 있는 때' 급부자는 예외적으로 급여한 것의 반환을 청구할 수 있다고 규정한다. 불법원인이 오로지 상대방에게만 있는 경우까지 불법원인이 있다는 이유만으로 반환청구를 배제하면, 선량하지 않은 상대방이 일방적으로 이득을 독식하게 되어 정의와 형평에 반할 것이기 때문에, 최소한 일방적인 불법이득만큼은 반환시킬 수 있도록 단서를 둔 것이다.

* 불법성 비교론 : 실제로 불법원인급여자에게는 불법원인이 전혀 없고 부당이득자에게만 불법원인이 있는 경우란 거의 없다. 대개는 양자에게 모두 불법원인이 있는 게 보통인 것이다. 따라서 양자의 불법성을 비교하여 이득자측의 불법성이 현저하게 더 큰 때는 불법원인급여자에게 조금의 불법성이 있더라도 그 불법성을 무시하고 불법원인급여자에게 반환청구를 허용해야 한다는 이론이 존재한다 (金亨培 142면).

* 배신행위자와 적극 가담자 간의 불법성 비교 : 서울 서초구 방배동 소재의 토지는 전주이씨 종중 소유였으나 종중의 지역 대표자 3인 명의로 신탁되어 있었다. 그 후 3인의 지역 대표자가 사망하면서 위 토지는 상속인들에게 승계되었는데, 종중은 그 상속인들에 대하여 1984년 명의신탁해지를 원인으로 소유권이전등기말소를 청구하는 소를 제기하여 1985년 4월 승소판결을 받았으나 실제 등기를 넘겨받지 못했다. 같은 해 서울시는 해당 토지를 개발지구로 지정하면서 종중의 소유임을 알면서도 명의수탁자들의 상속인들과 직접 매매계약을 체결하고 그들에게 대금을 지급하였다. 이후 종중이 소유권을 주장하며 서울시를 상대로 승소하였고, 서울시는 결국 종중으로부터 다시 토지를 매수하였다. 이에 따라 서울시는 이미 지급한 매매대금의 반환을 명의수탁자 상속인들인 피고들에게 청구하였으나, 피고들은 자신들의 배신행위에 서울시가 적극가담한 것 자체가 양속에 반하므로 그 매매대금은 불법원인급여에 해당하여 그 반환을 허용될 수 없다고 항변하였다. 그러나 법원은 불법원인급여라 하더라도 수익자의 불법성이 급여자보다 현저히 큰 경우에는 신의칙상 예외적으로 반환청구가 가능하다고 보아 서울시의 청구를 인용하였다. 특히 피고들은 종중이 승소한 사실을 알면서도 매매에 응한 점에서 불법성이 더 크다는 게 법원의 판단이었다(大判 1993.12.10. 93다12947).

* 불법도박 유인자와 가담자 간의 불법성 비교 : 중학교 교사로 재직하던 甲은 1991년 여름 무렵부터 乙 등과 내기바둑을 두기 시작하였다. 甲은 도박자금이 부족할 때마다 乙로부터 고리로 돈을 빌렸고, 乙 등은 바둑 급수를 속이거나 바둑알을 몰래 추가하는 수법으로 甲을 기망하면서 빚을 늘려 갔다. 1992년 10월 무렵 甲의 도박채무는 약 1,970만 원에 이르렀고, 乙 등은 직장을 찾아가 협박하며 변제를 강요하였다. 이에 甲은 자신의 유일한 재산인 주택을 매도하는 계약을 체결할 수밖에 없었는데, 乙은 이미 주택을 보유하여 세제 혜택을 받을 수 없다는 이유로 처남인 丙 앞으로 소유권이전등기를 요구하였다. 계약서상 매매대금은 3,200만

원이었으나, 계약금과 중도금은 종전 도박채무와 상계 처리되었고, 잔금은 전세보증금으로 충당하기로 하였을 뿐, 실제로 甲은 단 한 푼도 받지 못했다. 이후에도 甲은 도박을 끊지 못해 추가로 830만 원의 채무가 발생하였고, 결국 교사직을 사임하였으며, 乙이 甲에 대해 별도로 대여금 청구의 소를 제기했으나 패소했고, 甲과 乙 등은 상습도박 혐의로 모두 유죄 판결을 받았다. 이러한 경과 끝에 甲은 丙 명의의 소유권이전등기가 도박채무 변제를 위한 것일 뿐 실질적 매매대금 수수가 없었음을 근거로, 진정한 소유자로서 이전등기의 말소를 청구하였다. 이에 대해 丙은 甲 역시 불법도박에 가담하여 주택을 급부한 것이므로 민법 제746조의 불법원인급여에 해당하여 그 반환을 청구할 수 없다고 항변하였다. 그러나 법원은 乙 등이 적극적으로 내기바둑을 유인하고 사기적 수법과 고리채, 협박 등 폭력적 방식으로 甲을 몰아넣은 점에서 불법성이 훨씬 크고, 甲의 불법성은 상대적으로 미약하다고 판단하여, 공평과 신의칙상 불법원인급여 규정을 배제하고 甲의 말소청구를 인용하였다(大判 1997.10.24. 95다49530·49547).

(3) 제746조의 제한해석 가능성

1) 규범목적론 : 유력한 견해(李英俊, 민법총칙, 박영사 2005, 232면)는 각 법률의 입법취지를 기초로 한 목적론적 제한해석을 해결책으로 제시하고 있다. 다시 말해 아무리 불법원인급여라 하더라도 이를 제746조의 규정에 의하여 반환금지하도록 하는 것이 그 원인행위를 불법으로 규정한 규범의 본래 목적과 상충한다면 제746조 본문의 적용을 배제하여 그 불법원인급여의 반환을 청구할 수 있게 해야 한다는 것이다.

* 규범목적에 따라 제746조의 적용을 제한하는 경우 : 예컨대 법률이 경자유전(耕者有田)의 원칙을 실현하기 위하여 부재지주(不在地主)에 의한 투기목적의 농지매입을 금지하는 경우(농지개혁법 제16조), 법률이 특정한 목적을 위하여 일정한 종교단체로 하여금 특정한 재산을 보유하게 하는 경우(불교재단관리법 제11조 참조), 고리대를 금지하여 소비차주를 보호하고자 하는 경우(이자제한법), 정부가 가격을 결정하거나 동결하여 소비자가 지나치게 비싼 대금을 지불하지 않게 하려는 경우, 독과점을 금지하여 특정기업의 시장지배 상태를 막으려 하는 경우, 외환거래의 일시적 제한이 외환의 소지 자체를 막으려는 목적까지 갖고 있었던 경우에는 그 금지법률에 위반한 급여가 있었다 하더라도 그 급부를 부당이득자가 보유하도록 하는 것이 금지법률의 취지에 부합하지는 않을 것이다. 그러므로 이러한 경우에는 민법 제746조 본문을 적용하지 않아 각 경우에 그 급여자가 급부물의 반환을 청구할 수 있게 하여야 한다.

* 규범목적에 따라 제746조를 적용하는 경우 : 부당이득자의 급부보유가 금지법률의 취지에 반하지 않는 경우, 제746조 본문을 적용하여 급여자의 급부물반환청구를 배척할 필요가 있다. 예를 들어 긴급통화조치법이 통화개혁을 하였음에도 급여자가 상대방에게 구통화를 지불하였던 경우에는, 긴급통화조치법이 구통화

의 보유를 강제하는 법이 아닌 이상 불법원인급여의 반환금지가 금지규범의 본래 목적과 상충하지 않으므로, 여기에는 민법 제746조 본문을 적용하여 그 급여자가 급부물의 반환을 청구할 수 없다고 봐야 한다(大判 1966.2.15.
65다2286 참조).

a. 금지규범의 보호목적에 따른 제746조의 제한해석 : 독일에서는 무효원인에 의한 급부의 반환청구를 부정하는 것이 오히려 침해된 금지규범의 보호목적Schutzzweck에 어긋나는 경우, 보호목적에 입각한 제한해석schutzzweckorientierte Reduktion으로 불법원인급여규정의 적용을 배척해야 한다는 학설이 지배적 지위를 차지하고 있다(Bamberger/Roth/Wendehorst, Rn. 23; Esser/Weyers, §49 IV 3, S. 460; Fabricius, Einschränkung der Anwendung des §817 S. 2 durch den Zweck des Verbotsgesetzes, JZ 1963, 85 ff.; Koppensteiner/Kramer, §7 IV 2b, S. 64; Larenz/Canaris, II/2 §68 III 3e, S. 166; Salje, NJW 1985, 998(1002 f.); Weyer, Leistungskondiktion und Normzweck des Verbotsgesetzes, WM 2002, 627(630); Flume, 앞의 책, §18, 10h, S. 396. 이에 대한 반대견해로는 HKK/Schäfer, §§812-822, Rn. 65 f.). 그리고 이는 판례로부터도 승인을 받고 있다(특히 BGH
VersR 2006, 419).

* **제한해석의 필요성** : 실제로 오늘날 양산되는 각종 특별법규들이 어떤 종류의 행위를 무효화할 경우, 그 무효화의 목적은 특정범주의 인적 집단을 보호하기 위한 것이 대부분이다. 그런데 그 규정에 위반된 급부를 모두 불법원인급여라 하여 반환청구를 부정해버리면, 결과적으로 그 원인행위를 무효로 하는 규범의 보호대상자가 오히려 법적 보호의 울타리 밖에 방치되는 모순이 발생할 수도 있다. 따라서 그러한 특별법규들의 보호목적을 고려하여 민법 제746조의 적용을 제한할 필요성이 있다.

* **실제 사례** : 예를 들어 무허가 직업알선업자에게 불법적인 취업알선을 부탁하면서 그 대가를 선불한 경우 그 행위가 관련 법률에 위배되어 무효라 해서 불법원인급여를 이유로 그 지급한 대가의 반환청구를 배척하게 되면, 결과적으로 구직자들이 무허가 알선업자로부터 피해를 당한 경우의 위험은 구직자 측에서 감내할 수밖에 없게 될 것이다. 그리고 부동산중개업법에서 정한 중개수수료의 한도를 초과하여 중개수수료를 지불한 경우에 그 행위가 관련 법률에 위배되어 무효라 해서 불법원인급여를 이유로 그 지급한 수수료의 반환청구를 배척하게 되면, 결과적으로 부동산매매 당사자들이 부동산중개인으로부터 피해를 당한 경우의 위험은 매매 당사자 측에서 감내할 수밖에 없게 될 것이다.

b. 특별법우선의 원칙 : 제746조가 특별법률들에 대해 갖는 일반규정으로서의 성질도 감안해봐야 한다. 설령 제746조가 제741조에 대한 예외규정이라 하더라도 불법원인급여반환금지를 일반론적으로 선언하고 있는 이상, 특별법률들의 해석에 따라 불법원인급여반환금지의 일반원칙에 대하여 특칙을 인정해야 할 필요성 역시 제기될 수 있다는 것이다. 예를 들어 민법 제5조 이하의 무능력자보호규정이 갖는 규범목적을 고려하여 민법 제746조 본문의 적용을 배제

하는 경우가 그러하다(이를 가리켜 민법의 또 다른 기초이념으로부터 민법 제746조의 적용이 배제되는 경우로 설명하는 견해는 李英俊, 민법총칙, 232면).

* 민법 제404조 채권자대위권 규정의 우선적용 : 특정채권의 보전을 위한 채권자대위제도는 채무자의 무자력 여부와 상관없이 일반재산에 대한 채권자의 추급을 인정하고자 창설한 제도인데, 그 추급의 근거가 되는 배신행위의 불법성이 오히려 추급을 저지하는 불법원인급여의 항변사유가 된다고 하면, 특정채권의 보전을 위한 채권자대위제도의 규범목적에 정면으로 배치되는 결과가 된다. 따라서 민법 제404조 채권자대위권제도의 규범목적을 고려하여 채권자대위권이 행사되는 경우 민법 제746조 본문의 적용을 배제할 필요가 있다(이에 관해서는 朴炳大, 불법원인급여의 판단기준에 관한 구조분석, 저스티스 제76호, 2003.12, 76(94)면; 그리고 이에 관한 판례는 大判 1980.5.27, 80다565; 水原地判 2001.1.19, 99나17767).

2) '급부'개념의 엄격해석 : 우리나라에서는 주로 제746조에서 말하는 '불법'이 무엇인가, 또는 어느 쪽에 '불법'이 더 많은가에 관해 논의가 집중되고 있을 뿐, 어떤 경우에 제746조에서 말하는 '급여'가 존재한다고 볼 것인지에 대해서는 사실상 논의가 부족한 편이다. 반면 독일에서는 '급부Leistung'의 개념을 엄격하게 해석하여, 이른바 급부부당이득Leistungskondiktion이 아닌 비급부부당이득Nichtleistungskondiktion의 경우 여기에 반환되어야 할 '급부'가 존재하지 않는 이상 불법원인급여반환금지규정의 적용이 없다고 본다거나(BGHZ 39, 87(91); 152, 307(315); BGH WM 1967, 1217(1218); RG JW 1910(810); KG JW 1932, 957; MünchKomm/Schwab, Rn. 10, Ermann/Westermann/Buck-Heeb, Rn. 3; HKK/Schäfer, §§812-822, Rn. 60; Löhnig, Bereicherungsrecht, JA 2003, 270(273); RGRK/Heimann-Trosien, Rn. 1), 양도처분계약이나 업무활동계약이 아닌 사용수익계약의 경우 여기서 '급부'에 해당하는 것은 차용물 자체가 아니라 그 사용이익이기 때문에 차주가 그동안 얻은 사용이익에 대해서는 반환청구가 금지된다 하더라도 차주(借主)가 일시 보유하는 차용물에 대해서는 대주(貸主)가 그 반환을 청구할 수 있다(RGZ 161, 52; Medicus/Lorenz, SchR II, BT, Rn. 1153; Medicus/Petersen, Bürgerliches Recht, 23. Aufl., 2011, Rn. 699; Looschelders, Schuldrecht Besonderer Teil, 7. Aufl., 2012, Rn. 1056)는 식의 해석이 존재한다.

* 비용부당이득은 불법원인급여가 아니라고 본 판례 : 독일의 판례는 법률에 의해 금지된 파견근로Arbeitnehmerüberlassung에 있어서 사용사업주에 대한 파견사업주의 이득반환청구를 인정한다. 파견사업주가 사용사업주를 대신하여 근로자에게 임금을 지급한 경우, 파견사업주의 비용지출로 인해 사용사업주가 얻은 이득은 급부부당이득이 아니라 비용부당이득이므로, 설령 파견근로계약이 근로자파견법에 위반하여 무효라 하더라도, 파견사업주는 사용사업주에게 그 이득의 반환을 청구할 수 있다고 판시한 것이다(Dauner, JZ 1980, 495(500 f.); MünchKomm/Schwab, Rn. 33; 물론 독일 판례는 이와 관련하여 임금지급 그 자체는 법률이나 양속에 위반한 것이 아니라는 논거를 원용하였다. 이에 관해서는 BGHZ 7, 299(303,305)). 여기서 불법원인급여, 즉 '급부'에 해당하는 것은 파견사업주가 근로자의 노동력을 사용사업주에게 임대하여 일시적으로 사용하게 한 것일 뿐이다. 따라서 파견사업주가 근로자에게 임금을 대신 지급하는 것은 그 '급부'에 포함되지 않고 오히려 '타인채무의 변제'에 해당한다. 그러므로 여기서 불법원인급여반환

금지로 인해 파견사업주의 반환청구가 금지되는 것은 일정 기간 그 임대된 노동력과 그 사용이익에 국한될 뿐이다.

* 사용수익계약에서 차용물은 불법원인급여가 아니라고 본 판례 : 고리임대차나 고리소비대차의 경우 양속에 반하지만, 본디 소비대차계약은 사용수익계약이고, 여기서 대여한 금전 그 자체는 급여가 아니라고 볼 수 있다. 이러한 사용수익계약에서 급부에 해당하는 것은 그 급부의 소유권취득이 아니고, 오로지 그 목적물을 '일정 기간 사용하게 해주는 것Überlassung auf Zeit'에 그치기 때문이다($^{RGZ\ 161,\ 52;\ Medicus/}_{Lorenz,\ SchR\ II,\ BT,\ Rn.\ 1153}$). 물론 일정 기간의 사용 자체는 불법원인급여반환금지규정의 적용을 받기 때문에, 임차인이나 소비차주는 그 약정된 기간 목적물을 사용할 수 있고, 이에 대해서는 반환청구가 금지된다. 하지만 그 사용기간이 만료되면 반환이 금지되는 급부는 더 이상 존재하지 않으므로, 사용자는 그 목적물을 반환해야 한다.

* 신탁계약에서 신탁목적물은 불법원인급여가 아니라고 보는 견해 : 우리나라에서는 신탁계약의 경우 신탁목적물의 인도는 '급부'의 성질을 갖는 것이 아니고 신탁목적물의 인도의무는 단지 '책무(責務 Obliegenheit)'로서의 성질을 갖는 것에 불과하다($^{崔秀貞,\ 신탁계약의\ 법적\ 성}_{질,\ 민사법학\ 제45-1호,\ 487면}$). 따라서 신탁계약이 양속에 반한다 할지라도 신탁계약상의 목적물은 '급부'가 아닌 이상 그 반환을 청구할 수 있다는 견해가 존재한다.

(4) 다른 규정의 적용가능성

1) 일부무효규정의 적용 : 일부무효의 규정($^{제137}_{조}$)을 적용하면 그 계약에서 무효인 부분($^{예를\ 들면\ 무효인\ 담보설}_{정,\ 지나치게\ 높은\ 임대료\ 등}$)을 제외한 나머지 부분들은 계속 유효가 된다. 따라서, 예를 들어 대주가 차주에게 이자제한법상의 제한이율을 초과한 고이율로 금전을 대여하였을 경우 본계약에 설령 불법인 부분($^{예를\ 들어\ 이자제한}_{법을\ 초과한\ 이자}$)이 있더라도 나머지 적법한 부분($^{원본과\ 적법}_{한\ 범위의\ 이자}$)은 독립해서 이를 반환청구할 수 있게 된다. 하지만 이러한 이론이 적용될 수 있는 것도 법률행위의 일부가 무효인 경우에 그 무효의 부분 없이도 그 행위가 행하여졌으리라고 인정되는 때($^{독일민법\ 제139}_{조의\ 반대해석}$)에 한정될 뿐이다.

2) 물권법규정의 적용 : 불법원인급여자가 물권행위의 유인성을 원용하면서 그 목적물의 소유권에 기해 반환청구권($^{제213}_{조}$)을 행사할 수 있는가가 문제된다. 판례는 그렇게 할 경우 제746조의 규정취지가 몰각될 것이며, 민법 제746조는 단지 부당이득제도만을 제한하는 것이 아니라 민법 제103조와 함께 사법의 기본이념을 표현한 것이므로, 제746조에 의해 부당이득반환청구권이 부정되는 이상 소유권이나 점유권에 기한 반환청구도 부정되어야 할 것이라 판시하고 있다($^{大判\ 1979.11.13,}_{79다483}$). 생각건대 불법원인급여에 관한 규정은 급부부당이득법에 속하고, 급

부부당이득법은 그 성질상 물권법에 우선하므로, 물권적 청구권으로 우회하여 급부부당이득법의 취지를 몰각시키는 일이 있어서는 안 될 것이다. 다만 사실상의 급부를 하였을 뿐이고 아직 이전등기까지 되진 않았을 때는 불법원인급여 자체가 이루어지지 않은 것이므로, 소유권에 기한 반환청구가 당연히 인정될 수 있다.

3) 사무관리규정의 적용 : 독일에서는 불법원인인 법률관계에 적어도 사무관리에 기한 비용상환청구권은 폭넓게 인정하자는 견해가 존재한다(RGRK/Heimann-Trosien, Rn. 13). 본디 사무관리법과 부당이득법은 각각 나름의 적용근거와 적용영역을 갖고 있는 것인데, 공서양속이나 법률에 위반한 매매계약, 신탁계약, 임대차계약, 소비대차계약 등에 있어서 매수인, 수탁자, 임차인이나 소비차주가 그 목적물에 관해 비용을 지출한 경우, 그 비용에 대한 상환청구까지 불법원인급여반환청구금지규정을 근거로 차단한다면, 불법원인급여반환금지규정이라는 부당이득법상 예외규정의 지나친 확대적용이 된다는 이유에서이다. 따라서 불법원인급여관계에 비용상환청구권을 긍정하는 견해는 이 경우에 사무관리규정을 적용하여 양 당사자 간의 공평을 기할 수 있다고 한다.

* 실제적 예 : 불법적인 매매관계라 하더라도, 불법매매의 목적물을 보존하거나 개량하기 위한 비용지출은 그 자체로 양속위반의 급부에 해당하지 않는다(BGH, Urteil vom 2. Oktober 1964 - V ZR 107/63 =BGHZ 41, 341(347 ff.)). 이는 오히려 일방이 의무 없이 상대방을 위하여 사무를 관리한 것으로 볼 수 있을 것이다. 실제로 독일판례는 이러한 사안에서 상환청구를 당연히 인정하고, 불법원인급여반환금지규정의 적용을 인정하지 않는다(BGHZ 39, 87(90 f.); BGH WM 1967, 1217(1218); OLG Stuttgart ZIP 1994, 200(202)). 왜냐하면 급여자가 수익자에게 비용을 지출한 것이 설령 불법원인급여를 하는 과정에서 이루어진 것이더라도, 불법원인급여의 반환금지규정이 사무관리에 기한 비용상환청구권의 규정보다 더 우선적으로 적용된다고는 볼 수 없기 때문이다.

* 비판적 검토 : 물론 이렇게 급여자의 상환청구를 인정할 경우 불법원인급여의 반환금지 제도의 규범력이 약화될 수 있을 것이다. 하지만 여기서 사무관리 규정에 의해 청구되는 것은 필요비나 유익비, 또는 사무관리로 인한 재산의 증가분 상환일 뿐 보수의 청구까지 인정되는 것은 아니다. 어차피 사무관리자도 유상의 수임인이 아니라 무상의 수임인에 준하는 자(제739조 2항)로서 본인에게 보수지급까지 청구하지는 못하기 때문이다.

4) 불법행위규정의 적용 : 불법행위 규정은 부당이득 규정과 다른 취지를 갖고 있으므로, 불법원인급여반환금지규정이 부당이득반환을 금지하더라도 불

법행위에 기한 손해배상청구까지 금지한다고 볼 수는 없다. 다만 이에 대해서 판례는 엇갈린 태도를 취하고 있다.

* 불법행위에 기한 손해배상청구권의 부정 : 기초자치단체 의원 甲이 임야의 경정등기를 돕겠다는 명목으로 어느 종중의 총무인 乙로부터 1억 원의 뇌물을 받았다. 그 후 乙은 甲에 대하여 손해배상청구를 하였으나, 법원은 그 손해배상청구를 기각하였다. 불법의 원인으로 재산을 급여한 자가 불법의 원인에 가공한 상대방 수령자에 대하여 불법행위를 이유로 손해배상청구하는 것을 인용한다면 제746조의 법이념에 반하게 될 것이라는 이유에서였다(大判 2013.8.22, 2013다35412).

* 단순한 효력규정 위반인 경우 : 甲은 乙에게 과수원, 잡종지, 창고 시설로 구성된 부동산을 1년간 임대하고 임료를 선불로 받았다. 그 후 임대차기간이 종료되었음에도 乙이 부동산을 계속 점유하자 甲은 乙에게 불법 점유로 인한 손해배상을 청구했다. 乙은 해당 임대차 계약이 농지법 제23조 위반으로 무효라면서, 이미 지급한 임료에 대한 부당이득 반환을 청구했다. 甲은 乙의 부당이득 반환 채권과 자신의 손해배상 채권을 상계하겠다고 주장했다. 이에 대해 법원은 농지 임대인이 임대기간 임차인의 권원 없는 점유를 이유로 부당이득반환과 손해배상을 청구한 데 대하여 임차인이 불법원인급여의 법리를 이유로 이를 거부할 수 없다고 판단했다. 농지법 제23조에 위반하여 무효인 약정이라도 이를 양속위반의 약정으로 볼 수는 없기 때문이었다. 따라서 법원은 농지임대차계약을 근거로 하여 약정 차임을 청구하는 등 계약 내용의 적극적 실현을 구하는 것은 허용될 수 없다고 하면서도, 거기에서 더 나아가 임대차 계약기간 임차인이 당해 농지를 사용·수익함으로써 얻은 토지사용료 상당의 점용이익에 대하여 임대인이 부당이득반환이나 손해배상을 청구하는 것마저 배척하여 임차인으로 하여금 사실상 무상사용을 하는 반사이익을 누릴 수 있도록 하는 것은 구 농지법의 규범목적에 반한다고 보았다(大判 2017.3.15, 2013다79887·79894).

* 독일 판례 : 독일에서는 불법원인인 법률관계에 불법행위에 기한 손해배상청구권도 인정하자는 판례가 존재한다(BGH NJW 1992, 310(311); OGHZ 4, 57(65); OLG Koblenz NJW 1996, 665; BGH JZ 1951, 716(717)). 불법원인급여반환금지규정은 본디 부당이득반환의 금지에 관한 것인 데다 어차피 예외법적 성격을 갖고 있으므로, 불법행위로 인한 손해배상관계에까지 이를 유추적용하는 것은 옳지 않다고 보기 때문이다(BGH JZ 1951, 716(717); OLG Bamberg NJW-RR 2002, 1393(1394); OLG Köln NJW 2006, 3288(3290)). 따라서 예를 들어 중고차매도인이 도난차량을 불법적으로 판매한 것에 대해 설령 매수인 역시 이를 중과실로 매수했다 하더라도, 독일법원은 불법원인급여반환금지규정과 상관없이 매수인의 매도인에 대한 손해배상청구가 허용된다고 판시하였다(BGH NJW 1992, 310(311)). 불법적인 박사학위논문상담서비스를 이용한 고객이 상담료의 반환 대신 손해의 배상을 청구하는 것 역시 허용된다고 판시하였으며(OLG Koblenz NJW 1996, 665), 강제집행면탈을 위해 신탁한 재산이 수탁자에 의해 손괴된 경우에도 신탁자는 그 재산의 반환 대신에 수탁자에게 손해배상을 청구하는 것이 허용된다고 판시하였다(BGH JZ 1951, 716(717)). 사실상

불법행위법에 의한 우회적 해결가능성을 허용한 것이다.

* 프랑스 판례 : 프랑스에서도 불법행위의 경우 "누구도 자신의 파렴치한 행위를 원용하는 것은 허용되지 않는다Nemo auditur propriam turpitudinem allegans"는 원칙이 적용되지 않는다고 본다. 불법행위 당사자 모두에게 불법원인이 존재하더라도 피해자가 가해자에게 부당이득반환청구가 아닌 손해배상청구를 하는 데는 지장이 없다고 한 것이다(이에 관한 최근의 판례는 Civ 2e, 4 février 2010, n° 09-11464 참조).

(5) 불법원인급여반환금지에 대한 반대약정

1) 불법원인급여 반환약정의 허용 : 불법원인급여의 반환금지규정에 대해 양당사자가 그 규정의 적용을 배제하고 급여의 반환에 관한 약정을 맺은 경우 이를 인정하자는 견해가 있다. 불법원인급여 반환금지의 규정은 불법을 행한 급여자의 반환청구에 대한 법의 조력을 거부하는 것일 뿐이고 수령자가 스스로 급여자에게 이를 반환하는 것까지 금지하는 것은 아니라는 취지이다(梁彰洙/權英俊, 606-607면).

* 위법한 정치자금을 반환하겠다는 약정 : 甲은 1986년부터 1988년까지 국회사무처 차장, 1990년부터 1992년까지 체육청소년부 차관, 1992년부터 1994년까지 헌법재판소 사무처장으로 각 재직하고, 1994년 이후 변호사로 활동하였으며, 2000년 4월부터 2004년 5월까지는 국회의원으로 재직하였다. 그러한 甲을 乙의 소개로 알게 된 丙은 2000년 3~4월 사이 세 차례에 걸쳐 甲에게 정치자금 명목으로 합계 20억 원을 건네주었다. 같은 해 6월 甲은 丙에게 남은 8억 원을 돌려주려 하다가 그중 약 4억 원을 乙에게 丙의 구권 교환사업 및 비정상적 외화 교환사업 지원자금으로 대여하였다. 이어 2002년 3월 丙은 甲에게 다시 12억 원을 빌려주었고, 甲은 그중 2억 원을 사업착수금으로 乙에게 지급한 뒤 10억 원을 丙에게 반환하였다. 그 후 丙은 이러한 금전 수수 경위와 더불어 甲이 작성한 변제확약서를 근거로 22억 원의 지급을 구하면서, 기망에 의한 불법행위 손해배상, 부당이득반환, 반환약정 이행을 선택적으로 병합하여 청구하였다. 이에 대해 甲은 20억 원은 정치자금에 불과하거나 나아가 불법 비자금·구권 교환자금으로 성격이 바뀌었으므로 공서양속 위반 내지 불법원인급여에 해당하여 반환약정은 무효라고 항변하였다. 그러나 법원은 甲이 위법한 정치자금 수수를 우려하여 작성한 반환약정이 사회질서에 반한다고 단정할 수 없다고 판단하였다. 결국 법원은 甲이 유효한 반환약정에 따라 20억 원을 丙에게 지급할 의무가 있다고 판결하였다(大判 2010.5.27., 2009다12580).

2) 반환약정 자체의 무효 : 불법원인급여 반환약정 자체가 무효일 수 있다. 다만 여기서 반환약정 자체의 무효 여부는, 반환약정 그 자체의 목적뿐만 아니라 당초의 불법원인급여가 이루어진 경위, 쌍방당사자의 불법성의 정도, 반환약정의 체결과정 등 민법 제103조 위반 여부를 판단하기 위한 제반 요소를 종합적

으로 고려하여 결정하여야 한다. 그리고 반환약정이 사회질서에 반하여 무효라는 점은 부당이득자가 이를 증명하여야 할 것이다.

　　＊ 반환약정 자체가 무효인 사례 : 불법목적이 달성되지 않는 것을 조건으로 하여 불법원인급여를 반환하기로 하는 약정은 탈법행위가 되므로 그 효력이 없다 할 것이다. 만약 불법원인급여를 반환하기로 하는 특약이 무효라면, 수익자가 그에 기하여 임의로 반환하는 것은 유효하겠지만, 급여자가 이를 강제할 수는 없게 된다 (大判 1995.7.14, 94다51994).

II. 부당이득의 3각관계

1. 개 관

(1) 문제의 소재

부당이득이 손실자와 이득자 양자 간의 관계에서 해결되는 게 아니라 제3자까지 여기에 얽혀 다수 당사자 간에서 문제가 해결되어야 하는 경우를 말한다. 이러한 관계에서 부당이득반환이 문제될 때 일반적으로 적용할 수 있는 이론을 정립하는 것은 어렵다. 왜냐하면 문제를 도식적으로 해결하기에는 워낙 다양한 개별 사례가 존재하기 때문이다. 특히 신뢰보호 및 위험분배의 관점에서 각 문제마다 얼마든지 다른 결론이 도출될 수 있다.

(2) 기본원칙

1) 각 당사자관계의 절단을 위한 2개의 원칙 : 부당이득의 3각관계에서 법리적으로 복잡한 사안을 이해 가능하게 만들고 그 해법을 찾기 위하여 일단 두 가지 기본적인 원칙을 설정할 필요가 있다. 물론 이러한 기본원칙만으로 모든 문제를 해결할 수는 없지만, 각 사례의 특수성과 그에 대한 가치판단에 도움이 될 만한 유용한 논거들을 거기서 얻을 수 있다. 그 두 가지 기본원칙은 다음과 같다(Canaris, Der Bereicherungsausgleich im Dreipersonenverhältnis, Festschrift für Karl Larenz zum 70. Geburtstag, 1973, S. 802 f; 梁彰洙/權英俊, 610면.):

　　　① 각 계약 당사자는 자신의 계약상대방에게만 항변과 이의를 제기할 수 있어야 한다. 각 당사자는 계약상대방과 제3자 사이의 관계에서 발생하는 항변res inter alios acta 으로부터 보호받는다. 이른바 제3자의 권리에 기초한 항변exceptio ex iure tertii은 부정된다.

② 각 계약 당사자는 자기 계약상대방의 지급불능 위험만 부담해야 한다. 이른바 계약위험 당사자부담socii mei socius의 원칙이다. 모든 계약은 당사자의 책임·위험 하에 체결되고 그 위험을 제3자에게 전가할 수 없다는 뜻이다.

2) 급부부당이득법의 우위 : 위와 같은 두 가지 기본원칙으로부터 다음의 결론이 만들어진다: 급부부당이득은 비급부부당이득보다 더 먼저 반환되어야 한다는 것이다. 다시 말해 하나의 물건에 대하여 서로 다른 권리자가 반환을 구하는데, 1인은 급부부당이득의 반환을 청구하고 다른 1인은 비급부부당이득의 반환을 동시에 청구한다면, 둘 중에서 급부부당이득의 반환청구가 우선해야 한다. 그 이유는 다음과 같다:

* 지름길 우회의 차단 : 각 당사자는 자기와 급부관계 있는 상대방으로부터 받을 항변만 고려하게 하여야 한다. 예를 들어 대금을 이미 지급했다는 항변이나 상계의 항변 또는 동시이행의 항변 등이 제3자에 의해 간섭받아서는 안 된다. 만약 그러한 항변관계를 깨트리고 직접 급부관계도 없는 제3자가 우회해서 계약당사자 1인에게 직접 반환청구를 하도록 허용하면 그 당사자는 자기 계약관계 밖의 분쟁 위험까지 떠안게 된다. 그리고 각 계약 내부의 항변관계는 그 외부의 침입에 의해 파괴되고 만다.

* 거래질서의 단선적 정리 : 복잡한 사안일수록 하나하나 세분해서 원래의 흐름을 따라 문제를 풀어야 한다. 만약 어떤 이익이 나름의 목적적 이전 경로로 흘러갔다면, 그 경로를 따라 되돌리는 것이 각자의 방어권과 위험분담의 문제를 가장 공정하게 정리하는 게 된다. 이것은 마치 여러 가닥의 실이 뒤엉켜 있다면 가장 처음 엉킨 고리부터 차례대로 풀어야 하고, 만약 중간을 억지로 잡아당기면 다른 매듭까지 꼬여서 도저히 풀 수 없게 되는 것과 같다.

(3) 3각관계의 유형

부당이득의 3각관계는 크게 제3자가 전득자인 경우와 제3자가 대위변제수령자인 경우로 나눌 수 있다. 그리고 제3자가 전득자인 경우는 다시 ① 제3자가 급부부당이득의 전득자인 경우, ② 침해부당이득의 전득자인 경우, ③ 비용부당이득의 전득자인 경우로 나눌 수 있다:

2. 제3자가 전득자인 경우

(1) 제3자가 급부부당이득의 전득자인 경우

1) 사안의 개요 : 손실자와 이득자 사이에 발생한 급부부당이득을 제3자가

전득한 경우, 본디 이득자에게서 그 급부이익을 반환받아야 하는 손실자가 그 전득자에 대해 직접 부당이득반환을 청구할 수 있는가 하는 문제이다.

2) 금전적 이익이 전득된 경우 : 이득자가 손실자로부터 무효인 계약에 기해 급부로 받은 대금을 제3자에 대한 자신의 채무변제에 써버린 경우, 손실자는 제3자에 대하여 급부부당이득의 반환을 청구할 수 없다. 이득자(중간자)가 손실자에게서 법률상 원인 없이 급부를 받았고 그 급부가 다시 중간자에게서 제3자에게로 이동하였다 하더라도, 중간자에게서 제3자에게로의 현실적 재산이동이 손실자에게서 제3자에게로의 '급부Leistung'라 볼 수는 없기 때문이다(梁彰洙/權英俊, 553면).

a. 전득자의 악의·중과실? : 설령 전득자가 그 대금을 수령할 때, 그 대금이 손실자-이득자 간의 무효인 계약에 기한 대금임을 알았거나 중과실로 알지 못했다 하더라도 마찬가지다. 설령 이득자-전득자 간의 계약관계 역시 무효라 하더라도 마찬가지다. 만약 이 경우에 손실자 甲이 전득자 丙에게 직접 반환을 청구하여 돈을 돌려받을 수 있게 한다면, 전득자 丙은 이득자 乙에 대한 급부반환의 동시이행항변권 등을 상실하게 된다. 더 구체적으로 말하자면, 丙은 乙에 대해 동시이행을 항변하여 丙이 乙에게 인도하였던 물건을 돌려주기 전까지는 乙이 丙에게 변제한 대금을 돌려주지 않겠다고 말할 수 있어야 하는데, 甲이 丙에게 직접 반환을 청구할 수 있게 되면 이러한 항변관계는 파괴되고 만다.

b. 급부과정의 단축 : 계약상의 급부의무자가 급부과정을 단축하여 제3자에게 직접 금전적 이익을 수여한 때에도 계약상의 급부의무자는 제3자에게 부당이득반환을 청구하지 못한다. 다시 말해 계약의 일방당사자 甲이 상대방 乙의 지시 등으로 상대방과 또 다른 계약관계를 맺고 있는 제3자 丙에게 재산을 이전한 경우, 이는 甲의 丙에 대한 의식적 출연이라 하더라도 甲이 丙에 대해 직접 부담하였던 채무의 변제, 즉 '급부'는 아니기 때문이다. 엄밀히 말하자면 이는 甲이 乙에 대한 급부로서 丙에게 재산이전한 것이고, 甲에게서 이익을 수령한 丙은 乙의 급부라는 인식하에 이를 수령한 것이다.

* 재건축조합원이 시행사에 단축급부한 경우 : 재건축조합(乙)의 조합원들인 甲은 1998년 7월 25일 乙 조합의 임시총회와 1999년 9월 19일 乙 조합의 정산총회에서 추가부담금과 부가가치세 보조금의 부과가 결정되었다고 보고 이를 곧바로 건설시행사 丙에게 납부하였다. 그러나 그 후 총회 결의가 정족수 미달로 무효였고 26·32평형은 애초 부가가치세 면세 대상인데도 보조금이 부과되었

다는 점 등이 드러나, 甲은 그 지급에 법률상 원인이 없다며 丙을 상대로 부당이득반환을 구하였다. 특히 丙이 乙과 공동사업주체로서 분양업무를 대행하였고 추가부담금 징수를 주도·강제했으므로, 乙 조합 내부의 하자(무효 결의)에 터잡아 甲은 丙에게 직접 반환책임을 물을 수 있다고 주장하였다. 이에 대해 丙은 甲과 乙 사이에 추가부담금 납부의 내부관계가, 乙과 丙 사이에는 공사대금 지급의 외부계약관계가 각각 성립해 있으며, 甲이 丙에게 돈을 건넨 것은 乙이 丙에게 지급할 공사대금을 甲을 통해 단축 급부한 것에 불과하므로, 반환 문제는 각 급부관계(甲↔乙, 乙↔丙)를 따라 정리되어야 하고 甲이 제3자인 丙에게 비급부부당이득으로 우회 청구할 수는 없다고 항변하였다. 이에 법원은 이러한 3각관계에서 계약의 일방당사자가 제3자를 상대로 직접 부당이득반환청구를 할 수 없다고 판결하였다. 만약 甲이 丙에게 직접 반환청구하게 하면, 자기책임하에 체결된 계약의 위험부담을 제3자에게 전가하는 것이 되어 계약법 원리에 반하고, 丙이 계약상대방 乙에 대해 가지는 항변권 등을 침해하게 된다는 이유에서였다. 이는 丙이 乙 내부 하자를 알고 있었다는 사정이 있어도 달라지지 않는다며 법원은 甲의 청구를 배척하였다(大判 2008.9.11., 2006다46278).

c. 3각변제계약 : 요약자가 낙약자·제3자와 3각변제계약을 맺고 낙약자에게서 요약자, 요약자에게서 제3자에게로 이어지는 급부과정을 단축하여 낙약자가 제3자에게 직접 급부하는 경우이다. 단순히 상대방의 지시로 일방이 제3자에게 재산을 이전한 것이 아니라 제3자를 위한 계약(제539조)에 의해 청구권을 얻은 제3자에게 재산을 이전한 경우이기 때문에 위의 경우보다 제3자의 지위가 더 강화된 것처럼 보인다. 그러나 이 경우에도 실질적으로 그 제3자 甲은 낙약자 丙에게서 그 금전적 이익을 수령한 게 아니라 요약자 乙에게서 甲-乙 간의 대가관계 Valutaverhältnis에 기해 그 금전적 이익을 수령한 것이다. 따라서 설령 乙-丙 간의 보상관계 Deckungsverhältnis가 무효이더라도 제3자 甲은 그 금전적 이익에 관하여 낙약자 丙에게 반환의무를 부담하지 아니한다(大判 2003.12.26., 2001다46730). 설령 乙과 甲 사이의 계약관계, 즉 대가관계 역시 무효여서 甲에게 급부보유력이 인정될 수 없더라도, 甲은 자신과 직접 유상계약을 맺은 乙에게 부당이득을 반환해야지, 직접적 유상계약관계가 없는 丙에게 부당이득을 반환하여야 하는 것은 아니다(大判 2010.8.19, 2010다31860·31877; 金亨培, 294면 이하).

* 상가수분양자가 재개발조합에 단축급부하기로 약정한 경우 : 甲 재개발조합은 1994년 1월 5일 상가를 신축한 뒤 이를 가인유통(乙)에게 230억 원에 매도하였다. 乙이 곧바로 위 상가의 호수별 분양을 개시하자 수분양자들(丙)은 乙과 분양계약을 맺고 분양대금의 일부를 乙에게 지급하거나 그 지시에 따라 甲이 개설한 계좌로 무통장입금하였다. 乙은 甲에게 지급할 입찰보증금 23억 원을 계약금으로 대체하고 중도금·잔금을 차례로 甲에게 지급하기로 약정했으나,

1994년 9월경 공사 완공 시점까지 약정된 중도금을 이행하지 못한 채 수분양자들인 丙으로 하여금 일부 대금을 직접 甲에게 송금하게 하였다. 그러나 乙의 무자력으로 인해 결국 丙은 상가를 분양받지 못하였다. 원심은 甲이 丙에 대한 계약이행책임을 부인하는 이상 대금의 수령권자는 乙이고 甲은 이를 수령할 권한이 없으므로 甲이 법률상 원인 없이 동액 상당의 이득을 얻었다고 보아 부당이득반환을 명하였다. 그러나 대법원은 丙이 乙의 지시에 따라 급부과정을 단축하여 제3자인 甲에게 직접 급부한 이상 그 급부는 丙의 乙에 대한 급부이자 동시에 乙의 甲에 대한 급부로도 이루어진 것이므로, 丙이 甲을 상대로 '법률상 원인 없이 급부를 수령하였다'는 이유로 부당이득을 청구할 수 없다고 판시하였다(大判 2003.12.26., 2001다46730).

* 무효인 매매계약에 기한 대금반환을 제3자에게 청구한 경우 : 매수인 乙과 매도인 丙이 토지거래허가구역 내 토지의 지분에 관한 매매계약을 체결하면서 매수인 乙이 매도인 丙이 아닌 甲에게 매매대금을 지급하기로 계약하였다. 甲은 丙에 대해 대여금채권을 갖고 있었는데, 乙의 甲에 대한 변제로써 丙의 甲에 대한 채무 역시 소멸시키기로 乙과 丙이 합의한 것이다. 그 후 매수인 乙은 그 매매대금을 甲에게 지급하였으나, 토지거래허가가 나오지 않아 乙-丙 간의 매매계약은 확정적으로 무효가 되었다. 이에 乙이 甲에 대하여 부당이득금의 반환을 청구하자, 우리 법원은 특별한 사정이 없는 한 乙이 甲에게 매매대금 상당액의 부당이득반환을 구할 수 없다고 판시하였다. 甲은 丙에 대한 대여금채권자로서 甲-丙 간의 금전대여계약관계에 근거하여 실질적으로 乙이 아닌 丙에게서 대금을 수령한 것이기 때문이다. 설령 乙과 丙 간의 계약관계가 무효라 하더라도 그 청산은 乙-丙 간에 이루어져야 하며, 이는 甲의 대여금채권이 가장(假裝)의 채권으로서 무효라도 마찬가지라 하였다(大判 2010.8.19., 2010다31860·31877).

* 해제된 납품계약에 기한 물건반환을 제3자에게 청구한 경우 : 방위사업청(甲)은 STX조선해양(乙)으로부터 군함을 공급받기로 하였는데 군함에 탑재된 76mm 함포가 침수사고로 손상된 사건이 발생하였다. 그러자 乙은 甲과 현물변상계약을 체결하고 새 함포를 직접 구매하여 변상하기로 하였다. 이에 따라 乙은 현대위아(丙)와 함포납품계약을 맺어 甲을 위한 함포를 제작·납품하였고, 丙은 이를 乙의 진해조선소에 인도하여 甲이 점유매개관계를 통해 사실상 인도받게 하였다. 그러나 乙이 丙에게 대금을 지급하지 않자 丙은 乙과의 계약을 해제하고 甲에 대해 함포의 반환을 직접 청구하였다. 이에 대해 甲은 자신은 乙과의 현물변상계약을 통해 독자적인 법률상 이해관계를 갖고 함포를 인도받아 소유권을 취득한 제3자에 해당하므로, 乙-丙 간 계약해제의 소급효가 자신에게 미치지 않는다고 항변하였다. 법원은 甲이 乙-丙 간 계약해제의 소급효가 제한되는 제3자에 해당한다고 보아, 丙의 반환청구는 甲에 대하여 미치지 않는다고 판단하였다(大判 2021.8.19., 2018다244976). 이 판례에 대해서는 사안을 부당이득의 3각관계 문제로 보지 않고 계약해제의 제3자 보호문제로 파악하여 사안의 핵심을 빗겨갔다는 비판도 가능하지만, 사견을 말

하자면 법원의 판단에도 일리가 있다고 생각한다. 이렇게 특정의 유체물이 반환청구 대상일 때는 계약해제에 기해 소유권을 자동취득하는 원권리자의 소유물반환청구권과 그에 대항하는 '제3자'의 배타적 권리가 문제되기 때문에, 이때는 굳이 부당이득법을 적용하지 않더라도 '제3자'가 제548조 1항 단서의 적용요건을 충족하는지 검토하여 소유물반환청구권 인정 여부를 판단할 여지가 있었다고 여겨지기 때문이다(白慶一, 제3자에 대한 변제를 지시하는 계약에서 직접반환청구권, 민사법학 제107호, 2024.06, 189, 213면).

* 직접 반환청구가 인정되는 예외 : 제3자를 위한 계약의 목적이 제3자의 생활상 부양이나 경제적 지원에 있어서 낙약자에 대한 청구권이 배타적으로 제3자에게 귀속되는 경우에는 제3자에 대한 낙약자의 직접적인 반환청구가 인정되어야 한다. 이 경우 일반적인 3각 변제계약과는 달리 요약자와 수익자 간에 이렇다 할 대가관계 Valutaverhältnis는 없기 때문이다(金亨培, 332면; 李鍾馥, 앞의 논문, 66면; 梁彰洙, 민법주해 XVII, 211면; Staudinger/Lorenz, BGB § 812, Rn. 38). 예를 들어 보험수익자는 보험계약자에게 보험수익의 대가를 지급한 적이 없으며, 보험자는 보험수익자에 대하여 보험계약자의 채무이행을 대행한 것이 아니라 보험수익자에 대하여 순수히 보험자 자신의 고유한 채무를 이행한 경우라면, 보험자의 보험수익자에 대한 반환청구를 인정해야 한다(白慶一, 위의 논문, 216면). 다시 말해 제3자를 위한 생명보험과 같이 계약이 제3자의 생활상 부양이나 경제적 지원만을 위하여 체결된 경우에는 부당이득을 제3자에게 직접 반환청구할 수 있다고 봐야 한다.

* 제3자에 대한 직접 반환청구를 인정하는 견해 : 3각변제계약에 의하여 단축급부가 이루어진 경우 제3자는 이른바 '제3자를 위한 계약'의 수익자로서 낙약자에 대해 직접 채권을 갖고 낙약자는 제3자에 대하여 그 채무를 변제한 것이기 때문에, 그 청산관계에 있어서 낙약자는 제3자에 대해서 직접 반환청구를 할 수 있다는 견해가 있다(宋炳暗, 제3자를 위한 계약의 실효와 부당이득반환관계, 홍익법학 제13권 제2호, 2012.06, 399면 이하). 그러나 제3자의 채권이 요약자와 낙약자 간의 보상관계에서 완전히 분리하여 존재하는 것은 아니다(金亨培, 331면). 낙약자 丙은 요약자 乙에 대한 채무를 이행하기 위해 제3자 甲에게 재산이전행위를 한 것이고, 현실적으로 급부는 요약자 乙이 제3자 甲에게 한 것이다(金亨培, 330면; 梁彰洙/權英俊, 553면). 만약 낙약자 丙이 수익자 甲을 반환채무자로 하여 직접청구를 할 수 있다고 하면 요약자 甲과 낙약자 丙 간의 쌍무계약관계에서 발생하는 항변사유나 담보관계가 유지될 수 없을 것이다. 따라서 제3자에 대한 직접 반환청구를 인정하는 이 소수 견해에는 국내 학자 대다수가 반대하고 있다(金亨培, 331면; 梁彰洙/權英俊, 553면; 李鍾馥, 부당이득, in: 사법관계와 자율, 1993, 70면; 池元林, [4530]).

3) 특정성 있는 물건이 전득된 경우 : 이득자가 손실자로부터 무효인 계약에 기해 급부로 받은 특정의 물건을 전득자에게 급부로서 양도한 경우, 처분권한 없이 처분행위를 한 셈이 된다. 이때 손실자는 전득자에 대하여 물권적 청구권을 행사할 수 있다 할 것이다. 하지만 손실자와 전득자 사이에 만약 유상의 대가관계가 있었다면 결론이 달라질 수 있다.

a. 손실자와 전득자 사이에 대가관계 부존재 : 만약 손실자와 전득자 사이에 유상(有償)의 대가관계가 존재하지 않는다면, 손실자는 전득자에 대해서 물권적 청구권을 행사할 수 있다. 이 경우 전득자는 선의취득(제249조) 또는 의사표시 규정상 선의 제3자 보호(제107조 2항; 제108조 2항;제109조 2항; 제110조 3항)의 요건을 충족하지 않는 한, 물권법상 회복자에 굴복하는 점유자의 지위(제201조; 제202조;제203조; 제204조)에서 벗어나지 못하게 될 것이다. 비정상적 의사표시(제107조; 제108조;제109조; 제110조), 무권대리(제130조), 불공정거래(제104조) 등을 이유로 한 전(前)계약의 무효·취소 그 어느 것이든 마찬가지이다. 특히 우리법은 부동산등기의 공신력을 인정하지 않으며 선의취득의 요건 역시 좁게 규정하는 이상, 그 여파는 전득자에게 더 강하게 미칠 수밖에 없을 것이다.

b. 손실자와 전득자 사이에 대가관계 존재 : 만약 이득자와 전득자 사이에 유상(有償)의 대가관계가 존재하여, 이득자가 전득자에 대한 급부의무이행을 위하여 손실자에게 전득자에 대한 변제를 지시하였고, 손실자가 그 지시에 따라 전득자에 대한 이득자의 변제를 대행하였으며, 전득자가 실질적으로 이득자의 변제로 알고 손실자로부터 변제를 수령하였다면, 결론은 달라진다. 설령 손실자가 이득자와 무효인 계약을 체결했고 그에 따라 특정된 물건이 손실자에게서 전득자에게 직접 인도되었더라도, 손실자는 전득자에게 물건반환을 직접 청구할 수 없으며, 전득자는 이득자에 대한 동시이행항변으로 손실자의 반환청구를 배척할 수 있다. 설령 이득자-전득자 간의 대가관계 역시 무효이더라도 마찬가지다.

* 물권법과 급부부당이득법의 충돌 : 물권법은 비급부부당이득법에 우선하지만, 급부부당이득법에는 우선하지 못한다. 다시 말해 급부부당이득법에서 물건반환을 금지한다면, 그 변제된 물건에 관하여 소유권을 가졌던 변제자가 그 변제물의 소유권을 회복하는 것도 금지되고 변제수령자에 대하여 소유물반환을 청구하는 것도 금지된다(이에 관해서는 Larenz/Canaris, Lehrbuch des Schuldrechts, Besonderer Teil, Band II, 2. Halbband, 13. Aufl., 1993, § 68 III 3 e;Medicus, Schuldrecht II. Besonderer Teil, 13. Aufl., 2006, Rn. 697; Staudinger/Lorenz, BGB Vorbem zu § 813 ff, Rn. 39 ff; § 817, Rn. 14.). 따라서 변제지시자가 변제대행자에 대해서 갖는 기본관계의 항변권 등을 고려하여, 변제대행자의 변제수령자에 대한 부당이득반환청구권을 금지하는 경우라면, 변제대행자의 변제수령자에 대한 소유물반환청구권 역시 부정된다고 하여야 한다.

4) 제3자가 금전을 증여받은 경우 : 법적 원인 없이 급부된 금전 또는 재산적 이익이 제3자에게 전득되었는데, 그것이 증여에 의하여 전득되었다면, 이 경우에는 어떻게 될까? 예를 들어 법정대리인의 동의 없이 미성년자로부터 과도하게 매도인이 편취한 매매대금을 매도인이 제3자에게 증여하였다면, 제3자는 미

성년자의 매매계약 취소와 매매대금 직접 반환청구에 응하지 않아도 되는가? 이에 관하여 우리민법 제747조 2항은 그 부당이득금을 증여받은 제3자가 악의일 경우 그 악의의 제3자가 손실자에 대하여 부당이득 반환의무를 부담한다고 명문으로 규정하고 있다.

* 유상전득과 무상전득의 차별 : 전득자가 아무리 그것이 부당이득금이라는 사실을 알고 받았더라도 반대급부와 교환하여 그 부당이득금을 받았다면 그 전득자는 손실자의 직접 반환청구에 응하지 않아도 된다. 하지만 전득자가 부당이득금임을 알고 받았으며 그것도 무상으로 받았다면, 아무리 3인의 당사자 사이에 각각 계약관계가 연결되어 각각의 급부로서 순차로 금전적 이익이 이전된 경우라 하더라도 제747조 2항에 기해서 전득자는 이득자를 대신하여 반환할 책임을 부담한다. 이 경우 이득자가 손실자에게 부당이득을 반환할 수 없는 상태라면, 무상의 전득자보다 손실자를 보호하는 게 타당하므로 우리민법이 특칙을 둔 것이다(梁彰洙/權英俊, 564면). 물론 유상으로 전득하였더라도 통모에 의하여 수령하였음이 증명될 경우, 손실자는 사해행위취소소송(제406조)에 의하여 악의의 제3자에게 반환을 청구할 수 있게 될 것이다.

5) 전용물소권

a. 전용물소권의 의의 : 전용물소권(轉用物訴權)은 본래 일본에서 만들어진 말로서, 계약상의 급부가 계약상대방 외에 제3자에게도 이득이 되는 경우 급부를 한 계약당사자가 제3자를 상대로 행사하는 부당이득반환청구권을 일컫는다(梁彰洙/權英俊, 557면).

b. 전용물소권개념의 연혁 : 전용물소권은 일본민법에 명문규정이 없음에도 일본판례에서 처음 받아들여졌다(日最高判 昭和 45.7.16., 民集24권 7호, 900頁). 물론 일본에서는 이것이 본래 로마법상 'actio de in rem verso'에서 연원하는 독일보통법상의 'Versionsklage'를 번역해서 칭한 것이라 했지만, 사실 독일보통법상 'Versionsklage'는 계약상 급부자로부터 급부를 수령한 상대방과 제3자 사이에 사무관리관계가 있을 것을 요하며, 그 근거는 사무관리소권양도의 의제에 두는 것으로서, 일본에서 말하는 전용물소권과 개념상 차이가 있는 것이었다.

c. 전용물소권에 관한 일본 판례의 사실관계 : 위의 일본판례는 건설회사가 리스회사로부터 불도우저를 렌트했는데 이것이 고장나서 수선전문회사에다 맡긴 경우, 수급인인 수선전문회사가 일정 요건 하에 그 수선대금을 리스회사에 청구할 수 있다는 내용이다. 물론 리스회사-건설회사-수선전문회사 사이에 각각

계약관계가 따로 존재하므로, 수선전문회사는 그 대금을 도급인인 건설회사에게 청구할 수 있을 뿐, 계약관계가 없는 리스회사(애초에 건설회사에게 불도우저를 렌트해준 회사)에 대하여 수선을 통한 불도우저 교환가치 상승의 이득을 청구할 수는 없는 게 원칙이다. 하지만 일본판례는 위의 건설회사가 무자력인 경우, 그로 인해 수선전문회사가 보수체납을 이유로 불도우저수선계약을 해제하고 자기가 제공한 급부이익을 반환청구할 수 있는 한도에서, 수선전문회사가 그 불도우저의 소유자인 리스회사에게 그로 인한 간접적 이익을 부당이득으로서 반환청구할 수 있다고 판시하였다. 하지만 이러한 일본법원의 태도는 이후의 판례(日最高判 平成 7.9.19, 民集 49권 8호, 2805頁)에서 변경되어, 위의 경우 리스회사가 받은 이익은 그것이 건설회사의 유효한 계약상의 급부로서 얻은 것인 이상, 부당이득이 되지 않는 것으로 정해졌다.

　　d. 프랑스법상의 전용물소권 : 프랑스에서는 기존 청구권의 법적 장애 obstacle de droit와 사실적 장애 obstacle de fait를 구분하여 기존 청구권이 법적 장애(프랑스현행민법 제1303-3조), 즉 시효 완성 때문에 청구할 수 없게 된 때에는 부당이득반환청구권을 원용할 수 없지만, 사실적 장애, 즉 원래 이득자 l'enrichi initial의 지급불능 l'insolvabilité de l'enrichi initial 때문에 청구할 수 없게 된 때에는 손실자가 최종 이득자 l'enrichi final에 대하여 직접 부당이득반환을 청구할 수 있다는 이론이 있다(Deshayes/Genicon/Laithier, Réforme du droit des contrats, du régime général et de la preuve des obligations, 2eme édition, 2018, p. 634). 사실상 간접적 부당이득, 즉 전용물소권을 허용하는 것이다. 하지만 청구의 근거가 부당이득이라면 원래 이득자가 지급불능이든 아니든 동일한 결론이 나와야 한다는 점에서 이러한 이론에 대해서는 반대하는 견해가 유력하다(Combot, n° 356-357).

　　　　* 프랑스법상 전용물소권에 관한 논쟁 : 프랑스법에서 전용물소권에 찬성하는 견해는 급부이득자가 지급불능에 빠진 경우 이는 법적 장애가 아닌 사실적 장애이므로 급부부당이득의 반환청구권은 완전히 소멸하고 비급부부당이득의 반환청구권에 대하여 우선적 지위를 주장할 수 있는 권리가 없어지므로 직접 청구가 가능해진다고 주장한다. 하지만 이에 대해서는 급부이득자의 지급불능이라는 위험이 본디 급부손실자가 사전에 주의했어야 하는 영역에 속한다는 반론도 존재한다(Beatson/Shrage, Cases, Materials and Texts on Unjustified Enrichment, 2003, p. 430). 원칙적으로 자신의 채무자가 지급불능이 되는 위험은 채권자가 부담하기 때문이다. 다시 말해 지급불능은 단순한 사실적 장애가 아니라 법적 장애에 해당한다. 물론 원래 이득자가 지급불능임에도 최종 이득자에게 부당이득반환을 청구할 수 없다는 주장은 손실자의 관점에서 이해하기 어려운 것일 수 있다. 왜냐하면 그의 관점에서는 최종 이득자가 원래 이득자로부터 이익을 얻은 사실이 중요하기 때문이다. 다만 최종 이득자로서는 자신과 무관한 사실, 즉 자신이 통제할 수 없는 사정 때문에 제3자에게 이익을 반환해야 하는 것이

불공평할 수 있다. 중간자l'intermédiaire, 즉 원래의 이득자가 지급불능에 빠지지 않았다면 그는 자유롭게 이익을 보유할 수 있었을 텐데, 중간자가 지급불능에 빠졌다는 우연한 사정 때문에 최종 이득자가 마치 보증인처럼 이득반환을 해야 하는 것은 납득할 수 없는 결론이기 때문이다. 프랑스법원은 1892년 부디에Boudier 사건에서 전용물소권을 인정하였던 이래(Cass. Req., 15 juin 1892, S. 1893, 1, 281) 학계의 맹렬한 비판 속에서 점차 전용물소권의 인정 요건을 좁혀가고 있다(Forti, L'enrichissement injustifié. - Généralités. - Conditions matérielles, Jurisclasseur Civil Code, art. 1303 à 1303-4, 2016, art. Prec., n° 36). 대체로 전용물소권에 대해서는 프랑스 학계 내에서 반대견해가 우세하다(Combot, n° 356-357).

e. 독일법상의 전용물소권 : 독일법은 전용물소권 같은 독립 소송형태를 인정하지 않고, 누구에게 '급부Leistung'가 향했는지, 그 급부가 정당한 법적 원인 없이 본인에게 귀착됐는지를 따져 부당이득의 3각관계에 관한 일반원칙에 따라 문제를 해결한다. 따라서 최종이득자가 자신에게 귀착된 이익을 급부손실자에게서 직접 주어진 급부로 보지 않고 중간자에 대한 급부의 반사적 효과로 보는 일반적인 경우에는 급부손실자가 최종이득자에 대해 직접 급부부당이득의 반환을 청구할 수 없게 된다(RGZ 106, 4, 7; BGHZ 36, 30; 40, 272; 55, 176; 56, 228). 만약 이러한 사안에서 전용물소권을 인정한다면 급부손실자가 급부이득자에게서 반대급부를 수령하지 못하는 계약위험을 계약당사자도 아닌 제3자, 즉 최종이득자에게 전가하는 셈이 될 것이기 때문이다(Caemmerer, Bereichrung und unerlaubte Handlung, Gesammelte Schriften, Bd.I, Rechtsvergleichung und Schuldrecht, 1968, S. 245, 246).

* 전용물소권과 유치권 : 자동차 소유자 C가 B에게 점유를 맡긴 상태에서 자동차 수리업자 A가 B와 도급계약을 체결해 C 소유의 자동차를 수리한 사안에서도 독일법원은 전용물소권을 부정하였다. 설령 B가 무자력이라 하더라도 A는 계약상 대방인 B에 대해서만 보수를 청구할 수 있고, 최종 이득자 C에 대해서는 보수를 청구할 수 없다는 것이다. 물론 소유자 C가 점유자 A에 대해서 그 수리한 자동차의 반환을 청구할 경우 자동차 수리업자 A는 유치권을 통해 실질적으로 그 유익비를 상환받을 수 있다. 그러나 이는 어디까지나 소유자-점유자 사이의 특칙에서 나오는 구제방법이지 전용물소권을 인정하는 것은 아니다(BGH, Urteil vom 29. August 1958 - VI ZR 209/57).

* 직접 반환청구가 인정되는 예외적인 경우 (1) : 위와 비슷한 사례에서 C가 중간자 B에게 위임 또는 사용허락을 한 것이 아니었다면, C는 B에게서 급부이익을 받은 게 아니므로, C는 A와 소유자-점유자로서 직접 마주하게 된다. 이 경우 A는 C에 대하여 점유자로서 비용상환청구를 할 수 있는데, 이는 C와 A가 사실상 중간 매개 없이 회복자-점유자의 관계를 직접 맺게 된 데 근거하는 것이지 이로써 전용물소권이 인정된 것은 아니다(BGH, Urteil vom 8. Dezember 1960 - VII ZR 139/59).

* 직접 반환청구가 인정되는 예외적인 경우 (2) : 급부중간자 B가 최종이득자 C의 대리인인 것처럼 A와 계약했으나 B가 무권대리인이었던 경우라면, 이때도 직접

반환청구권이 인정될 수 있다. 이때 A는 무효인 계약에 따라 본인 C에게 '급부'를 한 것이기 때문이다. 하지만 이는 C가 A로부터 급부부당이득을 수령하였기에 A 의 C에 대한 반환청구권이 인정된 것이지 이로써 전용물소권이 사실상 인정된 것은 아니다(BGH, Urteil vom 3. Juli 1975 - VII ZR 139/74).

f. 전용물소권에 관한 우리판례 : 우리판례는 전용물소권을 인정하는 것이 자기책임 하에 체결된 계약에 따른, 상대방의 무자력에 관한 위험부담을 제3자에게 전가시키는 것이 되어 계약법의 기본원리(이른바 '계약위험 당사자부담의 원칙', 로마법상 'Res inter alios acta' 원칙)에 반하는 결과를 초래할 뿐만 아니라, 수익자인 제3자가 계약상대방에 대하여 갖는 항변권 등을 침해한다고 하여, 계약상의 급부를 한 계약당사자는 급부이익의 간접적 귀속주체인 제3자에 대하여 직접 부당이득반환을 청구할 수는 없다고 보고 있다(大判 2002.8.23, 99다66564·66571). 다시 말해 계약상대방의 채무불이행 및 무자력에 관한 위험은 제3자에게 전가할 수 없다는 이유로 전용물소권을 부정한 것이다.

* 건물수리로 인한 간접이득자에 대한 부당이득반환청구 : 건물의 소수지분권자 乙이 다른 공유자들(이하 甲이라 칭함)의 동의 없이 수리업자 丙에게 건물 창호공사를 도급주어 丙이 공사를 완료하였으나, 무자력인 乙은 丙에게 공사 대금을 지급하지 않았다. 丙은 위 공사로 인하여 건물의 가치가 1억 5000만 원 상당 증가하였음을 증명하며 甲에게 그 증가분 중 甲의 지분에 상응하는 금액을 부당이득반환 내지 유익비상환으로서 청구하였는데, 우리법원은 이러한 청구를 인용하지 않았다. 이때 제3자인 甲에 대하여 丙이 직접 부당이득반청구를 할 수 있다고 보면, 자기 책임하에 체결된 계약에 따른 위험 부담을 제3자에게 전가시키는 것이 되어 계약법의 기본 원리에 반하는 결과를 초래할 뿐 아니라, 채권자인 계약당사자가 채무자인 계약상대방의 일반 채권자에 비하여 우대받는 결과가 되어 일반 채권자의 이익을 해치게 되고, 수익자인 제3자가 계약 상대방에 대하여 갖는 항변권 등을 침해하게 되어 부당하다는 이유에서였다. 또한 유익비상환청구에 관해서는 공동소유자 甲에 대한 관계에서 乙이 그 물건을 간접 점유하면서 궁극적으로 자신의 계산으로 비용지출과정을 관리한 것이므로, 乙만이 민법 제203조에 의한 비용상환청구권을 행사할 수 있는 비용지출자라 할 것이고 수급인 丙은 그러한 비용지출자에 해당하지 않는다고 보았다(大判 2002.8.23, 99다66564·66571).

(2) 제3자가 침해부당이득의 전득자인 경우

1) 사안의 개요 : 이득자가 손실자의 권리를 침해하여 취한 이득을 제3자에게 양도한 경우이다. 여기서 이득자가 손실자의 권리를 침해하여 이득하는 방식은 이득자가 고의로 편취·사취·강취·횡령·배임하는 방식만이 아니라 과실로 타

인의 금전을 사용·수익·처분하는 방식까지 포함한다. 이 경우, 그 침해부당이득이 특정된 물건인가 아니면 금전적 이익인가에 따라서 부당이득법 적용 여부가 약간 달라진다.

2) 특정된 물건이 전득된 경우 : 만약 그 침해부당이득이 특정된 물건이었고 그것이 제3자에게 양도된 경우라면 이는 물권법상 회복자-점유자 간의 관계(제213조)로 봐야 한다. 다시 말해 제3자가 선의취득(제249조) 기타 선의 제3자 보호요건을 갖추지 않는 한, 그 물건을 원소유자에게 반환해야 하는 것이다.

* 민법총칙상 제3자의 보호규정 : 이득자가 손실자로부터 절취·횡령한 물건을 전득자에게 급부로서 양도한 경우, 민법총칙상 제3자 보호규정은 적용되지 않는다. 민법총칙상 제3자 보호규정은 무효인 계약의 당사자가 원상회복을 하려 할 때 제3자의 권리를 보호하기 위한 규정이기 때문이다.

* 부합의 경우 : 부합(附合)으로 인하여 자신의 권리가 소멸하여 불이익을 받은 사람은 그 부합으로 인하여 이익을 얻은 자에게 보상을 청구할 수 있다(제261조). 이러한 보상청구권은 성질상 부당이득반환청구권에 해당하므로, 그 요건과 효과에 있어서 부당이득 관련 규정(제741조 이하)의 적용을 받는다. 만약 부합으로 인하여 불이익을 받은 자와 부합으로 인하여 이익을 얻은 자 사이에 중간자가 개입하여 있고, 손실자와 중간자, 중간자와 이득자 사이에 각각 계약관계가 존재한다면, 부당이득의 3각관계 문제가 발생할 수 있다. 우리 대법원은 이에 대해 선의취득(제249조)의 법리를 유추적용한다. 예를 들어 매도인에 의하여 소유권이 유보된 자재를 매수인이 제3자와의 도급계약에 의하여 제3자 소유의 건물 건축에 사용하여 부합시킴에 따라 매도인이 소유권을 상실하는 경우, 그 부합에 의한 보상청구에 대하여도 선의취득에서의 이익보유에 관한 법리가 유추적용된다고 봄이 상당하다는 것이다. 비록 그 자재가 직접 매수인으로부터 제3자에게 교부된 것은 아니지만, 도급계약에 따른 이행에 의하여 제3자에게 제공된 것으로서, 거래에 의한 동산양도와 유사한 실질을 갖는다는 이유에서다(李丙儀, 소유권이 유보된 재료의 부합과 부당이득 살 각관계, 대법원판례해설 제81호, 2009년 下, 110면 이하). 다시 말해 그 제3자는 그 자재를 자신이 직접 매수하여 첨부할 수도 있는데, 이때 매수과정에 무과실이 증명된다면 그는 선의취득을 주장할 수 있는 것이므로, 이렇게 제3자가 자재를 직접 매수한 경우와 간접 매수한 경우에 차별이 있어서는 안 된다는 점이 고려된 것이다. 따라서 부합이득자가 도급계약에 의하여 제공된 자재의 소유권이 유보된 사실에 관하여 과실 없이 알지 못한 경우라면, 부합손실자는 제3자인 부합이득자에게 그에 관한 보상청구를 할 수 없다고 할 것이다.

* 건설자재가 제3자 소유 건물에 부합된 사례 : 철강회사 甲은 자신에게 소유권을 유보한 철강제품을 건설회사 乙에게 공급하였다. 乙은 丙에게서 받은 건설도급에 따라 丙 소유 공장건물의 신축·증축공사를 맡았는데, 甲의 철강제품은 시멘트

양생·철근 고정·패널 부착 등을 통해 철골 구조물로 丙의 공장에 깊이 결합되었다. 이러한 부합으로써 甲의 철강제품 소유권이 丙에게 귀속되자, 甲은 민법 제261조의 "첨부로 인한 소유권 취득 시의 보상청구"를 전제로, 부당이득 법리에 따라 丙에게 자재 가액 상당의 금전 지급을 청구하였다. 그러나 이에 대해 丙은 자신은 甲과 乙 사이 공급계약의 제3자에 불과하여 甲이 자신에게 직접 청구할 수 없다고 다투었다. 또한 丙은 설사 보상청구가 문제되더라도 자재에 소유권유보가 있었다는 사정을 과실 없이 알지 못한 선의였으므로 이익 보유의 법률상 원인이 있다고 항변하였다. 실제로 丙은 자재를 직접 매수한 것도 아니고, 도급계약에 따라 乙에게 공사를 의뢰한 위치에 있었으며, 철강자재의 유보 소유 여부를 알 기회도 없었고, 사전에 조사할 법적 의무나 관행도 丙에게는 없었다. 법원은 이렇게 제3자가 소유권유보의 존재를 과실 없이 알지 못한 경우에는 선의취득과 유사하게 이익 보유의 법률상 원인이 인정되므로, 甲이 丙에게 직접 보상을 청구하는 것은 배제된다고 판시하였다(大判 2009.9.24. 2009다15602).

3) 금전적 이익이 전득된 경우 : 만약 그 침해부당이득이 특정성 없는 금전적 이익이었다면, 여기에는 부당이득법만이 적용된다. 부당이득반환채권에는 원칙적으로 대내적 효력만 인정될 뿐, 대외적 효력은 인정되지 않으므로, 그러한 전득이 별도의 대가관계에 의하여 이루어졌다면, 손실자는 제3의 전득자에 대해서 부당이득반환을 청구할 수 없는 게 원칙이다.

a. 금전의 특수성 : 금전은 그 소유권이 점유와 함께 이전한다. 이러한 법리를 전제로 하면, 금전의 점유를 상실한 손실자는 금전에 관하여 소유권 역시 상실한 것이므로, 그 이득자(중간자)에 대하여 물권적 청구권을 행사할 수 없다. 비록 손실자가 금전의 점유를 이득자(중간자)의 위법행위로 상실하였다 하더라도 마찬가지다. 따라서 이득자(중간자)가 손실자로부터 그 금전을 위법하게 취득하였다는 사정은, 손실자에게 이득자(중간자)에 대한 각종의 채권적 구제수단을 부여하는 근거가 될 뿐이다.

b. 제3자의 악의 또는 중과실 : 다만 우리판례는 이 경우에 제3자가 부당이득의 전득임을 알았거나 중과실로 알지 못했다면, 손실자에게 부당이득을 반환해야 한다고 보고 있다. 제3자가 전득과정에서 그 금전적 이익이 손실자에게서 나온 것임을 알았거나 중과실로 알지 못했다면, 사실상 그 제3자는 이득자의 침해행위에 가담한 것이나 마찬가지이므로, 이때는 예외적으로 제3자의 침해부당이득을 인정할 수 있다는 것이다. 다시 말해 손실자의 손실과 전득자의 전득 사이에 간접적으로라도 인과관계가 있음이 명백하고, 전득자가 그 변제를 수령

함에 있어서 악의 또는 중대한 과실이 있어서 침해자와 위법성 공동연관을 갖는 경우에는, 전득자 역시 부당이득자가 되어, 전득자가 취득한 이익을 손실자가 부당이득으로서 반환청구할 수 있다고 본다(大判 2003.6.13, 2003다8862).

* 횡령금을 제3자에게 송금한 경우 : 대한석탄공사의 출납담당과장이던 E는 주식투자 실패로 자금난에 처한 상태에서 2000년 4월부터 7차례에 걸쳐 공금 약 7억 원을 횡령하고, 그 돈을 자신의 처 A, 누나 B, 고교 동창 C, 원고의 주거래 금융기관 과장 D에게 송금하였다. A는 받은 금원을 곧바로 E에게 다시 송금하였고, B·C·D도 수령금 전부 또는 일부를 주식투자를 위하여 다시 E에게 맡겼다. 대한석탄공사는 피고 4인에게 '횡령금의 수령'이 법률상 원인 없는 이득에 해당한다는 이유로 부당이득반환을 청구하였고, 이에 대해 피고들은 횡령사실을 알지 못했고 송금 표시가 회사 명의였으며 실질적으로 이익을 보유하지 않았거나 곧 E에게 반환·재위탁하였다고 항변하였다. 대법원은 횡령금으로 채무 변제가 이루어진 경우와 마찬가지로 이 사건과 같은 수령의 경우에도 수령 시 악의 또는 중대한 과실이 있는 때에만 부당이득반환의무가 성립하며 단순 과실만으로는 부족하다는 법리를 전제하고, A는 즉시 반송하여 실질적 이득이 없고, 나머지 피고들에 대하여도 E가 경제적 곤경을 숨긴 사정, 송금자 표시가 회사 명의였던 점 등에 비추어 중대한 과실을 인정하기 어렵다고 보았다(大判 2003.6.13, 2003다8862).

* 횡령자가 횡령금을 자기 채무의 변제에 소비한 경우 : 경리업무 담당자가 회사자금의 횡령 사실을 은폐할 목적으로 권한 없이 회사 명의로 은행과 대출계약을 체결하여 그 대출금을 편취한 후 이를 회사 또는 그 회사의 채권자인 거래처의 예금계좌에 송금하여 횡령금 상당액을 변제하였다. 이에 은행이 그 회사에 대해서 부당이득반환을 청구하였으나, 우리법원은 이를 기각하였다. 위 송금 당시 이러한 사정에 대하여 회사의 악의 또는 중과실이 없는 한 위 회사가 금전취득 또는 채무소멸의 이익을 얻은 것은 편취행위의 피해자인 은행에 대한 관계에서 법률상 원인이 있다는 이유에서였다(大判 2008. 3. 13, 2006다53733·53740).

* 횡령금을 동생 계좌에 이체한 경우 : 乙은 2015년 3월부터 2017년 1월까지 甲 회사의 재무관리담당 상무로 재직하면서 甲의 계좌에서 자기 동생인 丙의 계좌로 세 차례 합계 24억 원을 이체하였다. 또한 乙은 丙 명의 증권계좌로 주식거래를 하여 매도대금 대부분을 자신 또는 지정한 자에게 송금하게 하였으며, 이후 甲은 2017년 5월 乙을 상대로 횡령금에 대한 손해배상소송을 제기해 전부승소 확정판결을 받았다. 甲은 丙이 아무런 법률상 원인 없이 이 사건 금원을 수령해 이득을 얻었다고 보아 丙에 대해 부당이득반환을 청구하였다. 하지만 丙은 乙의 지시에 따른 명의·계좌 제공과 주식거래 수행에 불과하고 실질·종국적으로 이득을 보유하지 않았으며, 이 사건 금원이 횡령금이라는 사정을 알지 못했고 알 수도 없었다고 항변하였다. 법원은 송금 표시가 '乙'이거나 표시 자체가 없는 입금이 있었

던 점, 丙이 甲과 아무런 관계가 없었던 점, 乙이 다수 사업과 자산을 보유한 재력가로 丙에게 인식되었던 점, 丙이 수령금 대부분을 乙 측에 다시 송금한 점 등을 종합하여 丙에게 중대한 과실을 인정하기 어렵다고 판단하였다(禾原高判 2019.9.26., 2019나11124).

* 보이스피싱 피해자의 입금계좌 주인에 대한 부당이득반환청구 : 구매광고를 중고앱 등에 올린 피해자에게, 보이스피싱범이 전화 등을 이용하여 그 물건의 판매자인 척하면서 접근하여 그 피해자에게 현금을 판매자의 계좌로 송금하도록 하고, 판매자에게는 보이스피싱범이 보낸 돈으로 인식하게 한 후, 판매자로부터 보이스피싱범이 현금의 대가로 금이나 가상화폐, 상품권 등을 받는 사건이 빈번히 발생하고 있다. 피해자는 보이스피싱범을 판매자로 인식하고 보이스피싱범이 가리키는 대로 현금을 보냈으나 구매하려던 물건을 받지 못하게 되었으니 일단 보이스피싱범에게 손해배상을 청구하려 해보지만, 보이스피싱범은 이미 외국으로 도피하여 행방을 알 수 없다. 따라서 이 경우 피해자는 제2차 구제책으로 자기가 송금한 계좌의 주인에 대해서 부당이득반환을 청구하는데, 우리법원은 이러한 청구를 일관되게 기각하고 있다. 채무자(보이스피싱범)가 제3자(피해자)로부터 수령한 금전으로 자신의 채권자에 대한 채무를 변제하는 경우 그 금전이 채무자가 제3자로부터 편취한 것이고 채권자가 그 변제를 수령함에 있어 그 사실에 대하여 악의 또는 중대한 과실이 있다는 등의 특별한 사정이 없는 한 채권자의 금전취득은 피해자에 대한 관계에서 법률상 원인이 있는 것으로 봄이 상당하다는 이유에서이다(서울중앙지판 2021.10.28, 2021나24508; 서울중앙지판 2021.11.30, 2021가단5031968 5059249; 서울중앙지판 2021.7.22, 2019가합527369 589763; 서울중앙지판 2021.2.25, 2020가단5070362).

c. 유력한 반대견해 : 위의 판례에 대해서는 제3자가 중간자에 대하여 채권을 갖고 있었는지, 또는 제3자가 사무관리 본인으로서 사무관리자인 중간자에 대하여 일정한 비용상환의무를 부담하였는지에 따라 결론이 달라진다는 유력설이 존재한다(梁彰洙, 금전의 부당이득으로 인한 반환의무 - 소위 '편취금전에 의한 변제' 문제 서설, 서울대학교 법학 제43권 제4호, 22면 이하). 제3자가 이득자(중간자)에 대하여 채권(이러한 채권에는 유상계약상의 대금 또는 보수청구권만이 아니라 무상위임계약상의 사무처리요구권이나 변제지시권 등도 포함됨)을 가지고 있는 한, 손실자가 제3자에 대하여 부당이득을 이유로 책임을 물을 수는 없으며, 이는 제3자가 악의 또는 중과실인 경우에도 다를 바 없다는 것이다. 그 이유는, 제3자가 이득자(중간자)에 대하여 갖는 채권이 그 금전수령의 법률상 원인이 된다는 데 있다. 마찬가지로, 제3자가 중간자를 사무관리자로 하여 본인으로서의 권리를 가졌을 때에도 어차피 제3자는 그중간자에 대해서 비용상환의무를 부담했을 것이므로, '법률상 원인'을 인정해야 한다고 한다(梁彰洙, 앞의 논문, 23면).

(3) 유효한 계약의 이행에 따른 제3자의 비용부당이득

1) 임차인의 유익비 지출과 제3자의 이득 : 임차인이 임차물에 개량을 가하

여 그 가액을 증가시키고 이 때문에 비용이 들어갔을 때, 임차인은 임대인에 대하여 임대차계약에 기한 유익비상환청구권(제626조)을 행사할 수 있다. 물론 임차인은 임차물을 원상회복하여 반환하여야 하는 것이 원칙이나, 개량의 결과가 물리적·경제적으로 분리 불가능한 경우 이러한 원칙을 관철하는 것은 불합리하고, 나아가 임대인이 그 비용을 상환하지 않고 개량의 이익을 향수함은 형평에 반하고 부당이득이 되기 때문이다. 하지만 그사이에 임대인이 그 임차물의 소유권을 제3자에게 이전하여 제3자가 그 개량이익을 전득하였을 경우, 임차인은 그 제3자에 대하여 임대차계약에 기한 유익비상환청구권(제626조)은 물론이고 점유권에 기한 유익비상환청구권(제203조2항)조차 행사하지 못한다.

> * 임차인의 비용상환청구권과 제3자 : 甲 종합건설 주식회사는 지하 3층, 지상 4층 규모의 건물 가운데 지하 2층 부분을 乙에게 임대하였고, 乙은 이 건물부분을 볼링장으로 개조하기 위하여 丙에게 공사를 도급하여 수급인 丙이 내장공사를 마친 결과 7억 원 상당의 가치증가가 발생했다. 그런데 위 건물부분은 그사이 경매처분되어 이를 낙찰받은 丁이 매수하였고, 임대인 甲은 임차인 乙에게 비용상환을 해주지 않았다. 이 경우 乙은 丁에게 민법 제203조에 기한 비용상환청구권을 행사할 수 있는가? 이에 대해 우리법원은 적법한 임차인이자 점유자였던 乙은 계약관계 상대방 甲에 대해서 민법 제626조 2항에 기한 유익비상환청구를 할 수 있을 뿐, 점유회복 당시 소유자인 丁에 대하여 민법 제203조 제2항에 따른 지출비용의 상환을 구할 수는 없다고 판시하였다(大判 2003.7.25.,2001다64752).

2) 수급인의 공사와 제3자의 첨부이득 : 타인의 첨부행위로 인하여 타인 물건의 소유권을 취득한 자는 그로 인해 손해를 받은 자에 대하여 부당이득규정에 의해 보상을 해줘야 한다(제261조). 그러나 그 첨부가 유효한 계약의 이행에 따른 것이었다면, 그로 인해 이익을 얻은 자가 있더라도 손실자가 그에 대해 부당이득 반환을 청구할 수는 없다. 원래 계약당사자 사이에서 그 계약의 이행으로 급부된 것은 그 급부의 원인관계가 적법하게 실효되지 아니하는 한 부당이득이 될 수 없기 때문이다. 그 급부가 그 계약의 상대방 아닌 제3자의 이익으로 된 경우에도 급부를 한 계약당사자는 계약상대방에 대하여 계약상의 반대급부를 청구하여야지 그 제3자에 대하여 직접 부당이득을 주장하여 반환을 청구할 수 없다.

> * 유효한 계약의 이행에 따른 첨부 : 甲 상가는 乙 지방자치단체가 기부채납받아 丙 주식회사에 관리가 위탁된 행정재산이다. 丙 회사는 甲 상가에 대한 개보수공사를 실시하기로 하고 乙 지방자치단체의 승인을 받아 계약금액을 확정하였다. 그러나 丙 회사는 乙 지방자치단체의 승인 없는 부분까지 변경시공을 완료한 다음

그 개보수 시설물 전부를 乙에게 기부채납하였다. 한편 甲 상가 임차인들은 공사비용을 부담하고 보수공사 진행 및 기부채납을 할 목적으로 소속 상인들을 위원장 및 위원으로 한 丁 추진위원회를 설립하였는데, 丁 추진위원회는 乙 지방자치단체를 상대로 위 변경시공으로 설치된 동산들에 관하여 부합으로 인한 부당이득반환을 구하였다. 그러나 법원은 乙이 위 동산들의 부합으로 이익을 얻게 되더라도, 丁이 乙을 상대로 부당이득반환을 구할 수 없다고 하였다. 丙의 변경시공으로 설치된 甲 상가에 설치된 동산들은 丁의 소유가 아니라 丙의 소유였고, 丁과 乙 사이에는 직접적으로 어떠한 법률관계도 성립된 바 없으며, 丁이 丙을 통하여 공사비용을 부담한 원인관계 자체가 실효되었다고 볼 만한 사정도 없다는 이유에서였다. 다시 말해 丁은 자기 계약상대방인 丙에 대하여 계약상의 반대급부를 청구할 수 있는 것이지 제3자인 乙에 대하여 직접 부당이득을 주장하여 반환을 청구할 수는 없다는 것이었다(大判 2023.4.27., 2022다304189).

3. 제3자가 대위변제수령자인 경우

(1) 무효인 채권을 제3자가 대신 변제받은 경우

1) 제3자가 대리수령권 또는 표현수령권을 가졌던 경우 : 제3자가 채권자를 대신하여 변제를 수령했는데, 나중에 이 변제의 원인이 무효가 된 경우이다. 이때 변제수령자인 제3자에게 대리수령권이나 표현수령권이 주어져 있었다면, 변제자(손실자)는 변제수령자 대신에 그에게 대리수령권한 또는 그 외관을 부여한 채권자(간접이득자)에게 직접 부당이득반환을 청구할 수 있다. 이 경우 채권자는 변제수령자와 위임계약관계에 있거나 최소한 그와 유사한 관계에 있었을 것인 만큼 변제수령자와의 내부관계를 통해서 얼마든지 구상할 수 있을 것이라 보기 때문이다. 물론 변제수령자가 선의였다면 현존이익 범위에서만 구상할 수 있으므로, 채권자에게도 그 현존이익만을 반환받을 수 있게 된다.

2) 제3자가 대리수령권 또는 표현수령권을 못 가졌던 경우 : 변제수령자인 제3자에게 대리수령권이나 표현수령권이 주어져 있지 않았다면, 변제자(손실자)는 채권자에게 부당이득반환을 청구할 수 없게 된다. 다시 말해 이 경우 변제자는 변제수령한 제3자(직접이득자)에 대해서만 부당이득반환을 청구할 수 있을 뿐이다. 이 경우에는 채권자가 변제수령권한의 외관조차 창출한 적이 없을 뿐만 아니라 변제수령자에 대해서 구상할 수도 없을 것이기 때문이다.

(2) 권원 없는 채권양수인이 대신 변제받은 경우

1) 사안의 개요 : 채권양도계약이 무효·취소·불성립·해제되었는데, 그에 관해 채권양수인이 채무자에게 철회통지를 한 적도 없고 채권양도인의 철회통지에 동의한 적도 없는 상태에서 채무자가 채권양수인에게 변제한 경우의 문제이다.

2) 변제의 유효 : 이 경우 채무자는 채권양도의 무효·취소·불성립·해제를 신뢰할 수 없는 이상, 채권양수인에게 변제할 수밖에 없었을 것이므로, 당연히 이는 유효한 변제가 된다(제452조 2항). 다시 말해 이 경우 채권회복자는 채무자에 대하여 자신에게 다시 변제할 것을 요구할 수 없고, 이는 채권양도의 철회를 통지한 경우에도 마찬가지이다. 채무자 입장에서는 채권이 일단 양도된 것으로 채권양도인으로부터 통지받은 이상 채권이 양도된 것으로 믿을 수밖에 없으며, 이 상황에서 채권양수인이 채권양도사실을 부정하지 않는 이상 채권양수인에게 변제할 수밖에 없을 것이기 때문이다.

3) 채권양수인의 반환의무 : 이 경우 철회통지 또는 그 동의를 게을리하고 채무자로부터 변제를 받은 채권양수인은 채권양도인에게 귀속되어야 할 이득을 권원 없이, 부당하게 얻은 것이므로, 이를 채권양도인에게 비용부당이득으로서 반환해야만 한다(제741조). 물론 그 이득이 물건이라면, 채무자가 소유권에 기해 반환을 청구할 수도 있을 것이고(제213조), 채권자가 채무자를 대위하여 그 물건의 반환을 청구할 수도 있게 될 것이다(제213조, 제404조).

색 인

판례색인
한국어색인
외국어색인

판례색인

大判 1959.11.5, 4292민상771 114
大判 1959.11.5, 4292민상771 114, 115
大判 1960.10.6, 4293민상275 362
大判 1962.3.29, 61다1429 362
大判 1962.6.28, 61다1453 374
大判 1964.12.22, 64다810 164
大判 1966.2.15, 65다2286 386
大判 1966.6.9, 66다615 172
大判 1966.10.18, 66다1335 64, 159
大判 1967.7.18, 66다1938 147
大判 1967.9.5, 67다1307 67, 158
大判 1967.11.28, 67다2272 368
大判 1967.12.26, 67다2460 159
大判 1968.1.31, 67다2764 161
大判 1968.6.11, 68다639 181
大判 1968.7.2, 68다593 164
大判 1969.2.25, 68다1822 153
大判 1969.4.15, 69다268 64
大判 1969.7.22, 69다684 158
大判 1969.7.22, 69다726 369
大判 1970.02.23, 69다1388 163
大判 1970.3.10, 69다201 164
大判 1970.10.30, 70다1390 357
大判 1971.3.9, 70다2992 158
大判 1971.4.6, 71다187 153
大判 1973.11.27, 73다919 143, 144
大判 1974.7.26, 73다1637 316, 347
大判 1974.11.26, 74다246 217, 219
大判 1975.4.8, 73다29 339
大判 (全) 1975.4.22, 74다1184 324
大判 1975.5.13, 73다1244 125
大判 1975.12.23, 75다413 159
大判 1975.12.23, 75다1193 192
大判 1976.3.9, 75다1472 217
大判 1976.4.13, 75다396 159
大判 1979.6.12, 79다466 225
大判 1976.9.14, 76다1365 158
大判 1978.1.17, 77다1942 67, 158
大判 1978.3.28, 77다2499 207

大判 1978.5.23, 77다2169 118
大判 1978.11.28, 78다1805 154
大判 1979.7.10, 79다644 186
大判 1979.11.13, 79다483 388
大判 1979.11.27, 79다1332·1333 161
大判 1980.1.15, 79다1883 59
大判 1980.5.27, 80다565 387
大判 1981.2.10, 80다2966 228
大判 1981.03.24, 80다2578 162, 163
大判 1981.7.28, 81다209 223
大判 1981.8.11, 81다298 182
大判 1981.10.24, 81다96 328
大判 1982.4.27, 80다2555 205
大判 1982.5.25, 81다카1061 317
大判 1982.8.24, 82다카348 219, 220
大判 1982.12.28, 80다3057 194
大判 1983.2.8, 81다428 184, 185
大判 1984.2.14, 83다카1645 323, 324
大判 1984.6.12, 81다558 234
大判 1987.7.21, 87다카637 146, 207
大判 1987.8.18, 87므19 116
大判 1987.10.26, 87다카346 161
大決 1988.1.12, 87다카2240 133
大判 1988.2.9, 87다432 374
大判 1988.3.22, 87다카1958 75
大判 1988.4.12, 87다카2951 195
大判 1988.4.27, 87다카74 72
大判 1988.6.14, 88다카102 184, 185
大判 1988.9.13, 87다카205 334
大判 1988.10.11, 85다카29 96
大判 1989.9.26, 88다카32371 172
大判 1989.10.27, 89다카5222 161
大判 1989.12.26, 88다카6761 161
大判 1990.3.27, 89다카19337 264
大判 1990.4.24, 87다카2184 178
大判 1990.12.11, 90다카28191 73
憲裁決 1991.4.1, 89헌마160 99
大判 1991.4.9, 90다18500 194
大判 1991.5.14, 91다8081 72

大判 1991.6.11, 91다7385 161
大判 1991.7.23, 90다9070 164
大判 1991.9.10, 91다19913 129
大判 1991.10.22, 91다17207 337
大判 1991.11.12, 91다30156 166
大判 1991.11.26, 91다17375 129
大判 1992.2.25, 91다39146 187
大判 1992.7.28, 92다7269 161
大判 1992.7.28, 92다10531 186
大判 1992.9.8, 92다15550 343
大判 1992.10.27, 92다756 92
大判 1992.10.27, 92다34582 46
大判 1992.11.24, 92다25830 326
大判 1992.11.27, 92다29948 52
大判 1992.12.8, 92다26604 161
大判 1993.1.12, 92다23551 224
大判 1993.1.26, 92다4871 214, 216
大判 1993.2.23, 92다37642 161
大判 1993.2.26, 92다48635·48642 351
大判 1993.3.9, 92다48413 160
大判 1993.5.27, 92다20163 163
大判 1993.8.27, 93다22357 179
大判 1993.10.12, 92다43586 58
大判 1993.11.23, 93다35421 74
大判 1993.12.10, 93다12947 384
大判 1994.1.11, 93다32958 207
大判 (全) 1994.2.8, 93다13605 154
大判 1994.2.25, 93다38444 160
大判 1994.3.11, 93다57100 53
大判 1994.3.22, 92다52726 50
大判 1994.3.25, 93다32828 127
大判 1994.4.15, 92다25885 85
大判 1994.4.15, 93다60953 85
大判 1994.8.23, 93다60588 180
大判 1994.10.28, 94다16328 218
大判 1994.11.18, 94다34272 189
大判 1994.12.9, 94다27809 309
大判 1994.12.13, 94다17246 192, 193, 242
大判 1995.1.20, 94다3421 84
大判 1995.2.10, 94다30263 172
大判 1995.2.10, 94다44774 50
大判 1995.2.24, 94다31242 363
大判 1995.5.12, 93다48373 161
大判 1995.5.12, 94다25551 121, 298, 339, 345, 347
大判 1995.6.30, 94다13435 174

大判 1995.7.14, 94다51994 392
大判 1995.9.29, 94다13008 272
大判 1995.10.12, 94다16786 51
大判 1995.11.10, 95다32228 173
大判 1995.11.14, 95다30352 167, 168
大判 1995.12.5, 95다22061 323, 341, 343
大判 1995.12.12, 95다11344 139
大判 1996.1.23, 95다24340 171
大判 1996.1.26, 94다5472 51
大判 1996.3.22, 95다20669 161
大判 1996.3.26, 96다3791 212
大判 1996.6.14, 94다61359 50
大判 1996.7.12, 96다6103 157
大判 1996.9.20, 96다22655 338
大判 1996.10.11, 95다56552 221
大判 1996.10.11, 96다30182 183
大判 1996.11.8, 96다27889 164
大判 1996.12.10, 96다32881 357, 358
大判 (全) 1996.12.19, 94다22927 175
大判 1997.6.27, 96다426 161
大判 1997.6.27, 97다8144 207
大判 1997.6.27, 97다15258 180
大判 1997.7.11, 96다31581 346
서울高判 1997.09.30, 97나14240 93
大判 1997.10.10, 97다28391 211
大判 1997.10.24, 95다49530·49547 385
大判 1997.12.9, 96다47586 356
大判 1997.12.12, 96다50896 208
大判 1998.1.23, 97다25118 217, 219
大判 1998.2.13, 96다7854 196
大判 1998.4.28, 96다25500 185
大判 1998.4.28, 97다55164 186
大判 1998.5.8, 97다36613 175
大判 1998.5.15, 97다58538 192
大判 1998.6.9, 97다49404 155
大判 1998.6.12, 96다55631 206, 207
大判 1998.6.26, 98다5777 208
大判 1998.7.14, 96다17257 86
大判 1998.7.24, 98다12270 169
大判 1998.8.25, 97다4760 52
大判 1998.9.4, 96다11327 132
大判 1998.11.10, 98다34126 174
大判 1998.11.13, 97다58453 374
大判 1998.11.27, 98다39701 138
大判 1998.12.23, 98다31264 200

大判 1999.1.26, 98다39930 150
大判 1999.2.9, 98다31356 95
大判 1999.2.26, 98다52469 202
大判 1999.3.9, 97다7721·7738 188
大判 1999.3.23, 98다30285 172
大判 1999.9.3, 99다10479 85
大判 1999.10.12, 98다62671 183
大判 2000.2.11, 99다47297 190
大判 2000.2.25, 98다15934 232
大判 2000.3.10, 99다60115 150, 151
大判 2000.4.11, 98다33161 161
大判 2000.4.21, 2000다386 222
大判 2000.8.22, 2000다29028 166
大判 2000.9.8, 99다48245 213, 215
大判 2000.11.24, 2000다38718·38725 50
大判 2001.1.19, 99다67598 188
大判 2001.1.19, 2000다12532 147
水原地判 2001.1.19, 99나17767 387
大判 2001.2.9, 98다52988 149
大判 2001.2.23, 99다61316 143
大判 2001.2.23, 2000다46894 138
大判 2001.3.9, 2000다59920 161
大判 2001.3.9, 2000다70828 329, 337
大判 2001.4.24, 2001다10199 154
大判 2001.5.8, 99다38699 126
大判 2001.5.29, 2001다1782 383
大判 2001.6.1, 99다60535 326
大判 2001.8.21, 2001다32472 161
大判 2001.9.4, 2000다26128 184
大判 2001.9.7, 99다70365 201
大判 2001.9.14, 99다42797 174
大判 2002.1.22, 2000다37524 94, 101
大判 2002.5.10, 2000다50213 91
大判 2002.5.31, 2001다64486 150
大判 2002.7.12, 2000다59364 189
大判 2002.8.23, 99다66564·66571 320, 402
大判 2002.8.23, 99다66564·66571 371
大判 2002.9.27, 2002다15917 210
憲裁決 2002.10.31, 99헌바40 83
大判 2002.12.24, 2000다14613 92, 93
大判 2002.12.26, 2000다56952 167, 169
大判 2002.12.27, 2000다47361 28
大判 2003.1.10, 2000다34426 163, 187
大判 2003.1.10, 2000다50312 82
大判 2003.1.10, 2002다35850 198

大判 2003.1.24, 2002다23741 221
大判 2003.3.14, 2000다32437 62, 126
大判 2003.3.28, 2003다5061 179
大判 2003.4.25, 2001다59842 60
大判 2003.5.16, 2003다14195 112
大判 2003.6.13, 2003다8862 404, 405
大判 2003.6.27, 2001다734 141
大判 2003.6.27, 2002다72194 99
大判 2003.7.25, 2001다60392 78
大判 2003.7.25, 2001다64752 369, 370, 407
大判 2003.9.2, 2002다63558 91
大判 2003.10.9, 2001다24655 184
大田高判 2003.10.23, 2002나8757 372
大判 2003.11.27, 2001다33789 149
大判 2003.11.27, 2003다41722 383
大判 2003.11.28, 2003다43322 46
大判 2003.12.12, 2001다37002 358
大判 2003.12.26, 2001다46730 395, 396
大判 2004.1.27, 2003다46451 373
大判 2004.2.27, 2001다53387 96
大判 2004.2.27, 2002다39456 163
大判 2004.3.18, 2001다82507 48, 50, 120
大判 2004.4.23, 2004다5389 322
大判 2004.6.25, 2003다69652 143
大判 2004.9.23, 2003다49009 79
大判 2004.10.28, 2002다45185 145
大判 2004.11.26, 2004다47734 142
大判 2004.12.23, 2002다73821 127
서울中央地判 2005.2.1, 2004가합44433 121
大判 2005.5.13, 2004다1899 116
서울中央地判 2005.07.06, 2004가합82527 94
大判 2005.9.30, 2004다52576 197
大判 2006.2.9, 2005다28426 207, 208
大判 2006.2.10, 2002다49040 63
大判 2006.3.10, 2005다31361 139
大判 2006.3.23, 2003다52142 96, 98
大判 2006.4.28, 2005다44633 163
大判 2006.6.15, 2006다13117 125
大判 2006.7.28, 2004다54633 373
大判 2006.8.25, 2006다20580 166
서울중앙地判 2006.11.3, 2005가합88966 78
大判 2007.2.22, 2005다17082 131
大判 2007.4.26, 2005다24318 194
大判 2007.6.14, 2005다32999 199
大判 2007.6.15, 2004다37904;37911 217, 218

大判 2007.6.28, 2007다10139 217
大判 2007.7.12, 2006다65620 87, 93
大判 2007.7.13, 2005다23599 213
大判 2007.10.25, 2006다16758 168
大判 2007.12.13, 2007다54481 170
大判 2008.1.18, 2005다34711 345
大判 2008.1.24, 2005다58823 95
大判 2008.2.14, 2005다75736 95
大判 2008. 3. 13, 2006다53733·53740 405
大判 2008.3.13, 2007다29287·29294 223
大判 2008.4.10, 2007다76306 197
大判 (全) 2008.4.17, 2006다35865 172
大判 2008.6.12, 2007다36445 175
大判 2008.9.11, 2006다46278 395
大判 2008.10.9, 2006다53146 112
大判 2009.1.15, 2008다58367 352
大判 2009.2.26, 2008다89712 190
大判 2009.4.16, 2008다53812 99
大判 2009.5.14, 2009다2545 199
大判 2009.6.25, 2008다13838 140
大判 2009.8.20, 2008다51120 207
大判 2009.9.10, 2007다71 87
大判 2009.9.24, 2009다15602 404
서울東部地判 2009.12.10, 2009가합4167 84
大判 2009.12.24, 2007다77149 51
서울高判 2010.01.13, 2009나28099 93
大判 2010.1.14, 2007다55477 255
大判 2010.1.28, 2007다16007 82
大判 2010.1.28, 2009다24187·24194 359
大判 2010.2.11, 2009다68408 52
大判 2010.3.25, 2009다95714 166
大判 2010.4.22, 2008다38288 81
大判 2010.4.29, 2009다101343 221
大判 2010.5.13, 2009다78863·78870 127
大判 2010.5.27, 2009다12580 391
大判 2010.6.10, 2009다98669 256, 265, 266, 270
大判 2010.6.10, 2010다15363 140
大判 2010.7.8, 2010다20563 170
大判 2010.8.19, 2010다31860·31877 395, 396
大判 2010.8.26, 2010다37479 167, 168
大判 2010.9.9, 2008다84236 99
大判 (全) 2010.9.16, 2008다97218 206
大判 2010.10.14, 2007다3162 195
서울南部地判 2011.4.14, 2010나1307 104
大判 2011.6.10, 2010다40239 312

大判 2011.9.2, 2009다52649 89
大判 2011.9.29, 2008다16776 77, 145
大判 2011.12.8, 2011다66849,66856 148
大判 2012.1.12, 2009다84608 54
서울高判 2012.03.09, 2011나89080 93
大判 2012.3.15, 2011다52727 210
大判 2012.5.9, 2010다57787 152
서울中央地判 2012.6.13, 2012가합4911 109
大判 2012.8.17, 2010다28390 138
大邱地判 2012.9.14, 2012가단16763 80
大判 2012.10.11, 2011다100138 32, 152
水原地判 2012.10.12, 2011나40301 97
서울中央地判 2013.1.16, 2012가합
　　　32404.32411.32428.32435 94
서울中央地判 2013.2.20. 2012가단93143 81
大判 2013.03.28, 2010다60950 93
水原地判 2013.4.26, 2012나28384 148
大判 2013.5.23, 2012다111593 127
大判 2013.5.24, 2012다12894 340
大判 2013.6.27, 2010다96010 152
大判 2013.6.27, 2012다31628 108
大判 2013.6.28, 2013다13733 311
大判 2013.7.12, 2006다17539 135
大判 2013.8.22, 2013다35412 390
서울高判 2013.09.06, 2013나11661 93
서울中央地判 2013.12.17, 2012가단316020 44
大判 2014.7.24, 2012다49933 86
大判 2014.7.24, 2014다200305 52
大判 2014.9.4, 2011다7437 135
大判 2014.9.4, 2013다215843 61
大判 2014.9.24, 2012다61988 226
大判 (全) 2014.11.20, 2011므2997 116
서울中央地判 2014.12.4, 2013가합93680 136
大判 2015.2.12, 2013다43994/44003 135
釜山高判 2015.2.17, 2014나6510 182
憲裁決 2015. 2. 26, 2009헌바17 114
釜山高判 2015.4.30, 2014나21130 114
서울北部地判 2015.8.21, 2014나6976 228
大判 2015.10.29, 2013다90976 363
光州高判 2015.11.4, 2014나3770 113
仁川地判 2015.11.11, 2012가합22095 213, 232
大判 2015.12.10 2015다235827 93
서울中央地判 2016.2.16, 2015가단37816 75
仁川地判 2016.4.26, 2015나18022 225
大判 2016.5.17, 2015다33489 96

仁川地判 2016.5.26, 2015가단30250 83
서울西部地判 2016.6.17, 2016가단2348 68
大田高判 2016.8.17, 2015나12534 322
서울中央地判 2016.8.23, 2015가단5374169 307
서울高判 2016.11.4, 2015나2060748 93
大判 2016.12.1, 2014다207498·2014다207504·2014다207511 327
大邱地判 2016.12.22, 2015나308730 101
서울중앙地判 2017.1.13, 2015가단5347792 322
서울高判 2017.2.17, 2015나19744 313, 319
大判 2017.3.15, 2013다79887·79894 390
大田地判 2017.4.26, 2017가단200648 352
서울中央地判 2017.5.12, 2015가단75955 59
大判 (全) 2017.5.18, 2012다86895·2012다86901 119
全州地判 2017.5.26, 2014나10123 312
서울西部地判 2017.6.1, 2016나3625 335
서울南部地判 2017.6.29, 2016가합3219·2017가합103451 314
서울南部地判 2017.07.07, 2015가합3601 93
서울南部地判 2017.7.18, 2016가단17631 103
光州地判 2017.7.26, 2015가단513805 167
서울中央地判 2017.8.30, 2017나6558 119, 326
仁川地判 2017.9.6, 2015가단239682 191
水原地判 2017.9.15, 2015나19282 66
仁川地判 2017.9.20, 2016가단43598 353
서울中央地判 2017.10.19, 2016가단29935 144
大判 2017.11.9, 2013다26708 76
서울中央地判 2017.11.15, 2017가단5122423 70
大判 2017.12.22, 2016다202947 157
大判 2018.1.24, 2017다37324 331, 332
大判 2018.1.25, 2015다210231 200
大判 2018.3.15, 2017다282391 322, 336
大判 (全) 2018.3.22, 2012다74236 192, 211
光州地判 2018.5.15, 2017가단512394 121
서울東部地判 2018.5.23, 2017나26197 116
서울高判 2018.06.01, 2018나2010324 93
大判 2018.7.20, 2015다207044 160
서울中央地判 2018.8.23, 2017가합571041 223
大判 2018.9.13, 2016다35802 163
大判 2018.10.12, 2016다243115 59
서울北部地判 2018.10.17, 2017가단110233 102

大判 (全) 2018.10.30, 2014다61654 93
서울高判 2018.11.02, 2018나2023474 93
서울中央地判 2018.11.14, 2018가합522404 148
서울中央地判 2018.11.28, 2015가단5130680 229
서울北部地判 2018.12.20. 2018가합22446 93
서울中央地判 2018.12.20, 2018가합553101 60
大判 2019.1.31, 2017다203596 71
大判 2019.2.21, 2018다248909 161
서울中央地判 2019.2.21, 2017가단5154444 354, 356
서울中央地判 2019.4.25, 2018나27972 107
서울東部地判 2019.4.26, 2018나28114 106
大判 2019.6.13, 2019도3341 83
大判 2019.6.27, 2018다226015 196
서울中央地判 2019.7.5, 2018나75421 109
서울東部地判 2019.8.16, 2018나29568 111
水原高判 2019.9.26, 2019나11124 405
大判 2019.11.28, 2017다14895 220
서울高判 2019.11.28, 2018나2065065·2065072 353
서울中央地判 2020.1.9, 2018가단5100406 110
서울高判 2020.1.22, 2018나2074793 83
議政府地判 2020.1.30, 2019나211479 107
서울中央地判 2020.6.18, 2019나77226 318
서울高判 2020.6.19, 2019나12853 224
釜山地判 2020.8.25, 2019가소49505 78
大判 2020.9.3, 2018다283773 45, 47
仁川地判 2020.10.23, 2020가단229078 159
大判 2020.11.26, 2018다221676 140
서울中央地判 2021.1.19, 2020나47887 71
서울東部地判 2021.1.21, 2020가단110930 307
서울西部地判 2021.1.21, 2020나47196 58
서울中央地判 2021.2.25, 2020가다5070362 199, 406
서울中央地判 2021.03.08, 2019가단5317676 112
釜山地判 2021.5.14, 2020나53583 111
大判 2021.5.27, 2017다254228 308
大判 2021.6.30, 2019다268061 55, 124
서울中央地判 2021.7.22, 2019가합527369 589763 199, 406
光州地法海南支判 2021.8.10, 2020가단202606 73

大判 2021.8.19, 2018다244976 396
大判 2021.8.19, 2019다226043 334
서울東部地判 2021.8.20, 2020가단141675 165
서울中央地判 2021.8.26, 2019가합588159 82
仁川地判 2021.9.3, 2020가단263597 79
서울中央地判 2021.10.28, 2021나24508 199, 406
大邱地判 2021.11.10, 2021나990 100
서울中央地判 2021.11.26, 2019가단5043098 75
서울中央地判 2021.11.30, 2021가단5031968 · 5059249 199, 406
大邱地判 2021.12.9, 2020나327339 180
釜山地判 2021.12.9, 2021가단310657 45
大判 2022.1.14, 2019다282197 175
서울高判 2022.1.19, 2021나2022983 261
水原地判 2022.1.27, 2021나70806 118
大判 2022.4.14, 2020다240021 181
서울中央地判 2022.4.15, 2020가단5264099 130
釜山地判 2022.6.8, 2021나1442 134
大判 2022.9.7, 2022다217117 273
大判 2022.9.16, 2017다247589 60
仁川地判 2022.10.17, 2022가소427085 73
水原地判 2022.11.8, 2021가단15235 84
水原地判 2022.11.17, 2021나87668 314
서울南部地判 2022.11.30, 2022가단230459 142
서울南部地判 2022.12.16, 2022나57662 103
水原地判 2023.2.2, 2021가합15133 74
大判 2023.3.9, 2022다293883 332
大判 2023.3.13, 2022다293999 164
大判 2023.4.27, 2022다304189 408
서울中央地判 2023.4.27, 2021가단17714 219
서울中央地判 2023.5.16, 2019가합534657 85
釜山地判 2023.6.1, 2022가단354166 165
서울高判 2023.6.9, 2020나11351 280
大判 2023.06.15, 2017다46274 202
光州地判 2023.6.22, 2022나63644 313
釜山高判 2023.7.26, 2022나56565 111
仁川地判 2023.9.7, 2023가단240465 308
光州高判 2023.10.18, 2023나21343 167
大田地判 2023.11.10, 2023나201117 165
서울中央地判 2023.11.16, 2023나21091 100
서울中央地判 2023.12.21, 2021가단1184 173

서울西部地判 2024.2.6, 2022가소361820 132
大判 2024.3.12, 2019다301029 222
서울東部地判 2024.4.5, 2023가단139024 73
大判 2024.4.16, 2024다202973 344, 348
大判 2024.4.25, 2020다271650 161
서울中央地判 2024.5.21, 2023나44339 71
서울中央地判 2024.6.12, 2022가단18462 69
大判 2024.6.17, 2020다239045 88
大判 2024.7.11, 2023다314022 53
水原地判 2024.8.23, 2023가단596783 105
議政府地判 2024.12.19, 2024가합37 91
서울中央地判 2025.2.19, 2023나28825·2024나8088 147
水原地判 2025.2.19, 2022가단502804 84
大判 2025.2.27, 2024다297889 306
서울中央地判 2025.4.2, 2023가합105858 68
淸州地判 2025.4.25, 2024가단52192 84

한국어색인

ㄱ

가동연한 161
가정적 경합 141, 142, 201
가축전염병예방법 60
간접사실 32, 144
간접피해자 65, 66
간통 62, 114
개인정보보호법 58
개인정보자기결정권 85
거래적 불법행위 187
건강침해 75
건축법 58
격락손해 163
계약법 16, 18
계약책임 27
고의 145
고의의 양속 위반 61
공동불법행위 193
공서양속 203
공작물책임 215
공정거래법 58
과실 145
과실상계 165
과실책임 30
과잉적 경합 141, 142, 201
교사행위 198
구상권 192, 203
국민연금 40
급부 394
급부부당이득 20, 302, 305
기왕증 73, 141, 144
긴급사무관리 70, 247, 248
긴급피난 130

ㄴ

내밀영역 107
노동능력상실률 162
노무비용 265

ㄷ

대리감독자 191
대세권 56
대체물 341

ㅁ

면제 205
명예훼손 43
모욕 43, 99
무익사무관리 282, 380
무인성의 원칙 310
물권법 15, 17
물권적 청구권 15

ㅂ

박리성 두개골 원칙 170
반의사사무관리 286, 379, 380
방조행위 198
범죄 25
법률행위적 대체물 342
법정감독의무자 179
법정과실 341
변제자대위 377
보호법규 26, 28, 55, 57
부당사무관리 251, 281
부양청구권 65, 66
부진정사무관리 248, 252
부진정연대채무 192, 202, 209
부합 20, 22, 312, 318, 322, 336, 403, 407
분할채무 209
불법원인급여 302, 381
불법행위 16, 24
비용부당이득 316
비재산적 손해 46
비채변제 371
빛공해 111

ㅅ

사건 29
사고 40, 41
사무관리 18, 22, 376
사무관리의사 256
사생활침해 106
사용관계 182
사용이익 341
사용자책임 181
사적 자치 23
사회보장법 39
3각변제계약 395
상계 205
상당인과관계 137
상린관계 15
생명침해 63
선량한 풍속 61
설명의무 84
성적 자기결정권 83
소극적 손해 48
소멸시효 28, 171
소송촉진 등에 관한 특례법 160
소유권침해 116
손익상계 170
손해 41
순수한 재정적 손실 26, 34, 42, 63, 81, 122
스포츠경기 70
신용훼손 111
신체침해 68
실제적 의사 259
실행과책 247, 270
심신상실 195

ㅇ

악의의 비채변제 380
업무집행 관련성 186

연금 170
연대채무 202
예산회계법 59
오신사무관리 293
완전배상 49
완전배상의 원칙 155
외형 187
외형이론 189
운용이익 339, 344
위법성 28, 54
위법소득 46
위자료 46, 164
위자료청구권 159
위태법 113
위험책임 32
유족위자료 66
의료과실 31
의료보험 40
의료사고 144, 151
의료행위에 대한 자기결정권 84
의사결정의 자유 81
이득 323
이중유통 62
이행보조자책임 181
이행이익 42, 325
인격권 62
인과관계 134, 338
인과관계의 중단 135
인과관계의 증명책임 143
인수과책 247
일반적 인격권 44, 63
일실손해 64
일실이익 48, 160
일조권 172
일조방해 111
1차손해 47, 49

ㅈ

자기결정권 81
자력구제 130
자유침해 77
재산적 손해 46
저당권 122

적극적 손해 48
적법한 대체행위 136
전후관계 134
절대권 28, 55, 56, 117
절대적 효력 203
정당방위 129
정당행위 132
정신적 손해 46
정조 113
제척기간 177
조건적 인과관계 137
주민등록법 59
중과실 150
중첩적 경합 141, 200
질권 122
질서위반행위 26
징벌적 손해배상 156

ㅊ

채권의 준점유자 321
책임 145
책임능력 152
책임무능력자 178
천연과실 341
첨부 318, 322, 335, 403, 407
추월적 경합 141, 201, 214
추인 263, 268
추정적 의사 259
출자전환 205
친권 113
침해부당이득 21, 311

ㅌ

택일적 경합 141, 197
통상손해 48
특별손해 49

ㅍ

피해자의 승낙 131
필요적 경합 141, 201

ㅎ

형법 16, 57

형사책임 25, 27
호의관계 258
혼인빙자간음 62, 84
혼합사실행위 29
환경권 110
후고 그로티우스 36
후속손해 48, 49

외국어색인

A

absolutes Recht 56
absolut geschütztes recht 117
absolut geschütztes Recht 56
adäquater
　　　　Kausalzusammenhang
　　　　137
allgemeines
　　　　Persönlichkeitsrecht 44
Allgemeines
　　　　Persönlichkeitsrecht 63
Alternative Konkurrenz 141
Anscheinbeweis 32, 144, 151
Aufklärungspflicht 84
Ausführungsverschulden 247

B

bonus pater familias 38

C

casum sentit dominus 38
compensatory damages 156
condictio indebiti 372
condictio ob causam finitam 372
conditio sine qua non 137
correi debendi 202
culpa lata 150

D

damage 41
damnum 41
Danger invites rescue 249
Dazwischentreten Dritter 214
dominus negotii 246
dommage 41
dommage imprévisible 49
dommage prévisible 48
droit à contribution 203

E

echte Solidarität 203
effet absolu 203
egg-shell skull principle 170
Eigentumsverletzung 116
Einwilligung 131
entgangener Gewinn 48
Entscheidungsfreiheit 81
Erfüllungsinteresse 42
Erstverletzung 47, 49
Erwerbspreis 348
exceptio ex iure tertii 392

F

faute dolosive 29
faute lourde 29, 150
Folgeverletzungen 48, 49
Freiheitsverletzung 77

G

gain dont il a été privé 48
Gefährdungshaftung 32
Gemeinsame Verursachung 204
general damages 49
Geschäftsführung zur
　　　　Gefahrenabwehr 248
gewöhnlicher Schaden 48
grobe Fahrlässigkeit 150
Grotius 36

H

Hinterbliebenengeld 66
Hypothetische Kausalität 141

I

indebiti solutio 371

K

Kumulative Konkurrenz 141

L

la solidarité de la part des
　　　　débiteurs 202
Luxusaufwendungen 354
Luxustier 227

M

mittelbar Geschädigte 65, 66
morbus non specificus 135

N

Negativer Schaden 48
negligence 37
negotia absentis 246
negotiorum gestio 246
negotiorum gestor 246
Nichtvermögensschäden 47
non-cumul 29
Notgeschäftsführung 247
Notwehr 129
Notwendige Mitwirkung 141
Nutztier 227

O

obligatio in solidum 202
obligation in solidum 202
ordre public 203

P

Persönlichkeitsrecht 62
perte qu'il a faite 48
Positiver Schaden 48
post hoc ergo propter hoc 134
préjudice moral 46
prescription extinctive 176
pretium doloris 46

punitive damages 156

R

Recht auf informationelle Selbstbestimmung 85
Recht auf sexuelle Selbstbestimmung 83
rechtfertigende Handlung 132
rechtfertigender Notstand 130
Rechtswidrigkeit 27, 54
reiner Vermögensschaden 26, 27, 34, 42, 63, 81, 122
rejet de la double indemnisation 156
remise de dette 203
réparation intégrale 49
res inter alios acta 392
Res ipsa loquitur 32

S

Schaden 41
Schmerzensgeld 46, 164
Schuld 27, 145
Schuldhaftigkeit 30
Schutzgesetz 55, 57
Sekundärgeschädigten 65
Selbstbestimmungsrecht 81
Selbsthilfe 130
sittenwidrige vorsätzliche Schädigung 61
socii mei socius 393
solatium 46
solidarité imparfaite 204
special damages 49
status quo ante 156

T

Tatbestandsmäßigkeit 27
Totalreparation 170
Totalreparationsprinzip 155

U

Überholende Konkurrenz 141

Übermäßige Mitwirkung 141
Übernahmeverschulden 247
Unechte Geschäftsführung 248
unechte Solidarität 203
Unfall 41
Unterhaltsanspruch 66

V

Verdienstausfall 64
Verjährung 176
Verschulden 30
verschuldensabhängige Haftung 30
Verschuldenshaftung 38
Voraussehbarkeit 137
Vorsatzdelikte 27

Z

Zurechnungsfähigkeit 152
Zweitunfall 49

[著者略歷]
고려대학교 법과대학 및 동 대학원 졸업
독일 함부르크대학교 법학박사 (Dr. iur. summa cum laude)
숙명여자대학교 법과대학장
한국민사법학회, 한국사법학회 총무이사
제27회 한국법학원 법학논문상
現 숙명여자대학교 법과대학 교수
http://www.gomsoldri.net

법정채권법

1판 1쇄 펴냄 2025년 9월 4일

지은이 / 백경일
펴낸이 / 백종민
펴낸곳 / 도서출판 고래시대
주소 / 서울시 성동구 난계로 84 101-1101
출판신고 / 제2013-000037호 (2013.08.05)
전화 / 0505) 856-0500
팩스/ 0303) 3445-7656

http://www.goraesidae.com
e-mail / book@goraesidae.com

ISBN 979-11-991523-1-1 93360

값 28,000원

표지 이미지 : Fire by Ochtavia Asmieza Rizita, Car Accident by Yosua Bungaran, Balance by Andi Nur Abdillah, Crime by Khoeron, Injury by Rose Duong, Dept by uniq_design, Contract by Keyy Creative, Ambulance by Hilmy Abiyyu Asad, Dog Attack by WEBTECHOPS LLP, Fighting/Disability by Andre Buand, Stalker by suhartono, Robber/Shop/Strike by Vector Place, CPR by susanti from Noun Project (https://thenounproject.com)